民商法学家(第12卷)

张民安 主 编

场所隐私权研究
——场所隐私权理论的产生、发展、确立和具体适用

张民安 主 编
林泰松 副主编

·广州·

版权所有　翻印必究

图书在版编目（CIP）数据

场所隐私权研究：场所隐私权理论的产生、发展、确立和具体适用/张民安主编；林泰松副主编. —广州：中山大学出版社，2016.8
（民商法学家·第12卷/张民安主编）
ISBN 978 – 7 – 306 – 05744 – 0

Ⅰ.①场…　Ⅱ.①张…②林…　Ⅲ.①隐私权—研究—美国　Ⅳ.①D971.23

中国版本图书馆CIP数据核字（2016）第156472号

出版人：徐　劲
策划编辑：蔡浩然
责任编辑：蔡浩然
封面设计：方楚涓
责任校对：杨文泉
责任技编：何雅涛
出版发行：中山大学出版社
电　　话：编辑部 020 – 84111996，84113349，84111997，84110779
　　　　　发行部 020 – 84111998，84111981，84111160
地　　址：广州市新港西路135号
邮　　编：510275　　　传　真：020 – 84036565
网　　址：http://www.zsup.com.cn　　E-mail：zdcbs@mail.sysu.edu.cn
印刷者：广东省农垦总局印刷厂
规　　格：787mm×1092mm　1/16　35.25印张　542千字
版次印次：2016年8月第1版　2016年8月第1次印刷
定　　价：69.90元

如发现本书因印装质量影响阅读，请与出版社发行部联系调换

主编特别声明

提出新观点,倡导新观念,援引新资料,解决新问题,推动中国民商法理论的创新和民商法学的进步,是《民商法学家》一贯的宗旨,也是《民商法学家》主编一直以来所追求的目标。

《民商法学家》主编张民安教授和林泰松律师凭借良好的专业素质、外语水平和与国内外民商法理论界和民商法实务界的良好关系,从理论和实务、国内和国外两个角度诠释当代民商法的最新理念,揭示当代民商法案例中所蕴含的内涵,提升我国民商法的理论水准,为我国立法机关科学地制定民商法提供理论支撑,为我国司法机关科学妥当地解决纷繁复杂的民商事案件提供理论指导。

尊敬的读者,如果您在《民商法学家》中读到所援引的任何案例、法官的判词、学者的精辟论述和提出的学术观点,并在撰写文章或出版著作时引用,请您遵守最基本的学术规范和尊重作者最基本的权利,加上"转引自张民安主编的《民商法学家》"等字样,以体现对作者和译者艰辛劳动的尊重。因为,学术虽然是开放的,但是,作者的劳动是应当得到保护的,只有这样,在学术上倡导新观念、提出新观点的学者才能真正体现其价值。

序

一、人与场所之间的关系

所谓场所，是指他人或公民享受生活、从事活动的处所或空间。当他人在某种处所或空间享受生活、从事活动时，他们在其中享受生活和从事活动的处所和空间就属于场所。可见，当他人在其住所享受家庭生活时，他人的住所就是场所；当他人在其庭院内养花植草时，他人的庭院也是场所；当政府官员在其办公室接待来访者和处理其他公务时，他们的办公室也是场所；当他人晚饭后到公园散步时，他人散步的公园也是场所。因为，无论是他人的住所、庭院、办公室，还是他人散步的公园，均是他人享受生活和从事活动的地方、处所和空间。

在民法上，人和场所之间的关系十分密切。一方面，场所离不开人，因为场所在性质上就是人享受生活和从事活动的地方。虽然场所属于空间、地域或者地方，但是，空间、地域和地方并不一定是场所。因为，当某一空间、地域和地方存在享受生活和从事活动的人时，则这一空间、地域和地方就是场所；反之，当某一空间、地域或者地方不存在享受生活或者从事活动的人时，则这一空间、地域和地方就不是场所。另一方面，人也离不开场所。无论人们是否意识到，人是须臾不能够离开场所的，就像人须臾不能够离开空气一样，因为人从出生那一刻开始一直到死亡时止，人均处于某一个具体场所当中。当人出生时，他们可能身处医院的产房当中；而当人死亡时，他们则可能身处医院的停尸间当中。在人出生之后至其死亡之前，他们均身处某一个具体的场所当中，他们要么身处其住所当中，要么身处其办公室当中，要么身处机场、火车站或者码头当中，等等。

二、私人场所和公共场所的分类

虽然人总是身处某种场所，但是，不同的人所身处的场所不同，甚至同一个人在不同时期所身处的场所也不同。问题在于，人们是否应当对人所身处的场所作出分类？如果人们要对他们所身处的场所作出分类，那么他们应基于什么目的作出此种分类？他们应当如何对人所身处的场所进行分类？在法律上，人们在不同时期基于不同的目的对这样的问题作出了明确的说明。

（一）住所和非住所的区分

在19世纪末期之前，人们普遍将场所分为住所、居所，以及住所、居所之外的场所。例如，在19世纪末期之前，基于防止政府执法人员擅自侵入公民住所的考虑，英美法系国家的学者普遍将场所分为公民的住所、居所，以及住所、居所之外的场所，因为他们认为，如果他人的住所是公民的住所、居所，则政府执法人员不得随意进入，除非他们在具备某种正当理由的情况下获得了搜查令；反之，政府执法人员则能够随意进入，他们此时无须持有搜查令。再例如，在19世纪中后期，基于私人生活受尊重权范围的确定，法国民法学者将场所分为家庭和家庭之外的场所，因为某些民法学者认为，私人生活受尊重权仅仅以他人的家庭生活为限，不包括他人在其家庭之外的场所的生活，而某些民法学者则认为，除了他人的家庭生活属于其私人生活的范围之外，他人在其家庭之外的某些生活也属于其私人生活。

（二）公共场所和私人场所的区分

而在今天，人们不再将他人的住所、居所与其住所、居所之外的场所对应，而是普遍将公共场所与私人场所相对应。换言之，在当今两大法系国家和我国，人们普遍将人身处的场所分为公共场所和私人场所。例如，无论是美国还是我国，立法者均在他们制定的禁烟条例或者禁烟法律当中明确区分公共场所和私人场所，因为根据这些条例或者法律，如果他人身处公共场所，他们将被禁止吸烟；相反，如果他人身处私人场所，则这些禁烟条例或者禁烟法律将不会对其适用。再例如，在我国，国务院在其《公共场所卫生管理条例》当中就明确区分了公共场所和私人场所，因为该管理条例仅仅适用于公共场所，不适用于私人场所。

在当今两大法系国家和我国，虽然立法者偏好在禁烟条例或者禁烟法律当中明确区分公共场所和私人场所，但是，普通社会公众则更愿意在隐私侵权领域区分公共场所和私人场所。因为，传统的隐私侵权理论认为，仅在他人身处私人场所时，他人才享有隐私权、私人生活受尊重权，而当他人身处公共场所时，他人则丧失了隐私权、私人生活受尊重权。不过，随着近些年来公共摄像头的大量使用，随着全面的、无孔不入的监控性社会的降临，人们明显感觉到公共场所没有隐私的观念是站不住脚的，他们迫切要求加强公共场所隐私权的保护，防止他们在公共场所的一举一动、一言一行被公共摄像头所拍摄、所公开、所整理并因此成为政府无所不包的数据库当中的内容。

（三）室内公共场所和室外公共场所的区分

虽然人们普遍区分公共场所和私人场所，但是，当人们基于不同的目的而使用公共场所和私人场所时，他们对公共场所和私人场所范围的界定并不完全相同。例如，当人们基于禁烟的目的而使用公共场所时，他们所谓的公共场所未必与人们基于隐私保护目的而使用的公共场所相同。再例如，当人们基于公共卫生的维护和疾病预防的目的而使用公共场所时，他们所谓的公共场所也未必与人们基于隐私保护目的而使用的公共场所相同。事实上，当人们基于禁烟目的或者公共卫生维护的目的而使用公共场所时，他们所谓的公共场所往往是指室内公共场所，诸如宾馆、饭馆、旅店、招待所、咖啡馆、酒吧、茶座、候诊室、候车室，等等，不包括室外公共场所，诸如广场、公共道路、大街小巷，等等。

（四）隐私领域公共场所的界定

笔者认为，从隐私保护的目的来看，所谓公共场所，是指允许社会公众随意进入的所有场所。任何场所，无论是一个社会公众进入还是多个社会公众进入，无论社会公众进入场所的目的是什么，只要社会公众能够随意进入，即为公共场所。因为社会公众能够随意进入室内公共场所，因此，室内公共场所属于隐私保护领域的公共场所。例如，宾馆、饭馆、旅店、招待所、咖啡馆、酒吧、茶座、候诊室、候车室就属于隐私保护领域的公共场所。再例如，影剧院、音乐厅、图书馆、展览馆、科技馆、文化馆、博物馆、美术馆、纪念馆、档案馆等也属于隐私保护领域的公共场所。因为社会公众能够随意进入室外公共场所，因此，室外公共场所也属于隐私保护领域的公共场所，例如，北京的天安门广场、广州的花城广场就属于隐私保护领域的室外公共场所。

所谓随意进入，是指两个方面的含义：其一，一般的社会公众能够按照自己的意愿进入任何公共场所，他们在进入这些场所时无需获得场所的所有权人或者占有权人的同意。当然，如果公共场所的所有权人或者占有权人对社会公众进入场所的时间作出了明确限定，则社会公众也应当遵守这些限定。其二，政府执法人员能够按照自己的意愿进入任何公共场所，他们在进入这些场所时无须获得搜查令或者扣押令。

所谓私人场所，是指不允许社会公众随意进入的场所。如果某种场所必须获得场所的所有权人或者占有权人的允许才能够进入，或者虽然没有获得他们的允许，如果政府执法人员必须在具备某种正当理由的情况下通过获得搜查令或者扣押令的方式进入，则该种场所就属于私人场所。因为社会公众进入他人的住所需要获得他人的同意，因此，他人的住所就属于其私人场所。因为社会公众进入他人的庭院需要获得他人的同意，因此，他人的庭院也属于其私人场所。因为社会公众进入他人的小汽车里面需要获得他人的同意，因此，他人小汽车的乘坐空间也属于私人场所。

当我们从隐私保护的目的出发对公共场所和私人场所进行界定时，公共场所和私人场所的界定往往同所有权没有关系。因为，一方面，即便公共场所有所有权人，人们根本就没有必要论及公共场所的所有权人。因此，广州火车站属于广州市政府所有，也就是属于国家所有。但是，广州火车站属于公共场所，除了社会公众能够随意进入之外，政府执法人员也能够随意进入，无论是社会公众的进入还是政府执法人员的进入均不会侵犯广州市政府对广州火车站所享有的财产所有权。另一方面，即便占有私人场所的人对其占有的私人场所不享有财产所有权，他们仍然对其在私人场所内的所作所为享有隐私权。因此，当他人将其承租的房屋作为其住所使用时，即便他人对其承租的房屋不享有所有权，他们仍然对其房屋内的家庭生活享有隐私权，包括出租人在内的社会公众、政府执法人员仍然应当尊重他人对其承租屋所享有的隐私权，不得随意进入他人的承租屋内，否则，应当对他人承担隐私侵权责任。

三、私人场所隐私权的存在

当他人身处其住所、居所时，他人可能对其住所、居所享有财产所有权，这就是不动产所有权，因为，当他人的住所、居所属于他人自身所有时，他人即对其住所、居所享有物权、所有权，基于物权尤其是所有权所具有的排他性效力，他人既能够排除一般社会公众的进入、侵入，也能够排除政府执法人员的进入、侵入。如果包括政府执法人员在内的行为人擅自进入、侵入他人对其享有所有权的住所、居所，则他们的进入行为、侵入行为当然侵犯了他人对其住所、居所所享有的财产所有权，应当根据不动产侵入侵权责任制度对他人承担侵权责任。即便政府执法人员通过非法侵入的方式获得了他人有罪的犯罪证据，在定罪时该种犯罪证据也应当被排除，这就是非法证据排除制度。

当他人身处其住所、居所时，他人也可能对其住所或者居所享有财产承租权、财产借用权，这就是不动产承租权和不动产借用权。因为，即便他人的住所、居所不属于他人自身所有，而是他人通过租赁或者借用的方式所获得，他人仍然对其承租或借用的住所、居所享有排他性的占有权、使用权，就像所有权人对其自身的房屋享有排他性的占有权和使用权一样。基于承租权、借用权所具有的排他性效力，除了能够排除一般社会公众和政府执法人员的随意进入、侵入之外，他人也能够排除出租人和出借人的随意进入、侵入。当这些行为人擅自进入、侵入他人的住所或者居所时，他们的进入行为、侵入行为当然侵犯了他人对其住所、居所享有的承租权、使用权，应当根据不动产侵入侵权责任制度对他人承担侵权责任。

问题在于，在上述两种情况下，他人对其住所、居所是否享有隐私权？如果行为人擅自进入、侵入他人的住所、居所，他们的非法进入行为、侵入行为是否侵犯了他人的隐私权、私人生活受尊重权？笔者认为，答案是肯定的，在上述两种情况下，他人对其住所、居所享有或者同时享有隐私权、私人生活受尊重权。在民法上，他人的住所、居所并不仅仅关系着他人的财产、财物、不动产所有权、不动产承租权，他人的住所、居所所承载的内容要远比单纯的财产、财物的价值大，因为，他人的家庭担负着让家庭成员过着免受别人打扰的私人生活和缅怀逝去亲人的功能。①

在当今社会，虽然人们不得不进入社会从事各种各样的活动，但是，人们也普遍感觉到社会的冷酷无情，普遍感觉到他们无法在社会当中与其他人建立起彼此信任、互相依赖的关系，因为社会是一种心灵沙漠（désert psychologique）。如果人们要过着彼此信任、相互依赖的生活，他们就必须远离社会、逃离社会、从社会当中抽离并从此过着家庭生活，因为家庭是家庭成员的堡垒、庇护所，是家庭成员的心灵绿洲，是家庭成员远离其他人侵扰、打扰的场所，是家庭成员之间建立个人关系的场所，是他们过着个人生活、私人生活的地方。②

在当今社会，无论社会是怎样的冷酷无情，家庭成员之间的私人生活则可能是温情脉脉的，长辈对晚辈的关心、期望也许在长辈逝去前并没有引起晚辈的重视；但是，一旦长辈离去，则晚辈会时不时地唤起对长辈的记忆，如长辈的音容笑貌、长辈的言谈举止和长辈生活的点点滴滴，这些都将成为晚辈相思、哀思或者哀悼的记忆。③

四、公共场所隐私权的存在

在民法上，如果他人身处私人场所，尤其是如果他人身处其住所、居所当中，则他人对其住所、居所当中的所作所为享有隐私权、私人生活受尊重权，行为人不得侵扰、偷拍或者公开他人在其私人场所的所作所为，否则，应当对他人承担隐私侵权责任。问题在于，当他人身处公共场所时，他人是否享有隐私权、私人生活受尊重权？

---

① 张民安：《法国民法》，清华大学出版社2015年版，第202页。
② 张民安：《法国民法》，清华大学出版社2015年版，第202页。
③ 张民安：《法国民法》，清华大学出版社2015年版，第202页。

在当今法国，法官普遍承认公共场所隐私权的存在。他们认为，除了在私人场所享有私人生活受尊重权之外，他人在公共场所也享有私人生活受尊重权。而当今法国民法学者之间则存在不同的意见。某些民法学者认为，他人在公共场所虽然享有肖像权，但是，他人在公共场所不可能享有私人生活受尊重权，而某些民法学者则认为，他人在公共场所仍然享有私人生活受尊重权。

在美国，联邦最高法院虽然在20世纪60年代的案件当中宣告，隐私权的存在同他人所处的场所是公共场所还是私人场所无关，只要他人在主观上有隐私期待，并且他们在主观上的此种隐私期待在客观上是合理的，则他人就享有隐私权；否则，他们就不享有隐私权，无论他人所处的场所是公共场所还是私人场所，均是如此。不过，为了实现政府的执法利益，美国联邦最高法院从20世纪70年代开始大范围限缩他人在公共场所的隐私权，因为它认为，当他人身处公共场所时，即便他人在主观上有隐私期待，他们的隐私期待在客观上也是不合理的。

在美国，学者普遍反对公共场所无隐私的一般规则。他们认为，由于大规模、全天候监控时代的来临，法律应当承认公共场所隐私权的存在，否则，除了他人的隐私权遭受侵犯之外，社会的公共利益也会遭受侵犯，因为，在公共场所欠缺隐私权的情况下，他人不愿意参与公共场所的活动，他们担心政府执法人员通过监控手段收集其个人信息。

在我国，虽然《侵权责任法》对隐私权和侵权责任作出了规定，但是，除了第二条使用了"隐私权"三个字之外，《侵权责任法》没有对隐私权和隐私侵权责任作出任何具体的规定。因此，公共场所是否存在隐私权，立法者没有作出规定。在我国，主流的民法学者很少对公共场所与隐私权之间的关系作出研究，因此，公共场所是否存在隐私权，我国大多数民法学者均没有作出说明。笔者认为，我国法律应当承认公共场所的隐私权。

五、《民商法学家》对场所隐私权的关注

在我国，民法学者普遍对场所隐私权理论知之甚少，无论是私人

场所隐私权还是公共场所隐私权,我国民法学者几乎没有什么了解,更不用说作出过研究了。因为,除了少数民法学者出版过场所隐私权方面的专著之外,民法学者也很少发表场所隐私权方面的论文。

为了让我国民法学者了解场所隐私权的一般理论,为了让我国民法学者了解私人场所隐私权和公共场所隐私权的一般理论,为了推动我国民法学者对场所隐私权理论的研究,笔者同时在所主编的《民商法学家》(第12卷)① 和《侵权法报告》(第9卷)② 当中对场所隐私权进行了详尽的研究,其中的《民商法学家》(第12卷)集中讨论场所隐私权的一般理论,诸如场所隐私权的性质、场所隐私权的历史发展、住所隐私权、监控时代的场所隐私权等;而其中的《侵权法报告》(第9卷)则集中讨论公共场所的隐私权,诸如公共场所隐私权的一般理论,学者关于公共场所隐私权是否存在的争议,监控时代的公共场所隐私权以及公共道路上的隐私权。

想他人所不能想,言他人所不能言,著他人所不能著,编他人所不能编,对迄今为止被认为是天经地义、理所当然的某些基本民商法理论和某些基本民商法制度提出挑战,介绍或者提出某些"不同凡响"的甚至被认为是"离经叛道"的民商法理论和民商法观点,是编者20年以来所一直追求的目标,也是编者在主编《民商法学家》当中所希望实现的目的。

《民商法学家》(第12卷)之所以能够顺利出版,除了主编和各著译者的努力之外,还得益于中山大学出版社和蔡浩然编审的鼎力支持,在《民商法学家》(第12卷)即将出版之际,本书主编真诚地对他们表示由衷的感谢!

张民安教授
2016年4月15日
于广州中山大学法学院

---

① 张民安主编:《场所隐私权研究》,中山大学出版社2016年版。
② 张民安主编:《公共场所隐私权研究》,中山大学出版社2016年版。

目　录

第一编　场所隐私权的一般理论

场所隐私权研究 ·· 张民安
　　一、隐私权在两大法系国家和我国的产生 ················ (1)
　　二、场所与人的关系 ·· (7)
　　三、公共场所和私人场所的区分理论 ······················ (11)
　　四、私人场所权和公共场所权的界定 ······················ (25)
　　五、法国私人场所权的性质：私人生活受尊重权 ······ (28)
　　六、美国私人场所权的性质：从私人场所财产权到
　　　　私人场所隐私权 ··· (30)
　　七、我国私人场所权的性质：从私人场所财产权到
　　　　私人场所隐私权 ··· (38)

《美国联邦宪法第四修正案》在 21 世纪的发展
　　——以隐私、科技和情感为视角
　　　　　············· 安德鲁·E. 塔利兹 著　王垚 译
　　一、导论 ··· (46)
　　二、美国联邦最高法院与高科技监控措施 ··············· (51)
　　三、重新界定"隐私"一词 ······································ (66)
　　四、结语 ··· (87)

场所对于公民隐私权的影响
　　——对 Katz v. United States 一案的评析 ········ 林泰松　谢晓君
　　一、导论 ··· (94)
　　二、美国联邦最高法院对场所隐私权的态度演变 ······ (95)
　　三、私人场所与公共场所区分理论的相对性 ············ (97)
　　四、Katz v. United States 一案的判决 ·················· (103)
　　五、对 Katz v. United States 一案的评析 ·············· (113)
　　六、结语 ·· (124)

社交网络、政府监控与隐私的合理期待
莫努·贝蒂 著　凌玲 译
- 一、导论 …………………………………………………（126）
- 二、第三方当事人理论和公共曝光理论的历史背景 ……（134）
- 三、马赛克理论及政府执法人员对公民所实施的长期监控行为遭到反对 ………………………………（144）
- 四、ISP 与第三方当事人理论 …………………………（164）
- 五、结语 …………………………………………………（180）

第二编　公民的住所和庭院隐私权

公民的住宅隐私权：《美国联邦宪法第四修正案》对公民住宅隐私权的保护
斯蒂芬妮·M. 斯腾特 著　凌玲 译
- 一、导论 …………………………………………………（182）
- 二、公民住宅在《美国联邦宪法第四修正案》中享有的超级地位 ……………………………………………（189）
- 三、住宅例外原则的心理学理论渊源：重新审视隐私权、人格权和隐私期待 ……………………………………（200）
- 四、住宅享有优先地位在政治上和历史上的理论基础 …（207）
- 五、废除实体住宅在《美国联邦宪法第四修正案》中的优先地位 ……………………………………………（212）
- 六、回顾有关公民住宅不可侵犯的理论：反对意见和注意事项 ……………………………………………………（228）
- 七、结语 …………………………………………………（232）

个人庭院：《美国联邦宪法第四修正案》对公民公共场所安全权的法律保护
安德鲁·格斯里·弗格森 著　陈圆欣 译
- 一、导论 …………………………………………………（233）
- 二、混乱的理论：《美国联邦宪法第四修正案》对公共场所的法律保护 …………………………………………（239）
- 三、庭院理论 ……………………………………………（251）

四、个人庭院理论 …………………………………………… (259)
五、个人庭院理论的适用 …………………………………… (267)
六、结语 ……………………………………………………… (282)

第三编　电子视觉监控时代的场所隐私权

技术增强的视觉监控与《美国联邦宪法第四修正案》
　　——精密性、可得性以及隐私的合理期待
　　　　　……………… 克利福德·S.菲什曼 著　丁双玥 译
　一、导论 ……………………………………………………… (285)
　二、《美国联邦宪法第四修正案》关于场所隐私权的规则
　　　……………………………………………………………… (287)
　三、科技：精密性和可得性 ………………………………… (291)
　四、隐私期待：搜寻和获取到的信息 ……………………… (315)
　五、结语 ……………………………………………………… (321)

电子视觉监控与隐私的合理期待
　　……………………… 肯特·格林菲尔德 著　丁双玥 译
　一、导论 ……………………………………………………… (325)
　二、政府执法人员能够利用的科技以及对公民隐私权
　　　造成的风险 ……………………………………………… (327)
　三、美国联邦最高法院对涉及《美国联邦宪法第四修正案》
　　　监控案件的分析 ………………………………………… (330)
　四、美国地方法院如何考量电子视觉监控案件 …………… (335)
　五、《美国联邦宪法第四修正案》对电子视觉监控行为
　　　规定的标准 ……………………………………………… (338)
　六、结语 ……………………………………………………… (359)

公民的隐私权与视频监控 ……… 昆廷·巴罗斯 著　谢晓君 译
　一、导论 ……………………………………………………… (361)
　二、隐私权的历史 …………………………………………… (366)
　三、对外国和美国经验的分析 ……………………………… (375)
　四、州实验室 ………………………………………………… (382)
　五、限制视频监控的立法建议稿及其评述 ………………… (397)
　六、结语 ……………………………………………………… (402)

第四编　新科技时代的场所隐私权

Google 对公共街道的监控和公共场所隐私权的保护
　　……………………………… 乔什·布莱克曼 著　陈圆欣 译
　　一、导论 ……………………………………………………（404）
　　二、背景 ……………………………………………………（407）
　　三、全面监控 ………………………………………………（413）
　　四、数字身份权：为受到全面监控影响的公民提供的
　　　　侵权救济 ………………………………………………（430）
　　五、结语 ……………………………………………………（455）

网上摄像头：互联网街景地图技术要求重新审视公共场所
隐私权观念 ……………… 安德鲁·莱维 著　魏凌 译
　　一、导论 ……………………………………………………（457）
　　二、美国隐私权的发展历程及相关的司法判例 …………（462）
　　三、法律分析 ………………………………………………（478）
　　四、结语 ……………………………………………………（485）

脸部识别技术监控：《美国联邦宪法第四修正案》保护公共场所
隐私权的关键问题 ……… 道格拉斯·A. 弗莱提 著　魏凌 译
　　一、导论 ……………………………………………………（489）
　　二、脸部识别技术的运用现状及未来发展之路 …………（491）
　　三、当涉及搜查行为和扣押行为时，政府将会通过你的
　　　　脸部识别你的身份 ……………………………………（497）
　　四、构建脸部照片数据库受到宪法和法律的制约 ………（513）
　　五、脸部识别算法系统：对合理根据标准的挑战 ………（518）
　　六、结语 ……………………………………………………（521）

飞行员和航空旅客的空中场所隐私权
　　……………………………………… 特雷弗·罗 著　谢晓君 译
　　一、导论 ……………………………………………………（523）
　　二、历史背景 ………………………………………………（525）
　　三、值得保护的飞行员和航空旅客的空中场所隐私权 …（537）
　　四、立法保护的必要性 ……………………………………（542）
　　五、结语 ……………………………………………………（547）

第一编 场所隐私权的一般理论

场所隐私权研究

张民安[①]

目 次

一、隐私权在两大法系国家和我国的产生
二、场所与人的关系
三、公共场所和私人场所的区分理论
四、私人场所权和公共场所权的界定
五、法国私人场所权的性质：私人生活受尊重权
六、美国私人场所权的性质：从私人场所财产权到私人场所隐私权
七、我国私人场所权的性质：从私人场所财产权到私人场所隐私权

一、隐私权在两大法系国家和我国的产生

（一）隐私权在法国的产生和发展

1. 法国立法者在 1868 年的制定法当中对私人生活受尊重权的明确保护

在历史上，隐私权的理论源自法国。早在 1819 年，法国巴黎大

[①] 张民安，中山大学法学院教授，博士生导师。

学的著名学者 Pierre-Paul Royer-Collard 就已经提出了"私人生活应当用围墙隔离"的著名格言，认为新闻媒体不得擅自在其报纸杂志上公开他人的私人生活，否则，它们应当根据《法国民法典》第 1382 条的规定对他人遭受的损害承担赔偿责任。为了将 Royer-Collard 在 1819 年所主张的"私人生活应当用围墙隔离"的论断、法律格言上升为制定法，法国的少数立法者从 1822 年开始不断作出努力，试图将私人生活受尊重权规定在立法者所通过的制定法当中。在 1868 年，这些立法者的努力终于大功告成，因为法国立法者在 1868 年制定的法律中对私人生活受尊重权作出了规定，这就是该法第 11 条。该条规定：一旦新闻媒体在它们的报纸杂志上公开有关他人私人生活方面的某种事实，则它们的公开行为将构成犯罪行为，应当遭受 500 法郎刑事罚金的惩罚；对新闻媒体的公开行为主张刑事追究的人只能是利害关系人。①

2. 法国法官自 1858 年开始在他们的司法判例当中对私人生活受尊重权的保护

除了法国立法者在 1868 年的制定法当中对私人生活受尊重权作出了明确规定之外，法国的法官也从 19 世纪中期开始通过适用《法国民法典》第 1382 条的规定保护他人的私人生活受尊重权，当行为人未经他人同意就擅自公开他人的私人生活时，基于他人的起诉，法官会根据《法国民法典》第 1382 条的规定责令行为人赔偿他人所遭受的损害。在 1858 年 6 月 16 日的著名案件即 l'affaire Rachel 一案②当中，法国 Seine 地区一审法院（tribunal civil de la Seine）的法官首次适用《法国民法典》第 1382 条所规定的一般过错侵权责任来保护他人的私人生活免受侵犯，并且根据该条的规定责令行为人就其侵犯他

---

① L'article 11 de la loi du 11 mai 1868；M. Gustave Rousset, Code Général des Lois sur la Presse et Autres Moyens de Publication, Imprimerie et Librairie Générale de Jurisprudence, 1869, pp70 – 71；张民安：《法国人格权法（上）》，清华大学出版社 2016 年版，第 454 页。

② Trib. civ. Seine（1ère ch.），16 juin 1858，Félix c. O'Connell, Dalloz, 1858. III. 62 et Ann. prop. ind. 1858, p. 250；Jean-Christophe Saint-Pau et, Droits de la Personnalité, LexisNexis, p677；张民安：《法国人格权法（上）》，清华大学出版社 2016 年版，第 455 页。

人私人生活的过错行为对他人承担赔偿责任。①

自此之后，在他人的私人生活受尊重权的问题上，法国19世纪中后期和20世纪初期的法官均遵循法国Seine地区一审法院在上述l'affaire Rachel一案和l'affaire Fougère一案当中所采取的规则，将行为人在没有获得他人同意的情况下所实施的公开他人私人生活的行为看作《法国民法典》第1382条所规定的过错行为，在符合该条所规定的过错侵权责任构成要件的情况下，法国的法官均会责令行为人对他人遭受的损害承担赔偿责任，其中就包括赔偿他人所遭受的非财产损害，因为法国的法官认为，私人生活受尊重权在性质上属于一种道德权利，它涉及他人的道德因素、精神因素、情感因素，尤其是它往往涉及他人亲密的家庭生活，一旦行为人将他人具有道德因素、精神因素或者情感因素的私人生活公开，则他们的公开行为会导致他人遭受精神上的痛苦、心理上的烦恼、情感上的忧郁等非财产损害。②

3. 法国立法者在1970年的制定法当中对私人生活受尊重权的明确规定

在1970年，法国立法机关通过了1970年7月17日的法律，决定对他人的私人生活受尊重权提供保护，该种法律被编入《法国民法典》当中，这就是《法国民法典》第9条。《法国民法典》第9（1）条规定：任何自然人均享有其私人生活受尊重的权利。《法国民法典》第9（2）条规定：当行为人侵害他人享有的隐私权时，法官除了有权责令行为人对他人承担损害赔偿责任之外，也有权采取各种措施以便避免或者结束行为人对他人亲密生活的侵犯行为，诸如扣押有关侵犯他人隐私的材料，没收有关侵犯他人隐私的材料或者其他措施；如情况紧急，可以由法院的独任法官颁布采取这些措施。③

---

① 张民安：《隐私权的起源》，载张民安主编：《隐私权的比较研究》，中山大学出版社2013年版，第28—32页；张民安：《法国的隐私权研究》，载张民安主编：《隐私权的比较研究》，中山大学出版社2013年版，第124—133页；张民安：《法国人格权法（上）》，清华大学出版社2016年版，第455页。

② 张民安：《隐私权的起源》，载张民安主编：《隐私权的比较研究》，中山大学出版社2013年版，第28—32页；张民安：《法国的隐私权研究》，载张民安主编：《隐私权的比较研究》，中山大学出版社2013年版，第124—133页。

③ 张民安：《法国的隐私权研究》，载张民安主编：《隐私权的比较研究》，中山大学出版社2013年版，第137页。

在法国，《法国民法典》第9条对他人隐私权的法律保护同《法国民法典》第1382条对他人隐私权的法律保护之间存在重大差异，表现在，根据《法国民法典》第1382条的规定：如果隐私权遭受侵害的人向法院起诉，要求法官责令行为人对其承担侵权责任，他们必须承担举证责任，不仅要证明行为人在侵害其隐私权的时候存在过错，而且还要证明行为人侵害其隐私权的行为给自己带来了损害，包括非财产损害或者财产损害，如果他人不能够举证证明行为人在行为时存在过错，或者如果他人不能够证明自己因为行为人的行为遭受了某种损害，他们是不能够要求行为人对其承担侵权责任的。而根据《法国民法典》第9条的规定：只要他人能够证明其隐私遭受了侵害，他们就有权向法院起诉，要求法官责令行为人对其承担隐私侵权责任。他人既无须证明行为人在侵害其隐私权的时候存在过错，也无须证明行为人实施的隐私侵权行为对其造成损害。①

（二）美国隐私权的产生和发展

在英美法系国家，虽然普通法长久以来均会保护他人的私人生活、私人秘密免受侵犯，但是，在1890年之前，普通法也仅仅是通过类推适用其他既存的各种各样的侵权责任制度来对他人提供保护，不会通过独立的隐私侵权责任制度来保护他人的私人生活、私人秘密免受侵犯，诸如名誉侵权责任、契约责任、滋扰侵权责任、不动产侵权责任以及信任责任法等。②

由于受到法国制定法和判例法的影响，在1890年，美国学者Samuel Warren和Louis Brandeis在1890年的《哈佛法律评论》上发表了著名的学术论文《论隐私权》③，开始主张隐私权和隐私侵权责

---

① 张民安：《法国的隐私权研究》，载张民安主编：《隐私权的比较研究》，中山大学出版社2013年版，第138—139页。
② 尼尔·M. 理查兹、丹尼尔·J. 索洛韦伊：《隐私权的另一种路径：信任责任法律的复兴》，孙言译，载张民安主编：《隐私权的比较研究》，中山大学出版社2013年版，第37—97页；戴维 W. 里布朗：《隐私权在美国侵权法历史当中的地位》，胡明星译，载张民安主编：《隐私权的比较研究》，中山大学出版社2013年版，第253—264页；本杰明·E. 布拉特曼：《隐私权的诞生——读Brandeis和Warren的〈隐私权〉》，胡明星译，载张民安主编：《隐私权的比较研究》，中山大学出版社2013年版，287—297页。
③ Louis D. Brandeis, Samuel D. Warren, Right to Privacy, (1890) 4 Harv. L. Rev. 193.

任的独立性，当行为人侵犯他人所享有的"独处权"时，他们当然应当对他人遭受的损害承担赔偿责任，不过，他们所承担的法律责任不再是普通法当中的诸如名誉侵权责任、滋扰侵权责任、不动产侵权责任、违反信任责任或者契约责任等，而应当是一种独立的、普通法过去没有承认的法律责任，这就是隐私侵权责任。①

自此之后，法国制定法和司法判例所确立的私人生活受尊重权开始以隐私权的名义在美国普通法当中盛行并且因此大行其道。在今天，除了美国的立法者、法官和学者普遍承认了隐私权的存在之外，英美法系的其他国家也普遍承认隐私权的存在。② 在当今美国，隐私侵权分为四类：公开他人私人事务的隐私侵权，侵扰他人安宁的隐私侵权，擅自使用他人姓名、肖像或者其他人格特征的隐私侵权和公开丑化他人形象的隐私侵权，这就是《美国侵权法复述（第二版）》第652A条至第652E条所规定的隐私权和隐私侵权的四分法理论。不过，美国学者将这四类隐私权和隐私侵权责任称为传统隐私权、旧隐私权，因为它们是在20世纪60年代末期之前所确立的隐私权和隐私侵权责任。③

虽然美国普通法上的隐私权源自法国制定法和判例法所规定的私人生活受尊重权，但是，同法国的私人生活受尊重权的理论相比，美国的隐私权理论显然超越了法国的私人生活受尊重权理论，因为除了在20世纪60年代所确立的旧隐私权理论之外，美国在20世纪60年代中后期以来也确立了新的隐私权理论，该理论包括自治性隐私权（right to decisional privacy）、物理性隐私权（right to physical privacy）和信息性隐私权（right to informational privacy），这就是所谓的新隐私权的三分法理论。

---

① 张民安：《法国人格法》（上），清华大学出版社2016年版，第205—208页。
② 张民安：《无形人格侵权责任研究》，北京大学出版社2012年版，第446—457页。
③ 张民安：《无形人格侵权责任研究》，北京大学出版社2012年版，第446—450页；张民安主编：《侵扰他人安宁的隐私侵权》，中山大学出版社2012年版，序言，第2—4页；张民安主编：《公开他人私人事务的隐私侵权》，中山大学出版社2012年版，序言，第1—2页；张民安：《信息性隐私权研究》，中山大学出版社2014年版，序言，第1页；张民安：《自治性隐私权研究》，中山大学出版社2014年版，序言，第1—2页。

所谓自治性隐私权，是指他人所享有的就其具有私人事务作出自由决定的隐私权。所谓物理性隐私权，也称空间性隐私权、场所隐私权，是指他人对其住所、其他私人场所甚至公共场所享有的免受别人打扰、侵扰的隐私权。所谓信息性隐私权（right to informational privacy），是指他人所享有的对其个人信息的披露或者公开予以控制的隐私权。无论是自治性隐私权、物理性隐私权还是信息性隐私权均可能构成宪法性隐私权（constitutional right to privacy），因为这些隐私权均受到宪法的保护，政府机构或者政府官员应当尊重他人享有的这些隐私权。①

（三）我国隐私权的产生和发展

在 2008 年之前，无论是《中华人民共和国民法通则》（以下简称《民法通则》）还是最高人民法院的司法解释均没有承认隐私权或者隐私侵权责任的独立性，当行为人尤其是新闻媒体在其报纸杂志上公开他人的私人生活时，我国的法官虽然会责令行为人对他人遭受的损害承担赔偿责任，但是，他们也仅仅类推适用名誉权和名誉侵权责任制度来责令行为人对他人承担赔偿责任。到了 2008 年，立法者在其制定的《中华人民共和国侵权责任法》（以下简称《侵权责任法》）当中明确放弃了此种做法，直接承认了隐私权和隐私侵权责任制度的独立性，这就是该法第 2 条的规定，该条规定，一旦行为人侵犯他人享有的隐私权，他们应当根据《侵权责任法》的规定对他人承担法律责任。自此之后，如果行为人公开他人的私人生活，则他们应当对他人遭受的损害承担隐私侵权责任。不过，我国《侵权责任法》第 2 条虽然对隐私权和隐私侵权责任作出了明确规定，但是，该法也仅仅对隐私权和隐私侵权责任作出了原则性的规定，并没有对隐私权或者隐私侵权责任作出具体的、详细的规定。

问题在于，我国《侵权责任法》所规定的隐私权究竟是指什么？是指他人对其生活所享有的权利，还是指他人对其空间或者场所所享有的权利？如果隐私权是指他人对其空间或者场所所享有的权利，他

---

① 张民安：《信息性隐私权研究》，中山大学出版社 2014 年版，序言，第 1—14 页；张民安：《自治性隐私权研究》，中山大学出版社 2014 年版，序言，第 1—8 页。

人对其享有隐私权的空间或者场所究竟是指私人空间、私人场所还是指公共空间、公共场所？对于这些问题，除了我国立法者没有在《侵权责任法》当中作出任何回答之外，我国法官或者民法学者亦少有说明。

笔者认为，在科技落后的时代，侵权责任法当然应当明确区分他人的空间、场所究竟是公共空间、公共场所还是私人空间、私人场所，并根据空间、场所性质的不同来认定他人是否对这些空间、场所享有隐私权：当他人的空间、场所在性质上属于私人空间、私人场所时，他人对这些空间、场所享有隐私权；反之，当他人的空间、场所在性质上属于公共空间、公共场所时，则他人对这些空间、场所并不享有隐私权。但是，在当今科技发达的时代，私人空间、私人场所与公共空间、公共场所的区分理论则仅具有相对意义。因为，当行为人尤其是作为政府执法人员的行为人能够借助于各种各样的高科技手段实现他们原本应当通过侵入他人私人场所才能够实施的隐私侵犯行为时，私人场所在很大的程度上就等同于公共场所了。因为这样的原因，我国侵权责任法应当借鉴两大法系国家的侵权法所确立的公共场所隐私权理论，除了承认他人对其私人生活享有隐私权之外，也承认他人对其公共场所的所作所为享有隐私权，至少在一定的条件下享有隐私权。

二、场所与人的关系

在英美法系国家的民法中均将人看作其核心，认为人不同于物，因为人享有法人格，是权利主体，具有获得并且行使主观权利的资格，而物则不同，它们没有法人格，无法成为权利主体，只能够作为权利客体，虽然某些有生命的物也能够获得法律的保护，但是，它们并没有人所具有的法人格。作为法人格的具体表现，人除了具有获得并且享有多种多样的主观权利的资格之外还能够具体享有并且行使这些主观权利，诸如物权、债权、知识产权、家庭权、继承权以及人格权等。[①]

因此，人除了具有获得并且享有物权、债权的资格之外，还具有

---

① 张民安：《法国民法》，清华大学出版社2015年版，第136—137页。

具体行使物权和债权的资格。人除了具有获得并且享有人格权的资格之外还具有具体行使人格权的资格。在民法上，人所享有的主观权利虽然多种多样，但是，这些主观权利所产生的历史并不完全相同。总的说来，物权、债权、家庭权和继承权所产生的时代久远，因为它们在罗马法时代就已经存在，而知识产权和人格权所产生的时期相对短暂，因为无论是知识产权还是人格权均是在近代社会产生的，罗马法时代或中世纪，既没有知识产权也没有人格权。①

在民法上，人所享有的主观权利同场所之间是否存在关系？如果人的主观权利与场所之间存在关系，它们之间的关系是什么？对于这样的问题，民法学者除了在物权领域作出过说明之外，他们很少在其他主观权利领域作出说明，尤其是没有在人格权领域对这样的问题作出说明。在物权领域，人们对主观权利与场所之间的关系所作出的说明仅表现在一个方面，这就是根据物是否能够从一个地方移动到另外一个地方的不同，人们将物权领域的有体物（les choses corporelles）分为不动产（les immeubles）和动产（les meubles）两类。所谓不动产，是指人们无法将其从一个地方移动到另外一个地方的有体物，诸如土地、房屋和土地、房屋的附着物。而所谓动产，则是指人们可以将其从一个地方移动到另外一个地方的有体物，诸如耕牛、耕马和耕作农具。② 因此，场所决定着物权领域物的分类。当他人对不动产享有所有权时，他人所享有的所有权就是不动产所有权，而当他人对动产享有所有权时，则他人所享有的所有权就是动产所有权，这就是民法学者关于所有权的不同分类。

除了能够在物权领域起到此种作用之外，人们还在法律适用领域

---

① 张民安：《法国人格权法（上）》，清华大学出版社2016年版，序二，第25页。
② M. Dupin, Œuvres de R. J. Pothier, Contenant les Traités du Droit Français, Nouvelle Édition, tome VII, Bruxelles, chez les éditeurs, Jonker, Ode et Wodon, H. Tarlier, Amsterdam, chez les Fréres Diederichs, 1823, p8; M. Bugnet, Œuvres de Pothier, Annotées et Mises en Corrélation avec le Code Civil et la Legislation Actuelle, tome I, Paris Henzri Plon Gosse et Marchal, 1861, p13; M. Dupin, Œuvres de R. J. Pothier, Contenant les Traités du Droit Français, Nouvelle édition, tome V, Bruxelles, chez les Éditeurs, Jonker, Ode et Wodon, H. Tarlier, Amsterdam, chez les Fréres Diederichs, 1823, pp201 - 202; M. Bugnet, Œuvres de Pothier, Annotées et Mises en Corrélation avec le Code Civil et la Legislation Actuelle, tome IX, Paris Henzri Plon Gosse et Marchal, 1861, p88.

论及场所的作用：当物被固定在某种场所而无法移动时，如果人们就该物的问题发生了纠纷，人们应当适用物之所在地的法律，不应当适用就该物引起纠纷的人的住所地的法律，这就是所谓的属物法（les statuts réels）。相反，当人们之间就其他问题引起纠纷时，人们应当适用人的住所地的法律，不应当适用物之所在地的法律，这就是所谓的属人法（les statuts personnels）。①

除了能够决定物的分类和法律的适用之外，场所是否还具有其他的作用？如果有，场所所具有的其他作用是什么？民法学者少有说明。事实上，在民法领域，除了具有上述两个方面的作用之外，场所还有其他方面的作用，尤其是在某些人格权领域，场所也能够起到非常大的作用。例如，在法国的名誉权和名誉侵权责任领域，人们就明确区分不同的场所，即固有性质的公共场所（lieux publics par nature）、目的性的公共场所（lieux publics par destination）和偶然性的公共场所（lieux publics par accident）。因为，法国民法虽然认为，行为人对他人名誉权的侵犯以他人在公共场所实施具有名誉毁损性的陈述作为必要条件，但是，行为人作出陈述的公共场所不同，则他们承担名誉侵权责任的法律构成要件不同。②

例如，在美国的隐私权和隐私侵权责任领域，场所直接决定着隐私权和隐私侵权责任性质的不同。当行为人侵扰他人具有隐逸性质的场所并因此导致他人的隐私权遭受侵犯时，他们所实施的隐私侵权行为构成侵扰他人安宁的隐私侵权行为，在符合该种隐私侵权行为的构成要件的情况下，行为人应当对他人遭受的损害承担赔偿责任。③

不过，除了上述影响之外，场所在财产所有权和隐私权领域一直占据着重要的作用，无论是在19世纪末期之前还是在19世纪末期以

---

① M. Dupin, Œuvres de R. J. Pothier, Contenant les Traités du Droit Français, Nouvelle édition tome VII, Bruxelles, chez les Éditeurs, Jonker, Ode et Wodon, H. Tarlier, Amsterdam, Chez Les Fréres Diederichs, 1823, pp2 - 5; M. Bugnet, Œuvres de Pothier, Annotées et Mises en Corrélation avec le Code Civil et la Legislation Actuelle, tome I, Paris Henzri Plon Gosse et Marchal, 1861, pp2 - 7.
② 张民安：《无形人格侵权责任研究》，北京大学出版社2012年版，第189页。
③ 张民安主编：《侵扰他人安宁的隐私侵权》，中山大学出版社2012年版。

来均是如此。虽然从古至今,民法均承认人和物的区分理论①,认为人的场所不是人而是物,民法在对人提供保护时也对物提供保护,当行为人侵犯他人的人身时,法律当然责令行为人对他人承担法律责任,当行为人侵犯他人作为物的场所时,法律同样会责令行为人对他人承担法律责任。

民法在对人提供保护时为何也会对作为财产的场所进行保护?这是因为,人虽然是权利主体,人的场所虽然是物,但是,所有的人均须生活在一定的场所当中,尤其是均需生活在其住所、住宅也就是家当中,如果没有场所的存在,尤其是如果没有住所、住宅或者家的存在,则人便无法工作、无法生活,更无法生存。换言之,场所是人们工作、生活、生存的场所,尤其是,人的住所、住宅也就是家是他们安身立命、休养生息的地方。事实上,场所能够离开人,而人则根本无法离开场所,不在任何场所工作、生活或者生存的人是无法想象的,所有人均须工作、生活或者生存在某种场所当中。

问题在于,当人工作、生活或者生存在某种场所中时,人对其工作、生活或者生存的场所是否享有权利?如果他们对这些场所享有权利,他们所享有的权利究竟是什么?在20世纪60年代之前,人们在对这样的问题作出回答时会明确区分场所的不同性质,认为人的所有场所均可以分为两类,即公共场所和私人场所:当他人工作和生存的场所是公共场所时,则他们除了不对这些场所享有财产所有权之外,也不对这些场所享有隐私权,当行为人侵犯他人在这些场所的所作所为时,他们无须对他人承担民事责任;而当他人生活的场所在性质上属于私人场所时,则他们除了对这些场所享有财产所有权(或者承租权)之外,还会对这些场所享有隐私权。当行为人侵犯他人在这些场所的所作所为时,则他们应当对他人承担民事责任。这就是公共场所和私人场所的区分理论。此种区分理论长久以来均为两大法系国家的法律所固守。不过,20世纪60年代以来,随着新科技的大量出现和广泛使用,公共场所和私人场所的区分理论开始受到冲击,人们在某种隐私权领域开始放弃传统民法所采取的规则,不再坚持公共场所无隐私的规则,开始认定他人对其在公共场所的所作所为享有隐私

---

① 张民安:《法国民法》,清华大学出版社2015年版,第132—134页。

权的理论。

三、公共场所和私人场所的区分理论

（一）场所的界定

在民法上，人们首先面临的一个主要问题是，场所如何界定和场所如何分类。在当今两大法系国家，尤其是在当今英美法系国家，虽然民法学者普遍在他们的民法著作当中讨论场所所有权（场所承租权）和场所隐私权的问题，但是，无论是在讨论场所所有权时还是在讨论场所隐私权时，他们均没有对场所作出明确的界定。例如，虽然美国学者 Jerry Kang 在其《网络交易当中的信息隐私权》里明确将场所隐私权看作三种类型的隐私权之一，但是，他并没有对场所隐私权当中的场所作出明确界定。① 再例如，虽然美国学者 Ken Gormley 在其《美国隐私权的百年历程》当中对《美国联邦宪法第四修正案》（以下简称《第四修正案》）所保护的场所隐私权作出了详细的阐述，但是，他并没有对场所隐私权当中的场所作出任何说明。②

这些学者为何不对场所隐私权当中的场所作出明确的界定？他们并没有作出任何解释。笔者认为，这些学者之所以不对场所这一概念作出明确的界定，其主要原因有二：其一，什么是场所，什么不是场所，人们能够轻易作出判断，无须民法学者作出界定。其二，虽然民法学者经常在其民法著作当中使用场所这一术语，但是，场所并不是一个法律术语。因为这样的原因，法国民法学者 Gérard Cornu 虽然在其《法律词语》当中对"公共场所"作出了界定，但是，他并没有对"场所"作出界定。③

在法国，"场所"的法语词汇是"lieu"，它源自拉丁文

---

① Jerry Kang, Information Privacy in Cyberspace Transactions, (1997—1998) 50 Stan. L. Rev. 1193, p1202；杰瑞·康：《网络交易当中的信息隐私权》，韩林平译，载张民安主编：《信息性隐私权研究》，中山大学出版社 2014 年版，第 63 页。

② Ken Gormley, One Hundred Years of Privacy, (1992) Wis. L. Rev. 1335, pp1357–1374；肯·高米莉：《美国隐私权的百年历程》，黄淑芳译，载张民安主编：《美国当代隐私权研究》，中山大学出版社 2013 年版，第 118—134 页。

③ Gérard Cornu, Vocabulaire Juridique, 10e édition, puf, p615.

"locus"。《法国词典》对其作出的解释有二：其一，物的某种空间位置。其二，等同于 endroit、localité、local 和 édifice 的含义，是指所在地、地方、地点、处所、房间、建筑、建筑物。① 在英美法系国家，"场所"的英文表达或者是"physical space"，或者是"space"，或者是"place"。在讨论隐私权尤其是公共场所的隐私权时，英美法系国家的不同学者所使用的术语并不完全相同。在英美法系国家，"space"这一术语的含义多种多样，它或者是指"空间""空地"，或者是指"开阔地"。② 在英美法系国家，"place"这一术语的最主要含义是指地点、位置、地方。③ 在我国，《现代汉语词典》对"场所"作了最简单的解释，认为所谓"场所"，是指活动的场所，例如公共场所和娱乐场所。④

事实上，即便民法学者经常在其民法著作当中使用"场所"这一术语，"场所"这一术语也并不是一个法律术语，它仅仅是一个日常用语。这一点在任何国家均是相同的，包括在法国法、英美法系国家和我国均是如此，这就是两大法系国家的学者很少在他们的民法著作当中对"场所"作出明确界定的原因，已如前述。既然"场所"仅仅是一种日常用语，则人们就无须像他们在其民法著作当中对"隐私"或者"隐私权"作出界定时那样字斟句酌，因为"隐私"和"隐私权"属于法律上的术语，而不仅仅是一种日常用语。⑤

基于上述考虑，笔者认为，所谓"场所"，是指人所处的地方、地点、处所和空间。一方面，场所是指某一个地方、地点、处所和空间。如果不是任何地方、地点、处所或者空间，则无所谓"场所"。另一方面，场所并不是指物的某种空间位置，而是指人所处的地方、

---

① http://www.larousse.fr/dictionnaires/francais/lieu/47076?q=lieu#47003.
② 《牛津高级英汉双解词典》（第6版），商务印书馆、牛津大学出版社2004年版，第1681页。
③ 《牛津高级英汉双解词典》（第6版），商务印书馆、牛津大学出版社2004年版，第1303页。
④ 《现代汉语词典》（第5版），商务印书馆2008年第5版，第156页。
⑤ 丹尼尔·J.索洛韦伊：《隐私权的定义》，黄淑芳译，载张民安主编：《美国当代隐私权研究》，中山大学出版社2013年版，第1—67页；乔纳森·卡恩：《作为身份维持原则的隐私》，王梓棋译，载张民安主编：《美国当代隐私权研究》，中山大学出版社2013年版，第68—99页。

地点、处所或者空间位置。因此，即便是某种地方、地点、处所和空间，如果它们并不是人所处的地方、地点、处所和空间，而是物所在的地方、地点、处所和空间，它们仍然不是场所。总之，虽然场所是指任何地方、地点、处所和空间，但是，场所也仅仅是指人所处的所有地方、地点、处所和空间。因为住所、住宅是人所处的地方、地点、处所和空间，因此，人的住所、住宅是场所。因为人的庭院、开阔地是人所处的地方、地点、处所和空间，因此，庭院和开阔地也是场所。因为机动车是人所处的地方、地点、处所和空间，因此，机动车也是场所。

（二）公共场所和私人场所的分类

在民法上，虽然人的场所多种多样，但是，人们习惯上根据场所是否能够为世人、社会公众随意进出的不同将人的场所分为两种，这就是公共场所（lieu public，public place，public space）和私人场所（lieu privée，private，placeprivate space）。此种分类年代久远，至少在17世纪时就已经被人们所确立，因为，早在17世纪，被誉为《法国民法典》之祖父的 Jean Domat 就在其著名的学术著作《自然秩序当中的民法》里就使用了公共场所和私人场所的概念。

1. 民法学者在17世纪对公共场所和私人场所的区分

在1689—1697年之间，Jean Domat 出版了其五卷本的《自然秩序当中的民法》（Les Lois Civiles dans Leur Ordre Naturel）。[①] 在该著作当中，他明确指出，如果某种场所在性质上属于公共场所，则这些场所在性质上属于公共财产（choses publiques），它们不得进入流通领域（hors du commerce），只能够由所在城市或者其他地方的居民共同使用。[②] 因此，根据反面解释的规则，Jean Domat 实际上也认为，如果某种场所在性质上属于私人场所，则这些场所就属于私人财产，它们能够进入流通领域，不得由所在城市或者其他地方的居民共同使

---

① Armand-Gaston Camus M. Dupin, Profession D'avocat, Bibliothèque Choisie de Livres de Droit, t. 2, 5ème éd, Paris, Alex-Gobelet, 1832, p322.

② Jean Domat, Œuvres Complètes de J. Domat, Nouvelle édition par Joseph Rémy, tome 1, Paris, Firmin Didot Père et Fils, 1828, p115.

用,只能够由对该种私人场所享有所有权的人进行排他性使用。

2. 民法学者在 19 世纪中后期对公共场所和私人场所的区分

在 19 世纪中后期,民法学者仍然明确区分公共场所和私人场所,至少在法国的隐私权和隐私侵权责任制度当中是如此。因为在 19 世纪中后期,法国民法学者在讨论私人生活受尊重权的保护时明确区分私人场所和公共场所:当他人的生活发生在其家庭内部时,也就是,当他人的生活发生在私人场所时,则他人在这些场所所发生的生活就是私人生活,新闻媒体应当尊重他人在其家中所发生的生活,不得擅自在其报纸杂志上公开他人的家庭生活、私人生活,否则,应当遭受刑事制裁和民事制裁。相反,当他人的生活发生在其家庭之外时,也就是,当他人的生活发生在公共场所时,则他人在这些场所所发生的生活不属于其私人生活,新闻媒体能够在它们的报纸杂志上公开其生活。

例如,在 1869 年的《新闻自由法》当中,Rousset 就明确区分私人场所和公共场所,他指出:"根据立法者在立法会所进行的讨论当中所表达的观念,我认为,该条所规定的私人生活似乎应当限定在他人在其家庭当中所实施的行为或者所发生的事实的范围之内,是指他人在其不可侵犯的住所当中所进行的生活,此种生活从他人的家门口开始一直到他人在其家庭生活当中所进行的亲密活动;换言之,私人生活也就是家庭内部生活的同义词。"① "在他人的私人生活之外,他人所享有的生活则是其家庭外部生活,他人的家庭外部生活属于社会生活,而社会生活则属于世人。因此,如果他人的生活发生在大街小巷上,如果他人的生活发生公共庆祝活动当中,如果他人的生活发生在公共场所,如果他人的生活发生在赛马场,如果他人的生活发生在杂技表演场,如果他人的生活发生在戏院,如果他人的生活发生在沙龙当中,或者如果他人的生活发生在教堂、寺院里面,则他人的这些生活均不属于私人生活。当他人来到这些地方干着自己的勾当时,当他人来到这些地方炫耀他人非法获得的财富时,如果《完全巴黎》(*Tout Paris*)将他人在这些场所所进行的这些行为公开,则他人不得

---

① M. Gustave Rousset, Code Général des Lois sur la Presse et Autres Moyens de Publication, Imprimerie et Librairie Générale de Jurisprudence, 1869, p71.

主张法国1868年法律第11条的保护,因为他们的这些行为已经从被围墙隔离的生活当中走了出来。"①

3. 民法学者在当今社会对公共场所和私人场所的区分

在当今两大法系国家,民法学者普遍区分公共场所和私人场所。在法国,民法学者明确区分公共场所和私人场所,因为他们认为,当他人身处公共场所时,他人不享有私人生活受尊重权,而当他人身处私人场所时,则他人享有私人生活受尊重权,因为他人在其私人场所的生活属于《法国民法典》第9条所规定的私人生活。例如,Raymond就采取此种理论,他指出:"原则上,他人的私人生活不是发生在公共场所的生活。正如某种职业场所是一种公共场所一样(当然,在特殊情况下,职业场所也是私人场所),他人的饭厅、商场的后部、他人的办公室、他人的医务室或者他人的病房等则是他人的私人场所。"②

在英美法系国家,民法学者也同样区分公共场所和私人场所,因为他们认为,当他人身处公共场所时,政府执法人员就能够对他们实施搜查行为,无须根据《美国联邦宪法第四修正案》的规定持有搜查令;反之,当他人身处私人场所时,则政府执法人员不得对他们实施搜查行为,除非他们根据《美国联邦宪法第四修正案》的规定获得了搜查令,或者虽然没有搜查令,但是,他们符合美国联邦最高法院在其司法判例当中所确立的各种各样的例外情况,否则,他们实施的搜查行为就会侵犯他人所享有的隐私权。

例如,美国学者Orin S. Kerr就采取此种理论。他指出,政府内部空间监控行为和外部空间监控行为的区分是《美国联邦宪法第四修正案》最基本的一个区分,因为《美国联邦宪法第四修正案》规范了政府在刑事调查中可以进行的搜查行为和扣押行为。根据这一区分,一方面,政府无须合理根据或者搜查令就可以实施外部空间监控行为。只要犯罪嫌疑人的行为是在户外进行的,这一行为就不受

---

① M. Gustave Rousset, Code Général des Lois sur la Presse et Autres Moyens de Publication, Imprimerie et Librairie Générale de Jurisprudence, 1869, p71.
② Guy Raymond, Droit Civil, 2e éditon, litec, p88;张民安:《法国的隐私权研究》,载张民安主编:《隐私权的比较研究》,中山大学出版社2013年版,第159页。

《美国联邦宪法第四修正案》的保护。根据当前的规则,公民在公共场所中不享有"合理隐私期待"。因此,警察就可以搜查那些暴露于公众视野的任何证据。警察可以理所当然地行进在公共道路上,可以观察其他公众可以看见的任何事物。他们可以穿越"开放领域",即使这片开放领域属于犯罪嫌疑人的财产。警察唯一不能进入的一片开放领域是公民的住宅"后院",因为"后院"紧靠着住宅,人们站在后院就可以透过窗户看到住宅内部的情况。① 另一方面,警察进入内部空间进行调查的行为经常构成《美国联邦宪法第四修正案》意义上的搜查行为。警察进入一栋住宅、一辆轿车或者打开一个密闭袋都被认为是一项搜查行为,根据《美国联邦宪法第四修正案》的规定,警察进行这样的搜查行为必须具备搜查令或者合理根据。当然,规则总有例外。如果某个公民被合法地从其住宅中驱逐出去,或者他的一封信件正在受到邮局的检查,那么警察这时实施搜查行为就不需具备搜查令或者合理根据了。但是在大多数情况下,内部空间还是受到《美国联邦宪法第四修正案》保护的。根据当前规则,公民在内部空间享有"合理隐私期待",即使该公民与别人分享了这片空间而具有较少的隐私。在物理世界中,《美国联邦宪法第四修正案》提供保护的分界线是内部空间与外部空间的分界线。警察可以毫无限制地在外部空间调查犯罪事实,但是警察在内部空间或者封闭空间进行的调查行为却受到诸多限制。②

当警察利用肉眼在物理世界进行调查时,内部空间与外部空间的区别就会更加明显。外部空间暴露于公众视野,警察可以利用他们的眼睛在外部空间进行观察。然而,内部空间或者封闭空间隔绝于公众视野,警察不能用肉眼去观察内部空间。为了看到障碍物后面的内部

---

① Orin S. Kerr, Applying the Fourth Amendment to the Internet: a General Approach, (2009—2010) 62 Stan. L. Rev. 1005, p1010;奥林·S. 科尔:《美国联邦宪法第四修正案在互联网领域的适用:一般原则》,王垚译,载张民安主编:《隐私合理期待分论》,中山大学出版社2015年版,第151页。

② Orin S. Kerr, Applying the Fourth Amendment to the Internet: a General Approach, (2009—2010) 62 Stan. L. Rev. 1005, pp1010-1011;奥林·S. 科尔:《美国联邦宪法第四修正案在互联网领域的适用:一般原则》,王垚译,载张民安主编:《隐私合理期待分论》,中山大学出版社2015年版,第151页。

空间,警察不得不闯入住宅、撬开汽车车门、撕开信件或者打破那些阻碍他们观察内部空间的一切障碍物。①

这一分界线保证了《美国联邦宪法第四修正案》保护的平衡功能。② 若《美国联邦宪法第四修正案》保护公民的所有行为,那么警察就很难开展调查,如果是这样的话,即使行走在大街上,警察也需要一项合理根据。另一方面,如果《美国联邦宪法第四修正案》不保护公民的任何行为,那么我们就可能遭受政府任意侵入我们的住宅或者私人空间的侵犯行为。而内部空间-外部空间的分界线刚好为第四修正案提供了一个中立立场。警察可以观察公民在公共场所的行为,但是他们却不能进入公民隐藏其私人信息的内部场所。③

(三)公共场所和私人场所的界定

在当今两大法系国家,虽然民法学者普遍承认公共场所和私人场所的区分理论,认为人所处的场所直接决定了他们是否应当受到法律的保护以及所保护的程度,但是,除了少数学者之外,几乎没有任何学者对公共场所或者私人场所作出界定。

1. 两大法系国家的大多数学者均不对公共场所和私人场所作出明确界定

在法国和美国,虽然民法学者经常在私人生活受尊重权和隐私的合理期待领域论及公共场所和私人场所的区分,但是,他们几乎都不对公共场所或者私人场所作出界定。因此,什么场所属于公共场所,什么场所属于私人场所,法国或者美国的民法学者并没有作出清晰的回答。在论及公共场所和私人场所时,两大法系国家的民法学者为何

---

① Orin S. Kerr, Applying the Fourth Amendment to the Internet: a General Approach, (2009—2010) 62 Stan. L. Rev. 1005, p1011;奥林·S. 科尔:《美国联邦宪法第四修正案在互联网领域的适用:一般原则》,王垚译,载张民安主编:《隐私合理期待分论》,中山大学出版社 2015 年版,第 151—152 页。

② See Orin S. Kerr, The Case for the Third-Party Doctrine, 107 Mich. L. Rev. 561, 574-75 (2009).

③ Orin S. Kerr, Applying the Fourth Amendment to the Internet: a General Approach, (2009—2010) 62 Stan. L. Rev. 1005, pp1010-1011;奥林·S. 科尔:《美国联邦宪法第四修正案在互联网领域的适用:一般原则》,王垚译,载张民安主编:《隐私合理期待分论》,中山大学出版社 2015 年版,第 152 页。

不对公共场所和私人场所作出明确的界定？在当今两大法系国家，几乎没有人对这样的问题作出回答。笔者认为，民法学者之所以不对这样的问题作出回答，是因为这样的问题难于回答，如果民法学者对这样的问题作出了回答，他们可能会担心其作出的回答无法让人满意。

在民法上，公共场所和私人场所的区分似乎一目了然，因为，即便人们对法律一窍不通，即便人们对私人生活受尊重权或者隐私的合理期待理论不闻不问，他们单凭直觉就会知道，法国巴黎的协和广场、美国华盛顿的国家广场、北京的天安门广场和广州的花城广场在性质上属于公共场所，因为人们单凭直觉就知道，所有人均能够自由进出这些场所。同样，单凭直觉、常识，人们就会知道，他人的住所、住宅、庭院在性质上属于其私人场所，除非获得他人的同意，否则，所有人均不得自由进出这些地方。

不过，人们身处的场所除了各种各样的广场、机场、住所、住宅和庭院之外还包括其他的场所，诸如医院的病房、商场的试衣间、小汽车的乘坐空间以及办公室的抽屉等。问题在于，广场、机场、住宅和庭院之外的这些场所究竟是像广场、机场一样的公共场所还是像住所、住宅和庭院一样的私人场所？判断场所究竟是公共场所还是私人场所的标准是什么？事实上，对这些问题很难作出明确的回答。因此，民法学者虽然在他们的著作当中论及公共场所和私人场所的区分理论，但是，他们仍然回避什么是公共场所、什么是私人场所的问题，不对公共场所或者私人场所作出明确的界定。

例如，医院当然应被看作公共场所，但是，医院的病房究竟是公共场所还是私人场所？如果医院的病房仅有一个病人居住，该病人的病房在性质上属于公共场所还是私人场所？如果医院的病房有两个或者两个以上的病人居住，他们的病房在性质上究竟属于公共场所还是私人场所？再例如，他人的住所当然应被看作私人场所，但是，当他人将其住所看作接待亲朋好友的地方时，他人的住所在性质上究竟是私人场所还是公共场所？当他人将其住所同时看作家庭生活的场所和医疗诊所时，他人的住所在性质上是公共场所还是私人场所？

如果说在20世纪90年代之前公共场所和私人场所的区分是一件不可能的事情的话，则20世纪90年代以来，公共场所和私人场所的区分则更是难上加难，因为，随着20世纪90年代以来互联网的快速发展和普遍使用，人们在广场、机场、住所、住宅和庭院等场所之外形成了新的场所，这就是所谓的"网络空间"（cyberspace）。"网络空间"（cyberspace）是对将消费类电子产品、电子计算机以及通信网络这类连接世界的媒介的简称。该媒介传递的是信息，这些信息支撑着我们的电话、无线电台、电视、寻呼机、传真机、卫星天线以及计算机网络的正常运行。随着社会的发展，通信基础设施的改革，尤其是互联网的爆炸式发展，人们制造、获取、传播和使用信息的方式已经从根本上发生了改变。[1]

这一改变给我们带来的益处是巨大的。当今社会，数字化图书馆为人们提供了大量的资源，无论身在何地，人们都有可能获得来自世界各地的资源信息。远程医学诊疗使得病人获得远在世界其他地区的专家的治疗或者医学建议成为可能。购物和娱乐也能够在网上商城和虚拟礼堂中瞬间完成。人们讨论社会热点问题的场所也转至网络论坛，显然地域上的距离早已不再对人们的交流形成障碍。[2] 然而，人们获得这些好处并不是没有代价的，因为，当他们通过网络空间将这些事务高效、快速、廉价地完成的同时，他们可能会在网络空间当中留下各种各样的、能够被网络运营商轻易获得的各种各样的信息。当政府执法人员希望对他人进行侦查时，他们能够收集、整理和汇编他人在网络空间所留下的各种各样的信息并因此让他人在现实生活当中无处遁形。

因此，在当今社会，人们除了在现实的商场购买货物之外也会在网上购买货物，除了会在现实的书店阅读图书之外也会在网上阅读图书，除了会在现实的电影院观看电影之外也会在网上观看电影，等等。当人们在网上购物、在网上阅读图书或者在网上观看电影时，他们所进行的此类活动就属于在"网络空间"所进行的活动。问题在于，他们在其中进行这些活动的这些"网络空间"究竟是公共场所

---

[1] Jerry Kang, Information Privacy in Cyberspace Transactions, 50 Stan. L. Rev. 1193, p1195; 杰瑞·康：《网络交易中的信息隐私权》，韩林平译，载张民安主编：《信息性隐私权研究》，中山大学出版社2014年版，第57页。

[2] Jerry Kang, Information Privacy in Cyberspace Transactions, 50 Stan. L. Rev. 1193, pp1195-1196; 杰瑞·康：《网络交易中的信息隐私权》，韩林平译，载张民安主编：《信息性隐私权研究》，中山大学出版社2014年版，第57—58页。

还是私人场所？在各种各样的"网络空间"当中，他人的哪些"网络空间"在性质上属于公共场所，他人的哪些"网络空间"在性质上属于其私人场所？区分"网络空间"究竟是公共场所还是私人场所的标准是什么？他人的"网络空间"同现实的物理空间之间是否存在差异？如果它们之间存在差异，那它们之间的差异有哪些？这些差异对法律的适用是否产生影响？如果能够产生影响，它们之间的差异所产生的影响有哪些？在民法上，即便是对隐私权的理论了如指掌的学者似乎也无法对这些问题作出清晰的回答。①

2. 法国民法学者 Gérard Cornu 和美国学者 Andrew Jay McClurg 对公共场所作出的简单界定

因为公共场所和私人场所难于界定，因此，两大法系国家的大多数学者均没有对这两个概念作出界定。不过，虽然难于界定，但仍然有少数学者对这些概念作出了明确界定。在法国，民法学者 Gérard Cornu 在其《法律词语》当中对"公共场所"作出了明确界定，他指出："所谓公共场所，是指对公众开放的场所，是指所有世人均能够不加区分地（indistinctement）进入的场所，是指公权力机关对其享有的行政管理权要比公权力机关对单纯的私人财产享有的行政管理权大得多的场所。"②

根据此种界定，公共场所具有三个特征：其一，对社会公众开放，社会公众被允许进入这些场所。其二，公共场所在对社会公众开放时不会区分不同的社会公众，所有的社会公众均允许进入。其三，在公共场所，公权力机关所享有的公权力是最大的。只有同时具备这三个特征，他人的场所在性质上就属于公共场所。

虽然 Gérard Cornu 在其《法律词语》当中对"公共场所"作出了明确的界定，但是，他并没有在该《法律词语》当中对"私人场所"作出界定。不过，因为"私人场所"是与"公共场所"相对应、相对立的场所，因此，根据 Gérard Cornu 的上述界定的反面，人们似

---

① Orin S. Kerr, Applying the Fourth Amendment to the Internet: a General Approach, (2009—2010) 62 Stan. L. Rev. 1005, pp1005 - 1050；奥林·S. 科尔：《宪法第四修正案在互联网领域的适用：一般原则》，王垚译，载张民安主编：《隐私合理期待分论》，中山大学出版社 2015 年版，第 147—186 页。

② Gérard Cornu, Vocabulaire juridique, 10e édition, puf, p615.

乎也能够对"私人场所"作出界定：所谓私人场所，是指不对公众开放的场所，是指并非所有的世人均能够不加区别地进入的场所，是指公权力机关对其享有的行政管理权要比他们对公共场所享有的公权力小得多的场所。

根据此种界定，私人场所具有三个特征：其一，私人场所不对社会公众开放，社会公众不得进入他人所有的私人场所。其二，他人有权决定哪些人能够进入其私人场所。究竟哪些社会公众能够进入他人的私人场所，应当由他人作出决定：如果他人同意别人进入其私人场所，则别人能够进入他人的私人场所，因为别人此时的进入行为属于合法行为，而如果他人不同意别人进入其私人场所，则别人不得进入，否则，他们的擅自进入行为将构成非法行为，应当对他人承担法律责任。其三，虽然公权力机关对私人场所享有行政管理权，但是，它们享有的行政管理权要比公权力机关对公共场所享有的行政管理权小得多。因为，除非具备某种正当理由，并且履行法律所要求的严格程序，否则，公权力机关不得进入他人的私人场所。一旦具备上述这三个特征，他人的场所在性质上就成为私人场所。

在美国，民法学者 Andrew Jay McClurg 也对"公共场所"作出了简要的界定，在其《打开隐私侵权的闭塞空间：公共场所隐私侵权理论》里，他在其脚注中对"公共场所"作出了说明，他指出："在本篇文章当中，笔者所使用的'公共场所'这一术语泛指允许一个或者几个社会公众进入的任何地方。公共场所包括健康俱乐部、宾馆酒店、商场和其他商事经营场所以及公共公园和公共街道。"①

3. 笔者对公共场所和私人场所作出的界定

笔者认为，Gérard Cornu 对公共场所所作出的上述界定既具有相当的合理性，也具有相当的不合理性，因为区分某种场所是不是公共场所的标准当然是是否允许社会公众的进入。但是，除了是否允许社会公众的进入之外，判断他人的场所是不是公共场所的标准并不是公权力机关对这些场所所享有的行政管理权的大小，而是公权力机关是否能够随意进入。换言之，判断他人的场所究竟是公共场所还是私人

---

① Andrew Jay McClurg, Bringing. Privacy Law Out of the Closet: a Tort Theory of Liability for Intrusions in Public Places, 73 N. C. L. Rev. 989, p991.

场所的标准仅有一个，这就是社会公众和公权力机关是否能够随意进入。

笔者认为，Andrew Jay McClurg 对公共场所作出的上述界定也具有相当的合理性，因为他不仅将是否允诺社会公众的进入作为区分公共场所和私人场所的标准，而且还强调了社会公众的数量，这就是，即便某一个场所允许某一个社会公众进入，则该场所也是公共场所。不过，他的界定也存在一定的问题，因为他仅仅将是否允许社会公众进入作为判断场所性质的标准，没有同时将是否允许政府执法人员的进入作为场所性质的判断标准。

基于这样的原因，笔者根据社会公众和公权力机关是否能够随意进入的不同对公共场所和私人场所作出如下界定：所谓公共场所，是指他人所拥有的、社会公众和权力机关能够随意进入的场所。无论他人拥有的场所是什么，只要社会公众能够随意进入，只要公权力机关能够随意进入，则他人拥有的场所在性质上就属于公共场所。所谓私人场所，是指他人所拥有的、社会公众或者公权力机关不得随意进入的场所。无论他人拥有的场所是什么，如果社会公众不能够随意进入，如果公权力机关不得随意进入，则他人拥有的场所在性质上就属于私人场所。

因此，如果他人的场所在性质上属于公共场所，则除了社会公众的进入无须获得他人的同意之外，公权力机关的进入也无须获得他人的同意，当社会公众或者公权力机关在没有获得他人同意的情况下进入其场所时，他们的进入行为并不构成非法行为，而是合法行为。而他人的私人场所则不同。当他人的场所在性质上属于私人场所时，社会公众是不得进入的，如果他们要进入他人的私人场所，他们应当获得他人的同意，如果他们在没有获得他人同意的情况下进入其场所，则他们的进入行为构成非法行为，应当对他人承担法律责任。除了社会公众不得进入他人的私人场所之外，公权力机关更不得进入他人的私人场所，尤其是不得进入他人的住所、住宅或者庭院。

在法律上，如果公权力机关要进入他人的私人场所，他们或者要经过他人的明示同意，或者要由法律授权，严格履行法律所规定的条件和程序之后才能够进入。如果政府执法人员进行他人的私人场所实施搜查行为或者扣押行为，他们应当严格按照法律规定的条件和程序获得搜查令或者扣押令，或者虽然没有获得搜查令或者扣押令，但是，他们具备了不需要搜查令或者扣押令的某种例外情况。①

总之，在法律上，判断他人的场所在性质上究竟是公共场所还是私人场所，其标准仅有一个，这就是社会公众和公权力机关是否能够自由地、随意地进入他人的场所：如果社会公众和公权力机关能够自由地、随意地进入他人的场所，则他人的场所在性质上属于公共场所；如果社会公众和公权力机关不能够自由地、随意地进入他人的场所，则他人的场所在性质上属于私人场所。当他人的场所属于公共场所时，社会公众能够在不经他人同意的情况下就进入其场所，公权力机关能够在不经他人同意或者在没有获得搜查令的情况下进入他人的场所；反之，如果他人的场所在性质上属于其私人场所，则社会公众和公权力机关均必须在获得他人同意的情况下才能够进入其场所，或者在他人不同意的情况下，公权力机关在获得了法律的授权时才能够进入其场所。

4．私人场所和公共场所的类型

根据上述界定，他人的住所、居所和庭院当然属于其私人场所，因为他人的住所、居所和庭院是社会公众尤其是政府执法人员不得随意进入的地方；他人在宾馆的房间、他人在医院的单独病房、他人在商场试衣服时的试衣间、他人办公室的抽屉、他人在人行天桥底下所搭建的露天卧室也均属于私人场所，因为这些地方均是社会公众尤其是政府执法人员不得随意进入的地方；他人的私家车、他人的私家游艇、他人的旅游房车、他人的私人飞机、他人在火车上的包厢以及他人在电影院、戏院的包厢等也均是他人的私人场所，因为这些地方同样是社会公众尤其是政府执法人员不得随意进入的地方；他人的衣袋、他人的钱包、他人的随身包裹、他人的旅行箱包以及他人的其他密封容器等也属于其私人场所，因为社会公众尤其是政府执法人员不得随意翻查这些场所。他人的电子邮件、网络用户设置了安全账户的

---

① 张民安：《隐私合理期待理论研究》，载张民安主编：《隐私合理期待总论》，中山大学出版社2015年版，第8—11页。

相册、通讯薄、日历、文件；① 他人在其 iPhone 手机当中所存储的电子数据，诸如他人在其 iPhone 内的照片、短消息、通话记录以及上网记录，② 也都属于他人的私人场所，因为社会公众尤其是政府执法人员均不得随意进入这些场所实施搜查行为。

根据上述界定，机场、汽车站、火车站、码头以及各种各样的广场均属于公共场所，因为社会公众尤其是政府执法人员能够随意进入这些场所，不管他们进入这些场所的目的是什么。医院、学校、商场、宾馆、银行、酒店、政府机构等履行公共职责或者对社会公众提供服务的机构所在地属于公共场所，因为社会公众尤其是政府执法人员能够随意进入这些地方。飞机、火车、公共汽车、轮船等公共交通运输工具属于公共场所，因为社会公众和政府执法人员也能够随意进入这些地方。街道、马路、步行街以及其他的空旷场所属于公共场所，因为社会公众和政府执法人员均能够随意进入这些地方；公园、海滩、草原、山川湖泊等旅游场所属于公共场所，因为社会公众和政府执法人员均能够随意进入，无论他们是通过免费方式还是通过购票方式进入。

不过，根据上述界定，私人场所与公共场所之间的关系也并非是绝对的、不可逆转的。事实上，根据上述界定方式，私人场所和公共场所之间的区分仅仅是相对的，它们之间是能够逆转的，这表现在三个方面：

其一，原本属于私人场所的场所能够转换为公共场所。即便他人的场所在性质上属于私人场所，如果他人允许社会公众尤其是政府执法人员随意进入其私人场所，则其私人场所即因此变为公共场所。例如，如果他人将其住所、居所改为商店、诊所，则他人的住所、居所即从私人场所变为公共场所，因为在此时，社会公众和政府执法人员能够随意进入这些场所。

---

① 戴维·A. 库里莱德：《云计算时代的合理隐私期待》，凌玲译，载张民安主编：《隐私合理期待分论》，中山大学出版社 2015 年版，第 216—242 页；奥林·S. 科尔：《宪法第四修正案在互联网领域的适用：一般原则》，王垚译，载张民安主编：《隐私合理期待分论》，中山大学出版社 2015 年版，第 147—186 页。

② 亚当·M. 格肖维茨：《iPhone 时代的合理隐私期待》，马志健译，载张民安主编：《隐私合理期待分论》，中山大学出版社 2015 年版，第 243—264 页。

其二，原本为公共场所的场所也能够转换为私人场所。即便他人的场所在性质上属于公共场所，如果他人不再允许社会公众或者政府执法人员擅自进入，则他人的公共场所即变为私人场所。例如，如果他人将其商店、诊所改为住所、居所，则他人的商店、住所就变为私人场所，因为在此时，社会公众或者政府执法人员不得再随意进入。

其三，不同时期的场所性质。同一个场所，在不同时期的性质不同：在某些时候，他人的场所在性质上属于公共场所，而在另外的时候，他人的同一场所则在性质上属于其私人场所。他人的同一场所之所以在不同时期属于不同性质的场所，是因为在某一个时期，他人允许社会公众和政府执法人员进入其场所，而在另外一个时期，他人则禁止社会公众或者政府执法人员进入其场所。例如，当他人将其住所同时当作诊所时，则他人的住所有时被看作私人场所，有时则被看作公共场所：当他人开门接诊时，他人的场所就丧失了住所的性质，不再属于私人场所；而当他人关门歇诊时，则他人的场所就具有了住所的性质，不再属于公共场所，而属于他人的私人场所，是他人过着家庭生活的地方。

四、私人场所权和公共场所权的界定

当他人身处某一个场所时，他人对其所处的场所是否享有权利？如果他人对其所处的场所享有权利，他人所享有的权利在性质上属于什么权利？对此问题，两大法系国家的学者普遍没有作出一般性的说明，即便他们在私人生活受尊重权或者隐私权领域对这样的问题作出了说明。

（一）场所权的界定

笔者认为，当他人身处某一个场所时，无论他人所处的场所在性质上是公共场所还是私人场所，他人均享有一定的权利，表现在两个方面：其一，当他人身处某种场所时，他人享有要求行为人尊重其所在场所的权利，行为人不得随意干涉他人所处的场所，否则，行为人的干涉行为将构成侵权行为，应当对他人承担法律责任。其二，当他人身处某种场所时，他人享有按照自己的意愿作出任何行为的权利，如果他人在此种场所的所作所为没有侵犯其他人的利益或者没有侵犯

公共利益的话，则他人享有要求行为人尊重他人在此种场所的所作所为的权利。

基于此种考虑，笔者认为，所谓场所权，是指他人所享有的要求行为人尊重其所在的场所、不干涉他人在其场所的所作所为的权利。根据他人所处场所的不同，场所权包括两种：私人场所权和公共场所权。

(二) 私人场所权的界定

所谓私人场所权，是指他人所享有的要求行为人尊重其所在的私人场所、不干涉他人在其私人场所的所作所为的权利。当他人身处私人场所时，当他人在私人场所实施任何行为或者从事任何活动时，他人均有权要求行为人予以尊重，均有权要求行为人不得将其在私人场所的所作所为予以公开，除非他人在私人场所的所作所为在性质上属于其公共生活的组成部分，或者除非他人在私人场所的所作所为关乎社会公共利益，否则，当行为人将他人在私人场所上的所作所为公开时，他们的公开行为将构成非法行为，应当对他人承担法律责任。

例如，当他人在其住所内赤身裸体时，他人当然有权要求别人尊重其在住所内赤身裸体的行为，行为人既不得擅自进入他人的住所内观看其赤身裸体，也不得擅自将他人在其住所内赤身裸体的行为予以公开，更不得直接将他人在其住所内的赤身裸体偷拍下来并公开。但是，如果他人是政府官员，当他人在其住所内与其情妇幽会时，或者当他人在其住所内接受别人的贿赂时，则行为人有权进入他人的住所并因此将他人与其情妇幽会、收受别人贿赂的信息公开，因为在此时，行为人在其住所当中所为的行为关乎社会公共利益。[1]

(三) 公共场所权的界定

所谓公共场所权，是指他人所享有的要求行为人尊重其所在的公共场所、不干涉他人在公共场所的所作所为的权利。当他人身处公共场所时，当他人在公共场所实施任何行为或者从事任何活动时，他人均有权要求行为人予以尊重，均有权要求行为人不得将其在公共场所

---

[1] 张民安：《无形人格侵权责任研究》，北京大学出版社2012年版，第576—578页。

的所作所为予以公开,除非他人在公共场所的所作所为在性质上属于其公共生活的组成部分,或者除非他人在公共场所的所作所为关乎社会公共利益。否则,当行为人将他人在公共场所的所作所为公开时,他们的公开行为将构成非法行为,应当对他人承担法律责任。

例如,当他人在公园的板凳上阅读黄色刊物时,行为人应当尊重他人在公共场所的所作所为,因为,他人在公共场所阅读黄色刊物的行为并没有侵犯别人享有的权利,也没有侵犯社会公共利益,因此,包括政府执法人员在内的所有行为人均应当尊重。但是,当他人在公共场所贩卖黄色刊物时,则行为人无须尊重他人在公共场所的所作所为,因为行为人在公共场所贩卖黄色刊物的行为侵犯了社会的公共利益,除了一般社会公众能够予以举报之外,政府执法人员也能够采取行动,将他人绳之于法。

(四)场所权的不同性质

虽然他人既享有私人场所权也享有公共场所权,但是,他人的私人场所权和公共场所权的性质并不完全相同。总的说来,当他人享有的场所权在性质上属于其私人场所权时,则他人的场所权或者被视为私人生活受尊重权和隐私权,或者被视为财产所有权、承租权、占有权,也就是财产权。而当他人的场所权在性质上属于公共场所权时,则他人的场所权并不会被视为财产权,而仅仅会被视为私人生活受尊重权和隐私权,这就是公共场所的私人生活受尊重权和公共场所隐私权。笔者仅仅在此处讨论私人场所隐私权的问题,关于公共场所隐私权的问题,笔者将在《公共场所隐私权研究》[①]当中作出详细的讨论,此处从略。

如果他人的场所在性质上属于其公共场所,当行为人进入其公共场所时,他们的进入行为当然不属于非法行为,无须对他人承担任何法律责任。相反,如果他人的场所在性质上属于其私人场所,当行为人在没有获得其同意的情况下进入其私人场所时,或者当公权力机关在没有获得法律授权的情况下进入其私人场所时,则他们的进入行为

---

① 张民安:《公共场所隐私权研究》,载张民安主编:《公共场所隐私权研究》,中山大学出版社2016年版,第1—56页。

当然构成非法行为,应当对他人承担法律责任。

问题在于,当行为人擅自进入他人的私人场所时,他们的进入行为究竟侵犯了他人对其场所享有的什么主观权利?对此问题,在20世纪60年代之前,法国法和英美法系国家的法律作出的回答迥异,因为法国法这一时期认为,行为人侵犯了他人对其私人生活受尊重权即隐私权,而英美法系国家的法律则认为,行为人侵犯了他人对其场所所享有的财产所有权或者财产权。而到了20世纪60年代之后,法国法和美国法作出的回答则完全相同,因为到了这一时期,它们均认为,行为人的进入行为侵犯了他人对其场所所享有的私人生活受尊重权和隐私权。而在我国,除了立法者没有对此种问题作出明确规定之外,我国法官和民法学者亦均没有作出具体的说明。

五、法国私人场所权的性质:私人生活受尊重权

在法国,自19世纪中后期开始一直到今天,无论是立法者、法官还是民法学者均认为,当行为人尤其是新闻媒体擅自进入他人的私人场所尤其是住所、住宅时,他们的进入行为以及此后的公开行为在性质上均属于非法行为,因为他们实施的这些行为侵犯了他人享有的私人生活受尊重权,除了应当承担刑事责任之外还应当承担侵权责任,此种侵权责任或者是《法国民法典》第1382条所规定的一般过错侵权责任,或者是《法国民法典》第9条所规定的特殊侵权责任。法国立法者、法官和民法学者之所以将行为人侵入他人私人场所尤其是住所、住宅的行为看作侵犯他人私人生活受尊重权的行为,是因为他们认为,私人生活是发生在私人场所的生活,不是发生在公共场所的生活,尤其是私人生活发生在他人的住所、住宅当中,当行为人擅自进入他人的私人场所尤其是住所、住宅时,他们的进入行为当然就侵犯了他人享有的私人生活受尊重权。

例如,早在19世纪中后期,法国学者Josseau就采取此种理论,他指出:"因此,如果我是某一栋房屋的所有权人,我当然有权将我的房屋的大门关起来,不过,我其实弄错了,我根本就没有必要将我们的房屋大门关起来,因为,即便我不将我的房屋大门关起来,我也能够随心所欲地、任意地禁止社会公众进入我的房屋内,我也能够反对社会公众踏入我的土地,即便我也知道,别人踏进我的土地并不会

让我遭受任何损失。我之所以能够反对别人经过我的土地，是因为我对该土地享有权利，我根据我对该幅土地所享有的权利来反对别人踏入我的土地，这就够了。"① "因此，如果涉及我们的私人生活，包括涉及我们的家庭生活，我们的夫妻生活，我们未成年子女的生活以及比我们所占有的土地要好 100 倍的财产而言，我们怎么可能会允许新闻媒体的记者在没有使命（sans mission）或者权力（sans autorité）的情况下擅自越过我们家的门槛而进入我们家中！我们怎么可能会允许新闻媒体的记者对我们在家中的亲密生活（la vie intime）、我们在家中的所作所为和我们的家庭生活习惯进行明察细探！我们怎么可能会允许新闻媒体的记者将我们在家中的亲密生活、我们在家中的所作所为和我们的家庭生活习惯公之于众！我们怎么可能会允许新闻媒体的记者将我们在家中的亲密生活、我们在家中的所作所为和我们的家庭生活习惯对公众进行恶意披露！一句话，我们怎么可能让新闻媒体的记者强占我们最为珍贵的利益呢！"②

如今，法国民法学者仍然采取此种理论。例如，Raymond 就采取此种理论，他指出："一般而言，属于私人生活范围的家庭生活包括家庭成员彼此之间所存在的各种关系，无论此种家庭关系是合法的家庭关系还是非婚生子女与其亲生父母之间的家庭关系。家庭成员共同居住的住所或者居所属于私人生活的范围，因此，如果行为人在没有取得他人同意的情况下拍摄他人住所，其行为就侵犯了他人的私人生活。即便行为人在拍摄他人住所时故意遮蔽他人的住所，他们的行为也侵犯了他人的私人生活。"③

再例如，Alain Bernard 也采取此种理论，他指出："欧洲人权与基本自由公约第 8 条对他人的住所作出了规定，认为他人的住所免受侵犯。实际上，他人的住所为他人的私人生活当中亲密关系的保护提

---

① M. Gustave Rousset, Code Général des Lois sur la Presse et Autres Moyens de Publication, Imprimerie et Librairie Générale de Jurisprudence, 1869, p70; Jules Godin et al., Journal du Droit Criminel, Paris, Libraires de la Cour de Cassation, 1887, p66.

② M. Gustave Rousset, Code Général des Lois sur la Presse et Autres Moyens Pe publication, Imprimerie et Librairie Générale de Jurisprudence, 1869, pp70 – 71.

③ Guy Raymond, Droit Civil, 2e éditon, litec, p88; 张民安:《法国的隐私权研究》，载张民安主编:《隐私权的比较研究》，中山大学出版社 2013 年版，第 169 页。

供了自然的屏障。因为这样的原因，他人的住所当然获得《法国民法典》第9条的保护，无论该条对其保护是主要的保护还是次要的保护。行为人既不得搜查他人的住所，也不得公开他人的住所，因为他人对其住所享有安宁地生活的权利，但行为人公开他人的住所时，他人的生活安全就可能受到威胁。此外，他人的住址，他人建筑物的外部以及他人建筑物的内部均受到《法国民法典》第9条的保护。"①

六、美国私人场所权的性质：从私人场所财产权到私人场所隐私权

（一）私人场所财产权

在英美法系国家，如果行为人尤其是政府执法人员在没有任何正当理由的情况下进入他人的私人场所尤其是其住所、住宅，则他们的进入行为长久以来均被视为非法行为，因为他们所实施的进入行为被认为侵犯了他人对其私人场所享有的财产所有权或者财产权。此种规则源远流长，其目的在于保护公民的住所或者其他财产免受政府执法人员的随意进入、随意搜查或者随意扣押。

在历史上，虽然政府执法人员侵犯公民财产所有权的方式多种多样，但是，最主要的方式就是凭借一般搜查令（general search warrants）对公民的房屋、文件或者其他具有秘密性质的场所实施搜查行为和扣押行为。② 早在1335年，英国国会就将搜查权与扣押权授予港口城市的旅店老板，以便让他们有权对非法的进货款项进行搜查和扣押。③ 在16世纪，英国政府的执法人员普遍使用一般搜查令

---

① Alain Bernard, La Protection de L'intimité par le Droit Privé, p164；张民安：《法国的隐私权研究》，载张民安主编：《隐私权的比较研究》，中山大学出版社2013年版，第169—170页。
② 张民安：《隐私合理期待理论研究》，载张民安主编：《隐私合理期待总论》，中山大学出版社2015年版，第3页。
③ David M. O'Brien, Reasonable Expectations of Privacy: Principles and Policies of Fourth Amendment-Protected Privacy, (1977—1978) 13 New Eng. L. Rev. 662, p673；大卫·M.奥布赖恩：《隐私的合理期待理论研究》，张雨译，载张民安主编：《隐私合理期待总论》，中山大学出版社2015年版，第63页；张民安：《隐私合理期待理论研究》，载张民安主编：《隐私合理期待总论》，中山大学出版社2015年版，第3—4页。

和协助执行令（writ of assistance）来搜查公民的私人财产或者扣押公民的私人财产，使政府执法人员能够对公民实施完全不受任何限制的搜查行为或者扣押行为，因为，根据一般搜查令制度，一旦政府执法人员获得了针对某一个公民的搜查令，他们就能够肆意搜查公民的私人场所，根本不会受到搜查时间、搜查地点或搜查次数的限制，政府执法人员能够在任何时候对公民的任何私人财产实施无数次的搜查行为。①

为了保护公民的住所、住宅免受政府执法人员的随意侵犯，人们开始主张公民住所、住宅的神圣保护理论，认为公民的住所就是其城堡，包括国王在内的所有人均不得随意进入。1647年颁布的《罗德岛法典》（The Rhode Island Code of 1647）就明确规定："他人的住所就是他人自身的、他人家庭成员和他人财物的城堡。"为了反对英国政府执法人员的随意侵入行为，英国政治家William Pitt曾经发表了一段激情洋溢的演说，他宣称："即使是最贫困的公民，他们也可以在其寒舍当中抵挡英国国王的淫威，即使他们的房屋是破败不堪的，即便他们的房屋根基是摇摇欲坠的，即便狂风会吹垮他们的房屋，即便暴雨会淹没他们的房屋，国王也不得擅自侵入他们的房屋。"② 在1761年的Paxton一案③中，James Otis对警察滥用搜查证的行为提出了一段里程碑式的控诉："一个人的住宅就是他的城堡，即使他沉默不语，不动声色，他也是被这座城堡保护的王子。"在1774年的一次陪审委员会中，John Adams警告道："英国人的住所是他们自己的城

---

① 张民安：《隐私合理期待理论研究》，载张民安主编：《隐私合理期待总论》，中山大学出版社2015年版，第4页。

② 张民安：《隐私合理期待理论研究》，载张民安主编：《隐私合理期待总论》，中山大学出版社2015年版，第5页；Ken Gormley, One Hundred Years of Privacy, (1992) Wis. L. Rev. 1335, p1358；肯·高米莉：《美国隐私权的百年历程》，黄淑芳译，载张民安主编：《美国当代隐私权研究》，中山大学出版社2013年版，第119页。

③ Quincy's Reports 51 (Mass. 1761)；大卫·M.奥布赖恩：《隐私合理期待理论》，张雨译，载张民安主编：《隐私合理期待总论》，中山大学出版社2015年版，第63页；张民安：《隐私合理期待理论研究》，载张民安主编：《隐私合理期待总论》，中山大学出版社2015年版，第8页。

堡，法律应该起到加固这个城堡的作用。"①

　　为了保护公民的住所免受政府执法人员的随意侵入，在1765年的著名案件 Entick v. Carringto 一案②当中，英国上议院认为，当政府执法人员凭借一般搜查令对公民的房屋或者文件实施搜查行为时，他们的搜查行为即构成不动产或者动产的侵害行为，应当根据不动产或者动产侵害侵权责任制度承担侵权责任。在作出此种裁判时，Camden 勋爵认为，政府执法人员之所以应当对他人承担侵权责任，是因为人们之所以建立社会，其最大的目的就是要确保他们的财产安全。他们对其财产享有的权利是受到神圣保护的，是在任何情况下均不允许别人接触的（incommunicable），除非公法基于整个社会的公共利益的考虑而剥夺公民享有的财产权，或者除非公民根据私法的规定丧失了他们的财产权。Camden 指出："在没有经过我允许的情况下，任何人均不得踏足我的地面，一旦他们在没有经过我允许的情况下踏足我的地面，则他们应当就其踏足我的地面的行为对我承担侵权责任，即便他们踏足我的地面的行为并没有引起任何损害的发生。"③

　　为了防止美国联邦政府官员也像英国政府官员一样使用一般搜查令对公民的住所、文件或者其他场所进行肆无忌惮的搜查，美国国会在1789年制定了《美国联邦宪法第四修正案》。《美国联邦宪法第四修正案》明确规定：公民对其人身、住宅、文件和财产享有免受无理搜查和扣押的权利。除依照合理根据，以宣誓或代誓宣言保证，并具体说明搜查地点和扣押的人或物，否则，法官不得发出搜查证和扣

---

① Ken Gormley, One Hundred Years of Privacy, (1992) Wis. L. Rev. 1335, p1358；肯·高米莉：《美国隐私权的百年历程》，黄淑芳译，载张民安主编：《美国当代隐私权研究》，中山大学出版社2013年版，第119页。

② 19 Howell's State Trials 1029, 95 Eng. Rep. 807（KB 1765）；；Thomas K. Clancy, What Does the Fourth Amendment Protect: Property, Privacy, or Security, 33 Wake Forest L. Rev. 307, pp309 - 312；托马斯·K. 克兰西：《宪法第四修正案所保护的对象：财产、隐私或是安全》，李倩译，载张民安主编：《隐私合理期待总论》，中山大学出版社2015年版，第409—410页。

③ 19 Howell's State Trials 1029, 95 Eng. Rep. 807（KB 1765）；张民安：《隐私合理期待理论研究》，载张民安主编：《隐私合理期待总论》，中山大学出版社2015年版，第7页。

押证。①

在 1886 年的著名案件即 Boyd v. United States 一案②当中,美国联邦最高法院认为,《美国联邦宪法第四修正案》所保护的利益是公民对其住所或者文件所享有的财产所有权,当政府执法人员违反《美国联邦宪法第四修正案》的规定而实施搜查行为或者扣押行为时,则他们的行为侵犯了公民对其住所或者文件所享有的所有权。此种规则被确立之后一直被美国联邦最高法院所坚持。不过,如果政府执法人员所实施的行为要构成违反《美国联邦宪法第四修正案》所规定的搜查行为,则他们应当具备一个必要条件,这就是,他们必须现实地侵入公民的不动产之上或者不动产之内,如果政府执法人员没有现实地进入公民的不动产之上或者不动产之内,则他们的行为不属于《美国联邦宪法第四修正案》所规定的搜查行为,因为他们实施的行为不构成侵犯公民财产所有权的行为。③

20 世纪以来,随着不动产租赁的快速发展,除了不动产所有权人对其房屋所享有的所有权受到《美国联邦宪法第四修正案》的保护之外,不动产的承租人对其承租的房屋所享有的承租权也同样受到第四修正案的保护,即便承租人对其承租的房屋不享有所有权,政府执法人员仍然不得随意进入,否则,他们的侵入行为同样违反《美国联邦宪法第四修正案》的规定,因为他们的随意侵入行为侵犯了承租人对其承租的房屋所享有的承租权。

无论是房屋的所有权人对其房屋享有的所有权还是承租人对其承租的房屋所享有的承租权在性质上均属于财产权,因此,在这一时期,如果他人对其住所或者其他场所享有权利的话,则他们所享有的权利在性质上属于财产权,包括财产所有权和财产承租权。无论他人对其场所享有的财产权是所有权还是承租权,法律均会对他人提供保护,防止行为人尤其是政府执法人员的随意进入、侵入。

---

① 张民安:《隐私合理期待理论研究》,载张民安主编:《隐私合理期待总论》,中山大学出版社 2015 年版,第 9 页。
② Boyd v. United States, 116 U.S. 616 (1886).
③ 张民安:《隐私合理期待理论研究》,载张民安主编:《隐私合理期待总论》,中山大学出版社 2015 年版,第 10—13 页。

(二) 私人场所隐私权

在1967年的著名案例即 Katz v. United States 一案①当中，美国联邦最高法院最终放弃了它长久以来所坚持的财产所有权理论，因为在这一案件当中，美国联邦最高法院认定，虽然他人对其住所或者其他场所享有权利，但是，他人对其住所或者其他场所所享有的权利在性质上不再属于所有权或者其他财产权，而属于隐私权。因此，即便政府执法人员没有现实地侵入公民的住所或者其他场所，他们对公民的住所或者其他场所所实施的调查行为、侦查行为或者监控行为也属于《美国联邦宪法第四修正案》所规定的搜查行为，除非他们在实施这些行为时按照《美国联邦宪法第四修正案》的要求获得了搜查证，否则，他们实施的这些行为仍然被视为非法行为，因为他们实施的这些行为被认为侵犯了公民对其住所或者其场所所享有的隐私权。

在 Katz 一案当中，政府执法人员通过搭线窃听的方式偷听到 Katz 在公共电话亭当中用公用电话与别人进行通话的内容。在判断政府执法人员实施的窃听行为是否违反了《美国联邦宪法第四修正案》的规定时，美国联邦最高法院的大法官 Stewart 认定，政府执法人员是否现实地进入、侵入公民的住所或者其他场所已经不再是具有决定性意义的考虑因素，当政府执法人员在没有获得窃听令的情况下对公民之间的通话或者谈话予以窃听时，他们所实施的窃听行为便侵犯了公民所享有的隐私权，因为政府执法人员的窃听行为构成《美国联邦宪法第四修正案》所规定的"搜查"行为或者"扣押"行为，政府执法人员不得以其窃听器没有侵入公民的住所或者其他私人场所为由拒绝对公民承担隐私侵权责任。②

Stewart 大法官还对《美国联邦宪法第四修正案》的真正目的作出了明确说明，他认为，《美国联邦宪法第四修正案》所保护的对象是人而不是场所，无论《美国联邦宪法第四修正案》所保护的人是足不出户还是出现在大街小巷，他们均应当受到《美国联邦宪法第

---

① 389 U.S. 347 (1967).
② 张民安：《隐私合理期待理论研究》，载张民安主编：《隐私合理期待总论》，中山大学出版社2015年版，第16—17页。

四修正案》的保护,政府执法人员不得借口公民已经离开其私人住所而进入公共场所主张《美国联邦宪法第四修正案》不对他们提供保护。这就是 Stewart 通过其判决所确立的两个重要规则:《美国联邦宪法第四修正案》仅仅保护人的规则和公共场所有隐私权的规则。①Stewart 大法官对这两个规则作出了明确说明,他指出:"鉴于《美国联邦宪法第四修正案》所保护的是人而不是场所,因此,如果公民故意将自己披露在公众视野当中,即使他们身处自己的住所或办公室内,他们也无法成为《美国联邦宪法第四修正案》的保护对象。然而,如果公民想要保护其私人事务的私密性,即使他们身处公共场所,其私人事务也能成为宪法的保护对象。"②

根据 Stewart 大法官所确立的上述规则,无论他人所处的场所是公共场所还是私人场所,他们均可能享有隐私权,因此,人们不得仅仅因为他人身处公共场所而认定他人对该场所不享有隐私权,因为 Stewart 明确指出,即便他人身处公共场所,如果他人希望其所作所为处于隐蔽状态,则他人仍然对其在公共场所的所作所为享有隐私权。不过,Stewart 大法官的此种规则并没有在此后的案件当中得到美国联邦最高法院的遵循,因为在此后的案件当中,美国联邦最高法院借口打击犯罪的需要,通过适用 Harlan 大法官在 Katz 一案当中所确立的"隐私合理期待"理论而认定公民在公共场所不享有隐私权。关于这一点,笔者将在下面的内容当中作出详细的讨论,此处从略。

(三)《美国联邦宪法第四修正案》所保护的权利究竟是财产权、隐私权还是其他权利

在今天,《美国联邦宪法第四修正案》仍然保护公民的人身、住宅、文件和财产免受政府执法人员所实施的无理搜查和扣押的侵犯,当政府执法人员违反《美国联邦宪法第四修正案》的规定而在公民的住所或者其他场所实施搜查行为时,他们所实施的非法搜查行为当

---

① 张民安:《隐私合理期待理论研究》,载张民安主编:《隐私合理期待总论》,中山大学出版社 2015 年版,第 17 页。
② 389 U. S. 347, 351 (1967);张民安:《隐私合理期待理论研究》,载张民安主编:《隐私合理期待总论》,中山大学出版社 2015 年版,第 17 页。

然侵犯了公民对其场所所享有的权利。问题在于，公民对其住所或者场所所享有的权利究竟是什么性质的权利？对此问题，从 1967 年开始一直到今时今日，美国联邦最高法院均认为，《美国联邦宪法第四修正案》所规定的权利在性质上属于隐私权，因此，公民对其住所或者其他场所所享有的权利在性质上也属于隐私权，已如前述。

不过，鉴于美国联邦最高法院在其一系列的案件当中借口公民的主观隐私期待不合理而拒绝保护公民对其场所所享有的隐私权，美国众多的学者开始对美国联邦最高法院的隐私权理论提出批判。他们认为，虽然美国联邦最高法院口口声声宣称《美国联邦宪法第四修正案》所保护的权利是隐私权，但实际上，《美国联邦宪法第四修正案》所保护的权利并不是隐私权，而是其他权利。至于《美国联邦宪法第四修正案》所保护的权利究竟是什么性质的权利，不同的学者作出的回答并不完全相同。

Clancy 认定，《美国联邦宪法第四修正案》所保护的权利既不是公民的财产权，也不是公民的隐私权，而是公民的安全权。① 根据此种理论，公民对其住所或者其他场所享有的权利在性质上属于安全权。Castiglione 认定，虽然美国联邦最高法院将《美国联邦宪法第四修正案》所保护的利益范围限定在隐私权领域，但是，过分依赖隐私权理论会严重削弱《美国联邦宪法第四修正案》为公民提供的保护，包括《美国联邦宪法第四修正案》为公民的住所提供的保护。事实上，为了强化《美国联邦宪法第四修正案》为公民提供的保护，人们应当放弃隐私权理论，而采取人格尊严的理论。② 根据此种理论，公民对其住所或者其他场所享有的权利在性质上属于人格尊严权。而 Heffernan 则认定，在分析政府执法人员实施的行为是否构成

---

① Thomas K. Clancy, What Does the Fourth Amendment Protect: Property, Privacy, or Security, (1998) 33 Wake Forest L. Rev. 307, pp307 - 370; 托马斯·K. 克兰西：《〈美国联邦宪法第四修正案〉所保护的对象：财产、隐私或是安全》，李倩译，载张民安主编：《隐私合理期待总论》，中山大学出版社 2015 年版，第 407—445 页。

② John D. Castiglione, Human Dignity under the Fourth Amendment, (2008) Wis. L. Rev. 655, pp655 - 712; 约翰·D. 卡斯堤略内：《人格尊严理论与〈美国联邦宪法第四修正案〉》，陈圆欣译，载张民安主编：《隐私合理期待总论》，中山大学出版社 2015 年版，第 446—483 页。

《美国联邦宪法第四修正案》所规定的搜查行为时,人们在依赖隐私权理论的同时也应当依赖财产权理论。① 根据此种理论,公民对其住所或者其他场所所享有的权利有时是隐私权,有时则是财产权,尤其是财产所有权。

无论民法学者对美国联邦最高法院的上述做法采取怎样的态度,美国联邦最高法院都不为所动,仍然一如既往地认为,公民对其住所或者其他场所所享有的权利在性质上属于隐私权。不过,在2012年的著名案件即 United States v. Jones 一案②中,美国联邦最高法院又放弃了它一直坚持的隐私权理论,重新采用了它在1967年之前的所有案件当中均采取的财产权理论。在该案当中,为了调查犯罪嫌疑人所实施的犯罪行为,政府执法人员在犯罪嫌疑人所驾驶的机动车底盘安装了 GPS 跟踪装置。在长达28天的时间内,政府执法人员对犯罪嫌疑人实施了连续不断的定位跟踪,搜集到了多达 2 000 页的信息数据。

基于所收集到的这些数据,政府执法人员对犯罪嫌疑人实施了逮捕并因此提起了公诉。在认定政府执法人员的行为是否构成《美国联邦宪法第四修正案》所规定的搜查行为时,美国联邦最高法院放弃了它在1967年以来所一直采取的隐私权理论,而重新采纳它在1967年之前所采取的财产权理论:当政府执法人员将 GPS 安装在犯罪嫌疑人的机动车底盘时,他们实施的行为构成搜查行为,他们应当预先获得搜查令的授权才能够安装 GPS,在没有获得搜查令的情况下,他们实施的安装行为侵犯了犯罪嫌疑人对其机动车所享有的财产所有权,其安装行为构成现实的侵入行为。

既然在《美国联邦宪法第四修正案》的问题上,美国联邦最高法院在 Jones 一案当中又重新恢复到1967年之前的立场上,人们有理由要问:《美国联邦宪法第四修正案》所保护的权利究竟是公民的隐私权、财产权还是其他权利?在判断政府执法人员的行为究竟是否构成《美国联邦宪法第四修正案》所规定的搜查行为时,人们是否应

---

① William C. Heffernan, Property, Privacy, and the Fourth Amendment,(1994—1995)60 Brook. L. Rev. 633, pp633 – 688.
② 132 S. Ct. 945 (2012).

当考虑政府执法人员所实施的现实侵入行为？在哪些案件当中，现实侵入行为应当加以考虑，而在哪些案件当中，现实侵入行为又无需考虑？事实上，美国联邦最高法院并没有对这些问题作出任何说明。

不过，虽然美国联邦最高法院在 United States v. Jones 当中采取了财产权的理论而没有采取它在过去一直采取的隐私权理论，但是，它在该案当中所确立的规则仅仅是一种例外规则，在公民住所或者其他场所的权利性质问题上，美国联邦最高法院仍然固守隐私权的一般理论，认为公民对其住所或者其他场所所享有的权利在性质上属于隐私权。

七、我国私人场所权的性质：从私人场所财产权到私人场所隐私权

在我国，就像在法国和美国一样，他人也会拥有自己的住所、机动车或者其他场所。他们所拥有的这些场所当然也会受到法律的保护，当行为人侵犯他人的这些场所时，他们也应当对他人承担法律责任。问题在于，他人对这些场所所享有的权利即场所权究竟是什么性质的权利？对此问题，我国《侵权责任法》并没有作出明确说明，因为除了在《侵权责任法》第2条当中明确规定侵害他人的物权和隐私权等主观权利应当对他人承担法律责任之外，我国《侵权责任法》并没有对场所隐私权作出任何规定。除了我国侵权责任法没有对场所隐私权作出明确规定之外，我国民法学者也没有对隐私权作出任何说明，因为迄今为止，在讨论隐私权时，我国民法学者除了对隐私权的理论做泛泛而谈之外并没有作出深入、细致的研究。

（一）我国私人场所权的财产权性质

笔者认为，在我国，无论是他人自身所拥有的住所、居所还是他人所承租的住所、居所或者其他私人场所，他人均对其享有排他性的占有权、使用权，在没有获得他人同意的情况下，任何行为人均不得进入他人的私人场所，在没有法律明确授权的情况下，公权力机关更不得进入这些私人场所。否则，在没有获得他人同意的情况下，或者在没有明确的法律授权的情况下，如果行为人尤其是政府执法人员随意侵入他人的私人场所，则他们的进入行为将构成非法行为、过错行

为，在符合过错侵权责任的一般构成要件的情况下，他们应当对他人遭受的损害承担赔偿责任。①

行为人在此种情况下的进入行为之所以构成非法行为、过错行为，或者是因为他们的进入行为侵犯了他人对这些私人场所所享有的财产所有权，或者是因为他们的进入行为侵犯了他人对这些私人场所所享有的承租权，或者是因为他们的进入行为侵犯了他人对这些私人场所所享有的占有权。因此，当他人的住所、私人小汽车或者私家游艇属于他人的所有物时，如果行为人尤其是政府执法人员未经他人同意或者没有法律的明确授权而进入这些私人场所，则他们的进入行为侵犯了他人对这些私人场所所享有的所有权，包括他人对其不动产享有的所有权和他人对其动产享有的所有权。如果行为人擅自侵入这些私人场所，则他们的进入行为当然侵犯了他人所享有的财产权，应当对他人承担法律责任。

（二）我国私人场所权的隐私权性质

在将他人对其住所、居所、私家车、私家游艇等私人场所所享有的场所权看作财产权的同时，我们是否能够将他人对这些私人场所所享有的场所权看作非财产权即我国《侵权责任法》第2条所规定的隐私权？答案是肯定的，除了能够将他人对这些私人场所所享有的权利看作财产权之外，我们也能够将他人对这些私人场所所享有的场所权看作非财产权即隐私权。他人对这些私人场所所享有的场所权之所以能够被视为我国《侵权责任法》第2条规定的隐私权，其主要原因在于：

其一，他人的住所、居所是他人安身立命之本，是他人建立家庭生活、私人生活的场所，是他人逃离社会并且隐居、独居的场所，是他人享受免受别人打扰、惊扰和享受生活安宁的地方。如果行为人擅自进入他人的住所、居所，则他人将无法享受其家庭生活、私人生活，因为行为人的进入行为侵入了他人享有的"独处权""隐居权""安宁权"。因为这样的原因，两大法系国家的法律一直以来均禁止

---

① 张民安、梅伟：《侵权法》（第三版），中山大学出版社2008年版，第267—268页，第271页。

行为人擅自进入他人的住所、居所，尤其是禁止政府执法人员在没有搜查令、扣押令的情况下进入他人的住所、居所实施搜查行为、扣押行为。因此，即便他人的住所、居所是他人从承租人那里承租的，承租人也不得随意进入他人的住所、居所，因为如果出租人动不动就进入他人所承租的住所、居所，则他人将无法在其住所、居所享有"独处权""隐居权""安宁权"。①

他人的私家车、私家游艇虽然不是他人的安身立命之本，但是，他人的私家车和私家游艇是他人旅游休闲的场所，是他人放松其心情、享受惬意生活的地方，如果行为人尤其是政府执法人员擅自进入这些地方，则他人驾驶私家车、私家游艇的目的将无法实现，他人的"独处权""隐居权""安宁权"仍然受到侵扰。

在民法上，他人的住所、居所之所以能够起到上述作用，是因为他人的住所、居所往往就是他人的家庭，而他人的家庭除了具有其他的功能之外也具有一个重要的、其他场所所没有的功能，这就是家庭的心理功能（fonctions psychologique）。所谓家庭的心理功能，是指家庭所担负着的让家庭成员过着免受别人打扰的私人生活和缅怀逝去亲人的功能。②"在当今社会，虽然人们不得不进入社会从事各种各样的活动，但是，人们也普遍感觉到社会的冷酷无情，普遍感觉到他们无法在社会当中与其他人建立起彼此信任、互相依赖的关系，因为社会是一种心灵沙漠（désert psychologique）。如果人们要过着彼此信任、相互依赖的生活，他们就必须远离社会、逃离社会、从社会当中抽离并且进入家庭生活状态，因为家庭是家庭成员之间的堡垒、庇护所，是家庭成员之间的心灵绿洲，是家庭成员远离其他人侵扰、打扰的场所，是家庭成员之间建立个人关系的场所，是他们过着个人生

---

① Ruth Gavisont, Privacy and the Limits of Law, (1979—1980) 89 Yale L. J. 421, pp446 - 447; 鲁斯·嘉韦逊：《隐私及其法律保护的局限性》，王梓棋译，载张民安主编：《美国当代隐私权研究》，中山大学出版社 2013 年版，第 308—310 页。

② Jean Carbonnier, Droit civil, Volume I, Introduction les personnes la famille, l'enfant, le couple, puf, p760; Philippe Malaurie Hugues Fulchiron, La Famille, 4e Édition, defrenois, p8; Frederic Debove Renaud Salomon Thomas Janville, Droit de la Famille, 8e édition, Vuibert, p27; 张民安：《法国民法》，清华大学出版社 2015 年版，第 202 页。

活、私人生活的地方。"①

其二,他人的私人场所是他人建立亲密关系、人际关系和发展自我的场所。除了在其住所、居所建立私人生活和亲密关系之外,他人还能够在其他私人场所进行私人生活、亲密关系,即便他人在这些场所所建立的私人生活、亲密关系并不是合法的、正当的,而是不合法的、不正当的,他人也能够借助于对这些场所所享有的隐私权而让他人的私人生活、亲密关系处于隐蔽状态,并因此让他人与别人之间建立起人际关系。例如,即便他人在其所住的宾馆房间与其同性伴侣发生鸡奸行为,即便他人在其私家游艇当中与其妻子之外的异性发生性关系,他人对其宾馆房间和私家游艇所享有的场所隐私权也能够让他人心安理得地实施这些不雅行为、不体面的行为。②

他人对其居住的宾馆房间所享有的场所权之所以在性质上属于隐私权,是因为当他人在其居住的宾馆房间当中实施这些不雅行为、不体面行为时,如果行为人能够将他人在其宾馆房间内所实施的这些行为公开,则除了他人无法享有自由自在的"独处权""隐居权""安宁权"之外,除了无法与别人建立人际关系之外,他人也会因此颜面无存、痛不欲生,精神或者健康将会遭受严重的打击。

其三,他人的住所、居所、私家车或者私家游艇本身就属于他人"独处权""隐居权""安宁权"的组成部分。法律之所以保护他人的住所、居所、私家车或者私家游艇免受行为人尤其是政府执法人员的侵入,当然是因为这些地方是他人过着私人生活的地方,是他人享有"独处权""隐居权""安宁权"的地方,是除了具有财产价值也同时具有精神价值、心理价值、情感价值的地方,已如前述。不过,除了上述两个主要理由之外,在我国,他人对其住所、居所、私家车或者私家游艇所享有的场所权之所以在性质上属于隐私权,还有一个重要原因,这就是,他人的这些私人场所本身就具有精神价值、心理价值、情感价值,当行为人尤其是政府执法人员进入他人的这些私人

---

① 张民安:《法国民法》,清华大学出版社 2015 年版,第 202 页。
② Ruth Gavisont, Privacy and the Limits of Law, (1979—1980) 89 Yale L. J. 421, pp449 - 455;鲁斯·嘉韦逊:《隐私及其法律保护的局限性》,王梓棋译,载张民安主编:《美国当代隐私权研究》,中山大学出版社 2013 年版,第 312—316 页。

场所时，他们的进入行为会让他人陷入被人嘲笑的境地。

例如，如果他人将其住所、居所打扮成狗窝时，如果他人将其夫妻床设计成性爱床时，人们当然无权对他人的所作所为说三道四，更没有权利进行无端指责，因为他人的住所、居所或者夫妻床如何设计，完全是他人的自由。不过，当他人将其住所、居所或者夫妻床设计成狗窝或者性爱床时，他人当然不需要别人发现并且泄露出去，否则，他人将会成为人们茶余饭后的笑柄，他人将会因此遭受心理健康或者精神健康的损害。如果行为人擅自进入他人的住所、居所尤其是进入他人的卧房，则他人的上述秘密将会被发现并因此被泄露出去，使他人享有的"独处权""隐居权""安宁权"遭受严重的损害。

（三）科技对私人场所权性质的影响

在我国，他人对其住所、居所和其他私人场所所享有的权利究竟应当被视为财产权还是隐私权？笔者认为，我们应区分两种不同的情况作出回答。

在某些情况下，他人对其住所、居所和其他私人场所所享有的权利应当同时被视为财产权和隐私权，在行为人尤其是政府执法人员侵犯他人对这些私人场所所享有的场所权时，他人既有权要求行为人就其侵犯自己财产权的行为对自己遭受的损害承担赔偿责任，也有权要求行为人就其侵犯自己隐私权的行为对自己遭受的损害承担赔偿责任，至于究竟是主张财产权的侵权之诉还是主张隐私权的侵权之诉，完全由他人作出选择，因为在此时，他人的场所权同时具有财产权和隐私权的双重性，这就是财产权和隐私权的竞合理论。

在另外的一些情况下，他人对其住所、居所和其他私人场所所享有的权利只能够被视为隐私权，不得被视为财产权，因为在这些情况下，即便行为人尤其是政府执法人员侵犯了他人的场所权，他们的行为也没有侵犯他人享有的财产权，而仅仅侵犯了他人对其私人场所所享有的隐私权。

他人享有的私人场所权究竟构成财产权和隐私权的竞合还是仅仅属于隐私权，取决于一个因素，这就是，行为人尤其是政府执法人员在侵犯他人的私人场所权时是否现实地进入、侵入他人的私人场所之内或者之上。如果行为人尤其是政府执法人员在侵犯他人的私人场所权时现实地进入、侵入他人的私人场所之内或者之上，则他人的私人场所权在性质上同时属于财产权和隐私权，构成两种主观权利的竞合。反之，如果行为人尤其是政府执法人员在侵犯他人的私人场所权时没有现实地进入、侵入他人的私人场所之内或者之上，则他人的私人场所权在性质上仅属于隐私权，不同时属于财产权，无法构成两种主观权利的竞合。

我们之所以应当根据行为人尤其是政府执法人员在侵犯他人的私人场所权时是否现实地进入、侵入他人的私人场所之内或者之上的不同来确定他人私人场所权的性质，是因为当行为人尤其是政府执法人员现实地进入他人的私人场所之内或者之上时，他们的进入或者侵入行为既侵犯了他人对其私人场所所享有的财产所有权、财产承租权和财产占有权，而且也同时侵犯了他人对其私人场所所享有的私人生活受尊重权。

一旦他人占有其私人场所，根据所占有的具体情况的不同，他人或者是所占有的私人场所的所有权人，或者是所占有的私人场所的承租人，或者至少是所占有的私人场所的占有权人。无论是作为私人场所的所有权人还是作为私人场所的承租权人、占有权人，他人均对其占有的私人场所享有排他性的权利，他们除了能够凭借权利排除行为人的进入、侵入之外，还能够凭借此种权利排除政府执法人员的进入、侵入，除非行为人或者政府执法人员的进入、侵入获得了他人的同意，或者除非政府执法人员依法获得了搜查令。在没有获得他人同意的情况下，或者在没有依法获得搜查令的情况下，如果行为人尤其是政府执法人员擅自进入、侵入他人的私人场所，则他们的进入、侵入行为当然侵犯了他人对其私人场所享有的财产所有权、财产承租权和财产占有权，应当根据侵权责任法领域的不动产侵入侵权或者动产侵入侵权责任制度的规定对他人遭受的损害承担赔偿责任。

当他人占有某种私人场所时，他人除了对其私人场所分别享有财产所有权、财产承租权或者单纯的财产占有权之外，他人还对其私人场所享有"独处权""免受侵扰权"或者"安宁权"，当行为人尤其是政府执法人员现实地进入或者侵入他人的私人场所时，他们的进入、侵入行为除了侵犯他人对其私人场所所享有的财产权之外，还侵犯了他人对其私人场所所享有的隐私权、私人生活受尊重权，应当根据隐私侵权责任制度对他人承担侵权责任。

在他人占有某种私人场所时，如果行为人尤其是政府执法人员没有现实地进入、侵入他人的住所、居所或者其他私人场所，他们的进入、侵入行为当然无法侵犯他人对其私人场所所享有的财产权，因为当他们没有实施进入、侵入行为时，他们根本无法侵犯他人对其私人场所所享有的财产权。不过，在他们没有现实地进入、侵入他人的私人场所时，如果他们采取干涉他人私人场所的某些行为，他们所实施的这些干涉行为是否构成隐私侵权行为，则不无疑问。

在行为人尤其是政府执法人员无法使用任何科技手段探寻他人在其私人场所的所作所为的情况下，如果行为人尤其是政府执法人员没有现实地进入、侵入他人的私人场所，则他们既无法侵犯他人享有的"独处权""免受侵扰权"或者"安宁权"，也无法侵犯他人对其私人生活所享有的受尊重权，因此，法律在此时无须认定他人对其私人场所享有隐私权。换言之，在没有可供使用的科技手段的情况下，行为人尤其是政府执法人员只有一种侵犯他人私人生活和他人"独处权""免受侵扰权"或者"安宁权"的手段，这就是现实地进入、侵入他人的住所、居所或者其他私人场所。

在行为人尤其是政府执法人员能够使用任何科技手段探寻他人在其私人场所的所作所为的情况下，即便行为人尤其是政府执法人员没有现实地进入、侵入他人的私人场所，他们也能够通过科技手段探寻他人在其私人场所的所作所为：他们既能够使用长焦距的摄像机窥视、偷听到他人在其卧室当中的亲密行为、轻声密语，也能够使用红外线探测仪在他人住所、居所或者其他私人场所的周围探测他人私人场所所散发出来的热能，还能够使用直升机在他人住所的上空观察他人住所的庭院，等等。换言之，借助于科技手段，行为人能够实施他们原本应当现实地进入、侵入他人私人场所之后才能够实施的行为。

在科技手段被行为人尤其是政府执法人员广泛使用的情况下，他人的住所、居所或者其他的私人场所已经不再是他人、他人的家庭成员或者他人财物的堡垒，除了再无法让他人在其中享有免受侵扰、打扰的私人生活之外，也无法让他人在这些私人场所的生活远离社会公众的眼球。此时，我们是否仍然应当坚持上述规则，认定行为人尤其是政府执法人员在没有现实地进入、侵入他人私人场所的情况下对他人私人场所所实施的探寻行为不构成侵犯他人隐私权的行为？

笔者认为，答案是否定的，即便行为人尤其是政府执法人员没有现实地进入、侵入他人的私人场所，如果他们借助于各种各样的先进的或者不先进的科技侵扰、干涉他人的私人场所，他们实施的这些探寻行为仍然构成侵犯他人隐私权的行为，仍然应当对他人遭受的损害承担赔偿责任。一方面，即便行为人尤其是政府执法人员没有现实地进入、侵入他人的私人场所，当他们借助于某种科技手段探寻他人在其私人场所的所作所为时，他们的探寻行为仍然会获得、泄露他人的私人生活，就像他们通过现实地进入、侵入他人私人场所之后会获得、泄露他人的所作所为一样。另一方面，即便行为人尤其是政府执法人员没有现实地进入、侵入他人的私人场所，当他们借助于某种科技手段探寻他人在其私人场所的所作所为时，他们的探寻行为仍然会侵扰他人的生活安宁，仍然会让他人遭受精神上的、心理上的压抑、紧张、痛苦，甚至是精神上的崩溃，就像行为人尤其是政府执法人员现实地进入、侵入他人私人场所之后他人会遭受这些压抑、紧张、痛苦甚至是精神上的崩溃一样。

《美国联邦宪法第四修正案》在21世纪的发展

——以隐私、科技和情感为视角

安德鲁·E. 塔利兹[①]著 王垚[②]译

目 次

一、导论
二、美国联邦最高法院与高科技监控措施
三、重新界定"隐私"一词
四、结语

一、导论

2001年7月3日,美国佛罗里达州坦帕市警察局开始在易博郡的闹市区使用FaceIt,这是一种基于人脸识别技术的录像监控系统。人脸识别技术是一种通过复杂的数学公式来呈现人脸特征的技术,当它搜索数据库以寻找可疑的犯罪嫌疑人时,大约有三打的摄像头会扫过人群。如果它不能找到相匹配的人脸的话,这些扫描过的人像就会被自动删除,这是由FaceIt系统的所有者,即位于美国新泽西州泽西市的新视公司,自愿提供的保护措施。然而,如果人脸识别技术找到了一个匹配的人脸的话,该系统的管理者就应该进而判断,两者的相似性是否足以达到可以通知警察去搜查甚至是逮捕嫌疑人的程度。虽然"电视录像正在使用中"的标志语随时警醒着行人,但是大部分

[①] 安德鲁·E. 塔利兹(Andrew E. Taslitz),美国哈佛大学法学院教授。
[②] 王垚,中山大学法学院助教。

被采访的市民都不知道这一标志语意味着什么。与此同时，五角大楼也正在发起一个用以使用人脸识别技术的5亿美元的启动基金，从而打击恐怖主义活动。①

对坦帕市市民进行的一些非正式的采访表明，公众对FaceIt持有不同的看法。许多人将它看成是乔治·奥威尔《1984》一书中所介绍的一种侵犯公民隐私权的技术。当地警察和政治家争论说到，FaceIt有利于保障市民安全，但是隐私权提倡者却极力反对市政府在未经市民同意之下就去录制或者使用他们人脸图像的行为，一些激进的市民甚至开始举行了一些抗议活动。②

那些认为这一技术侵犯了公民隐私权的呼声远远高于那些认为这一技术为公民提供了安全保障的呼声。这些反对的声音充斥着整个政治圈。例如，众议院议员Richard Armey在要求对联邦监控花费作出一份报告时指出："对公民自由权造成严重威胁的技术总是一小步一小步地向前发展的，人脸识别技术有可能在未来某一天会给军事带来极大的好处。如果我们用这一技术来对抗无辜的公民的话，我们就走错了方向。"美国民权联盟也加入到Armey的倡议中，它也认为FaceIt技术将公众置于与科技时代敌对的境地。有人担忧，出于一些政治考量，政府官员可能会利用FaceIt技术以及其他一些相似技术去跟踪并记录无辜公民的行动。然而，很少有法律为公民所面临的这种危险提供保护，而且，我们也不能从《联邦宪法第四修正案》中找到相关保护措施，这表明，FaceIt技术还没有被纳入民主立法的审慎考量之中。

FaceIt技术只是当前正在快速发展的监控技术的冰山一角，这些监控技术还包括"远距红外线探测仪"、覆盖所有美国人的全国性的DNA数据库、远程网络监控技术、视网膜扫描技术、反射警报技术等。这一清单中的名称好像是在科幻小说中才会出现，但是上述所有这些技术要么现在就是可行的、要么就是正处于发展之中，许多提倡

---

① David Callahan, Questions of Identity: Overmatched by Technology, Wash. Post, July 22, 2001, at B3.
② Dana Canedy, Tampa Scans the Faces of Its Crowds for Criminals, N. Y. Times, July 4, 2001, at A1, All.

保护公共安全的法律以及要求提高执法效率的法律特别是反恐领域的法律，都支持了这些技术的广泛运用。

先进的科技已经被广泛和迅速地传播，以至于现在美国联邦最高法院（以下简称联邦最高法院）的法官们也受到了联邦政府的大规模监控。2001年3月，联邦第九巡回上诉法院的法官们发现，他们的电脑被美国法院行政办公室（简称"AO"）监控了。AO的目标是减少法官们进行与司法工作无关的活动，比如上网听歌或者浏览色情网页。同年5月，联邦第九巡回法院的法官们被这一监控行为所激怒，他们纷纷发声反对AO的监控系统。[①] 保守派法官Alexander Kozinski领导了此次法官抗议活动，Alexander Kozinski法官一家在其11岁时从由共产党执政的罗马尼亚逃亡出来。在政府监控法官电脑的行动中，Kozinski法官回忆起了他幼时所处的极权主义环境。他在一个采访中解释道："我知道被别人时时监控的滋味是什么，你所说的和所做的每件事都会被评价和报告，然后，你就不得不去解释那些真的很无聊的事情。"虽然kozinski法官极力提倡此次抗议活动，但是，根据《美国联邦宪法第四修正案》的规定，联邦第九巡回法院的法官们无法从其中找到保护他们免受政府监控行为侵犯的措施。

的确，如果看了联邦最高法院根据《美国联邦宪法第四修正案》所判决的一些案件，你将会理解坦帕市市民以及Kozinski法官所具有的愤怒之情。联邦最高法院经常将隐私看成是一个可认知的问题，它是从人类情感中所分离出来的一个因素。《美国联邦宪法第四修正案》只保护公民合理的隐私期待。然而，什么样的隐私期待是"合理的"的问题取决于公民的行为能够被监控的可能性大小。根据当前的法律，坦帕市政府录像监控市民的行为可能并没有侵犯市民所享有的隐私权。当市民行走在大街上时，他们要面临的危险就是其行为将会被过路人所观察，其中就包括警察。谁实施的观察行为，通过什么样的方式实施的，实施的目的是什么以及实施了多久等因素对于此问题的判断是无关紧要的。

Kozinski法官所使用的电脑以及联邦第九巡回法院并不是由法官

[①] Matt Richtel, To One Judge, Cybermonitors Bring Uneasy Memories, N.Y. Times, Aug. 18, 2001, at A7.

们所有,而且这些电脑都位于全国司法行政机关的办公场所。虽然法官们的人身行动没有受到监控,但是,他们认为政府搜集和传播他们上网信息的行为是侵犯性的,政府超越公民个人边界的行为并不意味着其可以肆意践踏公民的人格。然而,AO 的行为就好像是一家私人企业监控其员工工作情况的行为。雇员使用的是雇主的电脑,那么,雇主就必须确保他的员工使用电脑是为了有效完成工作任务。当前的宪法判例认为那样的监控行为并未侵犯"雇员"所享有的任何合理隐私期待。

当联邦最高法院在案中提到个人情感因素时,那些所提及的情感因素对于法院作出判决并未起多大的作用。监控技术所带来的公民情感危机和政治危机总是被人们所忽略。只有在涉及搜查公民住宅的案件时,联邦最高法院才勉为其难地暗示公民应该免受"老大哥"的监控。然而,在住宅之外,特别是在大街上,联邦最高法院却很少为公民提供隐私保护。

联邦最高法院同样考虑到了犯罪嫌疑人的隐私受到侵犯所造成的影响。这种影响很少是种族性的、道德性的以及集体性的。这些被低估的危害总是让位于执法机关有效执法给整个社会所带来的好处。这种自动的倾斜性源于联邦最高法院对社会公众的情感因素的不重视,这就使得犯罪嫌疑人的隐私不被积极保护。由于公民的行动可以被高科技监控措施所监控,结果就可能导致警察对少数群体实施大量的不恰当的搜查行为。[1]

许多学者谴责道,当前的法律为公民所提供的隐私保护都是无用的。他们认为,《美国联邦宪法第四修正案》或许为公民的其他权益提供保护会更容易一些,这些权益可能在当今的高科技时代更受重视,如公民的自由权。另外一些学者试图通过将法律的保护范围缩小到那些最具侵犯性的政府行为中的方式来为公民的隐私权提供保护。然而,这两种方式都是作用甚微的,因为 21 世纪的科技逐渐压缩了我们在日常活动时就能期待到的隐私的范围。

笔者更愿意采用一种不同的方式:通过将隐私从认知的角度转变

---

[1] See David L. Cole, No Equal Justice: Race and Class in the American Criminal Justice System 16–62 (1999).

到从情感的角度上进行解释的方式来扩大隐私保护的范围。信息时代的隐私被认为是与个人身份的外延相似的一个概念。个人身份是一个复杂的概念，它反映了人的本质的不同方面。我们每个人都戴有很多面具，而在每个面具的内里都真切地反映了真实的自我。我们不想我们的品格、本质被人们从任何一个面具来进行评价，我们也不想别人从我们部分的日常活动中去解读自己，因为别人不能认识到我们真正想要成为什么样的人。简而言之，我们想要选择一些自己希望别人认识到自己的一个面具去佩戴。这样的选择是痛苦的，因为这基本上违反了真实的自我。如果从这一角度去解读隐私的话，那么，我们在公共场所所实施的行为就仍然属于"隐私"，因为我们仍然希望保留权利去控制谁来观察我们、他们怎样观察我们以及他们为何观察我们。相同地，我们并不能因为行为人披露他人隐私信息的行为侵犯了他人的隐私权，我们就可以说所有那样的行为都具有危险性了。

一些学者已经开始着手从人类情感的角度去解释《美国联邦宪法第四修正案》中的隐私权。然而，这些学者的努力却是试探性的，他们所阐明的认知-情感二分法的概念很少被认可，他们的理论也不能立即用来解决高科技监控措施所带来的问题。有一位学者在将隐私权从情感的角度上进行重新解读的道路上走得更为彻底，而且也更具有说服力，笔者在本文中的某些观点也是建立在其研究基础之上的。然而不幸的是，他在将他的理论用来分析警察新兴的监控措施时经常是含混不清、论证不足的，而且，他也没有充分研究出影响着不同种族、阶层群体的隐私概念所可能具有的其他含义。他也没有认真分析联邦最高法院在高科技监控案件中运用情感因素去解读隐私时所走的弯路。笔者希望在本文中来填补这位学者研究的不足之处。

笔者并不打算为哪些种类的高科技搜查行为能够予以实施的问题制定出一些具体的规则。笔者更可能从普遍适用的角度上进行分析。高科技技术之所以给公民的《美国联邦宪法第四修正案》自由权造成危险，是因为联邦最高法院从狭义的、认知的角度上去解释隐私权。因此，本文的大部分内容都将从情感的角度去探索、解释隐私权。笔者对高科技监控措施所造成的影响的描述主要表现在笔者在导论中所介绍的易博市和 Kozinski 法官的例子，在下文必要的地方，笔者也会简单地提及其他的一些影响。

文章的第二部分介绍了联邦最高法院关于高科技监控案件的一些判例，以反映联邦最高法院是如何从狭义的、认知的角度上解释隐私的。

文章的第三部分初步划定了我们从情感角度解释个人隐私和群体隐私的一个轮廓。该部分进一步解释了我们为什么在"公共场所"还享有"隐私"，以及为什么隐私的概念也同样保护我们免于受到不受欢迎的观察行为和信息披露行为的侵犯。

笔者在文章的第四部分中提出了一些建议，希望联邦最高法院在判决案件时从情感的角度去解读隐私。笔者的主要结论就是，至少在电子监控领域，联邦最高法院经常认为警察监控行为并没有侵犯公民的"合理隐私期待"，这就导致警察行为逃脱了宪法规范的审查。而且，即使联邦最高法院的确将宪法保护扩张到监控领域，它也没有在其分析方法中考虑到隐私的情感功能和政治功能。相同地，联邦最高法院在通过利弊衡量来运用宪法规则时，它经常低估了隐私的作用。笔者在本文中并不试图对政府的电子监控行为加以限制，而只是指出那些要求政府在实施监控行为之前要申请搜查令或者进行通知的情形越来越多。

因为笔者写作本文的目标仅仅是将更多的高科技监控措施纳入到隐私保护的范围内，以及进一步展示隐私的重要性，笔者并不打算去解决对抗恐怖主义应该采取哪些恰当法律措施的问题，虽然笔者在必要的时候会简单地提及这一问题。笔者在这里想要表明的是，即使像对抗恐怖主义这种问题在本质上也是一个宪法问题，因此，这一问题需要我们仔细考量《美国联邦宪法第四修正案》所保护的一些基本价值。然而，在本文中，笔者将不会对恐怖主义问题进行回应。本篇文章主要提及了对21世纪的《美国联邦宪法第四修正案》提起挑战的三个因素，即科技、种族歧视以及恐怖主义。

二、美国联邦最高法院与高科技监控措施

美国联邦最高法院（以下简称联邦最高法院）似乎还没有注意到警察新兴的监控手段给公民的隐私所造成的威胁。相反，他们仍然采用原来的用来分析所有《美国联邦宪法第四修正案》搜查问题的方法去分析高科技监控问题。这一分析方法只保护公民在住宅中的隐

私,而不保护公民在其他场所中的隐私。在联邦最高法院看来,"公共场所中的隐私"(特别是在大街上)一词本身就是一个矛盾的词语。联邦最高法院所采用的分析方法表明,犯罪嫌疑人预测到了其任何被披露的隐私信息最后都有可能传播给所有人的危险。也许,联邦最高法院的分析方法忽略了公民个人和政治团体的隐私所具有的情感利益。在联邦最高法院看来,隐私更多的是从认知上对他人的日常生活被行为人所窥探到的可能性的一种评判,而不是从情感上区分个人、组织和群体的一种界定。然而,联邦最高法院现在在其有关《美国联邦宪法第四修正案》的主流判例中出现了一小部分意见相左的判例,它们跳出了有关科技案件的主流意见,形成了一些有关隐私规则的小众意见。笔者在本文中也将会讨论这些案件。

(一)公民的隐私信息被披露给第三方的"危险预测"

联邦最高法院审理的 Katz v. United States 一案[1]为有关隐私侵权的案件开了一个好头。在该案中,被告被指控通过电话传播了赌注信息,这一行为违反了联邦制定法。警察搜集到的录制了 Katz 在公共电话亭的通话内容的录音带被法庭认可为合法证据。联邦调查局是通过将一个电子窃听设备安装在公共电话亭外侧墙面的方式窃听了 Katz 的通话内容。联邦第九巡回上诉法院判定 Katz 有罪,法院并不认为本案中存在不合法的搜查行为,因为"警察并没有物理性地侵入 Katz 的隐私领域"。[2]

该案上诉到联邦最高法院时被改判了。联邦最高法院认为,"政府实施搜查和扣押行为主要是出于财产利益的考量的说法已经不复存在了"。判断警察的搜查行为是否合理的判断标准不再是警察是否实施了侵扰行为,而是警察的窃听行为和录音行为是否侵犯了 Katz 的合理隐私期待。因此,联邦最高法院认为,该案中政府的行为构成《美国联邦宪法第四修正案》中的搜查行为。因为政府实施该搜查行为时并未申请搜查令或者具有其他紧急情况,所以政府的搜查行为就违反了《美国联邦宪法第四修正案》的规定。

---

[1] 389 U.S. 347 (1967).
[2] Katz v. United States, 369 F.2d 130, 134 (9th Cir. 1966).

在 Katz 一案中，联邦最高法院从未解释过"隐私"一词，它也非常不情愿地宣布了《美国联邦宪法第四修正案》不保护公民的一般隐私权——一项免受其他人打扰的独处权。联邦最高法院强调指出："《美国联邦宪法第四修正案》的确保护公民的隐私免受政府的侵扰，但是它提供的保护更为周密，以至于经常与隐私无关了。"联邦最高法院解释道："一般人都不会觉得他们的财产被公开扣押所造成的郁闷心情要好于他们的财产被秘密扣押后的心情。同样，一般人都会因为警察实施唐突的公开逮捕行为而恼怒，就像他们也会因为警察搜查他们的住宅和办公室而恼怒一样。"虽然这段话主要讲到了财产权而非隐私权，但是这句话的重要性在于，它确认了《美国联邦宪法第四修正案》保护公民免受某些情感损害，这样的情感损害既可以发生在住宅内，也可以发生在住宅外。的确，正如以后的判例所反映的那样，联邦最高法院拒绝采用不动产侵入侵权分析法（trepass analysis）的做法并不意味着财产因素与搜查和扣押分析法（search and seizure analysis）无关。不动产侵入侵权分析法的重心在于物而非人，而这样的人必须是一个真实的且情感充沛的人，因为"《美国联邦宪法第四修正案》保护的是人，而非地方"①。

每个在封闭的公共电话亭内拨打电话的人都对隐私有种渴望，即使这个透明玻璃制的公共电话亭使得他们在里面的行为很容易被路人观察到。"电话拨打人进入公共电话亭时所希望排除的不是别人窥探的眼睛，而是别人窃听的耳朵。"② 的确，虽然电话拨打行为很容易就被别人观察到，但是，在公共电话亭内拨打电话的人同样希望第四修正案为他提供保护，就好像他希望第四修正案保护他的住宅、办公室一样。联邦最高法院指出："一个电话拨打人进入公共电话亭后，砰然关上门，然后在电话中投入硬币，这一系列行为表明他预期到自己向电话亭吐露的话将不会传播给全世界。如果我们从更狭义的角度来解读《美国联邦宪法第四修正案》的话，我们也就会忽略公共电话亭在隐私通信中所发挥的重要角色。"

联邦最高法院在 Katz 一案所开的好头很快就被 United States

---

① Katz, 389 U. S. at 351.
② Katz, 389 U. S. at 351.

v. White 一案①打破了，该案是后 Katz 时代的第一个卧底警察案。在 White 案中，政府在卧底警察身上安装了无线电发信机。当 White 和卧底警察交谈时，政府就能窃听到他们之间的谈话。② 联邦最高法院的多数意见否定了 White 援用 Katz 一案判例的主张。根据多数意见，Katz 一案与本案并不相同，因为在 Katz 一案中的通话双方都不是政府的卧底。法院于是总结道，处于 White 一样情形的人都会对他们与卧底警察的通话持有主观隐私期待，因为他们既不知道也未怀疑对方是安装了窃听设备的。然而，法院却认为那样的一项主观隐私期待不是合理的。"一个对警察非法行为十分谨慎的人必须认识到他的同伴可能会向警察告密。"考虑到这一危险，我们就有理由去怀疑行为人是一个安装了窃听器的告密者，或者犯罪嫌疑人就有可能改变他说话的方式以防其同伴安装了窃听器。而且，法院十分需要这方面的证据："我们不应该对案件相关的证据立马设立宪法障碍，这些证据也许是准确的和可信的。一份电子录音比一个警察的记忆力更能准确地反映被告说过什么话。如果有一份电子录音的话，告密者就不能随意改变他的意志，没有谁能够威胁到证据的改变，在交叉询问中这些证据也不会互相混淆。当然，这些考虑对被告十分不利，但是，我们并不是认为，一个没有权利去排除告密者的口头证据的被告就享有一项《美国联邦宪法第四修正案》的权利去排除一份电子录音证据。"③

很显然，多数意见存在以下几个方面的缺陷。

首先，对于为什么 Katz 一案与本案不同仍然是不清晰的。在 Katz 一案中，正如在 White 一案中，犯罪嫌疑人通过对话的方式将非法信息传递给另外一方。根据联邦最高法院的逻辑，两个案件中的被告似乎都认识到了他们的非法活动有可能被披露给警察的危险。为什么两个被告的期待是不同的，一个是通过同伴的告密行为而泄露了信息，一个是警察独立的调查行为泄露了信息，但是两种行为的结果在两案中都是相同的——都是泄露了信息。也许答案是：如果被告认识到的危险是同伴告密者将会攻击被告，我们就可以公平地说被告的预

---

① 401 U.S. 745 (1971).
② 401 U.S. 745 (1971). at 748.
③ 401 U.S. 745 (1971). at 748.

防行为是不必要的，但是如果警察通过秘密调查行为而公布了同样的隐私信息，那么，我们认为被告不需要进行防备就是不公平的了。

其次，多数意见仅仅考虑了 Katz 一案的刑事影响力。Katz 一案判决对政治异议者（他们有可能是也有可能不是罪犯）、不受欢迎的少数群体以及其他公民的影响被法院所忽略了。而且，合理隐私期待的观点被认为是一种可能性评断的命题：要么你享有隐私（因为你的所作所为被其他人窥探到的概率是十分低的），要么你就不享有隐私（因为你被窥探到的概率十分高）。

最后，在判断《美国联邦宪法第四修正案》是否能够运用到其所审案件时，联邦最高法院平衡了法院对证据的需求利益与公民个人的隐私利益。联邦最高法院作出这些考虑不是出于寻找《美国联邦宪法第四修正案》的保护范围的需要，而是出于对《美国联邦宪法第四修正案》进行平衡保护的需要。

Douglas 法官、Harlan 法官以及 Marshall 法官不同意多数意见的看法。Harlan 法官的反对意见与笔者曾经反对的一些观点相同。Harlan 法官反对多数意见中的两个假想的观点：第一个是，政府与第三方"合谋"去"背叛"犯罪嫌疑人的行为并没有给犯罪嫌疑人造成更大的隐私损害；第二个是，科技时代的这些不受控制的电子监控措施可以为执法机关所用，因为这符合政治体系的宗旨和利益。

Harlan 法官认为，第一个观点的缺陷在于其依赖一种危机分析法。在该案中，我们假设的危机是当前的制定法允许某些习惯和价值观的存在。因此，这两种假想的观点都是相关的；这一问题最后已经成为案件判决的一个决定性因素。

Harlan 法官在该案中讲到，公民的安全权比隐私权更需要受到保护。对方当事人的告密行为破坏了公民与别人交流时的信任感。多数意见认为，告密者所泄露的信息是否属于隐私信息与该行为是否侵犯了他人的隐私权的问题是无关的，这一看法忽略了公民个人的情感本质："如果某人怀疑他的通话被别人窃听，政府就无从辩驳通话是不重要的了。第三方的窃听行为在当前是十分流行的吗？"然而，最大的危险是公民的个人性格特征可能被案情所误导。

Harlan 法官的这一警告在联邦最高法院 8 年后所审理的 Smith

v. Maryland 一案①中仍未受到重视。在该案中，电话公司根据警方的要求将一个记录笔（pen register）安装在了 Smith 的家中，它记录了 Smith 所拨打的每个电话号码。警察这样做时并没有一张搜查令，但是他们之后却利用记录笔的结果和其他的一些证据去申请一张搜查令搜查 Smith 的住宅。而警察在之后所搜查的证据使得 Smith 被判决犯有盗窃罪。联邦最高法院并不支持 Smith 的看法，Smith 认为，警察监控电话号码的行为构成了《美国联邦宪法第四修正案》意义上的"搜查行为"。②

联邦最高法院十分怀疑公民对于其所拨打的电话享有一项主观隐私期待的说法。电话拨打者知道，电话公司记录了电话号码以便接通电话双方和收费。联邦最高法院提到，即使 Smith 有一项主观隐私期待，这一期待也是不合理的。多数意见认为，"联邦最高法院一直以来都支持的意见是，公民对于其自愿告知给第三方的信息不享有一项合理的主观隐私期待"。联邦最高法院随后援引了 United States v. Miller 一案③，该案认为，一个银行储户对于其自愿告知银行的财产信息不享有合理隐私期待。White 案中的多数意见援用了 Miller 一案的判决意见："储户在将他的信息告知银行的时候，他是冒着自己的信息有可能被银行披露给政府的风险去这样做的。联邦最高法院始终认为，《美国联邦宪法第四修正案》不禁止政府官员从第三方那里获知公民的信息，即使公民相信他自愿披露给第三方的信息是被用于特定用途的而且也不会被第三方随意披露。"④ 联邦最高法院也拒绝了 Smith 的主张，Smith 认为是交换机设备（switching equipment）而不是接线员记录了电话号码，他说："记录了电话号码的交换机设备仅仅是接线设备的一部分。原告承认，如果他将电话号码披露给接线员的话，他就不享有一项合理隐私期待了。我们并不认为，电话公司披露电话号码的行为就会导致另外一种不同的宪法结果。"

Potter Stewart 法官与 Brennan 法官写了一份异议意见。Stewart 法

---

① 442 U. S. 735 (1979).
② 442 U. S. 735 (1979). at 746.
③ 425 U. S. 435, 442 – 444 (1976).
④ White, 442 U. S. at 744 (quoting Miller, 425 U. S. at 443).

官强调，公民拨打电话的地方毫无疑问是受宪法保护的，公民从家里所拨打出来的电话也是属于绝对的隐私。Stewart 法官写道："我很怀疑，是否有人会十分高兴地向全世界公布他所拨打过的电话号码清单。这不是因为公布那样的一份清单是一种违法行为，而是因为这份清单可能反映出电话拨打人的身份以及拨打电话的地方，而这些信息就恰恰透露了公民个人的私密生活。"①

Marshall 法官也撰写了一份不同的异议意见，Harlan 法官也同意了 Marshall 法官的看法。对于 Marshall 法官来说，"电话公司是为了连通通话双方才监控电话号码的，这并不表明电话公司希望把这些信息透露给社会公众或者是政府。隐私并不是一件商品，要么全有要么全无。而且，暗含在危险预测概念中的一个含义是选择权。在早期的第三方监控案件中，被告还可以自行决定隐藏哪些个人信息，然而在当前的案件中，电话已经成为人们生活的必需品，人们也就不得不接受电话监控所带来的危险"。事实上，危险预测的概念在公民没有选择权的案情中是毫无意义的。② 更重要的是，危险预测分析法使得政府可以自由解释《美国联邦宪法第四修正案》的保护范围，比如，政府可以声称它有合理理由去监控公民的电话，这就阻碍了人们正常地享有言论自由权。

（二）电子监控行为：公共场所中的隐私

在 United States v. Knotts 一案③中，联邦最高法院第一次需要处理犯罪嫌疑人在公共场所是否享有隐私的问题。在 Knotts 一案中，警察将一个叫做"蜜蜂"的跟踪器安装在了一个装有三氯甲烷的盒子里，这种物质经常被用来制造毒品。警察在安装录音器前获得了三氯甲烷容器的所有者 Hawkins 化学公司的同意。当 Tristan Armstrong 购买了安装有录音器的三氯甲烷容器之后，警察就根据可视摄像图像和"蜜蜂"的指引跟踪到了 Petschen 先生的汽车上了，当容器被放置在车上后，Petschen 就将汽车开走了。当 Petschen 采取了一些规避性措

---

① 442 U.S. at 748.
② 442 U.S. at 748.
③ 460 U.S. 276 (1983).

施以摆脱警察的跟踪之后,警察就跟丢了 Petschen,但是警察最后还是根据"蜜蜂"追踪到了小木屋。根据"蜜蜂"所提供的信息以及其他的一些信息,警察就申请了一张搜查令,在小木屋里搜查到了三氯甲烷容器、制造毒品的用具以及用于制造毒品的化学物质。

被告所提出的排除非法证据的动议被法庭拒绝了,对于有罪判定,被告最后也上诉到了联邦最高法院。联邦最高法院并不认为警察的行为侵犯了被告的合理隐私期待,法院认为,一个在公共道路上开车行驶的人对于其行动轨迹不享有合理隐私期待,因为公众可以随意观察到汽车的运动轨迹。虽然小木屋的所有者 Knotted 对其小木屋享有一项合理隐私期待,但是那样的一份隐私期待不会扩展到汽车或者处于小屋外的三氯甲烷容器上。而且,"蜜蜂"跟踪器的出现也并未改变原有的分析方法:"《美国联邦宪法第四修正案》并不禁止警察主张他们自身的局限以及在该案中高科技设备所给他们带来的便利执法。"联邦最高法院总结道:"我们从未将警察高效执法行为与违宪行为联系起来,我们现在也拒绝这样做。"

然而,联邦最高法院确确实实给政府实施电子监控行为设置了一些限制,这些限制是根据犯罪嫌疑人在住宅内所实施的活动而划分的。一年之后,在 United States v. Karo 一案中,联邦最高法院否定了警察使用"蜜蜂"跟踪器的做法,认为这一做法严重地侵犯了公民的隐私权。① 在该案中,缉毒局官员得知 Karo 及其同伴从一个政府官员卧底那里购买了 50 加仑的乙醚。乙醚据说是被用来提取可卡因的一种物质。警察申请了一张法庭命令,这张法庭命令授权警察在其中一个乙醚容器里安装并监控"蜜蜂器"。在销售乙醚的商家的同意之下,警察将一个装有"蜜蜂器"的乙醚容器混杂在嫌疑人所买的 10 箱货品中,并将这 10 箱乙醚容器涂上了统一的颜色。警察随后观察到 Karo 从商家处将这些货物运走,他们于是就根据"蜜蜂器"的指示来定位。警察发现这批货物最后到达了一间房子中,于是他们就根据此申请了一张搜查令。警察此次搜查行为收获了可卡因以及制造毒品的设备。

联邦最高法院同意低层法院的看法,也即警察使用"蜜蜂器"

---

① 468 U.S. 705, 716 (1984).

的方式有点太过头。"蜜蜂器"被警察用来披露公民在其住宅内的活动，而住宅是不能受到公开监控的。警察使用"蜜蜂器"的方式侵犯了公民所享有的合理隐私期待，因为即使公共监控器能够探测到公民的住宅，然而"蜜蜂器"却使得警察能够探测到他们本不应该知道的住宅内部信息。因此，警察使用"蜜蜂器"进行监控的行为就构成了《美国联邦宪法第四修正案》意义上的"搜查"。

联邦最高法院根据电子监控行为是处于住宅内还是住宅外所划分的分界线是俄勒冈州最高法院在 State v. Campbell 一案中确立的。[①] 俄勒冈州最高法院在审理该案时拒绝使用 Katz 一案的分析方法，它采用了一种规范判断法："俄勒冈州宪法所保护的隐私不是公民能够合理期待到的隐私，而是那些为法律所规定的隐私。"俄勒冈州最高法院也反对这一说法，即"公民的信息如果能够通过某种合法方式获得，那么警察也可以通过除搜查外的其他方式获得"。俄勒冈州最高法院最后总结道，俄勒冈州宪法保护公民的自由利益，以使其免受某些形式的审查。这样的自由利益从监控器中扩张到了无线电发射机中："正如上文所指出的那样，警察运用一个无线电发射机去定位的行为不能等同于他们用摄像头进行监控的行为。正如本案案情所展示的那样，那些使得警察能够迅速定位人或物的技术都是对公民自由权的限制。而且这种限制是更严重的，因为人们很难察觉自己是否受到无线电发射机的跟踪，而可以很容易察觉自己是否被人跟踪。如果我们不能认真地检查随身物品，我们就不能确定我们的行踪是否被一个无线电发射机所跟踪。因此，公民必须时时确定他们是否受到了政府的监控。但是，如果俄勒冈州最高法院在本案中的观点是正确的话，那么'公共场所中'的任何地点、行动以及对话都不会免于受政府的监控。公民也不会知道他们在公共场所中的行动何时是受到监控的以及在何时是不受监控的。这无疑是对公民自由权的限制。"

（三）对住宅的监控

在 Kyllo v. United States 一案[②]中，联邦最高法院认为，当联邦政

[①] 759 P. 2d 1040 (Or. 1988).
[②] 121 S. Ct. 2038, 2046 (2001).

府官员为了探测到公民在住宅内不被观察的活动而采用一种监控设备时,政府官员的行为就构成《美国联邦宪法第四修正案》意义上的搜查。政府官员通过某个偶然的机会获知 Kyllo 在其住宅内种植大麻,而种植大麻一般需要高强度的灯光照射。政府官员对 Kyllo 的电费单进行查看后发现他每月使用的电量特别多,于是,他们就使用一个"热像仪"去探测从 Kyllo 的住宅里发射出来的红外线。热像仪的成像表明,Kyllo 住宅内的某些部分的温度明显高于其他部分而且也高于周围住宅的温度。根据这些发现以及电费使用单,政府官员就申请了一张搜查令,最后搜查到 Kyllo 的住宅内有一片大麻种植地。

Kyllo 向法院提出了排除证据的动议,声称政府官员使用热像仪的做法构成了《美国联邦宪法第四修正案》意义上的"搜查"。他说道,因为政府官员没有申请一张搜查令就去使用热像仪,所以,这一行为是不合法的。虽然低层法院最终否决了 Kyllo 的主张,但是联邦最高法院却支持了 Kyllo 的主张。

联邦最高法院的核心观点是,热像仪所揭示的信息是公民住宅内的活动信息。联邦最高法院解释道:"我们已经说过,《美国联邦宪法第四修正案》在住宅与非住宅之间划分了一条分界线,这条分界线必须要非常清晰。"相应地,联邦最高法院否定了这样一个说法,即因为室内温度并不是也并未揭露隐私信息,所以政府官员就没有实施《美国联邦宪法第四修正案》意义上的搜查行为:"政府指出,在 Dow Chemical 一案中,我们发现空中摄像图并没有揭露任何'隐私信息'。然而,Dow Chemical 一案涉及一家工厂的摄影图像,而工厂并不享有与《美国联邦宪法第四修正案》中住宅同样的神圣性。《美国联邦宪法第四修正案》对住宅提供的保护并未考虑到住宅中隐私信息的数量。比如,在 Silverman 一案中,我们已经明确表明,任何对住宅的物理性侵犯都是不合法的。已有的案例表明,公民住宅内的活动都是隐私信息,因为整个住宅都是免受政府查看的领域。"①

"《美国联邦宪法第四修正案》中所规定的一个核心权利就是,公民享有逃避到自己住宅内的权利。"联邦最高法院认为,虽然公民在其他场所中是否享有合理隐私期待的问题是不甚明确的,但是,公

---

① 121 S. Ct. at 2046 [quoting Payton v. New York, 445 U. S. 573, 590 (1980)]. at 2045.

民在住宅中享有隐私期待却是不容争议的,这是法院都不可以逾越的保护底线。"如果我们连公民在住宅内的隐私期待都不能提供保护的话,这就无异于允许警察侵入《美国联邦宪法第四修正案》所保护的领域。"① 根据《美国联邦宪法第四修正案》的立法历程我们也可以得出,《美国联邦宪法第四修正案》提供了这种最低限度的保护,因为,在法院看来,《美国联邦宪法第四修正案》在制定之初就是为了确保住宅内的隐私免受政府侵犯。为了加强这一保护,法院制定了这样一个规则:如果政府官员利用的感应科技能够反映出公民住宅内任何信息的话,政府官员的行为就构成《美国联邦宪法第四修正案》意义上的搜查行为,至少在感应科技还并不能为普通公众所使用时就是这样。

上述规则表明,联邦最高法院对住宅所提供的最低限度的保护小于《美国联邦宪法第四修正案》在立法时为住宅所提供的保护。联邦最高法院承认:"如果我们说《美国联邦宪法第四修正案》为公民所提供的隐私保护丝毫没有受到科技进步的影响的话,这是非常愚蠢的。比如,直升机使得我们原来视为隐私领域的住宅及其庭院暴露在公众视野之下。"虽然联邦最高法院接下来解释了,我们应该如何限制这些高科技以减少其侵入公民受保护的隐私领域,但是,如果这些科技被越来越多的人使用以至于人们很容易就可以侦查出来的话,这些限制措施就是毫无用处的。然而,支持政府官员使用热像仪的异议意见却反对多数意见的"高科技广泛使用衡量方法",因为它不能为科技的进步提供充分的和长期的保护。多数意见回应道:"异议意见认为,我们在案中分析高科技是否能够被公众广泛使用的做法给宪法分析带来了一些不确定的因素。然而,异议意见不应该同我们争论这些问题,而是应该找联邦最高法院的判例去理论。请参见 Ciraolo 一案,476U. S. 207,215(1986)。由于我们非常坚定地认为热像仪并不为大众所广泛使用,所以我们在本案中也拒绝去重新审查这一问题。"②

严格说来,在是否应该为公民的住宅提供保护以使其免受广泛使

---

① Kyllo, 121 S. Ct. at 2043.
② Kyllo, 121 S. Ct. at 2046 n. 6.

用的监控技术的侵犯的问题上,联邦最高法院仍然坚持己见。联邦最高法院讲道,它所采用的"高科技广泛使用衡量方法"是与先例相一致的,而且它也与隐私被窥探的可能性大小评判分析与隐私被窥探的危险分析具有相似性,这些分析方法都是法院在确定隐私保护范围时所需考虑的因素。然而,联邦最高法院忽略了这样一个事实,也即还有更强有力的理由可以支持法院的判决,而且这些理由也有可能支持对住宅外提供的隐私保护,这一点笔者将在下文中予以简单讨论。

(四) 一些不同观点

笔者可以没有半点虚假地说,我查看了联邦最高法院审理的所有关于《美国联邦宪法第四修正案》的案件,甚至是所有那些与科技有关的案件,我也进行了查阅。笔者集中关注了有关科技的案例,在这些案例中发现了它们的固有局限。然而,笔者认为有必要提及在《美国联邦宪法第四修正案》诉讼实践中所存在的一些不同观点。笔者以 Bond v. United States 一案[①]为例来表达自己的一些看法。

在 Bond v. United States 一案中,一个得克萨斯州的边境巡警登上了一辆开往阿肯色州小岩城的大巴,以便去检查汽车上的乘客是否属于非法移民。当警察走过汽车的中间通道时,他们闻到了从行李架上飘散出来的毒品味道。当警察检查到 Bond 座位上方的一个绿色的行李袋时,他们摸到了"像砖块一样的"物体。Bond 承认,这个行李袋是他的,并且按照警察的指示打开了行李袋。之后,警察在行李袋中发现了一块冰毒。

Bond 最后声称行李袋是别人的,他仅仅是帮助别人传送这一行李袋。在 Bond 提出的证据排除动议被法院否定后,Bond 被判决有罪。上诉法院支持了一审法院的判决,理由是,警察用手挤压包裹进行检查的行为并不构成《美国联邦宪法第四修正案》意义上的搜查。当案件一路上诉到联邦最高法院后,联邦最高法院推翻了低层法院的判决。[②]

政府主张,当 Bond 将他的行李袋放到其座位上方的行李架上时,

---

① 529 U.S. 334 (2000).
② 529 U.S. 334 (2000). At 336.

他就丧失掉了一项合理隐私期待,也即他的行李袋不会受到物理性的搜查。通过援引 Ciralolo 一案①以及 Florida v. Riley 一案②的判例,政府主张,"那些能够被公众观察到的物体都是不受《美国联邦宪法第四修正案》保护的"③。

联邦最高法院拒绝采用上述被广泛接受的原则和推理:"Ciraolo 一案和 Riley 一案与本案是不同的,因为上述两案涉及视觉检查,而非触觉检查。物理性的检查行为比纯粹的视觉性检查行为更具有侵犯性。如在 Terry v. Ohio 一案中(392 U. S. 1, 17 – 18),我们已经讲到'警察在他人全身轻微的触摸以进行搜身就是对他人身体的严重侵犯,这一行为严重侵犯了他人的人格并可能引起他人的反感,因此不能经常实施'。虽然 Cantu 警官并没有搜查被告的身体,但是他的确搜查了被告的携身包裹。很显然,被告的包裹不是他身体的一部分。但是旅游者非常关心他们的携身包裹,他们总是用它们来携带个人随身物品,因此他们更愿意携身包裹能够紧紧地拽在手里。在本案中,被告承认,当他将行李袋放在座位上方的行李架上时,他可能期待到他的行李袋会受到乘客的推挤和触碰。但是,Cantu 警官对他包裹的物理性检查远远超过了被告所能期待到的其他乘客可能对他的包裹的操作。"

联邦最高法院显然认同 Bond 的主张。联邦最高法院认为,第一,Bond 将他的行李袋放在座位上方的行李架上的行为就表明他具有一项主观隐私期待;第二,这样一项主观隐私期待是合理的,因为"即使乘客能够期待到车上其他乘客可能因为某些原因移动他的行李,但这并不意味着他会期待到这些乘客会以一种检查的方式来移动他的行李"。

Bond 一案的判决意见在以下几个方面对科技隐私司法实践造成了潜在影响。

首先,视觉搜查与触觉搜查之间的不同源于两种搜查行为给人们

---

① 476 U. S. 207 (1986) (no privacy expectations against observation of a backyard from a plane).
② 488 U. S. 445 (1989) (observation of a greenhouse in a home's curtilage from a helicopter did not violate the fourth amendment).
③ Bond, 529 U. S. at 337.

造成的情感影响的不同，一个是使人"怨恨"，另一个是使人"愤怒"。

其次，联邦最高法院认识到警察的搜查方式对案件有很重要的影响，公民能够预期到部分的隐私侵犯行为并不意味着他能容忍所有的侵犯隐私的行为。这表明，联邦最高法院可能认为，警察在公民住宅外采用高科技进行视觉监控的行为可能与他们对行李进行触觉检查的行为具有同样的侵犯性。

再次，联邦最高法院显然反对这样一个观点，即警察进行触觉搜查行为的危险大小对本案才是至关重要的。显然，其他乘客也有机会去触碰被告的行李，也有可能在移动行李时感觉到这块砖头状的物体。虽然法院拒绝分析警察搜查行为的危险大小，但是它采用了一种有效的规范分析方法。

最后，联邦最高法院暗示，谁去实施搜查行为是非常重要的考察因素。如果法院的说法是正确的，即警察在本案中用手触碰行李以进行检查的行为是不可能的（这一点笔者不同意），那么，这是因为警察比乘客以及乘务员更有可能去直接搜查行李。警察会更容易地实施搜查行为，因为他们在触碰这些行李时就带有目的性。而且，虽然乘客对其他人在移动他的行李时可以向他们表现出不悦的表情，这样就可能阻止其他人，但是即使乘客再难看的脸色也不能制止警察这样做。这一区别表明，警察采用高科技监控技术监控公民住宅外的活动时所具有的侵犯性要高于普通公众这样做时的侵犯性。

以上四点是 Breyer 法官在其所撰写的异议意见中所提出的，Scalia 法官也同意 Breyer 法官的看法。① Breyer 法官似乎将精力主要集中在对警察触碰式搜查行为危险大小的讨论上。他解释道："该案中的警察触碰式搜查行为与传统的搜查行为相同吗？我并不这样认为。审理该案的法官们并没有注意到触碰式搜查行为有何不同之处。他们仅仅发现，'Cantu 警官将手放在 Bond 的行李袋外表'，并认为这是一种具有'最小侵犯性'的行为。上诉法院同样认为，'因为乘客经常会移动行李，所以乘客可以预见到自己的行李可能会被其他人触碰'。"

多数意见不能说服 Breyer 法官去相信本案与 Ciraolo 一案和 Riley

---

① 529 U.S. at 339（Breyer, J., dissenting）.

一案是不同的,因为他认为,乘客触碰别人的行李的危险要远远高于行为人从飞机上观察他人住宅的危险。只要政府官员观察到的是"任何公众在同等情况下都可以观察到的信息",那么,公民的合理隐私期待就没有受到侵犯。① 由此可以看出,Breyer 法官忽略了视觉搜查行为与触觉搜查行为所造成的情感损害之间的不同,他也不认同多数意见关于视觉搜查行为不同于触觉搜查行为的说理。

Breyer 法官很担忧多数意见可能对不同的人的隐私进行区别对待,多数意见可能会排除"为政府效力的第三方"的隐私。Breyer 法官则宣称,如果我们不这样认为的话,那么问题就变成了"他人的隐私是否受到侵犯要根据行为人的行为目的而非行为结果来进行判断"。因此,一名乘客为了给自己的行李腾出空间而去移动其他乘客的行李的行为并没有侵犯其他乘客的隐私权,但是,如果是一名警察移动乘客的行李以搜查毒品的话,这一行为就要受到宪法规则的禁止。因此,对于同一行为,《美国联邦宪法第四修正案》禁止警察这样做,但却不能禁止普通公民这样做。

Breyer 法官错误地将多数意见的说理当成是不用于"当前的法律规则"的。② 他甚至略带讽刺地说,多数意见并没有真正保护到公民的隐私,因为一般公民也可能经常去触碰别人的行李袋。因此,他提醒旅行者将他们的物品放在一个材质坚硬的行李箱里,从而自行保护隐私。

当然,还有其他的案例也可以反映出一些非主流的判决意见,但是,它们大都与笔者在 Bond 一案中所指出的观点差不多。笔者认为,Bond 一案并未预示着,联邦最高法院有关第四修正案的隐私诉讼实践将会发生转变,但是,Breyer 法官认为 Bond 一案与先前的判例不同,这似乎还是有些道理的。的确,联邦最高法院会根据个案的不同采用不同分析方法,有时,它可能会采用侵权可能性大小评判分析方法,有时,它又可能采用情感评判分析方法。这种分析方法的灵活转变表明,联邦最高法院在其长期审判实践中并不是完全没有接触到从情感的角度去解释隐私的做法,笔者将在下一部分着重从情感的角度

---

① 529 U. S. at 339 (Breyer, J., dissenting). at 341.
② 529 U. S. at 339 (Breyer, J., dissenting). at 341.

讨论隐私。

三、重新界定"隐私"一词

联邦最高法院在其审理的科技隐私的案件中存在一些瑕疵,之所以出现这些瑕疵,是因为联邦最高法院对隐私的错误理解。

对联邦最高法院来说,公民在"公共场所"所讲的话以及所做的事都不属于"隐私",因此,政府官员使用电子跟踪器去跟踪嫌疑人的汽车的行为并没有侵犯嫌疑人的隐私权。考虑到开车人被过路行人观察到的高风险性,联邦最高法院似乎告诉我们,每个开车人都应该合理预期到他们可能受到警察长期性的以及高强度性的观察。然而,这种"风险分析方法"(risk anlysis)是违反常理的。正如William Stuntz 教授所解释的那样,即使是平常性的、未采取高科技的监视行为(如行人的观察行为)都有可能监控到某个特定犯罪嫌疑人的行踪,那么这就无异于跟踪监控行为了。

此外,联邦最高法院对何时"隐私信息"能够被"公开"的问题的看法是十分狭窄的。在联邦最高法院看来,尽管存在一些少量的例外情形,人们自愿将信息公布给其他人的做法,如储户将自己的财产信息公布给银行都使得人们可能遭受他们的信息受到更多的公开的危险。联邦最高法院可能将保密协议作为例外情形,如医生与病人之间的保密约定。然而,人们在一个信任关系中所披露的个人信息并不意味着他们不会遭受更多信息被披露的风险。

联邦最高法院对"隐私信息"的狭隘看法源于它对隐私概念从认知的角度上进行的解读。如果公民意识到他们自愿公布给别人的信息有可能被更多的人知道,那么该公民对其公布的信息就不再享有一项合理隐私期待。然而,这种可能性评判并不是这一分析方法的终结。联邦最高法院在某些时候的确考虑到了隐私侵权给他人所造成的情感上的伤害,但是,这种情感上的伤害也属于风险分析法所应该考虑到的风险。联邦最高法院所强调的价值观念是政府实施搜查行为的必要性,而并不是公民对隐私保护的需求。虽然联邦最高法院对公民在其住宅内的活动提供了保护,但是这一保护似乎也是建立在其风险分析法之上。而且,一些联邦最高法院确立的先例总是忽略了或者缩小了搜查行为和扣押行为对某些社会群体的影响。由于缺乏宪法上的保护，这就可能导致政府官员在实践中对少数群体实施更多的搜查行为。

大量增加的政府监控行为给我们生活造成的影响是不言而喻的。如果监控公民在其住宅内活动信息的方法或技术被广泛传播，那么，警察以后再去监控公民在其住宅内的活动就不需要提前申请一张搜查令了。[①] 如果监控公民在大街上行踪的跟踪设备得到广泛使用，那么，警察也可以利用跟踪设备去监控公民的生活。随着我们大量使用电子邮件、网上银行等网上功能，这使得我们的信息被政府所截取的风险变得更高。肯定的是，政府的这种滥用行为最终会得到某种程度上的限制，但是如果没有立法保护，政府侵犯公民隐私的行为就会一直存在。

笔者认为，隐私更是一个情感上的概念，而甚少是一个认知上的概念。隐私是一个使得我们能够进行自我保护的概念。它使得我们能够自行决定向谁公布信息以及公布何种信息。这种控制权十分重要，因为我们公布给其他人的信息会影响他们对我们人格的评价。如果我们要向其他人完全地公布个人信息的话，这需要时间和信任，这往往只能发生在最亲密的朋友之间。侵犯隐私权的行为就意味着改变或动摇我们给其他人所留下的形象，从而扭曲了我们与其他人的关系、自我意识、个人自尊。如果我们不能自由选择向别人公布何种信息的话，我们就没有隐私了。因此，公民在公共场所也享有"隐私"，我们对个人信息的公布拥有一种控制权。

正是由于个人的自我认同与社会群体相关，所以，在某些情况下，侵犯一个公民的隐私也就意味着侵犯了这个公民所从属的社会群体。社会群体将其成员所遭受的隐私侵害看成是对其身份信息的泄露，从而导致别人错误评价他们。

这一部分以讨论个人的多样面孔为开端，然后转向解释隐私为何能够保护个人免受别人的错误评价，文章接下来讨论个人所遭受的隐私损害给群体的身份认定所带来的风险，笔者将以同性恋群体和贫困群体作为范例进行讨论，并以此说明科技的进步是如何使这两个群体所取得的微小权利又消磨殆尽的。然后，笔者将会更仔细地解释为什

[①] Kyllo, 121 S. Ct. at 2047–2048 (Stevens, J., dissenting) (making a similar point).

么确认公民在大街或者其他公开场所中享有隐私是如此重要,以及为什么"危险预测"规则(前文讨论的公开部分信息案件所采用的分析方法)就是对个人自我的侵犯。通过从情感的角度重新解释隐私,这些讨论表明,当前我们从认知的角度对隐私进行的解释使得公民个人和群体的身份认定被消退。

(一)用于自我界定的隐私

1. 自我的多样化面具

任何一个对隐私的恰当界定都必须讨论人格、自我的概念。生活经验和心理学调查都表明,自我是一个多样性而非单一性的概念。心理学家 Walter Mischel 解释道,我们性格中的不同方面——我们思考和行动的方式在不同情形下才会被展现出来。我们去参加聚会时可能会迟到,但我们在参加教堂活动时却非常准时。我们在有压力时可能会表现得非常粗暴,但在没有压力时却是非常文明友好的。我们在生活中是一个样,但在工作中又是另外一个样。

然而这些面具没有一个是可靠的,[①] 每一个面具都只反映了我们性格中的一面。但是,我们所认为的自我不是由其中一个面具而是由所有面具组成的。比如,我们经常都不希望别人在没有看到自己文明友好的一面时把我们评价为粗暴的。既然别人了解我们真实的自我需要花费很长的时间,那么我们在这段时间里就有可能被别人错误评价。因此,我们只是在我们最亲密的朋友中间才展现完全的自我,正是如此,我们向别人公布信息的行为就成了希望与别人建立亲密关系的象征。Jeffrey Rosen 法官解释道:"如果我们想要真正了解另外一个人,这需要我们建立一种信任关系,从而可以互相交换信息。这是一件不能着急的事情。真正能够全方面了解另外一个人的也许只有他的少部分朋友、爱人或者家人才能做到。亲密关系的建立既需要时间又需要空间:这种缓慢的信息交流使得我们能够免受大众的监视。"

2. 公民对被错误评价的恐惧

公民总是担心他们被公众错误评价的心情是可以理解的。[②] 人们

[①] Rosen, at 210.
[②] Jeffrey Rosen, The Unwanted Gaze: the Destruction of Privacy in America (2000), pp19 – 20.

在评价别人时普遍采用了"成见效应"(halo effect)——这是一种根据对别人的片面认识进而去评价别人的整个人格的方式。而且,这样的判断也仅是基于一些微小的证据,如人们看到的别人所实施的一些偶然行为。一旦人们对别人作出评价后,他们对别人形成的影响就很难改变了,即使之后的证据指示出相反的特征。"喇叭效应"(devil's-horn effect)比"成见效应"更具有破坏性。"喇叭效应"是指,观察者更愿意根据别人过去的不当行为去认定他是一个坏人,而不愿意根据别人过去的恰当行为去认定他是一个好人。① "喇叭效应"的结果就是,部分变成了整体,缺点超过了优点。Peter Lewis 在《纽约时报》中如是说道:"曼哈顿酒店的监控摄像头发现一个年轻的金发女郎穿过大厅,然后乘坐电梯到了 23 楼,进入了我的房间。我并没有发现摄像头,但我可以想象出现在电视屏幕上的监控图像。看到监控录像的人接下来也许会问,为什么这个女人会进入我的房间。摄像头后来又发现我们一起去吃饭以及一起去听歌剧———个从得克萨斯州来的已婚中年男人和一个十分漂亮的女孩手挽着手。事实上,这个女孩是我的女儿。"②

由于我们担心自己的部分行为可能会被其他人错误评价,所以,我们在某些情况下会压制着自己而不去实施某些行为。我们可能相信,如果我们打扮得漂漂亮亮的话,别人就会盯着你看,然后就认为你是一个十分挥霍的人,然而如果你穿得很随意、休闲,别人就会认为你整天蒙头睡觉和看电视而不关心自己的妆容。我们也可能害怕,如果我们穿得很随意去上班,老板和同事就会认为你是一个非常懒散、不关心他人的人,然而,事实上,我们在工作中并没有这些缺点。③ 相同地,我们也不希望我们在工作中所讲的话被别人闲言碎语地讨论、传播,因为我们担心缺点会盖过优点,我们之前在工作中所建立的良好形象就会瞬间付诸东流。

被别人错误评价会导致我们感到有伤尊严、精神苦闷。Jeffrey

---

① S Jeffrey Rosen, The Unwanted Gaze: the Destruction of Privacy in America (2000), pp 137-138 (describing Mendez's work and the "devil's horn" effect).
② Peter Lewis, Forget Big Brother, N. Y. Times, Mar. 19, 1998, at G1.
③ Jeffrey Rosen, The Unwanted Gaze: the Destruction of Privacy in America (2000), pp8-9 (on the fear of being misjudged).

Rosen 解释道:"没有什么经历比被别人评价更让人感到苦恼的了,被别人评价、描述也就意味着我们的人格被缩小、简化。结果,评价或者描述他人就变成是最具侵犯性的行为了。"

3. 消除公民对被错误评价的担忧的方法——隐私

隐私能够保护我们免受别人的错误评价。[①] 隐私就是我们要求别人正确评价自己的一种方法。我们可以凭借隐私去表现我们真实的个性,因此,我们将其他人对我们隐私的侵犯看成是对我们人格的侵犯。隐私使得我们可以自行选择将我们的身份信息向哪些人公布,这一自由选择权有利于我们与其他人建立亲密关系,也有利于我们实现自治权。我们能够在隐私范围内自由地追求自己感兴趣的事,而不必担心受到其他人的监控。正如曾经有一个学者解释道,我们能够自由阅读的权利,并非仅仅来源于《美国联邦宪法第一修正案》的言论自由权,还来源于《美国联邦宪法第四修正案》的隐私权。[②]

然而,身份并不完全是一个人的选择,身份以及隐私都具有社会性的一面。[③] 身份之所以具有社会性的一面,笔者想,部分是因为社会中的其他人有助于解释我们的个性。父母教给我们的道德观念、我们从同龄人那里学到的游戏以及老师在学校里教给我们的知识都有助于我们塑造不同于其他人的性格、身份。

身份之所以具有社会性的第二个原因是,我们如何对待其他人以及其他人如何对待我们都有助于塑造我们的身份。因此,公民个人性格的完整性还取决于人们之间互相遵守的社会规范。[④] 社会学家 Erving Goffman 使用了"顺从"(deference)一词和"举止"(demeanor)一词来解释这一现象。"顺从"是一种社会规范,它是指一个人向另一个人表示遵从。[⑤] "举止"是一个人为了向另一个人展示其是一个友善或者邪恶的人所作出的行为。这两种规范将行为者和行为对象紧

[①] Jeffrey Rosen, The Unwanted Gaze: the Destruction of Privacy in America (2000), p8.
[②] Jeffrey Rosen, The Unwanted Gaze: the Destruction of Privacy in America (2000), p169.
[③] Taslitz, Feminist Approach, at 12 – 25.
[④] Robert C. Post, Constitutional Domains: Democracy, Community, Management, p54 (1995).
[⑤] Erving Goffman, The Nature of Deference and Demeanor, in Interaction Ritual: Essays on Face to Face Behavior 47, 56 (1967).

紧联系起来,从而使整个社会也紧密联系起来。当我们遵守这两种规范时,我们就确定了一种社会秩序,与此同时就塑造了我们的身份、性格。这些规范就经常被称作"一般行为规则"。

当其他人拒绝遵守这些规则时,他们就干扰了我们选择面具的自由。因为这些规则界定了社会成员之间的权利义务关系,如果某个公民违反了这些规则,这就意味着他不是该社会群体的一员。同样,如果行为人没有遵守"一般行为规则",他就侵犯了他人的权利,使得他人在行为人的侮辱行为中感觉受到了轻蔑和冒犯,因为行为人诋毁了他人作为社会成员的身份以及侵犯了他人的人格。

正是如此,立法者对隐私侵权行为提供救济措施的目的就在于"恢复原告的清白",为了达到这一目的,法官经常会判决被告给予原告补偿性损害赔偿和惩罚性损害赔偿。① "然而,我们说原告在隐私侵权诉讼中需要得到洗白仅是意味着他需要免受罪责。这是让人十分困惑的,因为原告是受害者而不是违法者。受害者之所以感受到羞耻,是因为违法者拒绝给予尊重,因此,受害者的身份、地位就遭受了质疑。"据此,原告要想获得洗白,这只能通过重新确认他属于社会群体一员的身份,从而展示受害者和违法者在作为公民这一点上享有同等的地位以及同样的人格。这样的救济措施才是对原告真正的救济。因此,惩罚性赔偿经常被看作用来重新确认原告的人格价值和身份归属的一种方法。隐私侵权诉讼通过重新确认社会规范来补偿原告的损失,这种救济措施反过来又将社会成员紧紧联系在一起。

如果我们将隐私看成是保护公民选择向谁公布以及公布何种信息的一种边界的话,这种意义上的隐私就改变了蕴含在《美国联邦宪法第四修正案》中的危险大小评判分析方法(probability risk assessment)。隐私更多的是关于文明举止、尊重、身份确认,而不是去限制公民遭受窥视的危险。如果我们更多的从情感上而不是从认知上理解隐私一词的话,也许《美国联邦宪法第四修正案》会给予警察使用高科技监控技术的行为更多的限制。然而,在探讨这种可能性之前,我们必须认识到侵犯公民个人隐私的行为也会影响到公民所从属的社会群体。

---

① Restatement (Second) of Torts, 901 cmt. c (1977).

(二) 社会群体

公民个人享有隐私,公民个人所从属的群体也同样享有隐私。的确,社会群体聚集在住宅、学校、教堂(经常是在那些隔绝于世人的地方)可能有助于他们自由交换思想,这也许就是民主所蕴含的含义吧。然而,如果他们能够在公共场合表达观点、思想的话,这样的思想交流也许会更容易团结这一社会群体,使得每个成员的归属意识更强。隐私除了能够让公民更热衷于政治活动之外,它也能够促进自由、民主的国家所提倡的价值多元化以及个人自治权,因为隐私使得公民免受主流价值和主流思想的禁锢。[①] 一位学者曾经说:"我们都应该生活在一些各自不同的社会群体里。隐私能够帮助我们实现这一目的。隐私有助于促进多样化社会群体的出现,从而泯灭了一元化价值观的主导地位。请大家想一想一个生活在小城镇的同性恋者的生活,也许我们就知道了隐私的意义了。"

1. 同性恋者

同性恋者在 20 世纪中后期的遭遇有助于我们了解上述观点。同性恋者对其集会享有的隐私对于他们之间建立紧密关系以及形成同性恋身份是十分重要的。然而,人们选择性侵犯这一隐私的行为揭露的不只是一个同性恋者的部分信息,还是整个同性恋群体的隐私信息。看到这一部分信息的异性恋者会更容易对同性恋群体形成固有的印象。同性恋群体开展维权运动不仅仅是为了寻求免于遵守主导社会规范的自由,而且也是为了争取身份认同而进行的抗争,同性恋者要求受到别人同等的尊重,同性恋群体是由一些复杂、多样的人群所构成的,他们除了因为性取向的相同而聚集在一起外,还因为其他更多的因素而聚集在一起。

社会群体及其成员希望别人能够认识到他们是谁,而不希望别人评价他们不是谁。简而言之,同性恋者的维权运动一直在苦苦抗争和追求的是,其他人能够给予每个同性恋者以及整个同性恋群体以尊重。

然而,警察过去在实施搜查行为和扣押行为时却往往没有给予同

---

① John Stuart Mill, On Liberty 11 (Haldeman-Julius 1925) (1859).

性恋群体及其成员以尊重。在20世纪50年代中期,"警察经常花费数小时在公共厕所巡逻,偷看停放在停车场的汽车,甚至是跟踪同性恋者,从其住宅门缝处偷窥"。① 许多城市的警察所采取的突袭行动就是为了抓捕"性取向不正常者"。他们之所以被逮捕,是因为他们实施了扰乱社会秩序的"同性之间的拥抱和接吻的行为"。警察执法行为所引发的广泛媒体关注和政治关注经常让同性恋者感到不满,他们因而发起了"反对警察逮捕、拘留以及骚扰同性恋者的运动"。与此同时,联邦调查局官员还是一如既往地监控同性恋者、同性恋组织以及同性恋政治活动。警察经常派遣伪装的同性恋者去深入同性恋群体内部。地方警察也采取了像联邦警察一样的策略,他们经常选择性地透露同性恋者的个人信息,希望被监控的同性恋者因此而丢掉工作。法律对公民免受非法搜查和扣押行为的侵犯所提供的程序性保护未能起到任何作用,许多被指控的同性恋者只能自认倒霉地认罪而不会选择继续诉讼,以免受到更多的暴露。因此,同性恋者甚至放弃了挑战警察非法搜查的证据的机会。法官对法律的曲解也使得有关搜查和扣押的法律不能得到很好的执行,使得那些看似具有"较高保护性"的程序规则没有发挥任何保护作用。②

国会在1961—1969年之间对刑事诉讼法进行的修改在此问题上作出了改变,将警察的调查对象从原来的异性服装穿着者、同性性行为改变为现在的同性娼妓的行为、猥亵儿童的行为以及传播色情书刊的行为。国会将人权法案中的公民权利纳入刑事诉讼法的保护范围之内的做法有可能导致当前的判决被推翻,检察机关提起监控的积极性会减低,因为这一诉讼程序的要求更严格,因而花费更高,以及同性恋者的某些权利要求也合法化了。那些之前选择辩诉交易的被指控同性恋者现在则积极地提起排除证据的动议。警察监控公共厕所的做法也被禁止了,因为法院将公民隐私保护的范围扩张至了那些地点,甚至是汽车和剧院观赏屋也在隐私的保护范围内。警察搜查权和扣押权的扩张容易引起媒体的关注,同性恋者由于面临着遭受指控的威胁,

---

① William N. Eskridge, JR., Gay Law: Challenging the Apartheid of the Closet, 64 (1999).
② William N. Eskridge, JR., Gay Law: Challenging the Apartheid of the Closet, 64 (1999). at 88.

他们开始组织政治性活动。同性恋者的政治性活动可能有助于降低警察的逮捕率，并且迫使警察考虑同性恋者的利益。反过来，法律为公民免受警察非法搜查和扣押的侵犯所提供的保护措施的扩大意味着，同性恋者所扩张的权利将警察推上了自我辩护的境地，从而使得同性恋者的权利得到更多的确认。第四修正案或者其他宪法修正案所提供的隐私保护仅仅是同性恋者在其维权运动中所采取的众多理由之一。然而，《美国联邦宪法第四修正案》或者其他宪法修正案所提供的隐私保护在创造一个多元化的、开放的同性恋文化的过程中起到了十分重要的作用，这样的一种多元化文化在 21 世纪早期就已产生，而且伴随着同性恋者政治权利的扩大。同性恋者仍然有很长的路要走，但是同性恋者在当前所取得的身份认同在很大程度上都要归功于隐私保护范围的扩张。

一些相反的观点——群体政治权利的出现意味着群体成员不再需要司法机关所提供的保护并未占据主流，可以说是微不足道。Stuntz 教授在解释为什么联邦最高法院支持警察进行无合理怀疑的醉驾检测的行为时就持有这一逆流观点："对于警察检测醉驾群体的行为最合理的解释是，对于警察如此热心的检测行为，醉驾人员在政治上已经享有充足的救济措施；与单一的个体不同，整个司机群体可以通过投票这种政治策略来反对警察的检测行为。"[①]

笔者认为 Stuntz 教授的说法是不正确的。首先，在禁止警察无合理怀疑醉检行为的法律通过之前，这一政治策略并不能保护涉案的公民个人。其次，这一政治策略仍然要受到多数决定少数原则的约束。如果少数权利就能反映公民作为人的本质，那么如果法律为了促进集体利益而拒绝为公民个人提供这些权利——也就是，集体利益优先，个人利益随后也就违反了人的本质。"个人是一个主权国"的说法已经被销蚀了。最后，少数群体的政治权利仍然不能得到主张。如果国会给予少数群体操纵政治的权利，那么，当少数群体积累起了政治影响力时，他们就不再需要司法机关提供的保护了。但是，少数群体这一政治影响力的消灭就随时可能泯灭掉他们已经取得的政治成果。最后，由不同种族、信仰、性别的人所组成的司法系统可能更容易明白

---

① Stuntz, Implicit Bargains, at 588.

哪些方面仍然缺少政治进步。

关于同性恋者是否属于"弱势群体",从而应该受到平等保护条款保护的问题,David Richards 教授指出:"建立于政治无能基础之上的分析方法错误地向我们表明,那些深深遭受种族的、性别的以及宗教信仰上的歧视的社会群体在政治上取得的成果使得他们不能受到宪法上的保护,就好像黑人、妇女以及同性恋者在政治上取得的微小进步就等同于他们已经受到宪法的保护似的。这种分析方法拒绝为妇女提供宪法保护,因为她们是大多数的投票者。这种分析方法同样证明了:任何少数群体都有可能从政治上寻求保护,即使他们未曾遭受歧视。这种'弱势群体'的分析方法压制了以实体权利为基础的规范分析方法,而这才是平等保护条款的真实含义。当前的分析方法并未为法院提供一种有效的规范分析模式。"

当然,社会群体同样面临着是否享有宪法权利以及宪法权利范围大小的问题。① 一旦一项权利被确认为社会群体的一项基本权利,我们可以发现,这一权利以往是属于个人所享有的。虽然立法机关和执法机关能够提供更宽泛的保护,但是,法院仍然有义务为公民个人提供一个最小程度的宪法保护。这同样有助于保护社会群体及组织。

要是在同性恋维权运动开展之前就出现了高度侵犯性的科技,以及警察使用这些科技的行为也不被认为是"非法搜查行为"的话,同性恋运动就会丧失隐私权这一工具。由于同性恋者无法享有免受无证搜查行为的保护,检察机关对同性恋者因违反禁止同性行为法而提起的指控就会屡增不减。照此发展下去,同性恋者以及同性恋集体自身可能就会长时间地经受警察侵入他们隐私生活的行为。

2. 不守纪者与不体面者

同性恋者维权运动的发展历史表明,主流文化、主流价值观念可能会使得我们认为某些群体值得隐私保护,而某些群体不值得隐私保护。当前,"破窗户"理论与"维护秩序"理论就体现了上述看法。奠定这些理论的基本理念是,人一般这样划分:"守纪的人与违纪的人""体面的人与不体面的人""可预测的人与不可预测的人"。这些"违纪的、不体面的以及不可预测的人"包括无家可归的人、流浪

---

① See David A. J. Richards, Identity and the Case for Gay Rights, at 11.

汉、在公共场合醉酒的人、闲逛的人以及乱丢垃圾的人。"维护秩序"理论的支持者现在认为，正是因为社会不强制人们遵守社会规范，而且立法机关所制定的法律就是一个"纸老虎"，所以才有那么多的"违纪的、不体面的以及不可预测的人"，反过来，这些人就可以肆无忌惮地实施违法犯罪的行为，从而形成了一个暴力、不守纪的恶性循环圈。政府官员对这一问题采取的解决办法是：警察实施大规模的截留检查行为，对公民的住宅实施无证搜查行为，禁止"游手好闲的人"，经常逮捕轻罪者。① 这些"声名狼藉的人"变成了"危险的人"，然后这些"危险的人"就没有隐私可言了。

　　社会学家 Bernard Harcourt 指出了"维护秩序"理论存在的诸多瑕疵。Harcourt 指出，首先，没有证据表明警察对声名狼藉者所实施的侵犯行为有助于减少犯罪。如果警察经常对声名狼藉者实施侵犯行为，那么他们犯罪的最大原因就很有可能源于警察的监控行为而不是源于其对"守法公民"所创造的社会规范的不满。其次，"不守纪律的人"一词是由政府以及享有自由裁量权的警察进行解释的。比如，某些州将人们站在高楼上进行交谈行为以及在大街上"闲逛"的行为看成公民丰富多彩生活的一部分，而不会将它们看成一种引发犯罪的活动。"那些被政府解释认定为声名狼藉的人就会受到别人的观察、排斥甚至是被政府监控。"我们谴责的不是游手好闲闲逛的行为，我们谴责的是游手好闲的人本身，我们将他们看成一个危险的人，拥有令人讨厌的态度以及价值观。然而，警察用来控制或者排斥声名狼藉的人的措施同样塑造了其他遵纪守法公民的性格。Harcourt 解释道："警察在市中心实施的大规模搜查公民住宅的活动影响了我们关于隐私、授权、政治权利以及公民权的认识。青年宵禁法对孩子们的精神文化生活造成了影响。反游荡条例对公民在大街上的行动造成了影响。宵禁法以及反游荡条例将会导致警察滥用权力，并进而合法地剥夺了公民的权利。监控措施塑造了我们的行为。我所关心的不仅仅是警察希望扩大搜查权这一事实，我还关心警察的这些搜查行为可能给

---

① See Bernard E. Harcourt, Illusion of Order: the False Promise of Broken Windows Policing, at 23 – 27, 41 – 55 (explaining the logic of broken windows polic-ing and cataloguing the various initiatives reflecting this new way of thinking).

我们造成的影响。"

我们可以采取很多方式解决警察大规模侵犯公民隐私权的问题，这些方法同样可以达到降低犯罪率和稳定社会秩序的目的。比如，"物体硬化措施"也许可以发挥作用，人们可以在修建地铁门的时候采用坚硬物质，这样就可以阻止那些逃票者。给无家可归的人修建暂住房也许可以替代警察逮捕无家可归者的行为。即使警察取缔枪支的行为也可以具有较少侵犯性或者花费更低，如果警察在进屋搜查枪支之前与当事人达成了协议（若警察搜查到了枪支，他们不会提起检控）的话，路易斯安那州当前就采取了这一做法，并且卓有成效。这些替代措施是十分重要的，因为当前警察的执法手段已经严重影响了少数群体的生活，从而给他们强加了类似于黑人犯罪这样的固有形象。黑人的高逮捕率又进一步强化了这一固有形象，从而形成了一个恶性循环圈。① 科技上的进步使得警察监控"声名狼藉者"变得更容易和更高效，但这又会恶化"声名狼藉者"的形象。

David Harris 教授在警察采用秘密武器侦查器而实施"电子搜查"的案件背景下提及了上文的最后一个观点。David Harris 教授指出："那样的搜查行为可能有好处，它可以减轻犯罪嫌疑人的举证负担（因为犯罪嫌疑人并不知道自己被搜查了），而且比传统的搜查方式更具有准确性。但是，由于犯罪嫌疑人所承担的举证责任变小，那样的侦查器就不被认为是第四修正案意义上的搜查措施了，因此就可以免于受到宪法审查。没有宪法审查的话，我们就没有理由相信警察运用这些设备时不会带有种族和阶层偏见。""我们有什么理由可以相信警察使用这些设备时所带有的种族的和宗教的偏见比警察实施传统的搜查行为时所具有的偏见更大呢？纽约州检察院的报告表明，非裔美国人以及拉丁裔美国人比白人更容易遭受截留和搜查。众所周知，一些具有较高自由裁量权的警察搜查措施，比如拦截汽车检查措施，同样表现出了种族偏见的规律。事实上，难道我们在采用新兴搜查措施时就没有预见到同样的偏见规律仍会出现吗？也许这种偏见认识会变得更加严重，因为警察采用'电子搜查'措施的花费要远远低于

---

① Bernard E. Harcourt, Illusion of Order: the False Promise of Broken Windows Policing, at 171.

警察采用传统搜查措施的花费。因此,那些新兴监控设配并不能使警察摆脱种族偏见。"

一个相关的现象是,生活在郊区的穷人所享有的隐私要少于富人所享有的隐私,穷人也是属于少数群体。"富人往往居住在一个配有花园的大豪宅内,而穷人则只能居住在只有公共走廊的公寓内。[①] 但是,由于其他人可以在公共走廊上听到公寓内所发生的事,警察也同样可以听到。我的邻居不能在我的住宅外面听到里面所发生的事,那么,警察也不可以。"同样,由于穷人居住在不那么舒服的公寓内,他们待在里面的时间就要少于富人待在自己住宅内的时间。"然而,其他形式的娱乐活动比坐在门前台阶上同朋友聊天或者在大街上闲逛更加昂贵。"所以,在穷人社区大街上闲逛的人要多于富人社区的,穷人则更容易受到别人的观察。此外,穷人的工作地点往往是在工厂流水线、百货超市或者酒店厨房,他们总是与别人共享这些地方,如果雇主允许将这些地点向公众开放的话,他们就更容易受到别人的监视了。当前的判例规则——公众能够监视到自己的可能性越小,我们才越有可能享有隐私权——给穷人提供的隐私保护要小于其为富人提供的隐私保护。警察现在大规模使用感应性搜查技术的做法事实上并没有侵犯公民的合理隐私期待。因此,警察使用这些技术就有可能更容易侵犯穷人,穷人往往是声名狼藉者最主要的组成人员,他们是警察为维护社会秩序而实施的监控行为所主要监控的对象。

我们并没有看到穷人和声名狼藉者有发起政治抵抗运动的迹象,法院似乎也并没有为他们提供帮助。"维护秩序"理论支持者所提出的无事实根据的主张被广泛接受,甚至是那些穷人和少数群体也都接受了。少数群体寻求政治支持是非常有效的方法,在政治运动中,社会群体组织及其成员毫无避免地会遭受物理性的、名誉的以及精神情感的伤害,这就使得他们的隐私权以及平等权被销蚀。同性恋者在争取隐私保护的政治运动中所取得的成果对于那些声名狼藉者来说是一个过于美好的前景。

[①] Stuntz, Distribution, at 1270.

(三) 公共场所中的隐私

如果我们将隐私解释为用来认定公民个人或者集体组织的身份的边界的话,我们也就意识到了"公共场所"中也存在"隐私",而联邦最高法院的法官以及许多学者都不这样认为。我们并不保护在公共场所的所有隐私期待,因为我们会经常行走在大街上、坐在教室里学习或者参加足球比赛。

我们所需要重点考虑的问题是人们在公共场所进行观察的方式。人们随便一瞥就可以搜集到别人的相关信息,而无须介入他们。① 两个不认识的人如果有意向互相认识,或者希望邀请对方进行更多的接触,他们可能会互相同意对方长时间地观察自己。但是,当我们被陌生人观察时,我们就会觉得浑身别扭。如果别人观察我们的时间过长、过紧密就会变成"盯",这就对我们的外在自我构成了侵犯。②"盯"的行为违反了 Erving Goffman 所说的不文明规则。

相同地,人们在拥挤电梯里的观察行为比简单一瞥的行为更具有侵犯性:人们在电梯里眼神扫射的行为都会使站立在狭小空间的乘梯人联想到不雅的画面。于是,一些人就凝视着电梯操作员的后背,另外一些人盯着电梯里闪烁的灯光,就好像他们必须把眼神安放在一个固定的地方才会觉得安全一样。盯着陌生人上下打量的行为是一种不尊敬的行为,即使是简单的一瞥。然而,如果一个男上司一直盯着他的女下属看的话,这就更为不尊敬了。的确,陌生人盯着你看的行为之所以给你造成损害,是因为你会觉得那些盯着你看的人是非常危险的人物,而且你也不确定他何时会不再盯着你看。③

《犹太法典》中的"bessek re'iyyah"一词(意思是,人们被别人盯着看而遭受的损害)就很形象地表明了盯视行为给人们带来的侮辱感受。这一规则甚至将保护范围延伸至了邻居,也就是说,邻居不可以透过落地窗窥探我们的花园。《犹太法典》非常担忧,人们在未

---

① W. Michael Reisman, Law in Brief Encounters, p25 (1999).
② Erving Goffman, Behavior in Public Places: Notes on the Social Organization of Gatherings, p85 (1963).
③ W. Michael Reisman, Law in Brief Encounters, p25 (1999).

经其同意或者知情的情况下而被盯视的行为给人们带来非常大的危险。这一危险可能阻止人们自由地进行交谈和行动，从而限制了人们的生活。据此，《犹太法典》提供了救济措施，观察者应该给被盯视的人赔偿损失，而且法院可以颁发禁止令禁止作为原告的邻居的被告透过窗户偷窥原告。《犹太法典》写道："究竟行为人盯多久才会给他人造成伤害是难以确定的，因为我们没有一项标准去衡量损害。"一些赞同《犹太法典》规定的学者更加关心的是那些意外的盯视行为，他们因此谴责间谍，因为间谍的秘密行为使人们觉得受到了侮辱。"秘密偷窥别人的行为人并没有将他人当成是一个值得尊敬的人来对待，相反，行为人只是把他人当成是动物园里的动物来对待。"而且，我们自己都可以对我们已有察觉的盯视行为作出惩罚。我们可以盯回去，可以直接向对方表达我们的愤怒。而当我们不知道别人在盯着我们看时，我们也就不能采取上述措施去回击了。但是，即使我们知道别人在盯着我们看时，我们同样感觉到人格受到侵犯，如果我们能够采取的唯一救济措施是从哪些我们并不想离开的聚会或者活动中逃走的话。

我们之所以感觉到自己的人格受到侵犯是因为，我们将自己的外在自我，也就是我们选择呈现给别人的一面当成是财产。[①] 我们相信，"人们可以看到别人在特定时候以及通过特定方式呈现给人们的一面"。而且，文明举止要求人们至少公开地接受别人呈现自己的一面，也就是说，人们应该尊重别人的公开行为。什么是恰当的盯视行为以及什么是不恰当的盯视行为的标准是随着文化、阶层、性别以及场合、时间的不同而变化的。"妇女不知道出于一种尊敬或者崇拜的盯视行为和无礼的盯视行为之间的区别是什么"。

一种合法合理的盯视行为反映出了盯视者的权力。当女下属垂下眼帘时，男上司就可以盯着女下属看。Patricia Williams 教授就举了此例用以说明种族阶层的问题："我决定到市郊区的黑人居住区去走一圈。除了我自己，此行还有一些年轻的、居住在市区的白人教授。导游问我们是否想要'进入教堂'去参观一下。导游说'我们可以去教堂看一些有趣的活动，在黑人居住区里的复活节就是一场非常盛

---

① W. Michael Reisman, Law in Brief Encounters, p31 (1999).

大的表演'。然而，令我吃惊的是，同行的人没有一个询问了教堂里的人是否愿意被我们盯着看。我很难想象，如果是一群穿着牛仔裤的黑人贸然进入正在做大弥撒的犹太教堂时，将会发生什么。"①

什么样的人盯着我们看、他们如何盯着我们看、盯着看多久以及他们为什么盯着我们看，对于判断他们盯着我们看的行为是否属于侵犯行为是十分重要的因素，而且，我们是否意识到别人在盯着我们看也是十分重要的考虑因素。公民个人以及组织所遭受的隐私侵权既可以发生在住宅内，也可以发生在公共场所。当政府采用高科技便可以去"盯着"公民看时，公民个人的自我边界就被部分消解，利维坦为公民构建的形象就从此瓦解。

为了避免读者认为笔者的分析看起来有些虚张声势和浮夸，笔者有必要提及英国很久以前就在公共场所安装摄像头这一情况。英国政府使用视频监控器的范围是远远大于美国的。然而，大多数英国国民却欣然接受政府这样做。如果果真如此的话，我们为什么会比英国人更觉得受到了侵犯呢？

Post 教授对隐私侵权的社会作用的分析有助于回答上述问题。Post 教授解释了"理性人"的含义："因为'理性人'的观点并不是整个集体观点的平均数，因此，他人因隐私受到侵犯而造成的心理影响并不能根据整个集体看法的平均数去判断。相反，因为理性人的行为是参照集体规范而行动的，所以，他人因隐私受到侵犯而造成的心理影响也应该由这些集体规范来决定。"② Post 教授认为，原告是否有权主张救济的问题最好以这种方式加以陈述："被告是否违反了社会规范，如果是的话，被告的行为是否被认为是冒犯、侮辱原告的行为？"这一问题建立在公民个人享有完整人格的假设之上，它的答案取决于某种社会规范。

换句话说，Post 教授认为，我们是怎样的人以及我们希望成为怎样的人这两个因素在判断遭受隐私侵权的公民是否有权主张救济时是

---

① Patricia Williams, Spirit-Murdering the Messenger: the Discourse of Fingerpointing as the Law's Response to Racism, 42 Miami L. Rev. 127, 149 (1987).

② Robert C. Post, Constitutional Domains: Democracy, Community, Management, p54 (1995).

十分重要的。与英国文化相比,美国文化更注重个人,而且对政府更加不信任。因此,美国人希望拥有一些自由权从而使得国家的事务和个人事务相区别开来。英国人有权主张陪审团审判,他们有权免于承担自证其罪,这些都是美国人所没有的。① 另一方面,正如 Harlan 法官所解释的那样,法律在反映社会规范的同时也能塑造社会规范。② 那么,最终的问题变成了,我们是否希望成为一个更温顺、更从众以及享有更少自治权的人。我们的否定回答并不意味着政府采取的监控行为就不是合理的了。如果政府具有合理依据或者采取了有效的保护措施的话,政府实施监控的行为就是合理的。然而,如果我们认为对该疑问的回答涉及宪法问题,即是政府必须证明其监控行为的合理性以及政府必须以合理的方式实施监控行为的话,我们也就承认了非政府的第三人所实施的监控行为就不是宪法意义上的监控行为了。公民因被别人观察而受到的伤害并不多于公民因受到政府没有充分依据的监控行为侵犯所遭受的伤害。③ 法律在制定时就考虑到了美国文化的多样性,美国人有权在大街上走动,他们的个人意识来源于他们的所作所为而非政府的所作所为。

(四) 信息泄露

自我身份的边界不仅延伸到那些能够观察到我们人格和活动的地方,而且还延伸到"保存信息"的地方。我们对于自己主动公布给别人的信息享有一项控制权,这项权利包括控制信息内容的权利以及控制信息公布的背景的权利,即我们公布给谁、在何时公布以及公布的方式为何。如果公布的信息超过了我们自己选择的范围,就违反了"个人的主权领地",也就构成对我们人格的侵犯。

有关公开泄露隐私的侵权行为的判例法认识到信息接受者是否能够接受到准确信息是十分重要的,因为这有利于保护人们的人格。笔者认为,公开泄露他人隐私的侵权行为最主要的两个构成要件为:一是公开的信息必须是涉及他人隐私生活的,二是公开的信息对于一个

---

① See, e. g. , Ray Moseley, Free Press v. Fair Trial, Chi. Trib. , Oct. 11, 1995, at 4.
② See United States v. White, 40 U. S. 745, 786 (1971) (Harlan, J. , dissenting).
③ See Colb, Targeting Harm, at 1487.

理性人来说是具有高度侵犯性的。

  公开他人隐私行为的第一个构成要件是，必须要求我们评判公开的隐私信息的内容和背景。在 Briscoe v. Reader's Digest Association 一案中，一个已经过了多年正常生活的原告状告 Reader's Digest 杂志公开了一个故事，这个故事泄露了他 11 年前抢劫了一辆汽车的罪行。① 联邦最高法院支持原告的诉求，即使原告有罪的信息之前在一家全国性的杂志上就已经被公开过了，也就是在他当年被审判的时候。正如宪法学者 Robert Post 教授所解释："只有当我们认为，'被告以那种方式、在那个时候以及向那些人公开原告隐私信息的行为是十分不恰当的'，法院的判决才是合理有据的，因为被告所公开的原告的隐私信息在很久之前就已经被公开了。"审理 Briscoe 一案的法官在判决中援引了加利福尼亚州最高法院的一份判决，也即 Melvin v. Reid 一案②，这恰恰支持了 Post 教授对 Briscoe 一案判决的解读是正确的。在 Melvin 一案中，加利福尼亚州最高法院支持了原告的主张，认定被告拍摄的一部电影构成对原告隐私的公开，因为这部电影暗示被告是一个臭名昭著的妓女以及是一个重刑犯。加利福尼亚州最高法院认为这部电影缺少仁爱的元素，电影本应该用来激励人们进行正常的社会活动，它不能将别人真实的生活公之于众。③

  公开他人隐私的侵权行为的第二个构成要件是，行为人公开的隐私信息对于一个理性人来说是否具有高度侵犯性。这一构成要件比行为人公开的信息内容以及行为人公开的信息之前是否就已经被公布了这两个因素更为重要。债权人告诉债务人的雇员，他的雇主有巨额债务需要偿还但是却没有能力偿还，在一个理性人看来，这并不是一个具有高度侵犯性的行为，因而也不构成隐私侵权。之所以如此，是因为债务人应该明白，债权人有权采取合理措施去追债。④ 然而，如果债权人向更广泛的人公开债务人未偿还债务的信息的话，这对债务人来说就是一个具有高度侵犯性的行为了。例如，一个修车厂的老板在

---

① 483 P. 2d 34 (1971).
② 297 P. 91, 93 – 94 (Cal. App. 1931).
③ 297 P. 91, 93 – 94 (Cal. App. 1931).
④ Harrison v. Humble Oil & Ref. Co., 264 F. Supp. 89, 92 (D. S. C. 1967) (quoting Cunningham v. Sec. Inv. Co. of St. Louis, 278 F. 2d 600, 604 (5th Cir. 1960)).

停车场外面悬挂了一个高 5 英尺、宽 8 英尺的标志牌,上面写有当地的一个兽医未能偿还修车费的信息,而这块标志牌面向着当地的一条主街。这名兽医之后向法院提起了诉讼,他认为,这块标志牌使他遭受了"巨大的心理伤害、名誉损害和心理屈辱",以及遭受了"公开的指责、嘲笑以及诋毁",使他给当地的商人留下了一个不好的形象。① 法院指出,这块标志牌具有高度的侵犯性,构成隐私侵权,不只是因为这块标志牌所公布的信息,还源于行为人公开这一信息的方式。因此,公开行为的高度侵犯性以及公开信息的隐私性这两个构成要素就非常相似了,前者仅仅表明只有那些严重的隐私侵权行为才值得法院提供救济。然而,这两个构成要件反映出了一种社会规范,这一社会规范控制着当代信息的流动,这些社会规范关注公开他人隐私的行为人的公开目的、公开时间、公开范围等因素。因此,公开他人隐私的侵权行为也就是我们对隐私平常意义上的解读了。

　　他人的信息被泄露给公众的事实并不意味着,他人对这些信息所享有的合理隐私期待就完全不存在了。相反,他人所遭受的耻辱程度仍然取决于行为人向谁、在何时、以怎样的方式以及为了什么目的而公开等因素。当他人的信息被泄露给政府时,这也与他人的信息被泄露给公众所造成的影响相同。

　　行为人最初公开他人的信息是基于一个信任关系,虽然这一信任关系要远远小于朋友间、家人间或者医生病人间的信任程度,而政府获取公民隐私信息的方式却具有一些强制性。一项重要的社会调查表明,公众一般认为,政府让司机或者秘书作为卧底去窃取公民隐私信息的行为是隐私侵权行为,它所具有的侵犯性要远远大于警察实施临时搜查行为、搜查办公室、搜查机场的包裹以及搜查汽车等行为所具有的侵犯性。同样地,公众还认为,银行将储户的账户信息除了公布给他的员工外还泄露给了其他人的行为是具有高度侵犯性的行为。然而,联邦最高法院认为,一个人如果能够预测到他主动公开给另一个人的信息具有可能被另一个人再公开给其他人的危险的话,那么储户就应该预测到他们的信息有可能被银行公布给政府。法院对隐私的看法与公众对隐私的看法之间的不同表明:"我们对政府隐私侵权行为

---

① Brents v. Morgan, 299 S. W. 967, 968 (Ky. 1927).

所做的危险预测只能是法院让我们作出的那些危险预测。"

公开他人隐私的侵权行为同样能够影响我们与其他人的关系以及言论的表达,就好像别人的窥视行为能够影响我们的人格和行动一样。社会学家 Erving Goffman 很清晰地表述了这一观点:与话剧中的演员相似,公民个人也需要一个"幕后后台",公民个人可以在这里脱掉面具,缓解其在公众面前表演的紧张情绪。在后台,我们可以尽情放松,说些我们自愿讲的话,想些奇怪的想法、观点。电子邮件的诞生就为我们创造了一个"幕后后台",在这里,人们可以自由地开玩笑,这样朋友间的亲密关系就不会受到政府监控了。如果我们意识到我们所讲的话受到了别人的监控,我们就可能选择讲得更小心或者甚至直接不讲话了。即使我们所要讲的话与犯罪活动无关,我们也会选择这样做。我们所面临的危险是,别人可能根据我们所公布的部分信息来判断我们的人格。

Lawrence Lessing 教授之前就遇到过他的电子邮件被别人滥用的情形。Lessing 给他在 Netscape 公司的一个熟人发了一封电子邮件,开玩笑说,他通过下载微软公司的浏览器而"出卖了自己的灵魂",在信中他还问他朋友:"你多久会到剑桥大学来?我刚刚搬到了那里要短住一阵,我可以带着你参观剑桥大学,我们可以交谈以及做其他一些你能想到的有趣的事情。"当 Thomas Penfield Jackson 法官建议 Lessing 教授去审查一些政府对微软公司提起的反垄断的诉讼案件时,微软公司提交了 Lessing 教授发送的这封电子邮件作为证据,他们认为 Lessing 教授"出卖灵魂"的评论表明他对微软公司持有偏见,因此便不能介入这些案件的审查当中。与此同时,另外一家报纸对 Lessing 发送的邮件内容更断章取义了:该报从"我们可以交谈以及做其他一些你能想到的有趣的事情"这句话中推测出 Lessing 教授是一个同性恋者。

然而这件事情的真相是,Lessing 教授下载微软的浏览器是为了参加一个测试,从而可以赢得一台 Power Book 电脑。在下载之后,他意识到他上网所做的书签标记被抹去了。被激怒的 Lessing 教授立马给他在 Netscape 公司认识的一个熟人发了封电子邮件,向他描述了这一过程并引用了他正播的放歌曲中的一句歌词:"出卖自己的灵魂,一切随风飘散。"但是,Lessing 教授现在却发现他被陌生人评判为对微软公司持有偏见,而且与微软公司主要竞争对手 Netscape 公司的员工具有同性恋关系。Lessing 教授觉得他的人格被践踏了,因为在一个瞬息万变、节奏快速的社会,他并没有机会向公众讲述他完整的故事。①

这个故事又将我们带回笔者在文章开头所讲述的两件事情之一:联邦第九巡回法院的法官们集体反对联邦法院行政办公室监控他们电脑的行为。根据现有的实体法,雇主对他们雇员在使用电脑时所造成的损害需要承担替代责任。雇员在工作场合所发送的具有明显性信息的电子邮件可能创造一个"不良的工作环境",这就使得雇主不得不承担联邦反性骚扰法所规定的责任。如果我们承认《美国联邦宪法第四修正案》为公民之间发送的未涉及工作信息的电子邮件提供保护的话,这有助于我们将电子邮件看成一个"幕后后台"。如果《美国联邦宪法第四修正案》为公民间非工作信息的电子邮件交流提供保护,这就需要将证据排除规则扩展适用到针对政府(作为雇主时)提起的性骚扰诉讼案件中。宪法规则规定,只有政府合理怀疑他的雇员在实施违法行为时,他才能够监控和阅读该特定雇员发送的电子邮件。因此,雇员间可以互相指控对方实施了性骚扰的行为,这就为雇主实施监控行为提供了合理怀疑的依据。这一宪法规则减少了政府随意监控全部雇员的电子邮件信息和上网信息的机会,因为政府随意监控所搜集的信息将会被排除。但是,法律还是鼓励雇主少采用监控措施,即使他发现雇员有实施性骚扰行为的合理怀疑证据。

雇主拥有电脑的所有权,他们能够在法定范围内实施管理行为,在管理行为中,高效、自治(非公共考量因素)是主要的组织规则。但是,"这种规则已不再适用于现代工作环境了。由于电子邮件、路由器、电脑打破了工作场所和生活场所的界限,人们很少有机会在隐私场所和公共场所自由地展示自己了。互联网已经模糊了住宅和办公室的界限,正如美国人在家里就可以通过电脑完成大部分工作任务。科技为隐私的概念提出了新的挑战,但是,法院还没有想好怎么去重新界定公民隐私和个人自由表达的范围"②。

---

① Jeffrey Rosen, The Unwanted Gaze: The Destruction of Privacy in America (2000), p55.
② Jeffrey Rosen, The Unwanted Gaze: The Destruction of Privacy in America (2000), pp83-84.

公开他人隐私的侵权行为与观察公众及其活动的行为一样，对公民所在的社会群体的身份界定也造成了影响。比如，行为人在未经他人同意的情况下就公开了他人性取向信息的行为就公开地侵犯了他人的人格，即使他人并没有被观察到实施了任何同性恋行为。他面临着被公众肆意评价的危险，因为公众是根据同性恋群体的固有特征来进行评价的，而不是根据他本人的行为特征来进行评价的。与此相同，如果他人的行为特征与同性恋群体特征不同的话，同性恋群体的形象同样遭受了损害。如果那样的公开行为大量存在的话，同性恋者就不得不被迫努力去说明行为人公开的信息是不正确的，或者向公众随时随地地公开他们的性取向。在上文中，笔者讨论了 Lessing 教授的电子邮件被别人错误地解读为他是一个同性恋者的情形。如果Lessing教授事实上就是一个同性恋者的话，这一公开行为难道不也同样具有侵犯性吗？因此，观察行为以及公开他人隐私的行为并不是两个不同的现象，而是一个概念的两个方面的表现，即"隐私侵权"行为人揭开了他人用以界定自己身份的面具。

四、结语

正当笔者完成这篇论文的写作时，笔者就在电视上看到了纽约世界贸易中心大厦被恐怖主义分子劫持的飞机撞毁了的消息，最终这场灾难造成了3 000多人的死亡。① 几分钟后，电视机又播放了五角大楼遭受同样袭击的新闻，这场灾难又导致了200个人的死亡。这些恐怖主义活动所造成的影响是很深远的，导致商业飞机飞行被中断了一周，纽约证券交易所也一周未开盘，这成为大萧条时期之后又一经济最低迷的一周，给航空飞机公司、酒店以及相关的产业都造成了不利影响。与此同时，布什总统宣布对恐怖主义分子要进行一年之久的对抗以及抵制，这将永远地改变美国民众的安全感，也使美国民众面临着牺牲自由权还是牺牲生命的两难选择。

当笔者第一次听到恐怖主义袭击的新闻时，笔者就将本篇论文搁置起来了。我怎么可以在政府为了保护美国人生命而广泛使用监控措施的时候来主张扩大隐私权的宪法保护？最后，笔者再次斟酌了自己

---

① See Dead and Missing, N. Y. Times, Dec. 18, 2001, at B2.

所写的论文,发现我们所面临的选择自由权还是选择生命权的选择是一个伪问题:①笔者在文中所讨论的问题并不与国防安全相冲突;②如果我们因为害怕生命受到威胁而放弃了自由权的话,我们的"国家"在事实上就不存在了。如果我们抛弃了自由权,这才是恐怖主义者的真正胜利。

考虑到当前发生的几次恐怖主义袭击事件,笔者有必要解释,为什么笔者所提倡的对隐私权提供《美国联邦宪法第四修正案》保护的观点不会阻碍政府采取那些尊重公民自由权的反恐措施。通过这样做,笔者也可以进一步解释清楚我所提倡的观点。

笔者的一个十分重要的观点是:隐私以及宪法为隐私所提供的保护措施应该比联邦最高法院所解释的含义要广得多。此外,笔者还特别指出我们应该从情感的角度来解释隐私,而不是从被偷窥可能性的大小来解释隐私,如果我们从情感的角度来解读隐私的话,我们就会意识到公民行走在大街上或者在其他公共场合的活动都值得隐私保护,政府对公民在这些地方的活动都不可以采取高科技监控措施进行监控。同样地,公民自愿向一小部分人公布隐私信息的行为并不表明他对于另外一部分人就对这些信息失去隐私期待了。

政府扩大其采取高科技监控措施的范围的行为意味着侵犯了公民受宪法保护的隐私利益,因此,这些侵犯行为必须是"合理的",政府才能免受追责和责难。① 一般说来,监控行为是"合理的"意味着政府在实施监控行为之前需要具有合理依据以及申请一张搜查令。但是,联邦最高法院承认,这些条件也是可以修改的,如果政府采取了"管理性的"搜查措施的话,这些措施主要是用来保护公共安全免于遭受紧急的以及大范围的威胁,而传统的搜查措施并不能做到这一点。与前述原因相同,当公共安全遭受大规模恐怖主义袭击的威胁时,传统的规则应该作出一些改变,即使传统规则作出了改变,政府对公民自由权的侵犯也应该降到最低程度,以免恐怖主义者在某种程度上获得胜利。更重要的是,当政府在寻求替代措施时,隐私权为公民所提供的宪法保护要求所有的政府机构在实施侵犯隐私权的行为时都必须提供充分合理的理由。

---

① U. S. CONST. amend IV.

在录像监控的背景下，美国律师协会起草了一份关于录像监控的示范性标准，该示范性文本为我们提供了很好的立论点。示范性标准的第2条第6.3款规定，政府可以实施"明显的"录像监控行为，也就是一个理性人都可以注意到的监控行为。然而，这样的监控行为得以实施还需要满足以下几个条件：①政府执法人员需要证明那样的监控行为"十分有可能"达到执法的目的；②那些受到监控措施影响的公众要事先被告知摄像头的安装位置以及摄像头的监控范围，要在监控措施实施前或实施过程中都有机会表达他们对监控行为的看法以及他们对改变执法方式的建议。[1]

美国律师协会所制定的示范性标准还额外指出，他们禁止政府随意地和带有歧视地执行监控措施，而且要求：①限制监控措施监控的范围，以达到执法目的为限；②当执法目的达到时，监控措施就必须立刻终止；③政府只能是为了合法的目的才能公开其监控的信息；④政府执法不当时也应该受到惩罚；⑤政府执法人员在执法时应该遵守一些指导性规章。[2]

根据笔者在上文所提出的方法，坦帕市的电子监控活动就应该受到宪法规则的约束，这样才能避免立法机关对于是否需要采用美国律师协会所制定的示范性标准的规定的问题而纠缠不清。虽然笔者并不完全认同美国律师协会所提出的这些标准，但是这一示范性标准还是有价值的。

首先，示范性标准要求政府事先通知被监控公民摄像头的位置以及摄像范围，这一建议就使得公民清楚了解摄像头的运用范围。当然，这给那些本可以去体验坦帕市夜生活的公民造成了压力。如果政府采用电子监控措施就能达到执法目的的话，法律就允许上述压力的存在；但是，政府应该提出证据证明其所面临的问题是什么以及电子监控措施有利于解决这些问题。考虑到笔者将政府在公共场所实施的电子监控行为看成对公民基本权利的侵犯，笔者并不十分确定"有可能成功"以及"合理的执法目的"的标准是否就可以成为政府实施电子监控行为的借口。然而，只要有恐怖主义危险存在的地方，人

---

① ABA Taskforce, at 2–6.3 (b).

② ABA Taskforce, at 2–6.1(d)–(g).

们就不得不进行利益的考量。而且,考虑到恐怖主义袭击的巨大威力,"有可能成功"的标准就有其存在的必要。

其次,示范性标准并不等同于其考虑了大多数人对隐私权保护范围的看法。坦帕市的市民经常被记者采访询问他们对电子监控的看法。然而,市民并没有投票权决定是否实施、在何时何地实施以及为了何目的实施电子监控行为。相反,只要政府执法人员找到了其有可能达到合理执法目的的证据,而无论大多数人的意愿如何,政府执法人员就可以采取电子监控措施。这也许有可能减少执法人员在执法时带有种族偏见,如只对黑人实施电子监控而不对白人实施监控。

如果公民能够参加定期性的听证会来监控政府电子监控行为的话,这将有利于抑制政府滥用权力的行为。的确,因为"公众"一词就是指那些"受到电子监控行为影响的人"。[1] 所以,如果少数群体受到针对性的监控的话,他们就有权利通过公开听证的方式提出他们的抗议,而且示范性标准本来就禁止政府随意地或者带有种族偏见地执法。示范法起草委员会很早就认识到了将决定权留给政府执法人员是一件十分不靠谱的事。如果那些受到电子监控的人能够实施独立的监督的话,这将十分有利于政府电子监控行为得到合理有效的实施。正如起草委员会的报告员所解释的那样:"公众能够介入电子监控行为中将有利于检验少数人作出决策的正确性,从而鼓励更多的人参与公共事务,减少电子监控行为为人们带来的不利影响。"与此同时,因为公众只是一个监督者而非投票者,政府执法人员在持有充分理由的情况下仍然可以迅速和及时地采取行动以抵制潜在的恐怖主义威胁。

最后,示范性标准非常看重"个人主权"的概念,这是《美国联邦宪法第四修正案》所暗含的一个概念。请大家记住,公民在非法搜查和扣押行为中所遭受的个人主权伤害要远远小于其在政府实施的侵犯个人隐私权的行为中所遭受的伤害。一般来说,政府实施电子监控行为需要建立在其对特定个人的合理怀疑之上。[2] 但是,当我们不知道谁将要实施犯罪、潜在犯罪者是谁、犯罪将在何时发生的时

---

[1] ABA Taskforce, at 2 - 6.3 (b).
[2] See Taslitz & Paris, at 83.

候，我们就没有其他更好的方法而只能通过监控众多无辜的公民以找到犯罪者以及避免灾难性事件的发生。联邦最高法院也已经认同警察可以通过随机进行毒品检测和醉驾检测的方式来保护公共安全的做法。更为重要的是，联邦最高法院并不是否认毒品检测和醉驾检测不受宪法规制，这些行为同样也需要受到限制从而避免警察滥用。因此，基于公民个人的正义就因为公共安全而被牺牲，但是公民个人仍然可以获得程序性的保护。

美国律师协会所起草的示范性文本对于那些遭受电子监控侵犯的公民应该提供何种救济措施并没有作出明确规定。这一模糊性规定也许源于起草委员会持有这样一个观点：对于救济措施，这是属于立法机关自由作出规范的领域，而非由宪法进行规定。在笔者看来，这句话倒过来说也许才是正确的。法院可以考虑支持刑事案件以及民事案件中证据排除的动议，只要在这些案件中，警察未能遵守立法机关所制定的标准（这些标准本来已经满足了宪法的最低要求）。

同样地，法院在立法机关还没有作出具体规定之前就可以采取某些做法。这可能是因为，司法机关也许比立法机关更加清楚以及更容易找到在何时、以怎样的方式实施电子监控行为的标准。因此，法院就可以采用这些未被法律所规定的标准，只要这些标准能够满足宪法的最低要求。Erik Luna 教授就将法院所发挥的作用看成其提供了一个"宪法发展蓝图"，也就是说，法院并非简单地宣布一部法律违宪或者某种行为违法，联邦最高法院也可以为立法机关以及执法机关如何在未侵犯公民宪法自由权的前提下有效立法和执法提供一些建议。Luna 教授并不是说法院所提供的建议就是正确的，但是它们至少在某些时候是有用的，而且在刑事诉讼程序中也发挥了有效作用。

一个典型的案例就是 Berger v. New York 一案①。在该案中，Berger 挑战了警察通过安装在被告办公室的窃听器而获取的证据。该窃听器是警察根据一部规范"窃听搜查令"的纽约州制定法所申请的一张搜查令之后才去安装的窃听器。法院认为这部制定法规定的范围过大，并认为通话之类的无形物也属于《美国联邦宪法第四修正案》保护的范围，因此，判决该部制定法违宪。与此同时，联邦最

---

① 388 U.S. 41 (1967).

高法院列举了一些纽约州制定法缺少宪法保护的规定的事实,同时也列举了如何让这部制定法提供足够宪法保护的方法。

关于后者,联邦最高法院援用了 Osborn v. Untied States 一案[①]的判决来加以说明,该案认为,"警察窃听的通话可以用来作为证据,因为'窃听设备'是根据法律所规定的情形而安装的,这满足了《美国联邦宪法第四修正案》所规定的特殊性要求"。[②] 联邦最高法院指出,Osborn 一案中的窃听设备是警察根据两个法官的授权而安装的,这两个法官之所以颁发这样一个法庭命令是因为,警察提供了一份证人证言,这份证言表明证人和被告之间的谈话涉及了犯罪信息。而且,"法庭命令上写有警察可以窃听的通话内容,这就指出了政府执法人员的执法目标以及执法人员执法时受到的限制。根据这张法庭命令,执法官员不可以搜查无授权的领域,一旦法庭命令所规定的内容被搜集到了之后,执法官员就应该立即停止使用这张法庭命令,而不可以把它当做一个万能钥匙继续去进行搜查。此外,这张法庭命令只授权执法官员实施一种侵犯行为,而非一系列的侵犯行为。而且,执法官员执法时间非常的短,不能长时间或者无限期地执法。因此,从这个角度上说,法庭命令所准许的侵犯公民隐私的行为是实际情况所必须的。最后,执法官员必须根据法庭命令所列明的要求拿出他们所搜查到的东西"[③]。

国会很快就回应了联邦最高法院所认为的一部规范电子监控行为的制定法就可以满足《美国联邦宪法第四修正案》要求的看法。[④] 在 Berger 一案之后,国会出台了《联邦窃听法案》。虽然这部法案规定得模糊不清并且也有些不足之处,但它还是反映了联邦最高法院在 Berger 一案中的判决意见,而且,从 20 世纪 60 年代以来,这部法案就一直是规范电子监控行为的最主要的法律依据。联邦最高法院在其审判实践中也同样督促了国会制定"联邦公共监控法"以及其他的一些法律。

[①] 385 U. S. 323 (1966).
[②] Berger, 388 U. S. at 56 (quoting Osborn, 385 U. S. at 329 n. 7).
[③] Berger, 388 U. S. at 56 (quoting Osborn, 385 U. S. at 329 n. 7). at 56–57.
[④] See Taslitz & Paris, at 248.

恐怖主义活动是一个涉及很多方面的问题，因此也同样需要多种方法来解决这一问题。冻结资产、改变外交策略、秘密军事行动、机场行李及乘客安检措施等方法只是反恐措施中的一小部分，这些措施可以用来抵抗恐怖主义活动，使得恐怖主义分子更难实施恐怖活动。而对公民自由权进行更大范围的侵犯对于恐怖主义问题的解决是毫无必要的。正如前司法部长 Phillip Heyman 所解释的那样："恐怖主义活动给我们造成的最大威胁是，它可能让我们实施自我毁灭式的行动。我们必须记得，我们不能为了抵制一小部分人的暴力活动就毁掉我们据以立国的基础。"[1]

笔者在本文所提出的从情感角度上对隐私的解读也许有助于我们在自由权和安全权之间寻求一个平衡。宪法为我们审慎立法以及立法、行政、司法分立机构之间对话机制的建立提供了极大的帮助。我们没必要以牺牲我们宪法自由的方式来取得抵抗恐怖主义活动的胜利。

---

[1] Philip B. Heymann, Terrorism and America: a Commonsense Strategy for a Democratic Society, at 158.

场所对于公民隐私权的影响

——对 Katz v. United States 一案的评析

林泰松[①]　谢晓君[②]

目　　次

一、导论
二、美国联邦最高法院对场所隐私权的态度演变
三、私人场所与公共场所区分理论的相对性
四、Katz v. United States 一案的判决
五、对 Katz v. United States 一案的评析
六、结语

一、导论

　　在早期社会，由于没有科技的介入，人们不仅可以很清楚地界定私人场所和公共场所，而且还可以明确他人在这些场所是否享有隐私权。这就是，虽然公民对其在私人场所所实施的行为享有隐私权，但他们对其在公共场所所实施的行为不享有隐私权。然而，在现代社会，由于科技不断发展，此种原本清晰的区分理论逐渐变得模棱两可。因为科技已经渗透到我们的生活当中，比如监控设备的使用日益科技化，并广泛用于公民的日常生活，而且，由于思想观念越来越开放，人们不再将自己限制于私人场所，社交活动也越来越流行。

[①] 林泰松，法学博士，国信信扬律师事务所专职律师、主任、高级合伙人。
[②] 谢晓君，中山大学法学院助教。

一方面,许多传统上被认为是私人场所的地方也由于这些林林总总的监控技术而成为一个所有权人不再享有隐私权的"公共场所"。比如说,如果政府执法人员在1 000尺的高空中对公民的庭院进行航空拍摄,那么政府执法人员的该种行为并不构成《美国联邦宪法第四修正案》(以下简称《第四修正案》)所规定的搜查行为,因为此时政府执法人员处于一个社会公众可以进入的公共场所,即便他们所监控的对象属于私人场所,他们在公共场所内利用合理的手段观察到私人场所内的情况,该种行为也不违反《第四修正案》的规定。

另一方面,公民在一些情况下对其在公共场所中所实施的行为或所说的话享有隐私合理期待。比如说,当公民在公共场所与别人窃窃私语,或者用其手机浏览网页时,他们都对这些行为享有隐私合理期待,也就是说,虽然他们在人来人往的公共场所实施了某种行为或说了某些话语,但是他们已经采取合理的措施防止别人知道他们所实施的行为或者所说的话,他们主观上肯定不希望将此公之于众。然而,虽然法律为公民在私人场所所享有的隐私权提供保护,但是对于公共场所是否存在隐私权这一问题,目前仍然没有绝对的答案。

因此,本文主要探讨以下问题:其一,美国联邦最高法院对于场所隐私权的态度演变过程;其二,如何区分私人场所和公共场所;其三,场所对于《第四修正案》的重要性;其四,美国联邦最高法院适用于私人场所和公共场所的主要规则;其五,如何看待公民在公共场所所享有的隐私合理期待。

二、美国联邦最高法院对场所隐私权的态度演变

美国联邦最高法院对公民在公共场所所享有的隐私权这一问题的态度有一个变化的过程。在1967年之前,美国联邦最高法院采用的是财产所有权理论。在Boyd v. United States一案[①]中,美国联邦最高法院认为,《第四修正案》所保护的利益是公民对其住所或者文件所享有的财产所有权。也就是,美国联邦最高法院采用现实侵入理论的判断标准,如果政府执法人员或者行为人在没有正当理由的情况下现实侵入公民或他人的住所或其他场所,则该行为构成侵犯公民财产权

---

① Boyd v. United States, 116 U. S. 616 (1886).

的行为，而不是侵犯公民隐私权的行为。在 1928 年 Olmstead v. United States 一案①中，美国联邦最高法院认定，即便政府执法人员在公民住所外面的电话线上搭线窃听公民在其家中的电话通话，他们的窃听行为也没有违反《第四修正案》，因为政府执法人员并没有实际地、物理地侵入公民的家中，没有侵犯公民对其住所所享有的财产所有权。也就是说，在判断政府执法人员所实施的行为是否构成《第四修正案》所规定的搜查行为或扣押行为时，美国联邦最高法院采用的是场所区分标准，如果政府执法人员对公民的私人场所实施搜查行为或扣押行为，那么他们的该种行为就构成《第四修正案》所规定的搜查行为或扣押行为。反之，如果政府执法人员对处于公共场所的公民实施搜查行为或扣押行为，那么他们的该种行为就不构成《第四修正案》所规定的搜查行为或扣押行为。

然而，为了应对科技发展的需求，美国联邦最高法院对《第四修正案》的解释有所变化，并且在 1967 年的 Katz v. United States 一案②中放弃了财产权理论，而主张公民或者他人对其住所或其他场所享有的隐私权理论。因为随着科学技术的发展，政府执法人员或者行为人完全可以不现实侵入公民或他人的住所，而利用技术对他们实施监控行为。然而，这场公民隐私权与政府执法利益的较量引起许多争论，美国联邦最高法院在 Katz 一案中所确立的隐私合理期待理论甚至把这场较量的范围扩张至公共场所。此外，Stewart 大法官在其判决意见中提出，"《第四修正案》保护的是公民而不是场所"。美国联邦最高法院似乎已经认为，场所对于判断政府执法人员所实施的搜查行为或扣押行为已经没有什么意义，也就是说，无论此时公民身在何处，只要政府执法人员是在没有获得搜查令或扣押令的情况下实施搜查行为或扣押行为，并侵犯了公民所享有的隐私合理期待，那么政府执法人员所实施的行为就构成《第四修正案》所规定的搜查行为或扣押行为。

然而，即便美国联邦最高法院在 Katz 一案中确立了隐私合理期待理论，但是美国联邦最高法院在后来的判决中也并没有严格遵守该

---

① 277 U. S. 438 (1928).
② 389 U. S. 363 (1967).

理论背后的精神，认为在判断政府执法人员所实施的搜查行为或扣押行为是否合法时不需要考虑公民所在的场所。反而，美国联邦最高法院渐渐远离了 Katz 一案所确立的规则，通过一系列判例为隐私合理期待理论设立了种种例外规则，如庭院规则、开放领域规则等。

美国联邦最高法院之所以要设立例外规则限制隐私合理期待理论的适用，不承认公民在公共场所所享有的隐私权，其原因在于政府所肩负的打击犯罪、预防犯罪的职责。如果在判断政府执法人员所实施的搜查行为或扣押行为是否违反《第四修正案》时，美国联邦最高法院完全不考虑公民所在的场所，也就是说，即便公民身处人来人往的公共场所，如果政府执法人员必须要依照《第四修正案》的规定，事先向法官说明正当理由，在获得搜查令或扣押令之后才能对公民实施搜查行为或扣押行为的话，那么政府打击犯罪、预防犯罪的权力就被大大限制了。

然而，在科技时代，各类先进的监控技术和微型的科技产品陆续出现，除了满街都是监控摄像头之外，政府执法人员还可以在公民毫不知情的情况下，利用公民随身携带的手机、机动车对公民的行踪进行定位，或者使用先进的、隐蔽的监控设备对公民的行为、言语进行监控、监听。在先进科技的大潮中，公民已经不能简单地通过关门、关窗等方式逃避政府执法人员对其生活的监控，他们甚至已经无法意识到何时何地将受到政府执法人员的监控。虽然说"公共场所无隐私"这一观点符合一般常识，但是这显然已经不适应时代潮流的发展。

三、私人场所与公共场所区分理论的相对性

（一）私人场所与公共场所的划分

一般来说，私人场所天生具有私密的性质，而公共场所天生具有公开的性质。因此，根据本身性质的不同，公民对其在私人场所所实施的行为或所说的话享有隐私权，但是公民对其在公共场所所实施的行为或所说的话就不享有隐私权。根据这一划分，政府无须合理根据或者搜查令就可以在公共场所实施监控行为。也就是说，政府执法人员可以搜查那些暴露于公众视野的任何证据，他们可以理所当然地行

走在公共道路上，可以观察其他公众可以看见的任何事物。政府执法人员可以穿越"开放领域"，即使这片开放领域属于犯罪嫌疑人的财产，他们唯一不能进入的一片开放领域是公民的住宅"后院"，因为"后院"紧靠着住宅，以至于人们站在后院里就可以透过窗户看到住宅内部的情况。①

至于如何划分公共场所和私人场所，我们可以参考加拿大侵权法中的描述：任何人非法进入或以其他方式侵犯以下私人所有的不动产，无论该种行为是否造成损害，均属于犯罪行为，违法者将被处以10加币以上、100加币以下罚款：①处于封闭状态的；②私人所有的花园或草地；③已经口头警告或在任何一个入口处贴有不得侵入的告示牌。②

当政府执法人员利用肉眼在物理世界进行调查时，私人场所与公共场所的区别就会更加明显。公共场所暴露于公众视野，政府执法人员可以利用他们的眼睛在公共场所进行观察。然而，私人场所或者封闭空间隔绝于公众视野，政府执法人员不能用肉眼去观察私人场所的内部空间。为了看到障碍物后面的内部空间，政府执法人员不得不闯入住宅、撬开汽车车门、撕开信件或者打破那些阻碍他们观察内部空间的一切障碍物。原则上，政府执法人员进入私人场所进行调查的行为通常构成《第四修正案》意义上的搜查行为。政府执法人员进入一栋住宅、一辆轿车或者打开一个密闭袋的行为都被认为是一项搜查行为。根据《第四修正案》的规定，政府执法人员进行这样的搜查行为必须具备搜查令或者合理根据。当然，规则总有例外。如果某个公民被合法地从其住宅中驱逐出去，或者一封信件正在受到邮局的检查，那么政府执法人员这时实施搜查行为就不需具备搜查令或者合理根据了。但是在大多数情况下，私人场所还是受到《第四修正案》的保护的。根据当前规则，公民在私人场所享有"隐私合理期待"，即使该公民因为与别人分享了这片空间而只能享有较少的隐私。在物理世界中，《第四修正案》提供保护的分界线是私人场所与公共场所

---

① See United States v. Dunn, 480 U. S. 294, 296 (1987), at 300 – 303.
② J. de N. K., The Shopping Plaza — a Public or Private place?, 13 Chitty's L. J. 137 (1964).

的分界线。政府执法人员可以毫无限制地在公共场所调查犯罪事实,但是,政府执法人员在私人场所或封闭空间进行的调查行为却受到诸多限制。①

虽然由于先进科技的发展进步,私人场所和公共场所的划分变得有所模糊,但是笔者认为,尽管我们不能再单凭私人场所或者公共场所来判断政府执法人员所实施的搜查行为或扣押行为是否违反《第四修正案》,但是场所的区分对此还是有一定意义的。其原因有二:①每个人都生活在场所之中。尽管私人场所与公共场所的划分标准已经不再清晰,但是无可否认的是,我们每个人每天都生活在场所之中,如课室、图书馆、饭堂、办公室、街道、住所等。我们无法摆脱场所这一客观的存在。既然如此,在判断政府执法人员所实施的行为是否构成《第四修正案》所规定的搜查行为或扣押行为时,如果我们为了保护公民所享有的隐私合理期待,故意忽略场所这一重要因素,那么这未免有矫枉过正的嫌疑。②场所的区分有助于政府执法人员顺利实施执法行为,履行打击犯罪和预防犯罪的职能。在判断政府执法人员所实施的行为是否构成《第四修正案》所规定的搜查行为或扣押行为时,如果我们完全不考虑场所这一客观因素,那么在实施执法行为时,政府执法人员将会失去一个较为客观、固定的判断标准,以决定其执法行为的强度及是否需要事先向法官申请搜查令或扣押令。更严重的是,为了保证合法调查取证,如果政府执法人员在每次执法行为实施之前都向法官申请搜查令或扣押令,那么,虽然这有助于实现依法行政的目标,但是这会严重打击行政执法的效率,从而影响政府打击犯罪、预防犯罪职能的实现。

(二) 私人场所

私人场所不仅具有私密的性质,而且公民对其私人场所享有物权法上的所有权,所以公民对于其在私人场所内所实施的行为或者所说的话享有隐私权。在 1967 年之前,因为高科技监控设备仍未普遍,政府执法所采用的手段仍然局限于直接的、物理性的对公民财产的损

---

① 奥林·S. 科尔:《〈美国联邦第四修正案〉在互联网领域的适用:一般原则》,王垚译,载张民安主编:《隐私合理期待分论》,中山大学出版社 2015 年版,第 151 页。

害。并且，正因为政府执法行为的单一，公民完全可以通过关门、关窗等方式阻止政府执法人员现实进入他们的住所，从而防止政府执法人员所实施的行为侵犯他们依据法律所享有的权利。此外，由于当时隐私权理论仍未占主导地位，在判断政府执法人员所实施的行为是否构成侵权时，法院仍采取财产所有权理论。换句话说，如果政府执法人员所实施的行为侵犯了公民所享有的权利，美国联邦最高法院认为受侵犯的权利应该属于财产所有权，而公民不能主张认为其隐私权受到侵犯。所以，即便实际上，政府执法人员所实施的行为确实侵犯了公民的隐私权，但是法院仍根据财产所有权理论，对此采用物理性侵入的分析方法；也就是说，只有政府执法人员实施的有形或者对公民的财产造成"物理性损害"的行为才是《第四修正案》所禁止的行为。否则，如果政府执法人员所实施的搜查行为或扣押行为并没有现实侵犯公民对其住所或其他场所所享有的财产所有权，那么政府执法人员的搜查行为或扣押行为不构成财产侵入行为，也就没有违反《第四修正案》的规定。

1. 公民的住所

英国有一句描述公民住所的著名谚语——"风能进，雨能进，国王不能进"。由于住所的封闭性和隐私性，所以公民的住所是隐私权保护强度最大的私人场所。无论根据财产所有权理论抑或是隐私合理期待理论，住所都是《第四修正案》保护的核心，公民在住所内享有隐私合理期待是不容争议的。[①] 如果在没有获得搜查令或扣押令的情况下，政府执法人员闯入公民的住所实施搜查行为或扣押行为，他们的该种行为便构成《第四修正案》所规定的搜查行为或扣押行为。

在 Olmstead v. United States 一案[②]中，政府执法人员在公民住所外面的电话线上搭线窃听公民在其家中的通话内容。美国联邦最高法院认为，因为政府执法人员没有现实侵入公民的住所，因此他们所实施的行为不构成《第四修正案》所规定的搜查行为或扣押行为。

---

① Renee McDonald Hutchins, Tied up in knots? GPS Technology and the Fourth Amendment, 55 UCLA L. Rev. 409, 2007–2008.
② 277 U. S. 438 (1928).

2. 私人庭院

开放领域和私人庭院的划分是美国联邦最高法院在 Hester v. United States 一案[①]中认定的。一般来说，私人庭院属于住所的延伸区域，与公民的住所和私人生活密切相关，而住所受到《第四修正案》的保护，所以私人庭院也受到宪法保护，政府执法人员不得肆意对公民的私人庭院进行滋扰。如果在没有获得搜查令或扣押令的情况下，政府执法人员擅自闯入公民的私人庭院实施搜查行为或扣押行为，那么他们的该种行为就构成《第四修正案》所规定的搜查行为或扣押行为。

然而，因为私人庭院介乎于住所与公共场所之间，而且与完全封闭的住所相比，露天庭院是半封闭的，其他人可以通过上空或其他有权进入的区域对庭院进行观察，所以公民未必对其在私人庭院内所实施的行为享有隐私合理期待。公民在私人庭院所享有的保护比其在住所内所享有的保护要少，但比其在开放领域所享有的保护要多。[②] 在 California v. Ciraolo 一案[③]中，美国联邦最高法院认为，在没有获得搜查令的情况下，如果警察使用私人飞机在 1 000 尺的高空中对公民后庭院内所种植的大麻进行航空拍摄，那么，他们实施的此种行为并不构成《第四修正案》所规定的搜查行为。

（三）公共场所

美国联邦最高法院在 Olmstead 一案所确立的规则后来被许多司法判例所援引，因此，在 1967 年之前，财产所有权理论一直处于主流地位。简单来说，根据当时美国联邦最高法院所主张的财产所有权理论，在判断政府执法人员所实施的执法行为是否侵害公民依据《第四修正案》所享有的权利时，法院只考虑一个因素，即政府执法人员所实施的行为是否现实地、物理地侵犯了公民的财产所有权。换句话说，如果政府执法人员对处于公共场所的公民实施搜查行为或扣

[①] 265 U. S. 57 (1924).

[②] David John Housholder, Reconciling Consent Searches and Fourth Amendment Jurisprudence: Incorporating Privacy into the Test for Valid Consent Searches, 58 Vand. L. Rev. 1279, 1312 (2005).

[③] 476 U. S. 207, 213 (1986).

押行为，因为他们的该种行为没有侵犯公民的私人场所，即财产所有权，所以他们的该种行为不构成《第四修正案》所规定的搜查行为或扣押行为。

然而，公民对其在公共场所所实施的行为或所说的话究竟能否享有隐私合理期待，笔者认为应保护公民在公共场所内所享有的隐私合理期待，原因有二。

其一，即便在对于确立财产所有权理论具有里程碑意义的 Olmstead 一案中，Brandeis 大法官在其反对意见中也提出了隐私权理论。Brandeis 大法官认为，即便政府执法人员所实施的执法行为没有现实侵犯公民住所或其他场所所享有的财产所有权，他们所实施的窃听行为也侵犯了公民的隐私权。因此，他们的行为也违反了《第四修正案》。Brandeis 大法官认为《第四修正案》不单单保护公民的财产所有权，它也应该保护公民的隐私权。

其二，随着科学技术的不断发展，政府执法所采用的设备也越来越科技化，如窃听器、红外线探测仪、航拍器等。政府完全可以在不对公民的财产造成损害的情况下，利用这些高科技监控设备监控公民的行踪、言论或者收集有关公民的各类信息。因此，美国联邦最高法院在 Olmstead 一案[①]所确立的现实侵入的分析方法已经不适应时代的潮流，不符合社会发展的切实需要。为了防止政府毫无节制地使用高科技监控技术侵犯公民所享有的权利，在 1967 年的 Katz v. United States 一案[②]中，美国联邦最高法院确立了隐私合理期待理论，认为要判断政府执法人员所实施的行为是否构成《第四修正案》所规定的搜查行为或扣押行为，其重点不在于政府执法人员实施行为的地方，而在于什么才属于公民的隐私。虽然笔者认为，政府执法人员实施行为的场所对于判断其行为是否违法仍有一定意义，但是由于科技的发展，即便在普遍认为不存在隐私的公共场所，公民也有可能对其所实施的某些行为或所说的话享有隐私期待。

此外，美国联邦最高法院在该案的判决中提出了分析隐私合理期待的两步分析法。所谓两步分析法是指：①主观上，公民对于政府执

[①] 277 U.S. 438 (1928).
[②] 389 U.S. 363 (1967).

法人员搜查或扣押的场所或者事物所享有的真实的、主观的隐私期待；②客观上，社会公众认定公民对这些场所或者事物所享有的真实的、主观的隐私期待是合理的。

四、Katz v. United States 一案的判决

（一）案情简介

在没有获得搜查令或扣押令的情况下，政府执法人员在公共电话亭外安装了电子监听设备，记录 Katz 在电话亭的通话内容，并以此为证据指控 Katz 传递博彩信息，并对其作出逮捕决定。

对此，上诉人 Katz 提出了两个问题：①公共电话亭是否属于宪法所保护的隐私场所，以至于政府执法人员为了收集证据而在电话亭顶部安装电子监听设备，侵犯电话亭内的公民所享有的隐私权。②政府执法人员是否必须现实侵入受宪法保护的隐私场所，他们所实施的行为才能构成《第四修正案》所规定的搜查行为或者扣押行为。

首先，上诉人坚持认为，公共电话亭属于宪法所保护的隐私场所，并援引 United States v. Stone 一案①和 United States v. Madison 一案②作为理据。与之相比，根据 United States v. Borgese 一案③，政府则坚持认为电话亭不属于宪法所保护的隐私场所，因为电话亭有一部分是由玻璃组成，所以当公民进入电话亭之后，他们仍然在其他人的视野范围内。

其次，在 Olmstead v. United States 一案④和 Goldman v. United States 一案⑤中，美国联邦最高法院已经认定，《第四修正案》只适用于政府执法人员对公民有形的财产所实施的搜查行为或者扣押行为。因此，政府认为他们所实施的行为不应该适用《第四修正案》，因为他们没有现实地侵入上诉人所在的电话亭，并且，他们的行为都遵守了美国联邦最高法院在 Olmstead 一案和 Goldman 一案中所作出的判决。

---

① D. C., 232 F. Supp. 396.
② 32 L. W. 2243 (D. C. Ct. Gen. Sess.).
③ D. C., 235 F. Supp. 286.
④ 277 U. S. 438 (1928).
⑤ 316 U. S. 129 (1942).

（二）法院判决

Stewart 大法官代表美国联邦最高法院对该案作出判决意见。判决认为：①公共电话亭是否属于宪法所保护的场所这一问题并不是案件的核心。因为美国联邦最高法院认为，《第四修正案》保护的是公民而不是场所。如果公民故意暴露于众，那么，即便他们身处私人住所或者办公室内，他们也无法得到《第四修正案》的保护；反之，如果公民意图保持私密，那么，即便他们身处人来人往的公共场所，他们也有可能得到《第四修正案》的保护。上诉人进入电话亭之后，虽然其他人仍然可以透过电话亭的玻璃看见上诉人，但是，其他人并不能听见上诉人在电话亭内所通话的内容。也就是说，即便上诉人在一个其他人可观看的公共场所内拨打电话，他仍然可以对其通话内容享有隐私权。公民在公共电话亭拨打电话的行为与公民在办公室内[1]、朋友的公寓内[2]、出租车内[3]所实施的行为一样，都能得到《第四修正案》的保护。公民进入电话亭后，关上门，支付费用并拨打电话，那么他们当然有权认为其通话内容不会被公之于众。②虽然在 Olmstead 一案中，美国联邦最高法院认为，如果政府执法人员没有对公民的财产或其他物理上的事物造成损害，那么政府执法人员所实施的监控行为便不构成《第四修正案》所规定的搜查行为或者扣押行为。但是，美国联邦最高法院认为我们不能再对《第四修正案》的规定作出如此狭窄的理解。实际上，《第四修正案》不仅针对政府执法人员对公民有形财产所实施的搜查行为，而且还针对政府执法人员对公民口头表达的监听行为。因为政府执法人员利用电子监控设备监听和记录上诉人通话内容的行为侵犯了公民在电话亭内拨打电话所享有的隐私合理期待，所以该行为构成《第四修正案》所规定的搜查行为或扣押行为。由此可见，美国联邦最高法院曾经在 Olmstead 一案和 Goldman 一案中所主张的财产所有权理论由于不适应时代发展的需要而寿终正寝。

---

[1] Silverthorne Lumber Co. v. United States, 251 U.S. 385, 40 S. Ct. 182, 64 L. Ed. 319.
[2] Jones v. United States, 362 U. S. 257, 80 S. Ct. 725, 4 L. Ed. 2d 697.
[3] Rios v. United States, 364 U. S. 253, 80 S. Ct. 1431, 4 L. Ed. 2d 1688.

在判断政府执法人员所实施的行为是否构成《第四修正案》所规定的搜查行为或扣押行为这一问题上,由于财产所有权理论的衰落,以及"《第四修正案》保护的是公民而不是场所"这一理念的明确,美国联邦最高法院所考虑的问题不再仅局限于政府执法人员是否实施了现实地、物理性地侵入公民住所或者其他私人场所的行为。在该案中,当上诉人在电话亭内拨打电话时,政府执法人员对上诉人的通话内容所实施的电子监听行为和记录行为侵犯了其依据《第四修正案》所享有的隐私合理期待,因此构成《第四修正案》所规定的搜查行为或者扣押行为。此时,政府执法人员是否现实侵入电话亭的事实已经不具备法律意义。

如果有证据表明,上诉人极有可能利用电话亭内的电话向其他州的公民传递博彩信息,违反了美国联邦法律,那么此时政府执法人员对上诉人所实施的监控行为不构成《第四修正案》所规定的搜查行为或扣押行为。即便如此,政府执法人员所实施的监控行为也必须在范围上和时间上有所限制,他们只能对上诉人违法的通话内容进行监听。也就是,在该案中,政府执法人员只能对上诉人在电话亭这一短暂的时间段内进行监听,并且,他们只能监听上诉人自己的通话内容。

但是,由于该案并不属于以上所提及的紧急情况,所以如果政府执法人员要对公民实施监控行为,那么,他们必须要得到法官的授权和说明其调查的正当根据,并且对其将造成的损害进行说明,那么他们才可以有限制地使用电子监控设备。美国联邦最高法院已经认定法官的此类授权是有效的,也就是,如果政府执法人员认为罪犯实施了特定的犯罪行为,为了查明真相,他们可以向法院提出电子监控的申请,联邦法院有权对此作出授权。在 Berger v. States of New York 一案①中,美国联邦最高法院认为,法院允许政府执法人员使用电子监控设备的授权指令和允许他们对有形的证据实施扣押行为的扣押令是一样的,政府执法人员必须得到这些令状之后才能实施相应的行为,并且在授权的范围内,政府执法人员不能采取对公民所享有的隐私权造成更大侵犯的行为。

---

① 338 U. S. 41, 87 S. Ct. 1873, 18 L. Ed. 2d 1040.

在该案中，虽然政府执法人员对于其所实施的监听行为有所限制，但是，该限制并非来源于处于中立地位的法官，而是来源于政府执法人员自身。在实施搜查行为之前，政府执法人员没有向处于中立地位的法官提出申请，说明他们行为的正当根据。在实施搜查行为期间，他们也没有根据具体的法院授权指令而对其行为作出限制。在搜查行为实施之后，他们也没有向授权的法院报告搜查或扣押行为的详情。在缺乏这些保障措施的情况下，尽管政府执法人员对搜集犯罪证据存在合理期待，并自我约束认为其将采取最少侵犯性的执法行为，但是美国联邦最高法院绝不会单单因此就认可他们所实施的搜查行为。即便在事实上，政府执法人员具备实施搜查行为的正当根据，但是，他们无证搜查的行为仍然是违法的。因为根据宪法规定，如果政府执法人员要对公民实施搜查行为或扣押行为，法律要求必须要有一个拥有绝对权威的、中立的法官在政府和公民之间作出居中裁判。

美国联邦最高法院一再强调，《第四修正案》所规定的令状原则依附于司法程序。根据《第四修正案》，如果政府执法人员在没有获得搜查令或扣押令的情况下实施搜查行为或者扣押行为，那么一般来说，他们的该种行为本身是不合理的，除非他们属于特定的例外情况，比如紧急情况或得到被告人同意。但是在该案中，政府执法人员所实施的行为并不属于特定的例外情况，原因是：①该案并不属于紧急情况，所以政府执法人员不能援引紧急追捕这一例外情况，在没有获得授权指令的情况下实施电子监控行为，他们的该种行为是不合理的。②该案也不符合被告人同意的例外情形。由于电子监控的特殊性质，政府执法人员无法在得到犯罪嫌疑人的同意后才实施电子监控行为，也就是说，Katz 根本不会同意政府执法人员对其实施电子监控行为，而且政府执法人员也无法在获得 Katz 同意后实施电子监控行为，否则政府执法人员所实施的电子监控行为就无法达到收集犯罪信息的目的了。由于该案不属于法律特别规定的例外情况，所以如果政府执法人员要对 Katz 实施电子监控行为，他们必须要根据《第四修正案》的规定事先获得法院的授权。

政府不仅了解有关搜查行为或者扣押行为的上述要求，它还极力要求应创设一个新的例外规则，以便适用于本案。政府认为，虽然根据《第四修正案》的规定，政府执法人员在实施一般的搜查行为或者扣押行为之前，他们必须向法官说明正当根据并获得搜查令或扣押令，但是政府执法人员对公共电话亭的监控行为应区分于一般的搜查行为或者扣押行为，因为公共电话亭属于公共场所，所以即使政府执法人员在没有获得搜查令或扣押令的情况下对其实施电子监听行为，他们的该种行为也不会构成《第四修正案》所规定的搜查行为或扣押行为。

美国联邦最高法院并不认同政府的此番说法。首先，美国联邦最高法院认为《第四修正案》保护的是公民而不是场所，因此，无论公共电话亭在性质上属于私人场所抑或是公共场所，这都与政府执法人员所实施的电子监听行为是否构成《第四修正案》所规定的搜查行为无关。其次，根据《第四修正案》所规定的令状规则，只有通过司法程序，由处于中立地位的法官授权允许政府执法人员实施具体的搜查行为或者扣押行为，才能保障公民根据《第四修正案》所享有的权利。否则，如果政府执法人员不需要事先得到法官的同意，可以自行决定实施搜查行为或者扣押行为，那么公民根据《第四修正案》所享有的权利就无法得到保障。无论公民身在何处，他们都有权知道自己是否处于无理搜查或扣押行为的监控之中。而在该案中，政府执法人员忽视了《第四修正案》所规定的正当程序要求，也就是，政府执法人员在实施电子监控行为之前，他们必须得到处于中立地位的法官的授权指令。因为在该案中，政府执法人员在实施电子监听行为之前，没有遵守正当程序要求，并且，政府执法人员以通过此种方法所获取的证据来指控上诉人的犯罪行为。因此，美国联邦最高法院认为，政府执法人员对上诉人所实施的电子监听行为违反了《第四修正案》，构成《第四修正案》所规定的搜查行为，该行为侵犯了上诉人在电话亭内所享有的隐私合理期待。

（三）并存意见

Harlan 大法官在其并存意见中认为：①处于密封状态的电话亭实际上类似于住所，而不是一个公共场所，所以公民对其在电话亭内的通话内容享有隐私合理期待。②电子监控实际上与现实侵入私人场所的行为一样，这些行为都违反了《第四修正案》的规定。③正如美国联邦最高法院长期认为的那样，在没有获得搜查令的情况下，联邦政府当局对宪法所保护的场所所实施的搜查行为被推定为不合理的违法行为。

一方面，公民对其在住所内的行为享有隐私合理期待；另一方面，公民对于其在公共场所所实施的行为、表达的陈述或公共场所内的事物是否享有隐私合理期待，法院需要根据个案作出分析。一般来说，公民对于其在公共场所所实施的行为、表达的陈述或公共场所内的事物不享有隐私合理期待，因为此时他们自愿在公共场所暴露其自身及其行为。此外，法律也不保护公民在公共场所所进行的对话不被窃听，因为公民在此种情况下对于其进行的对话所享有的隐私期待是不合理的。

在该案中，至关重要的一点是，上诉人进入电话亭后，他关闭了电话亭的门，支付费用并拨打一通有权拨打的电话。所以，他合理期待其通话内容不被监听。美国联邦最高法院之所以认为政府执法人员在该案中所实施的监听行为构成《第四修正案》所规定的搜查行为，其原因在于电话亭在某些时候是不向社会公众公开的，而属于占有使用电话亭的占有者所暂时拥有的隐私场所，他们合理期待着其在电话亭内的行为不受侵犯。

在 Silverman v. United States 一案①中，美国联邦最高法院认为，如果政府执法人员侵入公民的住所内安装电子监控设备实施监听行为，那么政府执法人员的该种行为违反了《第四修正案》的规定。也就是说，美国联邦最高法院在 Silverman 一案中认定，公民的对话受《第四修正案》的保护，只要公民合理地认为该对话属于其隐私，那么政府执法人员所实施的窃听行为就构成《第四修正案》所规定的搜查行为或扣押行为。我们可以由此得知，《第四修正案》并不只是保护有形财产。在 Goldman v. United States 一案②中，美国联邦最高法院认为，如果政府执法人员没有现实侵入公民的住所，而只是使用电子监控设备对公民进行监控，那么政府执法人员的该种行为并没有违反《第四修正案》。然而，Silverman 一案并没有让我们重新思考 Goldman 一案的判决，但是 Katz 案的出现让我们需要重新思考

---

① 365 U.S. 505, 81 S. Ct. 679, 5 L. Ed. 2d 734.
② 316 U.S. 129, 62 S. Ct. 993, 86 L. Ed. 1322.

Goldman 一案，Harlan 大法官认为应该推翻 Goldman 一案的判决。因为时至今日，政府执法人员不仅可以通过现实侵入公民住所的方式对公民进行搜查或者扣押，而且还可以采用电子监控等高科技技术监控公民的行为，政府执法人员的这些行为都将侵犯公民依据《第四修正案》所享有的隐私合理期待。因此，这些行为都应该属于《第四修正案》所规制的对象。

（四）Black 法官的反对意见

Black 大法官的反对意见主要包括两方面：①他不认为美国联邦最高法院在该案中所作出的判决符合《第四修正案》的规定；②他不认为美国联邦最高法院可以为了使其符合时代的潮流而对《第四修正案》的规定作出重新解释，从而得出一个许多人都追求的结果。Black 大法官的反对意见具体表述如下。

其一，Black 大法官认为，我们对于隐私的理解不能过于宽泛。《美国联邦第四修正案》规定："公民对其人身、住所、证件和财产享有不受不合理搜查和扣押的权利，除非存在某种合理根据、以宣誓或代誓宣言保证并具体说明拟欲扣押的人或物，否则，法官不得签发搜查证或者扣押证。"① 该法律规定的第一款是，法律保护"公民对其人身、住所、证件和财产享有不受不合理搜查和扣押的权利"。这暗含的意思是，《第四修正案》所保护的对象是那些可以被搜查、扣押的，可以用尺寸、外形、重量等描述的有形财产。该法律规定的第二款是，政府执法人员必须获得法官所颁发的搜查令或者扣押令之后，才能实施搜查行为或者扣押行为。然而，无论是普通的窃听或者利用窃听装置进行窃听，政府执法人员所窃听的对话都不属于能用尺寸、外形、重量等描述的有形财产，并且，它既不能被搜查，也不能被扣押。因此，Black 大法官认为，《第四修正案》并不适用于窃听行为。

虽然在《第四修正案》出台的时期，使用窃听器窃听通话内容是一件不可能的事情，但是当时也存在窃听行为，也就是，行为人可以通过屋檐、窗边、墙外窃听他人的对话。毫无疑问的是，如果立法者意图限制由窃听行为所获取的信息作为证据使用，那么他们就会在

---

① U. S. CONST. amend. IV.

《第四修正案》中对此作出适当的规定。然而，事实却是，《第四修正案》并没有对此作出规定，那么我们就可以推定立法者的原意是，《第四修正案》并不适用于窃听行为，换句话说，政府执法人员所实施的窃听行为不构成《第四修正案》所规定的搜查行为或者扣押行为。

此外，虽然美国联邦最高法院认为应该对《权利法案》的保障条款采用自由的解释方法，但是该解释方法并不适用于规定"搜查和扣押"的《第四修正案》。我们不能采用自由的解释方法，将政府执法人员窃听公民通话内容的行为解释为《第四修正案》所规定的搜查行为或者扣押行为。《第四修正案》直接针对的是，在没有获得法院所颁发的搜查令或者扣押令的情况下，政府执法人员对公民的住所或其他建筑的闯入行为、搜查行为，以及对公民个人财物的扣押行为。虽然为了保护公民的住所或有形财产免受无证搜查或扣押的侵害，美国联邦最高法院可以对《第四修正案》采用自由的解释方法。但是，我们不能对《第四修正案》所规定的"人身、住所、证件和财产"作出超出其含义范围之外的解释。美国联邦最高法院已经在之前的司法判例中拒绝将政府执法人员所实施的窃听行为纳入《第四修正案》所规制的范围内，比如 Olmstead 一案和 Goldman 一案。

在 Olmstead v. United States 一案[1]中，根据《第四修正案》具体规定的字面解释，美国联邦最高法院认为，《第四修正案》所使用的措辞没有包括窃听行为。美国联邦最高法院在该案的判决中也援引了 Hester v. United States 一案[2]的判决。在 Hester v. United States 一案中，美国联邦最高法院认为，政府执法人员隐藏在距离被告住所的100码内，观察被告从其住所走出来，并把一瓶威士忌给了另一个人，虽然政府执法人员的该种行为侵犯了被告的土地所有权，但是政府执法人员凭此所作出的证词是可以被采纳的。即便政府执法人员所实施的行为对被告造成了侵犯，但是他们的行为仍然不构成对被告的人身、住所、证件和财产所实施的搜查行为或扣押行为。

---

[1] 277 U. S. 438 (1928).
[2] 265 U. S. 57, 44 S. Ct. 445, 68 L. Ed. 898.

在 Goldman v. United States 一案①中，政府执法人员在隔壁房间的墙壁上安装窃听装置，窃听被告在其封闭的私人办公室内所进行的对话。由于遵循 Olmstead v. United States 一案的判决，美国联邦最高法院认为，政府执法人员所实施的窃听行为没有违反《第四修正案》。

因此，在 Olmstead 一案和 Goldman 一案中，美国联邦最高法院认为，政府执法人员所实施的窃听行为不属于《第四修正案》所规定的搜查行为或扣押行为，也就是，《第四修正案》并不保护公民的通话内容免受窃听。此外，Black 大法官认为，在 Olmstead 一案和 Goldman 一案中，法院裁判案件的重点在于应如何理解《第四修正案》的具体规定，也就是，窃听行为究竟能否适用《第四修正案》的规定，而不在于政府执法人员所实施的行为是否对公民造成损害。尽管如此，这并不意味着，在搜查和扣押的案件中，法院不需要考虑政府执法人员是否未经授权对公民实施了侵犯行为。不管政府执法人员所实施的行为是否构成《第四修正案》所规定的搜查行为或扣押行为，只要政府执法人员在未经授权的情况下实施了侵犯行为，美国联邦最高法院仍然可以采用非法证据排除规则，排除政府执法人员把通过这些侵犯行为的方式所收集的资料作为证据使用。正如美国联邦最高法院在 Lopez v. United States 一案②的判决中所说："美国联邦最高法院在过去一直认为'电子窃听'行为符合宪法的规定，也就是说，只要政府执法人员不现实侵入公民受宪法保护的隐私场所，他们就可以使用电子窃听设备，窃听公民所进行的对话；如果他们不使用电子窃听设备，那么，他们将无法听到这些对话内容。"

其二，Black 大法官认为，虽然美国联邦最高法院为了时代发展的需要而对《第四修正案》作出重新解释，并在判决意见中认为"Olmstead 一案和 Goldman 一案的判决基础已经被后来的判决所腐蚀"，但是这解释实际上属于重新对《第四修正案》作出规定的行为，并且，法院只援引了 Silverman v. United States 一案③和 Warden,

---

① 316 U. S. 129, 62 S. Ct. 993, 86 L. Ed. 1322.
② 373 U. S. 427, 438 – 439, 83 S. Ct. 1381, 1387, 10 L. Ed. 2d 462.
③ 365 U. S. 505, 81 S. Ct. 679, 5 L. Ed. 2d 734.

Md. Penitentiary v. Hayden 一案①作为证明"Olmstead 一案和 Goldman 一案的判决基础已经被后来的判决所腐蚀"的论据。然而，Silverman 一案和 Warden, Md. Penitentiary v. Hayden 一案根本没有削弱 Olmstead 一案和 Goldman 一案的判决基础。

首先，在 Silverman 一案中，虽然上诉人极力要求法院重新审查 Olmstead 一案和 Goldman 一案所确立的规则，但是美国联邦最高法院对此作出明确拒绝并认为："在没有获得搜查令或扣押令的情况下，政府执法人员以现实侵入上诉人所占有的不动产的方式实施窃听行为。"因此，政府执法人员由上述行为所收集的证据必须适用非法证据排除规则。Black 大法官认为，该判决印证了他以上所陈述的观点，即"不管政府执法人员所实施的行为是否构成《第四修正案》所规定的搜查行为或扣押行为，只要政府执法人员在未经授权的情况下实施了侵犯行为，美国联邦最高法院仍然可以采用非法证据排除规则"。此外，因为 Silverman 一案涉及的是政府执法人员现实侵入公民住所的问题，而 Olmstead 一案和 Goldman 一案并不涉及该问题，也就是，如果在没有获得搜查令或扣押令的情况下，政府执法人员现实侵入公民的住所，那么他们的该种行为就违反了《第四修正案》的规定，但是在 Olmstead 一案和 Goldman 一案中，政府执法人员并没有现实侵入公民的住所或其他场所。所以 Black 法官认为，Silverman 一案不能推翻 Olmstead 一案和 Goldman 一案所确立的规则，也就是不能根据 Silverman 一案的判决就认定，窃听行为属于《第四修正案》的保护对象。美国联邦最高法院之所以在 Silverman 一案中判决认定政府执法人员所收集的证据适用非法证据排除规则，是因为政府执法人员现实侵入了公民的住所实施监听行为，他们的该种行为构成《第四修正案》所规定的搜查行为，而不是因为《第四修正案》保护公民的通话内容不受窃听。

其次，美国联邦最高法院试图以 Warden, Md. Penitentiary v. Hayden 一案说明，《第四修正案》不仅可以适用于有形财产，而且也可以适用于无形财产，比如通话内容。然而，Warden, Md. Penitentiary v. Hayden 一案涉及的是政府执法人员无证搜查、扣押衣

---

① 387 U. S. 294, 87 S. Ct. 1642, 18 L. Ed. 2d 782.

服，衣服在性质上属于有形财产。

综上所述，根据 Black 大法官的看法，虽然美国联邦最高法院认为 Olmstead 一案和 Goldman 一案由于某些原因而不再适应时代的需要，但是我们必须面对一个事实，也就是，这些判例没有被废除或者削弱。

五、对 Katz v. United States 一案的评析

（一）何谓隐私

作为一个有理性的个人，每个人都需要有属于自己的隐私空间，不被打扰，不受侵犯。因此，隐私是公民的基本需求，隐私权属于公民的自然权利。隐私权是不可剥夺的权利，法律也对公民所享有的隐私权作出规定，防止政府执法人员或行为人肆意侵犯公民或他人所享有的隐私权。

那么究竟什么才属于公民受法律保护的隐私呢？一般来说，隐私是指公民不愿意向其他人公开、不愿意受到其他人干涉的私事。从传统的观点上看，公民在私人场所所实施的行为才有可能被看作隐私，因为私人场所本身具有私密的性质。与之相比，公民在公共场所所实施的行为传统上不被认为是隐私，因为公共场所本身属于一个向社会公众开放的领域，任何人都能自由进出，因此公民不能期待其在公共场所所实施的行为不被其他人看见。并且，"公共场所无隐私"已经成为了一个常识，如果一个理性人在公共场所实施了某种行为，那么他一定知道该行为有可能会被其他人看见，根据风险自担原则，他在公共场所所实施的该行为不属于隐私。

然而，单纯以私人场所和公共场所来划分隐私，这是不准确的。我们也不能单纯以场所作为隐私的判断标准。因为即便公民身处公共场所，如果他们采取一定的措施防止其行为暴露于众，那么他们仍有可能认为他们的行为属于隐私。要判断某一事项是否属于隐私，场所只能作为其中一个重要的参考因素，但除此之外，我们还需要对此进行一个严密、客观的论证过程。

笔者认为，在该案中，虽然 Katz 在公共电话亭内拨打电话，但是他的通话内容仍然属于隐私，原因有二：①人们之所以要在公共电

话亭设置一道门,其原因之一就是防止其他人听到电话亭内的通话内容,从而保护使用电话亭拨打电话的公民所享有的隐私权。我们不能单纯因为该电话亭的性质属于公用,并且设置在公共街道上,就否认公民在电话亭内的通话内容就一定不是隐私。因此,在客观上,Katz对其在电话亭内的通话内容所享有的隐私期待也是合理的。② Katz已经采取适当的措施——把电话亭的门关上,即便公民在公共街道上拨打电话,只要他有意识地降低音量,防止其他人听到他的通话内容,那么他都在主观上认为其通话内容属于隐私,不会向其他人公开,也不愿意其他人通过其他隐蔽的手段获取。更何况在该案中,Katz采取的是一个比降低音量更有效的措施,因此,在主观上,他对其通话内容享有主观隐私期待。综上所述,即使将公共电话亭当作公共场所,Katz对于其在公共电话亭内的通话内容仍享有隐私合理期待。

(二)《第四修正案》的保护对象

《第四修正案》规定:"公民对其人身、住所、证件和财产享有不受不合理搜查和扣押的权利,除非存在某种合理根据、以宣誓或代誓宣言保证并具体说明拟欲扣押的人或物,否则,法官不得签发搜查证或者扣押证。"

根据美国联邦最高法院对该案所作出的判决意见,各法官主要的分歧在于通话内容是否能被解释为《第四修正案》所规定的"人身、住所、文件和财产",以及电子监听行为是否属于《第四修正案》所规定的搜查行为或扣押行为。

其一,根据字面解释,确实如 Black 大法官所主张的那样,《第四修正案》并没有对通话内容和电子窃听行为作出明确规定。但是,立法漏洞是常见的,而且虽然法官应该依法裁判,但法官不应该是一部"自动售货机",严格按照法律的规定行事,不享有丝毫的自由裁量权和司法主动。

法律具有滞后性,为了让法律适应时代的变化和发展,不被时代所淘汰,法官也需要在适当的时候对法律作出灵活的解释。如果法官一味只懂维护法律的稳定性和限制司法的主动性,那么难免会出现法律与社会不相适应的情况,这不仅阻碍社会的发展进步,而且也损害了公民实际上所享有的权利。虽然《第四修正案》所明确规定的是

"人身、住所、文件和财产",但是作为《权利法案》之一的《第四修正案》,表面上看,法律保护的是公民不受无理搜查或扣押的权利,然而,实质上,此种"不受无理搜查或扣押的权利"不仅关乎公民的财产所有权,而且也关乎公民的隐私权。

换句话说,法律之所以规定公民对其人身、住所、证件和财产享有不受不合理搜查和扣押的权利,其原因不仅在于公民依据法律对其住所、财物所享有的财产权,而且还在于公民所享有的人身权,包括人身自由权、名誉权和隐私权等。因此,《第四修正案》保护公民所享有的隐私权,并且,上文通过分析认为,Katz 在公共电话亭内的通话内容属于他的隐私,也就是《第四修正案》保护 Katz 在公共电话亭内的通话内容。

其二,在该案判决之前,占主流观点的是财产所有权理论,也就是,如果要证明政府执法人员所实施的行为违反了《第四修正案》,则必须证明政府执法人员现实侵入了公民的住所或其他场所,否则,他们的行为不构成《第四修正案》所规定的搜查行为或扣押行为。

财产所有权理论在过去是行得通的,但是随着科学技术的不断进步,执法手段也越来越先进、科技化,财产所有权理论也就渐渐没落。《权利法案》的原意在于限制政府权力和保障公民权利。因此,根据该立法目的,将"搜查行为和扣押行为"限制在现实侵入这一前提下是极不合理的。正如 Brandeis 大法官在 Olmstead 一案的反对意见中所指出的:"我国伟大的立宪者们承担着保障我们幸福的重任。他们早已意识到,一个人的精神、感情与智慧至关重要,物质生活仅仅分担了我们一部分的喜怒哀乐,因此他们所努力追求的目标是,保护每一个美国公民的信念、思想、情绪及其感受。为了抵挡来自政府的侵犯,他们认为每个公民都享有独处的权利——这是一项含义广泛的权利,是一项文明社会普遍珍视的权利。为了保护该项权利,政府对公民隐私的无理侵犯,无论其手段如何,都应该被视为是对《第四修正案》的违反与背离。"[1] 所以,不管政府执法人员是否现实侵入公民的住所或其他场所,只要政府执法人员在没有获得法院授权指令的情况下实施了某种行为而侵害了公民所享有的权利,政府执法人

---

[1] 277 U.S. 438, 471-485 (1928).

员的该种行为就违反了《第四修正案》。也就是说,在该案中,在没有获得搜查令或扣押令的情况下,政府执法人员擅自对 Katz 在电话亭内的通话内容进行监听,该监听行为侵犯了 Katz 的隐私,构成了《第四修正案》所规定的搜查行为。

笔者认为,由于时代变迁发展的需要,法院对法律进行目的解释是必要的。虽然 Black 大法官在其反对意见中认为:"美国联邦最高法院为了时代发展的需要而对《第四修正案》作出重新解释……这实际上属于重新对《第四修正案》作出规定的行为。"也就是说,他认为法官不能根据司法权而僭越立法,对《第四修正案》作出改变其实质内容的解释。然而,随着现代科技技术的不断发展,新科技、新发明不断涌现,如装有全球定位系统的手机追踪器、人脸识别技术、社交网络工具等,世界变得越来越透明,人们可以通过各种各样的技术手段了解其他人的生活。政府执法人员或者行为人也可以利用这些新技术对公民实施搜查行为、监控行为。如果没有先进的窃听技术,公民在一个封闭的公共电话亭内拨打电话,只要他把门关好、注意音量,那么他完全可以避免其通话内容被其他人得知。然而,正因为高科技的发展,政府执法人员可以利用先进的窃听技术,在没有现实侵入电话亭的情况下,窃听公民在电话亭内的通话内容。公民不会预料到他们在电话亭内的通话会被政府执法人员监听。

因此,在窃听技术的帮助下,如果政府执法人员毫无声息地对公民在电话亭内的通话进行窃听,则该行为不仅侵犯了公民的隐私合理期待,也违反了《第四修正案》的立法目的。并且,在科技的帮助下,该监听行为侵犯了公民所享有的权利,公民是该监听行为的受害者,虽然《第四修正案》没有明确规定保护公民的通话内容,也没有明确规定政府执法人员在没有现实侵入公民住所或其他场所的情况下实施窃听行为构成《第四修正案》所规定的搜查行为或扣押行为,但是笔者认为,我们不能因此而阻碍受害者的救济渠道,由于科技的发展而带来的后果不应该由无辜的公民承担。

即便《第四修正案》保护公民的通话内容,并且监听行为属于《第四修正案》所规定的搜查行为,但 Katz 一案的焦点还在于 Katz 所身处的是公共电话亭。公共电话亭究竟属于公共场所还是私人场所?虽然美国联邦最高法院在该案的判决意见中以"《第四修正案》

保护的是公民而不是场所"为由回避了这一问题,但是纵观多年的司法判例,场所仍然是一大问题。上文已经分析认为,因为 Katz 在公共电话亭拨打电话时已经关闭了公共电话亭的门,此时公共电话亭处于一个封闭的状态,所以即使我们将公共电话亭当作公共场所,但处于封闭状态的电话亭与一般向社会公众开放的公共场所还是有区别的,而公民对于其在公共场所的通话内容一般不享有隐私合理期待,但是 Katz 对于其在封闭公共电话亭内的通话内容都享有隐私合理期待,理由有二:①根据风险自担原则,在公民住所之外的场所对隐私合理期待进行限制的情况可以分为三种判断标准理论:合法性判断标准、开放场所判断标准和自愿暴露于众判断标准。① 从直观层面上说,所谓合法性判断标准,就是公民不能在他们不应当享有隐私的场所确立自己的隐私。美国联邦最高法院已经判决认为,当公民身处一处不动产之上或之内时,如果该公民没有法定权利这样做,那么该公民就无法享有与这处地产的所有权人或是权利人相同的隐私期待。② 所谓开放场所判断标准,就是即使在没有获得搜查令授权的情况下,政府执法人员也可以对暴露在公众视野中的事物实施监控。③ 所谓自愿暴露于众的判断标准,就是如果某公民自愿向公众暴露他在做什么,那么他就不能对自己所暴露的行为主张隐私保护。自愿暴露于众的判断标准是风险自担逻辑下对隐私合理期待最直接的限制。在 Katz 一案中,虽然公共电话亭位于公民住所之外的公共场所,但是我们在该案中不能适用风险自担原则。因为我们可以从 Katz 进入电话亭后关闭了电话亭的门这一行为得知以下几点:一是电话亭在性质上不属于开放领域;二是他不愿意别人听到他的通话内容;三是根据一般社会常识,公民在一个封闭的电话亭内进行通话,此时他所享有的隐私期待是合理的。因此无论根据合法性判断标准、开放场所判断标准或自愿暴露于众判断标准,Katz 对其在电话亭内的通话内容仍享有隐私合理期待。②根据密闭容器理论,如果政府执法人员所要实施搜查行

---

① David Reichbach, The Home not the Homeless: What the Fourth Amendment has Historically Protected and Where the Law is Going After Jones, (2012—2013) 47 U. S. F. L. Rev. 377.
② See Minnesota v. Carter, 525 U. S. 83 (1998).
③ See Coolidge v. New Hampshire, 403 U. S. 443, 465 (1971).

为的对象是一个密闭容器,那么,即使当时该容器处在公民住所之外,法院仍然认为此时公民对该容器的内容物具有隐私合理期待。在没有获得搜查令或扣押令的情况下,政府执法人员不能对公民随身携带的密闭容器实施涉及该容器内部的搜查行为。虽然该理论一般适用于公民所随身携带的密闭容器物品,如手提包、行李箱,但是我们可以把一个封闭的电话亭类比为密闭容器,因为无论是拉上拉链的手提包、上锁的行李箱还是关上门的电话亭,公民之所以要拉上手提包的拉链、锁上行李箱、关上电话亭的门,是因为他们不希望别人知悉其手提包、行李箱内的物品或其在电话亭内的通话内容,因此他们都对这些"内容物"享有隐私合理期待。

笔者认为,单纯的偷听行为与利用电子设备所实施的窃听行为是完全不同的。Black 大法官在其反对意见中提出,即使在《第四修正案》出台的时期,窃听技术还没有出现,但是偷听行为是存在的。然而,如果立法者有意将偷听行为纳入《第四修正案》的规制范围,那么,立法者会在《第四修正案》立法时有所体现。立法者之所以没有将单纯的偷听行为纳入《第四修正案》,是因为如果政府执法人员对公民实施偷听行为,那么他们必须接近公民,而如果此时公民仍然在公共街道公开发表自己的言论,那么该公民就应当承担其所制造的风险,从而政府执法人员对该公民的偷听行为不构成《第四修正案》所规定的搜查行为。但是,如果政府执法人员不是单纯地用自己的双耳进行偷听,而是利用先进的窃听技术对公民的言论进行监听,那么该情况就大大不同了。因为借助电子监听设备,政府执法人员可以远距离地对公民的言谈进行监听,而公民对于其被监听的事实是毫无预期的。所以在该情况下,政府执法人员利用电子窃听技术对公民的通话内容实施窃听行为侵犯了公民所享有的隐私合理期待。

此外,《第四修正案》还包括了一个重要规则——令状规则。所谓令状规则,就是在没有事先获得法官授权的情况下,如果政府执法人员擅自对公民实施了搜查行为或扣押行为,那么他们所实施的行为本身就是不合理的。如果政府执法人员违反了《第四修正案》的规定,侵犯了公民依据《第四修正案》所享有的权利,那么政府执法人员根据非法搜查或扣押所收集的证据将适用非法证据排除规则。Harlan 大法官在 Katz 案判决之后也曾对该案所确立的规则作出评论:

"事实上,至关重要的问题应该是,我们最少需要要求政府执法人员必须在获得法官授权的情况下才对公民实施搜查行为或扣押行为;否则政府执法人员可以在没有获得法官授权的情况下对公民肆意实施电子监听行为或监控行为,这会让公民处于危险的境地。"[1]

《第四修正案》之所以要求政府执法人员在获得法官所签发的搜查令或扣押令后才能实施搜查行为或扣押行为,其原因在于法律需要平衡两个相互冲突的利益关系:政府执法的需要与公民的权利,而只有处于中立地位的法官才能公正地衡量个案中这两者的关系,从而判决政府执法人员所实施的搜查行为或扣押行为是否合理。如果政府执法人员要搜查或扣押公民的人身、住所、证件和财产,那么他们必须要在获得法官的授权令状之后才能实施搜查行为或扣押行为,否则就侵犯了公民依据《第四修正案》所享有的权利。

然而,令状规则适用于私人场所隐私权是无可置疑的,但是如果政府执法人员对处于公共场所的公民实施搜查行为或扣押行为,是否也需要遵守令状规则呢?《第四修正案》对此没有作出明确规定。虽然根据《第四修正案》的字面表述,"人身、住所、证件和财产"似乎局限于公民的住所,即私人场所,但是根据《第四修正案》的立法目的,因为《第四修正案》不仅保护公民的财产权,而且还保护公民的隐私权,免受政府执法人员所实施的无证搜查或扣押行为的侵犯。所以,即便公民处于公共场所,如果他们对于其所实施的行为或所说的话享有隐私合理期待,那么政府执法人员就不得在没有获得搜查令或扣押令的情况下对公民实施搜查行为或扣押行为。在 Katz 一案中,政府执法人员在没有获得法官授权的情况下就擅自在公共电话亭外安装窃听装置,监听 Katz 的通话内容,因为该监听行为侵犯了 Katz 的隐私合理期待,所以该监听行为构成《第四修正案》所规定的搜查行为。

综上所述,即便政府执法人员主张认为公共电话亭属于公共场所,但是根据上文分析可知,Katz 对其通话内容享有隐私合理期待;根据《第四修正案》的立法目的,Katz 对其在封闭电话亭内的通话内容不被监听的隐私期待是值得法律保护的,我们并不能因为科技的

---

[1] United States v. White, 401 U.S. 745, 786 (1971) (Harlan, J., dissenting).

发展而要求公民承受法律滞后所带来的后果。因此，政府执法人员的该种行为构成《第四修正案》所规定的搜查行为或扣押行为，侵犯了 Katz 依据《第四修正案》所享有的权利。如果政府执法人员要对 Katz 在公共电话亭内的通话内容进行监听，他们必须依据《第四修正案》的规定，事先向法院申请搜查令或扣押令，否则政府执法人员所实施的监听行为将构成《第四修正案》所规定的搜查行为或扣押行为，同时，政府执法人员通过窃听行为所获取的"通话内容"应适用非法证据排除规则，不能作为指控 Katz 涉嫌传递博彩信息的合法证据。

（三）Katz 一案的后续发展

美国联邦最高法院在 Katz 一案中确立了隐私合理期待理论，不再认为政府执法人员只有现实地、物理地侵犯公民对其住所或其他场所所享有的财产所有权才构成《第四修正案》所规定的搜查行为或扣押行为。更有甚者，Stewart 大法官在判决意见中还主张认为，"《第四修正案》保护的是公民而不是场所"，也就是说，只要政府执法人员所实施的执法行为侵犯了公民依据《第四修正案》所享有的隐私合理期待，无论他们有无现实侵入公民的住所或其他场所，无论公民身处私人场所还是公共场所，他们的行为都构成《第四修正案》所规定的搜查行为或扣押行为。公民并不是只对其在私人场所内的行为享有隐私合理期待，美国联邦最高法院在该案中认定，即便公民身处公共的电话亭内，他们也有可能对其行为享有隐私合理期待。也就是说，隐私合理期待的判断标准不在于场所，而在于 Harlan 大法官在其并存意见中所提出的"两步分析法"。

但是，在判断政府执法人员所实施的搜查行为或扣押行为是否违反《第四修正案》时，真的只需要考虑公民而不需要考虑公民所在的场所吗？在最近几年，美国联邦最高法院的某些法官已经开始限制隐私权的扩大。因为美国联邦最高法院在其后来所作出的判决中认为，当公民离开住宅时，他们在公共场所内只有有限的隐私期待。[①] 例如，美国联邦最高法院认为，当政府执法人员在可航行的空域内对

[①] Quentin Burrows, Scowl Because You're on Candid Camera: Privacy and Video Surveillance, (1996—1997) 31 Val. U. L. Rev. 1087.

他人的工业厂房进行航空拍摄时,他们所实施的行为不构成《第四修正案》所禁止的搜查行为。① 美国联邦最高法院还认为,警察使用人工探明技术的行为不构成《第四修正案》所规定的搜查行为。②

事实上,美国联邦最高法院已经审了许多关于公民在住宅外所享有的隐私权的案件,并且认定在以下几种情况,公民不享有隐私合理期待:①当公民把垃圾袋放置在庭院外并被警察搜查时,公民对此不享有隐私合理期待;③ ②在开放领域内,公民对于政府执法人员所实施的搜查、扣押行为不享有隐私期待,④ 并且,当公民在公共道路上驾驶机动车时,其隐私利益也会有所减弱;⑤ ③当公民拨打电话号码并被警察根据描笔式记录器恢复时,公民对此不享有隐私合理期待;⑥ ④当公民的对话被戴有窃听器的卧底线人监听记录时,公民对此不享有隐私合理期待。⑦

在种植毒品和持有毒品的案件中,美国联邦最高法院特别严厉地剥夺公民所享有的隐私合理期待。⑧ 例如,美国联邦最高法院认为,如果公民在其后院内种植或持有毒品,那么他对此也不享有隐私合理期待。⑨ 在一个涉及公民后院的案件中,美国联邦最高法院认为,在没有获得搜查令的情况下,如果警察使用私人飞机在1 000尺的高空中对公民后庭院内所种植的大麻进行航空拍摄,他们实施的此种行为并不构成《第四修正案》所规定的搜查行为。由此可见,随着科学技术的进步,政府侵扰公民私人生活的能力也逐渐提高,但是法院却没有对《第四修正案》作出相应的调整,以便有效地防止政府对公

---

① Dow Chem. Co. v. United States, 476 U. S. 227, 239 (1986).
② Texas v. Brown, 460 U. S. 730, 740 (1983).
③ California v. Greenwood, 486 U. S. 35, 37 (1988). California v. Ciraolo, 476 U. S. 207, 213 (1986).
④ Oliver v. United States, 466 U. S. 170, 176 – 177 (1984).
⑤ United States v. Knotts, 460 U. S. 276, 281 – 285 (1983).
⑥ Smith v. Maryland, 442 U. S. 735, 745 – 746 (1979).
⑦ United States v. White, 401 U. S. 745, 751 (1971).
⑧ Vernonia Sch. Dist. 47J v. Action, 115 S. Ct. 2386, 2391 (1995). Florida v. Riley, 488 U. S. 445, 451 – 452 (1989). United States v. Dunn, 480 U. S. 294, 305 (1987). New Jersey v. T. L. O. , 469 U. S. 325, 346 – 347 (1985). Oliver v. United States, 466 U. S. 170, 173, 179 – 181 (1984). United States v. Place, 462 U. S. 696, 707, 710 (1983).
⑨ California v. Ciraolo, 476 U. S. 207, 213 (1986).

民实施的侵扰行为。然而,法院的态度反而与其在 Katz 一案的判决精神渐行渐远,限缩了《第四修正案》的保护范围,美国公民所享有的私人领域也随之减小。

所幸的是,美国联邦最高法院在 2012 年的 United States v. Jones 一案①中对该问题的态度有了变化。在 Jones 一案中,Jones 涉嫌贩卖和运输毒品。为了找出 Jones 把货物搬运到了什么地方,政府执法人员申请了一份搜查令,从而得以在 Jones 妻子的车上安装全球定位系统(GPS)装置。法院所签发的搜查令有效期是 10 天。然而,在搜查令签发后的第 11 天,政府执法人员在一个公共停车场将 GPS 装置装到了 Jones 妻子的车上,并且 24 小时不间断地对目标车辆实施了 28 天的追踪,详细掌握 Jones 去了什么地方,又在什么地方待了多久等相关信息。

地方法院认为,当机动车停在 Jones 住所内时,政府执法人员对此实施的监控行为所获得的信息不能作为证据使用,然而,在其他情况下,政府执法人员实施的监控行为所获得的信息可以作为证据使用,因为 Jones 对其机动车在公共道路上行驶不享有隐私合理期待。哥伦比亚特区巡回上诉法院推翻了地方法院的判决,认为在没有获得搜查令的情况下,政府执法人员在机动车上安装 GPS 装置的行为违反了《第四修正案》,根据非法证据排除规则,由此所获得的信息不能作为证据使用。

美国联邦最高法院维持了该上诉判决。判决意见认为,当政府执法人员触碰 Jones 的汽车以安装 GPS 装置的那一刻,他们想要收集信息的意图就现实地侵犯了 Jones 的个人财产,由此可以判定政府执法人员的该种行为构成搜查行为,侵犯了 Jones 依据《第四修正案》所享有的权利。但是,Alito 大法官、Ginsburg 大法官、Breyer 大法官和 Kagan 大法官在其并存意见中认为,政府执法人员所实施的行为之所以构成《第四修正案》所规定的搜查行为,其原因不在于他们侵犯了 Jones 的汽车,而在于他们所实施的长期监控行为侵犯了 Jones 的隐私期待利益。Scalia 大法官在判决意见中所认为的"触碰汽车的行为构成侵犯财产权的行为"是不正确的。因为如果按照这个逻辑将

---

① 132 S. Ct. 945 (2012).

会导致矛盾。例如，如果政府执法人员在汽车上安装了 GPS，在一个很短的时间内对该汽车实施追踪，根据美国联邦最高法院的逻辑，该种行为由于侵犯了公民的财产所有权而构成《第四修正案》所规定的搜查行为。然而，如果政府执法人员在没有触碰公民汽车的情况下，使用汽车或飞机对其进行长时间的追踪，根据美国联邦最高法院的逻辑，该种行为由于没有侵犯公民的财产所有权而不构成《第四修正案》所规定的搜查行为。

这两个例子形成了鲜明的对比，然而根据一般社会常识，我们就可以判断政府执法人员第二种长时间的监控行为显然会更严重地侵犯公民所享有的权利。《第四修正案》所指的对财产的搜查行为是指政府执法人员对公民的财产实施了"具有意义的侵犯行为"。① 也就是说，如果政府执法人员在 Jones 的汽车表面上张贴一张纸，因为纸不会长时间记录 Jones 汽车的行踪，那么即使张贴行为侵犯了 Jones 的财产，但这种行为属于十分轻微的侵犯行为，不会构成《第四修正案》所规定的搜查行为。如果政府执法人员直接拉开车门，闯入 Jones 的汽车内，那么该种闯入行为侵犯了 Jones 的财产，构成《第四修正案》所规定的搜查行为。然而，该案中的政府执法人员并没有在真正现实意义上侵入 Jones 的汽车内部，他们所实施的安装行为不会影响汽车的正常运行，但是该安装行为确能全面、精确地记录 Jones 的行踪，因为行踪属于 Jones 的个人隐私，即便汽车在公共道路上行驶，但是该种行为构成《第四修正案》所规定的搜查行为。

此外，Sotomayor 大法官在其并存意见中认为，虽然一般来说，如果公民自愿向第三方公开暴露个人信息，那么他们对这些个人信息不享有隐私合理期待。然而，该原则并不必然适用于大数据时代。在大数据时代，即使公民在进行一些日常工作，他们也会向第三方披露很多个人信息，例如，当公民拨打电话或发送短信时，他们向电话服务商提供了他们所拨打电话或发送短信的手机号码；当公民浏览网站或发送邮件时，他们向网络服务提供商提供了他们所浏览或发送的网站地址和邮件地址。正如 Alito 大法官在判决意见脚注中提及的，某些人甚至还会为了盈利的目的而买卖公民的个人信息。因此，我们不

---

① United States v. Jacobsen, 466 U. S. 109, 113, 104 S. Ct. 1652, 80 L. Ed. 2d 85 (1984).

能认为，由于公民自愿暴露于众，所以他们对于其在公共场所所实施的行为完全不享有隐私合理期待。即使公民在公共道路上驾驶汽车，如果政府执法人员通过非常手段获取他们的行踪，那么政府执法人员的行为也有可能构成《第四修正案》所规定的搜查行为。

纵观多年的判例，我们可以得知，美国联邦最高法院最初的态度是，要构成一个《第四修正案》所规定的搜查行为，政府执法人员就必须对公民享有所有权的事物实施现实的、物理的侵入行为。Katz一案的判决出现后，搜查行为的定义被扩展为侵犯公民对隐私的合理期待，而不再是完全相当于现实侵入的搜查行为。虽然在此之后，美国联邦最高法院对于公民所享有的隐私合理期待的态度有所偏离，甚至作出许多判决限制公民在公共场所所享有的隐私合理期待，但仍然认为现实的、物理的侵入是判断政府执法人员所实施的行为是否违法的重要因素，甚至是唯一因素。然而，正如美国联邦最高法院在Oliver v. United States 一案[1]所认为的，财产权是判断公民所享有的隐私期待是否合理的因素之一。Jones 一案的并存意见再次抛弃财产侵入理论，转而主张隐私合理期待，为公民在公共场所所享有的隐私权打了一支强心针，将隐私合理期待扩张到远大于公民住所的范围，从而覆盖公民在公共场所所进行的活动。

六、结语

科技给人们的生活带来了方便，但同时，它也带来了无所不在的窥视，使得公民的隐私受到侵害。我们在享受科技成果的时候，不能忽视科技给人们带来的伤害。因此，在科技时代，我们需要保障公民所享有的权利不受科技进步的侵犯。虽然《第四修正案》没有明确规定公民在公共场所内所实施的行为或所说的话也能受到保护，免受政府执法人员无证搜查的侵犯，而且公共场所和私人场所的性质已经难以清楚划分，但是这都不应该成为影响公民隐私权保护的一个借口。

在过去，在没有先进科学技术的时代，因为政府执法人员的执法手段只有现实地、物理地侵入公民的住所或其他场所，所以，美国联邦最高法院在适用《第四修正案》时采用的是财产所有权理论。如

---

[1] 466 U. S. 170 (1984).

果在没有获得搜查令或扣押令的情况下，政府执法人员以侵犯公民所有权的方式对公民的人身、住所、证件和财产实施搜查行为或扣押行为，那么政府执法人员的该种行为就构成《第四修正案》所禁止的搜查行为或扣押行为。

如今，在一个科技日新月异的时代，政府执法人员的执法手段也因为科技发展而变得多种多样，比如电子摄像机、窃听器、航空拍摄、全球定位系统等，不再局限于现实地、物理地侵入公民的住所或其他场所，所以，在适用《第四修正案》时，美国联邦最高法院的态度也有所变化。首先，当公民身处私人场所时，法院首先考虑财产所有权理论。其次，当公民身处公共场所时，虽然美国联邦最高法院为了保护政府利益，没有明确承认"公共场所隐私权"，但是法院可以根据个案情况考虑适用隐私合理期待理论。也就是说，如果在没有获得搜查令或扣押令的情况下，政府执法人员所实施的行为侵犯了公民依据《第四修正案》所享有的隐私合理期待，政府执法人员的该种行为就构成《第四修正案》所禁止的搜查行为或扣押行为。

即便随着科学技术的发展，私人场所和公共场所的划分界限已经越来越模糊，但是我们每个人都生活在各种各样的场所中，所以我们不能完全撇开场所这一具体实际的判断标准，只考虑抽象的公民权利。公民身处不同的场所，他们所享有的隐私权也有所不同。当公民身处私人场所时，他们所享有的隐私权是毫无疑问的。具体来说，当公民身处住所时，他们所享有的隐私权程度是最高的；当公民身处私人场所时，他们也享有隐私权，但是此时公民所享有的隐私权程度比他们在住所内所享有的隐私权程度要低；当公民身处公共场所时，因为公共场所毕竟属于一个向社会公众开放的场所，与私人场所还是有较大差别的，所以，公民对于其在公共场所所实施的行为或所说的话不享有隐私权。因为如果公民自愿在大庭广众之下实施某种行为或发表某种言论，那么根据风险自担原则，即便政府执法人员在没有获得搜查令或扣押令的情况下对公民实施搜查行为或扣押行为，政府执法人员的该种行为也不构成《第四修正案》所规定的搜查行为或扣押行为。但是，在某些例外情况下，公民有可能对于其在公共场所所实施的行为或所说的话享有隐私合理期待，此时，如果政府执法人员要对公民实施搜查行为或扣押行为，那么他们也需要根据《第四修正案》的规定，获得搜查令或扣押令之后才能实施。

社交网络、政府监控与隐私的合理期待

莫努·贝蒂[①]著 凌玲[②]译

目　　次

一、导论
二、第三方当事人理论和公共曝光理论的历史背景
三、马赛克理论及政府执法人员对公民所实施的长期监控行为遭到反对
四、ISP 与第三方当事人理论
五、结语

一、导论

《美国联邦宪法第四修正案》（以下简称（《第四修正案》）与科技之间的关系不是一成不变的，它会随着时间或者事态的发展不停地变换。随着科技发展对社会带来的影响越来越广泛，人们必须适时地完善法律和司法对公民隐私权所提供的保护。如今，政府执法人员经常利用电子监控技术长期密切地监控犯罪嫌疑人的一举一动。对此，尽管社会舆论似乎一致认为，《第四修正案》的法律体系并不严格禁止该种行为，但是，美国联邦最高法院将其作为实施这种监控行为的理论依据。在本文中，笔者将会深入探讨法院是如何在涉及网络，尤其是社交网络的情形中适用马赛克理论的。所谓社交网络，指的是一

[①] 莫努·贝蒂（Monu Bedi），美国德保罗大学法学院助理教授。
[②] 凌玲，中山大学法学院助教。

种可以高效地保护公民的通讯内容的社交方式。如果公民在社交网络之外的情形中与别人进行通讯，那么，根据隐私合理期待这个判断标准，其通讯内容很可能得不到《第四修正案》的保护。

在 United States v. Jones 一案①中，Sotomayor 大法官和 Alito 大法官分别在其并存意见中首次提出马赛克理论。在该案中，政府执法人员利用 GPS 定位技术对被告的车辆实施了为期将近一个月的电子监控行为，并由此获取了大量有关该车行程的信息。在审判该案的过程中，尽管多数大法官认为应当用《第四修正案》的规定来处理该案件（如果是这样，则审判结果将会对被告很不利），但是，根据 Sotomayor 大法官和 Alito 大法官在其并存意见中提出的马赛克理论，公民享有免受政府执法人员所实施的长期监控行为侵扰的权利。

美国的法官要实现这个目标面临着一个重要的理论障碍——公共曝光理论（public disclosure doctrine）。根据该理论，在公共场所，公民对其行为不享有任何隐私合理期待。公民自愿地（或自主地）将自己暴露在公共场所的行为会使其丧失《第四修正案》所提供的保护。通过适用以马赛克理论为基础的分析方法（mosaic-based approach），两位大法官均在其并存意见中主张，在公共场所，即使公民每个单独的举动（或行为）不受法律保护，但是，根据隐私合理期待这个判断标准，由多个这样的单独行为信息组成的信息集合体应当受到《第四修正案》的保护。公民对这种信息集合体所享有的权利不容侵犯。② 在提出这个观点时，两位大法官力求体现社会公众对政府执法人员日益紧密地侵犯（主要指监控）其私人生活这一现象的感受和反应。显而易见，公民不仅很难预料到、也特别难以接受这样一个事实：政府执法人员会收集、记录其在公共场所表现出的大量行为信息并由此获取包括其"政治信仰、宗教信仰、性习惯等"信息在内的私人信息。

首先，有学者针对马赛克理论在实践中（尤其是在政府执法人员对公民实施刑事侦查的情形中）的可适用性提出了质疑。如果美国的法院接受这个理论，那么，政府执法人员对公民所实施的常规监

---

① United States v. Jones, 132 S. Ct. 945, 956 (2012).

② Jones, 132 S. Ct. at 956 (Sotomayor, J., concurring).

控行为很可能受到《第四修正案》的限制。这是因为，即使最简短的监控录像也很有可能曝光公民的私人信息。例如，即使是公民一次极其普通的行程，但如果该公民是去参加政党集会，则该行程会披露公民的政治倾向——这很明显是大多数公民希望可以保持秘密的私人信息。一般来讲，不管政府执法人员所实施的监控行为是否被社会公众认为是合理行为，如果可以的话，每个公民都会拒绝政府执法人员对自己实施监控行为。在一个极少受到关注的偏远地方，如果政府执法人员对公民实施短暂的监控行为，则该行为也有可能对公民构成不合理的侵犯。

其次，更糟糕的是，马赛克理论还严格否定了美国法院对公共曝光理论和第三方当事人理论的适用（在本文中，第三方当事人理论和公共曝光理论统称隐私理论）。[①] 根据第三方当事人理论，一旦公民向别人或者某些组织曝光自己的相关信息，则其对该信息所享有的权利将丧失《第四修正案》所提供的保护。[②] 此外，该理论还规定，在没有获得法院签发的搜查令的情况下，政府执法人员可以派遣卧底到公民之中收集信息或者通过其他秘密方式窃取公民信息。但是，根据以马赛克理论为基础的分析方法，公民可以主张，如果政府执法人员将人们之间的交流信息收集并整合起来，则该行为将会曝光公民的私人信息；因此，在这些情况（尤其是在政府执法人员煞费苦心侦查犯罪嫌疑人的机密信息的情况）下，公民对其信息享有的权利应当受到保护。综上所述，如果美国联邦最高法院承认了马赛克理论，则隐私理论将会受到前所未有的挑战。

再次，美国法院在适用马赛克理论的实践过程中也遭遇了许多障碍。例如，法院应当根据何种标准来判断何种政府执法行为违反《第四修正案》的规定？是为期一个月或两个星期的长期监控行为才构成不合理的执法行为，还是短暂的监控行为也构成非法的执法行为？对此，美国的法院找不到一个具有说服力的原则作为判断政府执

[①] See David Gray & Danielle Keats Citron, A Shattered Looking Glass: the Pitfalls and Potential of the Mosaic Theory of Fourth Amendment Privacy, 14 N.C. J. L. & Tech. 381, 385 (2013).

[②] Lopez v. United States, 373 U.S. 427, 437–438 (1963).

法行为是否合理合法的标准。该理论虽假设公民对其在公共场所的行为所享有的权利值得受到法律的保护，但却没有具体阐释何种政府执法行为才能满足《第四修正案》所规定的"合理依据"和"搜查令"的要求、何种政府执法行为才构成违反《第四修正案》的行为。根据《第四修正案》的"搜查令"要求，在申请搜查令时，政府执法人员必须向法院说明需要搜查的详细地址和需要扣押的特定物品。这是否意味着，犯罪嫌疑人去往的某个地点包含了某些犯罪证据或者该行为人本身可以证明犯罪嫌疑人的确实施了犯罪行为。只要对犯罪嫌疑人去往这个地点的行程实施监控，政府执法人员就可获得上述信息（证据）？但根据马赛克理论，在判定政府执法人员所实施的监控行为是否合理时，法院需要考虑的不是政府执法人员所实施监控的特定地址，而是监控行为持续的时间长度。这种理论将会带来的问题是，在政府执法人员对犯罪嫌疑人实施了长时间的监控行为情形中，犯罪嫌疑人的活动地点有很多个，且在实施监控行为之前，政府执法人员根本不知道自己将要监控的地点有哪些，那么，政府执法人员在申请搜查令时如何向法院解释他们将要搜查的具体地址或者物品？

最后，支持该理论的学者们并没有解释，在涉及网络的案件中，法院应当如何具体适用该理论进行判案；或者更直白地说，学者们并没有说明，在司法实践中，法院应当如何通过适用该理论来保护公民在社交网络通讯中所享有的权利。随着电子监控科技的发展，公民越来越难根据《第四修正案》所提供的保护来保证自己的信息不被外界探知。对此，第三方当事人理论又会对公民的信息安全带来严重的危害——在网络世界中，公民虽然不会自愿将自己的信息披露给别人，但却不得不主动将自己的信息曝光给网络服务提供者（简称ISP）。为了促进网络信息的传递，网络上的所有通讯信息，包括社交网站站点的信息在内，都被ISP储存在不同的网络专有系统里面。如果法院严格适用第三方当事人理论来审判涉及网络信息的案件，则在这些案件中，公民对其网络通讯信息所享有的权利都得不到《第四修正案》的保护。对此，尽管学者们对社交网络通讯仍没有全面、足够深入的了解，但是他们已经提出了多种方式以保护公民对这些网络通讯信息所享有的权利。

根据最近的新闻报道，美国国家安全局（简称NSA）一直利用谷歌、雅虎、脸书等 ISP 提供的电子邮件服务对公民的通讯信息实施监控。根据第三方当事人理论，政府执法人员可以在完全不受《第四修正案》限制的情况下恣意收集公民的网络通讯信息。这对于公民的隐私权而言无异于一场巨大的灾难。对此，以马赛克理论为基础的分析方法可以在理论层面和实践层面上解决这个问题，且该解决方法具备宪法依据。①在针对网络通讯信息的情形中，"集合体大于各部分的拼凑"（the sum is greater than the part）（意指政府执法人员将网络中各个零散的信息集中起来得到的信息量远远大于单个信息的信息量的机械相加）这句话仍然有效，只不过这次针对的是社交网络通讯信息，而不是公民在公共场所所表现出来的举动。为了名正言顺地适用以马赛克理论为基础的分析方法，法院还需要用一些社会规范和价值理念来论证，为何公民对社交网络通讯信息的集合体所享有的隐私权仍值得《第四修正案》的保护，即使这些单个的网络通讯信息都被法院认定为不受法律保护信息。法院之所以必须这么做，这是因为，法院不可能仅仅通过简单地认定社会公众认为政府执法人员收集这些信息的行为是不合理的搜查行为便草率地得出上述结论——这样单薄的论证是没有说服力的。

在 Jones 一案②的并存意见中，Sotomayor 大法官为解决上述问题提供了一个指引。她解释道，长期的 GPS 电子监控行为会使"公民的结社权和言论自由权"受到威胁。因为 Sotomayor 大法官的解释相当简短，所以人们也不清楚她打算通过何种方式将公民的结社权和言论自由权结合在一起。此外，公民"结社权"中的"社"包括两种完全不同的涵义：一是指政治性社团（expressive associations），二是指公民之间建立的亲密关系（intimate associations）。前者涉及的是《美国联邦宪法第一修正案》（以下简称《第一修正案》）所说的公民为了发表政治、经济、宗教、文化层面的观点而与别人结社的权利，而后者涉及的是公民所享有的为与别人分享个人思想、经历、信念而与别人建立隐私、亲密关系的权利。在本文中，笔者姑且将公民所享有的参与政治性社团的权利称为政治结社权（expressive

---

① See United States v. Jones, 132 S. Ct. 945, 956–957 (2012) (Sotomayor, J., concurring).
② Jones, 132 S. Ct. at 956 (Sotomayor, J., concurring).

associational rights），而将公民所享有的与别人建立亲密关系的权利称为亲密关系权。

早在 Jones 一案之前，就已经有人提出将公民所享有的政治结社权并入《第四修正案》的法律体系中的观点。尽管当时的学者在讨论这个观点时并没有重点讨论马赛克理论，但他们也主张法院在判定公民是否享有隐私合理期待时应该在一定程度上参考该理论，尤其是在涉及政府执法人员对公民实施电子监控的情况下。笔者必须指出的一点是，在审判案件的过程中，法院不能直接援用政治结社权，而是应当将该权利作为《第四修正案》的潜在规范之一。这就意味着，在涉及信息拼接的情形中，在判断公民参与政治性社团的行为是否值得受到法律的保护时，法院应当首先评估政府执法人员对公民所实施的监控行为是否侵犯了公民的政治结社权。尽管如此，人们仍无法确定，公民参加政治性社团的权利与马赛克理论的这种结合是否可以在不损害隐私理论的前提下达成。如果公民在参加政治性或者宗教性的社团活动时，政府执法人员对其实施监控行为，那么，不管该监控行为持续的时间有多短，公民都会因为担心自己的行为被监视而无法真正自由自在地参与这项活动，换言之，在这种情况下，不管政府执法人员的监控行为有多短，公民的结社自由权都会遭到侵犯。

在根据《第四修正案》的规定适用隐私合理期待这个判断标准审判案件时，法院作出的判决结果会受到以下两个因素的重要影响：一是法院对公民之间的亲密关系的关注程度，二是这种亲密关系能够获得何种程度（或类型）的保护。因为《第一修正案》和正当程序原则的存在，公民有权与其家庭成员、亲近朋友以及可以相互交心的个人建立亲密关系，这种权利应当受到法律的保护。[1] 或许正是因为这些人际关系总是发生在公民的住宅之内或者人们总是通过电话机进行联系，所以司法在实践中，法院已经适用《第四修正案》对这些人际关系进行保护；也正因为如此，法院没必要再特意强调将这些人际关系列入到《第四修正案》的保护范围之内。[2] 但是，如果法院结合该原则和以马赛克理论为基础的分析方法来审判涉及社交网络通讯

---

[1] Roberts v. U.S. Jaycees, 468 U.S. 609, 617–618 (1984).

[2] See United States v. Karo, 468 U.S. 705, 714 (1984).

的案件，那么，法院的确可以高效地保护公民对其社交网络通讯所享有的权利。

社交网络的出现彻底颠覆了人类交流的方式。网络的作用也不再限于帮助人们快速传输文件和信息，而是拓展到为人们发展和维持人际关系提供更广阔的空间和更简便的联系方式。在本文中，笔者会以 Facebook 为例向大家讲解，人们在使用这些社交网络平台时，作为第三方的 ISP 是如何储存人们的通讯内容的。Facebook 允许其用户在其提供的网络平台上传递信息和邮件、更新相关内容、开展视频会议等活动。Facebook 以及其他 ISP 不断地开发出这些可以产生大量的社会联系的网络平台给人们使用。心理学家和学者们都认为这些网络平台所创造的社会联系和人们面对面建立起的人际联系在本质上没有区别。[1] 在传统的人际关系中，人们享有自治权等权利，同样地，在网络的人际关系中，人们也享有这些权利。事实上，对于许多年轻的网络用户而言，网络上的人际交流几乎已经取代了传统的面对面交谈。

人们在探讨马赛克理论时应当以公民之间的亲密关系为核心内容。尽管第三方当事人理论的适用导致公民对其社交网络通讯享有的权利无法受到法律的保护，但是，在公民的社交网络通讯内容被政府执法人员或者别人收集、整合成信息集合体的情况下，这些通讯内容便不仅仅是一大堆零散信息的机械相加，而是一个可以完整地呈现一段亲密关系的信息有机集合体。在审判涉及公民面对面交谈的案件时，如果法院注重保护公民对其谈话内容享有的免受政府执法行为侵扰的权利，那么，在涉及网络人际关系和人际交流的案件中，法院也应当适用《第四修正案》来保护公民对这些网络人际关系所享有的权利。这意味着，因为社交网络通讯本身就是公民之间的亲密关系的一部分，所以公民对其社交网络通讯内容享有的权利也符合隐私合理期待这个判断标准并获得《第四修正案》的保护。

如果法院仅仅在极有限的案件中适用马赛克理论来审理案件，则法院仍然可以保留对隐私理论的适用，不至于为了适用马赛克理论而完全抛弃隐私理论。换言之，法院可以仅仅在涉及社交网络通讯的案

---

[1] John A. Bargh & Katelyn Y. A. McKenna, The Internet and Social Life, 55 Ann. Rev. Psychol. 573, 586-587 (2004).

件中用马赛克理论替代隐私理论,这样一来,法院既可以保护公民在社交网络通讯中所享有的隐私权利,又可以在涉及其他情形的案件中继续适用隐私理论。因此,在不涉及社交网络通讯的情形中,政府执法人员仍然可以在没有法院签发搜查令的情况下派遣卧底到犯罪嫌疑人身边收集刑事证据。这种结论似乎很容易让人感到困惑,因为犯罪嫌疑人与卧底之间面对面的谈话内容同样可以体现公民之间的亲密关系,尤其是在卧底煞费苦心地与犯罪嫌疑人建立起十分亲近的亲密关系的情形之中。实际上,在这种情况下,法院适用马赛克理论进行分析的做法并不理智。因为在这种情况下,政府执法人员的卧底作为一段亲密关系中真实存在的个体直接从犯罪嫌疑人处得到了相关信息和证据,而在涉及社交网络通讯的情形中,政府执法人员是通过 ISP 间接地获取信息的——这两者之间存在本质上的区别,不可混为一谈。如此一来,法院既不会妨碍公共曝光理论的适用,也不会限制政府执法人员对公民在公共场所的行为实施监控行为。因为即使政府执法人员拥有对公共场所内的公民实施监控的权力,这也不会侵害公民与别人发展和建立亲密关系的能力,因此,政府执法人员可以在没有搜查令的情况下对公民实施监控行为。

相对涉及社交网络通讯的案件,法院在涉及政府执法人员利用 GPS 技术监控公民的案件中适用马赛克理论所面临的困难要少一些。在涉及社交网络通讯的情况下,为了满足《第四修正案》所规定的"合理依据"和"搜查令"这两个要求,政府执法人员必须详细说明其搜查的犯罪信息的属性、其实施搜查行为的公民的身份,以及为其传达信息的人的身份,这与其在申请搜查实体空间时需要满足的要求是一样的。如果遵循这样的做法,那么,在判案时,法院将会在一个狭隘的范围内适用马赛克理论来保护公民在网络上发展人际关系的能力和权利,且无须改变《第四修正案》的基本理论和传统保护范围。最重要的是,这样既不会对政府执法人员侦查犯罪的能力产生过多的不良影响,也不会对其依据隐私理论获得的便利产生过多的不良影响。

本文分为三部分。在第一部分,一方面,笔者会详细介绍隐私理论的历史以及法院在早先的科技发展之下一直适用这些理论来分析案件的原因。另一方面,笔者还会对最近美国国家安全局收集威瑞森无线通讯公司的电话数据一事进行探讨。在第二部分，笔者会重点讨论法院在 United States v. Jones 一案[1]中提出的马赛克理论。通过该理论，人们可以发现，每个理论的发展都会遇到概念、理论以及实践上的阻碍。在第三部分，笔者将会探讨在涉及社交网络通讯的情形中，法院如何通过马赛克理论高效地为公民权利提供《第四修正案》的保护，尽管如今人们还未享有这些保护。该部分会重点讲述美国国家安全局如何通过 Facebook 及其他实体、个人对公民的通讯内容实施监控行为，以及该行为带来的各方面影响。此外，在该部分中，笔者将主张，社交网络通讯内容的有机集合体是公民之间的亲密关系的基本组成部分，公民对其所享有的权利应当受到《第四修正案》的保护。此外，为了促使法院可以在不改变《第四修正案》现有体系的前提下保护公民所享有的上述权利，笔者还将提出具体的建议。

二、第三方当事人理论和公共曝光理论的历史背景

（一）理论渊源：Katz 一案[2]以及隐私合理期待

在很早之前，在有关《第四修正案》的判例中，美国的法院便承认了隐私理论（即第三方当事人理论和公共曝光理论）。这主要是因为，在美国的历史上，《第四修正案》仅仅保护公民在其私人住宅内享有免受政府执法人员所实施的实际非法入侵行为侵犯的权利。[3]只有在政府执法人员对公民住宅实施侵犯行为的情况下，政府执法人员的行为才受到《第四修正案》所规定的合理依据和搜查令的要求的限制。在 1928 年的 Olmstead v. United States 一案[4]中，美国联邦最高法院对隐私权这个概念作出了原则性的表述。在该案中，政府执法人员在没有获得搜查令的情况下拔出 Olmstead 的电话机连接的电话线（不属于 Olmstead 所有）并对其进行技术处理，由此窃听了 Olmstead 与别人的通话内容。在审判过程中，美国联邦最高法院认

---

[1] See United States v. Jones, 132 S. Ct. 945, 956-957 (2012).
[2] Katz v. United States, 389 U. S. 347, 361 (1967).
[3] Olmstead v. United States, 277 U. S. 438, 466 (1928).
[4] 277 U. S. 438.

定，因为政府执法人员并没有对属于 Olmstead 所有的土地实施非法入侵行为，所以，其行为不违反《第四修正案》的规定。

该判决使得以后的法院在判决相关案件时都侧重分析公民是否向政府卧底（第三方）或者在公共场所曝光自己的信息。例如，在 Lopez v. United States 一案①中，政府执法人员不仅派遣卧底记录和收集由犯罪嫌疑人提供的刑事证据，而且还在随后的刑事诉讼中用以指证该犯罪嫌疑人有罪。在该案中，美国联邦最高法院认定，政府执法人员的行为不存在任何违反宪法的因素。只要政府执法人员的卧底在获取证据的过程中没有对被告的土地实施非法入侵行为，则其行为不违反《第四修正案》的规定。换言之，在这种情况下，被告是否由于"错误地信任了其正在交往的人才自愿地向对方披露信息"这一事实并不会对法院的判决产生任何影响。因为法院认为，这种"错误的信任"并不会改变被告人将其信息曝光给卧底是出于"自愿"这一事实，所以，政府执法人员可以在没有获得法院签发的搜查令的情况下获取这些信息并在庭审中用以指证被告有罪。这一原则后来被称为第三方当事人理论。②

同样地，只要政府执法人员的行为不对公民住宅构成现实的非法入侵，则其可以在没有获取搜查令的情况下对公民在公共场所的行为实施任意的监控行为，且该行为不受《第四修正案》的规制。在 Hester v. United States 一案③中，美国联邦最高法院认定，政府执法人员可以在距离 Hester 的住宅较远的地方监控 Hester 的一举一动。因为政府执法人员所处的地方并不是 Hester 的住宅，而是一处公共场所——任何人在公共场所都可以随意观看事物。因此在该案中，Hester 对其行为并不享有受到《第四修正案》保护的权利。法院在该案中发表的观点就是著名的公共曝光理论。④

但是，Katz 一案⑤使得美国联邦最高法院对《第四修正案》为公民权利所提供的保护的认识发生了翻天覆地的变化。自该案起，公民

---

① 5373 U. S. 427 (1963).
② See United States v. White, 401 U. S. 745, 749 (1971).
③ 265 U. S. 57, 59 (1924).
④ See, e. g., Katz v. United States, 389 U. S. 347, 361 (1967).
⑤ 389 U. S. 347. 361 (1967).

隐私权不再受到非法入侵理论的限制，换言之，即使政府执法人员所实施的行为没有对公民的住宅构成非法入侵，其行为仍然可能侵犯公民的隐私权，在这种情况下，公民隐私权仍有可能得到《第四修正案》的保护。在该案中，美国联邦最高法院认定，在具体的情形中，决定公民是否享有受到《第四修正案》保护的隐私权的关键不在于政府执法人员的行为是否对公民住宅构成非法入侵，而是公民是否享有隐私合理期待。换言之，即使政府执法人员的行为不对公民住宅构成非法入侵，公民只要享有隐私合理期待，其权利便可以得到《第四修正案》的保护。对此，美国联邦最高法院发表了一句著名的论断："《第四修正案》保护的是人而不是地点。"

在 Katz 一案中，政府执法人员在既没有向法院申请搜查令也没有通知被告的情况下，在被告与别人进行通话的公共电话亭外面安装了窃听器，并窃听了被告与别人通过电话参与非法赌博的通话内容。对此，美国联邦最高法院认定，尽管政府执法人员没有将窃听器安装在被告的住宅之内，但其窃听行为仍然侵犯了被告的隐私权，违反了《第四修正案》的规定。Harlan 大法官在其并存意见中明确阐释了如今广为人知的两步分析法（即隐私合理期待这个分为两部分的判断标准）。根据其观点，判断公民享有《第四修正案》所保护的隐私权的标准在于：一是公民必须表现出其主观上持有隐私期待，二是该公民的主观隐私期待在客观上具备合理性。

在该案中，美国联邦最高法院认定被告的隐私权同时满足了上述两个要求。因为被告在走进电话亭之后，有目的地、警觉地关闭了电话亭的门，随后才投币拨打电话。据此，美国联邦最高法院认定，被告的这些行为表明其在主观上持有隐私期待且其隐私期待是合理的。因此，政府执法人员在窃听其通话内容之前应当向法院申请搜查令。

因为在上述的两个要求中，第一个要求（即主观隐私期待）是很容易满足的，所以，判断公民是否享有隐私合理期待的关键在于第二个要求，即公民的主观隐私期待需具备客观上的合理性。但是，迄今为止，"隐私合理期待"这个概念仍然是模糊不清的，没有人能够明确地对其下一个清晰的定义。相比之下，公民的主观隐私期待具备合理性的基本前提似乎十分简洁明了，即只要社会公众认为该主观隐私期待是合理的，则其主观隐私期待便具备合理性。可惜的是，该观点一出，学者们又遇到了一个新难题，即到底怎么确定社会公众的想法？社会公众会认为哪些主观隐私期待具备合理性？法院又应如何分析社会公众的想法？

迄今为止，美国联邦最高法院从来不会仅仅适用一个单一的判断标准来评估公民的主观隐私期待是否具备客观上的合理性。Orin Kerr 教授曾经尝试将美国联邦最高法院在过去评估隐私合理期待时所适用的种种判断标准和方法进行综合的总结和提炼。他认为，自 Katz 一案[1]以来，美国联邦最高法院在评估隐私合理期待时主要适用了四种方法。在每个具体的案件中，美国联邦最高法院总是会适用这四种方法中的一种或者多种来评估公民的隐私合理期待是否具备合理性。第一种方法重点评估一个有理性的公民是否认为涉案的信息值得保护，即根据一般的社会习惯或者期待，一个有理性的公民是否会期待这些信息仍然具备私密性？第二种方法侧重评估涉案的信息类型是否具备人们应当对其提供保护的价值，即这些信息是否具备某些值得保护的特殊属性？第三种方法则注重分析政府执法人员所实施的行为是否违反了某些已经确立的合法规范或侵犯了公民的合法权利，即政府执法人员在获取信息的过程中是否违反了某些法律或政策？第四种方法关注的则是国家是否可以通过制定公共政策的方法来承认政府执法行为的合法性以及这样做将会带来的社会后果。

尽管 Katz 一案的判决观点没有扭转隐私理论在司法实践中的普遍适用性，但其确在美国联邦最高法院如何定义"合理隐私"这一问题上产生了重要的影响。[2] 根据上述的分类，在涉及公民在公共场所曝光其信息的案件中，在评估公民的隐私期待是否合理时，美国联邦最高法院似乎更倾向于适用第二个方法，即注重分析涉案的通讯内容的属性。[3] 简而言之，根据美国联邦最高法院的判决，公民自愿地将自己的信息披露给别人的行为足以使其丧失隐私权保护。

对于某些被告认为其曝光行为不会导致其信息丧失私密性的主观

---

[1] Katz v. United States, 389 U. S. 347, 361 (1967).
[2] United States v. Miller, 425 U. S. 435, 442 (1976).
[3] See United States v. Sparks, 750 F. Supp. 2d 384, 392 (D. Mass. 2010).

观点，美国联邦最高法院①总结道："《第四修正案》既不禁止政府执法人员获取公民披露给第三方当事人的信息，也不禁止获取信息的第三方当事人将信息透漏给政府执法人员。即使公民之所以会将信息披露给第三方当事人，是因为其以为第三方当事人只会将这些信息用在个人用途或者以为第三方当事人不会背叛自己，这个结论也不会有所改变。在判断公民的隐私期待是否合理时，法院重视公民通讯内容的属性的态度也解释了为何有些学者将隐私理论称为主动放弃原则或者同意原则（waiver or consent principles）。② 据此，公民应当明白，一旦自己向别人曝光了自己的信息或者在公共场所恣意地曝光自己的行为，那么，自己相当于自动放弃了《第四修正案》所提供的保护。公民自以为自己的信息或行为仍具备隐私性的主观想法并不会对这个结果产生任何影响。"

（二）隐私理论在早期科技发展时代的适用

在 Katz 一案之前，在涉及政府执法人员利用早期的科技设备对公民实施监控行为的案件中，法院仍然适用隐私理论对案件进行分析。在 United States v. Knotts 一案③中，政府执法人员利用以无线传呼机为基础的技术设备对 Knotts 实施了长期的监控行为。在该案中，美国联邦最高法院原本有一个绝好的机会可以对盲目适用公共曝光理论产生的不良后果展开深入的探讨，可惜它并没有这么做。在该案中，政府执法人员通过合法手段在 Knotts 购买的化学药品容器内部安装了一个无线寻呼机。政府执法人员怀疑 Knotts 购买这些化学药品是为了制毒。安装在容器内部的无线寻呼机发射的信号使得政府执法人员可以追踪这些容器在整个下午经过的路径。在最开始没有向法院申请搜查令的情况下，政府执法人员便追踪了这些容器的路径，直至它们被运送到目的地——Knotts 的一栋小房子。随后，政府执法人员指控 Knotts 犯有非法制毒罪并合法地搜查了这栋小房子、逮捕了 Knotts。

---

① Miller, 425 U. S. at 443.
② See Orin S. Kerr, The Mosaic Theory of the Fourth Amendment, 111 I cH. L. Rev. 311, 346 (2012).
③ 460 U. S. 276 (1983).

Knotts 提出的抗辩认为，根据《第四修正案》的规定，政府执法人员在没有获取搜查令的情况下在其容器内安装无线寻呼机并对其实施持续监控的行为侵犯其隐私合理期待。美国联邦最高法院将政府执法人员使用无线寻呼机的行为类推为政府执法人员对公民汽车所实施的传统视觉监控行为，并最终驳回了 Knotts 的主张。对此，美国联邦最高法院解释道："在该案中，政府执法人员利用无线寻呼机对被告所实施的监控行为相当于政府执法人员在公共道路或者高速公路上跟踪一辆公民汽车的行为。"据此，美国联邦最高法院在该案中重复了公共曝光理论并认定公民对其在公共场所的行为不享有《第四修正案》所保护的隐私权。美国联邦最高法院还解释道："在公共道路上驾驶汽车出行的公民对其行为（或行程）不享有隐私合理期待。当被告出现在公共街道上时，他相当于主动地告诉所有人，他正在哪条道路上行驶以及其行驶的方向。"

　　根据上述判断公民是否享有隐私合理期待的四种方法，显而易见的是，美国联邦最高法院在作出判决结果时很明显依赖第二种方法，即涉案信息的属性。因为公民汽车的行程在公共道路上是任何人都可以看见的，所以，这些行程都不值得法律为其提供保护。这跟政府执法人员是否使用了无线寻呼机系统毫无关系，即使政府执法人员不使用这些科技系统就无法跟踪汽车直到其到达最终目的地，其跟踪行为也不会违反宪法。美国联邦最高法院指出，这些科技发展只是通过为政府执法人员监控公民在公共道路上的行为提供更加高效的方法拓宽了政府执法人员的传统监控行为，并不会对政府执法人员所实施的行为产生性质上的影响。但是，美国联邦最高法院又特意声明，如果政府执法人员所实施的监控行为持续了一整天或者更久的时间，那么，其行为有可能会被认定为违宪行为。

　　依据上述第二种方法，美国联邦最高法院将 Knotts 一案[①]与 Karo 一案[②]作出了区分。在 Karo 一案中，政府执法人员通过无线寻呼机系统对一个容器实施了监控行为。两个案件的关键区别在于涉案信息（即被曝光的信息）的属性有所不同。与 Knotts 一案不同的是，在

[①] 460 U. S. 276 (1983).

[②] 468 U. S. 705 (1984).

Karo 一案中，政府执法人员在涉案容器处于 Karo 的住宅之内时便对 Karo 实施了监控行为，而不是在该容器被带到公共道路上时才对 Karo 实施监控行为。因为除非政府执法人员闯入 Karo 的住宅查看信息，否则，他们在获取信息之前都无法对将要获取的信息进行区分和分类，因此，美国联邦最高法院认定，在该案中，Karo 对其信息享有隐私合理期待，政府执法人员在实施其监控行为之前应当获取搜查令。

在 Smith v. Maryland 一案[①]中，美国联邦最高法院对以下这个问题进行了深入的分析：在政府执法人员在获得搜查令之前便对公民安装自动监控系统的情况下，法院是如何适用第三方当事人理论的，又或者说，法院能否在这些情况下适用第三方当事人理论。在该案中，政府执法人员要求电话公司在其电话总局安装笔式录音器以记录从被告家中拨出的电话号码，实际上该要求也得到了电话公司的同意。笔式录音器是一种可以通过监控电话机的电脉冲来记录电话机拨出的电话号码的机械设备，它不会记录公民的通话内容。在这种情况下，政府执法人员通过该笔式录音器记录的信息查明，被告曾经给被害人打过电话（是被害人家中的电话）。政府执法人员凭借这些信息向法院申请到搜查令并搜查了被告的住宅。被告因此被指控抢劫了被害人。

被告在庭审中辩称，政府执法人员在没有申请搜查令的情况下使用笔式录音器监控其拨出的电话号码并探知其曾经给被害人拨打电话的行为侵犯了《第四修正案》赋予他的权利。美国联邦最高法院驳回他的观点并认定，被告对其在电话机上拨出的电话号码不享有隐私合理期待。正如在 Knotts 一案中，美国联邦最高法院似乎也适用了判断公民是否享有隐私合理期待的第二种方法，即通过重点分析涉案信息的属性来判断被告是否享有隐私合理期待。美国联邦最高法院解释道："当使用他的电话机时，被告就已经自愿地将他拨出的电话号码告知了电话公司并将这些信息披露给电话公司在普通的电话业务中使用的装备。"类似这种自愿地将自己拨出的电话号码信息披露给别人的行为不仅使得公民丧失其隐私合理期待以及隐私权保护，而且也使得政府执法人员可以在不违反《第四修正案》的规定的情况下获取

---

① 442 U.S. 735 (1979).

这些信息。在被告向别人披露其信息的相似情形中，被告应当自己承担电话公司向政府执法人员曝光其电话信息的风险。通过肯定第三方当事人理论在这些情形中的适用，美国联邦最高法院清晰明确地表达了这样一种观点："在公民将自己的信息传达给外界的情形中，不管公民是将自己的信息传达给机械设备还是传达给别人，这都不会改变法院适用第三方当事人理论得出公民对这些信息不享有隐私合理期待的结论。"对此，美国联邦最高法院解释道："自动对电话号码进行处理的开关设备只是以前人工处理电话号码以及人工接线的一种替代方式，并不会对公民拨出的电话号码等信息的性质产生影响。如果公民通过电话接线员打出一个电话，那么，他就丧失了对该电话主张隐私合理期待的权利。我们并不打算认定，在公民拨打电话的这个过程中，电话公司把电话接线员换成机械设备的做法会改变上述结论，因为不管是人工接线还是机械设备接线，这都是由电话公司决定的，无论怎么样，电话公司都可以获取公民拨出的电话号码等信息。换言之，不管怎么样，只要公民拨打电话，他们都会将相关信息披露给电话公司。"

该结论与美国联邦最高法院在 Knotts 一案中得出的判决结果类似。在 Knotts 一案中，美国联邦最高法院同样认定，科技的发展不会改变其对公民曝光其信息这一行为的分析和结论。科技的发展只是为人们收集信息提供了更加方便快捷的方式而已。

对此，Marshall 大法官在 United States v. Jones 一案[①]的并存意见中提出了异议——这十分值得一提。在该案中，美国联邦最高法院的大法官们深入探讨了这样一个问题：在实践中，科技全面发展对公民日常生活和隐私理论在隐私案件中的可适用性产生了何种影响。Marshall 大法官带着疑问探讨了这样一个问题：大多数人是如何将现在的信息曝光情况类推为被告将信息披露给别人的传统情形的？在后者中，"被告大致可以判断哪些人对其机密通讯内容感兴趣"。对此，Marshall 大法官认为，这种看法实际上隐含着风险自担理论的观点，即公民在向别人披露信息时应当自己承担其信息可能被政府执法人员获取的风险。他提出了一个质疑：在打电话已经成为公民日常生活中

---

① See United States v. Jones, 132 S. Ct. 945, 956 – 957 (2012).

必不可少的一种需求时,在公民向电话公司披露其电话号码信息的情况下,认为公民在这种情况下应当自担风险的观点是否具备现实性?

接着,Marshall 大法官解释道,政府执法人员在没有搜查令的情况下监控并收集公民拨出的电话号码信息的行为还侵犯了《第一修正案》赋予公民的权利。他举例道:"新闻记者以及政治组织都十分不愿意让电话公司向政府执法人员曝光他们与别人的私人联系。政治家享有坚持其政治立场以及新闻记者享有自由地记录和报道新闻的权利正是一个民主自由的社会的典型特征,但法院允许政府执法人员在没有合理依据的情况下获取他们的电话记录的做法却可能会阻碍政治家和新闻记者在现实生活中行使自己的权利。"

(三) 美国国家安全局收集威瑞森无线通讯公司数据所引发的讨论

最近,美国的联邦法院讨论得比较激烈的案件是 Smith v. Maryland 一案。[①] 该案中,在去年夏天,美国国家安全局监控并曝光了美国民众的电话记录。最初被曝光的数据表明,美国国家安全局监控了成千上万的威瑞森无线通讯公司用户的元数据,这些数据包括用户拨出的电话号码以及这些电话持续的具体时间长度。目前没有证据可以证明美国国家安全局还监控了这些电话的其他内容。美国最初在 1978 年颁布了《外国情报监控法》(以下简称 FISA),[②] 授予政府执法人员出于国家安全原因收集这些类型的公民数据的权力。该法还创立了一个特别法院专门审查政府执法人员请求获取这些信息的申请。[③] 在没有根据合理依据获取搜查令的情况下,政府执法人员是否有权向上述特别法院提出获取公民信息的申请? 政府执法人员所申请的执法行为是否仍应满足《第四修正案》所规定的"合理性"标准? 对此,美国法学界争论不休,至今没有得出一个定论。

就目前的状况而言,根据 FISA 创立的特别法院的授权,政府执

[①] Glenn Greenwald, NSA Collecting Phone Records of Millions of Verizon Customers Daily, Guardian, June 5, 2013, http://www.theguardian.com/world/2013/jun/06/nsa-phone-records-verizon-court-order, archived at http://perma.cc/BC3D-2M5N.

[②] See 50 U.S.C. §§ 1801–62 (2012).

[③] See 50 U.S.C. §§ 1803, 1805.

法人员可以收集威瑞森公司用户的元数据信息,包括国内的通话信息以及国际通话信息。这激发了美国国内的民众和学者们的强烈反对,因为他们认为政府执法人员的这种权力应当受到宪法的审查。例如,政府执法人员获得授权的程序是否满足《第四修正案》规定的"合理性"标准?这首先就要求政府执法人员在作出上述申请时必须受到《第四修正案》的规制——这种申请不是一个特别法院可以无视宪法规定而单方面通过的。

然而,美国的联邦法院并不同意上述看法。例如,针对美国公民自由协会(以下简称 ACLU)提起的一个诉讼,FISA 创立的特别法院和纽约的一个联邦法院就作出了相应的回应。根据其回应,公民的电话信息不受《第四修正案》的保护,因此,美国国家安全局有权在没有法院签发的搜查令的情况下收集这些信息。通过援引 Smith v. Maryland 一案①的判决,美国的联邦法院都在其判决中清楚地指出,既然威瑞森公司的电话用户在拨打日常电话和商务电话时自愿地将其电话信息披露给威瑞森公司,那么,他们就应当自己承担威瑞森公司将其电话信息曝光给政府执法人员的风险。② 在参考 United States v. Jones 一案③的判决之后,FISA 创立的特别法院同样指出:"在通讯科技发达的 21 世纪,总有一天,美国联邦最高法院要重新适用第三方当事人理论,但这一天还没到来。"

华盛顿的地方法院持有与上述判决不同的结论,它初步禁止了美国国家安全局收集公民的电话信息的行为。④ 有趣的是,该法院认定,尽管威瑞森公司的电话用户在日常电话和商务电话中自愿向威瑞森公司披露其电话信息,但是,如果政府执法人员多年以来一直在窃取、收集电话用户的电话信息,那么,这种行为与 Smith v. Maryland 一案中政府执法人员仅在一次小范围的侦察行为中收集有限的用户电话数据的行为是有所区别的。在判断公民的哪些电话数据能够受到宪法上的保护时,华盛顿的地方法院似乎更倾向于将 Jones 一案和马赛

---

① 442 U. S. 735 (1979).
② Application of the FBI for an Order Requiring Prod. of Tangible Things from [Redacted], BR 13 – 109, 2013 U. S. Dist. LEXIS 134786, at *7 – 9.
③ United States v. Jones, 132 S. Ct. 945, 956 – 957 (2012).
④ See Klayman v. Obama, 957 F. Supp. 2d 1, 9 – 10 (D. D. C. 2013).

克理论作为理论依据。换言之，华盛顿的地方法院更倾向于保护公民对其电话数据所享有的权利。

三、马赛克理论及政府执法人员对公民所实施的长期监控行为遭到反对

（一）United States v. Jones 一案

在 United States v. Maynard 一案①中，华盛顿的巡回法院首次明确提出马赛克理论的大致定义。在该案中，政府执法人员利用 GPS 设备对涉嫌与其同伙走私药物的被告进行监控。政府执法人员在没有获取法院签发的搜查令的情况下，于一个公共停车场中在被告的汽车上安装了一个 GPS 设备。这个 GPS 设备每隔几分钟便会向政府执法人员的电脑设备发射能够对被告的汽车进行定位的信号。据此，政府执法人员连续 28 天密切监控了被告的行程并获取了 2 000 页的数据信息。这些信息使得政府执法人员可以一直追踪被告及其同伙的行踪并最终帮助政府执法人员指控被告非法走私药品。

在该案中，被告提起上诉并辩称，根据《第四修正案》，政府执法人员在没有搜查令的情况下在自己的汽车安装 GPS 设备并连续一个多月追踪其行程的行为侵犯了其所享有的隐私合理期待。华盛顿的巡回法院支持了他的诉求。在上诉的过程中，华盛顿的巡回法院解释其为何没有在该案中适用 Knotts 一案②的判决。在 Knotts 一案中，政府执法人员只是使用无线寻呼机设备对被告持续几个小时的行程实施了监控行为，但是在 Maynard 一案③中，政府执法人员对被告实施的监控行为却持续了将近一个月的时间。对此，华盛顿的巡回法院指出，Knotts 一案的判决遗留了一个问题：政府执法人员所实施的长时间的监控行为是否侵犯了《第四修正案》赋予公民的隐私权？如果是，那么，多长的监控行为才达到侵犯公民隐私权的程度？对此，华

---

① 615 F. 3d 544（D. C. Cir. 2010），Aff'd in Part Sub Nom. United States v. Jones, 132 S. Ct. 945 (2012).
② 460 U. S. 276 (1983).
③ 442 U. S. 735 (1979).

盛顿的巡回法院集中分析了公共曝光理论以及该理论在 Knotts 一案中的适用情况。最终，该法院解释道，在 Jones 一案①中，即使公民在公共场所的一般行为不受法律保护。但是，Jones 在持续一个月之内的所有行程并没有完全曝光在公共视野之内：首先，与公民在某个单个旅程中的行程不一样，公民在整整一个月之内的行程实际上不会曝光在公共视野之内，因为不可能每个人都可以看到别人在一个月之内的所有行程。其次，即使公民的每个行为或行程都曝光在公共视野之内，但是公民的所有行程和行为是不会全部曝光的。因为公民的全部行为信息集中在一起可以披露更多有关该公民的信息，有时候这个信息量大得惊人，远远超过各个单一的行为信息的机械相加。

过去，在判断公民是否享有隐私合理期待时，法院都适用第二种方法，即以涉案信息的属性作为判断标准的方法，审理 Maynard 一案的华盛顿巡回法院似乎是第一个放弃该方法而适用第一个方法（根据人们认为涉案信息是否属于隐私信息作为判断标准的方法）的法院。在阐释"将自己'曝光'在公共视野之内"的含义时，该法院解释道，其意思并不是指政府执法人员可以"自然而合法地对公民实施恣意的长期监控行为，只有在一个有理性的人预料到别人有可能观察到自己的行为的情况下，政府执法人员才可以合法地监控公民的这些行为。但实际上，一个有理性的人不太可能预料到，居然会有人长期密切地关注甚至监视自己的一举一动"。因为，人们几乎不可能在长时间内密切关注一个陌生人。正因为现实情况如此，所以，在政府执法人员对公民实施长时间的监控行为的情况下，公民享有隐私合理期待。

除此之外，华盛顿巡回法院在 Maynard 一案的分析中还提出了适用马赛克理论的基本前提。该法院认为，即使因为公民将自己曝光在公共视野之内，所以公民对其自身以及很多相互之间不连贯的行为信息所享有的权利丧失了《第四修正案》的保护，但是，公民那些不连贯的行为信息的有机集合体却很有可能值得受到法律的保护。对此，该法院还举了一个实例：如果政府执法人员对一名妇女出入妇科医院的单程实施监控，那么，他们只能得到有关该名妇女的少量信

---

① United States v. Jones, 132 S. Ct. 945, 956–957 (2012).

息。但是，如果政府执法人员对同一名妇女在一周之内出入婴儿用品商店的行程实时监控，那么，他们能获取的信息量十分大。在前一种情况之下，政府执法人员仅仅能知道该名妇女去过妇科医院，而在后一种情况之下，政府执法人员可以推测该名妇女是一名孕妇或者她家中有小孩甚至更多的信息。该法院举这个例子的关键在于，说明了如果政府执法人员"孤立地观察公民的某个单一行为"，那么，他们不能获取过多公民的私人信息，但如果他们收集该公民无数的行为信息，他们就可以得到有关该公民的许多重要私人信息。对此，该法院认为政府执法人员对公民实施的持续监控行为可以曝光大量有关该公民的生活细节，当这种行为曝光的公民信息达到一定程度时，该行为就不属于《第四修正案》所允许的监控行为。

华盛顿巡回法院明确表示，它的观点既不禁止政府执法人员对公民或者汽车实施视觉监控，也不会对这种监控行为产生影响。它指出，政府执法人员所实施的长期监控行为以及它在 Maynard 一案[1]利用 GPS 设备实施的监控行为所花费的时间和资源对其行为的定性是十分重要的，对于普通民众而言，他们在现实生活中不可能具备这样的人力物力。此外，在 Maynard 一案中，政府执法人员所使用的 GPS 设备的独特性更是凸显了法院的分析是正确的。

从本质上讲，与 Knotts 一案[2]中只能简单地辅助政府执法人员实施视觉监控行为的无线寻呼机不同，与之相比，Maynard 一案中的 GPS 设备功能要强大很多——它可以使政府执法人员悄悄地闯入公民的日常生活以及被社会公众认为属于私人领域的范围之内。

在 United States v. Jones 一案[3]中，美国联邦最高法院肯定了华盛顿巡回法院的观点。但是，美国联邦最高法院认定，当政府执法人员在被告的汽车上安装 GPS 设备时，其行为属于违反宪法的非法入侵行为，因此，其行为明显侵犯了《第四修正案》赋予公民的权利。换言之，美国联邦最高法院并没有对长期监控行为是否违宪这个问题作出解答。由于美国联邦最高法院用政府执法人员最初实施的违宪行

---

[1] 442 U. S. 735 (1979).
[2] 460 U. S. 276 (1983).
[3] United States v. Jones, 132 S. Ct. 945, 956–957 (2012).

为来否定其后来实施的监控行为,所以,大多数大法官都没有解决长期监控行为是否违宪以及公共曝光理论是否仍然有效这两个问题。尽管如此,Sotomayor 大法官和 Alito 大法官在本案中分别提出的并存意见仍然引起了人们对不同类型的监控行为的定性是否一致这一问题的关注。

根据华盛顿巡回法院的观点的指引,Sotomayor 大法官认定,政府执法人员使用 GPS 设备所实施的监控行为侵犯了公民的隐私合理期待。此外,她还依据第一种方法重点分析了社会公众的一般隐私期待,她说:"我很怀疑,普通的公民是否会预料到政府执法人员可以恣意地记录并整合其大量的行为信息并由此得知其政治立场、宗教信仰、性习惯等信息。"她还指出,这种以先进科技为基础的监控行为会损害"公民的结社权和表达自由权",并从根本上"以一种危害民主社会的方式转变公民与政府之间的关系"。但是她没有对这个观点展开详细的解说,因此我们不能确定,她对于上述监控行为的最终观点(定论)是什么。或许,她对公民所享有的政治结社权的关注表明她建议法院适用第三种方法以及政治结社权所具备的价值来保护公民免受这种监控行为的侵犯。在第三部分中,笔者将会对这些理论展开更加详细的解释。

Sotomayor 大法官在其分析意见的最后建议,法院应当提炼一个更加基本的、更有说服力的主要观点来解决问题。她质疑道,如果公民自愿地将自己曝光在公共视野之内的行为会使其完全丧失法律的保护,那么,在当今的电子科技时代,第三方当事人理论是否还有被适用的可能性?保密是否构成公民享有隐私权的前提条件?

在过去,人们都认为,在公民自愿将自己的信息披露给第三方的情况下,公民对其信息不再享有隐私合理期待。如今,人们应当重新评价这个观点。在当今的电子信息时代,为了执行日常的工作任务或者实现某个目的,人们不得不将自己的信息披露给多个第三人,在这种现实情况下,上述观点存在很多缺陷,即公民在拨打电话时不得不向电话公司披露其电话信息,公民浏览网站和使用电子邮箱时不得不向 ISP 披露其网络链接和邮箱地址,等等。在这些情况下,不是公民自愿将信息披露出去,而是公民不得不这么做。

Sotomayor 大法官所列举的例子在现实生活中十分具有代表性。

但是，当这些曝光行为变成了公民日常生活的常态时，人们要求法院抛弃第三方当事人理论的观点会极大地削弱政府执法利益。

除了 Sotomayor 大法官，Alito 大法官也在 Jones 一案①中提出了并存意见，在其意见中，他也表达了自己对政府执法人员使用 GPS 科技对公民实施长期监控行为这一现实的担忧。首先，与 Sotomayor 大法官一样，Alito 大法官也倾向于适用第一种方法来分析问题。其次，Alito 大法官还认定，政府执法人员使用 GPS 科技实施的长期监控行为"对公民造成了一定程度的侵犯，因为一名有理性的公民预料不到会有人对其实施这样的监控行为"。他解释道，这是因为，在计算机时代（信息时代）之前，政府执法人员不可能利用 GPS 科技对公民实施这样的长期监控行为。最后，他还承认，移动机械的出现以及普通民众获取先进科技设备的能力会影响普通民众对其行为持有的隐私期待。但是，他也指出，尽管如今科技发展惊人，但直至今日，"社会公众仍然认为，一般而言，政府执法人员不会在长时间内秘密地监控、收集公民汽车的每个行程信息并对这些信息进行分类"。有趣的是，Alito 大法官没有明确指出，政府执法人员使用 GPS 设备对公民实施的长期监控行为在某些特别的情况下是否也有可能属于合宪行为，如在政府执法人员使用以前的科技设备也可以达到相同的监控效果的情况下。

（二）界定隐私合理期待所面临的问题

马赛克理论代表着一种宪法性法律框架，这种框架试图改变用公共曝光理论来分析《第四修正案》的传统方法。支持该理论的学者认为，即使公民对政府执法人员所监控的每个单一的行为或信息都不享有隐私期待，但是，在政府执法人员对公民实施长期监控行为的情形中，公民享有隐私合理期待。对此，Gray 教授与 Citron 教授是这样阐释的：马赛克理论对人们理解《第四修正案》的核心价值在于，它承认人们对一定数量的信息仍然享有隐私合理期待，即使人们对于

---

① United States v. Jones, 132 S. Ct. 945, 956–957 (2012).

组成这些信息集合体的单个信息并不享有隐私期待。①

针对马赛克理论的可适用性，不管是在理论上还是实践上，学者们已经提出了各种各样的问题。学术界的舆论似乎一致认为，马赛克理论的实现不仅以牺牲根深蒂固的传统隐私权理论为代价，而且在司法实践上法院很难真正用它来审判案件。②

在本文中，笔者不打算对所有有关该理论的观点都进行明确的归类，但是会对这些观点作出一个简要的概述。

1. 概念层面的阻碍

首先，笔者要指出的是该理论在逻辑上的矛盾性。正如有人对华盛顿巡回法院在 Maynard 一案③的判决所提出的异议所言，"无数零价值的部分相加起来得到的总数仍然是零价值"。更具体来讲，如果公民对其在公共场所某个特定的行为不享有隐私合理期待，那么，公民对多个这些行为组成的集合体又怎么会享有隐私合理期待？单个行为与多个类似行为的集合体在性质上应当一致。

在判断公民是否享有隐私合理期待时，华盛顿巡回法院在 Maynard 一案中的观点以及上述两位大法官在 Jones 一案中提出的并存意见都以上述的第一种方法作为基础且重点关注社会普通公众的隐私期待。但是，学者们指出，在构建《第四修正案》的保护范围时，用社会公众的隐私期待来判断具体的隐私期待是否合理的方法是存在缺陷的。Kerr 教授认为，用社会公众的隐私期待来判断具体的隐私期待是否合理的方法是十分不理智的，尤其是在涉及先进科技的情况下。一般而言，公民对那些被政府执法人员用来实施监控行为的科技毫无好感。政府执法人员使用科技设备对公民实施的搜查行为一般都是秘密进行的，普通的公民根本无从得知，所以，大部分公民只能私下猜测政府执法人员所实施的这种侵犯隐私的行为是常见行为还是罕

---

① See David Gray & Danielle Keats Citron, A Shattered Looking Glass: the Pitfalls and Potential of the Mosaic Theory of Fourth Amendment Privacy, 14 N. C. J. L. & Tech. 381, 385 (2013); See Orin S. Kerr, The Mosaic Theory of the Fourth Amendment, 111 IcH. L. Rev. 311, 346 (2012).

② See, e. g., Fabio Arcila, GPS Tracking Out of Fourth Amendment Dead Ends: United States v. Jones and the Katz Conundrum, 91 N. C. L. Rev., 37 – 47 (2012).

③ 442 U. S. 735 (1979).

见行为。正是由于普通的公民对政府执法人员所实施的监控行为缺乏认识，所以他们很多时候对自己在这种情况下是否享有隐私合理期待根本没有一个确定的答案或者看法。

即使公民对先进科技及其用途有足够的认识，但是，对于政府执法人员使用先进科技对其所实施的监控行为在何种情况下会构成《第四修正案》所规定的无理搜查行为这个问题，公民之间的看法也会有所不同。例如，以华盛顿巡回法院曾经举过的例子为例，政府执法人员对一名妇女进出妇科医院的单程信息实施的监控行为与政府执法人员对该名妇女连续一周进出婴儿用品商店的行程实施的监控行为相比，可能有人认为，第一个监控行为收集的信息的确不会曝光有关该名妇女过多的日常生活信息，而第二个监控行为收集的信息却可以曝光有关该名妇女的许多重要私人信息。但是，如果该名妇女从妇科医院出来直接去往婴儿用户商店，且政府执法人员把这几个小时内她的行程全部记录下来呢——该政府执法行为与前面两个行为又有何不同？可能有人认为，政府执法人员对该名妇女这几个小时的行程所实施的监控行为获取的信息与政府执法人员对其实施长期的监控行为获取的信息是一样的，所以，在这两个情形中，该名妇女的隐私期待都应当受到保护。对此，或许支持马赛克理论的学者会主张，尽管政府执法人员所实施的第三个监控行为曝光了该名妇女的私人信息，但是，社会公众不会认为该监控行为是不合理的行为。因此，如果人们在判断公民是否享有隐私合理期待时适用的是第一种方法，那么，即使政府执法人员所实施的监控行为持续的时间很短，人们也无法明确判断该监控行为是否具备合理性。正如上述第一种监控行为和第三种监控行为持续的时间都不长，但人们根据马赛克理论却得出了两个不同的结论。试想一下，政府执法人员利用 GPS 设备对住在科罗拉多高山上的公民实施监控行为（在现实生活中，这种监控行为是很难实现的）。又或者，一名公民在半夜驾车去参加一个成人舞蹈俱乐部，而政府执法人员对他在这几个小时内的行程实施了监控行为。这些监控行为都很有可能是不合理的行为。换言之，如果公民居住的地方很偏僻或者政府执法人员所实施监控行为的时间很特别，又或者公民的某段行程具备特殊的意义，那么，即使政府执法人员所实施的监控行为持续的时间不长，该行为也有可能是不合理的、应当被禁止的行为。这种结论明显与人们根据马赛克理论所得出的结论不同。

以第一种方法分析问题的做法也违背了美国联邦最高法院之前在涉及科技发展的案例中所作出的判决。正如上文所提及的那样，在 Smith 一案[1]和 Knotts 一案[2]中，在判断公民是否享有隐私合理期待时，美国联邦最高法院适用的都是第二种方法，或者是以涉案信息的属性为基础的方法，并由此得出公民一旦向第三方披露其信息则丧失对其信息享有的隐私权保护的结论。即使美国联邦最高法院分析案件时在一定程度上参考了社会公众的隐私期待以及科技设备的公共用途，但是，它的推理和说理都指出，在法律上，政府执法人员使用 GPS 设备追踪公民的行为是被允许的。在 Kyllo v. United States 一案[3]中，政府执法人员使用热像探测仪设备"探测了被告住宅的热量信息，且这些信息是在以往政府执法人员只有在现实地非法侵入被告住宅才可以探测到的信息"。在该案中，政府执法人员没有现实地非法侵入被告的住宅，而是通过热像探测仪在住宅对面的街道扫描了该住宅的热量信息。美国联邦最高法院认定，政府执法人员的这种行为仍然在一定程度上违反了《第四修正案》的规定。这是因为，热像探测仪"不用于一般的公共用途"的特性导致了公民无法预料到政府执法人员会使用它来对自己实施监控或者探测行为。美国联邦最高法院的这种观点隐含了这样一种观点：如果普通的公民在日常生活中就会使用这些科技设备，那么，公民就不能期待法院会将政府执法人员使用这些科技的行为判定为侵犯其隐私权的违宪行为。虽然政府执法人员在 Kyllo 一案[4]中使用的热像探测仪在公民的生活中并不常见，但与热像探测仪不同的是，GPS 追踪设备在公民的生活中确实十分常见——它就是移动手机、电脑、汽车、平板电脑的一个组成部分。根据这种逻辑，那是否意味着政府执法人员使用 GPS 设备监控公民的行为不构成《第四修正案》所规定的搜查行为？但这跟美国联邦最高法院之前的判决是恰好相反的。正如 Gray 教授与 Citron 教授所

---

[1] 442 U. S. 735（1979）.
[2] 460 U. S. 276（1983）.
[3] 533 U. S. 27（2001）.
[4] 533 U. S. 27（2001）.

写的那样:"鉴于这种情况,社会公众的隐私期待在某种程度上只是社会习惯的一种表现方式,不一定真的能够体现公民内心真正的看法,所以,法院想要通过仅仅以社会公众的隐私期待为基础的马赛克理论来审理案件,这是不太现实的。"①

如果在判断公民是否享有隐私合理期待时,法院适用第一种判断方法,那么,它还会面临以下的困境:在适用马赛克理论时,它应当以哪个因素作为切入点? 华盛顿巡回法院的观点和 Motomayor 大法官、Alito 大法官在其并存意见中提出的观点给出了完全不同的答案。华盛顿巡回法院关注的是,在公共场所,公民是否可能长时间地观察甚至监视一个陌生人的行为。Motomayor 大法官关注的则是政府的权力以及政府在什么情况下可以观察或者监视公民私人生活的细节信息。而 Alito 大法官却明确提出了另一种标准,即社会公众对政府执法人员的行为持有何种隐私期待。Kerr 教授承认了这几种方法之间的不同并提出疑问:"如果在判断公民是否享有隐私合理期待时,法院适用马赛克理论,那么,它应当采用上述哪种观点对该理论展开讨论和恰当地适用?"②

在 Jones 一案③中,政府执法人员对 Jones 实施了将近一个月的监控行为。但是试想一下,如果政府执法人员仅仅使用 GPS 设备记录了 Jones 的汽车在几个小时之内的行程之后就休息了整整 1 天,然后再继续追踪该车的行程,又或者政府执法人员在追踪了 Jones 整整 5 天之后,时隔 20 天才又开始重新追踪 Jones。那么,法院对这些政府执法行为的评估又会发生什么样的变化? 是否政府执法人员对 Jones 所实施的持续将近一个月的监控行为违反了宪法规定,而后面笔者假设的这些短期监控行为就不会违反《第四修正案》的规定? 就目前的研究状况而言,人们无法确定,支持马赛克理论的学者们将会如何

---

① See David Gray & Danielle Keats Citron, A Shattered Looking Glass: the Pitfalls and Potential of the Mosaic Theory of Fourth Amendment Privacy, 14 N. C. J. L. & Tech. 381, 385 (2013); See Orin S. Kerr, The Mosaic Theory of the Fourth Amendment, 111 I cH. L. Rev. 311, 346 (2012).
② See Orin S. Kerr, The Mosaic Theory of the Fourth Amendment, 111 Ich. L. Rev. 311, 346 (2012).
③ United States v. Jones, 132 S. Ct. 945, 956–957 (2012).

回答这个问题。

2. 公共曝光理论与第三方当事人理论的衰落

法院适用马赛克理论审判案件最棘手的问题在于，该理论要求法院完全或者在很大程度上抛弃公共曝光理论和第三方当事人理论。造成这个问题的根源在于，判断公民是否享有隐私合理期待的第一种方法和第二种方法之间存在本质上的矛盾。在判断公民是否享有隐私合理期待时，以隐私理论为基础的规则注重的是公民自己披露信息的行为，而马赛克理论却侧重社会公众对合理隐私的看法。

根据公共曝光理论，公民在公共场所的行为不受《第四修正案》的保护——这对政府执法人员能否合法实施侦查行为而言至关重要。① 人们无法得知，如果法院适用了马赛克理论，那么，政府执法人员所实施的何种执法行为才构成合宪行为。例如，如果政府执法人员经常在一段时间内通过各种各样的资源和手段追踪公民的汽车行程并将其收集的信息整合起来，则该行为是否违宪？② 正如 Gray 教授和 Citron 教授所言："马赛克理论明显对政府执法人员所实施的行为以及隐私理论产生了巨大的冲击，尤其是在政府执法人员十分顺利地完成了侦查行为并收集了大量公民信息的情况下；根据马赛克理论，这种行为一般会被法院认定为不合理的执法行为。"在政府执法人员结合视觉监控行为和以科技设备为基础的监控行为来侦查某个犯罪嫌疑人的时候，这种冲击会变得更加严重。对此，Gray 教授与 Citron 教授提出疑问："我们应当如何区分政府执法人员实施以 GPS 设备为基础的监控方式收集公民信息的行为以及其通过实施长时间的视觉监控来收集公民信息的行为对公民隐私权造成的侵犯？这两种行为对公民隐私权造成的侵犯是否一样？"两位教授这么说肯定不仅是为了简单地说明政府执法人员在一段特别的时间内使用科技设备对公民实施的监控行为会侵犯公民的隐私期待。真正的问题在于，公共曝光理论对公民在公共场所内的一切行为都一视同仁，不管这些行为曝光的信息量

---

① See Lawrence F. Travis III, Introduction to Crinal Justice 179（7th ed. 2012）.
② See David Gray & Danielle Keats Citron, a Shattered Looking Glass: the Pitfalls and Potential of the Mosaic Theory of Fourth Amendment Privacy, 14 N. C. J. L. & Tech. 381, 385（2013）; See Orin S. Kerr, The Mosaic Theory of the Fourth Amendment, 111 I cH. L. Rev. 311, 346（2012）.

有多大或者这些行为被观察的时间有多长。但是,如果法院以社会公众的看法来判断公民的隐私期待是否合理,那么,这会使得政府执法人员在执法时有很多侦查技巧和技术都不可使用,从而导致政府执法人员的低效执法。

与公共曝光理论一样,第三方当事人理论的依据也不是十分牢固。同时,马赛克理论也会直接忽视第三方当事人理论的核心原则——自愿曝光原则(voluntary disclosure principle)。换言之,根据马赛克理论,法院在判断公民对其信息是否享有隐私合理期待时,公民在曝光信息时是否出于自愿并不会对法院的结论造成影响。根据第一种方法,将在判断公民是否享有隐私合理期待时,法院关注的重点应当是社会公众对合理期待的看法。在没有搜查令的情况下,这种做法必然会阻碍政府执法人员派遣卧底或者使用信息收集技术来收集公民信息。试想以下情景:一名隐藏得很深的政府卧底获取了一名犯罪嫌疑人的信任,或者一名政府卧底通过欺骗手段使得犯罪嫌疑人同意其进入自己的家中并向其披露了自己的某些私人信息和犯罪证据,又或者政府执法人员在银行处获取了有关犯罪嫌疑人的大量金融信息。迄今为止,根据隐私理论,上述政府执法行为都不会受到《第四修正案》的限制,因为在上述所有的情景中,公民向第三方披露自己的信息时全都是自愿的。但是,根据马赛克理论,上述所有的政府执法行为都不一定是合法有效的。根据社会公众的隐私期待,法院可能认定,因为公民在曝光自己信息时并没有真正意识到自己的行为的后果,他们以为自己的这些信息仍然是私密信息。所以,上述所有政府执法行为都侵犯了《第四修正案》赋予公民的隐私权。为此,为了保障自己所实施的执法行为的合法有效性,政府执法人员在实施这些执法行为之前,应当以合理依据为根据向法院申请搜查令。

对于某些人而言,这个结论可能是十分受欢迎的,尤其是在科技高度发达、人们总是在不经意间就向外界披露了自己信息的当今社会。[1] 其实,Sotomayor 大法官早在其并存意见中提到了这一点。但在本文中,笔者并不提倡这样一种与传统理论截然相反的方法。因为这

---

[1] Stephen E. Henderson, The Timely Demise of the Fourth Amendment Third Party Doctrine, 96 Iowa L. Rev. Bull. 39, 39-40 (2011).

样的方法在很大程度上否定了传统理论,且以严重缩减政府执法人员在执法时所能使用的侦查技巧和技术为代价;而在传统上,政府执法人员使用这些侦查技巧和技术实施的执法行为都不需要受到合理依据和搜查令这两个要求的限制。

3. 实践层面的阻碍

其一,马赛克理论的适用还会带来许多实践上的问题,这是最重要的一个问题。到底是什么因素使得政府执法人员所实施的监控行为构成侵犯公民隐私权的行为?法院如何界定合法的观察行为和不合理的侵犯行为?不合理的侵犯行为是指持续28天以上的监控行为,还是指持续两周以上的监控行为?致使政府执法人员的长期监控行为是合法行为的"特别犯罪行为"是指公民的哪些行为?在Jones一案[1]的多数意见中,法院承认了马赛克理论在实践中存在的这些问题,它解释道:根据马赛克理论,人们还无法解释,为什么持续四周的监控行为就必然是持续时间过长的监控行为?为什么走私大量现金和毒品的非法交易行为不构成使得政府执法行为合法化的"特别犯罪行为"?政府执法人员对涉嫌盗电的供应商所实施的持续两天的监控行为是否属于违宪行为?或者政府执法人员对涉嫌参与恐怖活动的公民实施的长达半年的监控行为是否属于违宪行为?[2]

美国联邦最高法院认定,依据马赛克理论审理案件的做法会迫使大法官"在这些'棘手的问题中'无所适从"。

其二,马赛克理论的适用在实践中还面临着许多人们无法解答的问题。例如,如果在根据该理论对案件进行分析后,法院认为需要适用《第四修正案》的规定来审理案件,则法院要解决的下一个问题就是,政府执法人员在实施监控行为之前是否已经满足了《第四修正案》所规定的合理性要求(即合理依据和搜查令要求)。对此,法院之所以对政府执法行为的"合理性"进行评估,是为了平衡公民隐私权和政府执法人员的执法利益之间的关系。[3] 在传统上,这要求政府执法人员根据合理依据向法院申请到搜查令。人们并不清楚,在

---

[1] United States v. Jones, 132 S. Ct. 945, 956–957 (2012).
[2] ones, 132 S. Ct. at 954 (majority opinion) (citation omitted).
[3] See United States v. Place, 462 U. S. 696, 703 (1983).

涉及政府执法人员实施长期监控行为的案件中，法院在审判中应当如何适用这些要求（假设法院确定要在审判中适用这些要求），具体来讲就是，法院应当在什么情况下认定或者否定政府执法人员已经满足了这些要求？

在向法院申请搜查某个地方的搜查令时，如果政府执法人员想要满足"合理依据"这个要求，那么，它必须证明，它要搜查的地方很可能有与犯罪事实相关的证据。① 但是，根据马赛克理论，政府执法人员要申请的不是对某个地方实施监控或者搜查行为，而是针对某个人或者事物实施一段时间的监控行为。这是否意味着，为了满足"合理依据"这个要求，政府执法人员必须证明在他们实施监控行为的那段时间内，犯罪嫌疑人所去的地方一定会有与犯罪行为相关的证据或者他们所监控的目标（人）本身就已经是罪犯，又或者他们需要同时证明上述两个事项？最近的一个案件说明，根据这种说法，政府执法人员很难证明自己满足了"合理依据"这个要求。② 在该案中，政府执法人员企图通过 GPS 设备发射的信息来定位一名逃犯的位置。为了满足搜查令这个要求，政府执法人员以该定位（监控）行为可以帮助其找到该名逃犯为合理依据向法院申请搜查令。但是负责审查该申请的治安法官拒绝了这个理由，没有同意签发搜查令。对此，该治安法官给出的理由是，《第四修正案》所规定的合理依据是指政府执法人员的行为获取的信息本身就是证据，而不是可以帮助其找到证据或者罪犯的非证据信息。

其三，搜查令这个要求的适用还面临着其他问题。

首先，根据《第四修正案》，搜查令必须"特别指出搜查的详细地址以及被搜查的物品和人"。③ 例如，在涉及搜查令的典型案件中，政府执法人员搜查的地方一般是藏有犯罪证据的公民住宅。如果法院适用马赛克理论审理涉及监控行为的案件，那么，这些具体的要求会使得政府执法人员和法院无所适从——政府执法人员根本不知道自己

---

① Illinois v. Gates, 462 U. S. 213, 273 (1983).
② In Reapplication of the U. S. for an Order Authorizing Disclosure of Location Info. of a Specified Wireless Tel. , 849 F. Supp. 2d 526, 535 (D. Md. 2011).
③ U. S. CONST. amend. IV.

需要搜查的地方到底在哪，因为它需要根据公民的行程对一个或多个（大多数情况下是多个）地方实施监控行为以收集相关信息。如果真的要严格遵循搜查令的具体要求，那么，政府执法人员似乎需要在法院整个管辖区域地图上画出被监控的公民可能会经过的所有地方，这实在有些强人所难。

其次，根据马赛克理论，政府执法人员所实施的监控行为所获取的信息都称不上有形的、现实的犯罪证据，这又违背了搜查令的另一个具体要求。不过，《第四修正案》规定搜查令要求的主要目的只是缩小政府执法人员搜查的地点和确定政府执法人员所要扣押的证据。正如 Kerr 教授所言："因为分散的搜查行为所搜查的地方是没有限制的，所以它被认为是比集中搜查行为更加精确、更加容易收集证据、披露的公民私人信息更多的行为；但也正因为如此，它与搜查令的具体要求是相悖的。换言之，如果政府执法人员向法院申请实施分散的搜查行为，则其是无法满足搜查令这个要求的。"

Christopher Slobogin 教授提议立法机关制定一个明确的规则，根据这个规则，人们可以回答有关马赛克理论在实践中所面临的上述问题。①

首先，根据他所提出的观点，政府执法人员在实施监控行为时应当努力限制该监控行为持续的时间。如果政府执法人员所实施的搜查行为超过 28 个小时，那么，它在实施行为之前应当满足合理依据和搜查令的要求。根据他的观点，合理依据这个要求是指"向法院申请签发搜查令的政府执法人员应当有足够的理由令法院相信，其搜查（监控）行为很可能令其发现与犯罪行为相关的重要证据"。而搜查令的要求则是指"政府执法人员必须详细地描述其所监控的对象（人）和地方、其将会获得的证据以及其行为持续的时间（如果条件允许的话）"。

其次，根据他的观点，人们可以清楚合理依据这个要求的具体含义和搜查令要求的具体要求。在政府执法人员对犯罪嫌疑人实施长期

---

① Christopher Slobogin, Making the Most of United States v. Jones in a Surveillance Society: a Statutory Implementation of Mosaic Theory, 8 Duke J. Consr. L. & Pub. Pol'y 1, 17 - 32 (2012) [hereinafter Slobogin, Making the Most].

监控行为之前，它必须相信自己的行为会发现某些能够指证犯罪嫌疑人的证据，它至少必须说明其行为的监控对象的姓名以及其将可能收集的证据是什么。

这种以制定法（规则）作为基础的方法可能会为马赛克理论提供一个潜在可行的实施途径，但这种方法的代价也过于昂贵。Slobogin 教授解释道，他所主张的制定法（规则）不会对用科技设备实施的监控行为和用肉眼实施的监控行为进行区分，也正因为如此，它也不会对传统的隐私理论的适用产生任何反作用，这种反作用不仅会违背长期存在的法院判例，而且会严重阻碍政府执法人员所实施的侦查行为。

（三）将结社权融入《第四修正案》的理论体系

总而言之，马赛克理论所面临的部分问题主要是因为它在判断公民是否享有隐私合理期待时依赖的是社会公众的隐私期待。在评价 Jones 一案[①]中的政府执法行为时，Sotomayor 大法官认为该监控行为会阻碍公民行使其"结社权和言论自由权"。此外，Marshall 大法官也在 Smith v. Maryland 一案[②]中指出，政府执法人员所实施的监控及收集公民信息的行为会阻碍人们发表政治观点、参与政治活动以及记者们报道新闻的活动；这些政府执法行为可能会促使人们用第三种方法来重构马赛克理论：新的马赛克理论会重点保障法律规范的实施和公民权利的行使。新的马赛克理论仍然赞同"集合体大于各部分的拼凑"这句谚语。只有在这种理论环境之下，人们才会清楚地认识到，保护公民在公共场所的行为不受政府执法监视行为侵犯的基本原理在于，只有在无拘无束地作出每个单独行为的情况下，公民才真正享有表达思想和参加喜欢的社团的权利。如果政府执法人员可以恣意对公民实施监控行为，则公民行使自由权的能力必将受到侵害。

迄今为止，美国联邦最高法院对公民所享有的"结社自由"有两种截然不同的理解[③]：第一种理解与"政治性社团"的含义有关，

---

① United States v. Jones, 132 S. Ct. 945, 956 – 957 (2012).
② 442 U. S. 735 (1979).
③ Roberts v. U. S. Jaycees, 468 U. S. 609, 617 (1984).

它侧重的是《美国联邦宪法第一修正案》（以下简称《第一修正案》）为了保障公民可以参加"与政治、社会、经济、宗教、文化等有关的"社会活动而赋予公民的政治结社权。第二种理解则源于《第一修正案》和程序正当原则的规定，与之相关的是公民之间所建立的"亲密关系"。所谓"亲密关系"，是指少数公民之间建立的"分享特殊的想法、经历、信仰以及相对私人的生活信息"的人际关系。

公民结社权不仅反对那些阻碍公民行使该权利的法律规范，而且还反对那些间接阻碍公民参加合法社团的政府执法行为。某些政府执法行为会通过阻碍公民行使结社权的方式侵犯公民所享有的宪法性权利，这种政府执法行为对公民言论自由权产生的危害尤其严重。在Jones一案[1]中，在论证政府执法人员所实施的监控行为会侵犯公民结社权的观点时，尽管Sotomayor大法官并没有援引先例，但是，美国联邦最高法院在这之前已经承认，法院在相关的案件中可以参考这些监控行为的不良影响来分析问题。例如，在Laird v. Tatum一案[2]中，原告起诉军队，因为军队到处宣扬"要对合法和平的公民政治活动实施监控"。原告认为："收集和分布公民信息的系统的存在侵犯了自己和其他人充分表达和行使《第四修正案》所赋予的权利的能力，是对公民权利施加的一种非法负担。"因为原告既无法证明军队的行为使其受到了何种真实存在的伤害，也无法证明军队所实施的监控行为何时侵犯了他参与和平集会的权利，所以，美国联邦最高法院最终驳回了他的诉求。尽管如此，美国联邦最高法院还是承认了，如果原告能够举证证明军队的行为对他造成了伤害，则其可以主张军队的行为对他行使结社权的能力构成了实际侵犯。简而言之，如果公民能够证明政府执法人员的行为阻碍了自己某项权利的行使，则美国联邦最高法院很可能会认定政府执法人员的行为不合法。在审判有关隐私合理期待的案件时，学者也支持法院将政府执法人员对公民结社权的侵犯作为审判的重要考虑因素。

公民的结社权与政府执法人员长时间监控或收集公民信息的权力

---

[1] United States v. Jones, 132 S. Ct. 945, 956–957 (2012).
[2] 408 U. S. 1.

之间存在必然的矛盾。如果法律和法院支持了后者，则必定会对公民自由参与社团的权利造成不良影响，因为公民在加入这些社团或参与社团活动时总会担心自己的行为会遭到政府执法人员的监控。但是，因为 Sotomayor 大法官和 Marshall 大法官发表的并存意见都过于简短，所以我们无法从其意见中清楚地知道，在涉及《第四修正案》的具体情形中，他们认为法院应当如何适用公民的政治结社权来分析问题。对此，有部分学者认为，法院不应当仅仅把公民的政治结社权视为《第四修正案》所保护的一项权利，而应当将其视为保护公民信息的又一个权利渊源。尽管学者的这种观点有其价值所在，但是，在涉及政府执法人员对公民实施监控行为的案件中直接适用政治结社权的做法超出了本文的讨论范围，因此笔者在此不对此观点展开深入的讨论。

在一个更加宽泛的《第四修正案》的法律框架中，马赛克理论有何种程度上的可适用性？这正是笔者撰写本文的目的所在。有学者希望通过法院对马赛克理论的适用，将公民的政治结社权转变成隐私合理期待这个判断标准的一部分。少数的学者十分赞成这种判断公民是否享有隐私合理期待的方法，尤其是在政府执法人员可以利用科技轻易收集公民信息的科技时代。尽管将公民的政治结社权并入隐私合理期待这个判断标准的建议比 Jones 一案和马赛克理论出现得更早，但是，它们仍然指引人们在相关的情形中如何成功地适用结社权来保护公民的隐私权。有些学者早已提出建议，人们应当在《第四修正案》的法律体系中纳入《第一修正案》所规定的政治结社权。[①] 正如一个法律评论所解释的那样："人们应当在结合《第一修正案》和《第四修正案》的基础之上得出一个更加明确的指引方向，以达到以下两个目的：一是推动《第四修正案》的判断标准的良好发展；二是调整《第四修正案》现行的判断标准（隐私合理期待），即在该判

[①] Suzanne M. Berger, Note, Searches of Private Papers: Incorporating First Amendment Principles into the Determination of Objective Reasonableness, 51 Fordham L. Rev. 967, 990 (1983).

断标准中融合《第一修正案》的权利价值。"①

对此,尽管美国联邦最高法院已经认定,只要它在审判案件时援引了公民的隐私权,那么,它一定会适用搜查令这个要求来充分地保护《第一修正案》赋予公民的政治结社权;但是,它从来没有否定过,人们可以将这两个修正案的法律框架结合起来。例如,在 Zurcher v. Stanford Daily 一案②中,政府执法人员在以合理依据向法院成功申请到搜查令的前提下,对一间校报办公室实施了搜查行为。美国联邦最高法院认定,根据《第一修正案》赋予公民的权利,新闻媒体享有收集、分析、宣传新闻的权利,这种权利受到《第四修正案》所规定的"搜查令"要求的保护。又例如在 Stanford v. Texas 一案③中,政府执法人员对一名与共产党有所联系的公民实施了搜查行为。在该案中,美国联邦最高法院认定,因为政府执法人员的搜查令不够具体,所以其收集证据的搜查行为违反了《第四修正案》的规定。美国联邦最高法院曾总结道,在判案时,通过严格要求政府执法人员遵循搜查令的具体要求,法院可以保护《第一修正案》所赋予公民的许多权益。实际上,在每一个案件中,法院都适用了《第四修正案》赋予公民的保护。

综上所述,法院的这些观点都不否认,在一审中,法院可以以公民所享有的结社权为依据,适用隐私合理期待这个判断标准,进而确保《第四修正案》可以真正发挥审查政府执法行为的作用。事实上,在适用判断公民是否享有隐私合理期待的第三种方法的基础之上,美国联邦最高法院曾经援用某些制定法和法律规范来确保公民的隐私权可以得到《第四修正案》的保护。当然,在调整隐私合理期待这个判断标准时,人们也应当融入宪法价值的作用。正如上文所引用的法律评论所言:"公民在行使《第一修正案》所赋予的言论自由权和结社权时,必定在一定程度上依赖于隐私权,因此,《第一修正案》的实施也依赖于《第四修正案》对涉及公民言论自由权和结社权的信

---

① Patrick P. Garlinger, Note, Privacy, Free Speech, and the Patriot Act: First and Fourth Amendment Limits on National Security Letters, 84 N. Y. U. L. Rev. 1105, 1129 n. 138 (2009).
② 436 U. S. 547 (1978).
③ 379 U. S. 476 (1965).

息的保护。"尽管政府执法人员所实施的侦查行为大多都与诸如谋杀、走私、抢劫等重大刑事犯罪有关,很少会直接涉及与公民的言论和结社活动相关的犯罪。① 但是,正如 Solove 大法官所解释的那样:"即使公民从事的非法活动本身与公民的结社权或言论自由权无关,但是,政府执法人员针对其行为所实施的执法行为(监控行为)也足以对《第一修正案》所规定的正当程序原则产生巨大的危害。因此,公民在这种情况下也可以主张正当程序的保护。"因为政府执法人员所实施的监控行为以及由该行为获取的证据都会阻碍公民行使其在政治或者宗教层面上享有的结社权和言论自由权,所以,在这种情况下,公民可以向法院主张《第四修正案》所提供的保护。这种危害作用与 Laid 一案②中政府执法人员所实施的行为对被告造成的影响不同。在 Laid 一案中,政府执法人员的行为并没有对被告行使权利的能力产生现实的侵害,但在这种情况下,在刑事审判中,政府执法人员利用其违反程序实施的行为所获取的证据来指证被告有罪,该行为明显对被告的抗辩产生了实际性的不良后果。

通过结合《第一修正案》与《第四修正案》来判断公民是否享有隐私合理期待,法院可以避免用社会公众的隐私期待作为判断标准的方法所带来的问题(上文已有详细讲解)。至少就公民所享有的政治结社权而言,除了社会公众认为公民是否能对该种权益产生隐私合理期待之外,还有其他一些独立的原则可以对该种权利能否受到《第四修正案》的保护产生影响。尽管如此,该种方法仍存在不少缺陷。例如,假设政府执法人员所实施的监控行为会侵害公民参与政治性社团的权利,那么,当该监控行为持续的时间达到多长时,它才超过了隐私合理期待这个判断标准,成为《第四修正案》所规定的无理搜查行为?是一个月,还是两周?支持改进过的马赛克理论(如结合了社会公众的隐私期待的马赛克理论)的学者会认为,当监控行为的时间长到足以侵害公民的政治结社权时,该时长就是导致该监控行为违宪的时长。但是,如果政府执法人员所实施的监控行为真的

---

① See Daniel J. Solove, The First Amendment as Criminal Procedure, 82 N. Y. U. L. Rev. 112, 115 (2007).

② 408 U. S. 1, 13 – 14 (1972).

会侵犯公民的结社权，那么，只要公民意识到政府执法人员在监视自己，不管该监控行为的时间有多长，公民参与这些社团活动的权利都会受到侵犯。例如，如果公民知道政府执法人员正在监视自己的一举一动，那么，他/她就不愿意去参加任何与政治、宗教或者文化有关的集会。其次，人们也不清楚为什么政府执法人员只有在收集了公民大量的信息时，其行为才会违反隐私合理期待这个标准，变成不合理的搜查行为。但有一点可以确定的是，学者们提倡通过适用 Jones 一案[①]之前的结社权和马赛克理论来改进《第四修正案》的法律体系。最后的一个问题在于，如果不考虑政府执法人员对公民所实施的侵犯（监控）行为的时长，人们应当如何定性该监控行为？政府执法人员所实施的监控行为对公民行为的威慑作用必然牵涉很多与《第一修正案》有关的公民活动。反过来说，这个以马赛克理论为基础的分析方法又一次引发了全盘否定或者从根本上转变隐私理论的危机。假设公民在公共场所的行为（该行为持续的时间非常短）包含了公民参加政治性社团的权利，那么，人们无法估量，该分析方法留给第三方当事人理论的适用空间还有多大——根据该分析方法，在这种情况下，政府执法人员对公民所实施的监控行为必然侵犯了公民所享有的结社权和隐私权，该结论与第三方当事人理论明显是不符的。政府卧底给公民隐私权带来的威胁与政府执法人员所实施的监控行为产生的威胁十分相似，它们都会对公民向别人表达内心想法和与别人结社的行为带来巨大的威慑作用——因为公民十分担心政府卧底会向政府执法机关或者外界披露自己的秘密。致力于促使政治结社权的价值融入《第四修正案》的法律框架之中的学者们似乎承认了，这种分析方法的实现的确是以完全抛弃第三方当事人理论或在很大程度上削减该理论的适用范围为代价的。然而，在本文中，笔者并不希望看到这样的结果。

换言之，相对于这种方法，还有可以更好地改进《第四修正案》的法律框架的其他方法。例如，通过适用判断公民是否享有隐私合理期待的第三种方法以及一些特定的结社权来突出马赛克理论的作用的方法。在本文中，笔者只是想通过适用亲密关系权（intimate

---

① United States v. Jones, 132 S. Ct. 945, 956-957 (2012).

associational rights）来保护社交网络的安全性，并以此作为成功适用马赛克理论的关键因素。

四、ISP 与第三方当事人理论

最近，人们在利用网络进行通讯时，都会受到第三方当事人理论的限制。① 这主要是因为，所有网络用户都会将自己的大量信息储存在 ISP 那里，不同的信息储存的时间有所不同。储存这些信息的服务器由多个专门系统构成，且这些专门系统可以将信息传送到指定的收件人那里。② 脸书、谷歌、微软、雅虎等都利用这些 ISP 来保证和加快网络信息的传送。根据法院在 Smith v. Maryland 一案③中对第三方当事人的严格适用，公民对这些网络通讯享有的权利似乎失去了《第四修正案》的保护。公民将其电话号码信息披露给电话公司的自动化机械的行为与网络用户自愿将自己的信息披露给相关的 ISP 以及专门系统的行为是十分相似的。电话用户和网络用户自愿将其信息披露给第三方的行为都会使其权利丧失宪法上的保护。这种情形与公民向政府卧底披露其信息的行为并无二致，即使他们错误地认为自己的信息不会被对方滥用或者不会被政府执法人员用来指证其有罪，他们也会因此丧失《第四修正案》的保护。④ 从宪法的角度上看，不管公民是向政府卧底还是向 ISP 披露其信息，他们的披露行为都会被视为自愿的曝光行为。

《第四修正案》是否保护以及应当如何保护公民对其网络社交通讯内容所享有的权利？对于这个问题，美国联邦最高法院还没有提出相应的解决方法。但是，美国联邦的低级法院对这个问题表达了不同的意见。有一些联邦低级法院认定，不管公民有没有向 ISP 披露其电子邮件信息，《第四修正案》都保护公民对其电子邮件的内容所享有的权利，但不保护公民对其电子邮件的主题和收件人等信息所享有的

---

① Matthew Tokson, Automation and the Fourth Amendment, 96 Iowa L. Rev. 581, 583 – 585 (2011).
② see Preston Gralla, How the Internet Works 88 – 101 (8th ed. 2007).
③ 442 U.S. 735 (1979).
④ See Miller, 425 U.S. at 443.

权利。① 在美国的司法历史上，为了恰当地保护公民对其经过美国邮政公司传递的邮件所享有的权利，法院将信息分为内容性信息和非内容性信息，这些联邦低级法院正是在强调这两种类型的信息之间的区别之上提出了上述观点。即使公民自愿向美国邮政公司的工作人员披露其信件，但是，工作人员能看到的也只有信封表面以及信封上的收件人姓名和相关地址。因此，公民也仅对这些信息享有的权利丧失了《第四修正案》的保护。相反，信件的内容仍然是隐秘的，公民对其仍然享有受到宪法性保护的权利。与之相反的是，另外一些联邦低级法院则根据 Smith 一案②这个先例在有关网络通讯的案件中严格适用第三方当事人理论，并据此得出公民对其电子邮件不享有《第四修正案》的任何保护的结论。③

因为如脸书这样的社交网站提供给网络用户的功能不仅仅是传送电子邮件，所以，法院也难以将公民的社交网络通讯内容简单地分类成内容性信息或者非内容性信息。因此，至今也没有法院可以直接地解决网络社交通讯内容带来的隐私权问题。如脸书这样的网站都会使用大量的不同工具来传送和接受即时信息和视频会议。大部分的网络通讯内容都是很容易被政府执法人员收集到的。美国制定了不少旨在保护所有网络通讯内容和社交网络通讯内容免收政府执法人员所实施的不合理搜查行为侵犯的制定法，如《美国电子通讯隐私法》。但是，这些制定法不仅不具备宪法性的效力，而且它们对于上述信息所提供的保护也存在很大的差别。④ 为了防止公民的隐私权保护受到立法机关的摆布，国家必须建立一个保护公民隐私权的宪法性法律框架。一方面，为了保护公民对其网络通信内容享有的隐私权；另一方面，为了对不同的社交网络通讯内容提供不同程度的隐私权保护，很多学者都在保留《第四修正案》现行的保护范围的基础上提出了大量以《第四修正案》为基础的隐私权理论。在本文中，笔者的目的不在于精密地检验这些理论，而在于在保留司法实践对第三方当事人

---

① See, e.g., United States v. Warshak, 631 F.3d 266, 288 (6th Cir. 2010).
② 442 U.S. 735 (1979).
③ See, e.g., Rehberg v. Paulk, 598 F.3d 1268, 1281 – 1282 (11th Cir. 2010).
④ See Electronic Communications Privacy Act of 1986, Pub. L. No. 99 – 508, 100 Stat. 1848 (1986).

的适用的同时复兴马赛克理论,并将其作为保护公民对其社交网络通讯内容所享有的隐私权的有效方法。诚然,《第四修正案》对公民隐私权的保护是多元化的、多方面的。正如上文所述,在适用隐私合理期待这个判断标准时,美国联邦最高法院自己就援用了不同的理论。那为何在其他情形中,法院可以适用不同的理论,而在涉及网络的情形中,它就不可以了呢?这完全是没有根据的。因此,在本文中,笔者虽然提倡马赛克理论,但也不排斥其他理论在隐私权案件中的适用。通过马赛克理论来凸显社交网络通讯内容在众多的通讯内容中的重要性,笔者将会论证,公民对社交网络通讯内容享有受到《第四修正案》保护的权利。

因为最近的新闻报道已经曝光了美国国家安全局会利用脸书等网络对公民的电子邮件通讯内容实施监控这一事实,所以,在这种社会背景之下,保护公民对其社交网络通信内容所享有的隐私权变得尤其重要。根据该新闻报道,美国国家安全局已经与脸书等 ISP 达成合作,以保障国家安全为表面理由,一起收集大量有关非美籍网络用户的重要私人信息。在此次报道中,虽然美国国家安全局只是收集了非美籍的网络用户信息,但是,此事也说明了,政府执法人员一样可以以这种方法轻易收集国内的网络用户的大量私人信息。果不其然,该新闻报道引发了包括学者和政治家等在内的许多民众的强烈抗议。许多人都认为,如果美国国家安全局所实施的这种监控行为针对的是国内公民,那么,这种行为绝对是不合理的、是违反《第四修正案》规定的。根据其他联邦低级法院的观点,审理美国国家安全局监控一案的美国联邦最高法院似乎认为,根据法院以往对内容性信息和非内容性信息的分类,在美国国家安全局收集的这些信息之中,至少有一些电子邮件信息应当受到《第四修正案》的保护。[①] 但是,如果法院在该案中严格适用第三方当事人理论,则人们的确无法确定,美国国家安全局收集的哪些通讯信息可以受到《第四修正案》的保护以及它收集哪些信息的行为违反了《第四修正案》的规定。总而言之,有关脸书的通讯内容的隐私权问题一直没有得到解决。如果法院不对这些信息进行内容性和非内容性的区分,那么,公民对其享有的权利

---

① See Redacted, 2011 WL 10945618, at *26 (FISA Ct. Oct. 3, 2011).

能否得到保护？如果能，那将是何种程度上的保护？此外，在不削弱隐私理论的效力的情况下，法院是否可以适用《第四修正案》来保护公民对这些内容所享有的隐私权？

（一）保护公民在网络上建立的亲密关系

因为笔者的观点建立在判断公民是否享有隐私合理期待的第三种方法之上，所以在下文中，笔者的第一步就是要确认，在涉及社交网络通讯的情形中，马赛克理论想要突出哪些原则和权利价值的重要性。在此，人们应该重点关注公民之间的亲密关系，而不是上文所说的公民所享有的政治结社权。① 根据《第一修正案》和正当程序原则，公民之间的亲密关系是高度隐私的、亲密的联系。它们是公民真正享有自由权的基石，应当受到最高级别的保护。

Griswold v. Connecticut 一案②被人们认为是美国联邦最高法院较早承认公民对其与别人之间的亲密关系享有受保护的权利的案件。在该案中，为了推翻康涅狄州所制定的禁止夫妻使用避孕药的规定，美国联邦最高法院对婚姻关系和政治关系、社团关系进行了区分。它认定，"婚姻关系是人们所提倡的共同生活的方式，而不是一项工作（为了繁殖下一代的工作）；它强调的是双方之间能够和谐相处，而不是政治信仰的一致；是一种注重双方之间的忠诚的关系，而不是一项经济项目或者社会工程"；此外，婚姻关系"与法院先前作出的判决所涉及的结社关系一样，它也是具有神圣目的的结社关系"。在 Roberts v. U. S. Jaycees 一案③中，美国联邦最高法院还将公民所享有的亲密关系权进行了进一步的拓展，认为除了结婚夫妇之外，其他关系亲密、隐秘的公民之间也可以建立这种关系。对此，美国联邦最高法院解释道："人们总是情绪高涨地希望与别人建立亲近的关系而且人们总是保护这些关系不受政府执法人员所实施的无令搜查行为的侵扰。因此，确保公民在这些关系中享有独立自主地确定自己以何种身份与别人交往的能力是保护公民享有自由权的核心内容。"据此，这

---

① See Roberts v. U. S. Jaycees, 468 U. S. 609, 617 – 618 (1984).
② 381 U. S. 479 (1965).
③ 468 U. S. 609.

种受到保护的典型关系是指一小群人之间建立的亲近关系,在这段关系之中,这群人相互交流的不仅仅是自己人生经历、信仰以及内心的独特想法,还有自己的私人生活。美国联邦最高法院还将这种关系与商业关系进行对比,并由此认为,在后者中,人们相互分享的信息没有达到前者那种"高度深入内心"的程度,所以,商业关系不值得得到宪法上的保护。据此,在该案中,美国联邦最高法院认定,被告的公司——一个由大量的陌生人组成的大型青年商会,不能拒绝妇女的加入;因为即使它这样做,其组织内的成员之间也不存在任何能够获得宪法保护的亲密关系或者其他类型的私人关系。

　　有趣的是,主张在涉及《第四修正案》的情形中援引结社权的学者关注的重点居然不是人们之间的亲密关系,而是人们所参与的政治性社团。或许他们认为,因为这种人际关系总是发生在公民的住宅之内或者人们总是通过电话机进行联系,所以司法在实践中,法院已经适用《第四修正案》对这种人际关系进行保护,也正因为如此,法院没必要再特意强调将这种人际关系的价值列入《第四修正案》的保护范围之内。但是,事实证明,人们对其与别人之间的亲密关系所享有的权利与社交网络通讯之间存在特别紧密的联系,这种现状促使美国联邦最高法院创设了一个在司法实践上具备可适用性的马赛克理论。

　　社交网站已经通过网络彻底颠覆了人们的通讯方式,使得社交媒体不再仅仅是人们快速传送信息的工具。它已经为人们通过网络培养和维持人际关系提供了一种独一无二的、不惧距离阻碍的方式。社交网站为"那些患有社交焦虑症以及生活孤独的人"提供了一个安全的、"使人们可以相互培养亲近的、有意义的人际关系"的社交环境。有研究表明,人们在社交网站上可以比面对面的交流更加自由地表现真实的自我。这也在某种程度上解释了,为何许多年轻的社交网站用户都已经用社交网络通讯取代了传统的面对面交流来发展自己的人际关系。

　　心理学家研究发现,这些网络人际关系与面对面交流建立起的人际关系一样"真实"。此外,人们在脸书这些社交网站上交流的深度、广度和质量与他们亲身与别人一起交流的程度是一样的。法学家也已经承认,网络人际关系和网络之外的人际关系之间的相似度十分高。例如，根据这些心理上和社会上的研究，James Grimmelmann 教授①指出人们通过脸书建立的人际关系对社会和人际关系价值的推动作用与人们通过面对面交流建立的人际关系至少在三方面上是相同的。

首先，脸书允许其用户像在传统的社交环境中那样独立构建专属于自己个人的身份。因为用户可以充分掌控自己所发送的包括其简历在内的图片和信息。其次，脸书及其无数的通讯工具与只能发送和接收信息的传统电子邮件系统有着本质上的区别。例如，正如 James Grimmelmann 教授特别指出的那样，人们在面对面的交流中可以表达自己对对方的信任，脸书用户也可以通过添加好友与别人建立关系的方式向对方表达自己某种程度上的信任。最后，脸书还会鼓励其用户相互进行多方面的互动。James Grimmelmann 教授指出，允许用户随意浏览前页和后页的网络工具和允许用户随意表达想法的状态更新工具都可以极大地激励其用户积极地与其他用户进行交流互动。

通过这几个途径，诸如脸书这样的社交网站便可以在虚构的网络世界中为公民提供一个可以满足其需求的交际环境。通过提高用户信息自治能力、改善网络讨论的社区环境以及提高用户掌控呈现何种身份的能力，社交网络为用户在网络这个虚拟的世界中提供了一个能够满足他们需求的平台。最终，公民通过这些社交网站建立的人际关系也与传统的人际关系一样令人感到真实、可信赖。

或许仍然会有读者对社交网络上的人际关系是否真的可以等同于传统的人际关系表示质疑。对此，笔者可以从多个方面作出回应。在本文中，笔者并不提倡，这两种类型的人际关系是完全一模一样的。毋庸置疑的是，面对面的人际交流有其独特的、比网络人际交流要突出的优点。但是，这些优势主要与公民所享有的亲密关系权有关，这并不是本文的讨论范围，因此笔者在此并不展开讨论。就本文讨论的内容而言，我们不需要对这两者的类比进行十分深入的探讨。与本文有关的关键点在于，在这两种类型的人际交流中，参与者都有什么样的感受。对此，美国联邦最高法院认为，现在的网络人际关系在本质

---

① James Grimmelmann, Saving Facebook, 94 Iowa L. Rev. 1137, 1154 (2009) (discussing the strength of online relationships).

上与亲密关系是一样的。①

尽管因为公民（网络用户）将其信息披露给 ISP 的行为使其对其谈话内容、通讯内容丧失了隐私权保护，但是，在审判这种类型的案件时，通过援用亲密关系权，法院可以使公民依据《第四修正案》来保护自己对自己的社交网络通讯内容所享有的隐私权。根据以马赛克理论为基础的分析方法，当零碎的通讯信息组成一个完整的信息集合体时，它所涵盖的信息量比这些零碎的信息量的机械相加要大很多。作为一个完整的信息集合体，它可能代表着公民的一段亲密关系，而不仅仅是一个简单的信息汇总。同样地，在社交网络的环境之中，网络用户的私人信息本身并不是特别重要。但是，当大量的这些通讯信息被整合在一起的时候，这个被整合的信息集合体就能构成一段亲密关系。换言之，笔者所说的马赛克理论涉及的并不是少量的、简单的信息，而是大量的、结合在一起的信息集合体。大量零碎的信息的集合体会改变这些信息的性质。

总而言之，在社交网络的环境之中，大量的零碎的通讯信息的集合体会构成一段亲密关系，而这段亲密关系是值得宪法为其提供保护的。如果人们关注到传统的面对面交流方式的发展，那么，人们就会明白，在涉及社交网络的情况下，在适用《第四修正案》的隐私合理期待这个判断标准时，人们应当重视这一规则的作用。如果法律允许政府执法人员在没有搜查令和合理依据的情况下获取公民在社交网络上的通讯信息，则公民可能会因为担心政府执法人员利用这些信息来指证自己有罪而无法正常地、顺利地在社交网站上与别人建立人际关系，即公民与别人建立人际关系的宪法权利会因此遭到侵害。这些理论的确可以对如今的美国国家安全局的执法行为及其对公民的网络通讯信息所实施的监控行为产生影响，尤其是在其通过社交网络的 ISP 获取信息的情形中。

（二）在涉及社交网络通讯的情形中适用马赛克理论

在上文中，笔者只是大致阐释了马赛克理论的基本框架，对很多

---

① John A. Bargh & Katelyn Y. A. McKenna, The Internet and Social Life, 55 Ann. Rev. Psychol. 573, 586–587 (2004).

问题都没有作出解答。首先，例如，人们应当如何界定"亲密关系"的含义？与社交网络人际关系无关的通讯电子邮件信息是否值得保护？其次，第三方当事人理论的可适用性也有待进一步的探讨。与上文所述涉及政治结社权的情形十分相似的是，笔者所提及的马赛克理论是否会严重损害甚至完全抛弃原本根深蒂固的传统隐私理论？最后，还有一个实践上的问题笔者没有解决：人们应当如何适用这样一个理论以及政府执法人员应当以何种方式合法地通过 ISP 收集公民的网络通讯信息。在下文中，笔者会在阐释马赛克理论的基础之上对这些问题进行更深入的讨论。

1. 概念层面的可行性

首先，笔者要指出，马赛克理论并不保护公民对其所有的网络通讯内容所享有的隐私权。因为并不是所有的人际关系都属于亲密关系。在 Jaycees 一案[①]中，通过分析私人关系和商业关系是否构成受保护的"人际关系"这个问题，美国联邦最高法院得出了一个结论。根据以马赛克理论为基础的分析方法，如果涉案的通讯信息集合体表达的人际关系属于那种公民以一种有意义的方式相互分享私人生活的关系，那么，该种人际关系一般属于受到法律保护的人际关系。最能体现一段人际关系属于真正的私人关系的特征是，这段关系维持了相当长的一段时间（可能至今都没有中断），且这段关系的主体一直都是那两个人。但是，脸书这样的社交网站会允许一个用户设置一个联系人小组（不止两个人），且小组的各个成员可以一起交流互动。像这种少数特定的用户组成的小组在一段时间内交流互动产生的通讯信息也是能体现亲密关系的通讯信息，都值得法律为其提供保护。相反，至于那些收件人很多的电子邮件、与商业有关的电子邮件，以及那些零散的、不涉及公民之间的深入交流、不能体现公民之间的亲密关系的邮件，即使它们的收件人是有限的，它们也不受法律的保护。

比"何为人际关系的构成要件"这个问题更复杂的是，一段普通的人际关系在什么时候才会变成真正的受保护的人际关系并使得构成这段人际关系的通讯信息都变成受法律保护的通讯信息？根据笔者提倡的理论，在公民与另一名公民开始联系的时候，人们是否应当适

[①] Roberts v. U. S. Jaycees, 468 U. S. 609, 620.

用隐私合理期待这个判断标准来保护他们之间的人际关系？或者仅仅在公民之间的亲密关系已经在长期的交流互动之中完全建立起来的时候，人们才应当适用隐私合理期待这个判断标准来保护他们之间的亲密关系？实际上这并不是一个以时间或者人数来划分的问题，而是人们在涉及人际关系的情形中应当如何适用《第四修正案》来保护社交网络通讯内容的问题。

在某种意义上，通过马赛克理论，人们可以将以面对面的交流建立起的人际关系和以社交网络通讯建立起的人际关系都进行概念上的统一归类。在涉及第一种人际关系的情景中，早期的通讯内容有可能会变成一段充分深入发展的人际关系的一部分；而在涉及第二种人际关系的情形中，早期的通讯内容仅仅能体现刚刚开始发展的人际关系的现实状况，而不会成为一段深入发展的人际关系的一部分。在人们决定适用《第四修正案》来保护公民的通讯内容之前，上述两者之间的区别没有什么实质意义。正如上文所述，有关公民政治结社权的法律体系不仅直接保护公民的该种权利不受政府执法人员所实施的行为的侵犯，而且还禁止政府执法人员侵扰公民参加合法的活动。如果法律和法院只保护公民在现实世界中建立的人际关系，那么，政府执法人员所实施的行为必定会侵害公民在社交网络平台上建立的人际关系。为此，公民不仅为自己难以充分发展人际关系而困扰，还会为自己对人际关系所持有的隐私期待无法符合隐私合理期待这个判断标准而忧心忡忡。为了防止这种不良后果的产生，公民所有的通讯内容——不管这些内容对公民发展人际关系能够发挥何种程度的作用，都应当受到《第四修正案》的保护。

尽管如此，人们仍然面临着这样一个问题：根据如今的马赛克理论，公民那些不涉及社交网络的通讯内容是否应当受到保护？本文讨论的重点在于社交网络以及社交网络通讯是如何构成一段亲密关系的。诚然，"以谷歌电子邮件建立起的交际"或者"以雅虎电子邮件建立起的交际"都不是典型的以社交网络建立起来的亲密关系，甚至可以这样说，这些网络交际与网络用户之间的亲密关系几乎一点关联都没有。如果双方之间专门用这些电子邮件进行联系，那么，这或许只能说明两者之间存在商业人际关系或者这两者是熟人。尽管这些电子邮件系统是一种高效的网络通讯方式，但它们的重要性与社交网络通讯相比完全不可同日而语——社交网络通讯可能是网络用户在网络世界进行充分的人际交流的唯一资源（平台）。因为一般的电子邮件系统仅可以帮助用户传送信息，但是社交网络除了传送信息之外还可以为用户建立人际关系提供类似现实世界的讨论"社区"以及表达思想的各种途径。无论如何，人们可以通过其他理论（如上文所说的将各种信息归类为内容性信息和非内容性信息的理论）对这些电子邮件进行保护。在笔者看来，笔者的观点并不一定是确保《第四修正案》对这些内容进行保护的唯一方法。事实上，迄今为止，公民对其在社交网络上的通讯信息所享有的权利仍然没有得到应有的保护，笔者提出这些观点的目的在于，在涉及社交网络的情形中，建议法院适用马赛克理论来保护公民对相关通讯内容所享有的隐私权。

根据笔者的观点，在某些情况下，法院也可以适用马赛克理论来保护公民对上述电子邮件所享有的权利。这是因为，在某些亲密关系中，公民之间也会用电子邮件进行交流或者信息的传达，换言之，电子邮件偶尔也会成为亲密关系的构成部分。如此一来，不管是在社交网络的人际关系中还是在网络外的人际关系中，这些电子邮件都可以促进现有的人际关系的深入发展。在一段亲密关系产生的通讯内容之中，不管这些内容是在网络上形成的还是在网络外形成的，它们都值得受到保护。在上文中，笔者曾提到一些与网络通讯内容能够受到保护的限制条件（如商业人际关系涉及的通讯内容或者一些被广泛传播的通讯内容不受法律保护），在涉及电子邮件的情形时，尽管这些限制仍然存在，但是，至少在概念上，笔者将这些电子邮件纳入一段真诚的亲密关系中的做法并无不妥。

2. 第三方当事人理论和公共曝光理论的幸存

乍看起来，笔者的提议似乎极大地压缩了第三方当事人理论的适用空间。如果人们的目的是保护人际关系的良好发展，那么，允许政府执法人员派遣卧底与犯罪嫌疑人建立人际关系的做法会带来与政府执法人员对公民实施监控行为相似的危害作用。如此一来，公民在发展亲密关系时总是战战兢兢、如履薄冰，这与网络用户在社交网络之中因为担心政府执法人员冒充其朋友向其刺探私人信息而始终忧心忡忡的原因是一样的。

试想以下情景：一名公民与一名政府卧底在无数的面对面交谈中

发展了一段亲近的人际关系。该公民向该名卧底泄露了许多秘密并以为自己与对方已经成为好朋友。事实上，对方只是在欺骗他，与他交往的目的就是获取他的犯罪证据。就目前而言，根据第三方当事人理论，因为该名公民是自愿向政府卧底披露其信息的，所以，他们之间的通讯内容不会受到《第四修正案》的保护。不管事实上该名公民对政府卧底的信任是否错误、是否出于内心真正的意识，他自愿披露信息的行为都会导致自己丧失《第四修正案》的保护。

　　根据笔者所提倡的以马赛克理论为基础的建议，上述通讯内容在表面上都满足了隐私合理期待这个判断标准。这些通讯信息作为一个连贯的整体（信息集合体），它们显然已经创造了一段传统的亲密关系——正如上文所述，它们可以像社区网络一样，提高用户的信息自治能力、改善网络讨论的社区环境以及提高用户掌控呈现何种身份的能力。这意味着，这些潜在的网络通讯内容都值得受到保护。否则，公民会因为担心自己的信息泄露而害怕与别人建立亲近的人际关系。

　　但是，面对面交流建立的人际关系与在网络上建立的人际关系最核心的区别在于披露公民信息的主体不一样。在面对面的交流中，公民将其信息泄露给一段人际关系中的另一方主体。换言之，告密者在这段人际关系中扮演了一个真实存在的角色。正如上文所解释的那样，第三方当事人理论的难点在于公民必须自己承担别人将自己的信息披露给政府执法人员的风险。换言之，只要公民与别人建立了人际关系，就无可避免地要承担这种风险。公民明知道自己可能被对方背叛，却仍然愿意与对方建立这样一种人际关系，这更加说明了这段人际关系的真实性和可靠性。心理学家认定，公民之间建立的人际关系必定以相互间的信任为基础，但这并不表示，"公民一定不会被对方所背叛"。公民在与别人建立一段真诚的人际关系时必须承担这种被背叛的风险。因此，公民保护自己的通讯内容的方法在于，一方面努力提高自己的人际关系的可信赖度，另一方面则避免建立一些可信赖度不高的人际关系。也正因为如此，笔者所提倡的马赛克理论在这种情形中并不能发挥什么作用，也不会阻碍政府执法人员利用这些途径收集公民信息。

　　首先，网络用户将自己的信息披露给ISP的情形与上述情形不同。在这种情形中，ISP（披露公民信息的主体）并不是公民的网络人际关系中的主体之一。ISP只是持有这些通讯信息的中间人,所以它们可以将信息传输给接收人。实际上,ISP与用户之间不存在现实的交流互动。反过来,ISP披露网络用户的信息的行为与上文所说的公民应当承担的被政府卧底披露其信息的风险也不相同,理由同上。换言之,ISP对用户之间的人际关系不存在任何风险或者利益。允许政府执法人员通过ISP获取网络用户信息的做法会侵害网络用户(发件人和接收人)之间的人际关系。因此,笔者所提倡的马赛克理论只可以在小范围内(即在涉及ISP将用户信息披露给外界的网络情形中)削弱第三方当事人理论的适用。例如,笔者所提倡的方法不会对政府执法人员通过网络欺骗的方式获取社交网络的通讯信息的能力构成任何影响。[①] 例如,政府执法人员可以以一名脸书好友的身份与脸书的用户建立人际关系,这种做法与卧底在以面对面交流的方式同公民建立人际关系的做法没有什么不同之处。该名工作人员可以在网络中获取犯罪嫌疑人的信任并骗取其犯罪信息。在这种情形中,因为犯罪嫌疑人是直接将自己的信息告知政府执法人员的,所以他对这些信息不享有《第四修正案》所保护的权利——这是毋庸置疑的。再者,因为不管是在网络上的还是网络外的人际关系中,本来就存在一方被另一方背叛的可能性,所以,公民在这种情况下不能援用法律对亲密关系的保护来保护这些被自己披露给第三方的信息。

其次,根据笔者所提倡的马赛克理论,政府执法人员仍然可以获取有关公民的电子邮件中的非内容性信息或者邮件主题、收件人姓名等信息。这是因为,第一,在社交网络的环境之中,这些信息都是不可辨别的信息;第二,更重要的是,这些信息并不能表达具备实质意义的内容,因此,它们不像那些具备实质性意义的通讯内容一样,是一段亲密关系中的组成部分。因为这些非内容性的信息都是没有实质意义的信息,不会受到外界的特别关注,因此它们自然也不会受到法律的保护。

再次,基于类似的理由,笔者所提倡的马赛克理论至少在概念层面上不会对美国国家安全局通过威瑞森电话公司或者其他供应商收集

[①] Thomas P. Crocker, From Privacy to Liberty: the Fourth Amendment after Lawrence, 57 UCLA L. Rev. 1, 21 (2010).

公民信息的行为产生阻碍作用。况且，美国国家安全局收集的也仅是公民的通话内容中的非内容性信息，如拨出的电话号码信息、通话时长以及其他不具备实质意义的信息。因为公民的通话内容中的实质性内容仍然保持其隐私性，没有被窥探，所以在这种情况下，笔者所提倡的马赛克理论也没有可适用的空间。

最后，笔者所提倡的马赛克理论也不会削弱第三方当事人理论的地位。法律为公民的亲密关系提供免受政府执法行为侵犯的保护，但这种保护与社交网络通讯内容之间不存在必然联系。因为公民是自愿向社会公众披露自己行为的，所以公民对其在公共场所的行为仍然不享有《第四修正案》的保护。尽管公民知道政府执法人员有可能在不同的时间段对自己实施监控行为，但是，公民所拥有的与别人发展和建立亲密关系的能力不会因此受到不利的影响。换言之，即使公民知道政府执法人员可能会对自己实施不定期的监控行为，他们也不会因此放弃与别人建立自己所渴求的亲密关系。然而，正如上文所言，政府执法人员的这些行为虽然表面上不会直接侵蚀公民与别人发展人际关系的能力，但的确会侵害公民参与政治性社团的权利。

正如 Solove 大法官所解释的那样："即使政府机构收集的某些信息具备《第一修正案》所赋予的价值，《第一修正案》的正当程序原则也仅仅保护可辨别的、会对公民带来'不良影响'的信息。"[①] 政府执法人员所实施的监控行为不会对某段特定的人际关系的形成产生不良影响，因为，这些监控行为虽然会影响公民的结社权和言论自由权的行使，但却不会阻碍公民与别人建立亲密关系。[②] 当人们考虑到公民之间的亲密关系是以何种方式（亲身见面或者通过电话或者通过网络联系）建立起来的时候，或者更详细地说，当人们考虑到组成公民之间的亲密关系的通讯内容各有不同时，上述结论显得更加有说服力。

3. 实践上的可行性

在实践上，笔者所提倡的马赛克理论遇到的第一个难题在于，如

[①] See Daniel J. Solove, The First Amendment as Criminal Procedure, 82 N. Y. U. L. Rev. 112, 115 (2007).

[②] See United States v. Jones, 132 S. Ct. 945, 956 (2012).

何制定可以确定受到保护的亲密关系的大致框架的规则？这些规则应当明确告诉人们，人际关系应当如何分类以及不同种类的人际关系的组成人员大致有多少。人们要区分商业人际关系和私人的人际关系。私人的人际关系是否包括公民与其远方表亲、童年故友或者商业友人相互分享私人事件而建立的人际关系？或者对于一段亲密关系而言，人数达到多少才算是过多了？显然，因为网络用户在脸书上发表的帖子会被他在这个社交网络上所有的好友看到，所以，这些帖子不是足够私密的信息，但是，如果用户与另一名固定用户之间相互进行通讯和交流互动，那么，他们之间的通讯信息肯定是十分私密的。但是，在上述两种极端的信息中，我们应当如何划出一个明确的界限来区分私密性的信息和非私密性的信息？

要解决上述问题，人们首先应当确认脸书这样的社交网站的性质。人们设计这种社交网站主要是为了发展和维持公民之间的私人联系与社会联系。一般而言，人们主要通过电子邮件系统而不是社交网站来建立商业"人际关系"。这也是为何笔者在上文中认为马赛克理论是专门针对涉及社交网络的情形而不是针对其他网络情形的原因。如此一来，人们也无须耗费心神对涉案人际关系的种类进行区分，因为如果涉案人际关系是在社交网络以外的网络情形中建立起来的，那么，法院就自然无须使用马赛克理论对该人际关系提供保护。

任何一个社交网络的"好友"都有可能成为一段潜在的人际关系中的主体。但无可否认的是，这种特征太普遍了，几乎都算不上特征了。例如，人们在脸书网站上有大量的相互间不在网站上讨论私密事项或者其他私人事项的"好友"，如同事、熟人、商业伙伴。虽然如此，人们与这些"好友"之间的社交网络通讯信息仍然属于笔者所提倡的马赛克理论的适用范围之内。在 United States v. Robinson 一案①中，通过在其他情形中适用《第四修正案》，美国联邦最高法院直接适用了一个明确的规则对一组特定的事实进行分类，即使该规则的基本原理并不适用于引发该案争议的情形。②

为了便于管理，法院认可一个将社交网络用户的所有好友都视为

---

① 381 U.S. 479 (1965).
② See United States v. Robinson, 414 U.S. 218, 235 (1973).

亲密关系的潜在主体的规则是十分有意义的，尽管实际上有些好友并不在此列。但这会导致政府执法人员和法院在辨认哪些"好友"才是一段亲密关系中的合格主体时感到十分棘手。因为上文所说的政府执法人员的行为给公民之间建立亲密关系带来很多"不良后果"，所以这种结论得到了法学界更多的支持和发展。如果公民在社交网络上得不到全面的保护，那么，公民会因为担心自己与别人的联系达不到"亲密关系的标准以及得不到法律保护而不能在社交网站上自由地与别人成为'好友'"。

此外，人们仍然无法对社交网络上由多人组成的小组群聊这种通讯方式进行定性。在一段亲密关系中，控制交流的人数是必须的，否则该关系的亲密价值就会大打折扣。例如，试想一名用户在脸书上创设了一个小组，这个小组涵盖了法学院所有的毕业生。这个小组的通讯内容明显不是 Jaycees 一案①所说的亲密关系。亲密关系和非亲密关系之间的界限应当与 Slobogin 大法官在涉及行政执法机关实施监控行为的情形中以时间长度作为划分监控行为性质的界限相似——这两个界限都应当便于管理与执行。② 对此，划分亲密关系和非亲密关系之间的关键点在于该关系所涉及的人数——人们应当提出一个具有可行性的人数来作为划分上述两种关系的界限，即使这个界限必定会遭到某部分人的反对。或许，5～10 人是一个合理的界限。此外，笔者这么说的目的不是说服读者接受这个界限，而只是说明为了区分上述两种关系，人们总是要确定一个"人数"作为界限。

更加有趣的问题在于，在法院适当地适用马赛克理论进行判案的情况下，政府执法人员应当如何合法地从 ISP 那里收集公民信息。根据笔者所提倡的马赛克理论，尽管公民在绝大部分的社交网站上的通讯内容，尤其是公民与特定的某个人互相交流产生的通讯信息都能受到宪法上的保护；但是，仍然有很多的公民通讯信息无法受到宪法上的保护，尤其是公民发表的公共帖子以及其与一大批人在一个组群里

---

① Roberts v. U. S. Jaycees, 468 U. S. 609, 617-618 (1984).
② Christopher Slobogin, Making the Most of United States v. Jones in a Surveillance Society: a Statutory Implementation of Mosaic Theory, 8 Duie J. Consr. L. & Pub. Pol'y 1, 17-32 (2012).

面与别人交流产生的通讯信息。实际上，政府执法人员应当如何在后一种情形中收集公民信息？在这种情形中，政府执法人员是否可以在没有搜查令和合理依据的情况下，在合法地收集公民信息的同时不会对公民那些受到宪法性保护的社交网络通讯信息产生侵扰？

有一种方法可以使 ISP 为政府执法人员提供公民的网络账号信息和其他不受宪法保护的信息。在脸书的网站上，上述的信息包括公民所有的社交好友的姓名、该公民不同的脸书好友分组以及该公民发布的所有公共帖子、所有成员超过 10 人的小组的通讯信息，因为如果一个社交小组的人数超过 10 人，则该小组的通讯信息都不会是亲密关系的构成部分。

关于一名脸书用户的所有好友姓名以及这些好友分别在哪些小组，这些信息与电子邮件中的非内容性信息相似，根据现有的法院判例或者笔者所提倡的理论，它们都无法受到宪法上的保护。正如上文所述，因为这些信息不构成一段人际关系中的实质性部分，所以，政府执法人员可以恣意查看这些信息并且根据这些信息获取其他一些能够受到宪法性保护的信息。例如，如果政府执法人员希望从一名脸书好友或者脸书小组那里获取公民的通讯信息，那么，它首先要根据合理依据向法院申请搜查令——这种做法可以恰当地调整保护公民所享有的在网络上发展亲密关系的权利与政府执法人员所拥有的实施侦查行为的权力之间的冲突关系。

人们要把握搜查令以及合理依据的判断标准并不困难。不管是在网络世界中还是在现实的世界中，这个判断标准并不会有所改变。关于合理依据，只要能够证明在特定的地方可能找到证据，那么，政府执法人员就可以满足这个要求。在涉及网络的情形中，政府执法人员在获取犯罪嫌疑人与其社交网络上的好友或者讨论小组之间的通讯信息之前，它应当认定，这些信息之中可能藏着犯罪信息。因为政府执法人员不需要在多个地方实施监控行为就可以获取这些信息，因此，它也不必为犯罪信息到底藏在哪里而感到困扰。也正因为如此，在涉及网络的情形中，相关的政府执法机关很容易管理和适用搜查令这个要求，因为搜查令要求政府执法人员必须指出要搜查的特定地方以及要扣押的特定内容，而在这种情形中，政府执法人员很容易就指出其所要搜查的信息的所在、其想要得到的通讯信息以及通过收集这些信息其可能发现的犯罪证据。这种情形与政府执法人员所实施监控行为的情形的核心差别在于,政府执法人员所搜查的"地方"是一个虚拟的世界而不是真实的空间以及其所搜查的证据都属于可辨别的信息。

笔者并不希望以如何实际适用自己所提倡的马赛克理论作为本文的结语,相反,笔者认为这会是一个好的开端。本文的侧重点不在于为人们解决公民的社交网络隐私权的问题提供一个完整的蓝图,而只是为人们解决这些问题提供一些有价值的、基本的参考因素。这一切的关键在于法院能够确立一些规则,这些规则一方面可使笔者所提倡的马赛克理论的适用方法切实地限制政府执法人员在社交网络上获取公民之间的通讯信息的权力,另一方面又不会抛弃或者在根本上改变现行的隐私理论的适用状况。

五、结语

或许在政府执法人员对公民在公共场所的行为实施监控行为的情形中,马赛克理论的影响过于广泛。因为在 Jones 一案[①]中,政府执法人员使用了 GPS 追踪设备,所以这个结果并不会令人感到吃惊。但事实证明,在涉及社交网络通讯内容的情形中,该理论仍然能够发挥保护公民的社交网络隐私权的重要作用。网络早已不再是一个简单快速地传送信息的虚拟空间,它在性质上更像是公民发展和维持亲密关系的重要空间。为此,人们必须重新构建一个更加灵活的《第四修正案》法律体系以解决公民在网络(尤其是社交网络)上所遭遇的隐私权问题。法院在有限的情形中适用马赛克理论的做法恰到好处地承认了社交网络通讯的价值,同时也保持了政府执法人员对犯罪实施侦查行为的权力。

---

① United States v. Jones, 132 S. Ct. 945, 956-957 (2012).

第二编　公民的住所和庭院隐私权

公民的住宅隐私权：《美国联邦宪法第四修正案》对公民住宅隐私权的保护

斯蒂芬妮·M. 斯腾特[①]著　凌玲[②]译

目　次

一、导论
二、公民住宅在《美国联邦宪法第四修正案》中享有的超级地位
三、住宅例外原则的心理学理论渊源：重新审视隐私权、人格权和隐私期待
四、住宅享有优先地位在政治上和历史上的理论基础
五、废除实体住宅在《美国联邦宪法第四修正案》中的优先地位
六、回顾有关公民住宅不可侵犯的理论：反对意见和注意事项
七、结语

[①] 斯蒂芬妮·M. 斯腾特（Stephanie M. Sternt），美国芝加哥肯特大学法学院副教授。
[②] 凌玲，中山大学法学院助教。

一、导论

公民住宅神圣不容侵犯、国家应当限制政府执法人员对公民住宅实施搜查行为是宪法性法律和宪法学中最重要的两个原则。美国的宪法性法律和司法解释等对于公民住宅的重视都反映了这样一个信念：无论在心理学上，还是在政治学上，住宅隐私权（residential privacy rights）都是公民所享有的一项至关重要的权利。事实上，美国有大量根据《美国联邦宪法第四修正案》（以下简称《第四修正案》）进行判决的案例、刑事诉讼法中占据主流地位的评论都认为，无论是在心理上还是在政治上，对公民所享有的住宅隐私权提供保护都是一项很重要的任务。但是，上述判例以及法学评论的正确性都没有经过严格的考查和论证。接下来，本文将会填补这一漏洞。

如果政府执法人员在没有法定例外情形的情况下就对公民住宅实施刑事侦查行为，那么，他们所实施的此种行为将构成《第四修正案》所规定的搜查行为或扣押行为。政府执法人员在没有法院签发的搜查令作为依据的情况下所实施的搜查行为会被法院推定为无理的搜查行为。在公民只能享有极其狭窄的隐私权保护的年代里，相比其他场所或物品（如商业大厦、汽车、电脑数据等），公民对其住宅所享有的隐私权要强许多，因此，公民住宅受到政府执法人员所实施的搜查行为侵犯的情形也少很多。有时候，美国对公民住宅所提供的保护甚至多得有些荒谬——有些律师居然会主张犯罪嫌疑人的狗屋也能受到《第四修正案》的保护。[①]

从历史的角度上讲，法官之所以会对公民住宅提供如此强大的保护，在某种程度上是因为，在判断政府执法人员所实施的行为是否侵犯了《第四修正案》赋予公民的权利时，法官总是采用以财产权为基础的分析方法。在 Katz v. United States 一案[②]中，审判该案的美国联邦最高法院不仅公开宣告，《第四修正案》"保护的是公民而不是场所"，而且还提出了一个新的判断标准即隐私合理期待的判断标准，以取代以往所采用的以财产权为基础的分析方法。然而，正如学

---

① See Trimble v. State, 816 N. E. 2d 83, 94 (Ind. Ct. App. 2004).
② 389 U. S. 347, 351 (1967).

者们所说的那样，虽然法院在判案时开始由适用以财产权为基础的分析方法逐渐转变为适用隐私合理期待这个判断标准，但是，这种转变仍然是十分片面而肤浅的。实际上，在 Katz 一案之后的许多类似案件中，美国法院仍然主要适用以财产权为基础的分析方法来审判案件。笔者认为，在审判政府执法人员对公民住宅实施搜查行为的案件中，法院的这种转变并不完全合理。在不涉及公民住宅的财产案件中，Katz 一案可以说是美国法院在适用《第四修正案》的原则审判案件时，首次放弃了以财产权为基础的分析方法。但是，美国联邦最高法院在 Katz 一案①中所作出的判决以及所依据的方法针对的仅仅是公民住宅以外的财产，而非公民住宅。换言之，在审判涉及公民住宅的案件时，法院不会放弃传统的以财产权为基础的分析方法，而贸然地适用 Katz 一案所提出的隐私合理期待这个判断标准。传统的以财产权为基础的分析方法是专门针对公民住宅而存在的，长久以来，它一直保护着公民住宅免受政府执法人员所实施的搜查行为的侵扰。但是，在某些情形中，它为公民住宅所提供的保护甚至是过于强硬的。② 当然，这也并不意味着，美国对公民住宅的保护是足够全面的，只不过是说，相对于公民的其他财产或者在不涉及公民住宅的其他情形中，公民对其住宅所享有的权利受到的保护要多很多。更直白一点，我们甚至可以这么说，在保护公民权利的时候，美国过于强调"实体住宅"（physical home）的地位，导致了美国的法律十分注重保护公民对其"实体住宅"所享有的权利，而忽略了公民对于"实体住宅"以外的财产所享有的权利，以及公民身处"实体住宅"以外的地方时所应当享有的权利。住宅例外原则（housing exceptionalism）不仅使《第四修正案》中有关住宅财产权（residential property）的法律体系变得十分混乱，而且还导致了《第四修正案》对公民住宅和非住宅空间（nonresidential spaces）所提供的保护形成严重不均衡的局面。

在本文中，笔者将会对住宅例外原则提出质疑。首先，因为"实体住宅"在美国法律上享有优先受保护的地位，所以，人们通过

---

① 389 U. S. 347, 351 (1967).
② United States v. Kyllo, 553 U. S. 27 (2001).

拓展"住宅"这一概念所涵盖的范围,使得许多在原意上不属于住宅的空间也受到了《第四修正案》的保护,但这不符合《第四修正案》的原则。在公民权利遭到别人侵害或者政府执法人员为了控制犯罪而企图侵犯公民权利时,上述的做法的确可以扩大受保护的公民权利的范围,从而促使法律更严格地保护公民的隐私权。其次,随着法律对公民住宅所提供的保护对政府执法人员的刑事司法行为构成了越来越多的限制,人们开始注重研究《第四修正案》的其他原则,如公开原则(publicity doctrine)和全面扣押原则(plain-view seizure doctrine),这进一步扭曲了《第四修正案》对隐私权保护的有效配置。再次,对于那些能够被"住宅"一词的核心要义所涵盖的空间和其他与"住宅"相关的空间,美国有大量的判例可以较好地保护公民对它们所享有的权利;但是,当公民虽身处"实体住宅"之外的空间,但却享有某些真实存在的隐私权益(substantive privacy interests)或者因为某种亲密关系(intimate association)而相信自己享有隐私权益的情况下,美国现有的判例并不能为公民隐私权提供足够的保护。笔者所说的"真实存在的隐私权",是指公民在政府执法行为中所享有的隐私权益,而不是指公民在宪法所规定的实体性正当程序(substantive due process)中所享有的隐私权益。[1]

令人感到不安的是,从一定的意义上讲,美国对于公民住宅所提供的保护反而导致法院在审判不涉及公民住宅的案件时减少了对公民权益的保护。当法院在不涉及住宅的案件中减少对公民权益的保护时,它们所给出的理由就是,这些案件不涉及公民对其住宅所享有的隐私权——它们与那些涉及公民住宅的案件在性质上并不一样,判决也自然有所不同。如此一来,住宅搜查原则(residential search doctrine)等于间接地促使法院对涉及政府执法人员对公民车辆实施搜查、盘查行为以及涉及公共监控的案件进行判决时,极大地限制了公民本应享有的权利。更令人担忧的是,事实上,政府执法人员对公民车辆等其他财产或物品实施搜查行为或者政府执法人员对公民实施公共监控行为的频率远比政府执法人员搜查公民住宅的频率要高。换言之,在公民经常遭到政府执法人员所实施的搜查行为侵扰的情形

---

[1] See, e.g., Kyllo, 533 U.S. at 37.

中，法院无意大力保护公民所应当享有的权利。长此以往，人们会逐渐忽略这样一个事实：保护公民在住宅以外的情形中所享有的隐私权益与保护公民在其住宅内所享有的隐私权益同样重要。

尽管住宅例外原则的建立以牺牲公民所享有的其他隐私权益为沉重的代价，但这却没有影响该原则在美国的盛行。美国人认为，住宅例外原则建立在这样一个假设之上：《第四修正案》对公民的实体住宅所提供的保护可以有效地保证，公民能够实现重要的基本权利和政治权利。尽管人们作出的这个假设看起来十分简单明了，但实际上，从心理学研究和政治学研究所呈现出来的证据来看，住宅例外原则的具体内涵十分复杂且模糊不清。至于公民的心理诉求（psychological claims），迄今为止，人们既没有客观的证据证明，公民隐私权的本质是以空间上的分类为基础的，也没有证据可以证明，公民希望得到最大保护的权利就是公民对其住宅所享有的免受政府执法行为侵犯的权利。此外，现实的证据（empirical evidence）也不支持以下这种假设：因为人格权或者公民对其住宅享有的免受政府执法行为侵犯的权利是鉴定公民身份和保障公民精神自由（psychological flourishing）最为重要的因素，所以，法律应当为公民对其实体住宅所享有的隐私权提供严格的保护。甚至从公民的主观隐私期待上看，这个假设也不甚牢固，公民主观上的隐私期待是否真的认为，所有与住宅有关的空间或者物品都应当一致受到法律的优先保护？这个问题值得商榷。一般来讲，公民会认为，政府执法人员对其卧室实施搜查的行为对其权利所造成的侵害比政府执法人员搜查其车库、住宅周边的垃圾、监控其后院的行为要严重得多。除此之外，没有人能够肯定，公民会认为，政府执法人员对其住宅的每一处角落或者每一件物品所实施的搜查行为都是不可忍受的。

住宅例外原则在美国的政治上和历史上是否真的有存在的必要？没有人曾对这个问题做进一步的审视。有学者认为，因为公民在其住宅内存放的很多物品都很可能是潜在的（刑事）证据，所以，公民住宅最容易受到政府执法人员的过度侵扰，这种观点并不能让人信服。因为在实践中，政府执法人员对公民的电脑以及电子数据进行的侵扰远胜于公民的住宅。并且，要抑制政府执法人员对公民住宅实施过度侵扰的行为，关键不在于住宅例外原则的适用，而在于禁止或者限制政府执法人员和司法机关在刑事司法过程中适用全面扣押原则（plain-view seizure doctrine）。在美国，公民对其住宅享有免受政府执法人员所实施的搜查行为侵扰的权利，虽然这种权利受到法律保护，但是，法律对该权利所提供的保护并不能有效保障公民的所有权利都可以完全不受政府执法行为的侵扰，事实恰好是相反的。因为，优先保护公民对其住宅所享有的权利的做法会反过来减少在更多的情形中的公民权利所原本应当获得的保护，导致政府执法人员在不涉及公民住宅的情形中更加频繁地对公民实施搜查和扣押行为，法院频繁适用住宅例外原则的做法更是加剧了这种状况。住宅搜查原则过分注重保护公民在实体住宅中享有的隐私权，这使得人们不仅忽略了还要保护其他真实存在的隐私权益，而且还忽略了一个重要事实：美国为公民对其住宅所享有的权利所提供的保护还存在不足之处。为此，甚至有学者针对法院对制宪目的作出的推理解释提出了质疑。从史料上看，制宪者的制宪目比法院所解释的要复杂很多。此外，正如 Tracey Maclin 等学者所观察的那样，决定当今的刑事司法体系走向的《第四修正案》的现实含义不应当由 1791 年《美国联邦宪法》的制宪者来决定。通过了解公民住宅在美国文化中的超级地位（iconic status），人们可以较好地明白，为何在《第四修正案》的原则中，公民住宅一直处于被优先保护的地位。公民住宅在美国文化中的优势地位至少可以追溯到浪漫主义哲学时代，那时候，人们将住宅视为逃避城市腐败的避难所。在随后的罗斯福新政中，美国又将保护公民住宅的优势地位视为重建公民道德以及经济改革的体现。公民住宅的文化优势以及其特有的人格象征性，又或者说它作为公民反抗政府执法人员侵扰的避风港的政治形象，是住宅例外原则一直没有被法院摒弃的一个原因。文化上的优势促使公民住宅在多个法律领域（含《第四修正案》）中始终保持着被优先保护的地位。

　　本文不仅会厘清住宅财产权和隐私权的概念，而且还会在政府执法人员对公民住宅实施搜查行为的情形中辨别出，公民所享有的哪些真实存在的权益很有可能会遭到侵害。笔者之所以作出这种辨别，是为了向大家阐释，政府执法人员所实施的搜查行为对公民隐私权构成何种侵害以及该种实际侵害的程度之深，而不是为了阐释公民的财产权或者住宅受到了怎样的侵犯。笔者不仅会着重阐释公民在某些亲密关系中享有哪些真实存在的权益,而且还主张这些权益是公民所享有的主要权益(但并非是独有权益),在政府执法人员对公民住宅实施搜查行为的情形中,这些权益也是真实存在的,也有可能遭到政府执法行为的侵犯。笔者认为,这些权益不仅来源于《第四修正案》,而且还曾明确出现在 Katz 一案①的判决当中,Katz 一案的判决明确指出,《第四修正案》保障公民的隐私期待是"保护的是公民而不是场所"。

在本文中,笔者将提出一个更加能够与真实存在的隐私权益相互响应的法律体系,并提倡用该法律体系对公民隐私权提供更加正确、合理的保护,而不是像以往一样,单一地依据公民住宅的优势地位来保护公民的住宅隐私权,这种做法不仅不能对公民的住宅隐私权提供周全的保护,而且还会削弱法院对公民所享有的其他隐私权的保护。在政府执法人员对公民住宅实施搜查行为,但公民对其住宅所享有的权利得到及时保护的情形中,公民不可能还会在事后回想自己哪些真实存在的隐私权益遭受了侵害。例如,在政府执法人员对属于公民所有且靠近公民住宅的空间实施搜查行为时,如果该空间并不用于公民的家庭活动,并且政府执法人员所实施的搜查行为也不会损害公民对其亲密关系所享有的潜在权益,那么,在这种情况下,政府执法人员所实施的搜查行为只会对公民所享有的真实存在的隐私权造成最低限度的影响。同样地,在政府执法人员所实施的仅能泄漏公民住宅的物理信息(如光热值)的技术扫描行为的情形中,公民所能受到的法律保护也比较少。但是,如果政府执法人员实施了能够披露公民之间的人际交往活动或者私密活动的行为,则公民所能受到的法律保护比在上述情形中受到的保护多很多。这种分析不仅简化了在具有标志性意义的 Kyllo v. United States 一案②中看似十分棘手的问题——政府执法人员利用热像仪探测公民住宅的热量值的行为是否侵犯了公民对其住宅所享有的隐私权,并且为该案中公民所享有的隐私权提供了一个相对较低的保护标准。

在阐述本文之前,笔者首先要说明以下几个问题。

---

① Katz v. United States, 389 U. S. 347, 351 (1967).

② 533 U. S. 27, 40 (2001).

首先,笔者的观点着眼于人们对于隐私权的宪法性理解,即着眼于美国在过去半个世纪中所建立的《第四修正案》法律体系。笔者不打算为隐私权保护的依据作出更多的详细解释,例如将《第四修正案》中的公民安全权(security interest)或者在政府执法人员对公民住宅实施搜查行为的情形中可能存在的暴力执法行为和财产损害总结成模糊不清的概念,然后把这些概念视为隐私权保护的依据。就这方面而言,无论是心理学还是政治学上的基本原理,都可以成为实体住宅享有优先地位的有力依据。笔者建议,人们在研究《第四修正案》的原则时,应当将着眼点从住宅例外原则转移到真实存在的隐私权益以及公民在亲密关系中所享有的隐私权。

其次,尽管笔者在文中会论及法院针对政府执法人员所实施的重复搜查行为而提起的审查行为和为保护公民权益而适用的法律保障,但是,笔者的论述仍然以与公民住宅有关的案例为主要基础。

最后,笔者的论述会以住宅例外原则以及公民对其住宅场所所享有的隐私权所受到的保护为中心内容。如今,学者们争论的一个主要问题在于,在判断是否对公民提供《第四修正案》所规定的保护时,法院是否应当以 Katz 一案所提出的判断标准和政府执法人员所实施的搜查行为必须以合理依据为前提的宪法性要求为审判标准?又或者法院是否应当根据具体情形具体分析的方法,通过分析政府执法人员所实施的搜查行为对公民权利的侵犯程度来判定该搜查行为是否合理?公民在哪些情况下应当受到《第四修正案》的保护?在本文中,笔者不会针对这些问题提出一个详细的、综合的标准来判断政府执法人员对公民住宅实施的搜查行为是否合理。相反,笔者会主张,如果在政府执法人员所实施的涉及公民住宅的侦查活动中,政府执法人员所实施的行为并没有损害公民之间的利益或者公民其他重要的隐私权益,那么,政府执法人员所实施的行为就不构成《第四修正案》所规定的搜查行为。或者说,即使政府执法人员在实施搜查行为之前满足了合理依据这个高标准,只要该行为侵犯了公民的某种权益,则该行为就是《第四修正案》所规定的搜查行为。

在本文的第一部分,笔者将会论述,实体住宅在《第四修正案》的法律体系中所享有的超级地位是以牺牲某些真实存在的隐私权益和理论效益(doctrinal efficiency)为代价的。在第二部分,笔者将会以心理学上的证据（psychological evidence）为基础分析心理学对实体住宅所享有的优势地位的三个影响：首先，人们在心理上将隐私权理解为一个禁止别人进入的绝对隐私空间；其次，人们认为自己对自己的住宅享有人格利益；最后，人们在心理上对自己的住宅持有较高的主观隐私期待。通过讨论住宅、所享有的优先地位在政治上和宪法上的正当性，第四部分不仅会提出公民住宅在政府执法人员滥权（government overreaching）实施搜查行为的情况下特别容易受到侵犯的观点，而且还会评价美国联邦最高法院对制宪者的制宪目的作出的解释。在第五部分，笔者会建议，用一个以公民所享有的真实存在的隐私权益以及公民在亲密关系中所享有的隐私权为基础的原则（该原则可以为公民隐私权提供更多、更一致的保护）来取代住宅例外原则。笔者将会通过例证来阐释，以真实存在的隐私权益为基础的分析方法（substantive-privacy approach）是如何解决住宅例外原则所带来的一些难题的。在第六部分，笔者一方面会阐释其他学者对笔者观点所提出的异议，另一方面也会就修改《第四修正案》中涉及公民住宅隐私权的原则这个问题阐释自己的一些观点。

二、公民住宅在《美国联邦宪法第四修正案》中享有的超级地位

在司法实践中，就政府执法人员对公民住宅实施搜查行为的情形而言，法院已经在判决中逐步加强对公民在这类情形中所享有的权利的保护。可以这么说，《第四修正案》为公民对其住宅所享有的权利提供了最严格的保护。正因为如此，公民住宅在《第四修正案》中获得了如同超级偶像般的地位。原则上，公民在其住宅内受到的保护比公民在其他情形中所受到的保护要多很多。除此之外，公民只有在极少数的情形中可以获得保护，例如在公民身处电话亭之内或者公民的人身遭到了政府执法人员的侵犯时，公民的权利可以得到比较好的保护。[①] 美国的法院和学者主要从以下两个方面来论证实体住宅应当

[①] See Winston v. Lee, 470 U.S. 753, 766－767 (1985) (intrusion into the body); Katz v. United States, 389 U.S. 347, 350－353 (1967) (telephone booth); see also Omnibus Crime Control and Safe Streets Act of 1968, 18 U.S.C. §§ 2510－2522 (2006).

受到严格保护的合理性：一方面，从心理上讲，住宅对于公民而言，是公民最为重要和私人的财产，公民自然而然会相信自己在其住宅内所进行的活动都是私密的；另一方面，长久以来，住宅一直扮演着公民据以对抗政府执法人员对其实施无理搜查行为的避风港的角色。然而，在文化史学家看来，公民住宅这一崇高的地位，是公民住宅在美国过去的百年文化史中所享有优势地位的体现之一，这种公民住宅的优势地位是政府执法利益与公民私人利益相冲突的结果。在刑事搜查的原则（criminal search doctrine）中，人们"对住宅的尊崇"（cult of the home）由来已久。事实上，这不仅对《第四修正案》的法律体系造成了严重的损害，而且还导致了《第四修正案》的法律体系对不同类型的住宅空间、涉及住宅和不涉及住宅的情形所提供的保护极不均衡的局面——这很不利于《第四修正案》的法律体系对公民隐私权提供高效率的保护。此外，不管在政治上，还是在法学理论上，它都削减了公民隐私权在其他情形中所受到的保护。

（一）《第四修正案》所规定的搜查行为：以住宅为中心的法律体系

美国联邦最高法院已经将保护公民住宅视为遵循"《第四修正案》的核心要务"。[①] 在没有获得法院签发的搜查令的情况下，政府执法人员不可能闯入公民住宅之内，扣押公民的财物或者逮捕住宅内的犯罪嫌疑人。除非政府执法人员向法院呈现其搜查公民住宅的合理依据以及满足刑事诉讼的其他程序要求，又或者政府执法人员自担其证据被法院排除的风险，否则，法院不能签发搜查令。在一个注重维护公民隐私，反对将公民隐私公开化的法律体系中，公民住宅无疑是一种最为隐私的空间。事实上，美国联邦最高法院认为："当（政府执法人员）现实地闯入公民住宅里面时，《第四修正案》明文禁止的最为邪恶的事情就发生了。"[②] 所谓"最为邪恶的事情"，就是指政府执法人员对公民住宅所实施的无理搜查行为。如果政府执法人员在既没有法定的例外情形，也没有搜查令作为依据的情况下擅自闯入公民

[①] Wilson v. Layne, 526 U. S. 603, 612 (1999).
[②] United States v. U. S. Dist. Court (Keith), 407 U. S. 297, 313 (1972).

的住宅之内,那么,哪怕政府执法人员只是"踏进公民住宅一小步",其行为在宪法上也是不被允许的。美国联邦最高法院在大量的判例中都宣称,公民住宅是神圣不可侵犯的,不仅如此,就连住宅内的公民财产也都是神圣不可侵犯的。

美国联邦最高法院不仅明确表示,"要在公民住宅的入口处画一条坚固的防线(以防止政府执法人员的无理侵犯)",而且还将"住宅"扩大解释为包括户外的庭院,甚至车库以及垃圾桶在内的广泛空间,使得上述空间都能受到《第四修正案》的保护。法院将用于公民生活之外的空间也纳入"住宅"的范围之内的做法,是《第四修正案》中的住宅例外原则的一个显著特征(也可以说是重要体现)。庭院是围绕在住宅之外的、属于公民所有的户外不动产。除非存在某些重要的法定例外情形,否则,它也受到法律的保护,免受政府执法人员的无理入侵和搜查行为的侵扰。① 住宅内的树木、水等物品只有在被移出住宅之外并被放置在开放领域(open fields)时,政府执法人员才能够在没有搜查令的情况下对其实施搜查行为。②

在美国的法律文献中,刑事诉讼方面的学者以及隐私权方面的理论家几乎全都支持法院对公民住宅提供严格的保护并对住宅进行扩大解释,以使得更多的空间可以受到与住宅同等的保护。即使是最竭力主张要限制隐私权的学者,他们也不会对公民住宅受到严格保护这一现象以及相关理论进行抨击。在有关刑事诉讼的理论中,似乎存在这么一种占主导地位的设想:在某种程度上,对于公民而言,公民的住宅、公民在其住宅内所享有的隐私权都是极为重要的。相反,公民在不涉及住宅的其他情形中所享有的隐私权就谈不上有什么重要性。根据美国的法律,如果政府执法人员对公民财产实施了征用行为(government taking),则政府执法人员应当对此承担法律赔偿责任。根据最近的研究,美国已经开始考虑,如果政府执法人员对公民住宅实施了《第四修正案》规定的搜查行为,则他们的行为不仅会被法院类推为征用行为,而且他们还必须为自己在搜查过程中对公民造成的损害履行法律上的赔偿义务。

---

① See Dunn, 480 U.S. at 300.
② See Hester v. United States, 265 U.S. 57, 59 (1924).

在美国，法院和学者不仅对公民住宅存在一种盲目崇拜的情绪，而且还一致推崇以财产权为基础对公民住宅提供形式主义的保护——这在美国似乎是一种不可避免的历史潮流。在 1967 年的 Katz v. United States 一案①中，美国联邦最高法院宣称："《第四修正案》保护的是公民而不是场所。"在 Katz 一案之前，美国联邦最高法院在为公民住宅提供保护时一直以财产法上的理论以及普通法上的非法入侵理论为基础，进而判断政府执法人员所实施的搜查行为是否侵犯了公民受宪法保护的领域（空间）。Halan 大法官在 Katz 一案判决的并存意见中提出了这样一个判断标准：如果公民"在主观上存在隐私期待"，并且"社会准备承认其隐私期待具备合理性"，则政府执法人员所实施的行为即构成《第四修正案》规定的搜查行为。尽管在 Katz 一案②以及随后的一些案件中，法院对 Halan 大法官提出的这个判断标准作出了更加详细的解释，但是，在适用《第四修正案》保护公民权利时，法院仍无法完全用该判断标准来取代之前的以财产权为基础的方法。Halan 大法官解释道，法院"应当以事情的发生地作为判断公民在某种情形中是否享有隐私合理期待的参考因素"，而在涉及公民住宅财产权的情形中，"住宅一般会被视为公民在其内可以期待自己的活动以及物品都能保持隐秘性的地方"。③ 在 Katz 一案的一年之后，美国联邦最高法院认定："在 Katz 一案中，Katz 并不打算放弃《第四修正案》赋予公民的任何保护"。换言之，虽然美国联邦最高法院认为，"《第四修正案》保护的是公民而不是场所。"但是，这并不代表着它会认为公民对其住宅所享有的权利就不再值得《第四修正案》的保护。实际上，根据 Katz 一案的判决，美国联邦最高法院仍然认为，公民住宅是法律应当着重保护的对象，但其值得保护的理论依据在于公民对其住宅所享有隐私合理期待，而不在于公民对其住宅享有财产权。

---

① 389 U. S. 347, 351 (1967).
② 389 U. S. 347, 351 (1967).
③ Katz, 389 U. S. at 361 (Harlan, J., concurring); see, e. g., United States v. Rohrig, 98F. 3d 1506, 1518 (6th Cir. 1996); United States v. Reed, 733 F. 2d 492, 500 - 501 (8th Cir. 1984).

在 2001 年的 Kyllo v. United States 一案①中，美国联邦最高法院加强了对公民住宅的保护。在该案中，政府执法人员怀疑被告在其住宅中种植大麻，在没有获得法院签发的搜查令的情况下，他们就擅自在一条公共街道上使用热像仪来探测被告住宅内的热量数据。热像仪仅仅记录了被告住宅内的热量数据，并没有披露与被告的任何活动相关的信息。出于对《第四修正案》为公民所提供的保护的理解，审理该案的 Antonin Scalia 大法官认为，住宅的内部空间是"应当受到隐私权保护的典型空间"。尽管如此，该案判决的多数意见书仍然留下许多能削弱法律对住宅所提供的保护的隐患：根据该多数意见书，只有当政府执法人员对公民住宅使用科技不是为了实现公共利益的时候，政府执法人员的行为才是不被允许的执法行为。反过来讲，如果政府执法人员为了实现某种公共利益，那么，政府执法人员便可以在没有搜查令的情况下使用科技探测公民住宅之内的情况。反对该案判决的异议者虽然承认，公民住宅在宪法上处于被优先保护的地位，但是，他们认为，根据《第四修正案》的原文，它只是反对政府执法人员所实施的"现实地侵入公民住宅"的行为。但是在该案中，政府执法人员仅仅使用热像仪在公民住宅的外部进行探测，并没有现实地闯入住宅的内部，因此，政府执法人员使用热像仪在公民住宅外部进行探测的行为并不违反《第四修正案》。

Kyllo 一案突出了住宅例外原则的另一个特点：法律理所当然应该保护公民住宅内部的事物，但是，法律对于住宅的保护也主要是对住宅内部的保护，以及对在住宅内所发生的家庭生活的保护，而对于住宅的外部，法律是不加以保护的。在公民住宅的内部，"公民的一切行为、事务都是隐私"。在 Kyllo 一案以及其他大量的有关《第四修正案》的判例中，公民行为或事务的隐私性都源于公民住宅在财产法上的优势地位，而不是源于人们所持有的此种观念：政府执法人员对公民住宅所实施的某些搜查行为可能会侵犯公民所享有的某些真实存在的隐私权益。

更简单地说，法律对公民住宅所提供的保护不仅是不全面的，而且还存在一些原则上的缺漏。虽然住宅例外原则清晰地阐释了美国法

---

① 533 U. S. 27, 37, 40 (2001).

律对于公民住宅提供的保护是强而有力的,但是,它并不能全面保护公民的所有权利。《第四修正案》的住宅搜查原则还包含了许多与法院为公民所提供的司法保护相悖的例外情况。这些例外情况都源于财产法上的规定,这说明,在住宅例外原则中,以财产法为基础的分析方法实际上是一把双刃剑——适用这种分析方法来保护公民住宅的做法有利亦有弊。例如,非法入侵理论对《第四修正案》的原则产生了一些负面的影响,根据该理论,《第四修正案》不仅允许政府执法人员的卧底从公民的谈话内容中获取证据,而且使得第三方(同居者)有权同意政府执法人员进入公民住宅内实施搜查行为。又例如,在别人家做客的公民是不享有隐私权的。此外,还有一些其他的例外情况建立在公民安全权的基础之上。在众多的例外情况中,影响力最大的是全面扣押原则,根据该原则,在一个政府执法人员有权进入的地方,或者在政府执法人员相信其观察对象就是犯罪嫌疑人或犯罪工具、证据的情况下,他们可以自行扣押公民或证据。[①]

尽管存在上述各种各样的例外情况,但是,相对于公民在商业大厦、某些汽车、公共场所里所受到的保护以及公民对其计算机数据、互联网信息等享有的权利,公民对其住宅所享有的权利受到的保护仍然是十分多的。这些例外情况说明,在保护公民隐私权时,美国联邦最高法院对财产权的注重以及它在判决中提出的对公民住宅提供绝对保护的论调,极大地降低了它适用住宅搜查原则保护公民住宅隐私权的效率。这是因为,如果法院仅仅通过政府执法人员的行为是否涉及公民住宅这一因素来判断是否给公民提供隐私权保护,那么,这种形式主义的做法会导致法院在创设例外情形时也仅仅注重形式,而不会认真地考虑其创设的例外情形对于公民的住宅隐私权而言有何意义。如此一来,即使住宅例外原则为公民的住宅隐私权提供了严格的保护,但是在某些情形下,公民住宅隐私权还是会被各种例外情形"牺牲"掉。此外,法院一方面在许多案例中过分强调保护公民对其住宅享有的权利;另一方面却又在其他的案件中创立了各种各样的例外情况,这导致了法院在审判案件时经常出现同案不同判的局面。当案件中出现一些现有判例无法解答的、稀奇古怪的问题时,法院可能

---

① See Texas v. Brown, 460 U. S. 730, 738 – 740 (1983).

会通过创立新的例外情况来解决窘境，又或者会像 Kyllo 一案①一样，通过强调住宅神圣不可侵犯的地位来为公民对其住宅享有的权利提供有力的保护。这些做法都很容易造成司法审判结果的混乱。

（二）公民住宅的超级地位：从美国文化的视角上看《第四修正案》

在整个20世纪中，得益于公民住宅在美国文化以及法律中的优势地位，住宅例外原则在美国一直都十分盛行。一方面，公民住宅在美国历史上一直都是神圣不可侵犯的家庭内部活动场所；另一方面，公民住宅在美国文化中一直处于超级强大的优势地位，这两者都对美国现今的宪法性原则产生了巨大的影响。虽然这种影响并不能解释，在制定宪法的年代里，《第四修正案》对公民住宅所提供的保护是如何产生的，但它却是实体住宅能够在《第四修正案》的法律体系中一直保持被优先保护的地位的一个要素（尽管它并不是唯一的因素）。宪法性的规范以及普通法的规定不仅认可了公民住宅对于公民以及社会的重要性，而且还加强了对公民住宅的保护。公民住宅在美国文化上的优势地位可以追溯到19世纪末期的浪漫主义运动。在那个年代，浪漫主义者将公民的住宅比喻为公民用以抵御腐败都市生活带来的危险的避风港。社会历史学家则将公民住宅誉为工业化社会中的"隐私地方"。早在1880年，福蒙特州便承认，公民对其住宅所享有的财产权使得公民的居住和隐私得以保持宁静。② 在1896年，密苏里州的首席检察官 Herbert Spencer Hadley 主张，保护公民住宅的神圣不可侵犯性以及公民的名誉是保护公民隐私权的主要方式。③ 在此期间，包括鼎鼎大名的 Samuel Warren 和 Louis Brandeis 在内的美国著名学者都开始引用一句英国的格言来论证住宅的超级地位——"公民的住宅便是公民保卫自己的堡垒"。在20世纪的前期，美国的

---

① 533 U. S. 27, 40 (2001).

② See Benjamin E. Bratman, Brandeis and Warren's The Right to Privacy and the Birth of the Right to Privacy, 69 Tenn. L. Rev. 623, 632 – 633 n.59 (2002) (citing Newell v. Witcher, 5 Vt. 589, 591 (1880)).

③ See H. S. Hadley, Can the Publication of a Libel be Enjoined?, 4 Nw. L. Rev. 137, 145 (1896).

民众对于住宅的尊崇仅仅体现在罗斯福新政中——罗斯福新政把住宅和拥有住宅视为公民道德的一种体现。在经济大萧条时期的经济改革中，政府推出了以整顿房地产业为中心的经济政策。美国金融业以及银行业中的特殊利益团体很快便对该项政府政策采取相应的措施。随着金融业的好转，房地产的市场营销成为了经济复苏的一个强有力的标志，它不仅带动了以房地产业为中心的市场投资，而且还铸就了房地产（公民住宅）在美国文化中的超级地位。[1]

一直以来，在《第四修正案》有关住宅搜查原则的法律体系中，公民住宅不仅获得了越来越多的保护，而且有关公民住宅绝对不受政府执法人员侵犯的论调也俨然成了美国司法界的铁律，公民住宅在美国文化史上的超级地位恰好又为这一现象提供了一个新的研究视角。在浪漫主义时期，人们把公民住宅视为一种理想化的、完全密封的、不受外界干扰的私人空间。如今，涉及公民住宅的一切事物皆为隐私事物的司法观点正是对这种理想观点的一种美好追忆，但是，这种观点在当今社会是行不通的。因为公民住宅在美国文化史上一直享有十分崇高的超级地位，所以美国公民一直以住宅产权作为其反对政府执法人员对其实施搜查行为的重要依据——尽管在很久之后，公民的这种做法遭到美国法院的否定。

与政府执法人员对公民住宅所实施的搜查行为（residential search）有关的法律不仅反映了公民住宅在美国文化上的中心地位，而且还加强了公民住宅在有关法律体系中的规范性意义。法律对隐私权的保护影响着人们对于何为隐私这个问题的看法。根据在法律和隐私规范中的来回推导，人们可以得出结论，仅凭多数人的观点，人们不能得出公民的主观隐私期待是否具备合理性（这是 Katz 一案[2]的判决所提出的判断标准必须论证的一点）的结论。因为在大多数人的意识里，涉及住宅的事物即是隐私性事物，反之则不是。所以，如果法院在判断公民的主观隐私是否合理时仅仅考虑多数人的看法而完全不考虑根据此分析方法得出的结论将会给社会带来的客观损害，那

---

[1] See Alan Zundel, Policy Frames and Ethical Traditions: the Case of Home ownership for the Poor, 23 Pol'y Stud. J. 423, 426 – 428 (1995).

[2] 389 U. S. 347, 351 (1967).

么，决定案件判决结果的还是公民住宅在美国的超级地位。即使法院在判案时适用 Katz 一案所提出的判断标准，该判断标准也发挥不了任何作用，因为大多数人仍然会根据住宅的超级地位而作出公民对其住宅享有隐私合理期待和公民对住宅以外的事物不享有隐私合理期待的判断。这种结果不仅会侵犯公民的其他权益，而且也与现代科技的迅猛发展所带来的社会变化格格不入。

（三）法律保护的配置成本：法律对住宅的保护成了削减法律对其他地方保护的正当理由

将住宅视为公民的精神堡垒和政治堡垒的司法原则和论调，不仅导致了美国法律和司法上一些极为突出的矛盾，而且还将美国为公民隐私权提供的保护割裂成多个严重不均等的部分——在某些情形中，公民隐私权可以得到极度的保护，而在另一些情形中，公民隐私权只能得到极少甚至为零的保护。因为法律为公民住宅提供了过多的保护，所以，实际上，公民住宅（及其他的实体建筑物）所享有的优先性已经损害了法律对公民隐私权所提供的保护的有效合理配置。此外，法院以财产权和社会公众的看法为基础（不是以隐私权理论和控制刑事犯罪为基础）创设了许多法定例外情形，这些例外情形大都表达了公民在住宅以外的情形中不享有隐私权或只能享有有限隐私权的观点。据此，我们可以看出，法院在优先保护公民住宅隐私权的同时几乎完全忽略了对公民所享有的其他隐私权提供保护的必要性。

公民的隐私权益不仅应当得到优先的保护，而且还应当与社会安全、控制犯罪、司法资源、行政资源等社会需求相协调。如今，《第四修正案》对公民在遭遇政府执法人员实施搜查行为的情形中所提供的保护体系十分混乱——根据政府执法人员对公民实施搜查行为的具体情形的不同，《第四修正案》为公民在各种不同情形中所享有的权利提供的保护也是不一样的。相对于政府执法人员所实施的搜查行为给公民带来的侵扰和伤害程度，公民在其住宅、庭院、车库以及非住宅空间中所享有的权利受到的保护已经超出其实际需要的程度。换言之，这种保护体系无法恰当地协调隐私权保护和政府执法利益之间的关系。也许法院和学者们会默认，如果要平衡政府执法人员控制犯罪的社会利益和公民隐私权之间的关系，那么，法律对于公民隐私权的保护应当受到适度的限制。但是，在对隐私权保护进行有效的配置时，相对于重点参考政府执法人员所实施的搜查行为的侵扰性程度以及其对社会造成的客观伤害、社会公共利益等因素，美国的法院更倾向于以具体案件的具体情形和社会公众的看法作为判案的基本考虑因素。

不管是涉及公民住宅的情形，还是其他的情形，法院的这种做法都使得隐私权保护的资源配置变得十分低效。一般来讲，在政府执法人员搜查公民住宅的情形中，法院对公民隐私权的强力保护意味着在政府执法人员对公民实施搜查行为的其他情形中，法院会削减对公民隐私权的保护。这种关系与人们对于刑事诉讼的一般认知是相悖的。很多学者不仅热衷于制定强有力的隐私权法，而且对《第四修正案》在过去半个世纪中只在十分狭隘的范围内保护公民隐私权的状况感到忧心忡忡。有的学者则认为，如果公民享有更多的隐私权是一件好事，那么，公民对其住宅享有的权利能受到宪法性的有力保护自然也是好事一桩，因为这能为日渐萎缩的公民隐私权提供更多的保护。

纵观美国史上有关《第四修正案》的判例，我们可以探知，法律对公民所享有的住宅隐私权所提供的保护并不能促使公民在其他情形中也能得到应得的隐私权保护。相反，法院频繁地强调要对公民住宅提供隐私权保护的做法反而成为公民在不涉及住宅的情形中不享有隐私权或者只能享有极为有限的隐私权的合理依据。

例如，在 Dow Chemical Co. v. United States 一案[1]中，美国联邦最高法院认定，政府执法人员在半空中对被告的工业设备实施监控的行为不违反《第四修正案》对公民隐私权的保护，即一方面，工业设备不能被视为公民的"庭院"或者"住宅"；另一方面，本案的被告是商业组织而非公民，商业组织不能像公民那样享有免受政府执法人员监控的权利。在该案中，美国联邦最高法院还认为，如果被告的工业设备能够被视为一处住宅（"住宅是公民隐私权被最大限度地提高的地方"），那么，被告对该工业设备所享有的权利将会受到法律的保护。

---

[1] 476 U.S. 227, 238-239 (1986).

在 California v. Carney 一案①中，美国联邦最高法院曾在其判决中写道："在涉及能够移动的事物的情形中，'在给政府执法人员签发搜查令时，法院应当适度地降低要求，因为公民对其汽车所享有的隐私期待明显低于公民对其住宅或者办公室所享有的隐私期待'。因为政府执法人员本来就会在公共道路上对公民的汽车进行管制。"

同样地，最近有学者主张，在政府执法人员使用某些科技（如生物扫描仪）对公民实施搜查行为的情况下，公民不享有隐私权保护，因为，政府执法人员的行为"并没有对公民的神圣领域造成实际的侵犯"。② 笔者并不认为，这些涉及政府执法人员对公民住宅实施搜查行为的判例是导致公民权利在不涉及住宅的情形中只能受到极少保护的唯一原因。但是，笔者认为，它们至少是导致这一现象的主要原因。

公民住宅受优先保护的地位导致法院只为公民在其他情形中所享有的权利提供极少的保护。但实际上，政府执法人员所实施的大部分搜查行为都不涉及公民住宅。因而，公民在受到隐私权侵犯的许多情形中都投诉无门，这种现实是令人十分担忧。William Stuntz 注意到，"很多人都是在公共街道上，而非隐私的住宅中遭遇政府执法人员所实施的搜查行为的侵扰"，并且，"法院保护公民在住宅中享有充分隐私权的做法实际上减少了公民对其放在汽车驾驶室中的储物箱或夹克口袋等物所享有的隐私权所能受到的保护"。③ 因为公民对住宅所享有的隐私权优先受保护的观点在美国人的心中如此根深蒂固，吸引了美国人主要的注意力，所以，不管在社会关注中还是在司法中，美国人都在很大程度上忽视了对公民其他隐私权益的保护。当然，法院减少对住宅空间的保护力度并不能保证公民所享有的其他隐私权益就能获得足够的保护。

但是，通过以下三种途径，法院的确可以改善对（除住宅隐私权以外的）公民隐私权益保护不周的局面：一是重新审视公民住宅

---

① 471 U.S. 386, 390–392（1985）（quoting South Dakota v. Opperman, 428 U.S. 364, 367–368（1976））.

② Erin Murphy, Paradigms of Restraint, 57 Duke LJ. 1321, 1359 (2008).

③ See William J. Stuntz, Privacy's Problem and the Law of Criminal Procedure, 93 Mich. L. Rev. 1016, 1062 & n.169 (1995).

隐私权和其他隐私权益的关系，二是将《第四修正案》视为保护公民的重要权益的屏障，三是大批量地解决会对隐私权益造成侵害的问题。在某种程度上，正是因为公民住宅在《第四修正案》的法律体系中享有绝对的优势地位，所以该法律体系对公民隐私权所提供的保护十分不均衡，才最终导致了如今法院不能同时为公民的住宅隐私权和其他隐私权提供足够保护的后果。低收入人群比高收入人群在公共场所活动的时间要长很多，这导致了他们根据《第四修正案》受到的保护比高收入人群少很多。

此外，将隐私权保护集中在实体住宅上的做法不仅使得公民的移动房车（这种房车是不固定附着在某个地点的）经常受到政府执法人员在没有搜查令的情况下所实施的搜查和扣押行为的侵扰，而且在无家可归者的公共住处或临时居所遭到政府执法行为侵扰的案件中，导致法院无法确定是否应当对这些住处提供法律保护。

三、住宅例外原则的心理学理论渊源：重新审视隐私权、人格权和隐私期待

在美国，人们普遍认为，实体住宅或"住宅性领域"不仅是公民最重要的财产，而且还在公民的心理上占据着独特的地位，因此，法院和学者们早已据此论证，为公民住宅提供广泛保护并忽略其他大量真实存在的隐私权益的做法是合理的。这些观点和做法使得人们一方面过分强调保护公民住宅免受政府执法人员所实施的无理搜查行为侵扰的重要性（或者说是必要性），另一方面却忽略了公民还有其他重要的隐私权益也需要保护的事实。很多的判例和学术观点都推定，法院之所以对公民的实体住宅提供严格的保护，很大程度上是因为公民对其住宅享有重要的领土利益以及《第四修正案》保护那些带有"人格"性的公民不动产。人们普遍接受的观点是，国家应当着重为公民的住宅性建筑以及财产提供严格的、广泛的保护——这种做法符合公民的隐私合理期待理论。在本部分中，笔者不仅会逐一分析有关隐私权保护的所有基本原理，而且还会主张法院和学者们对于《第四修正案》所提到的住宅的认识是不全面的。

（一）隐私权的神话：一个以土地权为基础的规则

《第四修正案》的原则默认了这样一个观点：住宅隐私权是以明晰的空间概念和土地概念为基础的，但实际上，这种观点与人类的心理学研究和美国的隐私权文化都不相符。公民住宅享有优先地位的一个重要法律依据在于，在隐私权利理论形成的过程中，公民始终对其住宅享有排他性的控制权，因为"公民住宅是神圣不可侵犯的"。但是，早在1980年，美国联邦最高法院就明确认定，世界上不存在一个以公民住宅作为模糊边界的"隐私区域"（zone of privacy）。相关的研究文献则表明，隐私权主要是一种与人们的心理以及人与人之间的关系有关的权利，而不是与具体的土地有关的权利。

如果公民隐私权的存在依赖于公民对某片土地（尤其是住宅）所享有的控制权，那么，稳定有力的隐私权规范将会坚定地保护公民对其住宅性土地所享有的隐私权。但恰好与之相反的是，有关这方面的研究表明，实际上，人们在不同的情形中会采用不同的隐私权规范，而不会在所有情形中墨守成规地遵循一个一成不变的规则。在美国的文化中，公民对其住宅存在十分广泛的隐私期待。相对比较富有的公民而言，比较穷的公民对其住宅持有相对比较少的隐私期待和需求。心理学研究表明，公民在生活中习惯于把某些特定的领域视为隐私性的领域，并且会在随后的生活经历中将新的领域视为隐私性领域。换言之，人们对于"隐私领域"的认识会随着时间的流逝而有所改变。此外，该研究还表明，隐私权规则"可以发挥重要的社会功能，帮助人们审查政府执法人员所实施的行为是否遵从相关的规范"。①

与这些学者的观点相反的是，现实的证据无法证明，公民能够依据其所享有的住宅隐私权主张其土地可以免受来自政府执法人员或者别人的侵扰。人类是不断进化的社会物种，人类制定的产权协议和对住宅产权的保护的灵活性反映了人类的社会化倾向。从史前人类到美洲原住民再到现代社会，人类曾以群居的方式居住在一起，也曾选择私有制社会作为他们的社会体制，还曾选择以游牧作为他们的生活方

---

① See Stephen T. Margulis, On the Status and Contribution of Westin's and Altman's Theories of Privacy, 59J. Soc. ISSuES 411, 416 (2003).

式。换言之,人类对生活方式的选择并非一成不变,而是会随着时代或者环境的变更而改变。为了保持社会的集体合作,人类有时候不仅需要忍受各种各样的社会入侵和物理入侵行为(只要这些入侵在该社会集体能够接受的范围之内);还要服从该社会集体内部的主导力量(统治力量),除非该力量得不到人们的拥戴。绝对地保护公民或者家庭的土地完全不受外界侵犯的价值取向会降低社会团体的合作发展,而这种合作对于一个社会的生存而言是必不可少的。从保护公民私有财产的意义上讲,在社会现实已经改变了土地权(territoriality)所能发挥的作用时,严格保护公民的土地权只是一种"人们既可选择亦可放弃的策略"而已,而不是一种亘古不变的价值。《第四修正案》对公民住宅所提供的保护回应了这样一个事实:规范价值并非是必然的、一成不变的,而是会受到学者讨论、不同价值之间的优先次序以及自身发展历程的影响。

如今,人们已经将公民隐私权并入《第四修正案》所保护的权利范围之内。实际上,隐私权的概念与《第四修正案》为公民所拥有的实体空间所提供的保护在本质上是相连的。有人将住宅隐私权视为公民所享有的排除外界擅自进入其住宅空间的权利,与这种以土地权为基础的见解相反的是,心理学家以人与人之间的社会交际为基础(而不是以土地权为基础)来研究隐私权。隐私权赋予了人们自我披露(self-disclosure)的权利(即他人不得擅自披露公民的事情)以及允许他人了解公民真实自我的权利。在复杂的社会交际和社会关系中,为了塑造自己在别人心中的美好个性和形象,人们永远都会有策略地在别人面前展示自己美好的一面以及隐藏自己不好的方面。实体空间只有在能够保证我们可以自主掌握何时向他人暴露或隐藏自己时,才对我们有着重要的意义。甚至我们可以将 Brandies 大法官那句"隐私权就是公民所享有的独处的权利"解读成与之相关的意思:一方面,人们总是期待别人既能让自己享受独处的安宁又能再次接纳自己作为相互交流的朋友;另一方面,人们还希望政府执法人员尊重自己的独处权以保障自己的个性和自主性——这对人们的社会生活而言是至关重要的。[①]

---

① Olmstead v. United States, 277 U. S. 438, 478 (1928) (Brandeis, J., dissenting).

(二) 理论与证据的相悖：住宅隐私权中的人格权

学术文献中的一个主要观点认为，住宅隐私权以及公民对其实体住宅享有的排他权会对公民的身份以及心理上的幸福感（更确切地说，是公民的人格）有着至关重要的影响。Margaret Radin 在她那极具影响力的财产权理论中主张，某些类型的财产，尤其是公民的住宅，可以激励公民的自我发展以及促进人类社会的繁荣发展。[1] 由于财产权与人格权有所关联，所以财产法应当赋予公民自主控制那些财产的广泛自由。

基于公民对其住宅所享有的权利中涉及公民的人格权，因此，Margaret Radin 主张，在政府执法人员对公民住宅所实施的搜查和扣押行为中，人们应当为公民的隐私权益提供严格的保护。她认为，公民对其住宅所享有的财产权中具备的人格性质（personhood property）不仅为人们完善《第四修正案》的法律体系提供了一个明确的方向，而且还强调了提高法律对公民住宅（有时候甚至可能是公民的汽车）的保护力度的重要性。除此之外，还有很多学者以公民的人格权已经遭到严重的侵害为由，重申 Margaret Radin 要求提高法律对住宅隐私权的保护力度的观点。

上述观点认为，公民对其住宅所享有的排他性权利是公民身份以及发挥公民心理机能的必要组成要素，但现实的证据并不能证明这种以人格权为基础的理论是正确的。公民住宅并不是具备人格权的财产，也不是必然与公民的心理机能和身份相关联的事物，而是平均五年就会被人们买卖或者出租的日常用品。有关的研究表明，住宅的确在公民的自我认知（self-concept）中扮演某种角色，但绝非是主要角色。与将公民对其住宅享有的排他权利视为公民保持自我和享有独立人格的核心因素的观点相反的是，更加科学的现实研究表明，对公民的自我认知和身份而言，相比公民所拥有的实体财物，公民的人际关系、个性、身体更加重要。此外，现实的证据还表明，通过提高自己掌控某种事物（如自己的住宅）的能力，公民无法真正提高掌控自

---

[1] See, e.g., Margaret Jane Radin, Property and Personhood, 34 Stan. L. Rev. 957, 997 – 1000 (1982).

己本心的能力。在自己的住宅里面，公民对其家庭财产的使用更多是为了满足自己生活的需要，而并非为了满足自己心理上的需求，也就是说，公民住宅和住宅内的物品，与公民的身份、人格之间并不存在什么重要联系。当然，这其中也会存在某些例外，例如公民的传家之宝、日记、照片等，在极少数的情况下会成为刑事侦查中能够指明公民身份的物品。

实验性的研究表明，如果仅仅是公民对实体空间所享有的隐私权受到侵犯，那么，公民的人际关系并不会遭到破坏，其本心（self）和心理机能也不会因此遭到伤害。即使公民所拥有的实体空间遭到了外界的严重损害，他们也能以令人吃惊的适应能力接受并适应这种现实。例如，心理学家已经发现，对于自然灾难的受害者们，尤其是那些自己的房屋不仅受到政府执法人员的搜查，而且还遭到严重破坏的公民，他们并不会为这些不幸的现实而长时间沉溺在精神上的痛苦中不可自拔，相反，他们很快就接受现实并振作精神。高质量的人际关系并不以公民的实体住宅或者住宅隐私权为基础，而是以公民的本心和心理机能为根本支柱。

有一个与隐私权理论有关的理论认为，公民之所以会受到伤害，是因为政府执法人员或别人侵犯了他/她的一般隐私权，而不是因为政府执法人员或别人针对他/她那具备人格权性质的住宅隐私权实施了侵犯行为。在很久之前，研究隐私权的学者们就已经承认，公民隐私权中蕴含的人格权与公民的财产或者所处的地点是没有必然联系的。根据这个观点，通过保护"那些与公民的人格密切相连的个性"以及提高公民对其"未经受侵犯的人格"作出自我认定（self-definition）的能力，人们对隐私权的保护的确可能促进公民人格权的健全发展。人们有关人格权的设想可能会主张，在涉及《第四修正案》的案件中，隐私权理论能够解决由于性交、鸡奸、避孕等行为引发的问题，但是，它既不能解释住宅例外原则的合理性，也不能证明政府执法人员对住宅所实施的搜查行为必然侵犯公民的人格权。如果人格权可以更直接地归入隐私权而不是财产权或者住宅中，那么，这种关系会引发这样一个疑问：相对于那些不涉及住宅的公民隐私利益，公民的住宅隐私权是否并不值得更多的保护？人们是否不应该强调公民住宅在《第四修正案》原则中的优先地位？答案是肯定的。

据此,人们更不应当以公民住宅的优先性来否定公民在不涉及住宅的情形中所享有的隐私权。

此外,人格权理论的说服力会因为其不确定性和绝对主义的倾向受到削弱。一方面,它不能为人们提供一个明确的判断标准以区分哪些权益值得保护,哪些不值得。正如 Jed Rubenfeld 所写的那样,"一方面,根据人格权理论,人们无法确定,在什么情况下人们的自我认定不会处于极端的危险之中?另一方面,人格权理论更加严重的缺陷在于,人格权的道德属性和隐私权的权利话语会将其推向绝对主义的边缘,即根据人格权理论,无论在什么情况下,只要存在公民的人格权,那么,该公民的权利就会受到法律的严格保护——这种结论无疑是十分武断的"。①

或许还有一个理由能够让人格权理论和住宅隐私权变得更有说服力:通过支配自己所享有的隐私权,公民能够表明自己的身份地位(status)。因为纵观历史,有权势的人总是会通过其所拥有的比一般住处更加隐秘的空间和强力禁止别人跨入自己的隐私空间的行为来建立自己的形象和威信。政府执法人员针对某个公民所实施的执法行为象征着整个社会对该公民的社会地位以及价值的判断。隐私权遭到侵犯的公民可能会觉得别人认为自己没有价值或不尊重自己,久而久之,连他们自己也会觉得自己没有价值,不值得别人尊重。这驳斥了政府执法人员在路上无理拦截车辆的一般执法行为,因为这种行为会对穷人和其他少数人带来很多不良影响。如果在美国的历史上,差别对待是长久以来就一直存在的事实,那么,减少对被搜查的公民住宅的保护和降低政府执法人员搜查公民住宅所必须满足的标准同样也会对穷人和其他少数人带来有区别的影响。这要求政府执法人员必须解决政府执法人员在执法时对不同的公民区别对待的问题——创设普遍平等适用的法定救济手段和侵权补偿法可以解决上述问题。

(三) 以证据为基础对主观隐私期待进行分析的方法

当美国联邦最高法院开始注重社会公众的看法对判决的重要性时,它开始适用以主观隐私期待为中心的判断标准来论证住宅例外原

---

① Jed Rubenfeld, The Right of Privacy, 102 Harv. L. Rev. 737, 754 – 755 (1989).

则的合理性。根据这种论证方法，美国联邦最高法院假设，在政府执法人员对公民住宅实施搜查行为的大多数情形中，公民都高度一致地认为自己的权益遭到了侵犯。但是，现实的证据揭示了，在政府执法人员对公民住宅实施搜查行为的一些情形中，公民对其住宅持有的隐私期待并不完全一致，而是有着很多细微的区别。例如，在政府执法人员搜查公民的露天房屋的情形中，公民并不会强烈地感受到自己的隐私权益遭到了侵犯。上述的实验性研究让人们对以下这个问题产生了深深的忧虑：在保护公民的隐私权益时，美国的法院似乎把过多的精力和保护措施放在与公民住宅有关的因素上，而忽略了公民本身。

Christopher Slobogin 和 Joseph Schumacher 在他们极具影响力的隐私期待研究中指出，公民应当在不同的情形中自主评估自己的"隐私权和自治权所遭受的侵犯"的程度。根据研究的结果，他们发现，在不同的情形中，实验者明显对自己的隐私权益持有不同程度的期待。另外，他们在之后的独立研究中也得出了同样的结论。他们观察到，实验者的某些隐私期待与《第四修正案》的原则是一致的，如实验者在其放在屋外的垃圾遭到政府执法人员搜查或者其庭院遭到政府执法人员的空中监控时，他们不会感到自己的权益受到了政府执法人员行为的侵犯。但是，实验者也有某些隐私期待与《第四修正案》原则是相悖的。换言之，即便是在住宅遭到搜查的情形中，实验者在具体不同的情况下也会有不同的感受，他们并非在自己的住宅被政府执法人员搜查的所有情形中都觉得自己的隐私权益受到了相同程度的侵犯。但是，根据《第四修正案》原则，法院倾向于对政府执法人员搜查公民住宅的不同具体情形都作出相同的判断，而且法院在作出判断时完全不考虑社会公众的看法和任何例外情形，这不禁让人对《第四修正案》的原则产生了质疑。

尽管 Christopher Slobogin 和 Joseph Schumacher 并没有明确指出应当如何评估和处理公民在不同情形中持有不同的隐私期待这个现象，但是，他们的研究结果仍然表明，公民对其住宅隐私权持有的隐私期待集中在住宅的内部生活空间，而对于住宅的外部空间，公民对其持有的隐私期待是相对较低的。在他们的研究中，当实验者的卧室、移动房屋的内部、大学宿舍遭到搜查时，他们觉得自己的隐私权遭到了极为严重的侵犯。但是当实验者的车库、放在路边的垃圾遭到搜查，庭院遭到来自政府执法人员所实施的空中监视行为时，他们觉得自己只是受到了最低限度的侵扰，有时候他们甚至觉得这些侵扰是适当的、可以理解的。Christopher Slobogin 和 Joseph Schumacher 的研究结果还表明，公民对于自己的人际交流享有强烈的隐私期待。例如，在研究中，实验者把窃听行为视为最龌龊的、最不能接受的侵犯行为，在遭到窃听时，他们会感到自己的权益遭到最严重的侵犯。同样地，我们可以推断，实验者会把别人搜查自己卧室的行为当做一种最具侵犯性的行为，因为人们通常会在自己的卧室内进行最私密的人际交往或者实施性行为。

当然，仅凭公民的主观期待并不能论证《第四修正案》为公民所提供的隐私权保护的合理性。现实的研究结果表明了公民的主观隐私期待可能带来的三个问题：一是它可能会给社会管理带来过重的负担；二是它可能对一些孤立的群体和少数人造成过多的不良影响；三是它可能与公民隐私权受到的客观损害不相符，如某些人会抱怨自己的隐私期待遭到了侵犯，但实际上其隐私权并没有遭到真实的侵害。隐私合理期待这个理论具有不确定性，且人们在适用它来解决隐私问题时必须在它和现行法之间来回推导，这使得学者们对它抱怨已久。但即便如此，人们在研究《第四修正案》的原则时也不应当完全忽略隐私期待这个理论，尤其是在政府执法人员所实施的搜查行为会严重地侵犯公民的心理自由或给公民带来其他侵害的情形中，该理论可以引导人们正确评估政府执法人员所实施的搜查行为。

四、住宅享有优先地位在政治上和历史上的理论基础

在涉及政府执法人员对公民住宅实施搜查和扣押行为的现代法律体系中，政治上的利益关系和宪法的原意是其最重要、最根本的部分。《第四修正案》为公民提供保护的主要目的是防止政府执法人员滥权。一方面，公民住宅内有许多公民财产；另一方面，作为政府执法人员不得干涉的空间，公民住宅本身就具备特定的政治价值，因此，公民的实体住宅很容易受到来自政府执法人员的侵犯。美国联邦最高法院在其实践中也同样对公民的实体住宅提供优先保护，因为它认为《美国联邦宪法》的制宪者们在制定宪法时也抱有对公民的实体住宅提供最彻底的保护的目的。正是这种原始的制宪目的，指引着

美国联邦最高法院（尤其是 Scalia 大法官）对《第四修正案》作出司法解释。①

(一) 政治上的基本理论：政府执法人员滥权的危害

住宅例外原则在政治上的基本理论始终围绕着"限制政府执法人员滥权"这一目的。美国的法院总是担心，如果不用搜查令和合理依据这两个规定来限制政府执法人员的行为，那么，政府执法人员就可以肆无忌惮地闯入公民的住宅和庭院，收集与犯罪调查无关的证据，并且利用这些证据迫害或者起诉犯罪嫌疑人。② 据此，由于政府执法人员很容易滥权并侵害公民权利，所以，大多数人放在住宅里面的私有财产、信息记录、财物等都面临着一种超乎寻常的危险——它们很容易遭到政府执法人员的搜查。

政府执法人员滥权无疑是《第四修正案》所关注的一个问题，但问题在于，《第四修正案》的原则与住宅例外原则是否真的可以有效地解决这种上述危机？政府执法人员经常滥用职权且频繁地在执法过程中侵害公民的权利，这使得人们总是忧心忡忡，担心自己会受到政府执法人员的不公平对待，这种事实固然可以证明法律和法院对住宅提供优先保护的正当性；但是，这也只能证明法律和法院对住宅提供一部分保护的正当性，而不能论证它们对住宅所提供的近乎泛滥的保护的做法是正当的。同样地，与住宅特别容易受到侵犯的假设恰恰相反的是，事实上，在不涉及住宅的情形中，政府执法人员滥权或者对公民实施侵害行为的可能性似乎更高。例如，相比于搜查公民的住宅，政府执法人员更喜欢且更容易搜查公民的金融记录和电脑数据，但让人担忧的是，公民在后一种情形中受到的法律保护是极其有限的。

即便政府执法人员滥权特别容易带来公民住宅遭到政府侵犯的后果，但是，法院在相关案件中适用全面扣押原则的做法也会使人们质疑，《第四修正案》是否真的具备防止政府执法人员对公民实施侵犯行为的作用？美国的判例法已经明确认定，只要政府执法人员合法地

---

① U. S. CONST. amend. IV; see, e. g., Kyllo v. United States, 533 U. S. 27, 34 (2001).
② See United States v. Hendrickson, 940 F. 2d 320, 322 (8th Cir. 1991).

进入保留着犯罪证据的空间且他们有正当理由相信自己扣押的物品就是刑事犯罪活动的证据，那么，他们就有权扣押那些一眼就能看到的证据。① 因为在很多搜查活动中，有太多的东西都是政府执法人员一眼就能够看到的，所以，这个原则使得《第四修正案》为公民提供的很多保护化为乌有——原本这些保护是《第四修正案》为了防止政府执法人员滥用职权侵犯公民权益而赋予公民的。能够解决政府执法人员滥权问题的是合理依据和搜查令这两个宪法性要求对公民所提供的保护，而不是搜查令的替代品和限制政府执法人员在搜查行为中对公民物品进行扣押应当遵循的其他规则（例如一个与全面扣押原则相反的规则）。这其中的原因并不是人们用三言两语就能解释清楚的。

另一个有关公民住宅隐私权优先受保护的基本理论在于，住宅是保护公民的生活免受政府执法人员干涉的天堂。根据这个观点，公民应当在其住宅上划上一条明显的线，而政府执法人员绝对不能擅自跨过这条线。这条线划出了一处公民在其内可以享有隐私权和自治权的空间——该空间的存在可以极大地促进公民权的蓬勃发展。如果国家为公民的隐私权和自治权提供保护是必要的，那么，笔者很乐意接受这个基本理论。然而，美国联邦最高法院似乎已经放弃了这个基本理论。正如 Stuntz 教授所观察的那样，政府执法人员对公民住宅所实施的搜查行为只是他们所实施的整个搜查活动中的一小部分。② 如果人们的目标是为公民提供一个能够强有力地排除政府执法人员干涉的空间，那么，人们很难提出一个原则性的解释来说明，为什么人们要选择为公民住宅提供特别严格的保护，而不是选择在那些更普遍的情形中（如政府执法人员搜查公民的数据化文件和财物的情形）对公民进行特别保护？

（二）再论原意主义

美国联邦最高法院不仅反复地强调，法院在审判《第四修正案》

---

① See Horton v. California, 496 U. S. 128, 134 – 136 (1990).
② See William J. Stuntz, Privacy's Problem and the Law of Criminal Procedure, 93 Mich. L. Rev. 1016, 1062 & n. 169 (1995).

的案件时，应当遵循制宪者原本的意图，而且还宣布，法院为公民的实体住宅提供严格保护的做法与《第四修正案》的原意是保持一致的。Scalia 大法官已经阐明，在政府执法人员搜查公民住宅的情况下，法院应当为公民争取"其根据《第四修正案》所享有的免受政府执法人员侵犯的某种程度上的隐私权"。由此可见，Scalia 大法官支持法院在审判过程中遵循制宪者的原始目的（为公民住宅提供严格保护）的做法。

在美国建国之初，公民住宅是隐私权的一个重点内容（concern），但它并不是隐私权唯一的关键点。在那个年代，公民对其邮件和著作所享有的权利是殖民地居民所享有的隐私权益中最引人关注的部分。美国法院的判例、邮局的内部监管条例、《1825 年邮政管理法》(The Organic Postal Act of 1825) 一致对公民的邮件提供近乎绝对性的保护。司法上的观点认为，"文件是一个人所能拥有的与人身最为密切联系的财产"。[①] 学者们补充的一些观点也认为，在公民住宅被别人搜查的情况下，公民所受到的最严重的伤害就在于"他的抽屉被打开，他的私人书本、信件以及文件因为他人的好奇心而被公之于众"。[②]

人们对这些史料最近的一次研究也指出，现代人对于住宅和住宅隐私权的理解与以前的人的理解很不一样。与现代人的看法相反的是，在建国之初，人们对政府执法人员搜查公民住宅的行为感到不能接受并不是因为人们把住宅看作一个神圣不可侵犯的家庭内部空间或者人们享有心理自治权的关键因素。相反地，在那个年代，国家不仅没有对公民住宅提供特别的保护，而且政府执法人员、工作人员还可以凭借空白搜查令（general warrants）或缉私令状（writs of assistance）闯入公民的住宅内搜查关税和税收——人们十分关注这种执法活动。Thomas Davies 观察到，实际上，那个年代的普通法不仅为公民提供了足够的保护以支持公民反对政府执法人员对其实施无理

---

① Entick v. Carrington, (1765) 95 Eng. Rep. 807, 817 – 818 (K‑B.) (quoted in Boyd v. United States, 116 U. S. 616, 627 – 628 (1886)).

② See H. S. Hadley, Can the Publication of a Libel be Enjoined?, 4 Nw. L. Rev. 137, 145 (1896). See Telegrams in Court, N. Y. Trib., Jan. 8, 1877, at 4; Trials of the Census-Taker, N. Y. Times, July 19, 1875, at 4.

的侵犯行为，而且还将政府执法人员所实施的无令搜查行为认定为非法行为。但是，普通法没有制定恰当的规定来限制之后的立法机关的立法行为，以致后来的立法机关承认了空白搜查令的合法性，导致普通法为公民提供的保护几乎沦为一纸空文。正如 William Cuddihy 所解释的那样，人们"打开自己家的大门，迎接来自联邦政府执法人员无休止的侵犯"。美国人民为此提出了强烈的反对意见，不得不说，这是一个反对空白搜查令的合法化的有效途径。

除此之外，美国的学者还对《美国联邦宪法》是否保护包含隐私权在内的公民自由权这个问题提出了很多争论。在学者们针对公民自由权提出的众多观点中，G. Edward White 写道："那些在费城设计《美国联邦宪法》的制宪者关注的重点并不是现代学者们所呼吁的美国'公民权'，而是立法者应当如何在联邦政府和州政府之间对国家主权进行合理的分配。"同样地，Cuddihy 也观察到，《第四修正案》的存在"并不是为了给公民的自由权立纪念碑，Madison 总统没有参与联邦宪法修正案的设计；不过话说回来，那也是因为他当时倒在了反联邦分子的枪口之下"。《美国联邦宪法》的制宪者的主要目的是用《权利法案》(*The Bill of Rights*) 赢得国民的支持以建立联邦共和政体，而不是保护公民的隐私权。

即使真实的史料揭示了，法律对公民住宅的保护真的是美国制宪的一大动力或者是殖民地居民享有隐私权益的主要依据，但是，人们仍然应当避免对《第四修正案》作出严格遵循制宪者原意的司法解释。在过去，法院可以援用制宪者制定《第四修正案》的目的限制政府执法人员使用空白搜查令闯入公民住宅搜查关税和税收信息 (customs and revenue searches) 的行为。但是，如今的法院不能将这种做法引进现代的刑事司法体系之中，否则，这就是对《第四修正案》的误解。Davies 解释道："在现代的司法体系中强行适用特殊的普通法原则会导致该原则的异化，因为当人们将该原则适用在具体的情形中时，很可能会产生与该原则原本的目的不一样，甚至是相矛盾的结果。"除此之外，正如 Tracey Maclin 所观察到的那样，对于现代社会而言，我们对于《第四修正案》的意义的解读不应当受到生活在 1791 年（制定《第四修正案》的时间）的人对《第四修正案》的期待的限制。一个刚刚脱离英国殖民、仍停留在前工业化时代的国家与两百年后那个科技发达的民主国家不可同日而语,当时的法律体系与现今复杂的刑事司法体系对公民隐私权益的关注自然也是极不相同的。

五、废除实体住宅在《美国联邦宪法第四修正案》中的优先地位

迄今为止,美国的判例法和学术观点都已经设定,住宅例外原则使得公民的住宅隐私权得到了最大的尊重。本文的一个目的就是阐释人们对实体住宅的反射性保护和以财产权为基础的保护理论如何降低了人们对核心隐私权的保护。恰好与司法判例和学术文献的观点相反的是,公民隐私权和公民对其住宅所享有的排他权不是公民享有人格权、实际的幸福(或者说主观的隐私期待)的必要因素。此外,政府执法人员搜查公民住宅的行为不会使公民特别容易受到来自政府执法人员的侵犯,公民以其住宅为据点反抗政府执法人员干涉其隐私的做法也并不是特别有效。在人们对《第四修正案》的解读中,人们对实体住宅的关注反而掩盖了这样一个事实:即使《第四修正案》为公民住宅提供严格保护,使得政府执法人员不得对其实施无理搜查行为,但是,公民的隐私权仍可能受到来自政府执法人员的侵害。此外,虽然人们盲目地将实体住宅视为家庭关系中的重要因素,但事实明显并非如此——家庭关系与住宅之间不存在必然联系。本文建议,人们应当把保护公民隐私权的重心放在真实存在的隐私权益和公民之间的亲密关系上,而不应当再过分强调对实体住宅进行广泛的、形式主义的保护或者过分鼓吹住宅隐私权的重要性。

(一)从传统的财产权到真实存在的隐私权

在审判《第四修正案》的案例时,现今的美国法院总是适用一种极端的审判方式。一方面,在很多情况下,《第四修正案》的法律体系为实体住宅提供的保护过于广泛和绝对,不仅如此,这种过分的保护还经常以牺牲真实存在的隐私权作为代价。在很多案件中,法院根据《第四修正案》严格保护某些特定空间的做法根本不能保护真实存在的公民隐私权益。除此之外,在其他的很多案件中,法院还将法律对公民住宅的保护范围拓展到包含公民的所有生活空间在内,而

实际上，政府执法人员搜查这些空间的行为根本不会披露公民的个人信息或破坏公民的家庭生活。但在另一方面，法院又将公民住宅视为一条明确的分界线，在这条线以外的地方，不管政府执法人员所实施的行为会侵犯公民的家庭生活和隐私权的可能性有多高，法院都对政府执法人员所实施的搜查行为置之不理。例如，至少联邦上诉法院已经认定，为了保护公共利益，政府执法人员在公民的住宅或者酒店里实施窃听的行为并不违反《第四修正案》的规定。① 在很多不涉及住宅的情形中，如在政府执法人员对公共道路实施视频监控行为或对在校学生实施搜查行为的情形中，虽然政府执法人员都侵犯了公民享有的真实存在的隐私权或相关的权益，但是，政府执法人员所实施的这些行为并没有受到应有的谴责。

在本文中，笔者试图改进现有的隐私权理论，将《第四修正案》对住宅隐私权提供特别保护的倾向转变为着重保护公民所享有的真实存在的隐私权益。笔者的这种提议并没有很激进或者对现有的隐私权理论进行根本性的改变。在多年以来的相关案例中，法院都认定，"因为公民对其在住宅内进行的活动都享有隐私权，因此，住宅是神圣不可侵犯的"。② 但是，法院在司法实践中适用这个原则时，经常会得出不一致的审判结果。

何为真实存在的隐私权？至此，其实笔者在本文的许多地方都已经对什么是、什么不是真实存在的隐私权作出了界定。真实存在的隐私权既不与实体的住宅建筑之间存在必然联系，也不以财产法作为主要的法律依据。有关真实存在的隐私权的理论更不会主张《第四修正案》对每一处公民住宅提供严格的、扩张性的保护，而丝毫不考虑这些做法会对刑事执法造成多大的损失或在多大的程度上侵害公民隐私权。限制法院在有关隐私权领域的案件中适用住宅例外原则可以使人们在涉及住宅搜查行为的情形中更加注重保护公民所享有的真实存在的隐私权和公民之间的亲密关系。包括以隐私权理论为审判原则的《第四修正案》判例、普通法及其他法律意义上的隐私权概念、除《第四修正案》以外的其他宪法性规定、公共认知等在内的众多

① See United States v. Fisch, 474 F. 2d 1071, 1078 – 1079 (9th Cir. 1973).
② Segura v. United States, 468 U. S. 796, 810 (1984).

因素都要求人们对真实存在的隐私权进行更进一步的研究。政府执法人员所实施的住宅搜查行为将会侵害哪些真实存在的隐私权？如果这是一个十分复杂的、难以解答的问题，那么，人们必须对隐私权在宪法中的意义进行长期的研究——这是一项艰难的研究，尤其在人们希望得出一个能在当下以及将来的政府搜查行为中都能适用的有效隐私权理论的情况下。在本文中，笔者只能尽己所能对真实存在的隐私权做一个尽可能详尽的解说，并通过形象的案例来阐释，根据以真实存在的隐私权为基础的分析方法，人们应当如何看待政府执法人员对公民住宅实施搜查的行为的性质及其对公民隐私权造成的侵害。

在政府执法人员搜查公民住宅的情形中，根据真实存在的隐私权益理论，人们可以理智地分析隐私权理论对政府执法行为的定性存在何种影响。尽管真实存在的隐私权与实体性正当程序对公民的保护偶尔会有所重叠，但是，笔者仍要把这个术语的含义与实体性正当程序区别开来。在政府执法人员搜查公民住宅的情形中，以真实存在的隐私权为基础的分析方法（a substantive approach）可以解决政府执法人员所实施的行为对公民的家庭生活造成破坏和侵扰所带来的问题，尤其是政府执法人员所实施的行为对公民之间的亲密关系造成侵害所带来的问题。根据以真实存在的隐私权为基础的分析方法，法院应当对公民在自己的隐私被政府执法人员侵犯时所受到的心理伤害进行分析——这里所指的伤害尤其是指公民所受到的客观（实质性）伤害。正如美国联邦最高法院在 Katz 一案[①]中提出的主客观二分法所要求的那样，根据以真实存在的隐私权为基础的分析方法，法院也应当对公民的主观隐私期待进行考量。

此外，人们认为，正是政府执法人员所实施的搜查行为对公民造成的侵扰导致公民受到了客观的伤害。如果人们在事前就能够确定，政府执法人员所实施的搜查行为对公民带来的侵扰是十分适中的，一般不会对公民造成客观的伤害，那么，在这种情况下，法院是否应当适用《第四修正案》所规定的"合理依据"这个最高、最严格的标准来保护公民所享有的免受政府执法人员所实施的搜查行为侵扰的权利？更进一步讲，法院有无必要在任何情况下都适用《第四修正案》

---

① 389 U. S. 347, 351 (1967).

所规定的"合理依据"来保护公民的权利?答案是否定的。根据以真实存在的隐私权为基础的分析方法,法院不仅应当关注政府执法人员在执法过程中是否存在滥权问题,而且还应当考虑以下这个问题:在一个极权国家(police state)里面,政府执法人员重复实施搜查活动的行为是否会引发社会危机?在过去,以住宅例外原则为依据法院可以为公民的私人生活划出一个不允许政府执法人员擅自侵入的实体空间,以限制政府执法人员滥用职权侵犯公民的生活。但实际上,通过分析政府执法人员所实施的泛滥的搜查活动给公民生活带来的实质性影响以及潜在危害,以真实存在的隐私权为基础的分析方法可以令法院更加高效地控制政府执法人员的权力与行为。

在涉及住宅的情形中,公民所享有的真实存在的隐私权益有很多种,但在这众多的隐私权益中,公民对其亲密关系所享有的隐私权益是一项重要的、值得优先保护的权益,因为该隐私权益比较容易受到外界(一般是政府执法人员)的侵害。所谓亲密关系,是指公民之间的人际互动和人际关系,尤其是在公民之间存在亲密联系的情况下。公民对其亲密关系所享有的隐私权与实体住宅之间不存在特定的对应关系,这有利于说明政府执法人员所实施的搜查活动(不管这些活动是在哪里实施的)可能会侵扰公民的家庭生活、引发公民之间的人际冲突、泄露公民的私人信息、加剧社会关系的疏远以及破坏公民之间的亲密关系。人们在心理学上和社会学上的研究都集中于探究人与人之间的交际关系,这也是人们总是把住宅看得很重要的原因之一(因为人们总是在住宅里面开展社会交际活动)。实际上,在人类的发展史上,与住宅隐私权有关系的是公民在其住宅内开展的社会关系和社交关系,实体住宅本身与住宅隐私权是没有实质性联系的。社会关系和社交关系对于公民的自我认知、归属感、社会规范,甚至是生理健康和寿命而言,都是至关重要的。

在《第四修正案》中,有关亲密关系的隐私权理论主要源于美国联邦最高法院在 Katz 一案[1]中提出的观点:隐私合理期待"保护的是公民而不是场所"。与之相反的是,其他由美国联邦最高法院作出的主要判例,尤其是涉及庭院的判例,都阐释了这样一个观点:"只

---

[1] Katz v. United States, 389 U. S. 347, 351 (1967).

有在《第四修正案》为公民提供免受政府执法人员侵扰的权利的地方，公民的隐私活动才会得到宪法上的保护"，反之则不会——即除Katz一案之外，其他案件的判决所关注的大多是涉案的"场所"，而非涉案的"人本身"。[①] 笔者认为，根据以真实存在的隐私权为基础的分析方法，在政府执法人员搜查公民住宅的情形中（实际是在公民享有自治权的领域中），人们关注的重点应当是公民是否遭受了人际关系损害，而不是政府执法人员实施搜查行为的场所是否为公民的住宅。根据笔者所提出的以真实存在的隐私权益为基础的分析方法，通过事前排除一切可能对公民造成人际关系损害的政府执法行为以及对真实存在的隐私权作出一个更加宽泛的解释，法院可以落实《第四修正案》对公民隐私权的保护，如此一来，法院便可保护公民的私人生活不受外界的侵扰。

财产权理论保护的权利范围十分清楚明了，但真实存在的隐私权和亲密关系的理论却不是这样的。然而，经过理论上的良好发展，真实存在的隐私权理论可以为政府执法人员实施执法行为提供有效的指引。发展该理论的基础在于，人们要对以下三项要素进行评估：一是公民在其住宅被政府执法人员搜查时都享有哪些权利；二是基于《第四修正案》的规定，政府执法人员将要实施的搜查行为会对公民所享有的真实存在的隐私权益造成侵犯的可能性有多高；三是政府执法人员所实施的搜查行为会对公民带来哪些人际关系损害。在接下来的文章中，以真实存在的隐私权和亲密关系的理论为基础，笔者不仅会对政府执法人员搜查公民住宅的一些例证展开讨论，而且还会对那些可以改进旧隐私权理论的潜在措施进行深入的探讨。

（二）反思美国对公民住宅提供的保护

现行的《第四修正案》的法律体系和理论忽略了公民在很多情形中所享有的隐私权益。如今，有一个以真实存在的隐私权和人际关系损害为基础的方法，它动摇了上述法律体系和理论。根据这个方法，人们可以观察到，在政府执法人员对公民住宅实施搜查行为的许多情形中，法院并不能证明，当时公民的受侵扰程度足以使其受到

---

① Oliver v. United States, 466 U. S. 170, 179 (1984);

《第四修正案》的保护。例如,根据现行的法律体系和理论,公民住宅里面的棚屋和垃圾都可以受到来自《第四修正案》的保护;但根据以真实存在的隐私权和人际关系损害为基础的方法,公民在这些情形中受到的隐私权保护将会减少。在其他情况下,如在政府执法人员搜查公民的内部生活空间的情况下,屋主所享有的真实存在的隐私权益比别人的更容易受到侵犯,其权益也比别人的更迫切需要《第四修正案》的保护。换言之,根据以真实存在的隐私权和人际关系损害为基础的方法,在涉及公民住宅的不同情形中,公民所能受到的保护是不一样的。在本部分中,笔者将会提出一个改进后的《第四修正案》理论。为了指导政府执法人员的执法行为,在政府执法人员可能会损害公民所享有的实质性权益和人际关系的基础上(而不是在政府执法人员行为已经对公民造成实际性的隐私权侵害的基础上),该理论将会对公民提供事前的、绝对的保护。

笔者在本文中提出的基本方法是要把人们在住宅搜查原则中对于实体住宅的关注转移到对公民所享有的真实存在的隐私权和亲密关系上。笔者认为,这个方法在未来几年里就可实现。

首先,根据这种方法,人们可以得出一个结论:在政府执法人员对公民住宅实施搜查行为的某些情形中,公民所享有的真实存在的隐私权益(或者说是美国联邦最高法院在 Katz 一案①中所说的隐私合理期待)并没有受到侵犯,在这些情形中,公民的隐私权益不应当受到来自《第四修正案》的保护。根据该结论,公民在遭到政府执法人员搜查的情形中所受到的某些保护会被削减。但是,这种分析方法会导致政府执法人员对公民住宅实施的搜查行为受到的限制比以前少,使得公民在面临政府执法人员的重复搜查行为和持久的监控行为时无法像以前那样提出有力的反对意见。

其次,根据 Slobogin 所提议的以《第四修正案》为基础的比例原则(proportionality principle),人们还有另一个选择。根据该原则,如果政府执法人员可以对其在实施搜查行为的过程中给公民造成的侵犯进行合理性解释,则在某些情况下,他们证明其行为的合理性的标

---

① Katz v. United States, 389 U. S. 347, 351 (1967).

准可以比《第四修正案》规定的合理依据标准低。① 如今美国正在尝试校正其公民所享有的真实存在的隐私权遭到侵犯时为公民提供的保护,法院恰好可以适用 Slobogin 的提议来促进这一次的新尝试。在判断政府执法人员所实施的搜查行为是否违反《第四修正案》的规定时,根据美国联邦最高法院在 Katz 一案中提出的隐私合理期待的两步分析法,法院在主客观两个步骤中分析的内容都与隐私期待的"合理性"密不可分。因此,在这两个步骤中,真实存在的隐私权理论会重复发挥重要的作用。实际上,这种尴尬的局面恰好就是法院在最初判断政府执法人员的搜查行为是否构成《第四修正案》规定的搜查行为时十分注重实物财产权的原因之一。

在接下来的这部分中,笔者将会适用一个以真实存在的隐私权为基础的方法,同时利用传统的分析方法和上文提出的以比例原则为基础的分析方法(proportionality analysis),分析在政府执法人员使用热像扫描仪技术、对公民庭院和住宅内部实施搜查行为的情形中存在的隐私权问题。

1. 将美国对住宅内部的保护与真实存在的隐私权联系起来:以 Kyllo 一案②为例

美国联邦最高法院正在努力解决政府执法人员利用科技对公民住宅实施搜查行为所带来的有关隐私权保护的问题。这些搜查行为包括政府执法人员所实施的多种视觉监控行为、利用追踪设备跟踪公民的行为以及使用热像仪对公民住宅进行探测的行为。在 United States v. Karo 一案③中,美国联邦最高法院规定,如果政府执法人员想要在公民的私人住宅里面安装寻呼机来追踪公民的位置,那么,政府执法人员在实施该行为之前必须获得法院签发的搜查令。在 United States v. Karo 一案之后的 United States v. Kyllo 一案中,政府执法人员在没有获得法院签发的搜查令的情况下,就使用热像仪探测被告庭院里的热量,并通过探测出的热量数据发现被告在其住宅中种植大麻。在该案中,美国联邦最高法院为政府执法人员的探测行为是否构成《第四

---

① Christopher Slobogin, Privacy at Risk 29 (2007).
② 533 U. S. 27, 29, 35 – 37 (2001).
③ 468 U. S. 705, 714 – 715 (1984).

修正案》所规定的搜查行为这个问题深感困扰。美国联邦最高法院最终认定,当政府执法人员使用科技设备对公民的住宅信息(这些信息是政府执法人员不对公民住宅实施现实的侵扰行为就无法获取的信息)进行探测并不是为了实现某种公共利益时,其行为构成《第四修正案》所规定的搜查行为。该案判决中的多数意见书用了十分肯定的语言突出了住宅隐私权的重要性,尽管该意见书的观点仍然存在一个很大的漏洞——如果政府执法人员使用科技对公民住宅实施搜查行为是为了实现公共利益时,则法院仍然承认该政府执法行为的正当性。

与其反射性地对公民住宅提供保护或者要求政府执法人员对科技的使用必须以实现公共利益为前提,法院不如通过判断政府执法行为是否因为泄露了公民私人信息而披露了有关公民的亲密关系的信息或伤害了公民的人际关系或侵犯了公民的其他核心隐私权益来判定其行为是否构成《第四修正案》所规定的搜查行为。根据以真实存在的隐私权为基础的分析方法,以下这个说法是错误的:如果法律要求政府执法人员在使用科技对公民实施搜查行为时必须有合理依据,那么,政府执法人员遵循该要求所实施的搜查行为便不会泄露公民那些隐私的、私人的或与人际交往有关的信息。在 Kyllo 一案之前,美国的低级法院已经认定,政府执法人员使用热像扫描仪所实施的搜查行为以及相类似的行为都是不人道的,都应当受到《第四修正案》的规制。主张将《第四修正案》对公民隐私权所提供的保护从公民住宅转移到公民的亲密关系和家庭生活上的观点不仅改进了传统的隐私权保护观点,而且还使得法院可以事前区分哪些科技属于会侵犯公民隐私权的、被禁止使用的科技,以及哪些不属于。法院认定,使用技术对公民实施搜查、侵犯公民隐私权的政府执法行为不仅会使社会变得冷漠、会削减人们在社会交往中的真诚和主动性,还会泄露公民在人际交往中的信息或者曝光公民的私人信息和敏感信息。

根据这个标准,政府执法人员使用能够探测热量数据的技术来探测植物生长或者公民是否身处住宅之内的行为不会威胁到公民之间的亲密关系,也不会侵犯公民所享有的真实存在的隐私权的核心部分。在 Kyllo 一案[①]中,Scalia 大法官指责政府执法人员使用热像扫描仪对

---

① Kyllo, 533 U. S. at 38.

被告庭院进行热量数据探测的行为会泄露被告的"隐私信息",如有关被告屋里的女士在洗澡的信息。但实际上,在该案中,政府执法人员探测到的信息仅仅显示出住宅里面有人和有热水。

在政府执法人员使用热像扫描仪对公民住宅进行热量探测的行为中,公民受到侵犯的隐私权益其实是十分少的,因此,在给这种类型的政府执法行为归类的时候,法院应当将其归为不属于《第四修正案》所规定的搜查行为的那一类。在这里,根据以真实存在的隐私权和亲密关系为基础的隐私权分析方法,法院应当总结出一个黑白分明的事前规则,并通过该规则将政府执法人员使用热像扫描仪等科技的行为排除在《第四修正案》所规定的搜查行为之外。换言之,在政府执法人员使用相类似的技术对公民实施某种行为时,公民不能获得来自《第四修正案》的保护。在 Kyllo 一案中,几乎没有证据能够证明,政府执法人员探测热量数据的行为会侵犯公民所享有的客观上的隐私期待,更不用说会侵犯公民的主观隐私期待。政府执法人员所实施的、只会泄露与人身无关的物理性信息的监控行为只会对公民造成极为有限的心理伤害。实际上,这些信息与公共事业公司收集公民住宅中的能量信息和使用自来水的信息并无区别,尤其是在这些公司使用刚问世的、能够对消费者进行准确定位的智能电网系统来收集信息的情况下。公民似乎也不会把这种收集信息的行为当成对自己的侵犯,又或者说,公民早已经习惯于自己那些与人身无关的物理性信息被外界收集。

在 Kyllo 一案中,在判定政府执法人员使用热像仪探测公民住宅的热量信息的行为不违反《第四修正案》的规定之前,美国联邦最高法院担心的问题不在于该判决会侵害公民对涉案信息所享有的隐私权益,而在于该判决可能会促使政府执法人员滥用科技产品或者滥权。美国联邦最高法院尤其担心,政府执法人员可能会在国家的每一条公路上都安装这些科技设备,这种行为明显是不恰当的。但是,即使存在政府执法人员滥用科技的问题,法院也没有必要通过宪法层面上的方法解决它们。如果这些不当的或者泛滥的政府执法行为真的会带来很多问题,那么,国家可以通过各种各样的救济方法来解决这些问题,如立法机关可以通过制定限制这些行为的法规、政府执法内部条例等措施要求政府执法人员对这些不当的搜查行为负责。

2. 纠正《第四修正案》的保护范围：以庭院为例

根据《第四修正案》，公民住宅及其周边空间免受政府执法人员所实施的无理搜查行为的侵犯，《第四修正案》给公民隐私权提供的这些保护是以隐私合理期待理论为基础的。法院已经在许多判例中认定，与公民住宅毗邻的许多空间，如花园、车库、家庭草坪等都属于能够受到法律保护的庭院。在 United States v. Dunn 一案①中，美国联邦最高法院提出了一个由四个要素构成的判断标准来判断一个空间是否属于受法律保护的庭院。关于这个判断标准，四个要素中的三个都参照了财产权的理论：是否与住宅毗邻、是否有围墙、所有者是否采取措施以保障其在该空间中享有的隐私权。只有一个要素，即该空间的用途属性，可以令法院在具体的情形中直接判定，政府执法人员所实施的搜查行为侵扰的是公民所享有的非人身性权益还是人身性权益。

在审判涉及隐私权的案件时，为了更好地保护公民隐私权，美国联邦最高法院已经开始逐渐用以真实存在的隐私权益为基础的分析方法（该方法强调亲密关系在隐私权保护中的重要性）取代传统的以财产权为基础的分析方法。美国联邦最高法院提出的庭院理论正是代表着这次转变过程中的一次局部改进。在 United States v. Oliver 一案②中，美国联邦最高法院认定，所谓庭院，是指"与'神圣不可侵犯的住宅'毗邻的、公民在其内外拓展私人活动的地方"。此外，无论是在 Oliver 一案中还是在 Dunn 一案中，美国联邦最高法院都解释道，司法调查的着重点应该是政府执法人员所实施的搜查行为是否侵扰了公民的私人活动。但是，审理 Dunn 一案的美国联邦最高法院还强调，在判断一个地方是否属于庭院时，法院还要考虑该地方是否与公民住宅之间存在实体的联系、重视与财产权有关的因素以及参考社会公众的看法。但是，随后的某些联邦法院和州法院在判断一个地方是否属于庭院时却重点讨论公民是否在这些地方进行与亲密关系有关的活动。此外，还有一些法院则通过判断一个地方是否附属于公民住宅或者处于公民住宅之内来作出相应的规定和判决。有一些州的法院

---

① 480 U. S. 294, 301 (1987).

② Oliver, 466 U. S. at 180.

甚至以公民财产所享有的宪法性保护[①]或者公民在其空间内竖立"禁止入内"的指示牌的行为[②]为依据，又或者通过对隐私合理期待进行新解释，[③] 直截了当地将《第四修正案》所提供的保护拓展到开放领域（open fields）上。

在审判与庭院相关的案件时，法院往往过分注重实体财产权而忽略亲密关系和家庭生活的重要性，但是，根据以真实存在的隐私权为基础的、与住宅隐私权有关的分析方法，人们会对法院的这种审判方法产生质疑。在一个信息化的社会里，人们对其外院和外屋并不享有太多的隐私权益，尤其是涉及亲密关系和家庭生活的隐私权益。例如，在政府执法人员对与公民住宅相连的院子外围的灌木丛、蔬菜园甚至是车库实施搜查行为的情形中，政府执法人员的行为不太可能会对公民之间的亲密关系造成伤害，更不可能对公民的隐私期待造成侵害。这些搜查行为都不会曝光公民所参加的交际活动的细节，也不会侵扰人与人之间的关系或公民的核心家庭生活。相反，政府执法人员搜查公民的书桌、户外用餐区、直接与住宅相邻并相对限制外界干涉的空间、其他用于社交的户外空间时，其行为很可能会破坏公民之间的亲密关系和家庭生活。这个事实说明，法院不应当绝对地将所有庭院都排除在《第四修正案》保护的范围之外。

在改进隐私权理论的最开始，在保护公民隐私权时，法院需要用以真实存在的隐私权理论为基础的方法逐步取代以前那种注重保护公民住宅隐私权而忽略公民其他隐私权益的方法。在这个过程中，法院可以选择一种最保守的改进方法，即在审判案件时高度重视美国联邦最高法院在 Dunn 一案[④]中提出的第三个要素（公民对其空间的用途属性）的作用。据此，在判断政府执法人员对公民住宅所实施的搜查行为是否构成《第四修正案》所规定的搜查行为时，法院判断的重点应当在于涉案的住宅是否为公民的家庭生活场所，而不在于它里面有没有存放着公民的家用设施等财产，也不在于它是否属于开放的

---

① See Falkner v. State, 98 So. 691, 692 (Miss. 1924).
② See State v. Bullock, 901 P. 2d 61, 75 - 76 (Mont. 1995).
③ See State v. Kirchoff, 587 A. 2d 988, 994 (Vt. 1991).
④ 480 U. S. 294, 301 (1987).

空间。这是一个具备实质性意味的理论改进，并没有违背美国联邦最高法院作出的主要判例。但是，笔者认为大部分的判例对于上述第三个要素的重视还是远远不够的，法院应当更加重视该要素在判案时的重要作用。还有另一个可供选择的方法，根据这个方法，在判定政府执法人员搜查公民住宅的行为是否构成《第四修正案》所规定的搜查行为时，法院仅仅考虑 Dunn 一案所提出的第三个要素（公民对其住宅空间的用途属性）。或许这个方法可能会适用其他要素，如涉案空间是否与住宅毗邻，但这也仅限于在分析公民对涉案空间作何用途以及分析政府执法人员的搜查行为是否侵犯了公民之间的亲密关系的时候。为了给政府执法人员的执法活动提供相应的指引，这些改进过的隐私权理论将会为法院提供一个事前的、直接明了的分析方法，帮助其判断公民所拥有的各种空间是否为公民的亲密关系提供了交流场所。

在上文中，笔者提出了几个对美国联邦最高法院在 Dunn 一案中提出的由四要素组成的判断标准进行重新定位的提议，这些提议都与涉案空间的用途属性有着更强的联系，并且适用起来也方便灵活。但是，这些提议也无法让人们完全信服。因为根据这些提议，政府执法人员所实施的很多搜查行为将不会受到《第四修正案》的规制，这对于公民隐私权而言又是一个新的挑战。

有一个可以解决该问题的方法就是，法院适用更加灵活的、有条理的方法来判断涉案空间的用途属性（即 Dunn 一案中提出的判断标准的第三个要素），以求审判结果可以合理地平衡政府执法利益与公民隐私权之间的对抗关系。在涉及庭院的案件中，在正确判断公民那些不为人知的人际关系和其他隐私权益的深度的基础上，美国的法院可以适用一个与《第四修正案》所规定的合理依据相比没有那么严格的标准，以合理平衡政府执法利益与公民隐私权之间的关系，从而最终判定政府执法人员所实施的搜查行为是否构成《第四修正案》所规定的搜查行为。这个方法在政府执法人员对公民住宅实施搜查和扣押行为的案件中并不是一个全新的方法。在州法院以及联邦法院所审判的小部分案件的判决正文或附带意见中，法官们认为，在某些情形中，如果政府执法人员有合理的理由怀疑公民，那么，政府执法人员可以在没有搜查令的情况下对公民的庭院实施搜查行为。

在某些学术文献中，Slobogin 曾提出一个令人信服的合理比例原则（proportionality principle of reasonableness），根据这个原则，法院应当恰当地权衡政府执法人员据以实施搜查行为的正当理由的充分性和公民被侵犯的程度，从而使得合理性的标准变得更加多层次化。例如，法院可以在某些案件中适当降低《第四修正案》所规定的合理依据这个标准。在 Terry v. Ohio 一案中，政府执法人员拦截公民汽车并实施了搜查行为，法院在审理该案时采纳了 Slobogin 的观点，在判断政府执法人员所实施的搜查行为是否属于《第四修正案》所规定的搜查行为时适用了合理怀疑这个标准。该标准比《第四修正案》所规定的合理依据这个标准要低。

正如在涉及庭院的案件中所做的那样，在审判其他类型的案件时，为了合理平衡政府执法利益和公民隐私权之间的对抗关系，法院可以适用一个以比例原则为基础的、更加灵活的方法，评估政府所持有的搜查理由和政府的搜查行为将会对公民所享有的真实存在的隐私权益和亲密关系带来的伤害，然后对这两个方面进行综合的考虑与取舍，最后得出该政府执法行为是否属于《第四修正案》所规定的搜查行为的结论。

例如，在诸如书桌、露台和户外空间等直接与住宅相连的空间里，因为政府执法人员对这些空间所实施的搜查行为可能对公民之间的亲密关系和家庭生活造成影响，所以，如果政府执法人员要对这些空间实施搜查行为，那么，其行为要受到传统的合理依据这个要求的限制；也就是说，政府执法人员只有在持有合理依据的情况下才可以对这些空间实施搜查行为。相比之下，庭院与公民的隐私生活有关联的可能性要低一些，因此，如果政府执法人员要对屋外的储物室、车库等地方实施搜查行为，那么，其行为只要满足了合理怀疑这个较低的标准即可。因为户外花园、狗屋等空间一般不太可能与真实存在的隐私权益或公民对其亲密关系享有的权益之间存在实质性的联系，因此，在判断政府执法人员对这些空间实施的搜查行为是否构成《第四修正案》所规定的搜查行为时，法院应当适用对政府执法人员要求较低的判断标准。法院在对这些空间提供保护时，可以根据具体案情对其提供较少的宪法保护或者完全不对其提供保护。

以上论述是对初步改进后的庭院理论的阐释，随着时间的流逝，庭院原则和相应的保护标准将会在相关的司法判例中得到越来越好的发展。在某些涉及难以定性的空间或用途多样的空间的案件中，在适用以合理平衡政府执法利益与公民隐私权之间的对抗关系为基础的隐私权分析方法（reasonableness balancing approach）审理案件时，法院作出的审判结果会引发一些不确定因素——现实中不存在明确的标准使法院和政府执法人员对涉案场所作出一个绝对准确的定性。由于非法证据排除规则的存在，政府执法人员在对一些情况不明的案件进行侦查时，如果需要对公民实施搜查行为，则政府执法人员在作出搜查决定时必然是经过慎重考虑并持有足够的合理依据的，并不会贸然地或者恣意地对公民实施搜查行为。这并不是一件坏事。换言之，在实施搜查行为之前，其实政府执法人员并不完全确定自己的行为符合法律（如合理依据这个法律要求）的要求。又或者说，政府执法人员并不确定自己对一个场所的定性与法院的看法是否一致。但显而易见的是，在现行的庭院理论中，也存在相似的不确定性，尤其是在低级法院适用该理论判断一个地方是属于受保护的庭院还是不受保护的开放领域时，执法机关工作人员的判断明显和法院的判断有着重大的偏差。

　　相对现行的法律而言，尽管笔者在这一部分提出的建议可能看起来比较激进，但实际上，美国的判例法表明，美国的法院在是否适用庭院理论这个问题上本身就是越来越摇摆不定的。例如，政府执法人员在公民的庭院逮捕犯罪嫌疑人时，政府执法人员的行为只会受到有限的限制；为了达到逮捕犯罪嫌疑人的目的，美国把公民住宅的门槛以外的地方都视为公共场所。① 美国的法院会认定，所有户外空间都是开放领域，都不是能受到法律保护的庭院。此外，根据 California v. Ciraolo 一案②的判决，《第四修正案》不再保护公民的庭院可以免受政府执法人员所实施的空中监视行为的侵犯。在审判案件时，越来越多的巡回法院选择重新审视有关庭院的判决，而不是继续盲目地适用已经明显有错的旧标准。③ 如今，一方面，法律对庭院所提供的保护开始逐渐减少；另一方面，在判定政府执法人员所实施的行为是否

---

① See United States v. Santana, 427 U. S. 38, 42 (1976).
② See 476 U. S. 207, 210 (1986).
③ See Jake Linford, Comment, The Right Ones for the Job : Divining the Correct Standard of Review for Curtilage Determination sin the Aftermath of Ornelas v. United States, 75 U. Chi. L. Rev. 885, 886 – 887 (2008).

违反《第四修正案》的规定时,法院也开始适用比合理依据这个标准要低的合理怀疑标准。这些情形都预示着本部分提出的一些改进意见可能真的开始在实践中发挥作用了。

3. 公民住宅:公民隐私权的代言人

在某些情形中,对于公民所享有的真实存在的隐私权以及公民对亲密关系所享有的隐私权而言,实体住宅具有十分重要的价值,它被视为上述隐私权的代言人。住宅对于公民隐私权和人格权而言十分重要,这不是因为住宅本身就象征着公民之间的亲密关系,而是因为它们十分频繁地为公民的行为提供庇护所。住宅相当于为公民的生活以及五花八门的社会交际提供了一个"舞台"。一系列的人际交往活动,如社会规范和文化规范的制定、对债券的估值、文化仪式的举行,大都发生在公民的住宅之中。人们对于人际交往的心理学研究和社会学研究都说明了住宅对于公民的重要性。但是,只有当公民的实体住宅能够对保护公民所享有的真实存在的隐私权益不被外界探知产生重要的影响时,《第四修正案》才会对其提供保护——并非在任何情况下,公民对其实体住宅享有的权利都能受到宪法上的保护。

政府执法人员对公民住宅内部的生活空间所实施的搜查行为极有可能会伤害公民所享有的真实存在的隐私权益。相比政府执法人员对其他地方所实施的搜查行为,公民会认为政府执法人员对其住宅内部,尤其是其卧室所实施的搜查行为对其隐私权造成的侵害更加严重。这个结果并不会让人觉得很意外。由政府执法人员对公民住宅内部所实施的大量搜查行为不仅会引起公民内心的恐惧感、无端的怀疑,而且还会侵犯公民的私人生活空间以及频繁地损害公民的财产,这些都是对公民造成的客观性伤害。即便犯罪嫌疑人在事实上是无辜的,但是与犯罪嫌疑人住在一起的公民肯定会觉得,犯罪嫌疑人为他们带来了无端的侵扰,并且政府执法人员所实施的搜查行为还会让他们对犯罪嫌疑人的性格和行为产生不好的怀疑,从而破坏犯罪嫌疑人原本良好的社会形象。

只要政府执法人员所实施的行为侵扰了公民的家庭生活,那么,不管政府执法人员是对公民住宅的内部还是外部实施搜查行为,都会对公民造成伤害。政府执法人员对公民住宅所实施的搜查行为会中断住宅内的公民之间的谈话,停止他们的交际活动以及家庭活动,这都是公民参与人际交往的基本事项,在政府执法人员对公民住宅实施长时间的搜查行为的情况下,该行为对公民生活造成的侵犯尤为严重。政府执法人员即使是对公民的走私行为和证据实施搜查行为,也会对公民的生活空间造成很严重的侵犯。这些搜查行为不仅会侵犯犯罪嫌疑人和与其同居的人本身,还会侵扰甚至严重侵犯他们生活的核心空间。政府执法人员所实施的搜查行为不仅会侵犯与公民住宅相连的其他空间,而且还会曝光与公民之间的亲密社交行为有关的私人物品,这都会使公民的隐私权处于一种高度危险的状态之中。毋庸置疑的是,政府执法人员对庭院所实施的搜查行为以及对公民住宅所实施的、侵犯性没有那么强的搜查行为也会带来上述的危害,但是,相对于政府执法人员对公民住宅所实施一般搜查行为,公民在后面两种搜查行为中所受到的侵害明显轻很多。

政府执法人员对公民住宅内部所实施的搜查行为可能会对公民的家庭生活和亲密关系造成伤害,这种可能性的存在说明,在政府执法人员准备实施上述搜查行为时,仍然应以传统的合理依据或者法院签发的搜查令为依据,否则,公民对其住宅内部所享有的隐私权益永远处于一种随时可能被侵害的危险之中。所谓住宅内部,是指那些处于住宅内部的空间,而不是仅与住宅主体相连的外棚和车库。为了保护公民对其住宅内部空间所享有的广泛的隐私权和相关权益(relational interest),在涉及政府执法人员对公民住宅内部实施搜查行为的案件中,法院应当排除适用某些已经成立的例外情形。例如,根据现有的例外情形,如果政府执法人员在搜查犯罪嫌疑人的住宅时得到了其同居者的同意,那么,政府执法人员就可以对该住宅实施无令搜查行为。但如果该犯罪嫌疑人所享有的真实存在的隐私权益在这种搜查行为中会受到侵害,那么,法院就应当减少适用这种以第三方当事人规则为基础的例外情形。正如笔者在上文提出的改进意见所讲的那样,法律通过合理依据和搜查令这两个要求对公民对其住宅内部所享有的隐私权所提供的保护应当是事前的、绝对的。通过研究上述政府执法人员对公民住宅内部的生活空间实施搜查行为的例子,人们可以得知,以真实存在的隐私权和亲密关系为基础,人们不仅可以确立一个明晰的规则,而且可以通过该规则引导政府执法人员合理地实施搜查行为。因此,尽管在事实上,政府执法人员所实施的搜查行为不会损害被告及其同居者所享有的真实存在的隐私权以及被告对其亲密关系所享有的隐私权益,但是,在政府执法人员对被告的住宅内部实施搜查行为的情形中,被告所享有的隐私权也能得到充分的保护。总而言之,以真实存在的隐私权和亲密关系为基础的分析方法可以为政府执法人员所实施的执法行为提供稳定的指引,这其中的好处远比其付出的代价要有价值。

主张应当对公民隐私权提供严格保护的学者可能会反对将政府执法人员所实施的搜查行为区分为对公民住宅内部实施的现实性搜查行为和对公民住宅实施的侵犯性较小的搜查行为。已经有学者提出,相比美国联邦最高法院在 Katz 一案①中提出的隐私合理期待这个判断标准,以财产权为基础对隐私权提供保护的方法能为公民隐私权提供更加充分的保护。还有其他一些学者认为,如果公民对其隐私生活享有的权利是一种重要的权益,那么,这种权利值得人们为其提供最严格和最周全的隐私权保护。因为这些理由,人们对公民住宅及其周边空间提供绝对的保护,以使其免受政府执法人员所实施的所有搜查行为的侵扰。这种做法可以使公民之间的亲密关系的发展不再受到政府执法人员的干涉。但是,这个方法的适用必然随着住宅例外原则的复兴而逐渐减少,因为住宅例外原则的适用不仅会降低会隐私权保护的效率,而且还会牺牲较多的政府执法利益,所以人们这样做是得不偿失的。要求政府执法人员在任何情形中都必须在持有合理依据或者法院签发的搜查令的前提下才能对公民实施搜查行为的做法,固然可以更便利地保护公民的隐私权,但是,这样会妨碍政府执法人员有效地开展刑事执法活动、降低社会公众对隐私权保护的支持力度、提高法院在审判中创设例外情况(即政府执法人员可以擅自实施搜查行为的情形)的压力。因此,在本文中,笔者提议,法院应当专门为公民对其隐私生活享有的隐私权提供相对较为狭隘的保护。

六、回顾有关公民住宅不可侵犯的理论:反对意见和注意事项

在过去,人们认为,根据《第四修正案》的规定,国家应当为

---

① 389 U. S. 347, 351 (1967).

公民的住宅隐私权提供严格的保护。此外，长久以来，公民住宅在《第四修正案》的法律体系中一直处于被优先保护的地位。如果人们要改变上述两种说法，那么，就相当于是对《第四修正案》的原则作出重大改动。对于美国应当改变《第四修正案》对公民住宅隐私权所提供的保护的观点，许多学者都提出了不同的意见（其中当然包括不少反对意见），在本部分中，笔者将会对这些意见作出回应。在作出回应时，笔者会特别注重《第四修正案》所规定的公民所享有的安全权、重复的搜查行为带来的问题、有关隐私权的社会规范这三个因素。

（一）安全权和其他隐私权益

有一个对笔者的解说表示反对的意见认为，在政府执法人员对公民实施刑事搜查行为的情况下，法律为公民所提供的保护与公民隐私权、公民之间的人际关系等无关，而是与公民的安全权或其他权益有关。[①] 在 Minnesota v. Carter 一案[②]中，Anthony Kennedy 大法官写道，根据《第四修正案》，"随着时间的流逝，公民住宅所获得的保护已经产生了强大的影响力和独立的重要性。这证明了，当身处公民住宅里面时，公民的个人安全权应当得到更加有力的保障，这种保障已经成为了宪法传统的一部分"。Jed Rubenfeld 将这个观点解释为，在政府执法人员对公民生活的干涉越来越多并且这些干涉行为被逐渐地合法化的社会里，公民应当享有独处的权利。Jed Rubenfeld 主张，如今的人们应当将自己对隐私权的关注转移到公民所享有的安全权上。

在某种程度上，住宅例外原则是以心理学上的基本原理和政治学上的基本原理为基础的，而根据最近的相关研究，这两个基本原理并不能让人十分信服，因此，隐私权保护需要一个新的理论基础。但是，即便法院将《第四修正案》所规定的公民安全权发展为一个有关隐私权的理论，它也不能马上为隐私权保护提供一个足够强大和连贯的理论基础。首先，安全权都包含哪些具体权益？这是十分模糊不

[①] Commentators have noted "the difficulties in predicating constitutional protection on anything so abstract and manipulable as privacy." Christopher Slobogin, Privacy at Risk 29 (2007).

[②] Minnesota v. Carter, 525 U. S. 83, 100 (1998) (Kennedy, J., concurring).

清的。人们无法清晰地辨认出安全权与美国联邦最高法院所认定的其他公民权利或隐私权有何不同。其次，在某种程度上，安全权与公民之间的亲密关系在本质是大体一致的。人们之所以渴望享有安全权，最核心的原因就在于安全权可以保障人们之间的信息共享和社交活动能够顺利进行。① 如果在分析《第四修正案》时，法院将公民在住宅搜查行为中经常遭到侵害的真实存在的隐私权益作为分析的重点，那么，改进后的住宅例外原则可以促进公民安全权以及其他公民自由的发展。至于除了安全权以外的公民权益，笔者承认，除了本文提出的基本原理，人们还可以提出很多对公民住宅实施保护的理由。但是，当人们对公民自治权以及隐私权益产生争议的时候，本文提出的大部分提议都可以适应这些权益的发展的需要。

（二）政府执法人员所实施的重复搜查行为和无处不在的监控行为

在政府执法人员对公民住宅实施搜查行为的情形中，如果公民受到的隐私权保护变少，那么，公民将会对此感到十分忧心。公民最担心的一个问题在于，他们受到的隐私权保护变少会导致他们受到政府执法人员重复实施的搜查行为以及无处不在的监控行为的侵犯。在上文中，笔者主要建议将有关政府执法人员所实施搜查行为的情形进行分类。无可争议的是，如果政府执法人员重复实施一种搜查行为，那么，即使单个这样的行为不会对公民所享有的真实存在的隐私权益或亲密关系产生严重的侵害，但是多个这样的搜查行为集中在一起必将侵犯公民的隐私权益。例如，如果政府执法人员对公民的庭院实施一次性的或者偶然的监控行为，那么，该行为对公民真实存在的隐私权或者亲密关系造成的侵害是有限的，但是，如果政府执法人员所实施的监控行为会维持很长一段时间，那就另当别论了。② 当政府执法人员所实施的搜查行为对公民隐私权的侵害积累到一定程度或者政府执法人员的该种行为没有得到有效的控制时，政府的执法行为势必会对

---

① See Charles Fried, Privacy, 77 Yale L. J. 475, 483–484 (1968).
② Cf Tracey Maclin, Police Interrogation During Traffic Stops: More Questions Than Answers, 31 Champion 34, 34–36 (2007).

公民隐私权造成侵害。

在政府执法人员对公民实施技术搜查行为的情况下,这种侵害尤其严重和泛滥,因为政府执法人员会利用科技对公民实施持久的、广泛的监控行为。对于如何解决这个问题,大家提出了各种各样的方法。有学者认为,规定政府执法人员必须在持有法院签发的搜查令或者满足类似的要求时才能对公民实施搜查行为的方法可以有效保护公民免受政府执法人员所实施的无处不在的监控行为带来的侵犯。制定法和政府执法机关内部条例同样可以解决这个问题,防止美国变成一个"极权国家"。

实际上,当政府执法人员对公民的实体住宅或其他住宅空间实施搜查行为时,也要接受来自政府执法机关内部的审查。① 政府执法人员也缺乏时间和资源去重复搜查大量的、在地理上分散的住宅(如果这些住宅都集中在一条街道上的话,那又另当别论了)。但这也仅是限制而非完全排除了政府执法人员实施重复的搜查行为的可能性。但是,法律的约束和救济可以解决政府执法人员实施重复搜查行为带来的问题。例如,通过规定政府执法人员在开展重复搜查行为之前必须满足搜查令要求或满足更高标准的要求,立法机关可以保护公民免受来自政府执法人员所实施的重复搜查行为的侵扰。除此之外,通过制定法律、政府执法内部条例、政府执法人员启动搜查行为必须满足的要求等方法,人们都可以对政府执法人员所实施的危害性足以引起其他法律救济的搜查行为进行限制。

(三) 有关隐私权的社会规范

如果人们相信公民住宅应当是神圣不可侵犯的,那么,人们对《第四修正案》的解读是否就不应该违背人们的这种信仰? 换言之,笔者在给隐私权法下定义时是否忽略了社会公众的看法和社会规范的重要作用? 以下将从两个方面来回答这个问题:①人们不能把实体住宅视为最有意义的家庭生活空间的完美代言人。人们之所以对政府执法人员搜查其住宅的行为感到恐惧和反感,最主要的原因在于,人们

---

① See, e.g., Laurie Magid, Deceptive Police Interrogation Practices: How Far is too Far?, 99 Mich. L. Rev. 1168, 1199 (2001).

认为该行为会泄露自己与别人之间的亲密关系和隐私活动。从如今可以获得的现实证据来看，人们不能直接证明政府执法人员搜查公民住宅的行为必定会泄露公民之间的亲密关系和隐私活动，但是 Slobogin 和 Schumacher 在实验中的发现，在很大程度上表明，政府执法人员搜查公民住宅的行为会曝光和伤害公民之间的亲密关系，尤其是在政府执法人员搜查公民的卧室或住宅内部的情况下，公民感觉自己受到了最严重的侵犯。②在判案时，美国联邦最高法院在 Katz 一案①中提出的判断标准要求法院要考虑公民主观上持有的"社会准备承认其合理性"的隐私期待。这个只考虑大多数人的看法的分析方法是人们在法律和隐私规范之间来回推导之后得出的方法，它的出现与新科技的兴起息息相关。实际上，该种方法会损害少数人的权益。当然，客观合理性也是这个判断标准注重的一个要素。迄今为止，政府执法人员所享有的资源是有限的，政府执法人员所能实施的搜查行为也是有限的，他们不能同时对分散的众多公民住宅实施现实的搜查行为，除此之外，政府执法人员所实施的搜查行为对公民生活的侵扰也是有限的，尤其是在政府执法人员所实施的行为既没有对公民造成人际关系损害，也没有暴露公民的财产或某些令人尴尬的物品的情况下。换言之，为公民住宅提供特别的严格保护的做法并不能较好地保护公民的隐私权。总而言之，"公民住宅神圣不可侵犯"的社会规范和社会信仰并不能充分地论证，住宅例外原则能够有效地反对政府执法人员对公民隐私权实施侵害。

七、结语

根据以财产法为基础的分析方法以及公民住宅神圣不可侵犯的论调，《第四修正案》为公民住宅提供的保护是不均衡的。住宅例外原则的存在使得《第四修正案》不能为公民所享有的真实存在的隐私权益提供均衡的、有效的保护。笔者建议，在保护公民隐私权时，人们放弃适用现行的例外原则和以财产权为基础的分析方法，而适用一个着重保护公民所享有的真实存在的隐私权和亲密关系的有效原则。

---

① See Katz v. United States, 389 U.S. 347, 361 (1967) (Harlan, J., concurring).

个人庭院：《美国联邦宪法第四修正案》对公民公共场所安全权的法律保护

安德鲁·格斯里·弗格森[①]著　陈圆欣[②]译

目　次

一、导论
二、混乱的理论：《美国联邦宪法第四修正案》对公共场所的法律保护
三、庭院理论
四、个人庭院理论
五、个人庭院理论的适用
六、结语

一、导论

公民居住的社区已经成为警察监控的对象：警察会使用无人机在空中监视公民[③]，会在十字路口设立监控摄像机[④]，会利用车牌识别

[①] 安德鲁·格斯里·弗格森（Andrew Guthrie Ferguson），美国哥伦比亚大学大卫·A. 克拉克法学院副教授。

[②] 陈圆欣，中山大学法学院助教。

[③] See Brian Bennett, Spy Drones Aiding Police, L. A. Times, Dec. 11, 2011, at A1, Lev Grosssman, Drone Home, Times, Feb. 11, 2013, at 26; Jason Koebler, Police to Use Drones for Spying on Citizens, U. S. News & World Rep. (Aug. 23, 2012), http://www.useews.com/articles/2012/08/23/docs-law-enforcement-agencies-plan-to-use-domestic-drones-for-surveillance.

[④] See David Gambacorta & Morgan Zalot, Surveillance Cameras Prove Helpful in Crime Probes, Phila, Inquirer (Feb. 1, 2013), http://articles.philly.com/2013-02-01/news/36661895_1_surveillance-cameras-could-see-you-waving-at-it-from-15-000-feet/272796.

系统读取每辆经过的汽车车牌号码①，会使用面部识别设备监控特定建筑里的公民②，以及会利用音频监控设备录取公民在街头进行的谈话③。如果某位公民踏入上述的公共场所，那么《美国联邦宪法第四修正案》（以下简称《第四修正案》）会让他免受政府执法人员的监控吗？在2012年美国联邦最高法院的法官对 United States v. Jones 一案④作出判决之前，这个问题的答案是否定的，《第四修正案》不会保护故意或者有意暴露在公共场所的公民免受政府执法人员的监控⑤。然而，在 Jones 一案以后，这个问题的答案就不是绝对的否定了，因为美国联邦最高法院的多数意见似乎对政府执法人员聚合他们搜集公共场所的信息的行为产生了怀疑，即便这些信息是公民有意暴露于众的。⑥

公共场所里究竟是否存在一个受到宪法的保护并且因此免受政府技术监控侵犯的区域呢？如果存在这个区域，那么要如何定义它才能与《第四修正案》的文本、历史渊源和理论保持一致呢？⑦ 本文涉及的问题是前所未有的，因为新的监控技术已经重新定义了公民在公共场所里享有的隐私期待。⑧ 虽然美国联邦最高法院之前不承认公民在公共场所里能够免受政府监控，但是这个问题现在可能有了不同的答案。

---

① See John Phillips, Smile! Your Car's on Cop Camera, Car & Drier (Dec, 2011), http：//www.caranddriver.com/feature/smile-your-cars-on-camera-we-ride-along-to-learn-what-the-cops-knows-about-you-feature.
② See Douglas A. Fretty, Face-Regcognition Surveillance: a Moment of Truth for Fourth Amendment Rights in Public Places, 16 Va. J. L. & Tech. 430, 434 –435 (2011).
③ See Mark Berman, Buses Have Eyes-and Sometiomes Ears, Wash. Post. Dec. 3, 2012, at B1.
④ 132 S. Ct. 945, 951 (2012).
⑤ Katz v. United States, 389 U. S. 347, 351 (1967); see also United States v. Knotts, 460 U. S. 276, 281 –282 (1983).
⑥ See Orin S. Kerr, The Mosaic Theory of the Fourth Amendment, 111 Mich. L. Rev. 311, 313 –314 (2012).
⑦ See Thomas K. Clancy, What Dose the Fourth Amendment Protect: Property, Privacy, or Security? 33 Wake Forest L. Rev. 307, 322 –323 (1998); Sherry F. Colb, What is a Search? Two Conceptual Flaws in Fourth Amendment Doctrine and Some Hints of a Remedy, 55 Stan. L. Rev. 119, 137 (2002).
⑧ Andrew E. Taslitz, The Fourth Amendment in the Twenty-First Century: Technology, Privacy and Human Emotions, 65 Law & Contemp. Probs. 125, 169 (2002).

为了回答上述问题，根据传统私人财产领域的个人庭院理论，本文提出了一种新的《第四修正案》的保护方式。庭院一直被认为是用于扩大法律对住宅的保护而构建的一个术语。① 虽然庭院处于一个容易被公众看到的位置，但是它被认为是住宅四堵墙以外的一个缓冲区域，公民在这个缓冲区域里也是受到法律保护的。法官认为，庭院就是财产所有者采取一定措施来作出标识，使其受到法律保护的区域，法律和习俗保护公民在这个区域内免受邻居侵扰和政府干涉。②简而言之，通过在住宅外部建立围栏，财产所有者就标识了一块受到私人控制的领域。类似的，标识一块公民试图免受其他人实际入侵或者利用提高感官功能的设备进行监视的区域，个人庭院理论可让这个区域受到宪法的保护。

为什么本文要把关注点放在庭院呢？首先，Scalia 大法官在 Jones 一案的多数意见中为《第四修正案》的实际入侵理论注入了新的血液。Jones 一案的多数意见认为，如果警察侵入公民的私人财产——《第四修正案》所认为的"财产"，那么警察的行为就构成了搜查行为。即便第三方当事人能够观察到该"财产"，比如说公共场所里停放的车辆，即便该财产只透露了公共信息，警察也不能侵犯公民的私人财产。③ 其次，Scalia 大法官重申了 Florida v. Jardines 一案④所关注的庭院，认定政府执法人员利用警犬的嗅觉对公民庭院进行搜查的行为就是《第四修正案》所规定的搜查行为。庭院理论一直被认为与财产权的侵入理论密不可分，如果从新技术的角度来看待庭院理论，那么我们可能会得到新想法。同时，在 Jones 一案中提出并存意见的法官表达了，他们对于限缩解释财产权的侵入理论的不满，他们希望扩大《第四修正案》对公民的保护。虽然 Jones 一案的法官没有对公民在公共场所里的信息应该受到什么样的保护达成共识，但是至少有

---

① United States v. Dunn, 480 U. S. 294, 300 (1987). Oliver v. United States, 466 U. S. 170, 182 n. 12 (1984).
② Amelia L. Diedrich, Note, Secure in Their Yards? Curtilage, Technology, and the Aggravation of the Poverty Exception to the Fourth Amendment, 39 Hastings Const. L. Q. 297, 300 (2011).
③ United States v. Jones, 132 S. Ct. 945, 949 (2012).
④ Florida v. Jardines, 133 S. Ct. 1409, 1414 – 1415 (2013).

五位法官认同，在新的技术监控时代中，《第四修正案》需要重新思考公民在公共场所里是否享有隐私权这个问题。

正如本文提出的那样，庭院理论植根于普通法之中，因此，它能够适应新的监控时代。第一，庭院理论的创立意味着公共场所里也存在私人事务。进一步而言，庭院的范围与家人、朋友、个人崇拜和私人习惯密切相关，即便其他人能够在公共场所中看到公民的庭院。[①]第二，个人庭院理论关注公民的隐私安全，庭院范围内的事务不容政府侵扰。第三，庭院理论植根于习惯和法律。[②] 他人可以以侵入为由向法院提起诉讼，行为人的侵入行为不仅触犯了财产法，还触犯了社会规范。[③] 这道隐喻式的墙壁不仅能够阻挡其他人的窥视，还能够提示这些好奇的人何时何地需要闭上他们的眼睛。第四，庭院理论为公民的活动划分了一个受法律保护的区域，政府执法人员不得进入该区域。公民可以通过在他的房屋周边修建围墙或者篱笆来划分这个区域。第五，庭院为公民提供保护的区域是有限的。虽然庭院理论扩大了隐私安全受到保护的范围，但是这种范围是有限的。也就是说，虽然庭院占据了某些原本属于公共场所的区域，但是这种占据不足以打破现存法律的平衡。

本文希望将《第四修正案》的庭院理论运用到公民在公共场所的活动中。这不是一个准确的适用，但是这种想法能够为《第四修正案》的现代理论提供不同的观点。首先，《第四修正案》的庭院理论肯定，明确区分住宅和公共场所这两种场所，并且给予住宅更多保护的两分法已经过时。[④] 因为无论是住宅内部还是公共场所，新技术同样可以让行为人轻而易举地看到、听到、感觉到甚至侵入这些区域。传统的公私领域界线再也不能保护公民的隐私安全。因此，作为公私领域之间的灰色地带，庭院为公民的隐私提供了一种中间程度的保护。其次，《第四修正案》的条文明确强调了"安全权"，而庭院

---

① Catherine Hancock, Justice Powell's Garden: The Ciraolo Dissent and Fourth Amendment Protection for Curtilage-Home Privacy, 44 San Diego L. Rev. 551, 557 (2007).
② Wellford v. Commonwealth, 315 S. E. 2d 235, 238 (Va. 1984).
③ Oliver v. United States, 466 U. S. At 195 – 196 (Marshall, J., dissenting).
④ See Stephanie M. Stern, The Inviolate Home: Housing Exceptionalism in the Fourth Amendment, 95 Cornell L. Rev. 905 (2010).

理论也能够更好地解释何为"隐私期待"。① 正如其他学者所指出的那样,《第四修正案》通过其直白的文字保护公民的安全权而非隐私权。新技术让传统的隐私期待理论变得不合时宜,我们需要有新的理论。最后,这个理论改变了能够定义保护隐私区域的人。以前,法官仅仅通过自己的判断认定公民是否在客观上享有"隐私的合理期待",如今,法官可能会通过调查公民有没有采取措施来建立一个受法律保护的区域来认定。

"个人庭院"的概念与传统财产权领域的庭院一样都是法律构建的术语,但是正如本文所提出的那样,这两个术语都能够保持公民权利和社会安全之间的平衡。在侵略性监控无处不在的新技术时代里,个人庭院理论划分出了一个防御空间。这个空间由公民控制,并且依赖于公民所采取的防御措施。虽然这个空间有限,不能保护公民所有暴露于众的事物,但是它比现存理论为公民提供了更多的隐私保护。它要求人们重新理解《第四修正案》所规定的入侵,也就是说行为人利用提高感官功能的工具对他人造成的侵扰无异于早期的实际入侵行为。

本文的第二部分指出了关于《第四修正案》的现存理论的不明确之处。虽然众多学者已经对这个问题提出了自己的见解,但是《第四修正案》对公共场所的保护仍然是不明晰的。② 美国联邦最高法院的法官最近对 United States v. Jones 一案作出的判决徒增了这种不明确。本文提出了一个新的理论框架来解释公共场所在什么时候受到宪法保护以及如何受到宪法保护这个尚未解决的问题。

本文的第三部分提出了《第四修正案》的庭院与公共场所是两个平行的概念。在某种程度上说,之所以要利用庭院作为理论模型,

---

① Katz v. United States, 389 U. S. 347, 361 (Harlan, J., concurring).
② See e. g. Susan W. Brenner, The Fourth Amendment in an Era of Ubiquitous Technology, 75 Miss L. J. 1, 70 – 71 (2005); Jace C. Gatewood, Warrantless GPS Surveillance: Search and Seizure-Usiing the Right to Exclude to Address the Constitutional of GPS Tracking Systems Under the Fourth Amendment, 42 U. Mem. L. Rev. 303, 311 (2011); Orin S. Kerr, Four Models of Fourth Amendment Protection, 60 Stan. L. Rev. 503, 505 – 507 (2007); Christopher Slobogin, Peeping Techno-Toms and the Fourth Amendment: Seeing Through Kyllo's Rules Governing Techonological Surveillance, 86 Minn. L. Rev. 1393, 1396 – 1397 (2002).

其原因是法律中已经存在这个法律术语，只不过传统的财产权理论对于庭院的理解过于狭隘而已。庭院理论主张，公民在公共场所的某些活动仍然被视为私人的，或者至少应该免受其他人实际非法入侵或者利用提高感官功能的工具来窥探。它还认为公民有权利重塑法律对相关领域保护的边界。美国联邦最高法院对庭院的讨论包括该领域所在位置以及公民采取了哪些措施来保护这些领域的隐私。①

本文第四部分对个人庭院理论作出了定义。《第四修正案》所保护的公民基本权利应该是安全权而非隐私权，它关注公民如何标识某块区域使其个人的匿名利益能够在这个区域受到更多的保护。个人庭院理论建立在四个相互交叉的基本原则之上：①公民在公共场所中能够划分出一个免受政府监视的区域，该区域受到宪法保护。虽然这个受到宪法保护的区域范围十分有限，但是它确实存在。②为了宣示公民的安全权，公民必须采取积极的行动来对这个区域作出标记。这个标记阻止政府执法人员和类似的公民进入该区域。③这个受到《第四修正案》保护的区域必须与公民的私人活动密切相关，比如与公民在其住宅周边展现的私人信息相关。④公共场所的许多场合都可以适用个人庭院理论，并且受到《第四修正案》的保护。公民之所以能够因密封的容器或者穿着的衣物获得安全权，其原因在于法律与习惯尊重我们用于封闭自身的事物，让处于封闭状态的事物免受监视。本文的这部分内容主张，即便公民身处公共场所，他也拥有这样一块安全的区域，所以这部分内容提供了确定这个安全区域的理论框架。

本文的第五部分将个人庭院理论适用到本文提出的虚拟监控场景。个人庭院理论的发展能够解释《第四修正案》现存的问题，并且为将来的案件提供一个更好的理论框架。它还能够阻止非实际非法入侵的技术监控为公民带来的侵扰，为判断政府执法人员的行为是否构成非法入侵行为提供新的视角。

本文的第六部分旨在解决一些困惑。随着新理论的应用，学者必然会提出有关适用的问题和现存法律的焦虑。然而，正如本文所说那样，这些焦虑恰好证明个人庭院理论的能力，它能够帮助法官解决涉及公共场所的技术监控问题。

---

① United States v. Dunn, 480 U. S. 294, 301-303（1987）.

二、混乱的理论：《美国联邦宪法第四修正案》对公共场所的法律保护

《第四修正案》的困惑在于法官和学者都企图脱离历史背景或者立法目的而将其条文适用到案件中。① 诚然，对法律的历史理解涉及基本原则，但是专业的政府执法机构②和不需要实际入侵的监视工具使法律文本的原义变得模糊。模棱两可的文字，比如"合理依据"或者"不合理的"，只会徒增文本的不确定性，因为法官能够根据当前通行的司法逻辑来重新构造这些文字的内涵。Warren 法院和 Rehnquist 法院之间，现在是它们和 Robert 法院之间关于刑事程序的争议长期存在，这使得法院的判决无法保持一致和明确，这些不一致和不明确的判决之间存在理论漏洞，因而无法从中抽取连贯的理论。

也许，认为现在的《第四修正案》是一个混乱不堪的理论是如今学者和法官之间的唯一共识。《第四修正案》被认为是"主观的和不可预测的"③，"是不一致的和不连贯的"④，并且不具备一个统筹全局的理论框架，某位学者将当前的《第四修正案》描述成小题大做的理论⑤——它将简单问题复杂化，它是奇怪的但是让人难以抗拒的，人们迫不及待地学习它、观察它。本文提出了一种新观点来保护身处公共场所的公民，即在判断公民的活动是否受到《第四修正案》保护时，法官需要回顾《第四修正案》的主旨。受到宪法保护的区

---

① Orin S. Kerr, An Equilibrium-Adjustment Theory of the Fourth Amendment, 125 Harv. L. Rev. 476, 479 (2011); Arnold H. Loewy, The Fourth Amendment as Device for Protecting the Innocent, 81 Mich. L. Rev. 1229 – 1230 (1983); Jack Wade Nowlin, The Warren Court's House Built on Sand: From Security in Persons, Houses, Papers, and Effects to Mere Reasonableness in Fourth Amendment Doctrine, 81 Miss. L. J. 1071 (2012); Daniel J. Solove, Fourth Amendment Codification and Professor Kerr's Misguided Call for Judicial Deference, 74 Fordham L. Rev. 747, 751 (2005).

② Thomas K. Clancy, The Framers' Intent: John Adams, His Era, and the Fourth Amendment, 86 IND. L. J. 979, 989 – 990 (2011); Thomas Y. Davies, Recovering the Original Fourth Amendment, 98 Mich. L. Rev. 547 (1999).

③ Kyllo v. United States, 533 U. S. 27, 34 (2001).

④ Daniel J. Solove, Fourth Amendment Pragmatism, 51 B. C. L. Rev. 1511, (2010).

⑤ Morgan Cloud, Rube Goldberg Meets the Constitution: The Supreme Court, Technology and the Fourth Amendment, 72 Miss. L. J. 5, 7 (2002).

域的主旨、非法入侵理论和隐私的合理期待都表明或者融入了个人庭院理论。这部分内容将会简要地总结这些主旨，其中重点关注《第四修正案》如何保护身处公共场所的公民。

（一）曾经的焦虑：处于不断变化中的《第四修正案》

《第四修正案》的早期历史并未提及多少有关它的保护范围的线索。显然，当时不存在具有侵犯性的监控技术。一般来说，制宪者极其重视公民的思想自由、身体自由和个人财产。毫无疑问，正是因为制宪者担心不受约束的政府行为会影响公民的自由和财产，他们才会制定《第四修正案》。① 然而，在美国建国的头100年里，学者没有提出任何有关《第四修正案》的观点，虽然现存有关《第四修正案》的主旨有很多，但是我们不知道究竟哪一个才是它的真正主旨。

在1886年，美国联邦最高法院作出了第一个重要的涉及《第四修正案》的案件——Boyed v. United States 一案②，法官在该案中提出了一个广泛而全面的意见，这个意见重新解读了《第四修正案》和《美国联邦宪法第五修正案》（以下简称《第五修正案》）的内容，并且将公民的个人安全、财产和法院令状联系起来。Boyed收到法官签发的令状，要求他交出涉及销售平板玻璃的犯罪文件。通过援引《第四修正案》和《第五修正案》，美国联邦最高法院法官认定，政府执法人员利用法院令状强迫一名商人交出他的交易记录，即便他们没有实施任何实际的搜查或者扣押行为，他们的行为也违反了《第四修正案》的规定。美国联邦最高法院的推理超越了财产或者文件本身，直指公民的个人安全和自由：这份意见的原则涉及宪法自由和安全的本质。它们超越了案件本身，它们会出现在所有涉及政府执法人员侵扰公民的场景中，它们保护公民的住宅神圣不可侵犯和公民的生活隐私。政府执法人员破门而入或者翻找公民的抽屉的行为不仅对公民造成侵扰，从根本上说，这些行为侵犯了公民不可侵犯的个人安全、个人自由和个人财产，即便公民承认了犯罪的事实，他也不会丧失这些权利。

---

① See Dow Chem. Co. V. United States, 476 U. S. 227, 240 (1986) (Powell J. dissenting).
② 116 U. S. 630 (1886).

美国联邦最高法院在 Boyed 一案的意见值得本文重视的原因还有：①美国联邦最高法院认为，即便政府执法人员没有实际入侵公民财产，但是他们的行为仍然触犯了《第四修正案》的规定。相反，美国联邦最高法院表达了对于强迫公民揭露其私人信息的执法技术的忧虑。②虽然某些信息不涉及公民的个人隐私，但是《第四修正案》仍然保护这些信息。在 Boyed 一案中，虽然 Boyed 的交易记录没有什么私人价值，但是这种记录仍然受到法律保护。③《第四修正案》不仅保护公民的私人文件或者财产，它保护的是公民的"个人安全"。

因此，《第四修正案》理论的演变源于法律保护公民的个人安全而非保护其私人信息免受政府执法人员的非实际搜查行为的干扰。正如我们即将看到那样，在一个监控技术泛滥的世界里，这种对《第四修正案》的广泛理解将能够与它的适用产生共鸣。

1. 受保护的利益/非法入侵理论

然而，美国联邦最高法院很快就抛弃了他们在 Boyed 一案中对《第四修正案》的广泛解读，转而采取了较为限缩的解释。在现代《第四修正案》理论的第一个阶段里，美国联邦最高法院采取的是以财产权理论为基础的解读方法，它认为《第四修正案》所规定的搜查行为应该是实际非法入侵宪法所保护的利益的行为。这些利益包括法律文本中提及的"人身、住宅、文件和财产"，它们理应受到法律的着重保护。这些利益在 Boyed 一案中被法官认为是"神圣的，不可侵犯"的财产权。

这种以财产权为核心的解读存在其局限性，这种局限性很好地体现在首席大法官 Taft 和 Brandeis 大法官在 Olmstead v. United States 一案①的争议中。作为基本信条，美国联邦最高法院的多数意见在 Olmstead 一案的判决中认定，只有政府执法人员通过非法入侵的方式干扰公民的人身、住宅、文件或者财产，他们的行为才构成《第四修正案》所规定的搜查行为。在 Olmstead 一案中，为了调查 Olmstead 是否违反禁酒令，政府执法人员利用窃听器偷录他与同谋协商进口酒类的对话。代表多数意见的首席大法官 Taft 写道，因为政府

① 277 U.S. 438 (1928).

执法人员使用窃听器的行为没有侵犯公民的任何财产权,没有影响到公民的人身、住宅、文件或者财产,所以他们的行为不构成《第四修正案》所规定的搜查行为。根据 Olmstead 一案的判决,在判断政府执法人员的行为是否构成《第四修正案》所规定的搜查行为时,法官只需要调查涉案区域是否具有宪法所保护的利益,以及政府执法人员是否实际非法入侵该利益。如果不存在上述任何一个条件,那么公民的利益就不受《第四修正案》的保护。这个认定被法官贯彻了 40 多年,即只要政府执法人员没有实施实际非法入侵行为,他们就不受《第四修正案》的规制。这个认定直到 Katz v. United States 一案才被推翻。

虽然 Olmstead 一案在《第四修正案》的历史中地位日益低下,但是首席大法官 Taft 和 Brandeis 大法官之间的争议对于判断《第四修正案》是否保护公民在公共场所的安全权而言意义重大。《第四修正案》的理论应该采取何种分析框架呢:是狭窄的、以明确受宪法保护的利益为导向的分析框架,还是一种更加广泛而受到 Boyed 一案影响的分析框架?

在 Olmstead 一案中,首席大法官 Taft 只给出了寥寥数语的分析:"《第四修正案》所规定的搜查行为的对象应该是公民的人身、住宅、文件或者财产。"在法律适用中,因为政府执法人员偷录的对话不是上述文本中的对象,所以该对话不受《第四修正案》的保护。然后,在分析涉及庭院和监控的案件时,首席大法官 Taft 援引了 Hester v. United States 一案和 United States v. Lee 一案。Hester 一案涉及庭院,Lee 一案涉及警察在夜里利用手电筒进行搜查,首席大法官 Taft 认为,如果警察正在调查涉及违法犯罪的案件,那么即便他们利用了非法入侵或者提高感官功能的工具,他们的行为也不构成《第四修正案》所规定的搜查行为。

相反,Brandeis 大法官在异议中写道,对《第四修正案》的理解不能仅仅局限于字面理解:虽然《第四修正案》和《第五修正案》明确阻止政府执法人员侵犯公民"神圣不可侵犯的住宅和生活隐私",但是随着时间推移,我们应该看到新的情况和立法目的。否则,政府执法人员将能够通过不可察觉的远距离的监控技术侵犯公民的隐私。

Brandeis 大法官的异议被视为宪法历史上最有先见之明的异议，他继续写道："此外，在宪法的适用过程中，我们的思考不能只看到法律已经如何作出规定，而且要看到法律可能如何作出规定。"政府执法人员用于卧底活动的科学技术不会只停留在窃听器。终有一天，政府执法人员能够不从公民的抽屉中拿出文件而将它们呈现于法庭之上，这样一来，陪审团也能看到公民住宅里最私密的信息。

为了阻止这种侵犯行为，Brandeis 大法官提出，《第四修正案》应该保护更大范围的利益，而不能只保护公民的住宅、文件或者财物。正如他声称那样：我们的制宪者采取措施来保证公民能够追求其幸福……他们保护美国人的信仰、思想、情感和感觉。他们授予公民对抗政府的独处权——这是最全面的权利也是公民最珍视的权利。为了保护这种权利，政府执法人员对公民隐私所实施的每一次不正当的侵犯行为，都应该被视为触犯了《第四修正案》。

Brandeis 大法官在其对《第四修正案》的解读中认可了独处权。这种权利为公民提供了免受政府监控的隐私空间。这种权利部分源于 Brandeis 大法官此前有关公民隐私习俗的著作，也有部分源于公民在住宅内部和不被其他人看到的地方所享有的匿名权理念。最终，美国联邦最高法院在 Katz 一案中采纳这种观点，这也是下文的讨论重点。

2. 隐私的合理期待理论

Katz v. United States 一案①揭开了现代《第四修正案》理论的帷幕。关于 Ktaz 一案的著作很多，它们都在剖析这个案件的意义，提出评论和重新定义它的重点。② 正如 Olmstead 一案那样，Katz 一案也涉及政府执法人员利用窃听器偷听嫌疑人的对话内容，不过这次政府执法人员将窃听器放在公用电话亭内。Katz 向美国联邦最高法院的法官提出的问题是，公用电话亭是不是属于受到"宪法保护"的区域以及《第四修正案》所规定的搜查行为是否必须要求行为人实施了实际非法入侵的行为。

---

① 389 U. S. 347（1967）.

② See e. g. Christopher M. Halliburton, Letting Katz Out of the Bag: Cognitive Freedom and Fourth Amendment Fidelity, 59 Hastings L. J. 309, 311 – 313（2007）; David A. Sklanky, Back to the Future: Kyllo, Katz, and Common Law, 72 Miss. L. J. 143, 149 – 160（2002）; Peter P. Swire, Katz in Dead: Long Live Katz, 102 Mich. L. Rev. 904, 905（2004）.

然而，Stewart 大法官代表多数意见拒绝回答上述问题。Stewart 大法官主张，不存在 Brandeis 大法官的跟随者提出的一般意义上的隐私权，界定哪个区域受到宪法保护的行为将损害《第四修正案》的价值。他提出了与之抗衡的意见：《第四修正案》保护的是公民，而非公民所在的场所。如果某位公民故意将其事务暴露于众，那么即便这些事务发生在住宅或者办公场所之内，它们都不会受到《第四修正案》的保护。然而，如果该公民有意保护其事务的隐私，那么即便这些事务发生在公共场所之内，它们也可能受到《第四修正案》的保护。

因此，在 Katz 一案中，Katz 走进公用电话亭并且关上门，投币并且使用电话公司的服务的行为让其保有对话内容的隐秘性。即便 Katz 的对话发生在公开可见的场所里并且涉及犯罪活动的内容，他的对话仍然受到法律保护。随后，Stewart 大法官正式地推翻了 Olmstead 一案确定的狭隘的非法入侵理论。[1]

虽然 Stewart 大法官代表多数意见写下了判决意见，但是 Harlan 大法官在其并存意见中所提出的分析方法成为在 Katz 一案后涉及《第四修正案》的案件的判断标准。Harlan 大法官写道："《第四修正案》保护的是公民，而非公民所在的场所。"然而，问题是，《第四修正案》为公民提供何种保护？显然，在本案中，这个问题的答案与"场所"仍然相关。笔者对本案判决的理解是它包含了两步走的分析方法：一是公民在主观上必须有真实的隐私期待，二是这种期待必须是被社会认为是合理的。[2]

Harlan 大法官利用这个两步分析法从主观和客观上对 Katz 一案进行分析，他认为，"公用电话亭是一个暂时私密的地方，当时占用电话亭的人对其对话内容免受监视的期待是合理的"。Harlan 大法官指出："因此，在大多数情况下，公民对其住宅内发生的事务享有隐私期待，但是如果他故意将其物品、活动或者声明暴露于众，那么这些事务的隐私也不会受到《第四修正案》的保护，因为公民没有表现出希望保持这些事务隐私的意图。"众所周知，隐私期待的判断标

---

[1] Katz v. United States 389 U.S. 353 (1967).
[2] Katz v. United States 389 U.S. 361 (Harlan J., concurring).

准已成为法官判断公民是否受到《第四修正案》保护的主要有效理论。

3. 后隐私的合理期待：理论漏洞

虽然《第四修正案》理论的冲突部分不明确，但是它们真实存在。这些冲突不断地出现——对不受约束的政府行为的担忧，① 对个人私密活动和匿名的尊重，② 对某些传统区域的优先考虑，对某些技术的侵犯性的确认，③ 对宪法文本的强调和对私人区域的思考的演变，这些冲突无不表明《第四修正案》理论面临来自法律、社会和习俗的约束。然而，虽然这些冲突部分确实存在，但是《第四修正案》理论如何解决这些冲突构成的整体问题仍然是一个谜。

虽然《第四修正案》的历史是支离破碎的，但是它已成为学术评论的主要来源，也许这不足以令人感到惊讶。学者的讨论不仅包括了《第四修正案》条文的文本含义，④ 还包括了它的核心目的。⑤《第四修正案》的理论漏洞已经出现，尤其在后隐私合理期待的时代里，这种漏洞越发明显。

所谓"《第四修正案》理论的漏洞"，是指由 Katz 一案确立的隐私合理期待理论所遗漏的东西。学者曾经考察什么类型的利益才能受到《第四修正案》的保护，判断何时政府执法人员的行为才构成《第四修正案》所规定的搜查行为。⑥ 这种判断与涉案信息的类型有关吗？我们是从经验主义来进行判断吗？⑦ 其中有没有衡量的

---

① United States v. Jones, 132 S. Ct. 945, 956 (2012) (Sotomayor, J., concurring).

② Kyllo v. United States, 533 U. S. 27, 37 (2001); Mary I. Coombs, Shared Privacy and the Fourth Amendment, or the Rights of Relationships, 75 Calif. L. Rev. 1593, 1635 (1987).

③ Nita A. Farahany, Searching Secrets, 160 U. Pa. L. Rev. 1239, 2141 (2012).

④ Compare Telford Taylor, Two Studies in Constitutional Interpretation (1969), with Nelson B. Lasson, The History and Development of the Fourth Amenedment to the United States Constitution (1970). See also Akhil Reed Amar, Fourth Amendment Fisrt Prinsples, 107 Harv. L. Rev. 757 (1994).

⑤ Edward J. Bloustein, Privacy as an Aspect of Human Dignity: an Answer to Dean Prosser, 39 N. Y. U. L. Rev. 962 (1964).

⑥ See e. g. Ric Simmon, From Katz to Kyllo, A Blueprint for Adapting the Fourth Amendment to Twenty-First Century Technologies, 53 Hastings L. J. 1303 (2002).

⑦ See e. g. Christopher Slobogin & Joseph E. Schumacher, Reasonable Expectation of Privacy and Autonomy in Fourth Amendment Cases: An Emprical Look at "Understandings Recognized and Permitted by Society", 42 Duke L. J. 727, 732 (1993).

标尺?① 这种判断与政府执法人员所实施的监控措施类型有关吗?②还是说，政府执法人员使用监控措施的方式使其行为构成《第四修正案》所规定的搜查行为？其他学者则对《第四修正案》所包含的未被明确的价值进行探讨。公民所享有的匿名权被低估了吗?③ 还是说，真正的问题在于公民的人格尊严④、自治权⑤、受尊重的权利⑥、信任或者个人身份？

对涉及《第四修正案》的学术评论作了简要的回顾之后，我们可以看到当前理论的共通之处：当前的理论缺乏一个核心有机的原则来融合法律对公民财产、隐私和安全的保护。美国联邦最高法院在 United States v. Jones 一案中作出的分析加剧了这种困惑。正如下文所讲到的那样，Jones 一案的判决使法官对政府执法人员在公共场所实施监控行为的判断变得更加模糊。

(二) 当前的焦虑：《第四修正案》在 United States v. Jones 一案之后的发展

United States v. Jones 一案⑦完美地体现了监控技术对《第四修正案》的冲击。在该案中，政府执法人员利用 GPS 追踪装置来对 Jones 实施长达 28 天的监控，GPS 追踪装置能够精确地展现 Antoine Jones 24 小时内的一举一动，美国联邦最高法院的法官将本案与普通法时期警察搜查公民的马车和货车的行为进行类比。更糟糕的是，美国联邦最高法院根据最狭隘的《第四修正案》理论来对该案作出判决，

---

① See Christopher Slobogin, Let's Not Bury Terry: a Call for Rejuvenation of the Proportionality Principle, 72 St. John's L. Rev. 1053 (1998); Christopher Slobogin, The World Without a Fourth Amendment, 39 UCLA L. Rev. 1, 4 (1991).
② Orin S. Kerr, Four Models of Fourth Amendment Protection, 60 Stan. L. Rev. 480 (2007);
③ See e. g. Christopher Slobogin, Public Privacy: Camera Surveillance of Public Places and the Right to Anonymity, 72 Miss L. J. 213, 217 (2002).
④ See e. g. Raymond Shih Ray Ku, The Founders' Privacy: the Fourth Amendment and the Power of Technological Surveillance, 86 Minn L. Rev. 1325 (2002).
⑤ See e. g. Jeremy M. Miller, Dignity as New Framwork, Replacing the Right to Privacy, 30 T. Jefferson L. Rev. 1, 2 (2007).
⑥ See e. g. Andrew E. Taslitz, Respect and the Fourth Amendment, 94 J. Crim. L. & Criminology 15, 98 (2003).
⑦ 132 S. Ct. 945, 948 (2012).

这导致持有并存意见的大法官在思考技术对《第四修正案》的影响时，学者怀疑他们是否知道自己在说什么。①

学者对 Jones 一案提出了许多看法。② 这些看法都体现了一个相当直白的问题：政府执法人员在没有搜查令的情况下利用 GPS 追踪装置对公民进行监控的行为是否构成《第四修正案》所规定的搜查行为？美国联邦最高法院的多数意见认定，如果政府执法人员实施了实际非法入侵行为，那么他们的行为就构成《第四修正案》所规定的搜查行为，即便第三方当事人可以在公共场所里看到被非法入侵的财产，比如汽车。他们进一步指出，即便被非法入侵的财产只体现了公共信息，政府执法人员的行为也构成《第四修正案》所规定的搜查行为。

Scalia 大法官代表多数意见写下的判决意见包含了 Olmstead 一案和 Katz 一案的分析。回顾数十年前的先例，Scalia 大法官选择了传统的以财产权为核心的理论来解决该案的问题："为了获取信息，政府执法人员实际非法入侵了公民的私人财产。毫无疑问，从《第四修正案》被颁布以来，实际非法入侵行为就已经被视为《第四修正案》所规定的搜查行为。"因为汽车是公民的私人财产，政府执法人员为了获取信息而非法入侵了公民的私人财产，所以美国联邦最高法院的多数意见认定他们的行为构成《第四修正案》所规定的搜查行为。Scalia 大法官在一个更为现代的时代中重申了非法入侵理论，他解释道："《第四修正案》的法律文本与财产息息相关，否则它就会简单地规定为'公民享有免受不合理的搜查行为和扣押行为干扰的安全权'；而'公民的人身、住宅、文件和财产'等措辞就会显得多余。"根据这种理解，涉及《第四修正案》的司法审判与普通法的非法入侵理论紧密相连，至少直到 20 世纪下半叶，它们仍然保持密切的

---

① See Orin S. Kerr, The Mosaic Theory of the Fourth Amendment, 111 Mich L. Rev. 311, 313–314 (2012).

② See e. g. Thomas K. Clancy, United States v. Jones: Fourth Amendment Applicability in the 21st Century, 10 Ohio St. J. Crim. L. 303 (2012); Caren Myers Morrison, The Drug Dealer, The Narc, and the Very Tiny Constable: Reflections on United States v. Jones, 3 Calif. L. Rev. Circuit 113, (2012); Erin Murphy, Back to the Future: the Curious Case of United States v. Jones, 10 Ohio St. J. Crim. L. 325 (2012).

联系。

Scalia 大法官在 Jones 一案中认可了传统理论和政府执法人员的主张，并且认为虽然 Katz 一案确立的判断标准曾经取代了非法入侵理论，但是由 Katz 一案确立的隐私合理期待的判断标准只是普通法的非法入侵理论的补充，并没有实际取代非法入侵理论。因此，根据美国联邦最高法院多数意见的观点，非法入侵理论和隐私合理期待的判断标准都可以用于判断政府执法人员的行为是否构成《第四修正案》所规定的搜查行为。然而，他们没有问答政府执法人员利用 GPS 装置而且没有实际侵入公民私人财产的监控行为是否构成或者等同于《第四修正案》所规定的搜查行为的问题。

在 Jones 一案提出并存意见的法官持有两种观点，这两种观点试图挑战 Scalia 大法官提出的非法入侵理论并且解决上述问题。Sotomayor 大法官赞成 Scalia 大法官提出的，如果政府执法人员非法入侵受到宪法保护的区域，那么他们的行为就构成《第四修正案》所规定的搜查行为；然而，她也重申了根据由 Katz 一案确立的判断标准，《第四修正案》所规定的搜查行为不必然要求政府执法人员实施了非法入侵的行为。为了回答美国联邦最高法院的法官在 Jones 一案中面临的问题，Sotomayor 大法官对监控技术和《第四修正案》对公共场所的保护之间的关系提出两个新观点。

一方面，Sotomayor 大法官强调政府执法人员在公共场所内实施的监控技术能够揭露公民大量而且精准的私密信息，这对于《第四修正案》而言是一种新的挑战。她写道："GPS 追踪装置能够精确而全面地记录公民在公共场所里的一举一动，这会揭露与公民家庭、政治、职业、宗教和性活动有关的大量信息。政府执法人员能够存储这些记录，并且将公民过去与将来的信息有效地联系起来。相对于传统的监控技术，GPS 追踪装置所耗费的成本较少，此外，它还能够秘密地对公民进行监控，因此，它避免了传统监控措施所面临的困境：'有限的警察资源和社区的敌意'。"

政府执法人员的监控措施有可能损害公民的结社自由和言论自由。政府执法人员不受约束地收集公民私人信息的行为也有可能被他们滥用。政府根据其自由裁量权利用成本低廉的 GPS 追踪装置收集公民私人信息的行为可能会"改变公民与政府之间的关系，而这种改变对于民主社会而言是有害的"。

通过援引 Olmstead 一案的异议和 Brandeis 大法官对一个不受约束的监控社会（即所有信息都纳入政府监控范围之内）的警告，Sotomayor 大法官提出的并存意见强调了其对政府监控行为的担忧，即对政府执法人员能够通过公民在公共场所的社团活动和行为详细审查公民的私人信息表示担忧。

另一方面，为了重新界定 Katz 一案确立的判断标准如何适用于此类公共场所监控，Sotomayor 大法官提供了一种新的判断标准："我会调查公民是否合理地期待他们的行动会被政府执法人员记录和收集，而且政府执法人员能够通过这些行动或多或少地知道公民的政治和宗教信仰、性习惯，等等。"假如公民没有这种期待，那么政府执法人员使用 GPS 追踪装置对其实施监控的行为就构成《第四修正案》所规定的搜查行为。然而，Sotomayor 大法官没有指出这种基于习俗和合理期待的分析方法如何有效地运作，而是根据现有的狭隘理论来对案件作出判决。

提出并存意见的 Alito 大法官代表其他四位法官根据 Katz 一案确立的判断标准来对 Jones 一案进行分析，他主张，当新技术侵犯公民的私人领域时，由 Katz 一案确立的判断标准允许法官衡量公民与政府之间的利益，保持这两种利益的平衡。在对美国联邦最高法院多数意见采纳的非法入侵理论进行全面的批评之后，Alito 大法官总结道，政府执法人员在 Jones 一案采用的追踪技术构成《第四修正案》所规定的搜查行为，但是如果政府执法人员对公民进行监控的时间是短期的或者被监控的公民涉嫌实施更加严重的犯罪，那么结论可能会不同：根据这种观点，政府执法人员实施的短期监控行为不会侵犯公民享有的隐私合理期待。然而，一般来说，政府执法人员利用 GPS 追踪装置对公民进行长期监控的行为将侵犯公民所享有的隐私期待。因为在公民涉嫌实施普通犯罪的情况中，社会大众期待政府执法人员或者其他人不会秘密地长期监控公民汽车的一举一动。

正如 Orin Kerr 指出的那样，Alito 大法官提出的判断标准仍然是模糊的，因为它只规定了政府执法人员长期监控行为和被监控的公民实施了某些类型犯罪的情形。Alito 大法官没有对这些术语进行定义，而是希望立法机构能够填补这些漏洞，从而解决新技术给《第四修正案》带来的挑战。Alito 大法官总结道，政府执法人员在 Jones 一案采用的追踪技术构成《第四修正案》所规定的搜查行为，因此，美国联邦最高法院以 5 比 4 的结果最终认定，政府执法人员实施的长期监控行为构成《第四修正案》所规定的搜查行为。

　　本文认为，United States v. Jones 的重要性体现在四个方面：①在不涉及非法入侵的监控技术的案件中，它肯定了当前的《第四修正案》理论难以回答政府执法人员的行为是否构成搜查行为的问题。②美国联邦最高法院的五位大法官认为，在某些情况下，公民在公共场所内也会受到《第四修正案》的保护。③某些大法官对现存的《第四修正案》理论感到不满，认为有必要创造新的方法来解决问题。④ Jones 一案表明，美国联邦最高法院即将面临更为复杂和具有侵犯性的监控技术带来的其他问题。

　　简而言之，由于新的监控技术在不断地发展，Jones 一案揭露的《第四修正案》理论的漏洞只会越来越扩大。Jones 一案预示了新技术将会对传统的感官知觉界线造成的冲击。在未来，谷歌眼镜①、电脑自动反应系统②、生物识别扫描仪③、无所不在的无人机以及其他即将被研发出来的技术将会被政府执法人员使用。在监控普遍存在的社会中，公民将难以主张其享有隐私的合理期待。新的监控技术使得政府执法人员不需要实际侵入公民的财产便可以实施监控。新的技术装备将以前所未有的方式监视公民的一举一动。同样令人不安的是，这些使用监控技术搜集的数据将会被存储、汇集和挖掘，这些都会严重威胁到公民的自由。不断发展的新技术要求新的法律框架来构建受

---

① Kashmir Hill, How Google Glasses Make a Persistent, Pervasive Surveillance State Inevitable, Forbes（Apr. 6, 2012, 10：30 A. M.）, http：//www. forbes. com/sites/kashimirhill/2012/04/06how-google-glasses-make-a-persistent-pervasive-state-inevitable/.

② David Hambling, The Future of Surveillance? When Automated Brains Keep Watch 24/7, Popular Mechanics（May 26, 2010, 10：30A. M.）, http：//www. popularmechanics. com/technology/how-to/computer-security/future-of-surveillance-cameras.

③ Ellen Nakashima, FBI Prepares Vast Database of Biometrics, Wash Post, Dec. 22, 2007 at A1; Thomas Frank, Face Recognition Next in Terror Fight, USA Today（MAY 10, 2007, 8：49 A. M.）, http：//www. usatoday30. usatoday. com/news/washington/2007-05-10-facial recognition-terrorism_ N. htm; LAPD: We Know That Mug, Associated Press（Dec. 26, 2004）, http：//www. wired. com/science/dicoveries/news/2004/12/66142.

到宪法保护的区域。由《第四修正案》混乱的理论引发的焦虑从Olmstead一案开始,延续到Katz一案,直至Jones一案的讨论才为构建符合新时代要求的新的《第四修正案》理论拉开帷幕。下面,本文将进一步探讨个人庭院理论的内容及其适用。

三、庭院理论

面对技术发展和理论上的混乱不堪,似乎运用传统的庭院理论来重新构建《第四修正案》的保护范围是一件让人感到奇怪的事情。然而,庭院理论不仅为我们提供理解《第四修正案》核心内容的历史背景,它还提供了一种在宪法上平衡的而且灵活的分析框架。①

作为一个扩大法律对公民住宅的保护的法律术语,庭院首次出现在人们的视野之中。此外,庭院理论为公民的人身、家庭和社交活动提供有限的保护区域,这对于个人和政治发展都是十分重要的。② 最后,庭院是公民用于抵抗政府和社会侵入的个人自制屏障。庭院需要公民建造、维护和更新。它证明寻求私人安宁和保护的公民对该区域的所有权。正如这部分将要讨论的内容所说的那样,虽然传统的庭院理论有其局限性,但是它为扩大公民在公共场所内受到法律保护的范围提供了一种理论框架。

美国庭院理论的历史可以分为两个时期:①通过普通法移植到美国的时期;②美国联邦最高法院在涉及《第四修正案》的案件中将庭院"宪法化"的时期。这部分内容将会对这两个阶段进行讨论,然后简单地介绍法官应该如何适用这个理论。

(一) 普通法对庭院理论的理解

庭院理论源于普通法。③ 英国法确立了财产权,其中最重要的就是确立了公民的不动产权利。④ 财产法明确了财产之间实际的界线,

---

① See Untied States v. Romano, 388 F. Supp. 101, 104 n.4 (E. D. Pa. 1975).
② California v. Ciraolo, 476 U. S. 207, 212 – 213 (1986).
③ Brendan Peters. Note, Fourth Amendment Yard Work: Curtilage's Mow-Link Rule, 56 Stan. L. Rev. 943, 946) 2004. See also Oliver v. United States, 466 U. S. 170, 180 (1984).
④ E. P. Thompson, Whigs And Hunters 21 (1975).

因此，公民的财产就不会与别人的财产混淆。这些界线在传统上包括了主要住宅和地基的边界。庭院被视为这条界线划分出来的附属区域，它的周围可能设立了围墙或者栅栏。因此，人为的栅栏从视觉上象征式地标记出英国公民住宅的庭院界线。

这条界线承担以下目的：①出于刑法的目的，庭院界线能够阻挡普通法意义上的盗贼。① 如果行为人怀有实施重罪的目的进入庭院，那么他就构成盗窃罪。通过栅栏或者围墙阻挡不速之客对于公民而言越来越重要。②庭院能够保护公民的隐私。在没有自来水的年代里，一个大家庭都挤在一个一个小屋子里，屋外的设施显得尤为重要，人们需要在墙外有一块活动的区域，而在这块区域里，他们的隐私受到了保护。② ③庭院界线对于划分财产界线而言也是十分重要的，它避免了公民与邻居之间发生财产纠纷。在不动产是公民主要财富来源的年代里，公民需要清晰地划分开放领域的界线。③

普通法对庭院理论的理解被引入美国。庭院理论能够处理一些早期的案件，但是随着新时代居住区发生了变化，庭院理论也面临困境。特别是，在更多的市中心和更加不稳定的农村地区里，庭院界线越来越少。④ 只有在城市发展、房屋缩减和定居者占据更大面积的领土时，界线问题才会出现。虽然庭院理论的适用仍然有问题未能解决，但是它从早期的普通法时期就已经存在，贯穿于涉及盗窃、土地民事纠纷和过失行为的判例中。⑤ 然而，这些案件没有明确《第四修正案》对于住宅外部是否存在隐私区域的态度。事实上，直到20世纪20年代，美国联邦最高法院才确定庭院与《第四修正案》之间的关系。⑥

---

① Untied States v. Gorman, 104 F. 3d272, 274 (9th Cir. 1996).
② Carve v. States, 111 So. 767, .771 (Ala. Ct. App. 1927).
③ Brendan Peters. Note, Fourth Amendment Yard Work: Curtilage's Mow-Link Rule, 56 Stan. L. Rev. 977 (2004).
④ See e. g. Wright v. States, 77 S. E. 657, 658 (Ga. Ct. App. 1913); Bare v. Commonwealth, 94 S. E. 168 (vA. 1917).
⑤ See e. g. State v. Fierge, 673 S. W. 2d 855, 856 (Mo. Ct. App. 1984); Lunn v. States, 629 P. 2d 1275, 1276 (Okla. Crim, App.); State v. Lee, 253 P. 533, 534 (Or. 1927).
⑥ See e. g Hester v. United States, 265 U. S. 57 (1924); Amos v. United States, 255 U. S. 313 (1921).

(二) 解读现代《第四修正案》

在一系列的案件中,美国联邦最高法院曾经利用庭院理论来判断公民对于特定区域是否享有隐私的合理期待。[①] 现代的庭院理论起源于两个案件:Oliver v. United States 一案[②]和 United States v. Dunn 一案[③]。虽然地方法院利用庭院理论作出了截然不同的结论,但是这两个案件为庭院理论提供了一种分析框架。

在 Oliver 一案中,警察在没有搜查令的情况下对 Oliver 先生的农场进行搜查。正如美国联邦最高法院描述的那样:当警察到达 Oliver 的农场时,他们经过了上诉人的住宅来到了一道紧锁的大门前,门上挂着"不得进入"的牌子。地上一串脚印指向了门的另外一边。警察绕过了大门并且沿着小路走了几百米,途中经过了一个谷仓和一个营地。这时候,有人站在营地前大声说:"这里不允许捕猎,快离开。"警察回应,他们是肯塔基州的警察。然而,当他们再次返回营地时,却发现空无一人。警察开展了对农场的调查,并且在距离上诉人住宅 1 英里之外的地方发现了种植大麻的田地。

美国联邦最高法院需要判断政府执法人员在没有搜查令的情况下找到大麻田的行为是否构成《第四修正案》所规定的搜查行为。根据 Hester v. United States 一案,美国联邦最高法院认定,大麻田处于庭院以外的位置,属于"开放领域",所以大麻田不属于《第四修正案》所规定的私人区域。

从 Oliver 一案可以看到,美国联邦最高法院认定"开放领域"处于庭院以外的位置,因此它不受《第四修正案》的保护。同时,这个认定隐藏的另一个意思就是,庭院比"开放领域"受到法律更大程度的保护。正如美国联邦最高法院所说那样:"公民对其在住宅以外的区域进行的活动不享有隐私的合理期待,除非这个区域与住宅紧密相连。"[④] 美国联邦最高法院推论:"公民在开放领域进行的活动

---

① Florida v. Jardines, 133 S. Ct. 1409, 1414–1415 (2013); Florida v. Riley, 488 U. S. 445, 450–452 (1989).
② 466 U. S. 170 (1984).
③ 480 U. S. 294 (1987).
④ Oliver v. United States, 466 U. S. 178 (1984).

并非《第四修正案》所保护的私密活动,所以它们不能免受政府的监控。"再者,美国联邦最高法院通过在开放领域和庭院之间划分界线来解决问题:"对于多数住宅而言,庭院的界线是清晰明确的;根据我们的日常生活经验,庭院就是围绕在住宅外部的区域,这个区域是家庭生活的延伸。"

虽然 Oliver 一案是美国联邦最高法院第一次真正论及庭院和《第四修正案》之间的关系,但是 Dunn 一案[1]将美国联邦最高法院的讨论上升到了宪法层面。在 Dunn 一案中,政府执法人员搜查了他所制造的毒品,该案的问题在于距离住宅的栅栏 50 米远的谷仓是否属于庭院的范围。如果是,那么政府执法人员在没有搜查令的情况下搜查谷仓的行为就违反了《第四修正案》的规定。

为了回答谷仓是否属于庭院这个问题,美国联邦最高法院采用了四步走的判断标准,这个判断标准至今仍然存在:①Dunn 所主张的"庭院"距离他的住宅有多远;②这个区域和住宅是否共用一个栅栏或者屏障;③居住者如何使用这个区域;④居住者采取了何种措施使这个区域免受行人查看。美国联邦最高法院根据这个四步走的判断标准认定用于制造毒品的谷仓不属于庭院的范围之内,因为它不仅与住宅之间的距离较远,而且它位于围墙之外,Dunn 没有用明确的界线将它与其他公共区域划分开来。此外,美国联邦最高法院强调:"尤其是政府执法人员根据客观信息知道这个区域不是用于进行私密活动的区域。"

现代庭院理论认为,靠近受到法律保护区域的区域也受法律保护,因为公民通常在这个区域里进行私密和私人的活动。[2] 在这些区域里,公民及其家人共同成长和发展,这些信息免受政府监控。

在判断一个区域是否属于庭院时,法官通常会看该区域的用途是什么,从而决定它能不能受到更高程度的保护。[3] 因此,法院会为公民的住宅隐私提供最高程度的保护,而距离住宅越远的地方的隐私受到的保护程度越低。

---

[1] United States v. Dunn, 480 U. S. 294, 300 (1987).
[2] See California v. Ciraolo, 476 U. S. 207, 212 – 213 (1986).
[3] See Oliver v. United States, 466 U. S. 170, 191 (1984).

法官会调查公民是否在这个区域树立物理性标志（比如围墙）和采取其他措施让这个区域免受其他人的观察，这两种途径都可以排除其他人监控公民在这个区域里进行的活动。① 法官会通过他们的分析判断是否存在象征意义上的或者字面意义上的屏障。② 诚然，单凭公民在某个区域上建立屏障不足以让这个区域成为庭院。事实上，在两个涉及政府执法人员通过航空拍摄的方法来对公民实施搜查行为的案件中，美国联邦最高法院都认定，公民对其在庭院范围内进行的活动不享有隐私的合理期待，即便他们在庭院周围建立了围墙和采取了其他保障措施。③ 然而，如果公民希望某个区域受到《第四修正案》的保护，那么至少他要在该区域周围树立物理性标志来排除其他人进入或者观察该区域。

Florida v. Jardines 一案④确认了庭院理论仍然是现代《第四修正案》的理论之一。代表多数意见的 Scalia 大法官重申，之所以警察利用警犬进行搜查的行为构成《第四修正案》所规定的搜查行为，其原因在于搜查发生的区域在庭院。Scalia 大法官论证道："作为住宅的延伸，庭院也受到部分法律的保护。"他强调，因为这个区域无论从实体上还是精神上都与住宅紧密相连，公民对这个区域也享有高度的隐私期待，所以这个区域受到法律保护。这种保护不仅是实体的保护，还保护公民在这个区域进行的活动免受其他人观察。如果警察能够进入公民的庭院并且站在窗口观望公民在里面的反应，那么公民所享有的休息权将会被严重损害。这个以庭院理论为核心的推理赢得了五位大法官的投票，笔者相信它可能会继续引导未来案件的判决。

1. 传统的非法入侵理论

作为一个受到宪法保护的区域，庭院自古以来就与非法入侵理论联系在一起。庭院的围墙是一道阻挡其他人实际侵入公民住宅的天然屏障。在现代技术面世之前，为了获取公民的信息或者观察公民在庭

---

① Florida v. Riley, 488 U. S. 445, 454 (1989).
② See e. g. James v. United States, 550 U. S. 192, 213 (2007).
③ Florida v. Riley, 488 U. S. 445, 454 (1989); California v. Ciraolo, 476 U. S. 207, 212 – 213 (1986).
④ 133 S. Ct. 1409 (2013).

院里进行的活动,警察需要实际侵入公民的庭院。① 警察再也没有其他方式获取公民的信息了。因为不存在提高感官功能的现代技术,所以政府执法人员是否实施实际侵入的行为就成为判断他们有没有侵犯受到法律保护的区域的合理和简单的界线。正如 Scalia 大法官在 Jones 一案所说的那样,明白这个案件的案情是至关重要的:为了获取信息,政府执法人员实际侵入了公民的私人财产。毫无疑问,从《第四修正案》被颁布以来,实际非法入侵行为就已经被视为《第四修正案》所规定的搜查行为。

根据传统的分析方法,庭院的界线让我们能够清楚地判断政府执法人员是否实施了非法侵入的行为,他们是否触犯了《第四修正案》。如果警察没有实际侵入公民的财产,而是通过他们的感官获取公民的信息,那么他们的行为就没有触犯《第四修正案》的规定。如果警察实际侵入了公民的财产,那么他们的行为就触犯了《第四修正案》的规定。因为庭院受到宪法保护,庭院的所有者有权阻止其他人进入这个区域,所以任何实际侵入这个区域的行为都是非法侵入的行为,这种行为就违反了《第四修正案》的规定。

2. 对非法入侵理论的重新思考

Orin Kerr 的著作颠覆了传统的非法入侵理论,他认为,美国联邦最高法院案件所讨论的"非法入侵理论"从未真正存在过。Kerr 教授解释,Warden, Maryland Penitentiary v. Hayden 一案②和 Katz 一案都被认为优先适用非法入侵理论,事实上,美国联邦最高法院的法官从未适用这个理论。早期法官经过综合考虑"财产、隐私和政策等因素"之后作出判决,其中有些案件的判决所确定的保护范围要比非法入侵理论的保护范围要更加广泛。③ 虽然财产利益是影响法官判案的极具影响力的因素,但是法官从未采纳绝对的非法入侵理论。Kerr 总结道:"《第四修正案》的历史背景让我们惊讶地发现这样一个结论:Jones 一案的大法官试图恢复的非法入侵理论是前所未有的

---

① See Ben Depoorter, Fair Trespass, 111 Colum. L. Rev. 1090, 1095–1096 (2011); see also Restatement (second) of Torts § 163 (1965).
② 387 U. S. 294 (1967).
③ Boyed v. United States, 116 U. S. 616 (1886).

理论。"①

在 Jardines 一案中，Scalia 大法官代表多数意见所写的判决中故意避免使用"非法入侵"一词，但是他在 Jones 一案中却多次提及，这也支持了 Kerr 教授的主张。然而，同时，在 Jardines 一案持有并存意见和异议的法官的确用了"非法入侵"一词来描述政府执法人员在该案中的行为。② 因此，正如大多数与《第四修正案》有关的理论那样，非法入侵和庭院之间的关系仍然处于模棱两可的状态，需要加以明确。

（三）非法侵入理论的开放性问题

无论庭院理论在现代《第四修正案》理论中的地位如何，我们都需要回答一个问题，即庭院和非法侵入之间究竟存在何种关系。这个问题的答案关乎法律应该赋予庭院何种程度的保护，使其免受政府执法人员利用提高感官功能的工具所进行的监控。

有几点内容是显然易见的。在 Jardines 一案后，庭院免受其他人实际进入——实际的非法侵入。此外，在 Florida v. Riley 一案和 California v. Ciraolo 一案后，其他人可以通过肉眼观察庭院的情况。然而，问题是，如果其他人不是通过肉眼而是通过提高感官功能的设备对公民在庭院里进行的私密活动进行监控，那么庭院的情况可以受到何种程度的法律保护呢？换言之，如果公民在庭院里进行能够透露其私人信息的活动，那么警察能否利用通过提高感官功能的设备而不是正常的感官对公民进行监控呢？

虽然这个问题显然是一个开放性问题，但是本文主张，庭院理论应该排除警察通过提高感官功能的设备对公民在庭院里进行的活动实施监控行为。Scalia 大法官在 Jardines 一案中提出，法官应该给予庭院与住宅同等的法律保护，这个观点为本文的主张提供了确证的最初来源。Oliver 一案③和 Florida v. Riley 一案④同样承认公民在庭院里进

---

① See Orin S. Kerr, The Curious History of Fourth Amendment Searches, 1 Sup. Ct. Rev. 67, 69 (2012).
② Florida v. Jardines, 133 S. Ct. 1409 (2013) (Kagan, J. concurring).
③ 466 U. S. 170, 178–179 (1984).
④ 488 U. S. 447 (1989).

行的活动应该受到法律保护。在如今监控技术层出不穷的时代里，这种等同的观点是合理的。如果灵敏的声频监控技术能够透过墙壁听到另一边的对话，那么公民在庭院里跟妻子诉说秘密与其在卧室里跟妻子诉说秘密就没有差别了。因为这种声频技术可以听到两种情况下的对话。如果没有这种声频技术，那么其他人也无法窃听到上述两种情况中的对话。因此，如果政府执法人员无法单凭耳朵听到公民的对话，而是需要通过实际侵入公民财产或者类似的方式（比如提高感官能力的设备）来窃听公民的对话，那么公民发生在庭院里和住宅里的对话都应该受到同等程度的保护。

没有一个先例表明与这个观点持有相反的意见。因为美国联邦最高法院判决的案件所涉及的庭院监控都是政府执法人员通过实际侵入公民财产后对公民在庭院里的活动进行监控，并没有涉及政府执法人员利用提高感官功能的设备对公民在庭院里的活动进行监控的情况。即便在涉及警察利用飞机观察涉嫌制毒的公民的庭院情况时，他们也是通过肉眼观察庭院的。也许有一个例外的案件，即 Dow Chemical 一案，在该案中，警察通过航空拍摄机拍下化学厂附近的情形，但是法官在意见中也提到"这个区域不是紧接住宅的区域"，除了 Dow Chemical 一案以外，法官都没有允许政府执法人员利用提高感官功能的设备对受宪法保护的区域，比如对庭院进行搜查。因此，为了保证受宪法保护的区域受到一致的保护，其他人都不能利用提高感官功能的设备观察公民的庭院以及住宅。

本文主张，庭院不仅免受其他人实际侵入，它还能免受其他人利用提高感官功能的设备进行观察。庭院理论为法官提供了一个灵活的判断规则，这个规则为公民提供以安全权为核心的保护，这种安全权的保护兼顾了公民的财产权、隐私权和自治权的保护，这些权利贯穿于《第四修正案》理论混乱的历史背景。

（四）庭院理论的现状

庭院理论在普通法领域的根源很长但是不深。庭院理论仍然是良法，但是在实践中，庭院所受到的保护仍然十分有限。法官允许其他人通过飞机在空中观察庭院的情况。许多涉及联邦政府和州政府的案件都认定，由于建筑物的构造或者财产所有者明显缺乏隐私期待，公民的庭院信息不受法律保护。① 正如上文讨论的那样，如果公民仅在上述区域产生模糊的隐私期待，那么美国联邦最高法院不会承认法律保护这种隐私期待。庭院理论就像是《第四修正案》的形式理论，得不到有效的实现。

然而，作为形式理论，庭院理论仍然有其价值。本文认为，庭院不是一个固定的受法律保护的区域，而是法律将保护范围延伸到住宅以外的区域的一种承认。这样一来，庭院理论就不只是强调对某个区域的保护了，它强调的是对公民在公共场所中的安全权的保护，它为《第四修正案》的理论分析提供了一种新思路。正如下文将讨论到的那样，脱离了财产法的背景后，个人庭院理论是一种保护公民免受公共场所监控的安全权的新理论。

四、个人庭院理论

公共场所的个人庭院理论涉及以下四个原则：①公民能够构建一个受到宪法保护的区域，政府执法人员不得对该区域进行监控。②公民必须通过一些象征来标志出这个区域，表明这个区域免受政府监控。③这个区域必须与个人的自治权或者私人信息，比如个人信息、家庭信息或者社团信息有关。④法官将会通过上述客观因素来判断这些存在争议的区域——比如传统的庭院是否受到《第四修正案》的保护，政府执法人员的行为是否构成《第四修正案》所规定的搜查行为。根据传统的庭院理论，任何人实际侵入或者利用提高感官功能的设备侵入这些受法律保护的个人庭院的行为都属于《第四修正案》所规定的搜查行为。

本文这部分内容将从法律和历史的角度证明个人庭院理论的合理性，重点关注个人庭院理论如何令身处公共场所的公民也受到《第四修正案》的保护，公民应该建立：①一个防御空间；②这个空间也是一个宣示空间；③它还是一个保护私密信息的空间；④这个空间所承载的价值与《第四修正案》的原则相平衡。本文第五部分将探讨个人庭院理论将如何解决先进的监控技术所带来的问题。

---

① United States v. Hatfield, 333 F. 3d 1189 1198 (10th Cir. 2003); United States v. Jenkins, 124 F. 3d 768, 774 (6th Cir. 1997).

(一) 免受政府监控的安全权:一个防御空间

在《第四修正案》的司法实践中,个人庭院理论将"安全权"而非"隐私权"放在首要位置。① 因为个人庭院理论试图划分一个受到宪法保护的区域,这个区域能够防御别人利用破坏隐私(privacy-destroying)的技术来进行监控,所以首先庭院理论要解释这个区域受到《第四修正案》保护的原因。这个区域受到保护的原因可以分为文本的、历史的、法律的和价值的四个方面,每一个方面都支撑着一个至高无上的观点,即《第四修正案》在一定程度上赋予公民防御政府监控的安全权,即便公民身处公共场所之中。②

正如《第四修正案》的条文所规定的那样,公民享有免受不合理的搜查行为和扣押行为干扰的"安全"权。与隐私的合理期待不同,公民免受政府监控的安全权是通过排除的方法来下定义,而不是通过确定其保护的内容来下定义。为了保护公民免受不合理的搜查行为和扣押行为干扰的安全权,公民与政府之间存在一道屏障,如果政府执法人员不具备宪法认可的充分理由,那么他们就不能够打破这道屏障。③

至于历史方面的原因,我们可以追溯到建国时期相关的演讲和文件,我们可以看到"安全"一向都是这些演讲和文件所要强调的权利。建国领袖比如 James Otis、John Adams 和 James Madison,他们都强调了宪法需要保障公民免受政府侵扰的安全权。对政府执法人员任意行使调查权的担忧使得制宪者希望在公共场所和私人场所里限制政府执法人员对公民造成的侵扰。虽然制宪者明确住宅安全权的保护是首要的,但是这个保护的规定不是排他的。④ 制宪者同样重视公民的迁徙自由、通讯自由、结社自由和个人自由,即便他们身处农场或者

---

① See Timothy Casey, Electronic Surveillance and the Right to be Secure, 41 U. C. Davis L. Rev. 977, 996 (2008).
② Thomas K. Clancy, The Importance of James Otis, 82 Miss. L. J. 487, 498 (2013).
③ Thomas K. Clancy, The Importance of James Otis, 82 Miss. L. J. 505 (2013).
④ See Stephanie M. Stern, The Inviolate Home: Housing Exceptionalism in the Fourth Amendment, 95 Cornell L. Rev. 935–936 (2010).

家园的范围之外。① 正如 Scalia 大法官在 Jones 一案中所认可的那样，如果一名警察将自己秘密藏于一辆 18 世纪的马车中，从而观察马车在公共场所里经过的地方，那么该名警察的行为已经触犯了《第四修正案》的规定。

正如前文所述，在 20 世纪中，《第四修正案》的演变之路充满了坎坷。② 然而，美国联邦最高法院的法官还是反复重申"安全权"这个主题。当美国联邦最高法院的法官讨论公民的文件③、住宅④和人身⑤受到的保护时，当他们确立《第四修正案》保护某些区域的原则时，当他们判断这个区域受到宪法保护的原因是基于财产权理论⑥还是隐私期待理论时，"安全权"这个主题都会被提及。当美国联邦最高法院的法官论及公民财产保护时，他们尤其会提到"安全权"的保护。⑦ 这种推理同样适用于身处住宅或者私人财产之外的公民。根据《第四修正案》的规定，公民仍然保留排除别人干扰自己生活的权利。这个防御空间——从比喻意义和实际意义上都起到与传统的庭院围墙一样的作用，都能够排除别人进入、观察或者干扰公民在这个空间里进行的活动，因此它受到宪法保护。

（二）保护空间的标记：一个宣示的空间

个人庭院理论必然涉及如何标志区域，使其免受政府干涉。与传统的庭院一样，判断一个区域是不是个人庭院，法官应该调查公民采取了什么样的措施宣示他对该区域的所有权，也就是说，公民有没有

---

① See United States v. Guest, 383 U. S. 745, 758 (1965); Twining v. New Jersey, 211 U. S. 78, 97 (1908); Williams v. Fears, 179 U. S. 270, 274 (1900). See generally Gregory B. Hartch, Comment, Wrong Turns: A Critique of the Supreme Court's Right to Travel Cases, 21 WM. Mitchell. L. Rev. 467, 471-472 (1995).

② Jack Wade Nowlin, The Warren Court's House Built on Sand: From Security in Persons, Houses, Papers, and Effects to Mere Reasonableness in Fourth Amendment Doctrine, 81 Miss. L. J. 1071 (2012).

③ See e. g. Boyed v. United States, 116 U. S. 618 (1886).

④ See e. g. Minnestoat v. Carter, 525 U. S. 83, 99 (1998) (Kennedy J. concurring).

⑤ United States v. Mendenhall, 446 U. S. 544, 550 (1980).

⑥ E. g. Olmstead v. United States, 277 U. S. 438, 463 (1927).

⑦ United States v. Karo, 468 U. S. 705, 729 (1984).

建立一些实体的或者象征意义上的屏障使这个区域免受政府监控。这个屏障兼具法律和习俗的功能，但是与隐私期待的理论不同，个人庭院理论关注的是公民有没有采取积极措施来表明他不希望别人干扰这个区域的意愿。

个人庭院应该是一个宣示空间。每天，我们都需要采取措施来避免私人信息泄露。我们在公共场所里穿着衣服，用不透明的袋子或者公文包放置我们的文件和随身物品，加密我们的电子邮件，将信件放到信封里并且密封，低声交流秘密以及在离家后锁门。这些行为可以帮助我们尽可能减少信息暴露，但是在一个充满复杂监控技术的时代里，这些行为对保护隐私而言几乎毫无用处。X光扫描仪能够看到我们衣服里面的情况以及识别包里的物件。任何一个人都可以打开我们的信件或者截取我们的电子邮件。声频监控设备可以获取我们的悄悄话，就像是我们站在街道两旁大声说话那样。有经验的侵入者或者普通的盗贼都可以进入我们的房屋。因此，个人庭院理论要求以明确的标记来区分庭院和其他区域，而不是以入侵的可能性来界定安全的含义。

诚然，某些受到个人庭院理论保护的区域已经被现存的法律承认。一方面，我们对于自己的随身物品、邮件和对话享有安全权，所以法律保护公民的住宅不受别人侵扰。① 另一方面，习俗和社会实践已经划分出一些区域并且规定这些区域受到别人尊重。②

个人庭院理论要求公民采取积极措施来表明他享有的安全权。③ 相比于 Katz 确立的判断标准的第一步，即公民在主观上是否产生隐私期待，个人庭院理论的要求要更加具体。个人庭院理论要求公民在客观上采取明显的措施来宣示这块区域受到法律保护。根据个人庭院理论，公民必须采取积极措施来宣示等效的安全权期待。如果公民通过低声说话或者使用干扰窃听器的装置保护他在公共场所里进行的对话，那么公民不仅在主观上对该谈话内容受到保护产生期待，在客观

---

① See, e.g. Omnibus Crime Control and Safe Streets Act (Federal Wiretape Act) of 1968, Pub. L. No. 90-351, tit, III, 82 Stat. 197, 211 (codified as amend at 18 U.S.C § 2510-2522 (2006)).
② Rakas v. Illinois, 439 U.S. 128, 143, n. 12 (1978).
③ State v. Bullock, 901 P. 2d 61, 75-75 (Mont. 1995).

上，他还采取了措施来保护这段谈话内容的安全。即便别人能够通过显而易见的、巧妙的窃听装置听到公民的对话，即便公民对其在这种情况下进行的谈话内容享有隐私期待是不合理的，公民采取的这种积极措施仍然使其谈话内容受到宪法保护。

让公民肩负宣示其宪法权利的做法与宪法权利的一般分析方法不一致，这是因为《第四修正案》和《权利法案》都起到限制政府滥权的作用。① 在真正的限制政府滥权中，警察不可能拥有侵犯公民隐私权或者安全权的监控权力，除非法律特别规定。然而，这不是涉及《第四修正案》的案件的现实情况。② 除非法官根据财产权理论或者隐私期待理论认定政府执法人员的行为构成《第四修正案》所规定的搜查行为，否则政府执法人员的行为永远都不会触犯《第四修正案》。因此，公民的确需要标出受到宪法保护其安全权的区域。③ "我们的公民"应该划分这些界线。在一个监控无所不在的国家里，公民需要通过限制政府监控的能力来保护自己天生享有的安全权。

正如本文会在第五个部分讨论到的那样，公民需要根据当时他所从事的活动和政府执法人员所运用的技术来决定自己如何宣示安全权。低声说话可以保护公民的对话内容不受监控，但是它不能阻止政府执法人员通过视觉对公民进行监控。衣服可以保护口袋里的物品不被政府执法人员看到，但是它不能阻止政府执法人员利用嗅觉设备来搜查公民身上的化学药品。公民必须根据具体情况具体分析他如何标出不同的区域。就像精准地确定庭院围墙的界线那样，对上述标志下定义是知之非难、行之不易的事情。

（三）与个人信息的关系：一个保护私密信息的空间

为了保护公民的自治权和私密信息，传统的庭院将公民的成长和

---

① See Patrick M. Garry, Liberty Through Limits: The Bill of Rights as Limited Government Provision, 62 Smu L. Rev. 1745, 1748, 1771 (2009).

② See Eric Y. Kizirian, Comment, Manipulating the Fourth Amendment: the Expectation of Privacy in Luggage Aboard a Commercial Bus, 29 Sw. U. L. Rev. 109, 130 – 131 (1999).

③ See e. g. Raymond Shih Ray Ku, The Founders' Privacy: the Fourth Amendment and the Power of Technological Surveillance, 86 Minn L. Rev. 1326 (2002).

活动隔绝于社会和政府的监控。正如美国联邦最高法院在 Oliver 一案①中所说那样:"在普通法领域里,庭院是为了保护公民的私密活动和'住宅的神圣不可侵犯与生活隐私'的延伸区域,因此,它是住宅的一部分,受到《第四修正案》的保护。虽然这些活动一般发生在住宅之内,但是法律对家庭亲密关系的保护超越了住宅。"②

在讨论《第四修正案》对住宅周围区域的保护时,学者对公民的个人信息和私密信息的关注引发了持久的争论。例如,在 Florida v. Riley 一案③中,美国联邦最高法院认定,政府执法人员在直升机上观察 Riley 的庭院的行为不构成《第四修正案》所规定的搜查行为,其中部分原因在于"政府执法人员所搜集到的信息与公民在住宅或者庭院进行的私密活动没有关系"。然而,在 Kyllo 一案④中,美国联邦最高法院认定,根据当前的《第四修正案》理论,住宅包括庭院的"信息都是公民私密的信息,因为这一整块区域就是禁止政府执法人员监视的"。事实上,Kyllo 一案似乎对私密信息的整体理解发起了挑战,对法官在 Florida v. Riley 一案的推理表示怀疑。

类似地,在 Jones 一案⑤中持有并存意见的法官认为,政府执法人员通过汇集公民在住宅外部的信息揭露了公民的个人信息和私密信息。正如 Sotomayor 写道,"GPS 追踪装置能够精确而且全面地记录公民在公共场所里的活动,政府执法人员能够知晓公民大量的家庭、政治、职业、宗教和性活动的信息"。即便政府执法人员搜集到的信息都是公民在公共场所里的信息,是他们可以观察到的信息,政府执法人员的行为也构成《第四修正案》所规定的搜查行为。"家庭、宗教和性"等词语统统指向公民的私密信息或者个人信息。

在借鉴这些案件的基础上,个人庭院理论要求公民标记的区域要与公民的私密信息或者个人信息有关。这个要求也符合传统的庭院理

---

① Oliver v. United States, 466 U. S. 170, 180 (1984).
② James J. Tomkovicz, Technology and the Threshold of the Fourth Amendment: a Tale of Two Futures, 72 Miss. L. J. 317, 322-323 (2002).
③ 488 U. S. 447 (1989).
④ Kyllo v. United States, 533 U. S. 27, 37 (2001).
⑤ 132 S. Ct. 945, 955 (2012).

论，即调查公民标记的区域的用途。"用途"也是 Dunn 一案①的判决的因素之一，如果政府执法人员所观察的区域被 Dunn 用于进行家庭活动或者私人活动，那么该区域可能就属于传统的庭院并且受到法律保护。这个判断标准是客观的，并且与我们对家庭活动或者私密活动的传统理念紧密相连。

正如本文将在第五部分讨论到的那样，确定受保护区域的界线是一件困难的事情。然而，根据传统的庭院理论，我们也难以划分哪些信息属于私密信息。有些信息很容易就被认为是受到法律保护的信息——比如涉及宗教、信仰、健康、家庭或者感情生活的信息，因为这些信息会更加靠近个人信息或者私密信息，是属于界线之内的信息。而涉及职业、政治或者明显的公开活动的信息则处于界线之外。虽然个人信息或者私密信息的判断不是决定法官如何作出判决的因素，但是它能够影响法官对于是否授予公民更多隐私保护，使其免受政府执法人员侵扰的看法，即便公民身处公共场所之中。

（四）在《第四修正案》的理论框架内平衡《第四修正案》所涉及的利益

《第四修正案》的理论充斥着平衡的判断标准，所以个人庭院理论也应该遵循这个路径。② 与传统的庭院理论所追求的利益平衡一样，适用于公共场所的个人庭院理论也追求个人利益、社会规范利益、执法需要和宪法价值之间的平衡。个人庭院理论的主要逻辑前提是受到宪法保护的区域确实存在，并且这些区域能够被法官通过个案的方式确定下来。因此，个人庭院理论将受到习俗、法律和现存《第四修正案》理论的影响。

正如本文将在第五部分讨论的那样，在某些情况下，个人庭院理论为公民提供的保护会更加广泛，在另一些情况下则相反。正如传统

---

① United States v. Dunn, 480 U. S. 294, 301 (1987).
② See e. g Chandler v. Miller, 520 U. S. 305, 319 (1997); Vernonia Sch. Dist. 47 J. V. Acton, 515 U. S. 646, 663 (1995); Mich. Dep't of State Police v. Sitz, 496 U. S. 444. 455 (1990) (Blackmun J. concurring); Nadine Strossen, The Fourth Amendment in the Balance: Accurately Setting the Scales Through the Least Intrusive Alternative Analysis, 63 N. Y. U. L. Rev. 1173, 1184 – 1207 (1988).

的庭院理论那样，个人庭院理论在不提供一个明确答案的情况下为《第四修正案》的分析提供一个理论框架。虽然个人庭院理论为公民提供的保护有限，但是它比没有保护要好，而且它比当前《第四修正案》的理论更加清晰。个人庭院理论不是一次改革，而是让传统的判断标准更加适应现代社会的发展。

（五）利用提高感官功能的设备实施非法入侵行为

提高感官功能的设备改变了现代非法入侵的形式。正如前文所述，许多新的监控技术不要求行为人实施实际侵入行为，因此，根据传统的非法入侵理论，行为人的行为就不会触犯《第四修正案》的规定。然而，行为人对他人所享有的《第四修正案》权利构成的威胁仍然存在。传统的庭院理论观念中可取的地方应该被适用到新时代中。[①] Scalia 大法官在 Kyllo 一案中认可了这种事实，他说道："如果政府执法人员利用提高感官功能的设备获取与公民住宅内部有关的信息，而这些信息原本需要他们实际入侵受宪法保护的区域才能获得，那么他们的行为就构成《第四修正案》所规定的搜查行为。"如果庭院是受到宪法保护的区域，那么公民在庭院里进行的活动应该受到与其在住宅内部进行的活动同等的保护。

个人庭院理论只是将这种逻辑延伸到住宅以外的环境。如果他人能够宣示某个区域属于个人庭院，那么行为人使用任何提高感官功能的设备观察该区域的行为都被视为《第四修正案》所规定的搜查行为。[②] 同时，如果行为人不是利用设备而是通过肉眼观察该区域，那么他的行为就不是《第四修正案》所规定的搜查行为。与传统的庭院理论一样如果行为人利用提高感官功能的设备实施非法入侵的行为，那么他就触犯了《第四修正案》的规定。

非实际侵入的非法入侵理论已经得到现代侵权责任法的确认，因为越来越多侵入侵权以新的形式发生，比如不经授权地访问他人的电

[①] See Courtney E. Walsh, Surveillance Technology and the Loss of Something a Lot Like Privacy: an Examination of the "Mosaic Theory" and the Limits of the Fourth Amendment, 24 ST. Thomas. L. Rev. 169, 187 (2012).

[②] See Erica Goldberg, How United States v. Jones Can Restore Our Faith in the Fourth Amendment, 110 Mich. L. Rev. First Impression 62, 68 (2012).

子数据①,给他人发送垃圾邮件②,偷拍他人照片③或者诸如光化学烟雾和化学污染④等损害环境的侵权,这些侵权给社会带来了新的损害形式。所有人都希望法律能够阻止其他人故意干涉他们的权利。

传统的《第四修正案》理论也是个人庭院理论的来源之一。毕竟,在 Boyed 一案中,政府执法人员也实施了非实际侵入的入侵行为,即利用法官签发的令状搜集公民的信息,而 Katz 一案则是限制政府执法人员利用窃听器这种新型的"入侵"装置窃听公民的对话。即便像 Florida v Riley 一案和 California v. Ciraolo 一案,政府执法人员也实施了非实际侵入的入侵行为——利用飞机在空中观察公民庭院的情况,只不过他们没有利用提高感官功能的设备而是通过肉眼进行观察。此外,唯一一个例外情况是在 Dow Chemical 一案⑤中,政府执法人员利用了提高感官功能的设备来对公民的工厂进行观察。

虽然没有确凿的证据,但是前面的讨论让新的非法入侵理论将行为人利用提高感官功能的设备侵犯他人权利的理论囊括其中。⑥ 这种理论补充了个人庭院理论在公共场所中的适用,笔者将在下文对其进行详述。

五、个人庭院理论的适用

通过分析公民在公共场所里受到的实际监控情况,本文的这部分内容将讨论个人庭院理论的适用。笔者希望根据涉及声音、视觉、位置、触觉和嗅觉等功能的新的提高感官功能的新技术来界定《第四修正案》为公民信息提供的保护范围。

个人庭院理论是决定公民的公共活动是否受到宪法保护的有效判断标准。如果一项活动或者一个区域落入个人庭院理论的保护范围,

---

① See e. g. David M. Fritch, Click Here for Lawsuit—Trespass to Chattels in Cyberspace, 9 J. Tech. L. &POL'Y 31, 40-44 (2004).
② See e. g. Ebay, Inc. v. Bidder's Edge, Inc. 100, F. Supp. 2d 1058 (N. D. Cal. 2000).
③ See e. g Robert M. O'Neil, Ride-alongs, Paparazzi, and Other Media Threats to Privacy, 33 U. Rich. L. Rev. 1167, 1182 (2000).
④ See e. g Steven Kam, Intel Corp v. Hamidi: Trespass to Chattels and a Doctrine of Cyber-Nuisnce, 19 Berkeley Tech. L. J. 427, 440 (2004).
⑤ 476 U. S. 227, 238-239 (1986).
⑥ Nita A. Farahany, Searching Secrets, 160 U. Pa. L. Rev. 1239, 2141 (2012).

那么任何人通过实际侵入或者利用提高感官功能的设备对该活动或者区域进行侵犯的行为都构成《第四修正案》所规定的搜查行为。这个区域必然是一个防御空间,它必须被公民用象征意义上的或者实际的界线标记出来,最后,这个受到保护的区域必然与公民的私密信息紧密相关。

回到本文一开始设想的情形,即政府执法人员在某个社区里安装了大量监控设备。作为一个事实,这些监控设备让公民丧失全部隐私期待,因为公民知道他们被视频、音频和 X 光等监控设备包围。[①] 如果一名走在街道的普通公民,假设他是一名法官,希望自己做的事情免受政府执法人员的监控,那么他的安全权将如何得到保证呢,政府执法人员通过公共监控设备对该公民的安全区域进行干涉的行为构成《第四修正案》所规定的搜查行为吗？公民需要如何标记他的安全区域？

为了回答上述问题,我们需要区分不同类型的安全利益（secure interests）。公民可能希望对其对话内容、行踪、地理位置、个人财产（包括随身携带的财产和放在包里的财产）,甚至是气味享有安全权。既然监控技术能够让行为人在不需要实际侵入的情况下就可以侵犯或者改变公民的隐私利益,那么个人庭院理论如何重申或者保护公民对这些利益享有的安全权？

(一) 公民对其通讯内容享有的利益

无论是面对面还是通过电话,公民在公共场所里也会希望自己与另外一位公民之间的对话保持隐秘。虽然谈话者身处公共场所之中,但是他仍然希望其谈话内容不会被别人通过耳朵或者音频监控设备获取。音频监控技术让所有发生在公共场所的对话变得"触耳可及"[②],那么个人庭院理论要如何保护发生在公共场所的对话的隐私呢？

---

① See e. g Ryan Gallagher, DHS Considers Eavesdropping Tech for Spy Drones on Border Slate (Mar. 1, 2013, 5: 49 PM), http: //www. slate. com/blogs/future_ tense/2013/03/01/eavesdropping_ drones_ may_ be_ next_ for_ border_ surveillance_ efforts_ in_ texas. html.
② See e. g. Kim Zetter, Public Buses Across Country Quietly Adding Microphones to Record Passenger Conversations, Wired (Dec. 10, 2012, 4: 46 PM), http://www. wired. com/threatlevel/2012/12/ public-bus-audio-surveillance.

首要的问题是，如果别人不利用提高感官功能的设备，别人也能够获取对话内容，那么这些发生在公共场所里的私人对话能否抵御政府执法人员在没有技术协助下的窃听行为？根据由 Katz 一案确立的隐私合理期待的判断标准，谈话者在公共场所里几乎不享有隐私的合理期待。[1] 正如 Harlan 大法官在 Katz 一案的并存意见所说的那样："发生在开放领域的对话不能阻止别人听到，因此，公民在这种情形中产生的隐私期待是不合理的。"然而，美国联邦最高法院没有回答的问题是，公民在公共场所里发生的对话是不是都不受《第四修正案》的保护，即便这个对话明显是私人对话。[2]

我们的日常生活经验可以对此提供一些参考。法官也会在公共场所里讨论私人事务，他们可能在吃午饭的餐馆里讨论，也有可能在法院的走廊中讨论。[3] 律师对于他们与当事人在办公室外进行的对话都要负有保密义务。[4] 情侣在公园里窃窃私语，警察在街道上询问监管人，还有成千上万的公民冒着私人信息被泄露的风险通过移动电话与别人通话。根据我们的日常生活经验，这些私人对话都可以抵御政府执法人员的窃听，即便他们没有利用提高感官功能的设备，政府执法人员也必须在获得搜查令或者类似授权的情况下才能获取这些私人对话。

作为一个法律问题，与窃听有关的法律法规保护公民在公共场所里发生的对话不被窃听，这表明公共场所里存在免受政府监控的区域。[5] Katz 一案本身就是一个保护公民在公共场所或者说准公共场所里发生的对话的案件。某些联邦法院甚至尝试界定受到法律保护的公共场所对话的范围。美国联邦第五上诉巡回法院针对发生在公共场所里的私人对话提出，如果公民采取了特定的预防措施，那么他与其他公民之间的对话内容受到法律保护。法官需要调查：①公民在进行对

---

[1] Katz v. United States, 389 U. S. 347, 361 (1967) (Harlan J. concurring).
[2] See e. g. Dorris v. Absher, 179 F. 3d 420, 425 (6th Cir. 1999).
[3] Kee, 247 F. 3d at 215 n. 18.
[4] Robert P. Mosteller&Kenneth S. Broun, The Danger to Confidential Communications in the Mismatch Between the Fourth Amendment's "Reasonable Expectation of Privacy" and the Confidentiality of Evidentiary Privileges, 32 Campbell L. Rev. 147 (2010).
[5] See Commonwealth v. Hyde, 750 N. E. 2D963, 964 (Mass. 2011).

话或者通讯时的音量；②其他公民听到他们谈话内容的可能性；③这段谈话被传播的可能性；④谈话者为了保护对话的隐私所采取的积极措施；⑤其他人是否需要借助提高感官功能的设备来窃听这段对话；⑥这段对话发生的场合是否体现公民主观上产生了隐私期待。

这些非排他性的因素帮助法官解决了 Katz 一案遗留的关于隐私期待的问题。正如 Kee 一案①的判决的脚注所说那样：虽然两位联邦法官对其在法院大楼的阶梯上发生的匆忙对话可能享有隐私的合理期待，但是如果他们说话的声音较大，或者他们被一群能够听到他们对话的人包围，或者其中一名法官将他们的对话内容向政府披露，或者任何一方将他们的对话公之于众，又或者他们没有采取积极措施保护其对话的隐私，那么他们对其对话内容就不享有隐私的合理期待。

根据这种观点，个人庭院理论为私人对话提供了一个有限的防御空间，即便该私人对话发生在公共场所。只要公民采取了特定的预防措施，表明其对话的私密本质，该公民的对话内容就应该受到法律保护，即便该对话发生在公共场所里。需要明确的是，之所以公民在公共场所里拥有受到法律保护的区域，其原因不在于公民对其对话享有隐私的合理期待，而在于公民享有安全权和个人庭院理论所规定的排他权。

个人庭院理论的第二步要分析公民是否为其希望受到法律保护的对话清晰地标记出一个防御空间，让别人知道该对话的开始与结束。如果公民采取了积极措施阻止别人听到他的对话，那么个人庭院理论就会保护其对话的隐私。公民可以通过选择对话的语调和音量，靠近对方以及其他能够表明对话私密性的措施来宣示他对谈话内容享有安全权。相比于大声呼喊的对话，公民对其窃窃私语更有可能享有安全权，这与别人能不能听到公民的对话内容无关——别人通过提高感官功能的设备都可以听到这两种情况的对话，但是这与公民有没有作出排除别人窃听的表示有关。② 如果公民在对话期间采取更加复杂的措施，比如使用反窃听装置——声音干扰器或者高频器件，那么他就能

---

① 247 F. 3d at 213 – 214.
② United States v. Smith, 978 F. 2d 1717, 179 (5th Cir. 1992).

够更加明确地宣示其安全权。① 在评估公民对其在公共场所里进行的对话是否享有安全权时,法官会调查公民在客观上是否采取了措施来宣示其安全权,比如 Katz 在进入公用电话亭后关上了玻璃门。

因为最私密的对话内容与公民个人息息相关,所以《第四修正案》会保护这些对话内容。最私密的对话一般不需要通过安全权理论来证明其受法律保护,因为这些对话内容与公民个人紧密相关,自然而然受到法律保护。根据 Katz 一案的判决,就连 Katz 通过电话向赛马场下赌注的对话都受到法律保护。

与传统的庭院理论相似,被纳入个人庭院理论保护的利益要与其他社会利益保持平衡。就像 Dunn 一案那样,法官对合理性的普遍关注和个人庭院理论的保护都不是绝对的。个人庭院理论要求,法官将受保护的区域所承载的利益和其他社会利益、执法需要保持平衡。这不是说,公民在公共场所里进行的所有对话都受到安全权的保护,免受别人利用提高感官功能的设备进行窃听,而是说当谈话采取积极措施保护其对话内容不被别人窃听时,该对话免受政府执法人员的监控。

(二) 在受到视觉监控时公民所享有的利益

视觉监控是如今公共监控中最普遍和最不受规制的一种监控形式。② 正如前文所述,视频监控摄像机、车牌识别系统、无人机和传统的警察善意巡视都是视觉监控的形式,根据当前的宪法,这些监控行为不属于《第四修正案》所规定的搜查行为。从 Hester 一案的"开放领域"到 Katz 一案的"暴露",如果别人能够通过肉眼观察到公民在公共场所里的活动,那么公民对该活动就不享有隐私期待。这导致了我们所穿的衣物、所做的事情、所见的人甚至是我们的面部表

---

① See e. g. Nick Bilton, Shields for Privacy a Smartphone World, N. Y. Times, Jun 25, 2012, at B5.
② See e. g. Don Babwin, Chicago Video Surveillance Gets Smarter, Usa Today (Sept. 27, 2007, 9:49 AM), http://usatoday30.usatoday.com/news/nation/2007-09-27-4171345706_x.htm;

情和手势都可能被暴露于众,并且不受宪法任何保护。① 虽然身处公共场所的公民总是会被别人看到,但是无所不在的监控技术增加了公民暴露的可能性并且削弱了他们的隐私期待。

面对这种不受约束的监控状况,个人庭院理论提供了一种新的理论框架。它肯定了公共场所里存在一个防御空间,还肯定了在实践中公民难以标记该空间。基于隐私权法律有关独处和侵扰的概念,个人庭院理论摆脱了当前隐私合理期待的判断标准,重申即便在公共监控时刻侵扰公民生活的社会里,公民仍然享有一个不被其他人打扰的防御空间。②

这个处于公共场所里能够防御别人进行视觉监控的空间源于《第四修正案》的规定和隐私权学说。无论是《第四修正案》还是隐私权学说,它们都认为,如果行为人能够在不利用提高感官功能的设备的情况下搜集到他人的信息,那么他人对该信息不享有安全权或者隐私权,只有行为人实施了过分的侵犯性监控行为并且揭露了他在没有技术协助的情况下无法知晓的信息,那么他的行为才会受到法律的规制。

首先,一些研究《第四修正案》的学者已经认可,在某些情况中,公民享有免受政府执法人员所实施的视觉监控措施的干扰的权利。Slobogin 教授在有关这个问题的一篇开创性文章中写道,在公共监控无处不在的社会里,公民仍然享有"匿名权"。③ 一部分学者则关注公共场所里的"隐私的体系结构"(the architecture of privacy)。④ 另一部分学者试图重构隐私权的概念,他们将隐私权视为一种综合的权利并且认为这种权利能够持续对抗政府无所不在的监控行为。⑤ 虽

---

① See e. g. , Brief of Amicus Curiae Cato Institute Supporting Respondent at 8, Flprida v. Jardines, 133 S. Ct. 1409 (2013) (No. 11 – 564), 2012 WL 2641846.
② See A. Michael Froomin, The Death of Privacy?, 52 Stan L. Rev. 1461, 1472 (2000).
③ See e. g. Christopher Slobogin, Public Privacy: Camera Surveillance of Public Places and the Right to Anonymity, 72 Miss L. J. 213, 217 (2002).
④ E. g. Marc Jonathan Blitz, Video Surveillance and the Constitution of Public Space: Fitting the Fourth Amendment to a World that Tracks Images and Identity, 82 Tex. L. Rev. 1349, 1413 – 1425 (2004).
⑤ See e. g. Andrew E. Taslitz, Respect and the Fourth Amendment, 94 J. Crim. L. & Criminology 15, 98 (2003).

然学者的理论和分析各异,但是法官的确承认公民在某些情况中享有免受政府持续监控的权利,即便他们身处公共场所之中。①

研究隐私权的学者也认同上述结论,所以他们试图在公共场所里划分一个受法律保护的区域,公民在该区域里免受不合理的政府行为侵扰。② 基于普通法侵权的侵入理论,诸如 Jane Bambauer 等的学者已经发展出适应监控无所不在的世界的侵入理论。Bambauer 教授解释道:"如果行为人故意侵犯他人的独处权并且他实施的侵入行为对于一个'理性人而言是极其令人厌恶的',那么行为人就应该承担相应的侵权责任。"当公民所享有的独处权是合理的时候,侵入侵权理论保护了公民免受别人观察和评论的利益。我们可以通过一系列的理论来证明独处权的合理性:独处权允许公民制造"有用的秘密"——筹划惊喜活动、编造故事情节、展现公民个性中不为人知的一面并且不受责备。③

虽然侵入侵权理论难以被界定,但是它关注到了视觉监控窥探他人生活的本质:侵入侵权理论保护我们的事务免受别人偷窥或者窃听。也就是说,只有行为人意识到他人享有独处的合理期待并且故意窥探他人的生活时,他人才能获得侵权救济。侵入侵权要求行为人实施了故意的窥探行为。同样地,即便公民的信息最终被认为很有价值或者有新闻价值,如果行为人故意实施了令人厌恶的窥探行为,那么他也要承担相应的侵权责任。

如果行为人必须利用提高感官功能的设备才能获得他人实施的公共活动的信息,那么行为人的行为就是窥探行为。根据个人庭院理论,因为提高感官功能的设备能够揭露行为人通过肉眼不能获取的信息,他人已经表明不希望这些信息被泄露,所以行为人获取这些信息的行为就构成侵权。

这个防御空间必然是有限的,它首要禁止的是,行为人利用提高感官功能的设备不仅泄露了他人的特定地理位置,还泄露了他人私密

---

① United States v. Taketa, 923, F. 2d 665, 677 (9th Cir. 1991).
② See Heidi Reamer Anderson, The Mythical Right to Obscurity: A Pragmatic Defense of No Privacy in Public, 7 I/S: J. L. & Pol'u for Info. Soc'y 543 (2012).
③ See Jane Yakowtiz Bambauer, The New Intrusion, 88 Notre Dame L. Rev. 205 (2012).

信息的行为。例如,如果视频监控技术能够放大行为人用肉眼无法获取的信息①,那么这种监控肯定还会揭露其他表面背后的信息。放大技术、生物识别技术或者连接面部识别系统数据库的技术都能够发掘汇集信息背后隐藏的其他信息,从而对公民造成新的侵犯。虽然一段显示一名法官站在私人墓地的视频不能受到法律的保护,但是如果行为人通过高清摄像机拍下法官站在墓地并且流泪的视频,那么法律可能认为行为人侵犯了法官的权利。正如本文将会讨论到的那样,如果公民已经采取措施防止别人不借助工具的视觉观察,那么别人通过提高感官功能的设备对公民进行观察的行为就侵犯了公民独处的权利。

正如前文所述,单凭公民宣称某个区域受到个人庭院理论保护是不足以让该区域成为一个防御空间的。公民必须标记出这个区域的边界。② 某些标志是显然易见的。例如,公民在公共场所里戴上了面具或者进行了伪装③,使用破坏面部识别设备的技术④,遮挡车牌识别系统的摄像头⑤以及使用其他直接针对视觉监控的技术。事实上,现在已经有反无人机侦查的技术,包括极具创造力的"反无人机侦查"配饰。⑥ 名人也可以通过躲在地下车库、利用身边的保镖或者替身、避免参与公开活动来保护其在公共场所里的隐私。诚然,上述标记的方法既不实际也不简单,但是它们的确在公民不享有隐私合理期待的

---

① E. g. Marc Jonathan Blitz, Video Surveillance and the Constitution of Public Space: Fitting the Fourth Amendment to a World that Tracks Images and Identity, 82 Tex. L. Rev. 1383 (2004).
② See generally Elizabeth E. Joh, Privacy Protests: Surveillance Evasion and Fourth Amendment Suspicion, 55 Ariz. L. Rev. 997, (2013).
③ See e. g. Mission: Impossible Ⅲ (Paramount Pictures 2006).
④ E. g., Robin Feldman, Considerations on the Emerging Implementation of Biometric Technology, 25 Hastings Comm. & Ent. L. J. 653 663 – 664 (2003).
⑤ E. g. John Markoff, Protesting the Big Brother Lens, Little Brother Turns an Eye Blind, N. Y. Times, Oct. 7, 2002, at C1.
⑥ Tim Maly, Anti-Drone Camouflage: What to Wear in Total Surveillance, Wired (Jan. 17, 2013), http: // www. msn. bc. msn. com/id/46153890/nx/technology_ and_ science-security/ t/how-beat-facial-recognition-software.

场所里起到保护公民隐私的作用。①

最后我们来讨论视觉监控所涉及的私密信息。大多数公民的公共活动不涉及个人的私密信息。然而，公民在公共场所里仍有可能进行私密活动，个人庭院理论就是为应该受到法律保护的信息提供保护。在某些情况中，通过放大技术、汇集视觉监控所搜集的信息或者汇合公民的数据信息，政府执法人员能够知道他们利用传统监控技术无法获取的信息，因此，政府执法人员在实施上述行为之前应该获得搜查令，否则他们就侵犯了公民享有的《第四修正案》所规定的权利。②正如传统的庭院理论所体现的那样，在涉及《第四修正案》的案件中，法官需要根据个案情况平衡各方利益才能作出最终的判决。

因此，个人庭院理论只能让公民在有限的情况下免受视觉监控。虽然相比于当前的《第四修正案》理论，个人庭院理论能够让公民在公共场所里受到更多保护，因为当前的《第四修正案》理论不保护身处公共场所的公民的信息，但是这种保护是十分有限的。然而，随着监控技术不断地发展壮大，隐私合理期待理论发生动摇，个人庭院理论是让公民获得有效保护的更加有说服力的理论。

（三）公民对其地理位置享有的利益

我们去过的地方可能表明我们做过的事情，也许还是衡量我们是谁或者我们想成为谁的标准。地理位置往往与该位置的公民、组织和服务联系在一起，它能够透露一个人丰富的信息。地理位置监控技术包括一系列的追踪设备，比如尖端的 GPS 追踪装置，科技含量较低的蜂鸣器和其他能够体现公民实时位置的设备。③

诚然，在涉及地理位置追踪的案件中，我们首要调查的问题是，行为人所实施的地理位置追踪措施是否侵犯了公民的防御空间。美国

---

① Luppe B. Luppen, Note, Just When I Thought I was Out, They Pull Me Back in: Executive Power and the Novel Reclassificaiton Authority, 64 Wash. & Lee L. Rev. 1115, 1124 – 25 (2007).
② E. g. United States v. Maynard, 615 F. 3d 544 (D. C. Cir. 2010).
③ See Brief for Electronic Privacy Information Center (EPIC) et al. As Amici Curiae Supporting Respndent at 14, United States v. Jones, 132 S. Ct. 945 (2012) (No. 10 – 1259), 2011 WL 4564007 at 14.

联邦最高法院的法官在 Jones 一案中只是简单地回应了这个问题的一部分。行为人通过实际侵入的方式安装追踪装置，不管追踪装置是放在公民身上还是公民的汽车内，行为人的行为显然都是侵犯了公民的防御空间。也就是说，公民的确拥有一个防御空间阻止别人通过实际侵入的方式安装追踪装置，这个防御空间可以是公民个人也可以是他的汽车之内。

然而，美国联邦最高法院在 Jones 一案中没有回答一个更具挑战性的问题，即如果行为人在没有实际侵入的情况下获取他人同样的地理位置信息，那么行为人的行为构成《第四修正案》所规定的搜查行为吗？在 Jones 一案中持有并存意见的五位大法官似乎都认同，对于大多数犯罪分子而言，政府执法人员对其实施长期监控会侵犯他享有的隐私合理期待。进一步而言，在 Karo 一案[①]和 Knotts 一案[②]这两个涉及蜂鸣器的案件中，美国联邦最高法院认定，当警察使用技术获取其不能在公共场所里观察到的信息时，比如公民住宅内部某个圆桶的位置，他们的行为就构成《第四修正案》所规定的搜查行为；然而，如果警察通过蜂鸣器知悉犯罪嫌疑人在公共场所里的行踪，那么他们的行为就不构成《第四修正案》所规定的搜查行为。通过对比 Karo 一案和 Knotts 一案的判决，隐私合理期待的判断标准似乎只保护行为人不能通过肉眼观察到的住宅内部的信息。

个人庭院理论将法律保护的范围扩大，认为政府执法人员不得广泛地使用位置追踪技术来获取他们在公共场所里无法通过肉眼观察到的公民信息。公民享有免受政府侵扰的权利和匿名权，政府执法人员不得使用地理位置追踪技术来干扰公民。我们可以从两个方面来理解这一点。一方面，地理位置信息透露了公民去过的地方，警察光靠视觉监控是无法获取这些信息的，正如 Knotts 一案和 Karo 一案的判决所说的那样，公民的这种地理位置信息应该受到法律保护。另一方面，警察光靠视觉监控也无法发现这些地理位置信息汇集后所透露的信息，这与 Jones 一案的并存意见相吻合。就像公民对视觉监控所享有的利益一样，公民对其地理位置信息也享有安全权，即政府执法人

[①] 468 U.S. at 708（1984）.
[②] 460 U.S. 276（1983）.

员不得搜集他们通过普通的方式无法获取的位置信息，也不能将其收集的信息汇集起来进行分析。

此外，肯定公民对其地理位置信息享有安全权只是第一步。根据个人庭院理论，如果公民想要保护其位置信息安全，那么他就要表明其对位置信息免受监控的期待。在前文的例子中，法官应该如何通过象征意义上的或者实体上的标记表明他的防御空间，从而避免政府执法人员对其实施位置追踪？法官应该如何阻止政府执法人员知悉其服食药物的情况或者滥用药物的情况？

在实践中，公民难以表明他对自己的位置信息所享有的安全权。诚然，公民可以在汽车上粘贴标识，并写着"不许追踪"。公民可以安装干扰 GPS 追踪装置的设备或者施展反监控的技巧，比如在途中换车。① 公民可以通过驾驶别人的车来躲避追踪。事实上，在 Jones 一案②中，Antoine Jones 就这样做了，他驾驶的车是登记在他妻子的名下。公民还可以通过在夜晚开车或者故意搭乘公共交通工具的方法让政府执法人员难以追踪其位置。这些策略确实展现了公民不希望被追踪的意图，它们也会给公民带来意想不到的后果（比如"不许追踪"的标志会让警察对该公民产生怀疑），除非每个人都使用这些策略。此外，对于普通公民而言，这些策略是麻烦的和不切实际的，只有经过反侦察训练者才能轻易实施这些策略。

在涉及定位数据的案件中，判断哪些地理位置信息与公民私密信息有关也是一件困难的事情。尽管地理位置信息能够揭露公民大量个人信息，私密信息和公共信息之间的界限仍然是模糊的。例如，公民到医院进行每年一次的体检，这只能说明他关心自己的身体健康但是不能说明其他问题。如果该公民先到妇产科看病，然后去了堕胎医院，那么这个位置信息就透露了公民的人生大事。虽然在上述两种情况中，地理位置信息都透露了公民的私人信息，但是后一种信息明显比前一种信息更加私密。然而，如果公民采取了必要的预防措施伪装其位置信息，避免政府执法人员获取到这些信息，那么其位置信息应

---

① Check Your Car for a GPS Tracker, Wired （May 14, 2011, 12:42 AM）http://www.howto.wired.com/wiki/check_your_car_for_a_gps_tracker.

② 132 S. Ct. 945（2012）.

该受到法律保护。简而言之,个人庭院理论保护公民对其位置信息享有的利益,即便这种保护不是全面的。公民可以采取特定措施保护自己的位置信息安全,而这些措施会提升法律对公民信息安全的保护程度。然而,大部分公民,包括犯罪分子和联邦法官,都不会采取复杂的措施来表明他们对其位置信息享有的权利。这样一来,个人庭院理论还是会赋予公民保护其位置信息安全的权利,即便这种保护可能不会比由 Katz 一案确立的隐私合理期待理论赋予公民的保护更好。

(四) 公民对其个人财产享有的利益

公民每天都会携带其私人财产。我们用口袋、钱包、手提袋、公文包或者衣服携带物品。一般来说,即便身处公共场所之中,我们也希望保持被容器承载[1]或者被衣物覆盖[2]的物品不被别人看到。然而,正如前文所述,反向散射技术和其他成像技术使得政府执法人员能够通过 X 光图像看到公民掩藏良好的走私物品或者古董。[3] 如今,警察可以看到你的手提袋里装着手枪还是口香糖。[4] 基于普通物理原理制造的保护工具再也无法抵抗来自政府的监控。[5]

习俗和判例已表明公民的个人财产受到法律保护,如果政府执法人员想要检查公民的个人财产,那么他们必须事先获得搜查令,不管公民的个人财产被装在密封的容器中还是被衣物覆盖。我们可以通过两个案件来理解这种传统的安全权概念:一是美国联邦最高法院已经明确要求,只有政府执法人员产生高度怀疑,他们才能打开公民所持有的密封容器,即便这个容器与犯罪活动有关。[6] 虽然实践中存在逮捕附带搜查的例外情况,但是即便被搜查的容器在公民的汽车之

---

[1] United States v. Donnes, 947 F. 2d 1430, 1435 (10TH Cir. 1991).
[2] United States v. Askew, 529 F. 3d 1119, 1129 (DD. C. Cir. 2008).
[3] David A. Harris, Superman's X ray Vision and the Fourth Amendment: the New Gun Detection Technology, 69 Temp. L. Rev. 1, (1996).
[4] Sean K. Driscoll, "The Lady of the House" vs. A Man with a Gun: Applying Kyllo to Gun-Scanning Technology, 62 Cath. U. L. Rev. 601, 603 (2013).
[5] Jim Harper, Reforming Fourth Amendment Privacy Doctrine, 57 Am. U. L. Rev. 1381, 1398 (2008).
[6] United States v. Ross, 456 U. S. 798, 822 (1982).

内①,密封容器规则也宣示了密封的容器是公民个人财产的防御空间,政府执法人员不得随意侵犯。二是政府执法人员必须在产生高度怀疑的情况下才能搜查公民的人身,包括实际控制位于或者靠近公民防御空间的物品②或者财产。③ 这些案件的判决表明,公民在防御空间里享有安全利益和隐私利益,包括免受政府执法人员侵扰的权利。④

习俗和判例也为我们提供了表明安全期待的方法。我们将随身物品放在口袋和背包里。我们通过衣物来隐藏不希望公之于众的物品。然而,我们对这些行为都习以为常,很少会想到其实这些行为是表明我们安全期待的方法。根据个人庭院理论,这些行为已经足以构建一个可视的、能够抵御政府监控的安全空间。为了维护自身的安全权,公民必须持续地展现这个安全空间的存在。

公民随身携带的物品通常都是私人的,能够揭露其私密信息。事实上,几乎从其定义就可以知道,私人物品与公民身体或者个人密切相关,所以它受到法律高度的保护。⑤ 即便我们钱包里的名片没有透露任何私密信息,但是它所处的位置使其受到法律保护。个人庭院理论也承认公民的钱包是一个防御空间。

相比于隐私合理期待的判断标准,个人庭院理论对公民私人财产的保护更全面。X光扫描仪和其他"透视"技术最终将所有封存物品变得容易被别人看到。⑥ 例如,机场安全检查所使用的TSA成像技术就让我们的身体和随身携带的物品失去保护。然而,根据个人庭院理论,即便日益发展的技术不断地侵蚀我们享有的隐私权,我们也享有相关的安全权。

---

① E. g. Arizona v. Gant, 556 U. S. 332, 343 (2009).
② E. g. Minnesota v. Dickerson, 508 U. S. 366, 378 (1993).
③ Bond v. United States, 529 U. S. 334, 335 (2000).
④ See e. g Terry v. Ohio, 392 U. S. 1, 9 (1968).
⑤ See Wyoming v. Houghton, 526 U. S. 295, 308 (1999).
⑥ Alyson L. Rosenberg, Comment, Passive Millimeter Wave Imaging, a New Weapon in the Fight Against crime or a Fourth Amendment Violation? 9 Alb. L. J. Sci. & Tech. 135, 136 (1998).

（五）公民对其气味、烟雾、化学分子享有的利益

人类有嗅觉。① 人们在个人卫生产品、空气清新设备和空气净化设备中投入上亿美元来掩盖人类的气味及其附属品。② 如今，人们可以利用技术设备抽取人类或者机器的化学分子并且进行检测。③ 无论是庞大如化学武器还是细微如公民紧张时流的汗，这些新技术都能够检测出来。④

人们对其气味不享有任何《第四修正案》所规定的隐私权，因为气味一直被认为是人类生存或者生活的附属品。这些年来，法官已经认可，在具备合理依据和合理怀疑并且不使用任何提高感官功能的设备的情况下，警察可以利用自己的嗅觉对公民进行搜查，即"不借助任何设备的嗅觉搜查"（plain smell）的判断标准。⑤ 政府执法人员在不借助任何设备的情况下利用其嗅觉进行搜查的行为不构成《第四修正案》所规定的搜查行为。此外，在涉及警察利用警犬找到公民的行李或者汽车内藏有违禁品的案件中，法官也认为警察这种行为不构成《第四修正案》所规定的搜查行为。⑥ 虽然法官不认为警察的行为构成《第四修正案》所规定的搜查行为，但是如果警察利用警犬过度侵犯公民的隐私，那么他们的行为也可能构成《第四修正案》所规定的搜查行为。然而，法官仍未对涉及自动嗅觉检测（smell-o-matic）的高科技设备的案件作出判决，Kagan大法官曾经对Florida v. Jardines一案提出这种假设，而他的主张可能会改变上述法官的看法。⑦

虽然公民对其气味不享有隐私的合理期待，但是这不意味着他根

---

① See e. g. Terrell v. States, 239 A. 2d 128, 130 (Md. Ct. Spec. App. 1968).
② Elizabeth Homles, Perfume Bottles Gone Wild, wall st. J., June7, 2012, at D1.
③ New Homeland Security Laser Scanner Reads People at Molecular Level, CBS (July 11, 2012, 11AM) http:// washington. Cbslocal.com/2012/07/11/new-homeland-security-laser-scanner-reads-people-at-molecular-level.
④ See Brief of Amicus Curiae Cato Institute Supporting Respondent at 9, Florida v. Jardines, 133 S. Ct. 1409 (2013) (No. 11 -564), 2012 WL 26418469.
⑤ Taylor v. United States, 286 U. S. 1, 6 (1932).
⑥ United States v. Place, 462 U. S. 696, 707 (1983).
⑦ See Transcript of Oral Argument at 16 -17 Jardines, 133 S. Ct. 1409 (No. 11 563).

据个人庭院理论对其气味享有安全期待。因为个人庭院理论首先关注某个区域或者活动是否受到《第四修正案》的保护，它能不能够免受政府监控。无论是高级的（如高级香水）还是低级的（如樟脑丸）掩盖气味的物品，都能够防止政府执法人员闻到隐藏物品的气味。个人庭院理论认为，这种使用物品掩盖气味的行为足以为公民创造一个防御空间，免受政府执法人员使用嗅觉检测设备的干扰。在 Florida v. Jardines 一案中，Jardines 在其住宅内散布樟脑丸，政府执法人员认为他的行为旨在掩盖大麻的味道。根据个人庭院理论，公民散布樟脑丸的行为已经足以宣示他的住宅是一个防御空间，政府执法人员不得利用检测气味的技术对其进行搜查。

掩盖气味的物品不仅能够在客观上表现公民想要保护其信息安全的意图，它还能够帮助我们进行第二步的分析。显然，Jardines 通过在他的住宅里放置樟脑丸来防止政府执法人员或者邻居干扰他的活动。类似的，如果某位公民携带许多非法采集的毒蘑菇或者毒野花穿街过巷，并且使用了某些物品来掩盖毒蘑菇或者毒野花的气味，那么他的行为就是表明他对袋子里的毒蘑菇或者毒野花不被别人检查产生了安全期待。虽然有人会认为使用物品掩盖袋子气味的做法会引起警察的怀疑，但是这种做法也起到妨碍警察监控的作用。

与气味有关的私密信息问题十分复杂。诚然，个人的气味是十分私密的，也有可能是令人感到尴尬或者赤裸裸的。如果一个设备能够根据某位公民的身体散发出的酒精雾气判断该公民是否醉酒，那么这个设备所探测的信息就属于个人的私密信息。其他的个人气味、外激素或者附属品同样值得法律保护。相反，如果设备探测到的信息显示某个化合物的蒸气来源于国家公园里罕见的矮牵牛花，那么这个信息就不属于个人信息了。在涉及庭院理论的讨论中，私密性是分析公民能否受到法律保护的因素之一。正如本文所主张那样，即便根据隐私的合理期待理论，公民的某些信息不能受到法律保护，但是根据个人庭院理论，该信息可能受到法律的保护。

（六）思路总结

在一个监控无所不在的世界里，我们可以承认公民在公共场所里丧失隐私期待或者安全期待。或者，我们可以设计一个理论框架让公民在公共场所里保留某些受到宪法保护的空间,从而平衡社会安全和公民自由之间的利益。正如本文一开始提出的个人庭院理论那样,本文主张《第四修正案》理论需要作出改变,它不仅要保护公民在其住宅内的信息安全,还应该将这种保护延伸到住宅外的某些区域中。个人庭院理论就是《第四修正案》理论的一种创新,它保护公民在公共场所中免受政府执法人员利用提高感官功能的技术进行监控。

在公共场所里,公民仍然保留着免受政府执法人员利用提高感官功能的技术进行监控的空间,即便这个受到《第四修正案》保护的空间十分有限。在 Dunn 一案[①]提出的庭院理论的基础之上,个人庭院理论提供了一种客观的判断标准。这种理论框架允许在公共场所中免受政府执法人员利用提高感官功能的技术进行监控。如果法官仍然将隐私期待理论作为唯一的判断标准,那么日益发展的科技将会使公民所享有的隐私利益消失殆尽。个人庭院理论则考虑到了科技对公民所享有的隐私利益造成的影响。它将法官判案的焦点从社会期待转移到个人行为上来。个人庭院理论不是一个完美的理论。对于某些技术而言,个人庭院理论不会比现存的理论为公民提供更多的保护。然而,它的价值在于,它能够比现存的理论更加灵活地应对日益发展的监控技术所带来的问题。

六、结语

个人庭院理论在适用中存在几个明显的问题:第一,它真的比隐私的合理期待理论更好吗?第二,它能够解决尚未面世的新技术所带来的问题吗?第三,它能够以一种连贯的方式被州法院和联邦法院适用吗?这些问题都是值得思考的问题,笔者将在下面进行回答。

个人庭院理论比隐私的合理期待理论更好吗?这种与规范有关的问题最好留给其他人来回答,但是相比于隐私的合理期待理论,个人庭院理论的确具备两个重要的优点:其一,在监控无处不在的世界里,个人庭院理论否认公民在公共场所里不能受到法律保护。它认为,公民可以在公共场所里划分出属于自己的安全空间,即便这个空间十分有限和难以维持,个人庭院理论仍然为公民在公共场所里提供

[①] United States v. Dunn, 480 U. S. 294, 301-303 (1987).

某些法律保护。如果将来空中监控设备能够观察、窃听和追踪公民的信息，并且将其搜集到的信息与其他监控设备所搜集到的信息联系到一起，那么公民就需要在公共场所里保留这样一个安全空间。其二，根据个人庭院理论，公民的行为是他能否拥有安全空间的关键因素。与分析公民所产生的隐私期待是否被社会认为是合理的这一事后判断不同，公民能否根据个人庭院理论保护其信息安全的关键在于，他有没有采取一些事前的保护措施。这种转变可能有点不切实际，但是它对于公民而言有重要的教育意义。笔者认为，隐私期待的判断标准让公民变得被动，无视技术的发展并且极度依赖法官的判决来维护自己的利益。而个人庭院理论则将维护自身利益的义务、行为和宣示自己拥有受到宪法保护的区域的责任落在公民的身上，公民能够积极地参与宪法性事务并且维护自己的权利。

个人庭院理论能够解决尚未面世的新技术所带来的问题吗？《第四修正案》理论就跟不上新技术的步伐。递增的个案判决结构是一项回顾过往而非眺望未来的事业。因此，任何一种新的判断理论都应该是灵活的并且足以应对新技术所带来的问题。正如前文所述，个人庭院理论是灵活的，因为它能够根据不同情况作出不同的判断。虽然暂时看来个人庭院理论似乎不切实际，但是自我保护的技术终有一天会变得普遍。在早期，没有人会给自行车上锁或者给汽车安装报警器，但是现在几乎人人都这样做。也许在将来的某一天，反成像技术或者干扰 GPS 追踪装置的设备也会变得普遍。个人庭院理论的价值在于它鼓励公民利用技术阻止政府执法人员的技术监控行为。在很大程度上，个人庭院理论鼓励积极的公民反抗政府对公民实施的技术监控。

个人庭院理论能够以一种连贯的方式被州法院和联邦法院适用吗？这个答案似乎是否定的。根据对传统庭院理论的研究，法官都需要根据个案的具体情况作出具体的分析。因此，个人庭院理论的适用亦如此。然而，这种不一致是好事而非坏事。正如本文所主张的那样，无论是界定安全空间还是标记它或者将它与私密性、自治权相联系都不是一件容易的事情。法官必须衡量、分析各个案件所包含的利益，并且调整这些利益以达到平衡状态。适用个人庭院理论的法官也应该拥有灵活地衡量不同利益的权利。这样一来，法官所认定的安全空间才能与现存《第四修正案》的条文和理论保持一致。

虽然个人庭院理论是一种创新理论,但是它不是解决《第四修正案》所涉及的社会安全与公民自由之间的紧张关系的简单理论。它只是为《第四修正案》的分析提供了一种新的、更加具有保护性的理论框架。它能够解决日益发展的技术所产生的问题,美国联邦最高法院的法官已经知道这会是一个问题。[①] 它所提供的理论框架关注到社会安全,公民责任和私密信息的保护,是分析《第四修正案》如何在公共场所里适用的好理论。正如传统的庭院理论这一法律术语那样,个人庭院理论认为法律必须发展到为公民创造一个缓冲区域,让公民在这个区域里免受政府执法人员所实施的技术监控行为的干扰。

---

① See Debra Cassens Weiss, Kagan Sees Privacy as One of Most Important Future Issues for Court, ABA Journal (Dec. 17, 2012, 9:45 A. M.) http://www.abajournal.com/news/article/kagan sees privacy as one of most important future issues for Court.

第三编　电子视觉监控时代的场所隐私权

技术增强的视觉监控与《美国联邦宪法第四修正案》
——精密性、可得性以及隐私的合理期待

克利福德·S. 菲什曼①著　丁双玥②译

目　次

一、导论
二、《美国联邦宪法第四修正案》关于场所隐私权的规则
三、科技：精密性和可得性
四、隐私期待：搜寻和获取到的信息
五、结语

一、导论

在人类文明进程中，隐私并非自古有之，而是在近代才发展起来的。我们的祖先生活在小部落组织中，在这样的组织里，公民的所作所为和他们所拥有的任何物品对于组织中的其他成员来说都是可见的。因此，在这种情形下，隐私的概念是不可能产生的。只有当人类

---

① 克利福德·S. 菲什曼（Clifford S. Fishman），美国天主教大学法学院教授。
② 丁双玥，中山大学法学院助教。

掌握了建造个人房屋的技术时，住所隐私权才有可能产生。这就说明，技术的发展和隐私有着十分密切的联系。实际上，隐私和技术之间的联系贯穿于人类的大部分历史之中。只有当技术促使人类生活质量得到普遍提高的时候，隐私的概念才能得到提升。例如，对电的发现和控制促使人们发明了电话，而电话这一发明则显著地增强了人们秘密交流的能力。然而直到最近，我们才意识到技术对于隐私来说既是一种恩惠，也是一种潜在的威胁。

《美国联邦宪法第四修正案》（以下简称《第四修正案》）规定："公民对其人身、住宅、文件、财物享有免受政府执法人员无理搜查和扣押的安全权。"① 这一修正案建立了美国的一项核心价值观，即保护公民的人身、住宅、文件、财物免受政府执法人员的无理侵入。尽管在过去的一个世纪中，《第四修正案》成了大量诉讼案件的主题，但是大多数这一类型的诉讼，要么涉及政府执法人员对公民的逮捕，要么涉及政府执法人员对公民财产的现实扣押，要么涉及政府执法人员现实侵入或搜查私人场所应具备的法律条件。相较而言，几乎没有判决针对视觉监控或者监控技术的含义作出界定。

但是，从1983年开始，美国联邦最高法院有七个判决至少部分涉及将《第四修正案》的规定适用于政府执法人员实施的视觉监控行为当中，这些监控行为是由科技增强的或者由技术代替的监控行为。这七个案件是：United States v. Dunn 一案②和 Texas v. Brown 一案③（涉及人工照明），United States v. Knotts④ 一案和 United States v. Karo 一案⑤（涉及电子跟踪设备），California v. Ciraolo 一案⑥和 Florida v. Riley 一案⑦（涉及空中监视），Dow Chemical Co. v. United States 一案⑧（涉及航拍放大图像）。这些判决引起了民法学者的普遍

---

① U. S. CONST. amend. IV.
② 107 S. Ct. 1134 (1987).
③ 460 U. S. 730 (1983).
④ 460 U. S. 276 (1983).
⑤ 468 U. S. 705 (1984).
⑥ 476 U. S. 207 (1986).
⑦ 57 U. S. L. W. 4126 (U. S. Jan. 23, 1989) (No. 87 - 764) (plurality opinion).
⑧ 476 U. S. 227 (1986).

批判。

在这七个案件中有六个案件涉及政府执法人员没有现实地侵入由《第四修正案》所保护的场所。在这些案件中,美国联邦最高法院认定,政府执法人员的监视行为不构成《第四修正案》所规定的搜查行为。只有在 Karo 一案中,美国联邦最高法院认定政府执法人员的行为构成某种现实侵入行为,并认定此案中政府执法人员实施的行为构成搜查行为。当然,这些判决并不意味着美国联邦最高法院以一种简单的方式将现实侵入行为等同于搜查行为。特别是,这些案件中都包含着精密监视技术的应用,美国联邦最高法院根据有限的事实依据非常谨慎地作出判决,而不是借此机会阐述或建立一套全面、普遍的理论。

尽管如此,为了判断政府执法人员应用精密技术的监视行为是否构成搜查行为,法院作出的相关判例当中仍然存在某些判断标准,或者说,人们至少可以从这些判例当中推断出这些判断标准的存在。在判断政府执法人员实施的技术增强的视觉监控行为是否构成《第四修正案》规定的搜查行为时,法院都或含蓄或明确地考虑了三个要素。其中的两个要素与技术直接相关:一是技术设备在何种程度上增强了政府执法人员的自然感官,二是这种技术设备对一般公众来说是否有利用或者获得的可能性。法院考量的第三个要素是,政府执法人员通过监视行为搜查或获取的信息的本质。

本文将分析上述七个判决。

文章第二部分,笔者将介绍《第四修正案》的基本理论。

文章第三部分,笔者会回顾并评论美国联邦最高法院对技术的处理方式,尤其是对于人工照明技术、电子跟踪技术、空中监察以及航拍图像放大技术的处理方式。

文章第四部分,笔者将考察政府执法人员通过监视行为搜查和获取的信息的性质会如何影响法院的判决。

最后,笔者将概括和评价这一套判例法。

二、《美国联邦宪法第四修正案》关于场所隐私权的规则

(一) 非法证据排除规则

《第四修正案》原文如下:"公民对其人身、住所、文件和财物

享有免受政府执法人员无理搜查和扣押的安全权,该权利不容侵犯,除非政府执法人员具有某种以宣示或确信支持的可能的原因,并且除非他们对要搜查的地点、要扣押的人或物作了清楚的说明,否则法官不得签发搜查令或扣押令。"[1] 法院对该修正案的解释和适用可以作如下概括:作为一项一般性的规定,《第四修正案》要求,只有当基于某种事实原因,政府执法人员确信能够在"被搜查的场所"找到犯罪的明确证据时,法官才会签发搜查令,而政府执法人员实施的"搜查和扣押行为"只有在获得法官事前签发了搜查令的情况下才是合法的。如果政府执法人员获取证据的方式侵犯了公民享有的《第四修正案》规定的权利,那么公诉人就不能在审判中利用该证据证明被告罪行成立。这项规则就是人们所熟知的《第四修正案》的非法证据排除规则,该规则试图通过使政府执法人员丧失实施非法搜查和扣押的动机,来阻止他们实施非法搜查行为和扣押行为。

(二) 对"搜查"的定义

由于《第四修正案》仅保护公民免受政府执法人员实施的"无理搜查行为和扣押行为"的侵害,所以公民只有先证明政府执法人员为了获取证据而实施了"搜查行为"或"扣押行为",然后才能对警方或检察人员获取证据的方式提出反驳。因此,《第四修正案》保护范围的确定,有赖于对"搜查"和"扣押"两个词语的界定。虽然大量的司法分析都对"扣押"这一术语作出了解释,但是这一套判例法制度几乎均没有对科技增强的视觉监控行为作出过解释。

"搜查"这一术语是大量司法审查所涉及的内容。在 1967 年之前,美国联邦最高法院一贯认定,只有当警方对公民的房屋、财产或所有物实施了现实侵入行为时,他们的调查行为才能构成搜查行为。在这种观念下,只要调查人员没有实施现实侵入行为,那么即便他们实施的行为是监听行为或窃听行为,他们实施的行为也不构成搜查行为。

然而,在 Katz v. United States 一案[2]中,美国联邦最高法院却认

---

[1] U. S. CONST. amend. IV.
[2] 389 U. S. 347 (1967).

定，即便政府执法人员没有现实侵入电话亭，他们在电话亭外安装电子窃听装置并窃听 Katz 通话内容的行为仍然构成搜查行为。在得出这一结论时，美国联邦最高法院强调，《第四修正案》不仅仅只保护公民的财产和人身自由免受政府执法人员的现实侵害。更确切地说，美国联邦最高法院强调："《第四修正案》保护的是人而不是场所。即使身处自己的房屋或者办公室中，如果公民故意将某件事件暴露于众，那么，该事物也不是《第四修正案》所保护的对象。但是，即使身处公共场合，公民有意保持为隐私的事物，也应该受到《第四修正案》的保护。"① 然而，就如 Harlan 大法官在其并存意见中所强调的，"问题是，《第四修正案》给予了公民什么样的保护"。Harlan 大法官论证，只有在满足以下两个条件的情况下，《第四修正案》的保护才成立："第一，公民必须具有实际的、主观上的隐私期待；第二，这种隐私期待被社会公众认为是'合理的'。"

Harlan 大法官的判断方式已经成为法院对《第四修正案》保护对象的基本界定方式。如果公民想要阻止法院采信政府执法人员获取的证据或信息，那么他必须首先证明政府执法人员实施的行为侵犯了自己对隐私的"合理期待"。如果公民无法证明政府执法人员的行为侵犯了他对隐私的合理期待，那么法院就会认定政府执法人员没有实施"搜查"行为，《第四修正案》所保护的利益没有受到侵害，并且公民也无法主张政府执法人员获取证据或信息的方式违反了《第四修正案》的标准。

对于如何认定公民的隐私期待是否"合理"的问题，现在还没有明确的答案，但是法院已经作过评述：隐私期待的合理性主要取决于刑事案件中法院是否适用了非法证据排除规则。这种观念仅仅是无意义的赘述，无法对隐私期待的合理性作出任何解释。如果法院要对隐私期待的合理性作出解释，那么法院必须考虑《第四修正案》以外的理论来源，要么考虑不动产或个人财产法理论，要么考虑社会公众所承认和允许的对合理性的理解，这就是故意暴露于众的理论和自担风险的理论。

笔者认为，要判断隐私期待是否合理，无论是"考虑财产法律

---

① 389 U. S. 347（1967）. At 352 – 353.

理论或者是考虑社会公众所承认和允许的对合理性的理解",都是艰难并可能引起歧义的方式。对于这个问题,大量的争论都集中在故意暴露于众的理论和自担风险理论的合理适用上,它们都限制了隐私期待的合理性,缩小了隐私期待的范围,因此也缩小了"搜查行为"这一术语的范围和非法证据排除规则的适用范围。

1. 故意暴露于众

在 Katz 一案中,法院认为,"即使身处自己的家中或者自己的办公室中,如果公民故意将自己在这些场所中的行为或信息暴露于公众视野中,这些被暴露于众的事物也不是《第四修正案》所保护的对象"。如果公民故意将自己的行为或信息暴露于众,那么这种暴露行为本身就剥夺了公民原本享有的对隐私的合理期待。因此,即使警察在这些场所监视公民已经公开的行为或者获取公民已经公开的信息,他们的行为也不构成《第四修正案》所规定的搜查行为。"虽然《第四修正案》保护公民住所免受政府执法人员不合理的搜查行为和扣押行为,但是《第四修正案》还不至于要求政府执法人员在路过一所公共大道上的住所时要闭上自己的眼睛。"

虽然法院在 Katz 一案中认定,"公民故意暴露于众的事物"不受《第四修正案》的保护,但是这个理论的适用还是会产生令人困惑的问题。最主要的问题是,公民实施何种程度的暴露行为、公众对这种暴露行为的认识达到何种程度,才足以使公民失去《第四修正案》的保护。

2. 自担风险

如果公民仅仅对经过其精心挑选的为数不多的人透露了自己的信息或行为,当这些人中有一个是警方线人或卧底并将自己的所见所闻报告给政府当局时,该公民就失去了《第四修正案》对其隐私的保护。"无论何时何地,只要公民向别人发表意见,他就有可能遭受被告密者泄密的风险,或者遭受其交往对象实施身份欺诈的风险。此时,公民必须承担这些风险。"这些现象在生活中随处可见,所以《第四修正案》并不保护因为这些风险导致的隐私泄露。因为"非法行为人错误地相信其他人不会揭露他的非法行为",导致自己的非法行为信息被泄露,在这种情况下,《第四修正案》"不对非法行为人错误的信任提供任何保护"。

"故意暴露于众"的理论和"自担风险"的理论限制了《第四修正案》的保护范围,如果法院将这两种理论适用于一个"价值中立"的社会环境中,它们就会对公民的个人隐私造成严重破坏。例如,Marshall 大法官提醒法院注意:"在 Katz 一案中,决定公民的隐私期待是否合理,取决于公民在自由开放的社会中应该承担怎样的风险。法院必须根据《第四修正案》的基本价值考量政府执法人员实施的调查行为的'本质特征'。"法院的多数意见认定,在某些情况下,政府执法人员实施的调查行为必须是"规范的调查行为"。

在考量这样的争议时,美国联邦最高法院内部有时会产生尖锐的分歧,这并不令人感到惊讶。当不同的法官适用不同的理论分析政府执法人员实施的技术增强的视觉监控行为时,我们就能看到这些不同的理论之间会产生怎样的分歧。

三、科技:精密性和可得性

美国联邦最高法院分析了四种由科技增强的视觉监控技术,并判断政府执法人员使用这些技术实施的监控行为是否构成《第四修正案》所规定的搜查行为,这四种视觉监控技术是:人工照明、电子跟踪设备的应用、空中监察以及各种图像放大设备的应用(双筒望远镜和精密摄影)。在决定政府执法人员实施的技术增强的视觉监控行为是否构成搜查行为时,法院使用的判断标准与它以往在传统情形下使用的判断标准是相同的。这种判断标准最初是由 Harlan 大法官在 Katz 一案的并存意见中提出的:只有当政府执法人员实施的监控行为侵犯了公民的主观隐私期待并且这种主观隐私期待又被社会公众视为是"合理的"或"正当的"的时候,政府执法人员实施的监控行为才被视为《第四修正案》所规定的搜查行为。法院的判决对于技术的分析集中在两个方面:一是技术设备在何种程度上增强了政府执法人员的自然感官能力,二是技术设备对一般公众来说是否有利用或者获得的可能性。一种技术设备越是能够揭露公民的信息和增强政府执法人员的感官能力,那么政府执法人员使用这种设备的行为就越可能被法院认定为搜查行为;一种监控设备在社会上越是能够被广泛地获得或利用,那么政府执法人员使用这种设备的行为就越不可能被法院认定为搜查行为。

(一) 人工照明：Brown 一案的判决和 Dunn 一案的判决

在 1927 年的 United States v. Lee 一案①中，法院首次就政府执法人员实施技术增强的视觉监控行为是否构成《第四修正案》规定的搜查行为作出了说明。在该案中，法院认为公海上的政府执法人员利用探照灯看清公民船舶甲板上走私货物的行为并不构成《第四修正案》所规定的搜查行为。类似地，在 1983 年的 Texas v. Brown 一案②中，法院也认定，政府执法人员用手电筒照亮公民合法停泊车辆内部的行为不构成《第四修正案》所规定的搜查行为。在解释 Brown 一案的判决时，法院认为："政府执法人员利用人工工具照亮黑暗区域的行为并不构成《第四修正案》规定的搜查行为，因此也不会引起《第四修正案》的保护。"

在上述两个案件中，政府执法人员在公共区域实施了监控行为，而且监控的对象被公民"故意暴露"在公众视野中。在 Lee 一案中，不仅公民的船舶是在公海上航行的，而且放在甲板上被监视的对象（走私货物）也是显而易见的。在 Brown 一案中，汽车停放在一条公共大道上，气球也放在乘客车厢里。在这两个案件中，政府执法人员使用的探照灯和手电筒都是非常简单的技术工具，也是公众广泛应用的人工工具。政府执法人员所搜寻的信息不是针对特定的人或者公民隐私的。

尽管法院对上述两个案件的分析都没有出现任何困难，但是 Brown 一案还是值得我们关注。基于该案事实，法院认定，政府执法人员使用人工工具照亮黑暗区域，这个区域在白天是被暴露在公众视野中的，政府执法人员实施的这种行为不构成《第四修正案》所规定的搜查行为。然而，在 Brown 一案中，法院进一步表达了这一观点，即："政府执法人员利用人工工具照亮黑暗区域的行为并不构成《第四修正案》所规定的搜查行为，因此也不会引起《第四修正案》的保护。"这一句话涵盖的意义远远超出了该案事实所需要的解释。例如，这句话授予了政府执法人员这样的权力，即：对于窗户紧闭的

---

① 274 U.S. 559 (1927).
② 460 U.S. 730 (1983).

黑暗房屋，政府执法人员可以用手电筒照亮并观察屋内的事物——他们实施这样的行为完全不需要搜查令，不需要可信的理由，也不需要法律论证或者其他任何条件。

这句话"涵盖的意义远远超出了该案事实所需要的解释"，这样的表述仅仅是一个笔误吗？或者说，法院在 Brown 一案中确定的理论会不会被适用于比汽车乘客车厢更隐私的场所？在 United States v. Dunn 一案①中，尽管有其他大法官提出异议，但是七位大法官形成的多数意见还是确定了这个问题。在该案中，政府执法人员为了调查 Dunn 涉嫌违法制造的药品而进入了他的农场，并越过了几道铁丝网和木栅栏。随后执法人员来到了 Dunn 住所外的空地，这片区域有两个谷仓和其他一些附属建筑。在较大的谷仓的门道上，政府执法人员看到谷仓的前面是有木栅栏围起来的，并且有一个开放的突出部分。而谷仓本身的入口被一个锁着的齐腰高的大门封闭。某种网状的材料从谷仓天花板一直延伸到木质大门顶。这种网状材料不是完全透明的，除非观察者就站在网旁边；否则，这张网就可以防止其他人看到网里面的事物。政府执法人员通过手电筒的光束窥探到了谷仓内，并看到了他们所怀疑的非法制药实验室。政府执法人员此次监视到的情形成为他们向法官申请搜查令的基础，获得搜查令后，政府执法人员依据搜查令扣押了 Dunn 违法制造的药品和相关的设备。

美国联邦最高法院认定，Dunn 所享有的《第四修正案》所赋予的权利并没有被政府执法人员侵犯。本案中主要的争议是，Dunn 农场中的那一片空地，特别是 Dunn 的谷仓，是否属于 Dunn 家庭"庭院"（包括庭院和空地）的一部分，如果属于"庭院"，Dunn 的谷仓就应受到《第四修正案》的保护，免受政府执法人员不合理的搜查；或者说，这些区域本质上是不是等同于"开阔地带"，如果属于"开阔地带"，这些区域就不受《第四修正案》规定的保护。此外，法院多数意见认定，即使假设谷仓本身是《第四修正案》所保护的经营场所，政府执法人员窥探谷仓内部的行为也不构成《第四修正案》所规定的搜查行为，因为，"虽然《第四修正案》保护公民住所免受政府执法人员不合理的搜查行为和扣押行为，但是《第四修正案》

---

① 107 S. Ct. 1134 (1987).

还不至于要求政府执法人员在路过一所公共大道上的住所时要闭上他们的眼睛"。

法院进一步认定，政府执法人员使用手电筒的行为不构成《第四修正案》规定的搜查行为：在 Texas v. Brown 一案①中，法院的多数意见指出，这一问题是"无需讨论的"，在没有确信的理由时，政府执法人员使用手电筒照亮汽车内部、对汽车进行搜查的行为，"没有侵犯《第四修正案》所保护的公民权利"。在 United States v. Lee 一案②中，法院也认定了同样的规则。在 Dunn 一案中，政府执法人员利用手电筒的光柱照射被告谷仓前部，而谷仓前部基本上是开放的，所以他们使用手电筒实施的观察行为并不构成《第四修正案》所规定的无理搜查行为。

Dunn 一案的判决值得关注是因为它既简洁又具有结论性意义，也是因为它提出了一个不同的问题，这就是：虽然汽车内部或船舶甲板是被明显"故意暴露"在公共视野中的场所，而相对于它们来说，受《第四修正案》保护的建筑物的内部并没有被"故意暴露"在公共视野中，但是，法院认为，《第四修正案》对建筑物内部的保护与对汽车内部或船舶甲板的保护应该是相同的。Dunn 一案的整篇判决强烈地表达这样一种观点，即："既然无论在什么时候，《第四修正案》都不至于要求政府执法人员'在路过一所公共大道上的住所时遮住自己的眼睛'，那么《第四修正案》也不会要求政府执法人员遮住自己的手电筒。"换句话说，法院认为政府执法人员使用手电筒的行为与肉眼监视行为并没有本质的不同。

很有意思的是，Dunn 一案的多数意见并没有引用 Brown 一案的论述。在 Brown 一案中，法院认定，政府执法人员使用手电筒的行为绝对不构成《第四修正案》所规定的搜查行为。更进一步来说，在 Dunn 一案中，法院尖锐地指出，虽然政府执法人员利用手电筒的光束"照射被告谷仓前部，但是谷仓前部基本上是开放的"。如果 Dunn 谷仓的前部"基本上是开放的"（这是对谷仓周围障碍物的一个关键描述），那么或许可以这样说，如果有政府执法人员碰巧非法

---

① 460 U.S. 730 (1983).
② 274 U.S. 559 (1927).

闯入了 Dunn 的农场，那么 Dunn 就已经将谷仓内部"故意暴露"在政府执法人员的视野中了。因此，法院认定 Dunn 一案的性质与 Lee 一案和 Brown 一案的性质是一样的。上述三个案件可以阐释这样一个显而易见的简单道理：在不受《第四修正案》保护的场所，如果政府执法人员利用像手电筒一样被社会广泛应用而又"低技术含量"的设备去监视被"故意暴露"在他们监控视野内的场所，则他们的行为并不构成《第四修正案》所规定的搜查行为。

从另一方面来看，Dunn 一案对于上述问题的解释造成了不确定性，即我们无法确定，《第四修正案》是否保护没有被故意暴露于众的隐私场所免受政府执法人员手电筒灯光的监视。

（二）电子跟踪设备

在 1983 年的 United States v. Knotts 一案[①]以及 1984 年的 United States v. Karo 一案[②]中，政府执法人员使用电子跟踪设备获取该设备以及被安装对象所在位置的信息，在这两个案件中，美国联邦最高法院分析了政府执法人员使用这些电子跟踪设备的行为是否属于《第四修正案》所规定的搜查行为。

就像大多数涉及"无线寻呼机"的案件一样，这两个案件的开始是相同的。政府执法人员获知，一些特定的人订购了大量的化学制品，这些化学制品除了可以合法地利用以外，还能用来制作非法药物。在犯罪嫌疑人进行交易之前，政府执法人员获得了卖方的同意，在其中一个货箱内安装了无线寻呼机，然后卖方将货物交付给犯罪嫌疑人。在 Knotts 一案中，警方利用无线寻呼机监视货箱的移动路线，同一天内货箱从购买地点一直到了威斯康星州某农村的一个小屋附近。在 Karo 一案中，犯罪嫌疑人的交易在五个多月内陆陆续续地发生，政府执法人员使用了包括无线寻呼机在内的多种监视技术跟踪货箱，货物先后被运往三个私人住所、两个租用的货物储藏箱、一个私人住所的车道以及最后的一个私人住所。在 Knotts 一案和 Karo 一案中，政府执法人员通过视觉监视获得了搜查令所要求的合理根据，即

[①] 460 U. S. 276 (1983).
[②] 468 U. S. 705 (1984).

上述场所中的确存在用来制作非法药品的化学制品。在这两个案件中，政府执法人员都获得了搜查令并扣押了定罪证据。

虽然 Knotts 一案和 Karo 一案的判决没有解决政府执法人员使用这些设备所产生的所有问题，但是它们还是解决了很多争议。特别的是，法院对 Knotts 一案和 Karo 一案的意见隐含地作出一个划分，即将政府执法人员利用无线寻呼机追踪或定位货箱的行为分为三个种类，分别称为"在途（移动）监控"、"周围地带监控"和"隐私场所监控"。

在 Knotts 一案中，法院认定政府执法人员监控一个沿着公共道路"移动"的"无线寻呼机"目标，并不构成《第四修正案》所规定的搜查行为。在 Knotts 一案和 Karo 一案中，法院也都认定，如果政府执法人员丢失了无线寻呼机的信号，随后通过探测无线寻呼机来确定它的"周围地带"信息（但是，这个地点不能是特定的隐私场所），这种行为也不构成《第四修正案》所规定的搜查行为。而在 Karo 一案中，法院认定，当政府执法人员监控无线寻呼机以确定宿主是否位于特定的隐私场所中时，如私人住所或租用的货物储物箱，这种监控行为就构成《第四修正案》所规定的需要获得搜查令的搜查行为。

因此，政府执法人员实施的（电子设备）监控行为是否构成《第四修正案》所规定的搜查行为，取决于无线寻呼机所揭露信息的性质。如果政府执法人员利用电子跟踪设备监控的仅仅是被安装无线寻呼机的目标在公共场所的运动轨迹，或者是电子设备的周围地带信息，那么他们使用电子跟踪设备实施监控的行为就不构成《第四修正案》所规定的搜查行为。如果政府执法人员利用电子跟踪设备实施的监控行为揭露了目标存在于（或者不存在于）一个特定的隐私场所，那么他们的行为就构成《第四修正案》所规定的搜查行为。

1. 移动监控：Knotts 一案的判决

在 Knotts 一案当中，明尼苏达州的警方发现 Tristan Armstrong 定期地从一家化学制品公司购买可以用来制作非法药物的化学制品。警方进一步发现，Armstrong 购买到化学制品后会将它们运送到一个同伙即 Darryl Petschen 那里。在获得了化学制品公司的允许后，警方在一个五加仑装的三氯甲烷（这是一种可以制作苯丙胺的化学物品）

容器中安装了一个无线寻呼机。Armstrong 再次购买化学制品时，就收到安装了无线寻呼机的容器。

警方通过视觉监控和无线寻呼机跟踪 Armstrong，获知他去了 Petschen 家，在 Petschen 家中，安装了无线寻呼机的容器被转移到了 Petschen 汽车上。接下来警方就跟踪该汽车来到威斯康星州。在 Petschen 接下来的行程中，Petschen 的行踪开始变得难以捉摸，警方既无法看到 Petschen 的汽车，也失去了容器中无线寻呼机的信号。将近一小时之后，警方驾驶一架装备了探测仪器的直升机检测到了无线寻呼机信号，信号显示无线寻呼机静止于威斯康星州农村地区 Knotts 占有的一间小屋附近。

警方对 Knotts 的小屋进行了三天断断续续的视觉监视后，掌握到一些证据，并以这些证据获得了一张搜查令。警方搜查小屋，发现了一个秘密运行的实验室，这个实验室中制造非法药物的设备价值超过 10 000 美元，警方还在小屋中发现了制造苯丙胺和甲基苯丙胺的配方，以及足以制造 14 磅纯苯丙胺的化学原料。在小屋外的一个木桶下面，警方也找到了那个安装有无线寻呼机的五加仑的容器。在 Knotts 一案中，法院作出判决前的唯一问题就是，警方利用无线寻呼机跟踪 Petschen 的行为和丢失跟踪信号后又重新探测到无线寻呼机信号位于 Knotts 小屋附近的行为，是否构成《第四修正案》所规定的搜查行为。法院最终认定政府执法人员实施的以上行为均不构成《第四修正案》所规定的搜查行为。

法院认为："法院是否适用《第四修正案》保护公民，取决于公民是否以自己'享有的隐私合理期待'受到政府执法人员行为的侵犯为理由向法院提出请求。"在 Knotts 一案中，所有法官的意见全体一致，法院认定 Petschen 没有证明政府执法人员实施的行为侵犯了公民对隐私的合理期待：公民开着车在公共道路上从一个地方行驶到另一个地方，在这个移动过程中他并不享有合理的隐私期待。Petschen 在公共道路上开车行驶的时候，他就自愿地向任何人传递了以下信息，即他在特定的道路上朝特定的方向行驶、他停泊的地点以及他最终离开公共道路进入私人住所的目的地。

法院认为："政府执法人员仅对公共场所和 Knotts 的房屋实施视觉监控，就已经足以揭露全部事实了。"除了视觉监控，警方又使用无线寻呼机获取这些信息的行为"并没有改变这个状况",法院进一步说明:"对于本案,《第四修正案》的规定并没有禁止政府执法人员使用科学技术增强他们天生就有的感官能力。"法院指出,"像无线寻呼机这样的科技设备使得警方在侦查犯罪时更加有效率",这样的事实并没有违反《第四修正案》的规定。法院认定:"我们从来都没有将警方有效率办案的行为视为违反宪法的行为,在本案中我们也不承认警方的行为违反了《第四修正案》的规定。"

2. 隐私场所监控:Karo 一案的判决

在 Karo 一案中,法院认定,政府执法人员利用无线寻呼机对隐私场所进行监控的行为构成《第四修正案》所规定的搜查行为。在 Karo 一案中,法院重申并扩展了 Knotts 一案的观点,法院认定政府执法人员对周围地带的监控行为不构成《第四修正案》所规定的搜查行为,但是并没有明确地界定什么是对周围地带的监控,什么是对隐私场所的监控(对隐私场所的监控是构成《第四修正案》意义上需要搜查令的搜查行为)。

在 Karo 一案中,有公民向美国缉毒局告发,一个可卡因贩卖团伙要求他供应几桶乙醚。贩毒团伙需要乙醚是因为他们想要将可卡因溶解在衣物上并运输进入美国,而乙醚可以用来将溶解在衣物上的可卡因沉淀出来。在获得了这位告发者的允许后,缉毒局工作人员将一个无线寻呼机藏在向贩毒团伙出售的一个乙醚圆桶内。在货物交付之后,缉毒局工作人员利用无线寻呼机跟踪圆桶,先到达三个私人住所,然后又继续跟踪圆桶并获知圆桶被送至两个货物储藏箱。值得注意的是,缉毒局工作人员并没有通过无线寻呼机确定圆桶被放在哪个货物储藏箱,而是通过询问货物储藏箱管理者得知该信息。最终,在乙醚交易五个月以后,缉毒局工作人员跟踪圆桶到达第四个私人住所的车道,最后又到达第五个私人住所,在第五个住所内缉毒局工作人员将犯罪证据扣押。

在分析 Karo 一案时,法院重申了《第四修正案》的基本理论:"一方面,在私人住所中,个人通常期待其隐私免受无搜查令授权的政府执法人员行为的侵犯,这种期待显然被社会公众承认是合理的。另一方面,在没有搜查令也不存在紧急情况时,如果政府执法人员在公民住所内实施搜查行为和扣押行为,则社会认为他们的行为是不合理的。"

　　法院认定，这些基本理论可以推导出这样的结论，即政府执法人员对隐私场所的监控行为构成对公民住所的侵入，应当被视为《第四修正案》所规定的搜查行为。法院强调，即使缉毒局工作人员以视觉监控方式跟踪无线寻呼机宿主到达某个私人住所，他们的行为仍然构成《第四修正案》所规定的搜查行为，因为"视觉监控不仅证实了政府执法人员的监视行为，也证实了被监视的物品一直处于上述住所之中"。法院解释，虽然这种监控行为相对于彻底的搜查行为来说是侵入性较小的行为，但是它确实揭露了上述住所内部的重要事实，这些事实是政府执法人员非常想要获知的，并且除非有搜查令否则政府执法人员不可能获知这样的事实。因此，本案与 Knotts 一案并不相同，在 Knotts 一案中，无线寻呼机并没有让警方获得 Knotts 小屋内部的任何信息。警方在 Knotts 一案中获得的信息是犯罪嫌疑人"自愿让任何人都能看到的"。而在本案中，就如我们上述所说的，政府执法人员实施的监控显示无线寻呼机是在公民住所内部，这种信息是肉眼监视无法证实的。政府执法人员对公民财产的任意监视，已经远离了公众视野，对公民住所内的隐私利益产生了严重威胁，使这些隐私利益多多少少丧失了《第四修正案》的保护。

　　尽管在 Karo 一案中，法院讨论的私人住所是一个特殊的具体场所，但是法院也明确说明，对于其他隐私场所，只要公民的隐私期待被认为是合理的，本案的观点也同样适用。当然，法院在本案中做了一个谨慎的区分：政府执法人员利用电子跟踪设备实施的监视行为，如果揭示了私人住所的内部状况，则他们的行为构成《第四修正案》所规定的搜查行为；如果仅仅揭示了被监视对象位于某住所的附近地带，则他们的行为不构成《第四修正案》所规定的搜查行为。

3. 周围地带监控：Knotts 一案和 Karo 一案

　　在 Knotts 一案中，通过在三氯甲烷容器中安装无线寻呼机，警方对该容器实施了监控，从它被购买的地方一直到它被运往的目的地，在该案中，目的地是威斯康星州乡下的一个小屋，法院认定警方的监控行为并不构成《第四修正案》所规定的搜查行为。法院之所以认定该行为不构成搜查行为，是因为，无线寻呼机并没有显示容器是否在小屋内部，因此政府执法人员实施的监控行为没有揭露小屋内部的信息。在 Karo 一案中，法院以相似的逻辑认定，缉毒局工作人员利用电子跟踪设备监测乙醚容器的移动轨迹是合法的监控行为。在 Karo 一案中，缉毒局工作人员能够确定乙醚容器被运送到了货物储藏箱，但是他们不能确定容器在哪一个储藏箱里。法院认为，缉毒局工作人员对无线寻呼机信号的监测"没有揭露（犯罪嫌疑人租用的）储物箱的内部信息"，因此缉毒局工作人员的监控行为"不构成对该储物箱的搜查行为"。法院认定："如果政府执法人员实施的监视行为揭示出容器在某个确定的储物箱内部，结果就不同了，这样的监视行为就构成《第四修正案》所规定的搜查行为，因为犯罪嫌疑人对其储物箱中的事物，必然享有合理的隐私期待。"

这两个判决产生了这样的理论，即，政府执法人员实施的揭露隐私场所内部明确信息的无线寻呼机监控行为构成《第四修正案》所规定的搜查行为；而仅仅揭露无线寻呼机周围地带信息的监控行为不构成《第四修正案》所规定的搜查行为。在这两种情形之间作出明确的界定是困难的。例如，如果 Karo 一案中缉毒局工作人员利用无线寻呼机实施监控，确定了乙醚容器存放在储物箱中的具体层级，那么法院能不能因此认定该监控行为构成搜查行为呢？如果法院认为确定具体层级的监控行为不构成搜查行为，那么在缉毒局工作人员确定了乙醚容器安放在某一层某一排的情况下，法院能不能因此认定该监控行为构成搜查行为呢？

除非法律阐明这个界限，否则法院是否适用《第四修正案》保护公民的隐私权，对于政府执法人员来说可能像赌博一样难以预测。政府执法人员通过电子设备获得被监控对象的信息越具体、调查的范围不断地缩小，他们的监控行为就越接近法院认定的《第四修正案》所规定的搜查行为的标准。此外，政府执法人员也不知道以哪种方式使用无线寻呼机会超越区分搜查行为与非搜查行为的界限，一旦超越这种界限，对于政府执法人员来说就是致命错误。提出这个问题是令人困惑的，因为它既不能促进政府执法人员的效率，也不能保护公民的隐私。

(三) 跟踪设备和人工照明设备：一个对比

在 United States v. Dunn 一案[①]中，法院认定，当政府执法人员在公民住所之外利用人工照明设备（手电筒）观察该住所的内部情况时，他们实施的行为不构成《第四修正案》所规定的搜查行为，只要政府执法人员没有现实闯入受《第四修正案》保护的区域，政府执法人员的行为就不构成搜查行为。在 Karo 一案中，法院认定，即使政府执法人员没有现实闯入受《第四修正案》保护的场所，他们利用无线寻呼机和监控设备确定某个特定物品是否存在于私人场所中的行为，仍然构成《第四修正案》所规定的搜查行为。法官们达成上述结论并不困难。

法院对 Karo 一案和 Dunn 一案作出相异的结论并不是因为两案中政府执法人员所处位置的不同。①关于政府执法人员的观察地点。在 Karo 一案中，虽然政府执法人员在利用技术设备进行观察时并不在犯罪嫌疑人的不动产之内或不动产之上，但是他们实施的监控行为仍然构成搜查行为。从这个方面来讲，比起 Dunn 一案中政府执法人员实施的行为，Karo 一案中政府执法人员行为的现实侵入性更小。②关于被监视的场所。尽管 Dunn 一案的谷仓和 Karo 一案的小屋之间有不言而喻的差异，但是在 Dunn 一案中，法院进一步说明，尽管公民的谷仓是受《第四修正案》保护的经营场所，但是政府执法人员对它实施的监视行为并不构成搜查行为。因此，被监视的场所或许并不是区分两个案件的要素。政府执法人员所搜寻和获得的信息的性质也同样不能解释法院对两个案件处理方式的不同。在 Karo 一案中，政府执法人员的确安装了无线寻呼机的化学制品容器在一个小屋内，而在 Dunn 一案中，政府执法人员看到化学制品和实验设备在一个谷仓中。

以上要素都不能说明法院对两个案件作出不同结论的原因，因此从逻辑上来看，还有其他因素能解释法院作出不同结论的原因，这就是，政府执法人员所利用的监视设备的本质和特性。Dunn 一案中涉及的设备是手电筒，这并不是一种精密的仪器，而且在监视装置中是

---

① 107 S. Ct. 1134 (1987).

最容易获得的,它仅仅使政府执法人员能在黑暗中看到肉眼能观察到的东西。相反,Karo 一案中政府执法人员使用的技术设备(电子跟踪设备)并不是社会公众能够广泛获取的。在某种意义上,他们所使用的技术设备能够使政府执法人员"透过墙壁看到"住所内的隐私信息,从而确定某个特定的物品是不是存在于该住所内。因此法院作出的结论是合理的,这种技术设备为政府执法人员的感官带来的增强效果,足以使政府执法人员使用它实施的监控行为构成《第四修正案》所规定的需要搜查令的搜查行为。

(四)空中监视:California v. Ciraolo 一案和 Florida v. Riley 一案

尽管 California v. Ciraolo 一案[①]中,政府执法人员的监视行为是通过肉眼进行的;不过,作为"被技术增强的视觉监控"案件,Ciraolo 一案还是值得我们讨论的,因为该案中政府执法人员获得的有利信息是从飞机上看到的,飞机无疑是一种技术上的增强方式。

在 Ciraolo 一案中,警方接到一个匿名电话,称被告的后院中种植了大麻。警方从地面上进行监视是不可能的,因为被告的后院被六英尺高的外栅栏和十英尺高的内栅栏包围着。因此,两位受过大麻鉴别培训的警官弄到一架私人飞机,飞行进入被告住所上空的可航行区域,垂直高度约 1 000 英尺。在这个有利的位置,两位警官辨认出了被告院子中的大麻植物,高 8 到 10 英尺,生长在被告院子里的一小块土地上。他们将这一信息写进了宣誓书并且获得了搜查令,从而搜查了被告的院子并扣押了 73 株大麻植物。

Ciraolo 被政府执法人员逮捕并以种植大麻的罪行被控告,他承认有罪并提出上诉。Ciraolo 辩称,政府执法人员实施的空中监视行为是一种非法搜查行为,这种行为使搜查令的获得失去了正当性(搜查令的颁发需要可信的理由,而可信的理由主要地来自于监视行为获得的信息),也使根据搜查令扣押的证据失去了正当性。Ciraolo 主张,为了表明他享有对自己院子内事物的隐私期待,他已经实施了一切合理的行为,并辩称自己并没有"故意"将庭院暴露于政府执

---

① 476 U. S. 207 (1986).

法人员的空中监视行为之下。

加利福尼亚州上诉法院同意 Ciraolo 的抗辩意见，没有采纳警方的证据。该州法院认定，因为警方飞越上空是为了监视 Ciraolo 院子中被封锁起来的部分，而不是"出于执行其他法律或为了公共安全目的进行的日常巡逻行为"，因此警方的这次航行监视行为构成《第四修正案》所规定的搜查行为。因为警方实施此搜查行为时没有获得搜查令，所以警方实施的行为违反了《第四修正案》的规定。

1. Ciraolo 一案的多数意见

美国联邦最高法院撤销了加利福尼亚州法院的判决。首席大法官 Burger、大法官 White、大法官 Rehnquist、大法官 Steven 以及大法官 O'Connor 一致同意得出多数意见，这就是，政府执法人员实施的空中监视行为不构成《第四修正案》所规定的"搜查行为"。法院直接适用了 Katz 一案的两步分析法："第一，公民能否证明其对政府执法人员搜查的对象具有主观上的隐私期待；第二，这种期待在社会公众看来是否是合理的。"

在 Katz 一案确立的两步分析法当中，第一步，法院要证明公民主观上的隐私期待，法院承认，Ciraolo 院子外 10 英尺高的栅栏明确地证明了，"至少从地面视角"，Ciraolo 主观上想要"隐藏大麻植物"。在 Katz 一案确立的两步分析法当中，第二步，法院要确定公民主观上的隐私期待在客观上是否合理。"在探究这个问题时"，法院多数意见提醒："我们必须牢记，合理性的检验标准，并不是公民是否有隐藏其隐私的行为，而是政府执法人员的侵入行为是否侵害了《第四修正案》所保护的个人利益和社会利益。"

法院承认，Ciraolo 的后院属于其住所庭院的范围。因此《第四修正案》保护 Ciraolo 的后院免受政府执法人员的无理搜查。法院继续论证剩下的问题："在距离地面 1 000 英尺高空合法飞行的飞机上，警方通过肉眼监视庭院的行为是否侵犯了公民对隐私的合理期待。"法院认定，政府执法人员在飞机上实施的监视行为没有侵犯公民的隐私期待，因为 Ciraolo 原本就没有这种合理的隐私期待：虽然《第四修正案》保护公民住所免受政府执法人员不合理的搜查行为和扣押行为，但是《第四修正案》还不至于要求政府执法人员在路过一所公共大道上的住所时要闭上自己的眼睛。即使公民采取了某些措施阻止别人观察他的行为或信息，这些措施也不能阻止政府执法人员在公共场所的有利观察点实施监视行为，政府执法人员有权在公共观察点上清晰地监视公民的活动，"即使身处自己的房屋或者办公室中，公民故意暴露于众的事物也不是《第四修正案》所保护的对象"。

法院强调，当政府执法人员的飞机在公共的、可航行的空域飞行时，他们实施的监视行为是以"非现实侵入方式"进行的，并且政府执法人员实施的监视行为是在 1 000 英尺的高空以肉眼探测大麻植物，并没有其他科技设备的辅助。法院强调："从这片空域飞过的普通公众的飞机中，若有人向下一瞥，他们也能够看到政府执法人员在这片空域看到的所有事物。"

政府执法人员使用飞机的唯一目的是使他们能看到 Ciraolo 的后院，法院认为，在判断政府执法人员实施的空中监视行为是否构成《第四修正案》所规定的搜查行为时，政府执法人员使用飞机的目的与此判断"不相关"。法院认定，警察从"地面上"监视某个特定场所的行为和从"空中"监视这个特定场所的行为，二者之间并没有本质的不同。法院认定，该案就是一个"简单的政府执法人员在公共场所进行视觉监控"的案件，从本质的目的上来看，政府执法人员飞越上空看到后院的行为与"一个电力公司员工在修理电线杆时俯瞰后院的行为"并没有什么不同，所以，法院作出结论："被告期待他的后院免受这种监视是不合理的，并且这种期待也不是社会所认可的合理期待。"

法院指出，如果政府执法人员实施监视行为时利用了技术设备，从而"获取了普通公民或一般政府执法人员感知不到的秘密交往、事物或活动信息"，那么这样的监视行为就可能构成《第四修正案》所规定的搜查行为。当然，在 Ciraolo 一案中，法院认定，政府执法人员没有利用这样的技术设备："《第四修正案》并不要求政府执法人员在公共航线（1 000 英尺高度）航行并以肉眼监视可见的事物时需要得到一张搜查令。"

2. Ciraolo 一案的反对意见

Ciraolo 一案的反对意见由大法官 Powell 所写，并由大法官 Brennan、大法官 Marshall 和大法官 Stevens 所支持，反对意见有以下三个基本观点。

第一，Ciraolo 的院子是紧邻其房屋的，院子经常被用来进行家庭活动，并且 Ciraolo 采取了措施保护院子里的事物不会被经过的人看到，所以 Ciraolo 的后院是其住宅的一部分。因此，大法官 Powell 认为，本案中政府执法人员实施的监视范围包含"对住所的监视"，而公民"对其住所的主观上的隐私期待在实际中往往都是合理的"，因此 Ciraolo 的后院应该受到《第四修正案》的保护。

第二，政府执法人员利用了"一架飞机从视觉上侵入了被告的院子"。大法官 Powell 认为，多数意见忽略了这个重要的事实，所以多数意见"违背了 Katz 一案的判断标准，即判断政府执法人员的行为是否违反《第四修正案》的标准"。大法官 Powell 认为，政府执法人员的飞机在"公共的、可航行的空域"飞行，没有现实地侵入 Ciraolo 的庭院，这个事实与本案的争议"在本质上并不相关"。多数意见是："根据政府执法人员监视的方式进行判断，完全违背了 Katz 一案所确立的标准，Katz 一案的判断标准在判断公民受《第四修正案》保护的隐私权时，是以公民的隐私权益和社会的自由权益为中心的。"当然，这些权益中最重要的，就是保护公民和社会的住所隐私权益免受政府执法人员利用先进科技进行的"隐秘侵入"。

第三，多数意见认为 Ciraolo 故意将其后院暴露在公共航线的视野范围内，这种观点故意忽略了这样的问题，这就是，有目的性的政府监视行为与私人飞机乘客随意一瞥行为之间的"本质的不同"。民航飞机上的乘客、商用或私人使用的飞机上的乘客，对于其经过的景色和建筑，都充其量只是无目的性的、无区别的匆匆一瞥。在这些飞机上的乘客能看到私密活动，并将这些私密活动与特定的人联系在一起的可能性极小，不足以去防范。很多人都在住所周围修建栅栏，但是没有人会为后院修建顶棚，这是常识。因此，反对意见不同意多数意见，即公民没有给后院修建顶棚以防止空中的监视，并不意味着公民"故意"将其住所的院子"暴露于众"。

大法官 Powell 谴责多数意见忽略了"一个长期存在的推定，即政府执法人员没有搜查令就侵入公民住所是不合理的"，并以此认定，对于保护公民在其住所外庭院中的家庭活动，法院的判决没有任何有益的影响，同时 Powell 大法官也谴责了政府执法人员实施"空中监视行为的肆意本质"。

3. 评价

在 Ciraolo 一案中，多数意见企图用法院在 Katz 一案中确立的判断标准证明自己的结论，但是这种方式却弱化了整个观点的说服力，因为 Katz 一案中政府执法人员窃听电话通话内容的行为与 Ciraolo 一案中政府执法人员的空中监视行为有本质上的不同，这种不同使 Katz 一案的判断标准并不适用于 Ciraolo 一案。此外，多数意见认为，只有修建顶棚遮盖其后院，Ciraolo 才可能防止被"故意暴露于众"的院子被其他人看到，就像反对意见指出的，多数意见这样的要求忽略了现实。

但是反对意见或许夸大了自己的观点，多数意见并没有完全忽略事实。例如，多数意见确实已经对公民主观上的住所隐私期待给予了特别的尊重。同样，在 Katz 一案之后，法院已经不再将政府执法人员的"监视方式"作为决定政府执法人员的监视行为是否构成搜查行为的主要考虑因素。然而，上述理论都没有像大法官 Powell 主张的那样绝对。

此外，尽管多数意见本应该承认普通公民（或政府执法人员）的一般性观察和政府执法人员的目的性监视之间有实质区别，但是多数意见明智地拒绝接受反对意见所指出的二者之间的本质区分。多数意见一贯坚持，只要政府执法人员实施的行为在客观上是合理的，法院就不问政府执法人员可能有的隐秘的动机是什么。但是，如果法院违背这个理论，不考虑行为人的目的，法律上将可能产生很多新的不确定性。

法院在 Ciraolo 一案中认定的观点很简单：从《第四修正案》的角度来看，自此以后，房屋所有者必须承担这样一种风险，这就是，他的被栅栏围住的院子可能要受到来自于公共航线的政府执法人员的肉眼监视，或者至少可以说，他的院子可能受到来自于 1 000 英尺高空的政府执法人员的肉眼监视。法院承认："'公民的住所和生活隐私'具有神圣不可侵犯性，而公民的私人活动与这种神圣不可侵犯性息息相关。"但是，由于政府执法人员实施的监视行为没有也不可能侵入"公民的私人活动"，因此政府执法人员也没有侵犯公民对隐私的合理期待。所以，通过分析政府执法人员实施的监视行为所揭露的和没有揭露的信息的本质，Ciraolo 一案的多数意见很好地解释和证明了它的结论。而 Ciraolo 一案的多数意见并没有适当地强调这一因素是令人遗憾的。

4. Florida v. Riley 一案

在 Florida v. Riley 一案①中,四位法官的投票形成多数意见,他们一致同意以美国联邦最高法院对 Ciraolo 一案的论证方式来分析政府执法人员在 400 英尺高空直升机上实施的监视行为,并认定该监视行为不构成《第四修正案》所规定的搜查行为。就像对 Ciraolo 一案的分析一样,法院在 Riley 一案中也仅仅提及、但没有充分论证政府执法人员搜寻和发现的信息的本质。

(五) 图像放大技术:Dow Chemical 一案

Dow Chemical Co. v. United States 一案②与 Ciraolo 一案在同一天被美国联邦最高法院论证和裁判。在 Dow 一案中,美国环保局(EPA)希望获得 Dow 公司许可,能够现场检查 Dow 公司运营的位于密歇根州 Midland 占地 2 000 英亩的化工厂。Dow 公司没有允许美国环保局实施此次检查,所以美国环保局雇用了航拍机拍摄了工厂照片。Dow 公司向美国联邦地区法院提起诉讼,声称这些航拍照片可能泄露了该公司有价值的商业秘密,而这些商业秘密应该得到保护(特别是关于几间露天的车间),Dow 公司还提出,美国环保局工作人员实施的行为构成《第四修正案》所规定的搜查行为,并且该搜查行为违反了《第四修正案》的规定。美国联邦地区法院支持了 Dow 公司的请求并颁布了一项禁令。而美国联邦第六巡回上诉法庭撤销了联邦地区法院的判决,Dow 公司提起上诉。

Dow 一案与 Ciraolo 一案、Riley 一案相同,都提出了将《第四修正案》适用于政府执法人员实施的空中监视行为的问题。然而,Dow 一案与 Ciraolo 一案、Riley 一案在两个重要方面有所不同。一方面,不同于 Ciraolo 一案和 Riley 一案的肉眼监视行为,Dow 一案中政府执法人员实施的监视行为是通过航空绘图摄影机完成的,这种摄影机拍摄的信息远远多于观察者通过肉眼在飞机上看到的信息。因此,相对于 Ciraolo 一案和 Riley 一案来说,Dow 一案中政府执法人员实施的监

---

① 57 U. S. L. W. 4126 (U. S. Jan. 23, 1989) (No. 87-764) (plurality opinion).
② 476 U. S. 227 (1986).

视行为揭露了更多信息。另一方面，在 Ciraolo 一案和 Riley 一案中，政府执法人员监视的对象是私人住所的庭院，而 Dow 一案中政府执法人员的监视对象是巨大的具有多种建筑的工业生产基地。

为了证明自己享有《第四修正案》赋予的隐私免受航空摄像行为侵犯的权利，Dow 公司提出，生产基地内的空地构成"工业庭院"，特别是，因为工厂已经"采取了一切商业上可行的措施，保护商业机密和工厂范围内的财物"，所以 Dow 公司的整个工厂都应受到《第四修正案》的保护。对于 Dow 一案是否适用《第四修正案》的规定，法院最关注的问题是，Dow 公司的工业基地应该被视为住所庭院还是开阔地带。对于这个问题，美国联邦最高法院的法官们形成了 5 票对 4 票的多数意见，首席大法官 Burger 总结认为，"鉴于美国环保局实施空中监视行为的目的"，将工业基地视为一片开阔地带更为恰当，并因此驳回了 Dow 公司的诉讼请求。

当然，Dow 一案提出的不仅仅是空中监视的问题。一架美国环保局雇用的航拍机在距离地面 1 200 英尺到 12 000 英尺的范围内，利用航空绘图摄影机拍摄了 Dow 公司的化工厂。这种摄影机价值超过 22 000 美元，它被安装在飞机的地板上，它所拍摄的照片使人们获得更深层次的感知，并能在很大的程度上放大图像且不丢失任何细节信息或降低分辨率。因此，从同一处观察点，摄影机能看到的远比人肉眼能看到的要多得多。联邦地区法院认定政府执法人员利用这种设备实施的监视行为构成《第四修正案》所规定的搜查行为。相应地，美国联邦最高法院也对美国环保局所雇用的监视技术给予了高度的重视。在这个过程中，对于如何将《第四修正案》的规定适用于政府执法人员使用的监视技术这一问题，美国联邦最高法院作出了迄今为止最为详细的讨论。

1. 监视的复杂性

Dow 一案的多数意见认为："与其他技术一样，摄影技术在本世纪有了很大变化。这些技术进步既促进了工业生产方式，也促进了人类生活的方方面面，同时还促进了执法技术。"在较早的观念当中，法院将拍摄 Dow 公司化工厂的此种设备描述为一种标准的安装在飞行器地板上的、精密航空绘图摄影机。法院说明，任何拥有一架飞机和一台航天摄影机的人，都可以拍摄航天照片，这样的观点必然招致社会上的嘲笑。在Dow一案中，法院（出于解释空中监视行为的目的）解释了为什么Dow公司的工业基地是一片开阔地带而不是一块庭院，在解释的最后，法院说明了为什么在本案中政府执法人员使用的技术设备的性能，构成一个独立的《第四修正案》的问题。例如，美国环保局并没有雇用一种独特的感官设备，能够穿透建筑物的墙壁记录Dow工厂车间内、办公室内或者实验室内的交谈内容，而只是雇用了一种常见但是精密的商业摄像机，这种摄像机被广泛地应用于地图测绘；很可能就像政府承认的一样，当政府执法人员利用非常精密的、对于公众来说不能普遍获得的监视设备监视公民的私有财产时，就像利用卫星技术监视公民的私有财产时，这样的监视行为可能需要宪法所规定的搜查令。但是，本案中政府执法人员拍摄的照片并没有很深程度地揭露私密的细节，以至于引起宪法上的关注。尽管比起肉眼观察能够获得的信息，这些照片使美国环保局获得了更多的细节信息，但是这些照片揭示的信息也仅限于工厂建筑物和设备的外部轮廓。这些照片只是单纯地在某种程度上增强了人类的视觉能力，并不能引起宪法上的问题。但是，如果某种电子设备能够穿透墙壁或窗户，听到并记录机密的化学公式或者其他商业秘密，那么政府执法人员使用这种技术设备实施的监控行为就会引起非常不同的、极其严肃的问题。

Dow一案的反对意见从几个方面批判了多数意见的上述观点。

首先，大法官Powell抗议，多数意见的这些论证没有阐明一个先决问题，即Dow公司是否享有对隐私的合理期待。他论证道，自从Katz一案之后，在衡量公民是否享有《第四修正案》所保护的权利时，法院需要考量的是一个自由社会认可的合理的隐私利益，而不是在个案中政府执法人员使用的监视方法。

其次，多数意见分析了科技增强的监视行为的含义，该分析引起了反对意见的高度重视，如果本次法院的多数意见想要推翻Katz一案形成的规则，在《第四修正案》判断标准方面形成新的理论基础，那么，当先进的技术在我们的社会中得到广泛的传播和应用时，公民的隐私权将会面临严重的风险。

最后，大法官Powell指出，虽然多数意见分析了政府执法人员使用的不同技术设备具有不同的精密性，但是这种分析并没有使本案的判决更具有说服力:"航天照片对 Dow 工厂技术信息的发掘并不比卫星照片少。"为了让航天照片的侵入性本质引起人们的注意,反对意见强调:"这种照片可以揭露'1/2 英寸大小的'细节。"多数意见在脚注中回应了这一点:反对意见强调,通过放大倍率,人们能从照片上观察到 1/2 英寸大小的线条。但是看一眼这些照片就能发现,这些线条能被观察到仅仅是因为它们在雪白的背景上显得十分突兀。在照片中,像戒指一样 1/2 英寸大小的事物并不能被辨识,照片中也没有显示出可以识别的人像或机密文件,这些都不足以引起严重的隐私担忧。在涉及《第四修正案》的案件当中,法官都必须依据每个案件的事实基础作出具体的判决,而不能依据高度的概括作出判决。法院多数意见认定:"本案中政府执法人员实施的行为对公民的隐私并没有潜在的侵害,我们不会认定政府执法人员的行为构成《第四修正案》所规定的搜查行为,因为这与现实相违背。"基于这些事实,多数意见认为这些照片中没有什么信息侵犯了公民对隐私的合理期待。

2. 措施和对策

为了证明政府执法人员实施的监视行为侵犯了 Dow 公司受宪法保护的隐私期待,Dow 公司提出了这样的理由:工厂已经采取了详尽的预防措施,保护自身免受可能揭露公司商业秘密的空中监视。实际上,公司采取的方式是,指示员工注意识别飞过工厂上空的任何"可疑的"飞行器。当这种可疑的飞行发生时,公司将锁定飞行员并确定是否有人拍摄了工厂,如果有人拍摄了工厂,公司将要求拍摄者交出胶卷。如果拍摄者配合交出胶卷,那么 Dow 公司会冲洗胶卷并审查照片。如果这些照片揭露了秘密的商业信息,那么 Dow 公司会留置这些照片并销毁。如果拍摄者拒绝交出胶卷,则 Dow 公司将提起诉讼以保护其商业秘密。

因此,Dow 公司认为它已经采取了一切能够实施的合理措施来保护工厂免受航空拍摄。为了保护自己的商业秘密,Dow 公司还有可能采取另外一种防范措施,这就是,为它露天的工厂修建屋顶。不过,Dow 公司强调,出于以下两个原因这种方式是不切实际的:一是这种工程价格过于昂贵,仅为一个这样的车间修盖屋顶,在 1978 年就要耗费将近 1 500 万美元;二是如果建设屋顶,在工厂意外发生爆炸或有毒化学物品泄露时，对工厂员工来说会更加危险。

然而，法院没有考虑将 Dow 公司的反空中监视措施作为重要议题进行讨论，法院认为，"Dow 公司没有对空中监视的侵入行为采取任何预防措施"。首席大法官 Burger 解释道："车间并不临近一个飞机频繁起落的机场，Dow 公司仅仅是跟踪辨认飞过工厂的飞机，随后再检查飞行员是否拍摄了工厂照片，这些行为并不能构成'专门用于保护工厂免受航空拍摄的预防措施'。"

对于 Dow 公司提出的不可能实施的其他保护措施，法院没有作出直接的回应。但是在法院对 Dow 一案的判决中，包含着对于这个主张的明确否认。法院低调但明确地指出，在这种情况下，要保护隐私免受空中监视的代价就是建设屋顶。如果 Dow 公司不愿意或不能支付这种代价，那么它就只能放弃隐私了。

（六）评估

当政府执法人员未经公民同意而现实闯入其私人住所时，他们实施的行为显然构成《第四修正案》所规定的搜查行为，这种搜查行为通常必须有搜查令的授权。无论政府执法人员进入公民住所的目的是搜寻证据，还是寻找个人，又或是安装电子监控设备，他们都需要搜查令授权。20 世纪 80 年代，因为政府执法人员开始使用先进的视觉监控技术对公民实施监控行为，所以美国联邦最高法院需要确定，在何种条件下，政府执法人员实施的没有现实侵入的、由科技增强的视觉监控行为或具有同等功能的行为应该受到《第四修正案》规定的限制。在 Ciraolo 一案中，法院认定，只要政府执法人员没有现实地侵入私人场所，并且在他们有权进行观察的地点实施监视行为，那么他们通过肉眼监视公民私人场所的行为并不构成《第四修正案》所规定的搜查行为。同样地，在 Brown 一案、Dunn 一案、Knotts 一案、Karo 一案以及 Dow 一案中，法院均认定，政府执法人员实施的以下行为也不构成《第四修正案》所规定的搜查行为：通过利用精密性不同的人工工具——有最简单的手电筒也有最先进的航天摄影技术，政府执法人员对公共场所、公共行为、被公民"故意暴露于众的"私人场所、私人行为以及类似于"开阔地带"的区域实施监控行为，这些监控行为均不构成《第四修正案》所规定的搜查行为。

然而，在 Karo 一案中法院也认定，当政府执法人员利用电子设备"查看"微型无线寻呼机是否处于公民的私人房屋或住所中时，他们实施的行为构成《第四修正案》所规定的搜查行为。

在审视这些判决时，我们很难得到确定的结论，也很难得知政府执法人员实施的技术增强的视觉监控行为和《第四修正案》之间的相互影响。当然，想要分析这个问题，我们必须先分析迄今为止美国联邦最高法院对"高科技"这个主题的详细讨论和 Dow 一案判决中的脚注。

1. 视觉增强的监控行为与电子窃听行为的对比

在 Dow 一案中，法院一开始就指出，"美国环保局并没有使用一种独特的设备，能够穿透建筑物的墙壁记录里面的谈话内容"，在结束关于"高科技"的讨论时，法院认为，如果政府执法人员使用这种电子设备（能够穿透墙壁或窗户，听到并记录机密的化学公式或者其他商业秘密），那么他们的行为"将会引起非常不同的、极其严重的问题"。法院以这样的描述开始对视觉监视技术的讨论，也以这样的描述结束对视觉监视技术的讨论，原因有以下两点：

第一，虽然法院将技术增强的视觉监控行为类比为电子窃听行为是一个很自然的类比，但是二者之间本质的不同使这一类比只具有边缘效果。二者之间存在一些不同之处：首先，视觉监控行为和听觉监控行为发掘的信息是完全不同的。视觉监控行为想要获得的是外观、地理位置以及运动轨迹这样的信息，而听觉监控行为想要获得的主要是谈话内容这样的信息。其次，不考虑技术原因，视觉监控行为可以在很远的距离完成，但是听觉监控行为不可以在很远的距离完成；因为光比声音传播得更远。最后，还是撇开技术原因不谈，某些时候公民采取措施防范政府执法人员的视觉监控行为要比防范他们的听觉监控行为更容易。即使是最薄的墙壁也能防止他人看到墙内的人的行为。然而，（举个例子来说）那些住过廉价旅馆（墙壁往往很薄）的人就能证实，很薄的墙壁无法防止他人听到墙另一边的人所说的话和所做的事。

当然，视觉监控行为与听觉监控行为之间最大的区别可能是，政府执法人员所实施的听觉监控行为对公民根深蒂固的价值观侵犯程度更深。公民的这种价值观意味着一种社会评价，即社会是否愿意将公民的某种隐私期待视为合理。有一种内在的被社会接受的观点，这就是，除非公民身处房屋之内，否则公民身处的地点和公民的所作所为都不是"隐私"。无论如何，只要有不请自来的听众能够听到公民与他人的谈话，那么公民对他人所说的话就不是隐私。

第二，法院将图像放大技术与电子监听技术作对比是值得注意的。当政府执法人员使用"能够穿透建筑的墙壁并记录房间内交谈内容"的电子设备时，他们的行为将会引起非常不同的、极其严重的问题。然而，对于这种监视行为产生的所有问题，美国联邦最高法院在1967年Katz v. United States一案中都做了总结性的回答。在Katz一案中，法院认定，当公民身处某一场所且其对该场所享有合理的隐私期待时，无论政府执法人员有没有现实地侵入"受宪法保护的区域"，政府执法人员使用监听设备秘密窃听或记录该公民谈话内容的行为都构成《第四修正案》所规定的搜查行为。此外，无论政府执法人员利用的感官设备是"罕见的"，或仅仅是"不常见的"（例如，精密的抛物面反射式传声器），又或是能在任何电器商店或百货商店买到的（例如，微型磁带录音机），他们使用这些感官设备对公民实施的监视行为均构成搜查行为。

Dow一案持多数意见的法官很清楚法院在Katz一案中认定的观点，没有迹象表明Dow一案的多数意见想要推翻Katz一案的判决。因此，"将会引起非常不同的、极其严重的问题"这样的措辞，可能仅仅只是法官粗心的起草问题。Dow一案的多数意见想要证明，政府执法人员使用一种摄影设备拍摄建筑物（即使这个建筑物从地面视角来看被保护着）的外形，这种摄影设备的侵入性无法与那些监听室内交谈内容的电子监控设备的侵入性相比。更进一步讲，在Dow一案中法院认为，Katz一案阐明的约束政府执法人员监听行为的规则，对于法院判断政府执法人员实施的技术增强的视觉监控行为是否构成《第四修正案》所规定的搜查行为，仅仅具有有限的引导作用。

2. 精密性和"一般可得性"

在Dow一案中，法院认为，政府执法人员利用"像卫星技术一样，高度精密、公众一般不可能获得的监视设备"对公民隐私场所实施的监视行为，必须有搜查令的授权，这种观点引发了很多问题。在Dow一案中，多数意见认为，政府执法人员使用的航空摄影方式不满足上述两个标准。它对普通公众来说是"一般可获得的",普通公众可以花几百美元雇用一个航空摄影机,并且它也不是"高度精密的"仪器。

但是,法院的这种观点产生了更多的不确定性。某种技术设备的"一般不可得性"和"高度精密性"要达到何种程度,政府执法人员利用它实施的监控行为就能构成《第四修正案》所规定的搜查行为呢?法院应该以何种比例衡量"一般可得性"和"精密性"这两个要素呢?法院要如何确定一种技术是否是"一般可得的",如何确定在什么时候一种技术成为"一般可得的"技术?某个技术一旦成为"一般可得的"技术,那么即使它是"高度精密"的技术,政府执法人员使用这种技术实施的监视行为也不构成搜查行为吗?当今天的某个"高度精密的监视技术"在将来被其他"新的、更先进的"技术所取代时,政府执法人员利用这种相对落后的设备实施监视行为,《第四修正案》是否就不保护"公民"的住所或其他财产免受政府执法人员的这种监视行为呢?

"即使身处自己的家中或者自己的办公室中,如果公民故意将自己在这些场所中的行为或信息暴露于公众视野,那么这些被暴露于众的事物就不是《第四修正案》所保护的对象。"① 法院在界定公民"故意暴露于众的行为"时,政府执法人员使用的监控技术是唯一的考量因素吗?是否可以自然而然地产生这样的观点:政府执法人员利用非"高度精密的"(就像法院在 Dow 一案中使用的措辞)或者"对公众来说普遍可得"的技术设备实施的监视行为不构成《第四修正案》所规定的搜查行为,因此政府执法人员使用这种设备不需要搜查令,也不受《第四修正案》规定的限制?

在 Dow 一案中,法院并没有明确地提出这些问题。但是除非有新的因素影响并打破 Dow 一案形成的判决,否则 Dow 一案的判决就意味着以上问题的答案都是"肯定的"。这个结论会使公民的隐私权在很多情况下陷入失去宪法保护的危险。

实际上,一个新的影响因素正在逐渐产生。在 Ciraolo 一案和 Riley 一案中,这种新因素已经初有端倪,而在 Dow 一案中就不仅仅

---

① Katz v. United States, 389 U.S. 347, 351 (1967).

是一点端倪了。这个新的因素就是，政府执法人员实施监控行为所搜寻和发掘到的信息的性质。

四、隐私期待：搜寻和获取到的信息

在研究《第四修正案》时，美国学者和法官对隐私权的主张往往都是全有或全无的形式。在这种分析方式下，无论政府执法人员实施的监控行为揭露的是个人生活的私密细节，还是仅仅揭露了一个音响设备上的编号，他们实施的行为就是侵入行为，被揭露信息的性质并不会改变监控行为的侵入性质。另外，即使在讨论公民将自己的行为或信息暴露于众的问题时，我们仅是从理论上进行讨论而不代表真实的情况，但是实际上，只要公民将自己的信息或行为"故意暴露于众"，公民的这种行为就意味着其自愿放弃了《第四修正案》对该信息或行为的保护，因此，政府执法人员可以对这些信息或行为实施目的性监视或者类似的行为。

然而，在现实生活中，人们对隐私的主张往往并不是全有或全无的形式。它是一个关于程度的问题，是公民感受到的政府执法人员监视行为对其隐私的侵犯程度，当政府执法人员实施监控行为时，该行为的侵犯程度取决于政府执法人员实施的监视行为揭露了什么信息，也取决于政府执法人员是以什么方式揭露信息的。如果一位政府执法人员想要了解我的车是不是停在我家的车库中，于是他躺在我的车道上，用他的手电筒照射车库大门底部和地板间半英寸的缝隙来查看车辆是否在车库中，我会因为他采取的这种方式而感到些许恼怒，但是我最终的反应会是，有什么大不了的呢？作为一名律师，即使我知道车库在我的住所范围内，政府执法人员实施的行为可能违反了《第四修正案》的规定，但是我认为，我的"隐私"并没有受到政府执法人员的侵犯。然而，如果政府执法人员索要我从本地音像商店租看电影的名单，或者索要我从公共图书馆借阅图书的名单，那么我就会认为政府执法人员实施的行为严重侵犯了我的隐私。在价值观方面，我认为，公民在自己家中私下观看或阅读的内容，仅仅与公民自己有关。当然，我明白我必须承担的风险，这就是，既然我"故意地"将我对电影或书本的选择"暴露"给了音像商店和图书馆，那么我就要承担这些信息被政府掌握的风险。

为了判断政府执法人员实施的由技术增强的监控行为是否构成《第四修正案》所规定的搜查行为，法院将政府执法人员搜寻和发掘的信息的性质视为考量因素之一，在 Ciraolo 一案中是这样，在 Dow 一案中更是这样。Knotts 一案和 Karo 一案也同样符合这种分析方法，但是法院在 Dunn 一案中并没有采用这种方法。

（一）Ciraolo 一案和 Dow 一案的判决

On Lee v. United States 一案①是 Katz 一案之前的一个案例，该案中，告密者被政府执法人员安装的一个发射器所"操控"，在该案中，法院认定："即使政府执法人员在告密者不知情或未取得告密者允许的情况下利用双光眼镜、双筒望远镜或望远镜观察视觉对象，政府执法人员实施的行为也不构成《第四修正案》所禁止的搜查或扣押行为。"联邦法院和州法院都一致认定，如果政府执法人员监视的活动是一种公共行为的话，即使犯罪嫌疑人明显不希望其行为被发现，政府执法人员所实施的监视行为也不会构成《第四修正案》所禁止的搜查行为。

但是，正如有些联邦法院和州法院所承认的，如果政府执法人员所监视的行为是发生在隐秘场所的话，这个结论就会引起不同的争议。例如，有些法院认定，对于某些住所，政府执法人员无法找到有利的、合法的位置对其实施肉眼监视，如果政府执法人员利用双筒望远镜或望远镜监视房屋或公寓窗内的事物，那么他们的行为就构成《第四修正案》所规定的搜查行为。既然，类似于双筒望远镜这样的工具对于"公众来说是普遍可获得的"，并且这种工具也不被视作"高度精密的"工具，那么这些法院的观点在 Ciraolo 一案和 Dow 一案之后还有没有说服力，就很难确定了。

我们假设，政府执法人员使用高品质的 35 毫米摄影机和超长焦镜头（在任何摄影机商店都能以 1 000 美元以下的价格购买到），在距离地面 1 000 英尺的地方拍摄某个人，这个人是贩卖可卡因的犯罪嫌疑人，身处一个被栅栏包围的庭院中，就像 Ciraolo 一案中的犯罪嫌疑人一样。拍摄到照片后，政府执法人员在暗室中放大底片，照片

---

① 343. U. S. 747（1952）.

显示，犯罪嫌疑人坐在露天桌旁，正在称一包白色的粉末。政府执法人员使用摄影机、镜头以及底片放大技术的行为，增加了他们监视行为的侵入性。他们实施的这种拍摄行为是否足以被法院认定为《第四修正案》所规定的搜查行为呢？

在 Ciraolo 一案中，法院并没有对这个问题作出直接的回答，但是法院强烈暗示了这种拍摄行为可能构成《第四修正案》所规定的搜查行为。在 Ciraolo 一案中，反对意见认为多数意见作出的判决违背了"合理隐私期待"规则。自从 Katz 一案之后，"合理隐私期待"规则确定了《第四修正案》的保护范围，首席大法官 Burger 在多数意见中反驳了以上观点，他强调，在 Ciraolo 一案中，除了雇用飞机，政府执法人员没有使用其他任何技术设备：在现代社会中，私人航班和民用航班在公共航线上的航行已经成了日常行为，被告期望他种在自己庭院中的大麻植物受到宪法保护，免受政府执法人员在 1 000 英尺高空的肉眼监视，这种期待是不合理的。《第四修正案》并不要求政府执法人员在 1 000 英尺高空的公共航线上观察肉眼可见的事物时需要得到搜查令的允许。

在 Ciraolo 一案多数意见的脚注中，法院指出："联邦承认这一点，如果不利用某种现代科技，政府执法人员或其他公民就无法从感官上观察到那些在公民住所庭院中所发生的隐秘活动或事物，那么政府执法人员使用某种现代技术，从空中监视公民住所庭院的行为就可能是具有侵入性的。"

同样，在 Dow 一案中，五位持多数意见的法官也承认，揭露了私密细节的照片可能会引起宪法上的问题。显然，即使法院将类似于 Dow 工厂的场所视为一片政府执法人员可以进行空中监视的开阔地带，但是政府执法人员拍摄工厂的照片的行为仍然会引起这些宪法上的问题。虽然在关于"技术"的脚注中，法院多数意见并没有对"私密细节"作出直接的界定，但是法院承认，那些能够使人辨别出半英寸大小的事物、辨别出人像或秘密文件的照片，可能会涉及更重要的隐私问题。

回到我们之前提到的假设中，照片显示的几袋白色粉末以及毒品包装设备也可以被视为私密细节，通过照片对犯罪嫌疑人人物面孔的识别，也可能涉及重要的隐私问题。然而，尽管相对于卫星图片或者其他最先进的技术设备来说，假设品质优良的摄影机、镜头和放大技术具有"普遍可得"的性质并且没有"高度精密"的性质，但是，我们还是难以确定，法院多数意见会不会考虑政府执法人员使用这些设备时所产生的隐私问题。

（二）Knotts 一案、Karo 一案和 Dunn 一案的判决

Knotts 一案和 Karo 一案与电子跟踪设备有关，与 Ciraolo 一案和 Dow 一案一样，在这些案件中，为了判断政府执法人员实施的由技术增强的监视行为是否构成《第四修正案》所规定的搜查行为，法院都强调将被揭露信息的性质作为考量因素。在 Knotts 一案中。法院认定，当政府执法人员使用电子设备跟踪公民，获取其在公共道路上的行程路线信息时，他们实施的监视行为不构成《第四修正案》所规定的搜查行为，因为这种信息被公民故意暴露于众。在 Karo 一案中，法院认定，当政府执法人员使用电子设备实施监控，确定某物品是否存在于公民房屋或其他隐私场所中时，或者利用电子设备搜寻"视觉上无法查证的"信息时，他们所实施的行为构成《第四修正案》所规定的搜查行为。

相反，法院对 Dunn 一案的分析方式与上述案例的分析方式并不一致。如果某房屋靠近人行道那一侧的窗户没有窗帘遮挡，那么当政府执法人员从这扇窗户看到房屋内部事物并确定房屋内有定罪证据时，政府执法人员实施的行为并不构成《第四修正案》所规定的搜查行为。现在，假设那扇窗户是被窗帘遮挡住的。即使窗帘有缝隙，但由于缝隙太小，透过该缝隙的日光不足以照亮室内房间，站在屋外的人也无法看到屋内的事物。此时，如果政府执法人员用手电筒照射这条缝隙，他就能看清房间内的事物。那么，这扇窗户是不是像 Dunn 一案中没有被很好地屏蔽的谷仓门一样，被认为"本质上是开放的"，因此不受《第四修正案》的保护呢？

当然，Dunn 一案中的谷仓和上述住宅或房屋的窗户是有本质区别的。就算把谷仓视为经营场所，《第四修正案》对经营场所的保护也比它对公民住宅的保护要弱得多。况且，即使身处自己家或者自己的办公室中，如果公民故意将自己在这些场所中的行为或信息暴露于公众视野，那么这些被暴露于众的事物也不是《第四修正案》所保

护的对象。无论是否喜欢，我们必须"承担这样一种风险"，这就是，由于手电筒是普遍可获得的工具，任何人（包括政府执法人员）都能够利用手电筒照射一扇没有被窗帘遮盖好的窗户从而观察室内的事物。

（三）评估

当然，《第四修正案》的规定是否要求人们承担"故意暴露于众"的行为所带来的风险，这是另一个问题。为了恰当地回答这个问题，我们不仅要考虑社会的价值观和规范，也要考虑生活现实。在Dunn一案中，法院既没有考虑社会的价值观和规范，也没有回答这个根本问题。或许，在Dunn一案中，法院并不需要对此问题进行回答，因为谷仓并不属于公民住所。但是，Dunn一案的判决也没有对法院在Brown一案判决中所作的宽泛解释进行任何限定，在Brown一案中，法院认定："政府执法人员利用人工工具照亮黑暗区域（任何黑暗区域）的行为均不构成搜查行为，因此本案中政府执法人员实施的行为也不会引起《第四修正案》对公民隐私权的保护。"

但是，Brown一案的结论所涵盖的范围过于广泛。在Dunn一案中，法院将Brown一案所形成的规则适用于没有被遮蔽好的谷仓门，对"故意暴露于众"这个概念的延伸已经超出了它的本质。当公民住所的窗户被窗帘很好地屏蔽（但是还是没有完全屏蔽）时，如果法院认为，政府执法人员可以利用手电筒照射该住所的窗户并对住所内的事物实施监视行为，那么法院的此种判断就会有悖于社会的"共识"以及社会"承认和允许"的价值观。

在Ciraolo一案和Dow一案中，法院并没有受到Brown一案宽泛解释的影响，因为在每一个案件中，法院既考虑了被监视的对象，也考虑了政府执法人员所使用的技术设备。毫无疑问，首席大法官Burger对Ciraolo一案和Dow一案的意见受到了大法官Powell反对意见的激烈批判甚至嘲讽。多数意见在解释和辩护自己的推理时，本可以做得更好。

尽管如此，在Dow一案和Ciraolo一案中，多数意见还是恰当地以每个案件的事实为中心进行了分析，而没有以过于宽泛的规则为中心进行分析。自Ciraolo一案和Dow一案开始，美国联邦最高法院谨慎地限制政府执法人员实施监视行为的范围。如果这种限制没有达到我们想要的程度，或许也是可以理解的，因为法院要面对法律和科技广阔的未知领域。

不考虑 Dow 一案和 Ciraolo 一案多数意见的缺陷的话，人们就会发现法院的判决是正确的。一种 10 英尺高的植物被栽种在室外，一个受过培训的观察者在 1 000 英尺以外就能分辨出这种植物的非法特征，如果公民还主张对这些植物享有隐私权的话，将是违背常识的。同样，一个化工公司主张对自己的大型工业建筑物的尺寸与形状享有隐私权，这也是违背常识的。全然违反常识的法律不会是好的法律。Ciraolo 一案和 Dow 一案的判决是符合常识的。

当然，法院对这些案件的判决还是存在缺陷的。即使技术是唯一的"非传统"因素，在决定何种情况下政府执法人员所实施的视觉监控行为（或其他技术上等价的行为）构成"搜查行为"时，法院要作出的也是一个非常复杂的分析。像政府执法人员所搜寻和获取的信息的性质这样的影响因素，更会增加分析的复杂性，除非法院对它作出进一步的分析说明，否则这种因素将带来高度主观且不可预测的复杂性。例如，在衡量政府执法人员利用双筒望远镜监视公民后院中大麻植物的行为（就像 Ciraolo 一案一样），或是用双筒望远镜看清房屋内人物面容的行为时，地方法院必须根据美国联邦最高法院的判决推测这些行为是否构成《第四修正案》所规定的搜查行为。

毫无疑问，美国联邦最高法院会有很多机会解决这样的难题。在美国联邦最高法院和美国国会充分考虑了如何将《第四修正案》的规定适用于视觉监视技术这个问题之后，它们将会确定可以"一般适用"的规则。

（四）补充意见：Florida v. Riley 一案

与 Ciraolo 一案和 Dow 一案一样，在 Florida v. Riley 一案[①]中，以 4 票胜出的多数意见附带地提及，政府执法人员所实施的技术上增强的监视行为是否可以被界定为搜查行为，可能部分地取决于这种监视行为所揭露的"私密细节"是否与公民"房屋或庭院的使用有关"。

---

① 57 U. S. L. W. 4126 (U. S. Jan. 23, 1989) (No. 87-764) (plurality opinion).

像 Ciraolo 一案一样，Riley 一案中也有政府执法人员对公民培育大麻活动的空中监视行为。事实上，两个案件的不同之处仅有以下两点：①在 Riley 一案中，公民将大麻种植在住所庭院中的温室里，政府执法人员是通过温室顶上和侧面的开口处看到大麻的，而在 Ciraolo 一案中，大麻被种植在住所庭院被栅栏围起来的后院中；②在 Riley 一案中，政府执法人员在 400 英尺高的直升机上实施监视行为，而 Ciraolo 一案中，政府执法人员在 1 000 英尺高的固定翼飞机上实施监视行为。勉强过半的多数意见认定，Riley 一案中政府执法人员实施的监视行为不构成《第四修正案》所规定的搜查行为。

多数意见认为，被政府执法人员监视的公民活动必须是"私密的"才能得到宪法的保护，持反对意见的 Brennan 大法官嘲笑这样的观点："人们会疑惑，'私密的细节'有什么样的含义？如果政府执法人员监视到，Riley 在后院温室中抱着他的妻子，那么我们能不能认定他对隐私的合理期待被侵犯了呢？"正如 Brennan 大法官所讽刺的，法院确实没有对"私密的活动"作明确的界定，但无疑的是，丈夫和妻子在自己住所庭院中的拥抱行为必然是一种私密的活动。因此，如果技术上增强的视觉监视行为使得政府执法人员能够观察到这种私密活动（或识别这种活动），那么即使政府执法人员使用的监视设备是普遍可得且并不十分精密的设备，这种监视行为还是很可能被视为《第四修正案》所规定的搜查行为。

Dow 一案中的航天照片并不能揭露"私密的"活动或细节。那么可以推测，Ciraolo 一案中政府执法人员所实施的距离地面 1 000 英尺的肉眼空中监视行为，也同样不能揭露"私密的"活动或细节。而在 Riley 一案中，政府执法人员所实施的技术增强的监视行为已经使他们能够观察到公民私密的活动或细节了。Riley 一案多数意见拒绝考虑这个因素是非常遗憾的。

五、结语

从 1983 年开始，美国联邦最高法院已经对七个这样的案件做了判决，这些案例的中心问题是，政府执法人员所实施的由科技增强的视觉监控行为是否构成《第四修正案》所规定和受其标准限制的"搜查行为"。为了解决这个问题，美国联邦最高法院或含蓄或明确地考虑到视觉监控行为的三个独立要素：①监视设备的精密性（或者说增强感官的能力）；②监视设备对普通公众的可得性；③监视行为搜寻或揭露的信息的性质。

法院对科技本身的态度是完全合理的。一方面，设备越是精密，政府执法人员使用它的行为就越具有侵入性。另一方面，如果普通公众都可以获得某种设备，那么公民期待宪法保护其免受使用这种设备的监视，就是不合理的。在 Brown 一案和 Dunn 一案中，政府执法人员使用了普通的手电筒，手电筒是最不具有精密性而又是公众最容易获得的人工工具。一点也不奇怪，法院因此认定政府执法人员使用手电筒实施的监视行为不构成搜查行为（虽然在 Dunn 一案中，被手电筒照亮的是一个经营场所，经营场所是受到《第四修正案》保护的——这一事实值得法院予以更多的考量，但是法院并没有这样做）。在 Knotts 一案和 Karo 一案中，政府执法人员使用的是电子跟踪设备，这种设备有几分精密性，并且对公众来说并不是普遍可得的。在 Knotts 一案中，法院认定，政府执法人员使用这种设备跟踪公民在公共场所中的移动轨迹的行为并不构成搜查行为；而在 Karo 一案中，法院认定，政府执法人员利用这种设备确定公民的隐私场所中是否存在某事物的行为构成搜查行为。在这些案件中，在确定是否将《第四修正案》的规定适用于政府执法人员所实施的视觉监控行为时，法院都适用了"精密性－可得性"的判断标准。在 Ciraolo 一案和 Riley 一案中，多数意见和相对多数意见均认定，政府执法人员在公共的可航行航线上实施的视觉监控行为不构成搜查行为，即使它们没有分析肉眼空中监视行为的技术方面的因素，但是案件的结论仍然符合"精密性－可得性"判断标准。

法院对这个判断标准的适用引起了学者对该标准的嘲讽。在 Dow 一案中，法院认定，价值 22 000 美元的先进航空绘图摄影机，极大地增强了肉眼的视觉能力。在 Dow 一案中，法院认定，这种设备是"普遍可得的"，也不够精密，所以政府执法人员使用这种设备实施的监视行为不构成搜查行为。在 Dow 一案中，法院在判断是否将《第四修正案》的规定适用于视觉监控技术时，提出了上述结论。如果 Dow 一案确定的这种判断成为普遍标准的话，公民的隐私将受到极大的威胁。

当然，美国联邦最高法院十分了解这种可能性。在审查视觉监控行为的第三个要素——监控行为搜寻或揭露的信息的性质时，法院提供了这种理论所需的限制。在 Ciraolo 一案中，法院认定，郊区某房屋的后院被栅栏包围着以防止来自地面的监视，尽管政府执法人员对这个后院实施的空中监视行为不构成搜查行为，但是法院强调，该案中政府执法人员通过空中监视行为所获得的唯一有意义的信息，就是确定了那个院子中生长着 10 英尺高的大麻。同样地，在 Dow 一案中，法院认定，尽管政府执法人员对先进的图像放大技术的使用不构成搜查行为，但是法院也强调，该案中政府执法人员所实施的监视行为仅仅揭露了巨大工业建筑物的外形和位置。在两个案件中，法院也同样注意到了政府执法人员所实施的监视行为没有揭露的信息。在 Ciraolo 一案中，法院注意到，政府执法人员所实施的空中监视行为并没有揭露"私密的组织、事物或活动"。在 Dow 一案中，法院强调，政府执法人员所实施的监视行为既没有揭露秘密文件，也没有揭露"与不可侵犯的个人住所和生活隐私"有关的私密活动。

第三个考量要素的出现，为《第四修正案》制度增添了更多的不确定性。现在，几乎没有指导准则帮助法院确定，哪些信息受到《第四修正案》的保护，免受政府执法人员未经授权的技术增强的视觉监控行为，而哪些信息不受到这种保护。因此，法官在没有任何指导规则的情况下，只能凭借个人的良知判断政府执法人员所获取的信息是否该得到宪法的保护。

此外，在任何一个案件中，三个要素——设备的精密性（增强感官），设备的可得性以及公民对信息的隐私期待；相比较而言，孰轻孰重，这个问题是不可避免的。例如，在"公共大道"或"开阔地带"上没有合适的观察地点能让政府执法人员实施肉眼监视行为时，如果政府执法人员利用双筒望远镜观察公民在家中的行为，那么他们实施的行为将会产生什么样的结果？从《第四修正案》的目的出发，双筒望远镜这种设备，应该被界定为像手电筒（在 Brown 一案和 Dunn 一案中被使用）一样的"低技术含量"设备，还是应该被界定为像电子跟踪设备（在 Karo 一案中被使用）一样的"高技术含量"设备？迄今为止，美国联邦最高法院的判决都没有提供有关指引。

在 Riley 一案、Ciraolo 一案和 Dow 一案中，如果法院认定，当公民采取了充分措施防止政府执法人员对其住所实施地面上的视觉监控，那么政府执法人员所实施的任何破坏了这些防范措施的技术行为都构成搜查行为，从而上述潜在的难题和不确定性就都能够被避免。虽然如此，法院还是正确地拒绝了这种方法，因为这种认定方式会产生根本上很荒谬的结果。在 1 000 英尺的高空人们可以肉眼看到地面上 10 英尺高的植物，如果法院认定公民对这种可以被轻易看到的信息享有"隐私权"的话，将会是有悖于常理的，更不用说那些巨大的工业建筑物的外形了。监视技术存在复杂的法律问题、现实问题以及价值观问题。法院明智地避免以过于简单的方式解决这些复杂的问题。毫无疑问，美国联邦最高法院将来会有很多机会能够更彻底地解决这些问题。

电子视觉监控与隐私的合理期待

肯特·格林菲尔德[①]著　丁双玥[②]译

目　次

一、导论
二、政府执法人员能够利用的科技以及对公民隐私权造成的风险
三、美国联邦最高法院对涉及《美国联邦宪法第四修正案》监控案件的分析
四、美国地方法院如何考量电子视觉监控案件
五、《美国联邦宪法第四修正案》对电子视觉监控行为规定的标准
六、结语

一、导论

《美国联邦宪法第四修正案》（以下简称《第四修正案》）保护"公民的人身、房屋、文件、财物免受政府执法人员不合理的搜查和扣押"，从 Brandeis 大法官到 Posner 大法官，很多杰出的法官都认为政府执法人员的电子视觉监控行为对美国公民享有的《第四修正案》赋予的宪法利益产生了严重威胁。1928 年，Brandeis 大法官提出了这样的担忧，这就是，如果法律不对政府执法人员利用科技监听公民电话通话的行为加以规制，那么政府执法人员的此种行为就会使公民的

[①] 肯特·格林菲尔德（Kent Greenfield），美国芝加哥大学法学博士。
[②] 丁双玥，中山大学法学院助教。

"独处权"陷入危险，而"独处权是文明世界的公民所享有的最具广泛性的权利，也是公民最为珍视的权利"[1]。他提醒法院注意："虽然政府执法人员根据协助令状所实施的行为和根据普通搜查令所实施的行为都是侦查行为，但是，与政府执法人员所实施的监听行为相比，它们所体现出的政府暴政和压迫行为的侵入性都是微不足道的。"[2] 1984年，Posner大法官在美国联邦第七巡回法庭所审理的案件中称："政府执法人员实施的电视监控行为是极具侵入性和任意性的，如果他们滥用此种行为，则现代西方国家所认可的个人隐私权将会消失殆尽。"[3]

Posner大法官提醒法院注意，政府执法人员所实施的监控行为、电子视觉监控行为（electronic visual surveillance，EVS）是政府调查行为的一种，它或许是对公民隐私最具危险性的一种政府调查行为。尽管政府执法人员的电子视觉监控行为具有如此大的危险性，它却不受任何联邦制定法的规制，然而，政府执法人员使用具有较小侵入性的声音监控技术则受到严格的制定法限制。美国联邦最高法院认定，政府执法人员实施电子视觉监控行为必须满足《第四修正案》所规定的搜查行为标准，但是，法院拒绝通过适用规制政府执法人员声音监控行为的严格制定法标准来规制政府执法人员所实施的电子视觉监控行为。这造成了法律中的异常现象：政府执法人员使用声音监控技术的行为受到联邦制定法的严格规制，他们使用电子视觉监控技术的行为比他们使用声音监控技术的行为具有更大的侵入性，但是政府执法人员使用电子视觉监控技术的行为却并不受联邦制定法的严格规制。

本文将探究《第四修正案》对于政府执法人员实施电子视觉监控行为的要求，并且针对上述异常现象提出一种解决方案。

文章第一部分，笔者将概括政府执法人员可能利用的电子视觉监控技术。

文章第二部分，笔者将从总体上评价美国联邦最高法院所作出的涉及《第四修正案》的、关于政府执法人员监控行为争议的司法判例，并讨论《第四修正案》规定的搜查令规则和合理根据规则要求

---

[1] Olmstead v. United States, 227 US 438, 478 (1928) (Brandeis dissenting), overruled by Berger v. New York, 388 US 41 (1967).
[2] Olmstead v. United States, 227 US at 475 (1928) (Brandeis dissenting).
[3] United States v. Torres, 751 F2d 875. 882 (7th Cir 1984).

的各项要素。

文章第三部分，笔者着眼于讨论美国地方法院如何将《第四修正案》的分析适用于政府执法人员所实施的具体电子视觉监控行为。

文章第四部分，笔者将提出新的观点，分析《第四修正案》对政府执法人员实施电子视觉监控行为的要求。本文将证明，对政府执法人员实施的电子视觉监控行为，大多数地方法院没有正确适用《第四修正案》的规定，因为它们允许政府执法人员实施电子视觉监控行为，但是政府执法人员实施的行为既不满足《第四修正案》规定的关于搜查令的标准，也不满足《第四修正案》规定的关于合理根据的标准。

在本文的分析过程中，笔者将提出政府执法人员实施电子视觉监控行为的新标准，这些标准既能使政府执法人员可以利用电子视觉监视技术打击犯罪行为，又能够保证美国公民所享有的《第四修正案》所规定的权利免受政府执法人员的不合理的侵犯。这些标准既能使政府执法人员所实施的电子视觉监控行为得到规范，也能够为法官提供指导，以便确定政府执法人员实施电子视觉监控行为的理由是否充分，确定是否应该授予其搜查令。

二、政府执法人员能够利用的科技以及对公民隐私权造成的风险

在电子监控技术产生之前，公民自己就可以保护他们的隐私免受政府执法人员不合理的监控。为了防止自己的隐私被侵犯，公民可以锁住他们的大门、拉上他们的窗帘、隐藏他们的财产，以及降低他们说话的声音。在政府执法人员实施搜查行为时，虽然公民的隐私必然受到侵犯，但是政府执法人员实施搜查行为的范围受到搜查行为性质的限制，因为只有有形的物品才能作为搜查行为的对象。在政府执法人员的搜查行为结束后，公民的活动隐私和谈话隐私就可以恢复了。随着窃听技术的发展，人们越来越难以保护自己的隐私，搜查行为的性质对搜查行为的限制也越来越弱。[1] 然而，为了避免政府执法人员

---

[1] See James G. Carr, The Law of Electronic Surveillance § 2.5 (a) (Clark Boardman, 2d ed 1991).

的监听,害怕受到政府执法人员监听的公民仍然可以降低他们谈话的声音,或者掩饰他们的谈话内容,或者转移到不受政府执法人员监听的其他地方进行交谈,又或者以其他非语言的形式进行交流。因此,虽然公民对政府执法人员实施的此种监控行为存在担忧,但是此种担忧并没有对他们的个人生活方式产生多少令人恐惧的影响。尽管《第四修正案》和保护公民隐私权、安全权的制定法都清晰表明,公民正在遭受越来越多的声音监控,① 但是他们仍然能够采取措施保护自己的隐私免受侵犯。

但是,随着电子视觉监控技术的发展,政府执法人员侵犯公民隐私的能力显著增强。在现代政府执法人员使用的各种侦查技术中,电子视觉监控技术是最具威胁性的技术之一,因为原本政府执法人员没有现实地出现在某个场所就不能观察到场所内的事物,而此种技术能够代替政府执法人员的肉眼观察,使政府执法人员不用出现在场所中就能观察到场所内的事物。② 电子视觉监控行为的本质必然会使公民的隐私受到侵犯。

政府执法人员能够使用的电子视觉监控技术有几种类型,每一类都有它自己的独特功能。例如,在零售市场就能够买到的微型摄像机,它的重量不超过两磅并且可以放进成年人的一只手掌中。③ 人们可以将这种微型摄像机轻易地藏在公文包中、灯具中、盆栽植物④

---

① Congress enacted Title III of the Omnibus Crime Control and Safe Street Act, 18USC §§ 2510-2521 (1988).
② Justice Douglas said that a statute authorizing electronic surveillance "in effect, places an invisible policeman in home". Berger, 388 US at 65 (Douglas concurring).
③ Electronic CIty, a discount electronics retailer, advertises a Sony CCD TR7 8mm video camera, weighing less than two pounds, for less than $850. NY Times A34 (May 5, 1991).
④ Office of Technology Assessment, Federal Government Information Technology: Electronic Surveillance and Civil Liberties 63 (GPO, 1985) ("OTC Report").

中、饭盒①中、电视②中，甚至泰迪熊玩具③中。再如，微型定格摄像机则可以被伪装成打火机④或手表⑤。此外，特殊的镜头能使摄像机更加隐蔽。安装了"针孔镜头"的摄像机几乎不可能被人们发现，因为它锥形透镜的孔径直径不足 1/8 英寸⑥。由此种镜头组装的摄像机可以被隐藏在洒水喷头内、暖气管内，甚至时钟内。⑦

现代监控技术所拥有的令人恐惧的功能之一就是它们可以在黑暗中捕捉图像。例如，红外影视摄像机可以探测红外线辐射并将红外线辐射转换成详细的、高分辨率的视觉图像。袖珍型红外摄像机在零售市场上就可以买到。此外，电脑成像系统在生成图像时是不需要真正"看见"对象本身的。技术人员可以通过声波或微波技术收集大量的数据集，然后电脑能将这些数据集转换成为视觉图像。⑧ 例如，在某些情况下，为了利用更加精密的卫星监控技术，美国联邦政府执法人员需要使用微波技术。卫星可以从太空中透过云层在黑暗中"看见"

---

① Craig Brown, Shrinking the Shrinkage Problem, Oregon Bus 15 (Nov 1990).
② Carl S. Kaplan, Spies Like Us, Newsday 80 (June 10, 1990). One of video cameras used in the now-famous video surveillance of Washington, D. C. Mayor Marin Barry was probably hidden behind the screen of a television. Paul Valentine, Analyst Calls Quality of Tape "Actually Pretty Good", Wash Post D7 (July 2, 1990).
③ Spy Tech, a Manhattan-based company, sells a stuffed teddy bear with a video camera peering through its navel for about $1 200. Kaplan, Newsday at 80.
④ Brown, Oregon Bus at 15 (Nov 1990).
⑤ Stan Sinberg, Playing It Safe, Chi Trib Mag 18 (May 27, 1990); Once-Secret East, West German Spy Camera Now on Auction, LA Times A18 (Oct 6, 1990).
⑥ Conversation with Michael Hoffman of Paymaster Associates, Inc., a spy technology company in Whitefish Bay, Wisconsin (Jan 1990). See also Dave Jensen, Inside Job: Employer Boost Worker Surveillance with High-Tech Tools, Bus J-Milwaukee 10 (Nov 5, 1990); People v Dezek, 107 Mich App 78, 308 NW2d 652, 655 (1981) ("needle-point" lens used to monitor stalls in public restroom).
⑦ Paymaster Associates sells such a clock for $700 – $800. Conversation with Michael Hoffman. Foremost Security Products, Inc. of Milwuakee will rent a surveillance system that includes a camera with a pinhole lens for approximately $200 per month. Jensen, Bus J-Milwaukee at 10.
⑧ Gina Kolata, Shaping Floods of Data, Computers "See" the Unseen, NY Times C1 (Nov 20, 1990).

地球上 3 英尺大小的事物。① 此种卫星技术将创造出这样一种可能性，这就是，在不需要安装摄像机或进入公民房屋的情况下，政府执法人员就能够获得公民私人住所的详细视觉图像。

有了微型摄像机、红外摄影技术以及电脑成像系统（或许不久之后就能使用）之后，政府执法人员就能够利用多种多样的技术在任何光影条件下监控封闭的区域。尽管这些现代科技毫无疑问地为政府执法人员提供了各种便利，但是这些技术也给公民个人隐私利益带来了令人不安的高度风险。公民在自己住所中独自实施的行为，现在也成为政府监控的对象。公民可以关掉灯、拉上窗帘、降低声音、蜷缩在家中最幽深的地方，但是这些行为都不足以保证公民能够保护自己的隐私。受到政府执法人员电子视觉监控的公民无法以一己之力保护其个人隐私权，《第四修正案》是公民隐私权获得保护的唯一手段。

三、美国联邦最高法院对涉及《美国联邦宪法第四修正案》监控案件的分析

因为《第四修正案》是唯一可以保护公民免受政府执法人员不合理电子视觉监控行为的法律，所以笔者在这个部分将探讨在一般情况下，美国联邦最高法院如何将《第四修正案》的规定适用于监控案件。《第四修正案》要解决的首要问题就是，政府执法人员实施的某种具体行为是否构成《第四修正案》所规定的搜查行为。当政府执法人员所实施的监控行为侵犯了公民的"合理隐私期待"时，该行为就构成《第四修正案》所规定的搜查行为。② 如果政府执法人员所实施的行为构成搜查行为，那么他们的搜查行为就必须符合《第四修正案》所规定的两个独立但相关的要求：第一，政府执法人员必须有明显的合理根据才能获得搜查令的支持，并且政府执法人员必须对他们"要搜查的场所、要逮捕的人或要扣押的财物"作出精确

---

① William E. Burrows and John Free, Space Spies: U. S. Surveillance Satellites Give Detailed Images, Pop, Science 60 (Mar 1990).
② This is Justice Harlan's famous paraphrase of the majority's holding in Katz v. United States, 389 US 347 (1967).

的说明①。第二，政府执法人员的行为必须满足合理性标准，或者更确切地说，政府执法人员的行为没有不合理之处，因为《第四修正案》保护公民免受政府执法人员"不合理的搜查行为或扣押行为"。

(一) 搜查令的要求

在政府执法人员实施一项搜查行为之前，他们必须获得中立法官的批准，即必须获得地方法官签发的搜查令，对搜查令的要求减弱了政府执法人员所实施的搜查行为对公民隐私的侵入性。只有当政府执法人员的申请达到合理根据的要求时，地方法官才会签发搜查令，即，政府执法人员需要向地方法官说明其具有充分的可能性证明某项特定物品属于犯罪证据，并且这些特定物品能在特定的场所于特定的时间被找到。② 美国联邦最高法院认为，《第四修正案》要求地方法官在审核政府执法人员提交的搜查令申请时，"必须有充分的理由可以推断政府执法人员想要实施的搜查行为能够发现犯罪证据"③。

同时，只有在政府执法人员的申请符合精确性要求的情况下，即他们对要搜查的场所、要逮捕的人或要扣押的财物作出精确的说明时，地方法官才能签发搜查令。制宪者们将精确性要求纳入《第四修正案》的规定，是为了保护公民免受一般搜查令所带来的危险，因为一般搜查令允许政府执法人员享有过多的行政自由裁量权，为了寻找犯罪活动的证据，他们可以随意搜查公民的不动产。在具有先进监控技术的时代，可能会使当初《第四修正案》的制宪者们感到震惊的是，《第四修正案》的精确性要求已经"现代化"并且继续作为《第四修正案》保护措施的重要组成部分。在 Berger v. New York 一案④中，纽约州某项法规允许政府执法人员在实施电子监控行为时免受严格法律规制，美国联邦最高法院推翻了纽约州的此项法规，因为法院认为，该法规允许政府执法人员实施电子监控行为侵犯了公民的

---

① US Const, Amend IV.
② Yale Kamisar, Wayne R. LaFave, and Jerold H. Israel, Modern Criminal Procedure 280 (West, 6th ed 1986).
③ Illinois v. Gates, 462 US 213, 236 (1983) [quoting Jones v. United States, 362 US 257, 271 (1960)].
④ 388 US 41 (1967).

隐私，此种行为的侵犯性与一般搜查令造成的侵犯性是相同的。美国联邦最高法院对政府执法人员的电子监控行为建立了严格的条件，只有在"非常明确和最特殊的情况下"，并且受到"司法监督"和"保护性程序"的限制，政府执法人员才能利用具有侵入性的技术实施监控行为。

在解释政府执法人员实施声音监控行为应达到的精确性要求时，美国联邦最高法院认为，地方法官必须根据以下四条指导准则对政府执法人员的搜查令申请进行审查。第一，搜查令必须详细说明与政府执法人员监控行为相关的犯罪是什么，政府执法人员意图监听哪些对话或信息，政府执法人员在何地实施监听行为，以及政府执法人员监听的谈话来源于哪个公民。第二，在调查过程中，政府执法人员的搜查行为必须力图减少对与犯罪不相关的人员的监控。第三，出现新的合理根据使政府执法人员有机会扩展监控行为时，搜查令也仅能允许政府执法人员在有限的期间内实施监控行为。第四，仅在"紧急情况"下，搜查令才允许政府执法人员无需在搜查前或搜查时告知被搜查人就对被搜查人实施搜查。在 Berger 一案中，法院认为，随着监控技术的精密性和潜在侵入性问题的不断增加，这四项关于精确性的要求将会变得越来越重要。

1968 年，为了规范政府执法人员的监听行为，美国国会将 Berger 一案中法院提出的关于精确性的四个条件制定为成文法，规定在《综合犯罪控制与街道安全法》第三编[①]（以下简称《街道安全法》第三编）当中。该法对上述四个条件中的每一个因素都有相对应的规定。美国国会认为，政府执法人员实施监听行为必须满足紧急情况的要求，国会对紧急情况的要求作了解释，即"政府执法人员必须说明其他的侦查方式是否已经被尝试并失败，或者为什么其他的侦查方式即使被采用也不可能成功或太危险"[②]。在对这些问题作了完全说明的情况下，即政府执法人员已经说明其他的侦查方式已经被尝试并失败，或者其他的侦查方式即使被采用也不可能成功或太危险时，国会才认定存在紧急情况并允许政府执法人员实施监听行为。美国国

---

① 18 USC §§ 2510-2521 (1988).
② 18 USC §§ 2518 (1) (c).

会将此种要求称为"必要性"① 标准或"最小侵入性方式"② 标准。如果政府执法人员的其他监控方式即使被采用也不可能成功，或者过于危险，或者其本身就是不可能被实施的，那么法院就会认定，政府执法人员申请实施监听行为符合最小侵入性方式的标准，可以实施监听行为。③

除了上述的四个精确性要求之外，美国国会还在《街道安全法》第三编中规定了很多其他的规则，以便确保只有在"充分的司法监督"和"保护性程序"之下，政府执法人员才能够实施声音监控行为，就如美国联邦最高法院在 Berger 一案中明确要求的一样。这些非精确性规定只允许政府执法人员对严重刑事罪行实施声音监控，它们确立的标准增强了法律对公民隐私提供的保护，减少了政府执法人员滥用职权行为的发生概率，并且这些规定确保政府执法人员实施了调查行为之后被监控的公民的权益仍能得到足够的重视。④ 因此，非常明显的是，美国国会所做的不仅仅是将美国联邦最高法院在 Berger 一案中认定的精确性要求规定在《街道安全法》第三编中。该法使 Berger 一案的原则具体体现在更具综合性的规定中，也体现出美国国会对政府执法人员实施电子监控行为的成本与效益的谨慎立法衡量。

(二) 合理性标准

长久以来，美国联邦最高法院都将合理性标准和搜查令标准混为一谈。法院认为，如果政府执法人员没有严格依据法律规定获得搜查令就实施搜查行为，那么该搜查行为本身必然是不合理的。⑤ 相反，如果政府执法人员根据搜查令实施搜查行为，并且搜查令也符合合理根据标准和精确性标准，那么无论政府执法人员实施该搜查行为是出于何种目的或意图，法院都会认定该搜查行为是符合宪法要求的。美国

---

① See, for example, United States v. Mesa—Rincon, 911 F2d 1433, 1442 (10th Cir 1990).
② See, for example, United States v. Biasucci, 786 F2d 504, 510 (2d Cir 1968).
③ See James G. Carr, The Law of Electronic Surveillance § 4.4 (d).
④ 18 USC § § 2516 (1), 2516 (2), 2518 (7), 2518 (8) (a), 2518 (8) (d).
⑤ "Searches conducted outside the judicial process, without prior approval by judge or magistrate are per se unreasonable under the Fourth Amendment—subject only to a few specifically established and well-delineated exceptions." Katz, 389 US at 357.

联邦最高法院完全忽视了《第四修正案》所规定的合理性条款,没有将合理性条款视为规制政府执法人员搜查行为的独立条款。①

美国联邦最高法院针对搜查令条款认定了越来越多的例外情形,为了确定在什么样的情形下可以放松对搜查令的要求,法院平衡了搜查令中包含的各种各样的利益。② 起初,法院衡量例外情形的范围仅限于已经被承认的例外情形、行政搜查行为以及无合理根据的侵入行为(对特定人较低程度的怀疑引起的侵入行为)。但是,随着时间的流逝,法院对多种利益的平衡体现为对《第四修正案》合理性规定中相互独立又相互关联的各项条件的衡量。在今时今日,即使法院仍然会坚持一个强有力的推定,即政府执法人员实施无搜查令的搜查行为就是不合理的搜查行为,但是,政府执法人员是否持有搜查令已经不再是法院判断政府执法人员实施的搜查行为是否合理的决定性因素了。美国联邦最高法院认为:"除了在政府执法人员实施搜查行为的必要性与搜查行为必然带来的侵入性之间作衡量以外,没有其他标准可以确定该行为是否具有合理性。"③ 法院认为"对相互冲突的利益的平衡"是"《第四修正案》的关键原则"。④ 所以,搜查令标准毫无疑问地为政府执法人员的搜查行为确立了一套宪法性要求,合理性标准也建立了独立于搜查令标准的新要求,即,在政府执法人员实施搜查行为的目的与他们的搜查行为对公民隐私的侵犯之间作平衡。

由于上述原因,如果法院以合理性标准平衡政府执法人员实施搜查行为的各种利益,那么法院不仅可以认定政府执法人员的无搜查令搜查行为是合理的,也可以通过平衡各种利益作出相反的判断,即认定政府执法人员有搜查令的搜查行为是无效的,因为即使政府执法人员拥有严格依据法律规定取得的搜查令,其实施的搜查行为也可能是不合理的。⑤ Douglas 大法官认为:"即使政府执法人员严格依据法律规定获得了搜查令,他们所实施的所有搜查行为也未必都是符合宪法

---

① See Stephen A. Saltzburg, American Criminal Procedure 34 (West, 3d ed 1988).
② John Wesley Hall, Jr., Search and Seizure at §1.10.
③ Camera, 387 US at 536–537. See also Terry, 392 US at19, 20–21.
④ Tennessee v. Garner, 471 US 1, 8 (1985) [quoting Michigan v. Summers, 452 US 692, 700 n 12 (1981)].
⑤ John Wesley Hall, Jr., Search and Seizure at §1:3.

规定的。"① Posner 大法官也认为："即使政府执法人员根据有效的搜查令实施搜查行为，他们实施的搜查行为也可能是不合理的，因为他们实施的搜查行为对公民隐私造成的侵害超过了他们严格遵守法律可能获得的利益。"②

对于不涉及监控行为的《第四修正案》案件，美国联邦最高法院明确认定，即使政府执法人员有地方法院颁布的命令允许其实施搜查行为，合理性标准也能够禁止他们实施此种搜查行为。在 Winston v. Lee 一案③中，美国联邦最高法院认定，州政府不能强制因严重暴力犯罪被控告的公民接受取出其体内的子弹的手术，即使该子弹在审判中可能构成有罪证据。在 Winston 一案中，通过衡量合理性标准，法院认定，即使州政府执法人员实施手术的行为获得了地方法院命令的允许，即使该行为有利于控诉被告人，但因该手术行为严重侵犯了公民的权利，因此政府执法人员实施该行为是不合理的。

四、美国地方法院如何考量电子视觉监控案件

虽然美国地方法院已经在涉及电子视觉监控技术的案件中适用了合理性标准和搜查令标准，但是迄今为止，美国联邦最高法院还没有以这两种标准审理过涉及电子视觉监控技术的案件。美国联邦第二、第五、第七和第十巡回法庭审理过涉及政府执法人员实施电子视觉监控行为的案件，纽约州和加利福尼亚州的美国联邦地方法院以及纽约州和马里兰州的州法院也审理过此类案件。在这些案件中，上述法院都适用了搜查令标准，这一点是高度一致的。也就是说，它们都适用了美国联邦最高法院在 Berger 一案中确定的四个条件，且这些条件由美国国会在《街道安全法》第三编中作了系统的解释。然而，没有法院将《街道安全法》第三编规定的所有条件都适用于涉及电子视觉监控行为的案件。具有讽刺意味的结果就是，政府执法人员实施影像监控行为时所受到的限制，实际上要比他们实施声音监控行为时所受到的限制更少。只有美国联邦第七巡回法庭承认，除了搜查令标

---

① Berger v. New York, 388 US at 67 (Douglas concurring).
② Torres, 751 F2d at 883.
③ 470 US 753 (1985).

准之外，合理性标准也可以对政府执法人员实施的电子视觉监控行为施加一些限制。

（一）具有启发意义的案件：United States v. Torres 一案[①]

迄今为止，关于电子视觉监控行为的最为重要的案件就是 United States v. Torres 一案。在该案中，美国联邦第七巡回法庭支持美国联邦调查局利用电子视觉监控技术调查一个涉嫌制造炸弹用于"城市恐怖主义事件"的组织。美国联邦调查局意图通过实施电子视觉监控行为确定该组织制造炸弹的证据以及将该组织定性为恐怖主义组织的证据。Posner 大法官为法院提供了论证，他将美国联邦调查局实施电子视觉监控行为的必要性与该行为对公民隐私的侵入性做了衡量，其中必要性是通过分析联邦调查局以其他侦查方式获得证据的可能性以及犯罪嫌疑人所涉嫌罪名的严重程度确定的，而侵入性则是通过分析被监控场所的类型确定的。尽管法院承认电子视觉监控行为极具侵入性，但是法院仍然认定联邦调查局的工作人员实施该行为是合理的，因为一方面，恐怖分子准备实施极度危险的"大规模杀伤行为"，另一方面，是因为受到监控的场所并不是公民的住所，而是"专门用于实施非法事务"的场所。虽然在该案中，法院认定联邦调查局的工作人员实施的电子视觉监控行为并不是不合理的行为，但这并不是 Torres 一案所具有的最重要的意义，Torres 一案最重要的意义在于，法院认定，除了搜查令标准之外，合理性标准也应作为政府执法人员实施电子视觉监控行为的衡量标准。实际上，Posner 大法官认为，电子视觉监控行为具有极强的侵入性，有必要禁止政府执法人员对公民住宅实施该行为，至少对于某些犯罪行为而言，法官应该禁止政府执法人员使用此种侦查行为。

在 Torres 一案中，美国联邦第七巡回法庭将《街道安全法》第三编作为指导规则，对政府执法人员实施电子视觉监控行为的搜查令标准（Berger 一案形成搜查令标准）进行了解释，法庭认为，该法的规定提供了衡量政府实施电子视觉监控行为时应承担的宪法义务的标准，即精确性标准。法庭将《街道安全法》第三编中的最小侵入

[①] 751 F2d 875 (7th Cir 1984).

性方式规定、精确说明规定、最小限度规定以及限制期间规定合并为规制政府执法人员实施电子视觉监控行为的规则。法庭认定，在该案中，政府执法人员所实施的电子视觉监控行为满足最小侵入性方式的要求，因为政府执法人员采取声音监控方式是不可能成功获取证据的。特别是，犯罪嫌疑人采取了安静地行动或者大声播放音响设备这样的措施，使政府执法人员无法通过实施声音监控获得证据。

然而，Posner大法官拒绝借鉴《街道安全法》第三编中的其他规定。他认为，《街道安全法》第三编中没有被借鉴的那些规定无法被认定为宪法性要求，因此也不能用来规制政府执法人员的电子视觉监控行为。然而重要的是，Posner大法官对这一问题的分析是法院判决的附带意见。联邦调查局的工作人员向法院提交实施声音监控申请的同时，也向法院提交了实施电子视觉监控的申请，并且政府执法人员可以证明他们的申请符合《街道安全法》第三编中那些非搜查令标准的规定。同样重要的是，即使采用了《街道安全法》第三编中的其他规定，法院对该案的判决结果仍然会是相同的。

（二）有关电子视觉监控的其他案件

在其他重要的涉及电子视觉监控的案件中，在判断政府执法人员实施的电子视觉监控行为是否符合宪法规定时，法院都没有适用合理性标准。当然，在每一个案件中，法院都采用了美国联邦最高法院在Berger一案中确立的精确性标准，以便衡量政府执法人员所实施的电子视觉监视行为是否符合《第四修正案》所规定的搜查令标准。除了一个早期的州案例即New York v. Teicher一案[1]之外，法院在其他案件中都适用《街道安全法》第三编的部分规定来明确Berger一案中形成的四条精确性标准，但是，所有法院都拒绝采用《街道安全法》第三编其余的规定。

在这些案件中，大部分案件涉及的调查都是针对毒品非法交易或有组织的犯罪行为。在United States v. Biasucci一案[2]、United States

---

[1] 52 NY2d 638，422 NE2d 506 (1981)。
[2] 786 F2d 504 (2d Cir 1986)。

v. Andonian 一案①和 United States v. Ianniello 一案②中，美国联邦第二巡回法庭和美国州地方法院都认定，政府执法人员对有组织的犯罪可以使用电子视觉监控技术进行调查。在 United States v. Cuevas-Sanchez③ 一案中，美国联邦第五巡回法庭认定，为了证明某牙医对于处于麻醉状态下的女病人实施了性骚扰行为，政府执法人员可以利用电子视觉监控技术获取证据。

在这些案件中，法院赋予了政府执法人员针对多种场所实施电子视觉监控行为的权力。在 Biasucci 一案、Teicher 一案、Andonian 一案以及 Ianniello 一案中，法院均允许政府执法人员在公民的办公室中实施电子视觉监控行为。在 Mesa-Rincon 一案中，法院允许政府执法人员在仓库中实施电子视觉监控行为。在 Torres 一案和 Ricks 一案中，法院允许政府执法人员在一套公寓房间内实施电子视觉监控行为。在 Cuevas-Sanchez 一案中，法院允许政府执法人员将一个摄像机安装在电线杆上用来俯瞰犯罪嫌疑人的后院。

五、《美国联邦宪法第四修正案》对电子视觉监控行为规定的标准

在未经公民同意的情况下，如果政府执法人员使用电子视觉监控技术对公民未公开的场所实施监控行为，他们实施的此种行为在大多数案件中都构成《美国联邦宪法第四修正案》（以下简称《第四修正案》）规定的搜查行为。一般来说，电子视觉监控技术"能够揭露其他方式所无法揭露的人们的私密交往、事物或活动"。④ 并且，当政府执法人员在任何场所使用这些电子视觉监控技术时，他们的使用行为都构成搜查行为。⑤ 这些场所包括公民的住宅⑥、办公室、由栅栏

---

① 735 F Supp 1469（C D Cal 1990）.
② 621 F Supp 1455（S D NY 1985）.
③ 422 NE2d 506.
④ California v. Ciraolo, 476 US 207, 215 n 3 (1986).
⑤ See generally Kamisar, LaFave, and Isreal, Modern Criminal Procedure at 246.
⑥ Ricks, 537 A2d 612.

包围的院子以及公共盥洗室中的小隔间①。在公民不享有合理视觉隐私期待的场所，政府执法人员实施的电子视觉监控行为不构成搜查行为。

当政府执法人员实施的电子视觉监控行为构成搜查行为时，法院对该行为的分析就必须适用精确性标准和合理性标准。笔者将在本部分中论证法院应当如何将这两项标准适用于电子视觉监控行为的分析当中。在判断政府执法人员所实施的电子视觉监控行为是否符合搜查令标准时，法院应当适用 Berger 一案标准/《街道安全法》第三编标准，并且相对于具有较少侵入性的技术来说，法院对电子视觉监控技术的分析应该更严格地适用两项标准。对合理性标准的衡量，法院应当从政府执法人员以其他方式获得证据的可能性和涉嫌犯罪的严重性两个方面入手。最后，法院应当认可《街道安全法》第三编的规定既体现了合理性标准的要求也体现了搜查令标准的要求，并且法院也应当依照《街道安全法》第三编关于合理性标准的规定来衡量政府执法人员所实施的电子视觉监控行为。

（一）搜查令的标准：精确性标准

《第四修正案》要求政府执法人员在申请搜查令时必须作出精确的说明（精确性标准）。在本部分中，笔者主要说明精确性标准的要求，也会提出法官在分析政府执法人员的电子视觉监控行为时应怎样适用 Berger 一案所形成的四项要求即最小侵入性方式规定、精确描述规定、最小限度规定以及限制期间规定（以上规定都属于《街道安全法》第三编的规定）。一般而言，在考量政府执法人员的电子视觉监控申请时，法官应当认定两个关键点：第一，因为电子视觉监控行为本质上不同于声音监控行为，所以对电子视觉监控行为应该适用 Berger 一案标准/《街道安全法》第三编标准；第二，在适用这些标准审理案件时，法官对电子视觉监控行为应该比对声音监控行为更加严格，因为电子视觉监控技术已经成为政府执法人员所使用的越来越重要且更具侵入性的技术。在本部分中，笔者将以精确性标准分析文

---

① Dezek, 308 NW2d 652. See also Idaho v. Limberhand, 117 Idaho 456, 788 P2d 857 (App 1990).

章第三部分中提到的那些涉及电子视觉监控行为的案件（Torres 一案除外）。

1. 最小侵入性方式规定

在 Berger 一案中，根据案件的具体情形，法院不允许政府执法人员使用超过必要限度的、对公民的隐私造成更大侵害的侦查方式。① 实际上，地方法院将 Berger 一案所谓的紧急情况标准理解为美国联邦最高法院在 Berger 一案中创造了"最小侵入性方式"理论，用来判断政府执法人员的电子监控行为是否达到了精确性标准。② 美国联邦第二巡回法庭认为，"美国联邦最高法院长期以来都对政府执法人员的秘密搜查行为持批判态度。除非政府执法人员能证明其他的调查方式无法实行，否则他们实施电子监控行为就是不合理的"③。这项标准为政府执法人员实施监控行为设立了责任，而责任大小与他们想要实施监控技术的侵入性成正比。④ 因此，如果政府执法人员能够通过传统的搜查行为和扣押行为实现他们的执法目的，或者能够通过传统的利用声音监控技术的搜查行为实现，又或者能够通过其他侦查技术实现，那么政府执法人员请求使用电子视觉监控技术实现同样的执法目的就不符合最小侵入性方式的要求。政府执法人员申请使用电子视觉监控技术的底线要求，就是必须对其他调查方式为什么是不可能的、或者完全是徒劳的、或者是非常危险的⑤作出"详尽的、完整的解释"。⑥

当然，对于犯罪活动来说，某些类型的证据比其他证据更具证明力，并且政府执法人员和陪审团一般都认为视频证据很有说服力。⑦ 尽管录像带比其他类型的证据更有说服力，但是此种事实也不能证明

---

① 388 US at 57.
② See, for example, Mesa-Rincon, 911 F2d at 1442. See also Title Ⅲ, 18 USC § 2518 (1) (c).
③ United States v. Tortorello, 480 F2d 764, 774 (2d Cir 1973).
④ Berger, 388 US at 60. See also Mesa-Rincon, 911 F2d at 1442.
⑤ See Carr, The Law of Electronic Surveillance at § 4.4 (d).
⑥ 18 USC § 2518 (1) (C).
⑦ Criminals themselves acknowledge the impact video evidence can have. Jeff Gerth, Colombian Cocaine: Tracking Down Dealers, NY Times A1 (Apr 23, 1990).

政府执法人员使用电子视觉监控技术的合理性。① 不过，为了获得法官对电子视觉监控行为的授权，政府执法人员必须证明他们使用电子视觉监控技术不是单纯地为了利用该技术对陪审团的强大影响力，而是因为只有使用电子视觉监控技术他们才能获得具有特殊客观价值的证据。

因为电子视觉监控技术的产物是视觉信息，所以政府执法人员往往利用电子视觉监控技术搜集两种普通等级的证据：关于犯罪嫌疑人身份的证据和关于犯罪嫌疑人活动的证据。如果用最小侵入性方式标准分析，政府执法人员很容易证明，他们实施电子视觉监控行为搜集身份证据的合理性。在某些时候，特别是当犯罪行为发生在其他监控方式无法使用的场所时，视频记录是了解犯罪嫌疑人身份的最佳途径。但是，在实施电子视觉监控行为搜集犯罪嫌疑人的活动证据时，政府执法人员较难证明其监控行为的合理性。大多数犯罪活动要么会留下某种类型的物理性证据（实物证据），要么可能有被害人陈述作为证据。一般而言，政府执法人员能够使用电子视觉监控技术的情形，就是那些既没有留下物理性证据（实物证据），也没有被害人陈述作证的案件。这类犯罪行为是没有"结果"的，既没有物理性证据（实物证据），也没有被害人。在某项犯罪活动有物理性证据（实物证据），或者有被害人陈述作为证据时，如果政府执法人员还想要对犯罪嫌疑人使用电子视觉监控技术，那么他们就必须证明为什么搜集物理性证据（实物证据）或者获得被害人陈述不是搜集犯罪活动证据的最小侵入性方式。

为了支持政府执法人员使用电子视觉监控技术，法院经常放宽最小侵入性方式标准。在 Biasucci 一案的注释中，在调查公民放高利贷的行为时，政府执法人员未能解释为什么除了声音监控技术他们还需要使用电子视觉监控技术的原因。在使用电子视觉监控技术时，美国联邦调查局宣称有些被害者（证据来源）拒绝作证，受访的被害者"不愿意"做有效的证明，并且搜查令"在当时也不能带来重要的证据"。法院认为政府执法人员的这些说明是"充分的事实"，可以证明政府执法人员对电子视觉监控技术的使用符合最小侵入性方式标

---

① See Winston, 470 US 753.

准。然而，在法院审理案件的过程中，美国联邦调查局呈现的证据包括受害者的证言、卧底提供的信息、一百多盒谈话录音磁带以及在被告人办公室扣押的各种记录和文件。虽然美国联邦调查局在庭审中呈现的这些证据并不是判断他们使用电子视觉监控技术是否合理的精确的、首要的标准，但是这些证据的确说明，美国联邦调查局原本应当通过"详尽的、完整的解释"证明其实施电子视觉监控行为的合理性，也就是要证明他们无法通过其他调查方式获得相关证据，然而，在解释中他们并没有适当地说明其他调查方式是可行的。

在 Cuevas-Sanchez 一案的注释中，法院没有以最小侵入性方式标准衡量政府执法人员的电子视觉监控行为。控方称，政府执法人员将摄像机安装在电线杆上俯瞰犯罪嫌疑人栅栏的行为并不构成搜查行为，因为摄像机能够拍摄到的活动也能从公共道路或者从栅栏外以肉眼观察到。通过考虑被告人的隐私期待、电子视觉监控行为的任意性特征、政府执法人员监控行为的严重侵入性，法院明确地认定该案中政府执法人员所实施的电子视觉监控行为并不构成搜查行为。遗憾的是，法院并没有认识到政府执法人员实际上并没有成功地证明他们的行为符合最小侵入性方式的标准。控方认为，因为政府执法人员可以简单地通过肉眼观察到栅栏内的活动，所以他们使用电子视觉监控技术的行为并不构成搜查行为。在论证这一点时，政府执法人员承认"传统的监控方法也能够揭露 Cuevas 的违法行为并据此对其实施逮捕"。此外，虽然政府执法人员使用电子视觉监控技术的执法目的仅仅是确定犯罪嫌疑人携带着一个垃圾袋（警方认为该垃圾袋中装有毒品），但是法院没有解释为什么政府执法人员通过对犯罪嫌疑人的财产实施现实搜查行为将会无法满足相同的执法目的。

在 Mesa-Rincon 一案[①]中，在政府执法人员能够实施其他调查方式的情况下，法院错误地允许政府执法人员使用电子视觉监控技术对犯罪嫌疑人涉嫌伪造货币的行为进行监控。美国联邦特勤局执法人员原本可以通过实施现实搜查行为扣押已经伪造好的假币以及其他一些可以充分证明犯罪嫌疑人有罪的实物证据。然而，在提出实施电子视觉监控行为的申请时，政府执法人员并没有说明为什么现实搜查行为

---

① 911 F2d 1433.

是无法实行的。

在 Mesa-Rincon 一案、Biasucci 一案和 Cuevas-Sanchez 一案中，法院并没有适当地考虑以 Berger 一案和《街道安全法》第三编规定的最小侵入性方式标准分析政府执法人员的监控行为。在三个案件中，法院并没有解释为什么传统的调查行为是不可能的、或者完全是徒劳的、或者是非常危险的，所以法院并没有充分证明政府执法人员实施的电子视觉监控行为对公民隐私的侵入是合理的。

2．精确描述规定

法院在 Berger 一案中强调，在申请实施电子监控行为时，政府执法人员必须精确地描述他们想要监控的场所、想要监控的公民身份以及想要监控的无形财产——人们的谈话。① 如果没有精确描述的要求，仅用一张无须精确描述的搜查令对政府执法人员执行政府命令的行为进行约束，那么这张搜查令会授予政府执法人员"过多的自由裁量权"②。一张有精确描述的搜查令能够指引政府执法人员，使他们在实施搜查行为之前就明确他们寻找的对象是什么，明确他们的搜查行为应止于何时。③ 如果政府执法人员有实施电子视觉监控行为的自由裁量权，则他们的行为对于公民的隐私权将构成严重的损害危险，鉴于此种危险的存在，精确描述的要求对于政府执法人员实施电子视觉监控行为就显得格外重要。在这里，笔者将解释法官应该怎样判断政府执法人员对要搜查的目标场所、目标活动和目标公民的描述是否符合精确描述要求。

（1）目标场所。在实施电子视觉监控行为的申请或命令中，政府执法人员应当明确他们想要安装电子视觉监控装置的确切场所。如果法院不要求政府执法人员明确监控装置的具体位置，那么政府执法人员就可能滥用自由裁量权，在任何场所内部随意安装摄像机。如果法院对政府执法人员实施电子视觉监控行为所颁发的搜查令中仅仅明确规定政府执法人员要监控的目标活动，而不明确规定他们要监控的目标场所的话，政府执法人员因此获得的自由裁量权就会产生严重的

---

① 388 US at 58－59. See also Title III, 18 USC § 2518（1）(b).
② 388 US at 59.
③ Carr, The Law of Electronic Surveillance at § 2.5（c）(1)（C).

问题，因为政府执法人员可能会在不可能监控到目标活动的场所随意安装监控设备。①

当政府执法人员提交的搜查令申请不能明确他们安装摄像机的具体位置时，法官有两个选择：①法官可以拒绝颁发搜查令，直到政府执法人员明确了具体的安装位置；②法官可以认定在被监控的场所中，除了那些被明确排除在监控范围外的区域，其他所有部分都可以作为政府执法人员的监控对象。当然，如果采用第二种选择，就意味着政府执法人员的监控行为会对公民住所造成极大程度的侵入，此种极大程度的侵入可能会使法官在适用 Berger 一案的其他三项标准时更加严格。又或者，此种极大程度的侵入可能只会让政府执法人员的搜查行为成为不合理的搜查行为，这主要取决于该场所的性质、涉嫌犯罪的严重性以及政府执法人员获得其他证据的可能性。

例如，在 Torres 一案的电子视觉监控搜查令中，虽然政府执法人员只列明了他们要监控的场所地址，但是法院却授权政府执法人员在恐怖分子藏身的安全屋的每一个房间内安装摄像机。鉴于安全屋并不是公民的住宅并且涉嫌犯罪是极其严重的罪行，所以法院颁发这样的搜查令是合理的。在 Biasucci 一案的电子视觉监控搜查令中，一方面，政府执法人员仅列明了犯罪嫌疑人进行高利贷活动的办公室的门牌号码。在 Teicher 一案的电子视觉监控搜查令中，政府执法人员只说明了摄像机会被安装在牙医的办公室里，但是没有明确具体的房间。然而，因为公民在其经营场所能够实施的活动类型是有限的，并且相应的绝对隐私期待也会减少，所以上述没有精确描述设备安装位置的搜查令可能是合理的。另一方面，关于政府执法人员对 Marion Barry 实施监控行为的一些新闻报道称，政府执法人员在 Marion Barry 居住的酒店套房浴室中安装了一个以上的摄像机实施监控行为。如果不考虑当事人同意的例外情形，仅为了获得某个公民是否吸毒的信息，政府执法人员实施对公民隐私具有极强侵入性的监控行为显然是不合理的。法官要考虑的关键要素是其颁发的搜查令会授予政府执法

---

① Berger, 388 US at 59 (One risk of general warrants is that they leave "too much to the discretion of the officer..."). See also Zurcher v. Stanford Daily, 436 US 547, 564 (1978).

人员何种程度的自由裁量权，会不会导致他们获得与监控目的无关的公民活动信息。

（2）目标活动。电子视觉监控行为的搜查令也必须精确描述政府执法人员要监控的目标活动。精确描述目标活动的标准有以下两点：第一，搜查令中所描述的活动必须与政府执法人员声明的监控目的直接相关。① 第二，对目标活动的描述必须是精确具体的；法官必须确定政府执法人员并不是想利用电子视觉监控技术实施非法调查行为。在 Ricks 一案中，政府执法人员提交的搜查令申请不符合上述两个标准中的任何一个。在调查一个所谓的"主要的、多层级的非法麻醉剂分销机构"时，政府执法人员在其电子视觉监控搜查令申请中这样描述他们想要监控的活动："犯罪嫌疑人实施的与麻醉剂相关的活动。"② 这样的描述存在两个问题：一是如果政府执法人员按照这样描述的搜查令实施电子视觉监控行为，那么他们就有可能获得与监控目的毫无关系的信息，而政府执法人员的监控目的只是为了确定犯罪嫌疑人在各州之间供应麻醉剂的方式以及他们藏匿麻醉剂的其他场所。二是这样的描述过于宽泛。生活中有很多与麻醉剂相关的或合法或非法的活动，并不是所有的活动都能证明犯罪嫌疑人实施了主要的非法麻醉剂销售行为。例如，公民服用阿司匹林的行为，甚至吸食大麻烟卷的行为，都是与麻醉剂相关的活动，但是这些活动都不能证明该公民是毒品犯罪的中心人物。

如果对目标活动的精确描述要求想产生实际的效果，政府执法人员就必须严格按照程序使用电子视觉监控设备，确保他们监控的活动就是他们在搜查令申请中精确描述的活动。否则，无论政府执法人员是否在搜查令申请中精确描述了目标活动，如果政府执法人员不严格按照程序使用电子视觉监控设备，那么他们实施的电子视觉监控行为必然会捕捉到与监控目标无关的活动信息。当政府执法人员根据搜查令实施现实搜查行为时，他们或许不会扣押与搜查令列明物品无关的物品。当政府执法人员根据搜查令实施声音电子窃听行为时，一旦意识到他们窃听的谈话和声音与他们有权窃听的谈话和声音无关，他们

---

① See Carr, The Law of Electronic Surveillance at § 4.4 (d).
② 537 A2d at 614, 621.

就必须立即停止对无关谈话和声音的监听。政府执法人员实施电子视觉监控行为的程序应该更加严格。在得到实施电子视觉监控行为的搜查令之后，政府执法人员应当先使用其他监控方式作为筛选工具，以便明确是否有迹象表明搜查令描述的活动即将发生，只有在有迹象表明搜查令描述的活动即将发生时，政府执法人员才能开始实施电子视觉监控行为。并且，虽然政府执法人员实施现场监测行为是受到严格限制的，但是在某些情况下，法院应该允许政府执法人员实施仅有几秒钟的观察行为（以确定其是否应该开始实施电子视觉监控行为）。无论如何，明确目标活动的关键要素有两点：①法官授权政府执法人员监控的目标活动必须是特定明确的；②政府执法人员只能以"严格的且非任意的"方式使用电子视觉监控技术监控特定明确的活动。

（3）目标公民。在政府执法人员向法院申请实施电子视觉监控行为的过程中，他们对监控目标人物身份的精确说明存在很多问题。如果政府执法人员申请实施的是《第四修正案》所规定的普通现实搜查行为，那么"针对该行为的搜查令甚至不需要列明被扣押物品所有人的姓名"①。尽管在政府执法人员申请实施声音监控行为时，法院仅仅要求他们在知道被监控对象身份的情况下简单地列明被监控对象的姓名②，但是当政府执法人员申请实施电子视觉监控行为时，法院应当有更加严格的要求，一般来说，法院应该要求政府执法人员对被监控公民的姓名或明确身份作出详细的说明。

法院对政府执法人员实施电子视觉监控行为的申请作出更严格的要求，主要有两个原因：第一，电子视觉监控行为不同于其他类型的搜查行为，不仅仅有侵入程度上的不同，还有性质上的不同。对于现实搜查行为和声音监控行为来说，它们的行为对象分别是被扣押的"财产"和被监听的公民的谈话、声音。而对电子视觉监控行为来说，它的行为对象是政府执法人员想要获知的被监控公民的身份（或者更确切的说是公民的视觉形象）。美国联邦最高法院必须时刻

---

① Zurcher, 436 US at 555.
② 18 USC § 2518 (1) (b). See also United States v. Donovan, 429 US 413, 427 n 15 (1977).

铭记"《第四修正案》保护的是公民，而不是场所"①。第二，任何公民只要出现在一个特定的安装了电子监控设备的区域，电子视觉监控设备就能自动地将该公民作为监控对象。② 但是在 Ybarra v. Illinios 一案③中法院认定，当公民仅仅是出现在政府执法人员有权实施搜查行为的特定区域时，政府执法人员不能对这些公民实施搜查行为。在政府执法人员并不确信对某个特定公民实施搜查行为是否合理的情况下，政府执法人员就不能对该公民实施具有侵入性的搜查行为。因此，在实施电子视觉监控行为时，政府执法人员的监控目标必须只能是在搜查令中被列明姓名的或被明确描述的公民。

当然，如果政府执法人员实施监控行为的目的就是获取涉嫌犯罪活动的公民的身份信息，那么实际上政府执法人员的搜查令申请就很难满足精确描述监控对象身份的严格要求了。在考虑是否批准没有精确说明被监控公民身份的搜查令申请时，法官有以下三种选择：

第一，一旦公民出现在某个被政府执法人员监控的场所，政府执法人员就有合理的根据对其进行监控，此时法官就不用坚持要求政府执法人员必须列明被监控公民的具体姓名了。在 Ybarra 一案中，法院允许政府执法人员在没有列明被监控公民具体姓名的情况下就对其实施监控行为。例如，在 Torres 一案中，法官可以合理地假设，任何进入恐怖分子藏身的安全屋的公民都是了解恐怖分子制造炸弹事实的人，因此进入安全屋的公民也就可以被视为政府执法人员视觉监控的合理对象。

第二，只要至少有一名被政府执法人员列明姓名或被详细描述的监控对象出现时，法官就应该允许政府执法人员使用电子视觉监控技术对其进行监控。

第三，被监控的目标即将出现，政府执法人员仅在确定监控设备拍摄范围内的公民就是监控目标时，才会启动监控设备进行监控，在此种情形下，法官应该批准政府执法人员的搜查令申请。实际上，只要政府执法人员在实施监控行为的情形中能够确定被监控的目标，那

---

① Katz, 389 US at 351.
② See Carr, The Law of Electronic Surveillance at § 2.5 (c) (2).
③ 444 US 85 (1979).

么法官就不会坚持要求政府执法人员必须精确描述被监控对象的身份。

政府执法人员在监控现场也必须执行明确监控对象身份的规定，现场明确身份的程序与前文所述的要求政府执法人员严格按照精确说明实施电子视觉监控行为的程序相似。例如，政府执法人员可以先使用声音监控设备作为筛选工具，明确是否有监控目标出现，并且只有当声音监控确定有监控目标出现时，政府执法人员才能开启电子视觉监控设备对监控目标实施监控。

3. 最小限度规定

精确描述规定与最小限度规定共同发挥作用，最小限度规定要求政府执法人员在实施监控行为时尽可能以最小限度搜集与调查目的无关的信息。① 精确描述规定要求政府执法人员实施监控行为时必须确定监控目标，而最小限度规定实际上以否定的陈述方式表达了相同的规则。最小限度规定要求政府执法人员在实施监控行为时保护搜查令监控目标之外的活动或公民免受政府执法人员的监控。②

姑且不论人们是否只将最小限度规定视为精确描述规定的实施途径，也不论人们是否只是利用最小限度规定限制政府执法人员可能作出的过于宽泛的描述，很明显的是，在 Berger 一案中，法院认为最小限度规定非常重要。在 Berger 一案中，政府执法人员在获得搜查令允许的情况下实施了监听行为，他们不顾及被监听的公民是否与被调查的犯罪活动有关，就对进入监听设备覆盖范围内所有公民的谈话实施了不加区分的监听行为，而纽约州的法律规定，政府执法人员实施的此种监听行为是无效的。美国联邦最高法院认为，政府执法人员的此种电子监听行为等同于普通搜查行为。电子视觉监控技术的本性使其很难满足最小限度规定的要求，因为政府执法人员一旦实施电子视觉监控行为就会有极高的风险，这就是，他们会不顾忌被监控的公民是否与被调查的犯罪活动有关，就对进入监控范围内的所有公民的形象实施不加区分的监控。尽管有极高的风险，或者说正是因为此种极高的风险，法院在审理涉及电子视觉监控行为的案件时不会去考虑

---

① See 18 USC § 2218 (5); Carr, The Law of Electronic Surveillance at § 5.7 (a).
② See Berger, 388 US at 59.

Berger 一案中法官强调的最小限度规定。在 Biasucci 一案中，政府执法人员利用电子视觉监控技术记录了 60 多天内所有进入被告办公室的公民的活动，法院判决支持政府执法人员实施此种监控行为。① 在 Mera-Rincon 一案中，在利用电子视觉监控技术实施监控行为时，政府执法人员监控了某位不明身份公民的私密行为，② 法院没有因此认定政府执法人员的监控行为是无效的。在 Andonian 一案中，政府执法人员使用摄像机记录了三个月内被告人经营场所中的所有活动，包括各种各样的人物偶然进进出出的活动。③ 在以上三个案件中，政府执法人员实施的电子视觉监控行为都不满足最小限度规定的要求。

4. 限制期间规定

限制期间规定确保政府执法人员实施的监控行为不会成为这样的行为，这就是，政府执法人员仅凭一个合理根据就实施一系列侵入行为、搜查行为以及扣押行为。④《街道安全法》第三编规定严格禁止政府执法人员实施声音监控行为的时间超过"必要的实现授权目的的时间"，也禁止政府执法人员对任何事件实施的声音监控行为"超过 30 天"。⑤ 当然，如果政府执法人员有新的合理根据，那么他们可以申请延长监听的时间。

由于政府执法人员能够使用某种监控方式的时间长度与该监控方式的侵入性成比例（反比），如果政府执法人员想要延长电子视觉监控搜查令规定的时间，他们就会面临特别多的困难。因为在决定政府执法人员实施某种监控行为的时间长度时，法院认为该监控行为的侵入性越严重就必须对其进行更为严格的分析，所以，每一个电子视觉监控搜查令的延期申请都必须达到更加严格的要求。虽然随着时间的流逝，政府执法人员会更容易获得新的合理根据（因为随着时间流逝，政府执法人员获得定罪证据的可能性就越大），但是法院对搜查令延期申请所应当具备的其他要求进行审查时应该更加严格。例如，在审查政府执法人员提交的搜查令延期申请时，法院对于精确描述的

---

① 786 F2d at 507 - 508, 508 n 3.
② 911 F2d at 1435.
③ Henry Weinstein, Videotape Rejected in Jewelry Mart Case, LA Times B1 (Mar 29, 1990).
④ Berger, 388 US at 59.
⑤ 18 USC § 2518 (5).

要求应该比对原搜查令申请的要求更高,也就是说,政府执法人员在搜查令延期申请中对监控对象的描述应该更加精确。通过实施电子视觉监控行为,政府执法人员很有可能已经获得了更多关于监控对象和被监控活动类型的信息。因此在他们提出搜查令延期申请时,法院应当要求他们提供更详尽的说明。同样,合理性标准要求政府执法人员只能对更严重的犯罪行为使用更具侵入性的监控方式,这样才能证明其监控方式的合理性。对于某些犯罪行为,政府执法人员对其实施一个月的侵入性监控行为是合理的,但是对其实施两个月或三个月的侵入性监控行为则是不合理的。

(二) 对合理性标准的平衡

在 Berger 一案和 Katz 一案之后,法院已经明确认定,合理性标准禁止政府执法人员在没有搜查令的情况下实施电子视觉监控行为。因此,它留下的关键问题是,在何种情况下,即使政府执法人员具有符合法律规定的搜查令支持,他们实施的电子视觉监控行为也是不合理的。在这一部分中,笔者将厘清法院在对政府执法人员实施的电子视觉监控行为进行合理性衡量时应当考虑的因素,并试图通过明确这些因素来回答上述关键问题。法院应当考虑的因素有两个来源:一是美国联邦最高法院的司法判例,在这些判例中,美国联邦最高法院对涉及《第四修正案》的争议进行了合理性标准的衡量;二是《街道安全法》第三编中的非搜查令规定,这些规定确定了政府执法人员实施声音监控行为的合理性标准。在涉及《第四修正案》的某些判例中,美国联邦最高法院确定了衡量合理性标准的几个因素,其中包括涉嫌犯罪的严重性和政府执法人员以其他方式获得其他证据的可能性两个因素。《街道安全法》第三编确定了某些其他因素,比如以充分的程序保障政府执法人员的监控行为和监控对象得到最大化的保密,又如减少政府执法人员滥用职权的机会。由美国联邦最高法院和美国国会确立的这些标准,都应当用来指导法官对政府执法人员实施的电子视觉监控行为的分析。

1. 美国联邦最高法院对合理性标准的适用

美国联邦最高法院认定,在判断政府执法人员实施的搜查行为是否符合《第四修正案》规定的合理性标准时,法院应该在公民隐私利益的重要性和政府利益的重要性之间作出衡量，其中公民隐私利益的重要性应通过政府执法人员实施的搜查行为的侵入性程度来确定，而政府利益的重要性则应通过政府执法人员获得其他证据的可能性和涉嫌犯罪的严重程度来确定。因为电子视觉监控行为具有极强的侵入性，所以法院应认定，政府执法人员实施此种行为的侵入性与 Winston 一案中政府执法人员对公民实施外科手术行为的侵入性是类似的，并且只有当政府执法人员必须通过实施电子视觉监控行为才能逮捕某个严重犯罪的犯罪嫌疑人时，法院才能认定政府利益的重要性胜过公民隐私利益的重要性。

（1）公民的隐私利益。由于电子视觉监控行为具有很强的侵入性，所以在对政府执法人员实施的电子视觉监控行为的合理性进行衡量时，法院必须将公民的隐私利益置于非常重要的地位。被监控公民的隐私利益往往都是非常重要的因素。美国联邦最高法院在 Winston 一案中明确认定，公民的某些隐私利益是非常重要的，即使政府执法人员实施的搜查行为有法院颁发的搜查令支持，但如果他们实施的搜查行为侵犯了公民享有的这些极其重要的隐私利益，那么他们实施的搜查行为也可能是不合理的。美国联邦最高法院认定，在确定公民隐私利益的重要性时，法院应当考虑的主要因素就是，政府执法人员的搜查行为对"公民享有的隐私性的人格利益和身体完整性的人格利益"[①] 的侵犯程度。美国联邦最高法院认定，政府执法人员提出的通过实施外科手术将子弹从犯罪嫌疑人的锁骨中取出的行为会"严重"侵犯犯罪嫌疑人的"隐私利益"。

由于政府执法人员对公民身体的现实侵入与政府执法人员对公民隐私的侵入是不同的，所以有人或许会否认 Winston 一案与电子视觉监控行为的关联。无可否认，美国联邦最高法院认定，政府执法人员提出的外科手术对公民身体产生的现实侵入性是衡量公民隐私利益的一个考虑因素。但是，美国联邦最高法院并没有将这一认定限制在政府执法人员侵犯公民身体完整性的案件中。相反，美国联邦最高法院采用了宽泛的措辞："当政府执法人员实施的搜查行为侵入某个区域之内或某个区域之上时，如果该区域内存在社会公认的重要隐私利

[①] Winston, 470 US at 761.

益,那么政府执法人员就必须提出更多的实质性正当理由证明其搜查行为是合理的。"因此,在 Winston 一案中,法院将政府执法人员提出的手术行为界定为不合理的搜查行为,此种对不合理性的界定方式同样可以适用于政府执法人员实施的电子视觉监控行为。

或许,当政府执法人员利用电子视觉监控技术的行为构成搜查行为时,此种行为对公民隐私利益的侵犯程度与 Winston 一案中政府执法人员计划实施的手术行为对公民隐私利益的侵犯程度是相同的。专制政府会引起公民极大的恐惧——无论是它强迫公民接受外科手术还是它允许政府执法人员监控公民的隐私活动。公民对其卧室内的事物享有的隐私利益与公民对其锁骨享有的隐私利益也许是同样重要的。对于许多公民来说,政府执法人员对公民的隐私活动进行秘密监控记录的行为与政府强制公民接受外科手术的行为是同样可怕的。

实际上,在某些方面,政府执法人员实施的电子视觉监控行为比 Winston 一案中的手术行为更具侵入性。在 Winston 一案中,政府执法人员想要实施的手术行为是一次性的侵入行为,而当政府执法人员利用电子视觉监控技术实施搜查行为时,他们通常要实施一段时间。同样,政府执法人员实施的电子视觉监控行为具有更强的任意性。在 Winston 一案中,虽然政府执法人员提出了对犯罪嫌疑人实施外科手术的要求,但是该行为只能收集到一小块实物证据(子弹),并且该行为除了提供医学上能得到的信息之外,并不能为政府执法人员提供关于犯罪嫌疑人的任何其他信息。与此不同的是,电子视觉监控行为自然而然地就能搜集到关于公民生活、活动、身体健康以及社会关系的各种细节信息,而这些信息可能与刑事侦查没有任何关系。

相比于 Winston 一案中备受争议的外科手术行为,当政府执法人员对公民私人的、合法的行为实施电子视觉监控行为时,他们的行为会造成更加令人恐惧的影响。《第四修正案》不仅应该保护公民的物质财产和公民的身体的完整性,而且也应该保护公民能够在他们的私人领域实施合法行为而免受政府执法人员的监控。政府执法人员对公民实施现实搜查行为或手术侵入行为必然会影响公民的活动,但是至少遭受这两种搜查行为的公民知道政府执法人员会从何时开始对其实施搜查行为。政府执法人员对公民合法活动实施的搜查行为产生的令人恐惧的影响并不会持续很久,并且一旦公民知道政府执法人员对其开始实施搜查行为时,公民就能停止或变更某些活动,那么政府执法人员的搜查行为就不能对这些活动产生什么令人恐惧的影响了。然而,如果政府执法人员对公民实施的行为是电子视觉监控行为,那么公民对自己遭受政府执法人员搜查的事实会一无所知。在此种情况下,公民为了保护自己就必须从各个方面改变自己的行为,这使得电子视觉监控行为给公民带来的恐惧感完全不同于现实搜查行为给他们带来的恐惧感。即便实际上政府执法人员还没有安装摄像机实施监控行为,当公民开始担心自己遭受政府执法人员实施的电子视觉监控时,此种内心的担忧就证明电子视觉监控行为早在摄像机被安装之前就已经对公民的心理产生了抑制作用。当公民已经遭受政府执法人员实施的电子视觉监控之后,即便摄像机被移除,在此之后很长时间内,此种监控行为仍然会对该公民心理产生抑制作用。

(2)政府的利益。因为在电子视觉监控案件中,公民的隐私利益往往是具有非常强大的重要性的,所以与之对立的政府利益的重要性很少能超越公民隐私利益的重要性。在涉及《第四修正案》的案件中,美国联邦最高法院已经明确了衡量政府利益重要性的两个要素,即政府执法人员获得其他证据的可能性和涉嫌犯罪的严重性。在 Winston 一案中,美国联邦最高法院详细描述了第一个要素,即政府执法人员获得其他证据的可能性。在 Winston 一案中,州政府执法人员已经获得了足够的证据使他们有合理根据逮捕犯罪嫌疑人,并且州政府执法人员也希望利用这些证据证明其有实施外科手术行为的合理根据,因为,通过对犯罪嫌疑人实施外科手术,政府执法人员就可以获得能在庭审阶段使用的证据。① 美国联邦最高法院认为,控方利用其已经掌握的实施逮捕行为的证据就能够实现其在庭审中的证明义务了。政府执法人员想通过实施侵入性的搜查行为获得更多的证据并不是一种"迫切的需要",所以他们并不能充分证明其对犯罪嫌疑人实施外科手术行为的合理性。因此,仅从 Winston 一案的判决中就可以看出,当政府执法人员可以通过其他侦查方式获得足以逮捕犯罪嫌疑人的证据时,如果他们又想实施搜查行为以便获得更多能在庭审阶段使用的证据,那么法院会认定,政府执法人员的此种要求不足以胜过

---

① 470 US at 765.

一个公民对其隐私享有的利益。

美国联邦最高法院在 Welsh v. Wisconsin 一案①中确定了第二个要素，即涉嫌犯罪的严重性。在 Welsh 一案中，政府执法人员认为他们有合理的根据确信犯罪嫌疑人于几分钟之前在醉酒的状态下驾驶机动车，所以他们闯入了该犯罪嫌疑人的住宅。随后，政府执法人员试图证明，他们在没有搜查令的情况下闯入公民住宅的行为符合搜查令规定中的紧急情况这种例外，所以他们实施的闯入行为是合法的。政府执法人员提出的理由是，如果他们在申请到搜查令之后再对犯罪嫌疑人进行检测，则犯罪证据即犯罪嫌疑人的血液酒精浓度就已经无法测量了。美国联邦最高法院对该案中政府执法人员实施的行为进行了合理性标准的衡量，并认定该案中涉嫌的犯罪（醉酒驾驶）并不能证明政府执法人员闯入犯罪嫌疑人住宅的行为是合法的。即使政府执法人员无法获得其他证据能够使他们对犯罪嫌疑人实施逮捕行为，但是政府执法人员实施的闯入行为的侵入性远远大于该案中涉嫌犯罪的严重性，因此政府执法人员闯入犯罪嫌疑人住所的行为并不是合法行为。

总之，虽然在 Winston 一案中，当政府执法人员通过其他侦查方式获得的证据不足以使他们有合理根据逮捕犯罪嫌疑人时，法院就会允许政府执法人员实施严重侵入性侦查行为来获得证据，但是在 Welsh 一案中，法院禁止政府执法人员对轻微犯罪实施严重侵入性侦查行为。在 Welsh 一案中，法院还提出了这样的主张，这就是，政府执法人员为了获取证据而实施必要的侦查行为，只有被侦查的犯罪行为越严重，才能证明政府执法人员实施的具有较强侵入性的侦查行为是合理的。②

因此，在非公开、非合意的情况下，政府执法人员实施电子视觉监控行为构成搜查行为，并且因此影响到公民重要的隐私利益，就如 Winston 一案中公民对自己身体享有的隐私利益，即如果政府执法人员有其他证据能够证明他们有合理根据逮捕犯罪嫌疑人，那么法官就不能允许政府执法人员对该犯罪嫌疑人实施电子视觉监控行为。如果

---

① 466 US 740 (1984).
② Welsh, 466 US at 753.

政府执法人员仅仅为了在庭审中使用额外的证据或仅仅为了让案件的事实说明对陪审团产生更强的说服力，就想使用电子视觉监控技术搜集超出必要程度的额外证据，那么法院就应当禁止政府执法人员实施此种行为。如果政府执法人员只有使用电子视觉监控技术才能搜集到证据，从而获得合理根据对犯罪嫌疑人实施逮捕，并且犯罪嫌疑人涉嫌的犯罪是极其严重的罪行，那么法官就可以允许政府执法人员对犯罪嫌疑人实施电子视觉监控行为。换言之，只有政府执法人员证明他们有"迫切的需要"时，他们实施的电子视觉监控行为才是合理的，所谓"迫切的需要"是指，一项严重的犯罪行为已经发生或正在发生，如果不使用电子视觉监控技术，政府执法人员就不能获得合理的根据逮捕犯罪嫌疑人。

从以上对合理性标准平衡的分析中可以看出，法院对 Teicher 一案作出的判决是不恰当的。在该案中，当政府执法人员向法院申请使用电子视觉监控技术对 Teicher 进行监控时，他们已经掌握了其他证据，这些证据足以使他们获得合理根据逮捕 Teicher。政府执法人员能够获得实物证据、声音监控证据以及被害者本人的陈述，并且这些证据已经足以使他们获得合理根据对 Teicher 实施逮捕。实际上，Teicher 以两项性侵罪被法院定罪，而两项罪行中只有一个是通过录像证据证明的。People v. Dezek 一案[①]是典型的政府执法人员实施不合理电子视觉监控行为的案例，因为在该案中，政府执法人员对社会危害性很小的犯罪实施了电子视觉监控行为。在 Dezek 一案中，为了获得公民实施同性性行为的证据，政府执法人员在公共盥洗室的一个小隔间内安装了一台摄影机。控方以同性之间的严重猥亵罪名控告被告人。虽然法院有无数的理由可以支持其排除此种监控证据，而实际上仅合理性标准就足以让法院排除此种证据了。社会公众获知某些公民实施此种行为（同性性行为）的利益并不是特别重要的社会利益。当法院允许政府执法人员使用电子视觉监控技术去调查这样的犯罪时，它们的做法实际上已经违反了 Welsh 一案的判决。

2. 美国国会对合理性的平衡

在思考政府执法人员监控行为的争议时，美国各地方法院不仅应

---

① 107 Mich App 78, 308 NW2d 652 (1981).

当平衡美国联邦最高法院确定的各种各样的合理性标准因素，也应该平衡美国联邦最高法院还没有确定的其他因素，在平衡这些因素时，除了以美国联邦最高法院确立的规则为指导以外，美国各地方法院还应该将美国国会的相关规定作为指导。为了全面地规制政府执法人员实施的各种监听行为，美国国会在1968年颁发了《街道安全法》第三编，而在当时，政府执法人员的电子视觉监控行为还没有对公民的隐私造成严重的威胁。因此，在1968年，美国国会并没有考虑是否将政府执法人员的电子视觉监控行为纳入《街道安全法》第三编的规定和限制之内。也就是说，该法第三编中大量的规定都不规制政府执法人员实施的电子视觉监控行为。然而，现在各级法院已经承认了声音监控行为和视觉监控行为之间的相似之处，并且美国联邦最高法院在 Berger 一案中已经以《街道安全法》第三编的规定确定了电子视觉监控行为的精确性标准。遗憾的是，法院只采纳了部分《街道安全法》第三编的规定，即只采纳了精确性规定。笔者认为，在确定政府执法人员电子视觉监控行为宪法上的合理性标准时，法院也应该接受《街道安全法》第三编的规定。

在 Torres 一案中，法院认定，《街道安全法》第三编可以作为政府执法人员实施电子视觉监控行为的宪法上的衡量标准，并且法院也认定，在电子视觉监控行为案件中适用合理性分析是适当的。但是，在 Torres 一案中，法院并没有将这两个理论综合起来。法院认为，在《街道安全法》第三编的规定中，只有那些体现了 Berger 一案精确性标准的规定才有宪法上的意义。Posner 大法官认为，在《街道安全法》第三编中，其他的规定并没有体现出宪法性的标准。

然而，在《街道安全法》第三编中，某些规定在本质上的确就是宪法性的，它们既体现了 Berger 一案那种对公民隐私的保护，也体现了《第四修正案》所规定的合理性标准对各种利益的平衡。合理性标准必然取决于整个社会在保护个人隐私利益和增强法律执行利益之间的取舍，也就是说，合理性标准取决于社会是愿意放弃保护部分个人隐私来增强法律执行，还是愿意放弃部分法律执行来增强对个人隐私的保护。对于很多电子监控问题，社会都要对上述两种利益进行平衡。对于非视觉电子监控行为中法律执行和个人隐私两种利益之间的冲突，美国国会在《街道安全法》第三编中"谨慎地作出立法尝试"，以便在二者之间找到适当的平衡。因此，即使《街道安全法》第三编没有明文规定，该法可以规制政府执法人员实施的电子视觉监控行为，但是《街道安全法》第三编表达出的价值观念表明，政府执法人员实施的电子视觉监控行为应当受到《街道安全法》第三编规定的制约。为了达到宪法层面的合理性要求，法院针对电子视觉监控行为设立的标准与《街道安全法》第三编针对声音监控行为设立的标准对公民隐私的保护程度应该是相同的。

除了搜查令的要求以外，《街道安全法》第三编还包含了一些其他的规定，并且《街道安全法》第三编还将国会对合理性的平衡理论确立为法律规则①：第一，《街道安全法》第三编规定，政府执法人员只能对某些特定的犯罪实施电子声音监控行为。② 该法明确规定这些特定的犯罪主要分为三类，即危害国家安全犯罪、像谋杀罪和绑架罪这样本质上十分严重的犯罪以及有组织的犯罪。③ 第二，政府执法人员实施监控行为的搜查令申请，必须由法院在其司法管辖区内统一集中审核，以减少政府执法人员滥用权力的机会。④ 第三，在电子监控行为结束后，政府执法人员必须向受到监控的公民告知其已经被监控的事实。⑤ 第四，《街道安全法》第三编规定，政府执法人员必须采取特殊措施，保护监控信息的机密性并防止信息被篡改，这些措施中就包括及时封存录音带。⑥ 第五，只有法官而不是地方治安官才能批准政府执法人员实施电子监控行为的申请。⑦ 《街道安全法》第三编的规定使得《第四修正案》对公民的隐私保护更具有可执行性，并且这些规定应当适用于政府执法人员实施的电子视觉监控行为。

在 Torres 一案中，美国联邦第七巡回法庭拒绝将《街道安全法》第三编中的这些非搜查令规定作为对合理性标准的衡量方法，而这并

---

① See Torres, 751 F2d at 890 – 891 (Cudahy concurring). See generally Carr, The Law of Electronic Surveillance at § 4.
② 18 USC § § 2516 (1), 2516 (2).
③ Carr, The Law of Electronic Surveillance at § 4.2 (a).
④ 18 USC § § 2516 (1), 2516 (2), 2518 (1) (a).
⑤ 18 USC § § 2518 (7), 2518 (8) (d).
⑥ 18 USC § § 2518 (8) (a).
⑦ 18 USC § § 2516 (1), 2518 (1).

不会改变法院对 Torres 一案的分析,因为在该案中,政府执法人员的行为显然已经满足了上述所有规定的要求。① 但是,在其他至少两个关于电子视觉监控行为的案件中,如果法院不将《街道安全法》第三编中的非搜查令规定作为对合理性标准进行衡量的方法,那么法院对这些案件的分析就会发生改变。在 Cuevas-Sanchez 一案中,虽然政府执法人员实施的电子视觉监控行为并没有得到专门的司法部门官员②的授权,但是美国联邦第五巡回法庭还是采信了政府执法人员通过实施电子视觉监控行为得到的证据。法律规定,政府执法人员在获得录音带后必须及时封存,而在 Ianniello 一案中,虽然政府执法人员没有参照此种法律规定对其通过电子视觉监控行为获得的录像带进行封存,就将录像带直接提交给了州地方法院,但是州地方法院还是采信了政府执法人员提交的这份电子视觉监控证据。③ 在 Berger 一案中,在推翻纽约州的法规时,美国联邦最高法院考虑到的要素就是,在实施电子视觉监控行为时,政府执法人员必须受到非常严格的程序限制,而在 Ianniello 一案中,虽然政府执法人员未遵循保护录像带完整性的程序,但是法院还是认为,政府执法人员实施的此种行为并不是违反严格程序的表现。④

如果政府执法人员为了获得证据,就像滥用电子视觉监控技术一样滥用声音监控技术,那么法院会有很多理由排除政府执法人员以此种方式获取的证据。但是在 Cuevas 和 Sanchez 一案以及 Ianniello 一案中,法院认定,政府执法人员实施电子视觉监控行为的标准低于他们实施声音监控行为的标准,所以在两个案件中,法院都采用了政府执法人员提供的证据而没有将它们予以排除。由于这些法院没有将《街道安全法》第三编中的非搜查令规定作为衡量政府执法人员行为合理性的标准,所以这些法院的判决造成了法律中的异常现象:相比于具有更小危险性的技术来说,政府执法人员实施电子视觉监控行为所使用的技术具有更大的侵入性,但是政府执法人员使用它们却受到

---

① 751 F2d at 884.
② Namely the Attorney General or Assistant Attorney General. 821 F2d at 252.
③ 621 F Supp at 1468.
④ 388 US at 60.

更少的限制。

为了解决此种异常现象，某些法官提出了这样的建议：以《街道安全法》第三编的更加严格的要求规制政府执法人员实施的电子视觉监控行为，可以将《街道安全法》第三编视为制定法上的解释[①]或立法者[②]适用于政府执法人员实施的电子视觉监控行为的规定。但是，即使这些法官提出了这样的建议，他们的建议仍然存在问题。因为《街道安全法》第三编对政府执法人员实施的声音监控行为既有搜查令规定也有合理性规定，所以在法院为政府执法人员实施的电子视觉监控行为确立宪法性的规则时，规则的严格性至少应该与《街道安全法》第三编一样，甚至应该比《街道安全法》第三编更严格。

六、结语

迄今为止，美国联邦最高法院还没有将《第四修正案》规定的对搜查行为和扣押行为的分析方法适用于政府执法人员实施的电子视觉监控行为当中，而在本文中，笔者用美国联邦最高法院作出的涉及《第四修正案》的司法判例分析了政府执法人员实施的电子视觉监控技术。为了获得法院对电子视觉监控行为的搜查令授权，政府执法人员必须满足非常严格的要求。政府执法人员必须证明他们满足以下条件：电子视觉监控技术是他们实施搜查行为可使用的最小侵入性方式；他们已经精确描述了他们要监控的活动、要监控对象的身份以及要监控的场所；他们将无辜公民受到监控的风险降到最低；他们尽可能限制监控行为的持续时间。美国联邦最高法院已经在其他案件中明确了一些衡量政府执法人员实施电子视觉监控行为合理性的要素，《第四修正案》所保护的利益（公民的隐私权）要求政府执法人员只能针对严重的犯罪实施电子视觉监控行为，并且只能是为了搜集足以实施逮捕的证据。因为《街道安全法》第三编的规定既体现了搜查令要求也体现了合理性要求，所以《街道安全法》第三编的所有规定都应该适用于政府执法人员实施的电子视觉监控行为。地方法院通常都未能将美国联邦最高法院提出的涉及《第四修正案》的理论正

---

① See, for example, Judge Cudahy's concurrence in Torres, 751 F2d at 886-895.

② See, for example, Judge Posner's majority opinion in Torres, 751 F2d at 885.

确地适用于政府执法人员实施的电子视觉监控行为当中。

政府执法人员应当以本文提出的标准为指导实施电子视觉监控行为。法官们应当以这些标准为指导决定是否授权或支持政府执法人员实施电子视觉监控行为。如果法院未对政府执法人员实施的行为施加恰当的宪法上的约束，那么在保护公民免受先进科技的侵害和政府执法人员自由裁量权的侵害方面，法院提供的保护就是非常欠缺的。美国公民身处这样的社会，在这个社会中，专制政府会从电视机屏幕后窥视公民，或者在毛绒绒的玩具泰迪熊中安装摄像机监控公民，因为在此种社会中，公民无法以一己之力保护自己的隐私，所以《第四修正案》必须成为保护公民隐私的有效屏障。

公民的隐私权与视频监控

昆廷·巴罗斯[①]著　谢晓君[②]译

目　次

一、导论
二、隐私权的历史
三、对外国和美国经验的分析
四、州实验室
五、限制视频监控的立法建议稿及其评述
六、结语

一、导论

　　Randy Morris 委员声称:"看起来我们正需要远离监控,因为监控对公民所享有的隐私权带来太大风险。"[③] 1996 年,他在佛罗里达州的奥兰多(Orlando)领导一场消除街道视频监控系统的运动。Morris 警告认为,由于法律没有对视频监控的使用作出任何指引或者限制,所以无论公民在机动车内、在街道上或者在监控摄像机附近的住宅内,人们都可以利用街道视频监控系统暗中监视他们。奥兰多的这一改革是反对街道视频监控运动的开始。然而,虽然因为街道视频监控侵犯公民所享有的隐私权,奥兰多拒绝设置街道视频监控系统,

---

[①] 昆廷·巴罗斯(Quentin Burrows),美国北伊利诺伊大学法学院学士,律师。
[②] 谢晓君,中山大学法学院助教。
[③] Robert Perez, County to Turn off Roadside Cameras Because of Concerns About Privacy Orlando Sentinel, June 19, 1996, at A1.

但是另外 15 个城市正在使用街道视频监控系统监控公民。

在美国甚至全世界，公民连续不断地遭受隐蔽的视频监控的侵扰。① 这些隐蔽的视频监控通过各种各样的方式表现出来，例如犯罪预防、安全保障、生产监控和彻底的窥视。在政府使用现代视频监控技术时，政府所面临的最大困难是两种相互矛盾的利益相冲突：公共安全利益与公民的隐私利益。然而，公民的隐私利益似乎在这场较量中落败了，因为越来越多的城镇转向使用视频监控保护街道的安全，防止犯罪的发生。

事实上，视频摄像机对公民造成的侵犯已经能与西方的六发式左轮手枪相提并论。关于使用视频摄像机的例子众多，其中最典型的例子有 George Holiday 所拍摄的关于洛杉矶警察殴打 Rodney King 的视频、摇滚乐传奇 Chuck Berry 因在朋友餐厅的洗手间内安装摄像机而被起诉。1963 年，Abraham Zapruder 把暗杀肯尼迪总统的镜头保存在八毫米的胶片中，但是如果那次暗杀发生在今天，人们将可以从 20 个不同的角度对其进行拍摄。② 随着技术的不断进步，未来的视频监控系统也会得到改良。根据目前的技术，公民可以通过移动电话和手提电脑即时获取住宅内的图像。公民可以把视频监控系统设置为：当摄像机拍摄范围内有行为发生时，系统将自动向住宅的所有权人发送信号，随后住宅的所有权人可以使用其电脑观察住宅内的情况，并且决定是否需要报警。此外，电脑技术员可以利用声波和微波技术，将电脑图像系统中的数据转换为住宅内的真实视觉图像。目前，一个针

---

① Ken Gormley, One Hundred Years of Privacy, 1992 Wis. L. Rev. 1335, 1345; Jennifer Mulhern Granholm, Video Surveillance on Public Streets: The Constitutionality of Invisible Citizen Searches, 64 U. Det. L. Rev. 687 (1987); Kent Greenfield, Comment, Cameras in Teddy Bears: Electronic Visual Surveillance and the Fourth Amendment, 58 U. Chi. L. Rev. 1045 (1991); Andrew Jay McClurg, Bringing Privacy Law Out of the Closet: a Tort Theory of Liability for Intrusions in Public Places, 73 N. C. L. Rev. 989, 1021 (1995); Nancy J. Montroy, United States v. Torres: the Need for Statutory Regulation of Video Surveillance, 12 Notre Dame J. Legis. 264 (1985); Gary C. Robb, Police Use of CCTV Surveillance: Constitutional Implications and Proposed Regulations, 13 U. Mich. J. L. Reform 571 (1980); Denise Troy, Video Surveillance — Big Brother May Be Watching You, 21 Ariz. St. L. J. 445 (1989).

② Howard Kleinberg, Video Cameras Turn the Tables on Big Brother, L. A. Daily J., Mar. 22, 1991, at6.

孔摄像机镜头的直径可以小于 1/8 英寸。

虽然早在 1956 年，人们就已经开始引入视频监控技术，① 但是这对公民所造成的侵犯从未像今天这么普遍。公民明确意识到，无论在商场、银行、自动柜员机或者在便利店，其行为都可能受到政府当局或者保安的监控。对于像百货商场这样的特定地点，视频监控已经持续数年了。② 美国公民虽然可以接受在这些场所受到视频监控，但是他们难以接受在公共道路上或者在住宅外的每个私人行为都受到同样的监控。

在美国，因为街道视频监控设备才刚兴起，所以在视频监控侵犯公民所享有的隐私权这方面，目前只有有限的资料可供参考。1982 年，佛罗里达州的戴德郡（Dade County）制定了一个特别的视频监控计划。在不增加警察的情况下，该计划可以在主要零售购物区域内提高警察局的效率。尤其在戴德郡的迈阿密滩市，为了视频监控能覆盖整个区域，人们把摄像机放在交通信号灯上。根据详细的视频监控计划，人们会沿着城市的两个零售购物区域安置 100 个摄像机隔间。然而，视频监控系统的设计者打算，无论在任何时候，100 个隔间内实际上只会放置 21 部摄像机。当警察把摄像机从一个隔间移到另一个隔间时，罪犯就不能确定哪个隔间内有摄像机。

当地的志愿者全天 24 小时监控戴德郡的摄像机。视频监控系统的运作由远点源所控制的便捷式的无线摄像机组成。监控摄像机有一个自带的电源可以收集视频图像，随后，视频接收器通过微波将这些视频图像传输到中央控制中心的监控屏幕上。此外，该监控摄像机甚至有平移和倾斜功能以及伸缩变焦镜头。

采用视频监控计划的城市表示，目前在使用街道视频监控系统的过程中，仍存在一些令人困扰的问题。迈阿密滩市（the City of Miami Beach）传统上是一个低收入、老龄化的退休社区。然而，长期居住的居民开始关注到，低廉的住房吸引低收入的黑人和西班牙难民开始居住在此。因为年老的居民日渐担心这些黑人和西班牙难民会在此实

---

① The Cambridge Fact Finder 526（David Crystal ed.，1994）.
② Raymond Surette, Video Street Patrol：Media Technology and Street Crime, 13 J. Plice Sci & Admin. 78，78 n. 1 (1985).

施犯罪行为，所以他们开始陆续要求增加警察的数量。居民告诉研究人员，因为他们怀疑在此居住、工作的年轻黑人和西班牙人会实施犯罪行为，他们甚至宣称感觉到每个在此居住的黑人和西班牙人都是潜在的罪犯，所以他们十分害怕将会成为受害者。

基于此种担忧，视频监控计划主要针对城市中犯罪率最高的地区。然而，视频监控计划的运作并没有完全成功，仍存在修改的空间。

第一个问题是，视频监控计划的实施与其计划不符。其一，该计划原本打算由内部的警察实施视频监控行为，但实际上，它却由大多数年老的社区雇员代替实施视频监控行为。其二，该计划原本规定每90日转换摄像机的位置，从而使得罪犯对于摄像机的位置产生混淆，但实际上，摄像机的位置在目标区域内长期不变。曾经在一段时间内，由于摄像机装备的失败，所以只有3部监控摄像机在实际运转。在调查中，一些当地的居民认为这些监控摄像机并没有起到威慑的效果。

第二个问题是，视频监控计划的设计者曾经希望从视频监控的录像中获利。然而，他们随后意识到，将视频的"动态镜头"销售给新闻广播的这一想法是一个巨大的错误。由于这些问题的出现，戴德郡的视频监控计划在1984年的5月已经中断，在此期间，政府执法人员并没有成功利用该视频监控系统抓捕到任何罪犯。

虽然美国数个城市取消了视频监控计划，但是在最近几年，某些城市已经开始创建公共街道的视频监控系统。目前，在安克雷奇（Anchorage）、巴尔的摩（Baltimore）、波士顿（Boston）、卡姆登（Camden）、劳德代尔堡（Ft. Lauderdale）[1]、洛杉矶（Los Angeles）、孟菲斯（Memphis）、塔科马港市（Tacoma）[2]和弗吉尼亚比奇（Virginia Beach），人们已经在街道上安装了视频监控设备，并且这些设备与戴德郡之前所使用的是同种类型的。此外，在机动车驾驶方

---

[1] Nicole Sterghos, Keeping an Eye on You, Use of Video Surveillance Cameras is on the Rise, Sun Sentinel (Fla.), Jan. 29, 1996, at 1A.
[2] David R. Anderson, Police May Aim Cameras at Crime, The Oregonian, Feb. 2, 1996, at B1.

面,许多城市开始使用"摄像机监控系统"威慑机动车司机,防止他们实施超速、违反交通信号灯和逃避通行费等违反交通法规的行为。① 不幸的是,美国联邦最高法院已经在许多案件中拒绝承认公民在公共街道上也享有"隐私权"。并且,国会从不直接对在公共街道上所设置的视频监控这一问题制定法律。下级法院普遍认为,在公共的或者对社会公众开放的场合,公民不享有隐私权。然而,本文致力于探索一种扩大的隐私权,从而保护公民所享有的隐私权免受警察局和当地政府在公共街道上所设置的持续不断的隐蔽视频监控的侵扰。

因为警察和当地政府所利用的视频监控技术涉及两方面的利益冲突,而本文将在以下部分分析这两种利益之间的冲突:公民所享有的隐私权与国家所享有的犯罪预防的安全利益。

在本文的第二部分,笔者将通过调查美国联邦最高法院的判决、其他联邦下级法院的判例和国会的制定法,介绍日益消减的隐私权的历史背景。

在本文的第三部分,为了判断当面临视频监控建议时,每个州应该利用哪个分析方法,笔者将会考查外国对于视频监控的数个分析方法;探讨数个城市在公共道路上使用视频监控摄像机的具体运作;比较公民个人实施的视频监控行为与警察实施的视频监控行为,并因此探索,当警察局在公共街道上持续不断地实施视频监控行为时,其滥用视频监控的潜在可能性。

在本文的第四部分,在通过州宪法扩大公民权利的"新联邦主义"时期,数个州对于在公共道路上公民所享有的隐私权有不同的分析方法,而笔者将对此作出评价。笔者还会调查,在建立了街道视频监控系统之后,城镇将会产生什么有利和不利的潜在后果。

在本文的第五部分,笔者将提出一份州标准法律的建议稿,从而扩大公民所享有的隐私权。为了保护公民所享有的基本隐私权免受政府执法人员所实施的持续不断的视频监控行为的侵犯,此种扩大的隐私权将会阻碍连续不断的街道视频监控系统的运行。笔者所起草的州

---

① See Eric Zorn, Just Scowl, You're on Tollway Camera, CHI. TRIB., Sept. 15, 1991, at 1; Photo-Cop Is an Expensive Monster, Salt Lake Trib., Aug. 29, 1995, at A8. But see Joe Mooney, Federal Way Says No to Photo Cop, Seattle Post-intelligencer, Jan. 5, 1995, at B2.

标准法律的建议稿主要包括将监控事实告知监控对象的要求、令人信服的政府利益的衡量判断标准、视频监控的具体要求和持续条件、排除非法收集所获取的信息作为证据使用的非法证据排除规则，以及如果监控人员违反法律规定的话，他们所面临的刑事和民事处罚。

二、隐私权的历史

早在19世纪，美国学者就已经对隐私权的起源作出讨论。[①] Samuel Warren 和 Louis Brandeis 以其著作《论隐私权》成为了隐私权的先锋者，该著作开创了隐私权的历史先河，而隐私权在此之前是并不存在的。Warren 和 Brandeis 关心摄像机、打印、小报和电话这些新技术对公民所享有的隐私权造成的侵犯。后来，也就是1916年，伍德罗·威尔逊（Woodrow Wilson）总统任命 Brandeis 为美国联邦最高法院法官。在任职期间，Brandeis 致力于为未来的隐私权法奠定基础。William Prosser 教授所赞成的传统观点认为，因为新闻媒体窥探 Samuel Warren 的女儿的婚礼，所以《论隐私权》是 Samuel Warren 对于此不公平待遇所做的直接回应。由于 Prosser 教授遵循州法院在20世纪早期所作出的一系列判例，他主张把隐私分为四类，后来的《美国侵权法复述》也采用了此种分类方法。因此，Prosser 教授也成为对隐私权发展产生重要影响的学者。然而，因为数个批评者批判 Prosser 把隐私分为四个领域来"对号入座"的这一做法[②]，所以许多学者致力于重建隐私权法。于是，由于民法学者对于隐私的概念存在分歧，所以人们只有在众多概念中剥离、筛选，才能探索出一个可以反映隐私权与视频监控关系的隐私权概念。

隐私权法是混乱的，因为它来源于侵权法、宪法、刑事诉讼法、民事诉讼法、家庭法和合同法。此外，隐私是很难被定义的，因为它对不同的人明显意味着不同的事。在宪法层面上，隐私的定义来源于这一理论：《权利法案》适用于各州，而这正是《美国联邦宪法第十

[①] See Samuel D. Warren & Louis D. Brandeis, The Right to Privacy, 4 Harv. L. Rev. 193 (1890).

[②] Edward J. Bloustein, Privacy as an Aspect of Human Dignity: an Answer to Dean Prosser, 39 N. Y. U. L. Rev. 962 (1964).

四修正案》(以下简称《第十四修正案》)所包含的内容。① 根据《美国联邦宪法第一修正案》《美国联邦宪法第三修正案》②《美国联邦宪法第四修正案》(以下简称《第四修正案》)、《美国联邦宪法第五修正案》《美国联邦宪法第九修正案》和《美国联邦宪法第十四修正案》③，美国联邦最高法院已经确定了有限的隐私权。然而，在最近几年，美国联邦最高法院的某些法官已经开始限制隐私权的扩大。因此，为了判断在视频监控的案件中应遵循什么先例，美国联邦最高法院必须审查其所作出的有关隐私权的司法判例。通过对这些判决的详细审查，我们可以判断视频监控侵犯公民隐私权的争论在美国联邦最高法院能否胜诉。

(一)《第四修正案》所规定的隐私权

目前，隐私权理论往往来源于《第四修正案》所规定的刑事诉讼案件。当美国联邦最高法院第一次在电子监控的案件中审查公民所享有的隐私权时，它认为，《第四修正案》"保护的是公民而不是场所"。④ 在 Katz v. United States 一案⑤中，美国联邦最高法院认为，政府对被告在电话亭里打电话时所说的话进行电子监听和记录的行为侵犯了被告所享有的隐私合理期待。在 Katz 一案的并存意见中，John M. Harlan 大法官所创设的判断标准后来成为了美国联邦最高法院的二步分析法，用来判断公民何时存在合理的隐私期待："其一，公民对其隐私表现出了真实的、主观的期待；其二，公民所表现出的此种真实的、主观的隐私期待被社会认为是合理的隐私期待。"⑥

不幸的是，《第四修正案》所规定的对公民隐私权的早期构想逐渐式微，因为美国联邦最高法院在其后来所作出的判决中似乎认为，当公民离开住宅时，他们在公共场所内只有有限的隐私期待。例如，

---

① Wolf. v. Colorado, 338 U. S. 25, 27 (1949). See also Aguilar v. Texas, 378 U. S. 108 (1964).
② Berger v. New York, 338 U. S. 41, 65 (1967) (Douglas, J., concurring).
③ See Roe v. Wade, 410 U. S. 113, 152 – 153 (1973).
④ Katz v. United States, 389 U. S. 347, 351 (1967).
⑤ 389 U. S. 347 (1967).
⑥ Katz, 389 U. S. at 360 – 361 (Harlan, J., concurring).

美国联邦最高法院认为,当政府执法人员在可航行的空域内对他人的工业厂房进行航空拍摄时,他们所实施的行为不构成《第四修正案》所禁止的搜查行为。① 美国联邦最高法院还总结认为,警察使用人工探明技术的行为不构成《第四修正案》所规定的搜查行为。② 此外,在判断政府所实施的搜查行为或扣押行为是否合理这一问题上,美国联邦最高法院并不会考虑:当政府实施某种行为时,它们所实施的此种行为是否能够为对公民所享有的隐私权造成较少侵犯的其他行为所替代。③

事实上,美国联邦最高法院已经审查了许多关于公民在住宅外所享有的隐私权的案件,并且认定,在以下几种情况,公民不享有隐私合理期待:第一,当公民把垃圾袋放置在庭院外并被警察搜查时,公民对此不享有隐私合理期待。④ 第二,在开放领域内,公民对于政府执法人员所实施的搜查、扣押行为不享有隐私期待,⑤ 并且,当公民在公共道路上驾驶机动车时,其隐私利益也会有所减弱。⑥ 第三,当公民拨打电话号码并被警察根据描笔式记录器恢复时,公民对此不享有隐私合理期待。⑦ 第四,当公民的对话被戴有窃听器的卧底线人监听记录时,公民对此不享有隐私合理期待。⑧ 在种植毒品和持有毒品的案件中,美国联邦最高法院特别严厉地剥夺公民所享有的隐私合理期待。⑨ 例如,美国联邦最高法院认为,如果公民在其后院内种植或持有毒品,那么他对此也不享有隐私合理期待。⑩ 在一个涉及公民后

---

① Dow Chem. Co. v. United States, 476 U. S. 227, 239 (1986).
② Texas v. Brown, 460 U. S. 730, 740 (1983).
③ Illinois v. LaFayette, 462 U. S. 640, 647 (1983).
④ California v. Greenwood, 486 U. S. 35, 37 (1988). California v. Ciraolo, 476 U. S. 207, 213 (1986).
⑤ Oliver v. United States, 466 U. S. 170, 176 – 177 (1984).
⑥ United States v. Knotts, 460 U. S. 276, 281 – 285 (1983)
⑦ Smith v. Maryland, 442 U. S. 735, 745 – 746 (1979).
⑧ United States v. White, 401 U. S. 745, 751 (1971).
⑨ Vernonia Sch. Dist. 47J v. Action, 115 S. Ct. 2386, 2391 (1995). Florida v. Riley, 488 U. S. 445, 451 – 452 (1989). United States v. Dunn, 480 U. S. 294, 305 (1987). New Jersey v. T. L. O., 469 U. S. 325, 346 – 347 (1985). Oliver v. United States, 466 U. S. 170, 173, 179 – 181 (1984). United States v. Place, 462 U. S. 696, 707, 710 (1983).
⑩ California v. Ciraolo, 476 U. S. 207, 213 (1986).

院的案件中，美国联邦最高法院认为，在没有获得搜查令的情况下，如果警察使用私人飞机在1 000尺的高空对公民后庭院内所种植的大麻进行航空拍摄，他们实施的此种行为并不构成《第四修正案》所规定的搜查行为。

因此，根据这些先前的判例，法院似乎不可能把警察在街道上所实施的视频监控行为看作《第四修正案》所规定的"搜查行为"，因为法院已经认定，公民在公共街道上不享有隐私合理期待。于是，单凭《第四修正案》，我们不能恰当地保护公民所享有的隐私权免受公共道路上的视频监控侵扰。虽然警察认为，只有《第四修正案》对公民所享有的隐私权作出相关规定，但是除此之外，我们还可以从法院所作出的关于隐私基本权利的判决入手考虑公民的隐私权问题。

（二）作为基本权利的隐私权

在 Griswold v. Connecticut 一案①中，美国联邦最高法院改变了隐私权的保护范围，它判决认为，康乃狄克州法律禁止分配避孕用具的规定违反了婚姻隐私权。William O. Douglas 大法官在其判决意见中认为，隐私权来源于"隐私区域"或者是《美国联邦宪法第一修正案》《美国联邦宪法第三修正案》《美国联邦宪法第四修正案》《美国联邦宪法第五修正案》和《美国联邦宪法第九修正案》的"半影"（penumbras）。虽然其他法官不认同隐私权的此种来源，但是大多数法官保护夫妻在寝室内所享有的隐私权。Griswold 一案的判决唤醒了夫妻之间的一种新隐私权，这种新隐私权来源于避孕的技术进步和个人选择。

虽然 Douglas 大法官主张半影权利理论（theory of penumbral rights），但是该理论的批评者已经尝试重新塑造宪法领域的隐私权，如 William H. Rehnquist 首席大法官和 Robert Bork 大法官。② 通过审查批评者对于隐私权的分析方法，我们就可以解释，在基本权利的语境下，为什么美国联邦最高法院不可能保护公民所享有的隐私权免受视频监控的侵犯。例如，Rehnquist 首席大法官认为，如果由于保护

① 381 U. S. 479 (1965).
② Paul v. Davis, 424 U. S. 693, 713–714 (1976).

公民所享有的隐私权而打破宪法上的均衡，那么其他社会价值将会遭受损害。① 此外，如果保护公民所享有的隐私权不利于政府执法，那么 Rehnquist 大法官似乎更坚决地拒绝承认公民在公共场所内享有隐私权。最后，为了对政府执法进行有限的干预，在判断隐私事项时，Rehnquist 大法官主张适用理性的判断标准。

除此之外，还有一个涉及基本隐私权利的重大案件。人们对美国联邦最高法院在 Roe v. Wade 一案②中所作出的判决争论不休，Harry A. Blackmun 大法官以此判决引领了维持 24 年的堕胎辩论。Roe 一案建立了一个规则：宪法上的隐私权保护女性堕胎的权利。在建立该隐私规则时，Roe 一案似乎更多依赖《第十四修正案》所规定的有序自由理论，而非隐私范围的半影。虽然 Planned Parenthood of Southeastern Pennsylvania v. Casey 一案③推翻了 Roe 一案所确立的三阶段标准规则，但是美国联邦最高法院仍然维持 Roe 一案判例的核心内容。美国联邦最高法院认为，Casey 一案完全符合其先前所作出的判决的框架，包括 Skinner v. Oklahoma、④ Griswold v. Connecticut、⑤ Loving v. Virginia 和 Eisenstad v. Baird⑥，这些案件都"不是分离的一系列观点"，而是"理性的连续体"。⑦ 在该案的反对意见中，Rehnquist 大法官尝试阻止这种新隐私权的扩大，也就是，他反对将《第十四修正案》所规定的与家庭、子女栽培、教育、婚姻、生育、避孕相关的事情都看作隐私。

顺着 Rehnquist 法官反对意见中的思路，美国联邦最高法院拒绝在两个尴尬的场合扩大公民所享有的隐私权。

第一，在 Bowers v. Hardwick 一案⑧中，美国联邦最高法院认为，如果公民在住宅内发生同性之间的性行为，那么他们的行为违反鸡奸

---

① William H. Rehnquist, Is an Expanded Right of Privacy Consistent with Fair and Effective Law Enforcement? Or: Privacy, You're Come a Long Way, Baby, 23 Kan. L. Rev. 1 (1974).
② 410 U. S. 113 (1973).
③ 505 U. S. 833 (1992).
④ 316 U. S. 535 (1942).
⑤ 381 U. S. 479 (1965).
⑥ 405 U. S. 438, 454-455 (1972).
⑦ Planned Parenthood of Southeastern Pa. v. Casey, 505 U. S. 833, 858 (1992).
⑧ 478 U. S. 186 (1986).

法，不受隐私权的保护。具有讽刺意味的是，前大法官 Lewis Powell Jr. 在该案中投了决定性的一票，但随后却告诉法学院的学生，"我认为我在该案中大概做了一个错误的决定"①。然而，法院在该类型的隐私案件判决中允许警察和当地政府判断住宅内可能发生什么行为，很明显，这不利于在视频监控的环境下扩大公民所享有的隐私权。

第二，在 Laird v. Tatum 一案②中，美国联邦最高法院认为，作为原告的政治活动家不能仅仅以监控对言论自由所产生的"寒蝉效应"（chilling effect）为由要求美国联邦最高法院维持上诉判决。③ 在 Laird 一案中，美国联邦最高法院之所以允许军方对原告进行军事监控，是因为军方的视频监控并没有对原告造成特定的眼前伤害或者未来威胁。④

于是，在以上这两个关于隐私的案例中，美国联邦最高法院允许警察和军方的利益凌驾于公民所享有的隐私权之上。根据目前的隐私理论，公民似乎不可能向美国联邦最高法院成功提起视频监控与隐私权的诉讼。隐私权的半影理论对于原告要求禁止警察在公共场所实施视频监控行为也没有多大用处。因此，我们必须审查联邦和州关于隐私的其他规定或理论，帮助填补美国联邦最高法院在视频监控隐私领域所留下的空白。

（三）其他联邦下级法院

虽然联邦下级法院一般会遵循美国联邦最高法院所作出的与公民隐私权有关的判例，但是在视频监控案件的许多判决中，法院之间会出现令人困惑的分歧。例如，夏威夷联邦地方法院认为，在没有获得搜查令的情况下，如果联邦调查局的政府执法人员使用望远镜侦察公

---

① Ruth Marcus, Powell Regrets Backing Sodomy Law, Wash. Post, Oct. 26, 1990, at A3; Linda Greenhouse, When Second Thoughts in Case Come too Late, N. Y. Times, Nov. 5, 1990, at 14.
② 408 U. S. 1 (1972).
③ Ex Parte Levitt, 302 U. S. 633, 634 (1937).
④ Laird, 408 U. S. at 13 – 14.

民所阅读的内容,那么他们所实施的行为侵犯了公民所享有的隐私权。① 法院的判决理由是,我们不能单纯因为偷窥这一现象在社会上比比皆是,就认为政府可以实施监控行为。② 在 United States v. Torres 一案③中,第七巡回上诉法院承认,正如现代西方国家所知道的,因为电视监控具有过度的侵犯性,所以,如果政府执法人员严重滥用电视监控,那么公民所享有的隐私权将消失殆尽。在 Torres 一案中,联邦调查局已经得到伊利诺斯市北部地区的美国地方法院的授权,可以秘密进入公寓并在每个房间内安装电子木马漏洞和电视摄像机。代表第七巡回上诉法院发言的 Posner 大法官表示,虽然该区域内公民的大声抱怨引起了国会的关注,但是联邦上诉法院认为,对嫌疑犯所实施的电视监控行为本身并没有违反宪法。

除此之外,还有某些相似的联邦法院判决支持政府执法机构实施隐蔽的视频监控行为。④ 在 United States v. Mesa Rincon 一案⑤中,第十巡回上诉法院支持了一项视频监控指令,该指令授权政府执法人员在堪萨斯州对建筑内造假的情景进行秘密拍摄。法院认为,对公民口头交流的窃听实质上与视频监控相类似,并且,视频监控甚至更具有侵犯性。由于公民在建筑物内仍享有"中度的"隐私期待,因此法院认为,政府执法人员在此情况下需要承担的证明责任有所提高。虽然在拍摄的过程中,特勤局(the Secret Service)观察到一个不知名的男性正在手淫,但是法院仍支持将视频监控录像作为证据使用。法院认为,它之所以支持政府使用隐蔽的视频监控,是因为在这些情况下,公民所享有的隐私期待是足够低的,以至于政府执法人员实施视频监控行为的需求都比公民在此时所享有的隐私期待来得重要。

这些案件突出表现了以下两者的重要区别:政府执法人员针对特定对象所实施的视频监控行为与政府执法人员针对社会公众所实施的视频监控行为。虽然在大多数案件中,法院看上去似乎主要考虑视频监控对公民隐私权所造成的侵犯,但是在这些案件中,警察和政府执

---

① United States v. Kim, 415 F. Supp. 1252 (D. Haw. 1976).
② Kim, 415 F. Supp. at 1256.
③ 751 F. 2d 875 (7th Cir. 1984).
④ United States v. Ianniello, 808 F. 2d 184, 186 n. 1, 195 (2d Cir. 1986).
⑤ 911 F. 2d 1433 (10th Cir. 1990).

法人员都列出了特定的监控目标或具体操作,以及拍摄的特定原因。① 因此,针对狭窄范围内特定对象所实施的监控行为与针对一般社会公众所实施的监控行为之间必然有巨大的差异。为了完全了解联邦法院如何解释视频监控的具体要求,我们需要对授权政府执法人员实施监控行为的国会制定法进行分析。

（四）国会和视频监控

国会已经拒绝通过有关保护公民免受连续不断的视频监控侵扰的制定法。与美国联邦最高法院在 Katz 一案中对口头交流的监控所作出的判决相应,国会在 1968 年通过了《综合犯罪控制与街道安全法第三编》(Title III of the Omnibus Crime Control and Safe Streets Act,以下简称《街道安全法第三编》),虽然该法对电子窃听、窃听器和对口头交流的窃听作出了规定,但它并没有对视频监控作出任何规定。② 根据《街道安全法第三编》,政府执法人员必须向法院申请搜查令之后,才能在调查数种特定罪行的过程中,窃听与之相关的对话。③《街道安全法第三编》所规定的一个有效搜查令必须具备四个条件：①正当根据；②特殊性；③必要性；④最小限度。然而,联邦上诉法院对于在视频监控方面适用《街道安全法第三编》有不同的做法,并且国会从未阐明这些争议点。在审理政府执法人员实施隐蔽的视频监控行为的案件时,某些联邦法院适用《街道安全法第三编》所规定的四个条件中的部分条件,④ 相反,某些法院在这些案件中并不适用《街道安全法第三编》。⑤ 因此,虽然视频监控可能比声音监控更具有侵犯性,但由于《街道安全法第三编》没有对视频监控作

---

① United States v. Biasucci, 786 F. 2d 504, 512 (2d Cir. 1986). United States v. Torres, 751 F. 2d 875, 883 (7th Cir. 1984).

② 18 U. S. C. §§ 2510 – 2521 (1994). See Andrew Miller, Electronic Surveillance, 80 GEO. L. J. 1037 (1992).

③ 18 U. S. C. §§ 2516 – 2518 (1994).

④ United States v. Mesa-Rincon, 911 F. 2d 1433 (10th Cir. 1990); United States v. Cuevas-Sanchez, 821 F. 2d 248 (5th Cir. 1987); United States v. Biasucci, 768 F. 2d 504 (2d Cir. 1986); United States v. Torres, 751 F. 2d 875 (7th Cir. 1984).

⑤ United States v. Taketa, 923 F. 2d 665, 675 (9th Cir. 1991). Mesa-Rincon, 911 F. 2d at 1436 – 1438.

出规定,所以法院在这方面的做法存在不一致。正如联邦法院已经认为的那样①,"虽然视频监控比声音监控对公民所享有的隐私权造成更严重的侵犯,'就像光身搜查比全身搜查更具侵犯性一样'",但是国会并没有对此作出区分。②

虽然国会在其他监控方面继续完善制定法的相关规定,但它并不就警察针对特定对象或者一般社会公众所实施的视频监控行为制定法律。矛盾的是,国会颁布了《联邦情报监视法》(Federal Intelligence Surveillance Act),为政府执法人员对外国势力所实施的视频监控行为提供了行为标准,但该法对美国公民的监控行为没有作出任何规定。③《联邦情报监视法》还规定了非法证据排除规则、在非公开法庭审查视频录像带规则和无意获取所得资料的销毁规则。作为《联邦情报监视法》的解释,美国律师手册的第九条表明,如果外国政府执法人员享有隐私合理期待,那么对他们所实施的视频监控行为需要得到司法的授权。然而,当警察和联邦政府执法人员在公共街道上对美国公民实施视频监控行为时,他们并不需要遵守《街道安全法第三编》所规定的安全保护措施或者《联邦情报监视法》,因为制定法并没有对此作出任何规定或要求。

因此,在视频监控方面,无论是联邦还是州都需要对此进行立法,其原因有二:其一,目前,该方面的法律规定是不一致的、毫无成效的;其二,在国会没有对此作出解释的情况下,这会导致法院意见的分歧。因为越来越多有关视频监控的问题浮出水面,所以明显需要有全面的政策才能解决这些问题,但是美国联邦最高法院和国会却简单地对此作出了回避。因此,我们可以对外国如何解决监控激增这一问题进行审查,从而了解美国在这方面需要什么政策。如果国会仍然不就视频监控行为侵犯公民所享有的隐私权这一问题制定法律的话,那么美国可能不久就会效仿外国的这些做法。

---

① Torres, 751 F. 2d at 885; Messa-Rincon, 911 F. 2d at 1442 – 1443.
② Thomas M. Messana, Ricks v. State: Big Brother has Arrived in Maryland, 48 MD. L. Rev. 435, 452 (1989).
③ 50 U. S. C. § 1801 (1994).

三、对外国和美国经验的分析

(一) 外国的经验

"你只能在这样的假定下生活,从已经成为本能的习惯出发,你早已这样生活了:你发出的每一个声音,都会被听到;你作出的每一个动作,除非在黑暗中,都会被仔细观察……他竭力想挤出一些童年时代的记忆来,能够告诉他伦敦是不是一直都是这样的。"①

George Orwell 上述这段话的讽刺意味在当今的英国还未消失,因为现在英国的城市为了"预防犯罪",安装了 150 000 部专业的摄像机监控公共街道,并以此而自豪。② 这些摄像机具有非常强大的功能,大多数都能 360°水平旋转和放大到半英里。监控改革正在迅速发展,以目前这个速度,英国将会在接下来的 3 年内再增加 10 000 多部"窥视摄像机"。③ 此外,在英国,大多数人对于在他们社会中所存在的视频监控及其数量都不太了解。④ 英国 95% 的当地政府正在考虑建立闭路电视 (CCTV)⑤ 系统,并且超过 75 个英国城市已经建立了闭路电视系统。英国开始依靠视频监控预防日益增加的街道犯罪。然而,因为英国的成文宪法或者普通法都否认隐私权的独立存在,所以没有法律可以保护普通公民免受每周 7 日、每日 24 小时的监控。⑥

因为欧洲的犯罪问题导致其十分渴望有打击犯罪的创新方法,所以,通过使用视频监控技术,欧洲的居民简单地以其所享有的隐私权

---

① George Orwell, 1984, at 6–7.
② Simon Davies, True Stories: Last Post Sounds for Americans, an Infringement of Civil Liberties or a Necessary Weapon to Fight Crime?, The Indepent, Nov. 2, 1994, at 2.
③ John Deane, CCTV Boost Follows Crime-Fighting Success, Press Association Newsfile, Oct. 13, 1995, available in LEXIS, World Library, ARCNWS File.
④ John Naughton, Video Eyes Are Everywhere: "Big Brother" in Britain, The Observer, Nov. 13, 1994, at 13.
⑤ Alan F. Westin, Privacy and Freedom 71 (1970).
⑥ Steve Coll, Crime Busters: in England Video Cop on Patrol, Int'l Herald Trib., Aug. 10, 1994, available in Lexis, World Library, Arcnws File.

换取预防犯罪的安全保障。① 因此,英国不保护公民所享有的隐私权,而最近,人们最严峻地意识到这一点是在 Caught in the Act 这个视频中。该视频由 Barrie Goulding 公司播放,视频内包括有从街道视频监控摄像机中所获取的"生动画面"镜头。② 窥视摄像机的镜头记录了在门口发生的性行为、骚扰、抢劫、汽车犯罪、盗窃和街头斗殴。③ 视频展现了无辜的受害者和违法者,同时也捕捉了违法者的图像,然后人们为了利益而加以利用这些图像。更令人不安的是,我们试想,如果每个监控人员都有他们自己的 20 个芯片,然后将这些视频作为违禁电影在色情市场上售卖的话,那么其后果是不堪设想的。因为在英国,法律对于视频监控摄像机的使用或者监控图片的收集没有作出任何规定,所以 Barrie Goulding 公司的 Caught in the Act 视频仍然存在。④ 这样一来,欧洲人每天的日常生活都要被遥控室内不知名的监控人员观看和记录。

经过声名狼藉的 Jamie Bulger 一案后,欧洲的视频监控获得了全世界的关注。在该案中,视频监控的摄像机拍摄到两个男孩带着一个两岁的婴儿离开英国利物浦的商场。然而,该案表明,如果视频监控录像要作为证据使用,其所面临的一个最大问题是:在判断该视频监控录像能否作为证据使用时,人们存在相互冲突的观点。

虽然英国可能会被认为是监控的世界之都,但是其他许多国家也都已经在其社会中安装了监控设备。例如,在法国,警察拥有广泛的权力去安装监控摄像机,包括在住宅入口安装,从而进行街道视频监

---

① Oliver Bennett, Here's Looking at You; Closed-Circuit TV is Now a Part of the Street Furniture. The Police (and the Pornographers) are Watching Your Every Move. In Our Surveillance Culture, is Nothing Private?, The Independent, Dec. 3, 1995, at 3; Nuala Haughey, Should Electronic Eyes be Watching Over Us?, The Irish Times, Apr. 18, 1995, at 7.
② Blackmail Concern as CCTV Video Sex Footage Goes on Sale, The Herald (Glasgow), Nov. 27, 1995, at 5.
③ Nicholas Hellen, Councils Sell Camera Monitor Footage for Sex and Crime Video, Sunday Times (London), Oct. 8, 1995, at 1.
④ Patrick Matthews, Somebody's Watching You, The Independent, Aug. 29, 1994, at 21.

控。① 在澳大利亚，视频监控系统的使用日益增加，其中一个市中心商业区至少有 200 部摄像机。② 在爱尔兰，自 20 世纪 80 年代中期开始，在没有公众同意的情况下，政府执法人员已经开始实施视频监控行为，并且在数个新的政府计划中，政府还打算扩大街道视频监控。在苏格兰，视频监控与公民所享有的隐私权之间的许多问题也出现了。③ 与欧洲这些国家相比，根据《加拿大权利和自由宪章》第 8 条，在保护公民所享有的隐私权这方面，加拿大起到了领导的作用。④ 在判断警察在一个公寓内安装视听记录设备的行为是否违反了《加拿大权利和自由宪章》时，加拿大最高法院适用了隐私合理期待的判断标准。通过审查其他国家在视频监控这一方面所遇到的问题和应对措施，人们可以从中借鉴，以应对美国日益发展的监控潮流。美国应该认识到的宝贵的一点是，如果政府执法人员必须要利用视频监控偷窥公民，那么法律不能绝对一味保护公民的隐私权。

(二) 美国的经验

警察第一次在公共街道上实施视频监控行为是在新泽西州的霍博肯（Hoboken）和纽约的奥利安（Olean）。然而，由于视频监控系统毫无成效，所以这两个城市所安装的视频监控系统都被取消了。1971 年，在纽约弗农城（City of Mt. Vernon），虽然人们也安装了视频监控系统，但是该系统也由于毫无成效而被取消。1973 年，《纽约时报》和数个当地的商人在泰晤士广场安装了价值 15 000 美元的视频监控系统。在 22 个月内，利用该系统所逮捕的罪犯少于 10 个。所以在此之后，该系统就被取消了，并且，这被称为这个城市曾经有过的最大失败之一。1982 年，因为年老的市民担心低收入的黑人和西班牙人会在此实施犯罪行为，所以佛罗里达州的迈阿密滩市开始制定监

---

① French Deputies Agree Tough New Police Powers, Reuters World Service, Oct. 11, 1994, available in LEXIS, World Library, ARCNWS File.
② Robert Wainwright, Australia: Candid Cameras Already Watching Us, Sydney Morning Herald, Apr. 15, 1995, at 2.
③ Severin Carrell, Split Over "Spy" Camera Controls, The ScotsmaN, Dec. 14, 1995, at 4.
④ Monique Rabideau, Duarte v. R.: In Fear of Big Brother, 49 U. Toronro Fac. L. Rev. 171 (1991).

控计划。正如在前面导论中所表明的那样,因为警察不能利用该监控系统成功逮捕罪犯,所以在此之后,迈阿密滩市的视频监控计划在1984年5月已经中止。然而,随着技术的进步和记忆的流逝,美国进入了20世纪90年代,并伴随着一场视频监控改革。

在阿拉斯加州的安克雷奇(Anchorage),街道视频监控摄像机所拍摄的录像不会被传输到警察局,它们反而会被传输到居民的家庭电脑中。1990年,阿拉斯加的监控计划开始实施,该计划的资金来源于私人和公共资助。在安克雷奇,由于业余赌博、毒品交易、酒吧和妓女的盛行,所以,这也推动了阿拉斯加监控计划的发展。居民不仅每晚都监视着视频监控的摄像机,将嫌疑犯的特写录在录像带上,而且他们还把这些图片制作成纸质复印件,传递给商人和附近的警察。此外,监控人员甚至把各个违法者的照片放在一起,制作成时事通讯录,提醒人们注意提防。

1996年1月,在马里兰州的巴尔的摩(Baltimore),一个社区组织申请要求由一个非营利性组织操作监控设备。巴尔的摩在市中心地区安装了16部摄像机,从而观察和记录16个市中心街区。警察和私人共同监视监控屏幕。该计划的58 000美元资金来源于私人资助和交通运输部门。然而,这只是巴尔的摩监控计划的第一步,其最终的目标是设置200部摄像机,分为15个独立的监控点,覆盖200个街区。巴尔的摩还希望,由私人保安和公民监视这些监控摄像机。[①]

在新泽西州,五个独立的城市已经制定了视频监控计划。在新泽西州的卡姆登市(Camden),警察使用视频监控摄像机监控韦斯特菲尔德的住宅项目(Westfield Acres Housing Projects)。因为某些公民试图射击击落摄像机,所以摄像机被放置在防弹的穹顶上。因为卡姆登市打算减轻警察监控的负担,所以它允许居民操作这些监控摄像机。在多佛(Dover),为了24小时观察市中心地区,政府执法人员在1993年安装了4部摄像机。多佛所安装的这些摄像机可以360°旋转和180°垂直移动,以及具备放缩功能。在加菲尔德(Garfield),根据由加菲尔德住宅管理处(Garfield Housing Authority)所制定的监控计

[①] Michael Schneider, Cameras Being Set up in Baltimore to Keep Eye out for Crime, Atlanta J. – Const. , Jan. 20, 1996, at E1.

划，33 部摄像机正在夜以继日地记录住宅群的情况。加菲尔德的监控计划是独一无二的，因为它的摄像机不是在监控公民的行为，而只是在录像。如果人们发现有犯罪行为发生，那么人们可以通过录像带回放嫌疑犯的行为。随后，视频录像带会交给警察和联邦调查局。然而，加菲尔德打算在不久之后让居民志愿者监视这些摄像机。在南奥兰治（South Orange），市政府安装了 7 部视频监控摄像机。这些摄像机被放置在离地面 25～30 英尺的气泡状的遮盖物内，并且，警察局的人员可以"监视监控屏幕，几乎可对摄像机所拍摄的任何人和任何事进行放大、录像"。最后，在新泽西州的海茨敦（Heightstown），10 部摄像机对住宅工程内的故障点进行监控。

在加利福尼亚州的洛杉矶，一个完全由私人基金制定的视频监控计划正在实施。为了监控公共街道，屋主已经在他们住宅上安装了视频摄像机，然后把具体的监控录像移交给警察。洛杉矶警察支持让志愿者监视这些摄像机。促进安装该监控系统的一个不动产所有权人曾表明："如果你知道老大哥正在看着你，你是不会实施犯罪行为的。"

在弗吉尼亚州的弗吉尼亚比奇（Virginia Beach），人们已经在最繁忙的海滨区安装了 10 部视频摄像机。这些摄像机被安置在原有的信号设备和路灯杆上，周围有防风雨的着色的拱形球体包围着。这些摄像机可以 360°旋转，机动化平移和倾斜，还有变焦镜头。因为彩色摄像机是低亮度的，所以它们可以在黑暗中拍摄出高质量的视频图像。该监控计划的 240 000 美元资金是由当地商业贡献、没收的毒品资产和城市的准备基金共同筹集。该城市还打算增加由当地商人所赞助的 7 部摄像机。

加利福尼亚州的奥兰治县（Orange County）、华盛顿州的塔科马港市（Tacoma）和马萨诸塞州的波士顿（Boston）也使用相似的视频监控系统。北卡罗来纳州的金斯顿（Kinston）已经在电线杆上安装了 20 部视频监控摄像机，并且会派人 24 小时监视这些摄像机。在田纳西州的孟菲斯市（Memphis），已经有 10 部视频监控摄像机正在运作，但是它的监控计划打算扩展到 72 部摄像机。在加利福尼亚州的圣地亚哥（San Diego），巴尔波亚公园有 5 部视频监控摄像机在运作。在佛罗里达州的坦帕市（Tampa），政府在内兹伯城区安装了 8 部视频监控摄像机，这样一来，虽然每周末都会有成千上万的人来到这座城市，但是警察可以通过监控摄像机对他们进行监控。尽管在现实中，视频监控存在两个问题：其一，政府执法人员对视频监控摄像机的滥用；其二，视频监控对于抓捕罪犯和预防犯罪的效果不佳，但是许多城镇仍然使用视频监控技术或者考虑使用视频监控技术。例如，在奥勒冈州的波特兰（Portland），警察目前正在对使用视频监控摄像机预防市中心的街道犯罪进行评估。即使看上去似乎注定要重复英国政府的错误，但波特兰还是打算雇佣私人的保安公司和保安监视这些摄像机。

虽然关于美国街道视频监控系统中视频监控录像的使用，目前人们只能找到有限的资料，但是经过有效的推理，我们就能知道私人如何使用和滥用视频摄像机。美国热衷于使用隐蔽的视频监控摄像机探索公民的隐私，正如 20 世纪 90 年代火热的《真人秀》电视节目，如 *COPS*、*I-Witness Video*、*Firefighters*、*Real Stories of the Highway Patrol*、*Emergency Response* 和 *Rescue 911*。然而，在美国，拍摄人员跟随着警察和紧急人员到达现场，并使用被安装在杆上和住宅上的视频监控摄像机对现场进行拍摄、记录。无论监控摄像机所拍摄到的场景是公民遭遇心脏病发作，或者在半夜时收到搜查令，又或者在酒驾测试时受到羞辱，这些监控行为都侵犯了公民所享有的隐私权。由 John Langley 担任监制的 *COPS* 电视节目最近十分火热，即"检查员不会让你看见的东西"，这令人回忆起由 Barrie Goulding 制作的 *Caught in the Act*。在这个电视节目中，表现最形象的一部分是：一个男人在其车库内把自己悬挂起来，一个飞车射击的受害者死于车中，一个男人从其着火的住宅内跑出来，以及人们在火灾现场发现全家被烧焦的尸体，包括在婴儿床上的婴儿。

在另一个《真人秀》节目中，节目人员在一个救护人员的身上放置了一个隐藏的麦克风，而该救护人员救助了一个严重受伤的女人。[1] 人们可以通过麦克风清楚地听到该女人呻吟和求死的声音。目前，这位永久瘫痪的女人正在起诉，因为她不认为她家庭的悲剧是适合大众娱乐的。为了观众的愉悦，英国的闭路电视展示了他人生活中

---

[1] Gail Diane Cox, Privacy Frontiers at Issue: Unwilling Subjects of Tabloid TV are Suing, 16 Nat'l L. J. 1 (1993).

最可怕的和最愉快的一面。这些《真人秀》视频与英国的闭路电视一样，都是令人恐惧的。此外，新闻小报的节目和其他新闻频道连续不断地使用隐蔽的摄像机和麦克风，将他人及其隐私暴露于众。令人错愕的是，6年前的统计数据已经表明，64%的电视台正在使用隐蔽的调查技术。但是自此之后，隐蔽摄像机的使用量仍急速上升。然而，一个简单的供需理论指出，如果这些令人震惊的和喜欢偷窥的电视节目销量不好，那么它们将不会存在。正因为我们有拍摄社会公众日常生活的方法和需求市场，偷窥现象才会持续存在。

在美国，如果越来越多的城市开始安装视频监控系统，那么，几乎不需要多长时间，如 John Langley 和 Barrie Goulding 这些企业家就会尝试利用视频监控摄像机所拍摄到的镜头制作新的电视节目。他们之所以能这样做，其原因有三：其一，正如之前所表明的，在阿拉斯加州，公民个人可以在他们自己家中的个人电脑上观看街道监控的录像；其二，作为佛罗里达州戴德郡失败经验的发展者，某些城市的视频监控计划公开允许将监控录像的"动态镜头"销售给新闻广播；其三，数个城市还允许公民个人决定视频监控摄像机所观看以及拍摄的对象，或者在其他情况下，在决定把哪些视频监控录像带移送给警察时，人们需要对录像带进行审查。正如佛罗里达州的奥兰多发现，如果对于监控摄像机的监视被停止，那么对于街道视频监控的指引或者限制就不复存在。为了意识到视频监控所创设的内在风险，美国人只需要关注新闻头条，因为那里报道了许多关于窥视和滥用视频摄像机的事情。

即使城镇只允许警察监视摄像机，这也会面临警察未经授权而实施视频监控行为的风险。为了帮助认识警察和保安公司滥用监控的可能性，我们需要了解一个涉及警察窥视的案件。在该案中，被告碰巧是一个警察，因为他拍摄到两个女人正在性交，并且向其同事展示了该秘密拍摄的性交视频，所以他被起诉了。① 在另一起针对警察的案件中，原告诉称，警察在她女儿的病房内安装了一部摄像机，并且在

---

① Patricia Nealon, Weymouth Officer Charged with Secretly Taping Sex, Boston Globe, Sept. 25, 1992, at 21.

她睡觉和换衣服的时候,他们也实施了视频监控行为。①

在密歇根州和俄勒冈州,警察在公共休息室的前排座位上安装了摄像机,拍摄男同性恋者。② 在数个案件中,男人由于手淫或者自愿与其他男性性交而被捕。无论是无辜者还是违法犯罪者,警察都同样对他们的行为进行拍摄。当警察可以自由拍摄这些极度隐私的行为时,他们的行为就清楚地表明,街道监控摄像机也可以拍摄许多其他可能发生的令人尴尬的情景。与之相比,在英国的格拉斯哥(Glasgow),最近对作为视频监控员的保安进行采访的时候,有以下这样一段对话。Lynn Sherr:你曾经看到你感兴趣的女性,然后跟踪她们并且尝试得到她们的电话号码吗?Video Monitor:人们很难不去拾获一些随手可得的东西。我的意思是,如果我看到一个美丽的女性正在街道上走着,我就会想"这个女孩子长得不错"。但是我不会像这样滥用视频监控系统。Lynn Sherr:你确定吗?Video Monitor:当然,不确定。

于是,美国还没有从视频监控系统内在所固有的窥视中真正意识到什么。以公共街道上的摄像机所拍摄到的镜头为原材料,人们所制作的喜好窥视的电视节目在美国和英国取得成功,并且我们没有理由认为,"美国最欢乐的街道监控视频"将不会成为热点。尽管如此,美国已经建立了数个视频监控系统,并且除非有相关的规定出台,否则各城市将建立更多的视频监控系统。因此,虽然国会和美国联邦最高法院没有就视频监控系统这一问题作出专门的规定,但是州必须要对此作出规定。

四、州实验室

Brandeis 大法官创造了"州实验室"(state laboratories)一词。所谓"州实验室",是指"在联邦体制下,其中一件最值得高兴的事就是,如果州的公民选择一个独立的、勇敢的州可能会作为一个实验

---

① Check with Judge Should Have Come First, Omaha World-herald, Feb. 3, 1996, at 8.
② Jeanette R. Scharrer, Comment, Covert Electronic Surveillance of Public Restrooms: Privacy in the Common Area?, 6 Cooley L. Rev. 495 (1989). See also Oregon v. Owczarzak, 766 P. 2d 399 (Or. Ct. App. 1988).

室，在对国家其他地方没有造成风险的情况下，它尝试新颖的社会和经济试验"①。Brandeis 大法官的意思是，由于各州享有联邦法律所规定的主权，根据美国联邦宪法所保障的权利规定，各州可以扩大公民所享有的权利，或者一个特定的州可以为其公民创造新的权利。因此，我们可以以保护州标准法律所规定的州宪法上的隐私权为由，建议政府执法人员停止实施视频监控行为。这种类型的解决措施已经在数个例子中检验有效，即虽然美国联邦最高法院已经限制了宪法上特定权利的扩大，但是州可以根据州宪法所规定的权利保障条款而扩大公民所享有的权利。在1970年之后，在超过300个已公布的判决意见书中，与美国联邦宪法的相同规定相比，州最高法院对政府所实施的行为作出更严格的限制，也就是，它扩大了州的公民所享有的权利。与被认为采用自由分析方法的 Warren 大法官领导的美国联邦最高法院相比，Burger 大法官所领导的美国联邦最高法院和 Rehnquist 大法官所领导的美国联邦最高法院所作出的判决被认为是保守的。为了回应这一保守的判决，州宪法运动开始了。实际上，美国联邦最高法院的某些法官已经鼓励州法院可以根据其州宪法扩大公民所享有的隐私权。② 州宪法运动已经被称为"新联邦主义"，并且，各州最终都可能成为 Brandeis 大法官所构想的"隐私实验室"。

虽然州宪法可能比美国联邦宪法为公民所享有的隐私权提供更好的保护，但是州法院必须根据州宪法的规定，有充足的、独立的判决理由。③ 州法院可以审查联邦的案件，并将其作为指导，但是州法院必须在其判决中清楚说明，它适用州法律裁决案件。④ 于是，如果州法院对其州宪法遵循补充分析方法（supplemental approach）的话，那么它可以有效建立一个不被美国联邦最高法院审查的州宪法司法判例体系。虽然州宪法可能比美国联邦宪法授予公民更广泛的权利，但是州的法律解释并不能限制联邦法律，因为这样扩大权利将违反美国联邦宪法的最高条款。

---

① New State Ice Co. v. Liebmann, 285 U. S. 262, 311 (1932) (Brandeis, J., dissenting).
② Christ v. Bretz, 437 U. S. 28, 39 – 40 (1978) (Burger, C. J., dissenting); Michigan v. Mosley, 423 U. S. 96, 120 (1975) (Brennan, J., dissenting).
③ Michigan v. Long, 463 U. S. 1032 (1983).
④ Long, 463 U. S. at 1040 – 1041.

在新联邦主义时期，各州已经成为公民隐私权的捍卫者，并且在数个州，州宪法已经对公民所享有的隐私权作出明确规定。例如，根据其州宪法的规定，俄勒冈州拒绝承认美国联邦最高法院在 Katz 一案中所确立的隐私合理期待规则，并且坚持认为，俄勒冈州宪法保护"公民的隐私权"。① 例如，宾夕法尼亚州认为，州宪法更需要保护公民所享有的隐私权免受政府实施的非法执法行为的侵犯。② 阿拉斯加州③和夏威夷州④也决定在他们各自的宪法中增加保护公民隐私权的规定。同样，蒙大拿州在其宪法中采用了一个独立的条款保护其公民所享有的隐私权，即对隐私采取严格的审查方法。⑤ 虽然加利福尼亚州的宪法规定，隐私权属于不可剥夺的权利，⑥ 但是，在伊利诺斯州，如果政府执法人员没有获得搜查令、扣押令就对公民实施搜查行为、扣押行为或其他侵犯公民隐私的行为，他们实施的行为就侵犯了公民所享有的权利。⑦ 此外，阿拉斯加州、佛罗里达州、新罕布什尔州、密歇根州和蒙大拿州的最高法院都不认同美国联邦最高法院在 United States v. White 一案⑧中所作的分析，因为在该案中，美国联邦最高法院支持警察在监控目标不知情的情况下使用装有窃听装置的卧底线人。

不幸的是，并不是每个州的宪法都对公民所享有的隐私权作出明确规定。实际上，对于在州宪法上没有规定隐私权的州而言，它们一般对侵犯公民隐私权的行为具有更大的容忍性。然而，在其他州，当警察使用摄像机实施视频监控行为时，他们将受到法律的约束，因为法律致力于保护公民所享有的隐私权。因此，对于公民的隐私权这一问题，各州出现了两种态度：保护公民的隐私权与不保护公民的隐私权。通过对各州进行审查，我们就可以起草一份州的标准法律，从而

---

① Oregon v. Campbell, 759 P. 2d 1040, 1044 (Or. 1988).
② Pennsylvania v. Sell, 470 A. 2d 457 (Pa. 1983).
③ ALASKA CONST. art. Ⅰ, §22.
④ HAW. CONST. art. Ⅰ, §7.
⑤ MONT. CONST. art. Ⅱ, §10.
⑥ CAL. CONST. art. Ⅰ, §1.
⑦ ILL. CONST. art. Ⅰ, §6.
⑧ 401 U. S. 745 (1971).

管理街道视频监控。

(一) 不保护公民隐私权的州

在数个重要的州案件中,法院已经允许政府执法人员使用视频监控技术和摄像机侵犯公民所享有的隐私权。其中一个著名的隐私权案件起源于洛杉矶的一张照片——新闻媒体拍摄一对坐在冰淇淋店内的夫妇。[1] 虽然在该照片中,丈夫的手臂环绕着妻子,两人浪漫地紧密拥抱,但是文章却涉及离婚与一见钟情的讨论。[2] 加利福尼亚州的最高法院认为,由于新闻传播具有公共利益,所以单纯公开照片的行为并没有侵犯这对夫妻所享有的隐私权。法院认为很重要的一点是,拍摄者并不是出于私人理由而秘密拍摄照片,而是在公共场所拍摄的。某些批评者已经怀疑加利福尼亚州最高法院判决的逻辑。《美国侵权法复述(第二版)》本质上规定,如果原告完全明白自己将要承受造成伤害的风险,并且自愿承担风险,那么原告就不能在该风险范围内要求赔偿。[3] 然而,如果那对浪漫的夫妻并没有认识到任何有意义的风险,那么加利福尼亚州最高法院的逻辑就不通了。假如这对夫妻需要承担风险,那么他们必须已经意识到被拍摄的照片本身所具有的危险,而不仅仅是被拍摄的可能性。同样的分析也适用于街道视频监控,因为为了在社会中生活,公民需要在公众场所度过相当多的时间。因此,不止一个批评者认为,加利福尼亚州最高法院在公民隐私权案件上适用全有或全无的分析方法是不可行的。

在阿拉巴马州的一个案件中,原告可以对"Fun House"内的一张照片索要赔偿,因为该照片将喷气式飞机把她的裙子吹到她头上的场景拍摄了下来。[4] 拍摄者将这张看到该女性内裤的照片销售给新闻报社,报社在其报纸的首页公开了该照片。与下面的案件相比,一个重要的区别就是,在这个案件中,拍摄者对公民隐私权的侵犯是发生在拍摄照片时,而不是公开照片时。与之相比,在另一起案件中,一

---

[1] Gill v. Hearst Publ'g Co., 239 P. 2d 636 (Cal. 1952), reh'g after remand, 253 P. 2d 441 (Cal. 1953); Gill v. The Curtis Publ'g Co., 239 P. 2d 630 (Cal. 1952).
[2] Hearst Publ'g, 253 P. 2d at 442-443.
[3] Restatement (Second) of Torts § 496A (1977).
[4] Daily Times Democrat v. Graham, 162 So. 2d 474 (Ala. 1964).

对夫妻尝试去起诉 World Guide to Nude Beaches and Recreation 的出版者,因为它公开了这对夫妻在裸体沙滩的一张照片。① 纽约上诉法院认定,该主题涉及公共利益,并且这对夫妻的照片与该主题是有合理关联的,所以这对夫妻不能获得赔偿。这些案件似乎暗含的结论是:因为公民知道风险的存在,即他们知道虽没有授予行为人以拍摄的权力,但每个潜在的令人尴尬的场景都可能会被拍摄,尤其是,如果行为人并不是故意公开令人尴尬的照片,所以原告需要承担风险,不能要求赔偿。

然而,不同的法院对这类照片有不同的看法,而这尤其取决于被拍摄人的状况。佐治亚州的一家报社公开了一个被谋杀的14岁女孩的照片,在照片中,她部分身体被肢解并且被链条缠绕着。② 佐治亚州的一个法院认为,这具尸体具有新闻价值,因此,该女孩的家人不能以此为诉讼理由而提起诉讼。在另一起案件中,一个女人的前夫绑架了她,把她带到一个公寓后,脱光她的衣服并实施了强奸行为。③ 为了报道这件令人恐惧的事例,警察与拍摄人员一起到达案发现场,虽然该女人尝试用洗碗巾遮盖自己,但是第二天的报纸还是公布了她的照片。佛罗里达州的一个法院驳回了该女人的损害赔偿请求,因为法院认为,该事件是充满情感的戏剧性事件,具有新闻价值和吸引性。

一个相当新颖的隐私侵权领域是"巡逻"案件或者"真人秀"案件。在这些案件中,由跟随警察和救护人员的拍摄人员将案中的罪犯和受害者暴露于众。在其中一个案件中,美国全国广播公司(NBC)的拍摄人员与救护人员冲进一所住宅内,救护人员努力抢救一个心脏病患者的生命。④ 电视对59岁的 Dave Miller 的死亡进行了数次报道,这激起了其家人的愤怒。不幸的是,他的家人不久就意识到隐私权是属于公民个人的权利,并且只有隐私权实际受侵犯的人才可以起诉。与之相比,另一个法院认为,在警察进入公民公寓实施搜

---

① Creel v. Crown Publishers, 496 N. Y. S. 2d 219 (N. Y. App. Div. 1985).
② Waters v. Fleetwood, 91 S. E. 2d 344 (Ga. 1956).
③ Cape Publications, Inc. v. Bridges, 423 So. 2d 426 (Fla. 1982).
④ Miller v. National Broad. Co., 187 Cal. App. 3d 1463 (Cal. Ct. App. 1986).

查行为或扣押行为时,哥伦比亚广播公司(CBS)无权跟随。① 纽约法院认为,如果哥伦比亚广播公司一定要在警察实施搜查行为时出现在现场的话,那么只有一个原因,也就是,它希望通过现场拍摄所得的录像来"娱乐大众"。

几个州的法院已经允许警察局在公民的住宅内和公共场所内实施隐蔽的视频监控行为。在 Ricks v. Maryland 一案②中,巴尔的摩警察局获得授权,在一所毒品加工的住宅内实施音频和视频监控行为。警察通过屋顶进入了公寓的通风道,刮掉部分石膏板,然后在墙内放置了一个微型摄像机。警察记录了 25 个小时的视频录像,然后以毒品犯罪逮捕了住宅的占有人。③ 上诉法院虽然在其批注中引用了"老大哥正在看着"这一奥威尔式的寓意,但是仍然支持了有罪判决。在 McCray v. Maryland 一案④中,在没有获得法院指令或者搜查令的情况下,警察擅自对公民持假驾驶执照驾驶机动车的行为实施视频监控。在 McCray 一案中,警察拍摄到被告从自己家里走出来,经过街道走到车管局,然后公诉人在陪审团审判中将这个视频作为证据使用。法院认为,当公民沿着公共人行道行走或者站在公共公园时,他们不享有隐私合理期待。

视频监控技术的使用已经抑制了某些刑事犯罪行为的实施。例如,在 New York v. Teicher 一案⑤中,法院通过使用视频监控作为证据认定实施性虐待行为的牙医有罪。在 Avery v. Maryland 一案⑥中,闭路电视拍摄到一名医生触碰病人的胸部,法院据此认定,该医生的袭击罪成立。在另一起案件中,一个保安拍摄到某个雇员的儿子在公司停车场内实施手淫行为,并且将该视频录像展示给其他雇员看。⑦ 使该父亲持续数月成为骚扰和侮辱的目标对象,他试图以过失侵权造成精神损害为由起诉该公司。法院判决认为,虽然保安和工厂工人的

---

① Ayeni v. CBS, Inc, 848 F. Supp. 362, 368 (E. D. N. Y. 1994).
② 537 A. 2d 612 (Md. 1988).
③ Ricks, 537 A. 2d at 615.
④ 581 A. 2d 45 (Md. Ct. Spec. App. 1990).
⑤ 422 N. E. 2d 506 (N. Y. 1981).
⑥ 292 A. 2d 728 (Md. Ct. Spec. App. 1972).
⑦ Turner v. General Motors, 750 S. W. 2d 76 (Mo. Ct. App. 1988).

行为是应当受到责难的,但是原告不能由于录像内容的公开而获得赔偿。在个别州,政府所实施的视频监控行为侵犯公民所享有的隐私权,这已成为铁一般的事实,但与之相比,在某些州,州已经通过其州宪法扩大对公民所享有的隐私权的保护,使其免受不同程度的侵犯。

(二) 保护公民隐私权的州

数个州已经明确保护公民所享有的隐私权免受电子监控的侵犯。[①] 夏威夷州最高法院已经决定,夏威夷的宪法条款禁止政府执法人员对公民生活实施不正当的调查行为和管理行为,以便保障公民的人格尊严权。[②] 法院明确认定,为了保护公民所享有的隐私权免受政府执法人员所广泛使用的电子监控技术的侵犯,州宪法需要增加隐私权条款。[③] 夏威夷最高法院认为,夏威夷州宪法比美国联邦宪法为公民所享有的隐私权提供更多的保护。[④]

此外,在最近一个具有标志性案件的判决中,夏威夷州最高法院认定,在没有获得搜查令的情况下,政府执法人员在员工休息室所实施的视频监控行为必须被认定为"毒树之果"。[⑤] 在该案中,毛伊岛警察局在员工休息室安装了4部视频监控摄像机,期间整整一年,直到他们试图以实施赌博违法行为为由控告6名被告。[⑥] 警察累积了50盘录像带,其中1 200个小时的录像都涉及日常工作行为,而只有1分钟的录像涉及赌博行为。重要的是,法院对此作出以下几点认定:其一,无论公民身在何处,夏威夷州宪法均保护他们所享有的隐私权,并且在任何合理的地方,无论是在公共公园或者私人场所,夏威夷州宪法都把隐私权作为一种可保护的权利。其二,除非是在紧急情

---

① Louis A. Smith Ⅱ, Comment, Pennsylvania's Constitutional Right to Privacy: a Survey of Its Interpretation in the Context of Search and Seizure and Electronic Surveillance, 31 Duq. L. Rev. 557 (1993).
② Hawaii v. Lester, 649 P. 2d 346, 352 (Haw. 1982).
③ Hawaii v. Roy, 510 P. 2d 1066, 1069 (Haw. 1973).
④ Hawaii v. Kam, 748 P. 2d 372, 377 (Haw. 1988).
⑤ Hawaii v. Bonnell, 856 P. 2d 1265, 1273 (Haw. 1993).
⑥ Bonnell, 856 P. 2d at 1270.

况下,否则,在没有获得搜查令或者扣押令的情况下,政府执法人员所实施的搜查行为、扣押行为是不正当的。其三,如果政府执法人员实施了视频监控行为,那么他们需要证明监控行为的正当性,并且,与包括音频监控在内的搜查行为、扣押行为等其他调查方法相比,对于视频监控行为,他们所要承担的证明责任更大。总的来说,法院认为"隐私不要求发生在偏僻的地方"①,并且任何视频监控都可能激发人们出于本能的快速反应,因为它是一个具有过度侵犯性的媒体。

法院所认定的具有隐私利益的场所也是多种多样的。然而,某些州的法院也承认公民在住宅外的合理隐私利益。例如,适用联邦法律的联邦上诉法院认为,当一家出版社公开了车祸受害者的一张照片时,它的行为侵犯了受害者所享有的隐私权。② 在康乃狄克州一个不寻常的案件中,康乃狄克州最高法院认为,无家可归者对于放在天桥底下的箱子也享有一定程度的隐私合理期待。③ 在另一起案件中,美国广播公司(ABC)的《美国最有趣的家庭视频》节目(America's Funniest Home Videos)未经授权播放了一个视频,该视频拍摄了专业音乐家在举行公开表演时偶然跌落舞台的场景。路易斯安那州上诉法院判决认为,ABC 的节目侵犯了公民所享有的隐私权。④ 同样,在某些案件中,法院也认为,男性对其在公共厕所隔间实施手淫的行为也享有隐私合理期待。⑤ 因此,我们可以在法院判决中寻找公民在公共场所的隐私区域,扩大公民所享有的隐私权,从而保护其免受连续不断的街道视频监控的侵犯。

正如前面所提及的,当政府执法人员所实施的监控行为具有过度的侵犯性时,蒙大拿州法院拒绝适用 Katz 一案所确定的判断标准,它认为应适用令人信服的政府利益判断标准,保证公民所享有的隐私

---

① Hawaii v. Bonnell, 856 P. 2d 1265, 1276 (Haw. 1993).
② Leverton v. Curtis Publ'g Co., 192 F. 2d 974 (3d Cir. 1951). See also Ayeni v. CBS Inc., 848 F. Supp. 362 (E. D. N. Y. 1994).
③ Connecticut v. Mooney, 588 A. 2d 145 (Conn. 1991).
④ Sharrif v. American Broad. Co., 613 So. 2d 768 (La. Ct. App. 1993).
⑤ States v. Limberhand, 788 P. 2d 857 (Idaho Ct. App. 1990); State v. Owczarzak, 766 P. 2d 339 (Or. Ct. App. 1988).

权不受侵犯。① 于是，蒙大拿州法院主张，在州政府执法人员侵犯公民所享有的隐私权时，应适用理想的严格审查分析方法（ideal strict scrutiny approach）。② 以相似的脉络，华盛顿最高法院在其批注中认为，虽然公民知道技术的进步可以提高视觉上的监控，但是州宪法不能仅凭这一点便缩小对公民权利的保护范围。③ 在笔者所草拟的州标准法律建议稿被采纳之前，州可以以这种视频监控的司法判例作为停止实施街道视频监控计划的根据。

（三）一个勇敢的新世界：视频监控的利弊

作为公民所享有的基本权利，隐私权包括保护公民免受持续不断的、隐蔽的视频监控侵犯，并且，因为该领域缺乏全面的立法，所以各法院之间对此存在不确定性。因为法律没有对使用视频监控摄像机侵犯公民隐私权的行为作出明确的界定，所以政府执法人员滥用视频监控摄像机的潜在可能性是巨大的。实际上，根据其自身的性质，隐蔽的监控不会被轻易发现，并且公民经常不会注意到他们的行为正被某处的监控摄像机所拍摄。此外，因为视频监控是连续不间断的，所以它比联邦所规定的窃听装置更具有侵犯性。音频监控只在公民实际上说话的时候才具有侵犯性，但是视频监控不受制于罪犯行为或者说话的时间。为了正确地制定关于禁止街道视频监控的州标准法律，立法者必须审查城市在公共街道上安装监控摄像机的好处。通过考虑城市在视频监控中所得到的最大好处，人们才能恰当地挑战街道监控计划。虽然通常来说，我们如果要就某一事项提起法案，那么需要援引美国联邦最高法院的判例作为依据，但是根据各自的州宪法，各州明显会有相似的和相异的判例和原则。然而，正如前面所表明的，只要州法院有充足的、独立的裁判根据，且不违反美国联邦宪法，那么各州法院可在不引起美国联邦最高法院审查的情况下，参考适用美国联邦最高法院的判例。④ 因此，为了全面了解视频监控所带来的任何现

---

① State v. Brown, 755 P. 2d 1364, 1370 (Mont. 1988).
② John E. Nowak & Ronald D. Rotunda, On Constitutional Law § 14.3, at 573 – 578 (4th ed. 1991).
③ State v. Myrick, 688 P. 2d 151, 156 (Wash. 1984).
④ Michigan v. Long, 463 U. S. 1032 (1983).

实好处，我们需要对视频监控进行全面的分析。本文不仅针对视频监控有利的方面进行讨论，而且还针对其潜在的缺点进行探讨。

1. 视频监控的好处

政府执法人员之所以要实施视频监控行为，其原因在于加强社会控制和对社会公众的保护。

第一，如果我们对政府执法加以限制，那么这只会导致既存的法律更难以实施。我们必须揭发违法者的违法犯罪行为，并且只有使用监控手段，人们才能正确地判断谁是罪犯、谁是无辜者。社会越保护公民所享有的隐私权，社会就越阻碍政府执法人员保护社会公众免受犯罪行为的侵害。因此，监控是政府执法人员实行社会控制的基本方法，并且，如果法律扩大隐私权这无形的概念范畴，那么这只会削弱当地政府和警察局的力量。

第二，在逮捕罪犯的过程中，视频监控起到了有效的作用。在挪威，警察利用视频监控抓捕偷窃 Edvard Munch 画作 *The Scream* 的盗贼。[1] 在俄克拉荷马州，虽然人们只是偶然才会实施街道视频监控行为，但是附近建筑上的视频监控录像带对于警察逮捕涉嫌毁坏联邦建筑的嫌疑犯十分重要。[2] 在 Bugler 一案中，警察利用视频监控逮捕了两名男孩，他们谋杀了一个 12 岁小孩。如果没有视频监控摄像机，那么罪犯可能永远不会得到惩罚，或者可能会再次犯罪。在欧洲，安装了视频监控摄像机的城市声称犯罪率急剧下降。在马萨诸塞州的波士顿，监控系统导致住宅项目的犯罪率估计下降 30%。在新泽西州的卡姆登，警察使用监控系统的第一天就利用该系统逮捕了 6 名罪犯。田纳西州的孟菲斯市在早期报告中声称犯罪率下降了 10%。此外，华盛顿州的塔科马自夸道，在实施视频监控的前四个月内，警察利用该监控系统逮捕了 55 名罪犯。同时，视频监控录像有助于推翻错误的犯罪指控，并且，它可以减轻警察巡逻的工作负担，使其可以不巡逻其他区域。在快速审判和辩诉交易中，公诉人可以将监控视频

---

[1] Oslo Trial Held on Theft of Munch's "The Scream", Reuters World Service, Aug. 30, 1995, available in LEXIS, World Library, ARCNWS File.
[2] Film of Building Blast Scene Being Processed, Reuters World Service, Apr. 21, 1995, available in LEXIS, World Library, ARCNWS File.

作为证据使用，这样一来，司法系统将受到更少的阻碍。视频监控的录像是一种可怕的武器，即便在证人席位上的证人否认有罪，视频监控录像仍然可以揭露犯罪行为。

在每17秒就有违法犯罪行为发生的情况下，美国需要使用创新的方法保护街道的安全。[①] 1994年这一年，美国总共发生13 991 675起犯罪。视频监控可以把受害者对犯罪的担忧转移到罪犯身上，这种担忧本来也应该属于罪犯的。此外，城镇的市民也十分支持使用视频监控。例如，在苏格兰，根据最近的调查显示，几乎90%的公民支持公共场所的视频监控计划。即使视频监控计划可能会导致监控人员窥视商场和公寓，但是我们可以采取两种措施解决这一问题：其一，法律可以规定监控摄像机不对这些地方进行记录；其二，计算机警报将监控人员的行为通知其监督人员。为了防止政府执法人员未经授权发布视频监控所获取的信息，在马里兰州的巴尔的摩，法律要求政府执法人员在拍摄96个小时之后删除或者重复利用录像带，而在华盛顿州的塔科马，政府执法人员甚至不使用录像带。

没有任何事情可以阻止警察利用科学和技术单纯扩大与生俱来的感官能力。[②] 有人提议认为，因为美国联邦最高法院已经屡次判决认定公民在公共街道上不享有隐私合理期待，所以政府执法人员可以在公共街道上设置视频监控。[③] 这样，视频监控就是打击真正意义上的"犯罪"的最好手段。[④] 政府执法机构可以利用视频监控这一有效工具突破自身的限制，从而试图保障全美国的安全。然而，与之相反，视频监控系统的使用也存在几个弊端。

2. 视频监控的弊端

视频监控有许多弊端，其中有两个最明显的弊端。第一个弊端是，如果政府执法人员实施视频监控行为，那么该行为将会侵犯公民所享有的隐私权。公民对于个人自主的权利有基本认识，而个人自主

---

① Crime in the United States 1994, Uniform Crime Reports 4–5 (1995).
② United States v. Knotts, 460 U. S. 276 (1983).
③ California v. Ciraolo 476 U. S. 207 (1986); Oliver v. United States, 466 U. S. 170 (1984); United States v. Knotts, 460 U. S. 276 (1983). California v. Greenwood, 486 U. S. 35 (1988).
④ United States v. Hensley, 469 U. S. 221 (1985).

根源于公民的尊严和个性。① 如果公民自主的范围受到持续不断的侵犯，那么他们的人格外壳也将受到腐蚀。如果公民无论何时望出窗外，他们都看见"老大哥正在看着你"这一标志，那么社会就会成为 George Orwell 所想象的那样。虽然"老大哥"的引用大概已经成为陈词滥调，但是人们毫不怀疑的是，如果视频监控的数量继续增加，那么公民将对于其日常行为的实施感到胆战心惊。如果法院认为视频监控行为不构成《第四修正案》所规定的搜查行为，那么公民将被迫成为永久的偏执狂患者，他们会不断思考谁在观看和谁在跟踪他们。隐私是公民的基本需求，即使在温暖的日子里，人们在家门前可以不穿毛衣，但是人们不能像这样如此简单地抛弃其隐私。

　　在电子监控兴起之前，只要公民锁上门、拉上窗帘和保持安静，他们就足以免受警察的侵犯。如今，州和联邦的警察已有 600 000 人，其日常开支高达 300 亿美元。此外，除了警察的力量，还有保安公司所雇佣的估计 150 万保安人员。把这两者结合起来，则公民所享有的隐私权将面临消灭的危险。通过视频监控，某些警察将毫不怀疑地把那些有可能实施犯罪行为的人员看作犯罪嫌疑人，并且让他们认为有犯罪倾向的人员陷入罗网。迈阿密滩市失败的视频监控经历为这个滑稽之谈提供了一个极端的例子：低收入的黑人和西班牙难民前来迈阿密滩市居住，而因为居民怀疑在此居住、工作的年轻黑人和西班牙人会实施犯罪行为，他们甚至宣称感觉到每个在此居住的黑人和西班牙人都是潜在的罪犯，所以年老的居民要求政府安装视频监控。

　　政府执法人员利用视频监控将会获取公民更多的信息，并且，警察将可以利用视频监控摄像机发现和逮捕涉及政治极端组织与"从事颠覆"组织的人员。事实上，政府执法人员已经掌握了被称为"计算机人脸识别"的技术，该技术可以瞬间将人脸与一系列的名字匹配。这样一来，监控会限制公民所享有的宪法规定的交往与结社的权利，因为公民将不再能自由地在街道上一边行走、一边与心仪的谈话对象说话，也不能自由地参加自己希望参加的集会。很明显，美国越快走向高度监控的社会，它就越快成为奥威尔笔下的极权主义国家，而在奥威尔笔下的极权主义国家中，政府以公民的个人自由换取

---

① Wolf v. Colorado, 338 U. S. 25 (1949); Mapp v. Ohio, 367 U. S. 643 (1961).

社会秩序。虽然视频监控可以提高政府执法的效率，但是这一事实本身永远不能成为政府执法人员忽视宪法所规定的公民隐私权的正当理由。①

视频监控的第二个弊端来源于其自身的不可靠：

第一，根据铁一般的监控录像，警察单纯由于与罪犯样貌相似而逮捕和起诉某些公民，但随后却发现他们抓错人了。事实上，将一张图像数字化是有可能的，如 Patty Hearst 手持猎枪进入银行这一著名的监控镜头。② 通过数字化技术，人们可以把罪犯从一个场景移到另一个场景，甚至连专家也不可能分辨复印带与原始母带。

第二，数字化图像在互联网上传播的速度太快，尤其在如阿拉斯加州的安克雷奇那样的城市中，因为它们允许公民在其个人电脑上获取视频监控录像。

第三，研究发现，即使政府执法人员实施视频监控行为，他们所实施的此类行为仅仅转移了犯罪，而不是制止了犯罪的发生。因为罪犯只要离开监控摄像机所拍摄的范围，他们就可以实施犯罪行为。此外，因为某些罪犯知道所有摄像机的位置，所以他们可以在较少受到监控的区域内实施犯罪行为。

第四，同样道理，警察和政府执法人员也不想被监控，因此，如果警察和政府执法人员的行为也受到监控，那么他们工作的效率也更低了。他们经常花费更多的时间观察摄像机而不是观察街道。虽然美国存在严重的犯罪问题，但是对我们宪法上的自由造成最大威胁的是危机时期。③ 然而，即便在这样的危机时期中，政府也不应该有过度的反应，限制公民所享有的自由。如果政府执法人员实施视频监控行为，那么，虽然他们的效率将得到提高，但是公民所享有的宪法规定的权利却因此受到了限制，而且，警察不能在不面对严重后果的情况下单纯享受好处。④

---

① Mincey v. Arizona, 437 U. S. 385, 393 (1978).
② America Undercover: Shock Video 2, the Show Business of Crime and Punishment (HBO television broadcast, Nov. 26, 1996).
③ Vernonia Sch. Dist. 47J v. Acton, 115 S. Ct. 2386, 2407 (1995) (O'Connor, J., dissenting).
④ Arizona v. Evans, 115 S. Ct. 1185, 1195 (1995) (O'Connor, I., concurring).

统计数据证明，在公共街道安装了视频监控系统之后，只有很少城市的犯罪率有所下降，并且，因为大多数视频监控计划都有一系列的安全战略相伴随，所以我们很难计算出关于视频监控计划成功的确切数据。作为视频监控计划的研究人员，剑桥大学的 Bennet 教授认为，人们不能精确检验出视频监控摄像机是否成功。实际上，如纽约、大西洋城（Atlantic City）和迈阿密滩市，某些城市已经认为，它们实施的视频监控计划是失败的，并且因此将之取消。因为，不仅法官不能以视频监控的录像作为单独定罪的证据，而且人们也认为，视频监控在不能发挥很大作用的情况下，其运作成本太过昂贵。

因为政府执法人员可以利用视频监控，在公民不知情的情况下，不分街区地监控他们所阅读的信件、说过的话，甚至是抓痒的动作，所以视频监控行为会对公民所享有的权利构成不合理的侵犯。比如说，美国联邦最高法院认为，女性享有受法律保护的堕胎自由，[1] 但是，如果行为人站在一个有利的角度，把她进入诊所的情景拍摄下来，那么他们的行为不仅侵犯了该女性的隐私权，而且也侵犯了她所享有的自由权。[2] 如果所拍到的照片被保存起来并为日后所用，那么这将对其权利造成更严重的侵犯。再比如说，根据《美国联邦宪法第一修正案》的规定，公民有结社自由权，参加三 K 党（KKK）的集会或者全国有色人种协进会（NAACP）的游行，[3] 但是，当团体中的成员知道他们的行为将会被政府执法人员监控时，他们所享有的结社自由权也将受到侵犯。即便公民在公共场合出现，法律也应该严格区分以下两种情况：其一，他在公共场合被其他人看到；其二，他被不知名的观察者仔细观察或者被拍摄并保存在录像带之中。这两者之间存在重大的区别，因为拍摄所得的录像带形成了永久的记录。虽然拍摄照片的行为会侵害公民的隐私权，但是比照片更具有侵犯性的是录像，因为录像会捕捉公民更多的特性。在 Daily Times Democrat v.

---

[1] Roe v. Wade, 410 U.S. 113 (1973); Planned Parenthood of Southeastern Pa v. Casey 505 U.S. 833 (1992).

[2] See Planned Parenthood v. Aakhus, 17 Cal. Rptr. 2d 510, 515 (Cal. Ct. App. 1993). Chico Feminist Women's Health Ctr. v. Scully, 256 Cal. Rptr. 194, 196 – 197 (Cal. Ct. App. 1989).

[3] See Gibson v. Florida Legislative Investigation Comm., 372 U.S. 539, 557 – 558 (1963).

Graham 一案①中，法院认为，即便一个在公共场所穿着裙子的女性不喜欢穿内裤，录像者或者监控人员也不能够因此而捕捉和利用她的照片。

在有关隐私权的判决当中，第七巡回法院的 Posner 法官表达了同样的看法，他指出：如果行为人在报纸或者书刊中公开他人的裸照，虽然他们的公开行为不会使大多数人变得丑陋不堪或者面目全非，但是他人还是会深感不安。同样，如果行为人在报纸或者书刊中公开他人从事性行为的照片，即使这些性行为是"正常的"；或者，如果行为人在报纸或者书刊中公开对这些行为的陈述；又或者，如果行为人在报纸或者书刊中公开他人的医疗记录，他人都会深感不安。虽然众所周知，每个人都会有排便行为，但是在我们的社会中，没有一个成年人希望在报纸上出现一张他正在排便的照片。这些事例说明，我们每个人都渴求隐私，虽然这是不可思议的，但这却是不争的事实。在社会中，隐私应当获得并且也的确获得法律的保护……当行为人公开他人的私密信息时，如果社会公众对这种隐私的公开只有好奇心，而不存在利益的话，那么，他人或许更确切地来说是社会公众所享有的权利将受到最大限度的侵犯。②

即便视频监控行为侵犯公民在法律上所享有的隐私权，但是现实中也存在一个不争的事实，这就是，事实表明，虽然禁止视频监控可以保护公民所享有的隐私权，但如果公民涉嫌犯罪，那么禁止视频监控的主张也就间接地保护了罪犯的隐私权，从而帮助了罪犯。虽然目前政府所能够做的也许仍不足以补偿或者保护刑事犯罪中的受害者，但是以公民的基本隐私权换取安全保障，这永远都不是一个解决办法。宪法上的权利受到侵害的受害者必须要得到补偿和保护，尤其当他们的伤害来源于国家或者国家工作人员时。③ 人们对于保护公民所享有的隐私权的主张有一个广为流传的批评，即认为这只保护了罪犯，因为无辜者并没有任何事情需要隐藏。然而，没有任何事情需要

---

① Daily Times Democrat v. Graham, 162 So. 2d 474 (Ala. 1964).
② Haynes v. Alfred A. Knopf, Inc., 8 F. 3d 1222, 1229, 1232 (7th Cir. 1993).
③ Bruce G. Berner, Fourth-Amendment Enforcement Models: Analysis and Proposal, 16 Val. U. L. Rev. 215, 222 n. 29 (1982).

隐藏的公民也希望并且应该有隐私。在某些时候，警察的侵犯永远都不是合理的，而视频监控恰好属于不合理的侵犯行为。无论是无辜者还是罪犯，美国联邦宪法和各州宪法都同样保护他们所享有的权利。[1] Clark 大法官总结得最好，他写道，"如果罪犯必须要自由，这是可以的，但是只有法律才能使他自由"，并且，政府如果不能保护公民，它将会消亡。[2]

五、限制视频监控的立法建议稿及其评述

在"新联邦主义"时期，州需要制定标准法律，用来评估警察和当地政府所要求实施的视频监控计划。州最高法院可以采用以下建议稿的规定作为说理的模板。然而，针对街道视频监控计划，如果州以州宪法上的隐私权为基础制定州的标准法律，那么这会更明确地保护公民所享有的隐私权。该标准法律不仅需要在州的法律系统内就以上所说的视频监控对公民隐私权所造成的侵犯作出规定，而且还要保护州宪法明示或默示规定的公民基本的隐私权。如果警察想要建立多摄像机街道监控系统，那么他们必须遵守这些法律规定。虽然该限制视频监控的建议稿对于在私人领域内的视频监控行为并没有作出任何规定，但是我们可以借鉴其他州或国家在这方面所制定的法定保障措施，比如法律规定禁止对换衣间进行监控，[3] 或者，法律规定禁止私人偷窥住宅内部。[4] 根据笔者的标准法律建议稿，如果警察遵守所规定的严格指引，他们将只能对一个特定的人或者一个特定的犯罪团伙实施视频监控行为。因此，警察和当地政府将不会在整个社区内设置监控。也就是说，警察实施监控的权力并没有被完全地禁止，他们只是被剥夺了毫无约束地实施视频监控行为的权力，因为，如果警察毫无约束地实施视频监控行为，那么社会公众将受到连续不断的街道视频监控的管制。因此，如果政府执法人员要求实施视频监控行为，他们都应该要遵守建议稿的以下规定：

---

[1] Illinois v. Gates, 462 U. S. 213, 290 (1983) (Brennan, J., dissenting).
[2] Mapp v. Ohio, 367 U. S. 643, 659 (1961).
[3] Mass. Gen. Laws Ann. ch. 93, § 89 (West Supp. 1996).
[4] Ind. Code Ann. § 35-45-4-5 (Michie 1996).

（一）限制视频监控的立法建议稿

第一条 所有监控人员都必须是训练有素的、专业化的，有资质的警察或联邦政府执法人员（以下简称"政府执法人员"）。

第二条 如果监控人员对特定公民进行监控，他们应该告知监控对象正在受监控或曾经受监控的事实；如果监控人员对普通社会公众进行监控，他们不仅要告知社会公众其所实施的视频监控行为，而且还要允许公民对此作出书面评论或者在公开听证会上发表意见。

第三条 监控人员向居于中立地位的法官说明正当根据和令人信服的政府利益时，他们必须证明：其一，他们所实施视频监控行为是必要的；其二，他们所使用的监控调查方法是对公民限制性最小的。

第四条 为了获得使用视频监控的授权，监控人员必须指出特定的监控目标、监控时间和监控目的。根据所获得的使用视频监控的授权，监控人员必须每10日向居于中立地位的地方法官报告，说明正当根据和令人信服的政府利益，以便证明他们继续实施监控行为的必要性。

第五条 如果监控人员在实施监控行为时违反了本法的规定，那么法官将在诉讼程序当中单方面排除所有来源不当的视频资料的使用。

第六条 如果监控人员在实施监控行为时违反了本法的规定，那么他们将遭受刑事处罚和被开除公职的行政处罚。在任何情况下，监控人员均不能为了牟利的目的而公开或者传播所获取的视频图像的任何内容。如果监控人员违反了本条的规定，他们将遭受强制罚款与徒刑。

第七条 一旦监控人员通过视频监控侵犯了州宪法所规定的公民所享有的隐私权，不管他们实施视频监控的根据是任何州或特区的制定法、行政规章、风俗习惯，他们均应对受害者承担损害赔偿责任，此种责任的根据或者是普通法，或者是衡平法，或者是其他特定的救济程序。

（二）对立法建议稿的评述

1. 对第一条的评述

本条规定，必须由训练有素的、专业化的工作人员实施视频监控行为，这一规定为监控人员的资格提供行政审查。根据本条的规定，某些城市将结束它们所实施的视频监控行为，例如，在阿拉斯加州的安克雷奇，街道视频监控所获取的录像会被发送到居民家中的私人电脑上，而不是警察局。此外，加利福尼亚州、马里兰州、新泽西州和俄勒冈州目前也都允许无人监督的公民自己监视街道视频摄像机。根据视频监控系统所固有的内在弊端——容易被滥用，本条规定，至少由训练有素的警察或政府执法人员自由支配摄像机进行监控。对于监控人员的挑选，每个州都可以建立其独有的判断程序，但是监控人员至少应该对道德、伦理和视频监控所涉及的基本隐私权有最低的认识。为了遵守强制执行的程序，监控人员需要熟悉本法的相关规定。除此之外，监控人员也应该注意，如果他们违反了本法的规定，那么他们将会面临刑事上的和民事上的处罚。所以，根据本条，视频监控摄像机不能再由无法承担此类责任的保安和私人公民所操作。

2. 对第二条的评述

虽然本条规定属于任意性规定，但是州的立法机构会选择把"监控人员告知监控对象"这一规定认定为强制性规定。本条规定，当地政府可以采用灵活的事先警告方法，比如在受监控的区域内张贴醒目的标志或其他各种方法，告知公民街道正在受监控，总之，州或联邦的政府执法人员至少要让监控对象在事后知道监控发生的事实。如果社会公众普遍反对视频监控的设置，那么我们最好要举行公开听证会，以便社会公众对此进行否决。此种做法明显会束缚警察使用视频监控技术，但是本条规定仍然采纳此种做法，就如当年某个城镇的政府建议制定会对城镇产生巨大影响的环境保护方面的行政法规那样，市民有权对该行政法规发表意见。然而，如果监控人员公开监控计划和将监控的事实告知监控对象，其好处有两方面：其一，他们将最大限度地消除公民不知情的问题；其二，因为只有独立确定了视频监控公开报告中的统计数据，我们才能真正了解视频监控的成功率，这样一来，公民才可以准确地判断视频监控对于犯罪预防是否真正有效。

3. 对第三条的评述

本条规定的内容有以下四点：

第一，在判断政府执法人员实施的视频监控行为是否合理时，法官适用令人信服的政府利益判断标准。根据目前的法律规定，法院无法确定监控人员是否需要搜查令才能实施视频监控行为，或者视频监控是否比音频监控具有更少或更多的侵犯性。本条规定，当一个州面对视频监控问题时，它需要适用《街道安全法》第三编的保护性规定。根据本条，在视频监控的案件中，法院将会从多个方面衡量两个相冲突的利益：犯罪预防中令人信服的政府利益与作为公民基本权利的隐私权。[1] 正如之前所讨论的，根据"新联邦主义"，作为公民基本权利的隐私权来源于州宪法上的规定。为了使《街道安全法》第三编在州也得到适用，本条最大的变化在于，适用令人信服的政府利益判断标准，该判断标准已经成为美国联邦最高法院判决的标准。因此，政府所要求的街道视频监控行为必须要经过法官严格的审查分析后才能实施。

第二，法官会审查警察局所提出的证明每个监控要求的正当根据。[2] 作为一个判断标准，正当根据要求：事实和情况都足以证明，根据监控目标所处的位置，有合理担忧的一个理性人认为他可以对其实施搜查行为。[3] 正当根据和严格的审查标准都是必要的，因为比如说，在法律所禁止的特定毒品交易中，严格的审查标准需要表明，与作为公民基本权利的隐私权相比，此时令人信服的政府利益更为重要。然而，正当根据的判断标准迫使警察只能狭隘地调查他们想要拍摄的目标和合理相信将会发现的事情。因此，通过适用这两个判断标准，如果警察局想要实施任何对社会公众的普遍监控行为，他们将需要克服宪法上的许多障碍。

第三，为了防止警察局自己判断何时实施视频监控才是适当的，法律要求使用居于中立地位的地方法官来判断。[4]

第四，只在其他调查方法确定不可用的情况下，警察或政府执法人员才能使用视频监控方法实施调查行为。警察或政府执法人员所使用的调查技术越具有侵犯性，法律对其调查行为必要性的标准就越

---

[1] United States v. Robinson, 414 U. S. 218, 254 (1973) (Marshall, J., dissenting).
[2] Hawaii v. Bonnell, 856 P. 2d 1265, 1273 (Haw. 1993).
[3] C. Whitebread, Criminal Procedure § 5.03 (1990).
[4] Dunaway v. New York, 442 U. S. 200, 213 (1979). Mass. Gen. Laws ch. 272, § 99 (1994).

高，以便它们之间能够成正比。①

4. 对第四条的评述

因为本条要求警察在满足四个条件后才能申请实施监控行为，所以至少 15 个城市将取消其连续不断的街道监控系统。本条不仅保证政府执法人员不能为了潜入颠覆组织或者限制公民的言论自由而采取非法调查的方法，而且还将根除种族主义者使用视频监控去打击黑人、西班牙人和其他少数种族的现象。如果当警察申请使用视频监控时，他们只是证明利用视频监控"发现犯罪嫌疑人的犯罪行为"的必要性，那么这显然不足以构成令人信服的政府利益，也不能因此而牺牲公民基本的隐私权。本条建立了永久的司法审查制度，因为当监控人员每一次重新获得授权时，他们都要重新说明视频监控的必要性和利用视频监控成功获取犯罪证据的可能性。正如前面所提及的，作为继续监控的基础，警察需要满足严格审查和正当根据这两个判断标准。根据本条规定，如果正当根据已消失或者政府利益不再是必要的话，那么警察就必须停止实施视频监控行为。总的来说，虽然警察局对嫌疑犯的观察和拍摄已经超过一年，但是如果他们对于嫌疑犯有可能实施的非法行为只有一种"预感"，那么他们这种过分滥用权力的行为将被本条禁止。②

5. 对第五条的评述

在没有获得法院授权的情况下，如果监控人员实施了视频监控行为，那么在向法院出示证据时，所有视频监控证据将被视为"毒树之果"而被排除，这样一来，法院就确立了明确的规则。这个全有或全无的规则创造了令人难以置信的积极性，它会推动警察在得到法院授权之后才实施任何视频监控行为。③ 虽然目前非法证据排除规则适用于特定类型的电子监控行为，但是本条清楚规定，如果警察违反了已建立的法定指导规则，那么法官必须要排除该视频监控证据。非法证据排除规则主要有三方面的作用：①它可以阻止监控人员不合理

---

① See United States v. Tortorello, 480 F. 2d 764, 774 (2d Cir. 1973); United States v. Messa Rincon, 911F. 2d 1433 (10th Cir. 1990).
② Hawaii v. Bonnell, 856 P. 2d 1265 (Haw. 1993).
③ Arizona v. Evans, 115 S. Ct. 1185, 1200 (1995) (Ginsburg, J., dissenting).

地使用视频监控；②它可以向政府执法人员所实施的违法行为的潜在受害者保证，政府执法人员不会从其违法行为中获益；③它可以使视频监控领域搜查令的数量急速增加，而在此之前，监控人员几乎完全不需要搜查令就可以实施视频监控行为。如果警察所实施的视频监控行为是正当的，并且遵守了所有视频监控的指导规则，但是地方法官犯了一些小错误，在该情形当中，某些州的法官会适用"善意例外"的规则，也就是，视频监控的录像可以在诉讼程序上作为证据使用。然而，这样的例外规定是超出本文范围的。①

6. 对第六条的评述

虽然警察会提出一些有限的豁免作为辩护，但是根据本条的规定，如果警察违反有关视频监控录像传播的规定，那么他们将会在工作、金钱和自由等方面受到处罚。出于对多种多样的侵权责任和刑事处罚的恐惧，本条的规定为警察局提供了足够的动力对其所实施的视频监控行为进行行政审查。本条也致力于阻止非法翻印的视频监控录像在社会上传播。正如本法第一条所表明的那样，社会公众不能拥有监控的权力。只有由受过训练的专业人员控制监控设备，市政当局才能更好地执行有关视频监控录像带传播的指导规则。

7. 对第七条的评述

作为新的侵权类型，视频监控的隐私侵权将会等同于"巡逻"或者"真人秀"的隐私侵权。因为它们均在公民的周围建立了一个很清晰的隐私区域，除非明确地遵守本建议稿所规定的指导规则，否则，行为人不能侵犯公民所享有的隐私区域。本条也与《美国法典》第1983条相似。② 因此，在本条施行时，市政当局会依赖有关民事权利的司法判例。总的来说，本条阻止监控人员为了贪婪的牟利目的，以牺牲公民所享有的隐私权为代价而使用街道视频监控录像。

六、结语

20年前，Rehnquist大法官作出了一个"可反驳的推定"：也就是说，政府将会比50年前知道我们多得多的事情，与之相比，从非

---

① See generally United States v. Leon, 468 U.S. 897 (1984).

② 42 U.S.C. §1983 (1994).

常现实的意义上说，我们的隐私也将比 50 年前少得多。由于 Rehnquist 大法官领导下的美国联邦最高法院仍然限制隐私权的扩张，并且，国会拒绝就隐私权的问题制定法律，所以，这个推定极有可能即将实现。Brandeis 大法官也曾经承认，科学的进步不可能阻止窃听技术的发展，① 实际上，技术的急速膨胀将可能导致未来的视频监控更具有侵犯性。正如安克雷奇、巴尔的摩、塔科马港市和弗吉尼亚比奇这些城市，它们不断发展视频监控，使社会逐渐走向赫胥黎和奥威尔笔下的极权社会。通过走向新联邦主义，并且制定以州宪法所明确规定的、固有的隐私权为基础的州标准法律，各州需要成为保护隐私权改革中的领导者。

隐私是人类的基本需要，并且州应该采用制定法保护公民基本的自由利益，使其免受街道视频监控系统的侵犯。外国的例子和美国自己失败的经验表明，街道视频监控系统具有过度的侵犯性和不加以区分的性质。在隐私消失殆尽，致使法律已经不可能保护公民所享有的隐私权之前，我们必须要关注该领域的法律，也必须关闭监控摄像机。

---

① Olmstead v. United States, 277 U. S. 438, 474 (1928) (Brandeis, J., dissenting).

第四编 新科技时代的场所隐私权

Google 对公共街道的监控和公共场所隐私权的保护

乔什·布莱克曼[①]著 陈圆欣[②]译

目 次

一、导论
二、背景
三、全面监控
四、数字身份权：为受到全面监控影响的公民提供的侵权救济
五、结语

一、导论

拍摄在公共场所里的公民早已不是什么新鲜事了。最近，互联网巨头 Google 通过名为"Google 街景地图"的新技术对美国街道进行拍摄。[③] 然而，Google 不仅记录这些街道，其高分辨率的摄像机还能够拍摄街道上的公民，能够通过打开的窗户拍到在屋内进行私人活动

[①] 乔什·布莱克曼（Josh Blackman），美国南得州大学法学院副教授。
[②] 陈圆欣，中山大学法学院助教。
[③] Miguel Helft, Google Photos Stir a Debate over Privacy, N. Y. Times, June 1, 2007, at C1. available at http：//www.nytines.com/2007/06/01/technology/01private.html.

的公民。这些被 Google 摄像机拍到的公民甚至没有意识到自己已经被偷拍了,因为 Google 运用了令人难以察觉的设备秘密地记录下了公民的自然状态。随后,这些图像会被传播到世界各地。虽然这项技术只会循环展示先前拍下的图像,但是当前的隐私法没有阻止 Google 直播美国街道情况。技术进步和互联网发展的未来态势让这种威胁变得前所未有的真实。在未来,公民可以通过登录 Google 的网站,搜索特定时间、日期和地点来查看发生了什么事情,Google 的摄像机拍摄到了什么场景。本文将这种无所不在的监控称为"全面监控"。

所谓的全面监控,是指一种无处不在、无所不知的监控形式,这种监控形式能够记录在公共场所发生的所有事情并且通过互联网不加区别地传播到全世界。因为这种监控技术具备任意性,所以,无论是新闻价值还是公民的独处权都不能对其产生影响。那么,我们应该如何限制私人主体监控公民以及通过互联网传播其监控记录呢?

平衡隐私权和言论自由之间的利益的两种隐私侵权规则分别是不合理地公开他人私人事务的隐私侵权规则和不合理地侵扰他人安宁的隐私侵权规则。然而,它们不足以弥补全面监控对公民造成的侵害。对于公开他人私人事务的隐私侵权而言,如果该私人事务涉及社会内容并且具有一定的新闻价值,那么行为人就可以公开该私人事务而不会构成侵权。① 根据这个判断标准,几乎所有的事务都或多或少地涉及社会价值。至于侵扰他人安宁的隐私侵权,当他人处于公共场所时,这种隐私侵权也会不成立,因为它只保护在住宅中的公民。② 因此,根据这两种隐私侵权规则,受到全面监控侵犯的公民是无法获得救济的。

当这些侵权行为处于发展阶段时,公民隐私被侵犯的程度会受到一定的限制,因为摄影师要根据拍摄的机会成本来决定其是否要拍摄某位公民。然而,通过新技术,摄影师不再需要纠结于是否拍摄某位公民,而是需要选择是否拍摄某座城市的全景。每一位公民不仅会被任意地拍摄,该图像或者视频还会被永久地保留。这种令人感到不愉快的持续监控状态会随着技术的发展而不断恶化。本文提议,公民对

---

① Restatement (second) of Torts § 652D cmt. h (1977).
② Restatement (second) of Torts § 652B cmt. h (1977).

其数字身份享有权利，这种侵权责任能够平衡公民隐私权和言论自由之间的利益，能够为受到全面监控侵犯的公民提供救济。

本文的第二部分将探究隐私权，包括美国的隐私权起源，现代隐私权法以及隐私如何提升公民的言论自由和表达自由。本文不会把重点放在政府监控或者《美国联邦宪法第四修正案》之上。

本文的第三部分将详细介绍全面监控以及 Google 街景地图，这部分内容将探索全面监控的发展态势，在全面监控的语境中，公民在公共场所里将不享有任何隐私权。摄像机时刻记录着每一位公民，每一处地方，然后通过互联网转播这些记录。鉴于目前涉及隐私保护的法律不足以保护公民免受新技术的威胁，这部分内容将阐明为受到全面监控影响的公民提供侵权救济的必要性。

本文的第四部分将提出一种新的侵权责任，保护公民所享有的数字身份权。这种能够有效平衡公民隐私与言论自由之间的利益的侵权责任包括四个要素。这种侵权责任源于现存的隐私侵权责任，借鉴了各个法律部门的相关规则，并且形成了为受到全面监控侵犯的公民提供救济的可行理论框架。第一个要素是刑事法律、有关狗仔队的法律和涉及偷窥的法律的结合体。这个要素改善了侵扰他人安宁的隐私侵权规定以及采取了合理的隐私期待判断标准。第二个要素反映社会对于冒犯的认知已经改变。它涉及加利福尼亚州有关现代狗仔队的立法以及改善了公开他人私人事务的隐私侵权规定，把认定侵权行为的标准从高度侵犯性降低到一般侵犯性，以适应当代社会情感的需求。第三个要素源于联邦和州的有关偷窥的法律规定。这部分内容关注通过社交圈和互联网传播电子数据的新型传播方式，并且提出行为人应该对其不加区别地传播他人信息的行为承担更严重的责任。第四个要素关注"新闻价值的例外规则"，即如果他人的私人事务包含新闻价值，那么行为人可以公开他人的私人事务而不构成侵权。这个要素不同于美国联邦最高法院在 Florida Star v. B. J. F 一案[1]建立的判断标准，该判断标准大大地削弱了法律为公民的私人事务提供的保护。[2]

---

[1] Fla. Star v. B. J. F. , 491 U. S. 524 (1989).

[2] See Richard S. Murphy, Property Rights in Personal Information: an Economic Defense of Privacy, 84 GEO. L. J. 2381, 2388 (1996).

根据 Florida Star 一案的判断标准,法院难以保护公民的隐私权。这种新的"新闻价值"判断标准试图平衡公民隐私与言论自由之间的利益,以便法院能够更好地保护公民隐私。作为普通法侵权的一种,每个州都可以根据其公民的特殊要求而对侵权内容作出不同的规定,公民所享有的数字身份权无疑是受到全面监控侵犯的公民的有效救济方式。

二、背景

在美国,隐私权拥有相当悠久和值得自豪的历史,它对于提升公民的言论自由和推动某些重要机构的发展起着至关重要的作用。[①] James Madison、Alexander Hamilton 和 John Jay 曾经利用笔名 Publius 出版过《联邦党人文集》。Benjamin Franklin 曾经使用超过 40 个笔名。秘密投票是美国民主得以发展的原因之一。1787 年的制宪会议是在完全秘密的状态下进行。[②] 许多制宪者明白,如果没有保密和隐私,制宪者会因为害怕遭到报复而不能制定宪法。[③] 在美国宪法起草后的 20 年内,6 位总统、15 位内阁成员、20 位参议员和 34 位国会成员通过匿名的方式发表了其政治文章,表达他们不愿公开发表但是本人提倡的政治信仰。

学者一般将 Samuel Warren 和之后的美国联邦最高法院大法官 Louis Brandeis 所写的法学评论——《论隐私权》作为美国有关隐私权的司法审判的首次尝试。在其对 Florida Star 一案的判决的异议中,White 大法官表示,《论隐私权》一文提出的隐私侵权是"20 世纪最受瞩目的法律发明之一"。然而,Warren 和 Brandeis 所提出的隐私权面临着由 Dean Prosser 编纂的侵权行为和 *Restatement(Second)of Torts* 的规定所带来的巨大挑战。自 *Restatement(Second)of Torts* 颁布的数十年来,隐私侵权制度仿佛进入了冬眠期。然而,只要我们合理地理解 *Restatement(Second)of Torts* 对这些原则进行的限制,与隐私侵权相关的规定仍然能够保护公民的隐私权。这部分内容将简短地介

[①] Daniel J. Solove, The Future of Reputation 139 – 140 (2007).

[②] Max Farrand, Introduction to 1 The Records of the Federal Convention of 1787, at xi (Max Farrand ed., Yale Univ. Press rev. Ed. 1937) (1819).

[③] Charles Warren, The Making of the Constitution 134 – 139 (Harvard Univ. Press 1947) (1928).

绍隐私权的历史、它的沉寂,以及表明隐私权如何提升公民的言论自由和表达自由。

(一) 起源于美国的隐私权

Samuel Warren 和 Brandeis 大法官写这篇文章的原因是越来越多人使用小型照相机拍摄其他公民的"即时照片",两位学者认为这种行为侵犯了公民"神圣的私人和家庭生活领域"。正如 Warren 和 Brandeis 大法官所叹息的那样,这种照相机令"秘密拍摄"变为可能,极大地影响了公民进行私人活动的权利。为了回应这种新情况,为了阻止"报业恶意地侵犯公民隐私"以及"为其图像被非法传播的公民提供救济",Warren 和 Brandeis 大法官开始为利用现存普通法保障公民隐私的设想添砖加瓦。通过分析其他法律规则,包括涉及侮辱、诽谤、商业秘密和知识产权的规则,两位学者创造了"独处权"。本文主张,普通法所保护的"公民隐私"就是保护公民与其他人交流的控制权。这种权利旨在保护公民"未受侵犯的个性"和防止公民的情感受到伤害。

Warren 和 Brandeis 大法官知道社会某些方面具有"公共利益",所以"当公民宣布放弃隐私权并且愿意生活在公众视线中的时候",两位学者认为,此时该公民不再受到隐私权保护。因此,公职人员候选人、公职人员或者"应该接受公众审查"的人员的隐私不受保护,这就是现代公开他人私人事务的侵权行为的"新闻价值例外规则"的萌芽。然而,Warren 和 Brandeis 大法官希望"那些不想也不应该将私人事务公开并且接受公众审查的公民能够获得隐私权的保护"。两位学者总结道:"然而,公民享有保护其某些事务免受公众窥探的权利,不管其是否过着公共生活。"该文章引起了隐私权领域的一场文艺复兴。①

(二) 现代隐私权法

在 Warren 和 Brandeis 大法官的标志性文章面世后的几十年来,

---

① See Benjamin E. Bratman, Brandeis and Warren's the Right to Privacy and the Birth of the Right to Privacy, 69 TENN. L. Rev. 623, 650 (2002).

许多案件都是依靠独处权理论来作出判决的。① 受人尊敬的 Dean William Prosser 总结道,"隐私权法所规定的侵权行为包括了四种侵犯原告不同利益的行为……这些行为侵扰了原告的'独处权'"②。随后作为 Restatement (Second) of Torts 的报告者,Dean Prosser 将这四种侵权行为编纂为:①不合理地公开他人私人事务的隐私侵权行为;③ ②不合理地侵扰他人安宁的隐私侵权行为;④ ③不合理地使用他人姓名、肖像或者其他人格特征的隐私侵权行为;⑤ ④公开丑化他人形象的隐私侵权行为。⑥ 通过列举隐私侵权行为的种类,Dean Prosser 将现存隐私权法中有关隐私侵权的行为作出了分类。然而,Dean Prosser 对隐私权的看法应当受到质疑,尤其是这种看法赋予了政府执法人员审查新闻行业的权利。Dean Prosser 并非仅仅对 Warren 和 Brandeis 大法官的文章和随后的判例法作出总结,他实际上表达了自己对隐私权的看法。他构造了一个形式相似但本质不同的法律体制。事实上,Prosser 尝试重构其认为合适的法律架构,正如其在基于精神损害的基础上自发地承认故意精神伤害的侵权行为。⑦

自从 Dean Prosser 对隐私侵权类型作出总结的 40 年以来,没有人提出不同的侵权类型,隐私权法的发展似乎陷入了停滞状态。此外,Dean Prosser 的隐私侵权类型变成了最普遍的美国隐私利益概念,因为多数州通过采取 Prosser 的 Restatement (Second) of Torts 而采取了他的侵权行为分类。⑧

根据 Dean Prosser 总结的隐私侵权类型,在公共场所被拍摄的公民一般不享有隐私权,因而他们不能获得救济。⑨ 有关侵扰他人安宁

---

① See e. g. Pasevich v. New England Life Inc. Co., 50 S. E. 68, 70 (gA. 1905)
② William L. Prosser, Privacy, 48 Cal. L. Rev. 383, 389 (1960).
③ Restatement (second) of Torts § 652D (1977).
④ Restatement (second) of Torts § 652B (1977).
⑤ Restatement (second) of Torts § 652C (1977).
⑥ Restatement (second) of Torts § 652A (1977).
⑦ Neil M. Richards & Daniel J. Solove, Privacy's Other Path: Recovering the Law of Confidentiality, 96 GEO. L. J. 123, 149 (2007).
⑧ See Andrew J. McClurg, Kiss and Tell: Protecting Intimate Relationship Privacy through Implied Contracts of Confidentiality, 74 U. Cin. L. Rev. 887, 897 (2006).
⑨ See Dempsey v. Nat'l Enquirer, 702 F. Supp. 927, 931 (D. Me. 1988).

的隐私侵权行为和公开他人私人事务的隐私侵权行为的规定最常用于解决公民被偷拍的问题。然而，有关侵扰他人安宁的隐私侵权行为的规定只适用于处于私人场所的公民，在公共场所的公民不能受到该规定的保护。有关公开他人私人事务的隐私侵权行为的规定只适用于被公开的事务不含有新闻价值。由于新闻价值的定义比较广泛，在 Florida Star 一案①后，法官通常会让编辑决定被公开的事务是否具有新闻价值，这样一来，即便照片只有丝毫社会价值，出版商也可以将其出版而不必担心侵权问题。当公民在公共场所被拍摄或者录像时，这些限制因素就会严重限制公民获得隐私权救济的权利。

　　Gill v. Hearst Publishing Company 一案②最能说明这个问题。在该案中，一名记者秘密地拍摄了在公园里深情拥抱的一对夫妻，并且将该照片发表在 *Harper's Bazaar* 上，因为该杂志的一篇文章希望利用这张照片表达爱情让世界变得更加美好的观点。然而，被拍摄的夫妻希望他们的情感流露是私密的，他们当时以为公园里只有他们两人，所以他们以出版商侵犯其隐私为由提起了诉讼。Spence 大法官代表多数意见写道："公民在公共场所不享有隐私权。"③ 法院认定，根据 Dean Prosser 的"新闻价值例外规则"，如果某件事务具有新闻价值，那么法院必须平衡"独处权"和新闻传播所包含的公共利益以及言论自由、出版自由的民主价值。在该案中，法院认定涉案文章具有新闻价值，但是它没有基于事实解释文章具有新闻价值的正当理由。多数意见试图通过 Warren 和 Brandeis 大法官的文章证明其分析的正当性，提出当公民的生活变得不再隐秘时，他就不能受到隐私权的保护。然而，新闻记者偷偷拍摄公民的行为正是哈佛学者所反对的侵犯公民隐私的行为。

　　Carter 大法官在其言辞激烈的异议中指出，本案的夫妻照片没有任何新闻价值或者教育意义。他继续提到，该夫妻的图像对于提高故事的新闻价值而言并非必须的，出版商没有理由为了满足其需要而侵犯该夫妻的隐私。沿袭 Warren 和 Brandeis 大法官的观点，该异议宣

---

① Fla Star v. B. J. F. , 491 U. S. 524, 550 (1989).
② 253 P. 2d. 441.
③ Citing Melvin v. Reid, 297 P. 91, 93 (Cal. Ct. App. 1931).

称,"当公民希望享有独处权时,他们对于其所做的没有新闻价值的事情应该享有隐私权"。为了区分希望成为众人焦点的公民和希望独处的公民,Carter 大法官提出:"有关公开他人私人事务的侵权规定能够保护90%不希望吸引公众目光或者招致恶名的公民的隐私,这个规定限制出版商侵犯这些公民所享有的隐私权。"

备受质疑的是,多数意见让编辑决定被公开的事务是否具有新闻价值。持有异议的法官认为:"法院应该从出版物对希望拥有隐私生活的普通公民的情感所产生的影响来进行思考,而非从寻求和享受公众目光的公民的角度出发。"Carter 大法官担心"拍摄者能够利用设备拍摄在公共场所里赤裸或者部分赤裸的公民,并且能够在不承担责任的情况下出版这些图片"。如今,我们知道 Carter 大法官的担忧是正确的,因为 Google 街景地图已经拍摄到一些令人感到气愤的照片。Carter 大法官指出,公民在公共场所里看到的事物与通过重现的方式看到的事物之间存在差异,该案夫妻接受经过公园的小部分公众看到他们的行为,但是,这不意味着他们接受成千上万的读者通过被告的杂志看到他们的行为。① 与 Carter 大法官的异议相似,美国联邦第二巡回法院承认,Jacqueline Kennedy Onassis 受到公众注视的某部分生活本质上受到隐私的保护。法院认定,狗仔队采取的具有侵犯性的新闻采集技术可能侵犯了公民的隐私,即便该公民生活在公众视线之中,因为公民在公共场所里做的事情不一定就不是隐私。②

然而,Carter 大法官提出的是异议不能作为先例,自 Gill 一案之后,大部分涉及隐私权的案件都采取了多数意见的方法,即认为如果某些事情发生在公共场所或者具有新闻价值,那么这些事情不能受到隐私权的保护。③ 根据美国联邦最高法院在 Florida Star v. B. J. F. 一案④的判决,公民在公共场所中所享有的隐私权被大大地削弱。根据现存的法律,公民在公共场所中不享有隐私权,这是一件很麻烦的事

---

① 253 P. 2d 441, 446 (Cal. 1953) (Carter, J. dissenting).
② Galella v. Onassis, 353 F. Supp. 196, 228 (S. D. N. Y. 1973), aff'd in part rev'd in part, 487 F2d 986 (2d Cir. 1973).
③ See e. g. Kapellas v. Kofman, 459 P. 2d 912, 922 – 924 (Cal. 1969). But cf. Daily Times Democrat v. Graham, 162 So. 2d 474, 477 (Ala. 1964).
④ 491 U. S. 524 (1989).

情,因为如今技术对公民隐私造成的侵犯比 Warren 和 Brandeis 大法官时期更加隐秘和具有入侵性。Carter 大法官在 Gill 一案的异议中已经体现了未来技术对公民隐私造成侵犯的判断因素:①当公民不与其他人交往时,他们希望拥有私人空间;②干扰这种独处权的行为是具有侵犯性的;③当行为人利用设备重现这种场景时,这种干扰行为的侵犯性更加严重;④普通公民的偶然事件不具有任何新闻价值。上述因素构成本文提出的数字身份权的基础。当行为人未经他人同意拍摄他人并且任意地通过互联网传播他人不含新闻价值的图片时,数字身份权能够为他人提供救济。

(三)保护公民隐私能够提升公民所享有的言论自由和表达自由

理解隐私权的关键在于理解公民在不同场合中如何改变其言论和行为。社会如何看待某位公民和该公民如何看待自身之间天然存在着分歧。① 事实上,"人"(person)的第一个词源是"面具"(mask),因为每个人都拥有一副躯壳。② 在通常情况下,当公民身处公共场所时,他们都希望自己不要引人注意。当别人都没有留意自己的时候,公民就会无拘无束地行动。③ 当公民可以不透露自己身份时,他们会乐意在别人面前作出特定行为;然而,当公民必须暴露身份时,他们可能就不乐意再去做这种行为。当公民享有匿名权时,他们会更加自由和舒适地表达自我,即便是在一群关系密切的朋友面前,公民也会表现得更加自在,因为他与朋友之间有紧密的联系,因为他不用担心自己言语或者行为会被朋友利用来伤害自己。匿名权让公民更加自由地行动,因为他们有能力控制有损其声誉的风险。

这个命题的逆命题是当公民感到自己被监视时,他们就不能自由地、无拘束地行动。④ 当公民感受到别人正在看自己时,他通常会有

---

① Philp Roth, In Defense of Intimacy: Milan Kundera's Privacy Lives, Village Voice, June 26, 1984, at 42.
② Alan F. Westin, Science, Privacy, and Freedom: Issue and Proposals for the 1970s, in Privacy and Freedom 33 (1967).
③ See Ruth Gavison, Privacy and the Limits of Law, 89 Yale L. J. 421, 432 – 433 (1980).
④ Hubert H. Humphrey, Foreword to Edward V. Long, The Intruders, at viii (1967).

不一样的表现。[①] 持续地记录某位公民并且断章取义地传播其图像会让该公民无法自由地表达自我。如果某位公民知道或者仅仅是感到自己受到全方位的监控，那么他的行为会更加严谨，因为记录其行为的影片会被永久保存。最近，一份有关分析监控如何影响公民行为的德国研究发现，受到监控的公民所作出的行为不同于不受监控的公民所作出的行为，即不同于自由的公民所作出的行为。因此，理解公民在公共场所享有匿名权的意义对于提升公民积极自由地表达自我起着重要的作用。

隐私权和言论自由可以看作一块硬币的两面。它们是相辅相成的而不是针锋相对的利益。当两者达到平衡时，它们会共同创造出最佳结果。为了进一步研究两者的关系，我们有必要想象两种极端情形。一种是完全没有隐私权，言论自由不受约束的世界，在这种世界里，公民的言论自由最终都会受到损害。公民不愿意表达其真实想法，因为他害怕尴尬、被羞辱、被嘲笑或者被报复。这种恐惧严重损害了公民的言论自由。

然而，在另外一种公民享有完全的隐私权而不享有言论自由的世界里，公民的言论自由最终也会受到损害。因为公民不愿意表达其真实想法，会把所有的感情埋藏心底。这种限制同样严重损害了公民的言论自由。因此，我们应该平衡隐私权和言论自由之间的利益，使它们成为激励公民表达自我的机制，同时应该将言论自由引发的恐惧降到最低。没有隐私权，公民将不能自在地表达自己的真实想法。而没有了言论自由，公民将无法表达自己的真实想法。因此，社会应该努力实现言论自由和隐私权之间的平衡，以最大程度地提升公民的言论自由。

三、全面监控

所谓的全面监控，是指对公共场所无处不在、无所不知的数字监控以及通过互联网任意地传播监控记录，不管该记录有没有新闻价值。学者对如今是否存在全面监控争执不下，但是，未来不可避免地

[①] Joseph Bensman & Robert Lilienfeld, Between Public and Private: Lost Boundaries of the Self 174 (1979).

会出现全面监控的情况。如今，Google 街景地图很好地展现了全面监控的特点。通过监控设备，Google 街景地图能够快速地拍摄一个国家的全景，拍摄在公共场所的每一位公民的高清图像，并且在互联网上重现这些全景图。毫无疑问，Google 已经向全面监控迈出了第一步。虽然当前的技术看起来相当温和，但是现代社会正在朝着普遍的、完全的监控社会进发。Orwell 所描述的全面监控社会将彻底摧毁公民在公共场所享有的隐私权。

（一）Google 街景地图

Google 是互联网搜索服务提供者的领军人物，它负责处理美国大约70%的互联网搜索业务。① 这个广受欢迎的网站已经深深植入美国文化，"google"一词已经成为搜索的代名词并且被添加到流行词典中。Google 对美国文化的普遍影响可以体现在总统候选人 John McCain 曾经承认其通过 Google 来查看副总统候选人的情况。② 除了提供互联网搜索服务，Google 还会通过 Google 地图为用户提供详细的地图和卫星图像。在 2007 年 5 月底，Google 地图推出了一种新业务——街景地图。③ 这种新技术能够让用户获得纽约、旧金山、洛杉矶、迈阿密和其他美国城市的街道全景图。

Google 和 Immersive Media 公司联合对这些城市进行了数字测绘。从 2005 年开始，Google 利用难以被察觉的配置了全面监控摄像头的设备对美国主要城市进行拍摄。一旦记录了图像，Google 便把它们放到了任何人都可以进入的网站上，通过这些图像，用户仿佛身临其境。Google 街景地图能够让用户放大或者缩小图像，能够360°旋转图像，让用户看到精确的细节。这些记录的图像前所未有的清晰，能够让用户看到被拍摄的公民的面容、车牌号码，甚至是蹲坐在窗前的

---

① Stephen Shankland, Google's U. S. Search Share Nears 70 Percent CNET, July 15, 2008, http://news.cnet.com/8301-1023_3-999186693.html?tag=nefd.top.
② Jeff Mason, McCain Says Using Google to Vet VP Candidates, Reuters, June9, 2008, http://reuters.com/article/internetnews/idUSN0926840220080609.
③ Jesse Leavenworth, Webcammed！；Google Takes Man on the Street to New Places, Hous. Chron. , July1, 2007, §Star, at 5.

小猫。最近,Google 计划将街景地图推广到加拿大和澳大利亚①,此外,它已经开始对巴黎、米兰、英国、新西兰和瑞典进行拍摄。欧盟数据保护工作组已经将 Goolge 纳入观察名单,因为 Google 街景地图有可能触犯欧盟的隐私权法,对各个地方拍摄必然会产生某些问题。②

许多公民自由主义者和电子隐私倡导者对这项新技术感到愤怒,因为 Google 街景地图会记录下公民某些特别尴尬的情况。比如,拍到某位已婚男士在光天化日之下从脱衣舞俱乐部里出来,拍到某位男性公民在 San Diego 的小巷里解手,拍到两位女性公民在斯坦福大学附近进行日光浴,给某位衣着暴露的女性特写镜头,拍到一群穿着泳衣的年轻女子站在 Dallas 的洗车场里招揽生意,拍到因弯腰进入汽车而露出内衣的妇女,拍到某位男性公民把手指伸到不该伸的地方,拍到匆匆进入成人书店的公民,拍到 Chicago 的可疑毒贩,拍到某个青少年正用枪指着小孩,拍到从自行车上摔下来的男孩,拍到着火的汽车,甚至会拍到雷达测速仪显示经过学校区域的 Google 监视设备超速了。最近,一对住在 Pittsburgh 的夫妇向 Google 提起了诉讼,指责 Google 拍摄他们住宅的行为侵犯了他们的隐私权。③ 这个案件正在 Pennsylvania 的西部地区审理中,Google 提交了驳回起诉的申请。④

(二) 全面监控的定义

Google 街景地图与传统的、不断重复的记录手段存在着重大差异,前者严重地侵犯了公民的隐私。出于安全考虑,银行、酒店和商店经常使用监控摄像机对顾客进行录像。Earth Cam 公司已经在广受欢迎的公共场所安装了 24 小时网络摄像机,并且将拍摄图像上传到

---

① David Ljunggren, Goolge Eyes Canada Rollout of Dicreet Street View, Reuters, http://blog.wired.com/27bstroke6/2007/05/request_for_urb.html (May 30, 2007 PST).
② Mark John, EU Says Google Map Images Could be a Problem, Reuters, May 15, 2008, http://www.reuters.com/article/technologyNews/idUSL1593011920080515?feedType=RSS&feedName=technologyNews&rpc=22&sp=true.
③ Zusha Elinson, Boring Couple Sues Google over Street View, LAW.COM, Apr.7, 2008, http://www.law.com/jsp/article.jsp?id=1207305794776.
④ Google: Complete Privacy Dose Not Exist, The Smoking Gun, July 30, 2008, http://www.thesmokinggun.com/archive/years/20080730081google1.html.

互联网供用户查看。最近，普通公民利用数码相机和手机也充当起了狗仔队，他们将其拍摄的照片和视频上传到互联网的网站，比如Flikr（一家广受欢迎的照片分享网站）、YouTube（一家广受欢迎的视频分享网站），甚至是用户生成的新闻网站。New York允许公民对可能发生犯罪的地方进行拍摄并且上传到警察局的网站。① Apple iPhone 3G手机推出的新服务——地理标记，能够让用户在拍照的时候自动记录所在地的经纬度。这种温和的全面监控方式能够让用户在快速地拍下特定事件并且上传到互联网的同时发送照片拍摄地的地理位置。

虽然上述记录手段具有侵犯性，但是它们与Google街景地图存在着重大差异。首先，上述记录手段的监控区域有一定的限制。监控摄像机只是稀疏地散布在特定区域。其次，这些记录不容易被别人获取。监控服务提供者不会储存这些图像，相反，他们每隔一段时间就会更新图像。此外，私人机构很少会把他们的记录向社会公开。最后，这些记录的用途有严格的限制。这些服务大都只是出于单一的目的而提供清晰的原图。

正因为与其他传统的公共监控形式不同，这种新型的监控形式能够无所不在，能够在短时间内拍摄大范围区域的情况。它能够让用户知道特定时间特定区域发生的所有事情。此外，这种监控形式所拍摄的信息会被无限期地保留和很容易被其他公民获取。当未来这项技术成熟时，它不仅能够让用户查看特定时间特定区域内发生的所有事情，而且能够让用户有身临其境的感觉。这是一个虚拟的时间机器。再者，面部识别技术能够让用户在特定时间里搜索某位公民的位置。虽然目前Google街景地图只对市中心进行拍摄，但是其他公司，比如Everyscape就希望将数字监控扩展到郊外地区，如滑雪场、海滩和其他偏僻的地方。② 另一个监控服务提供者——Earthmine正在发展一

---

① Deborah Jian Lee, NYPD Calls on Citizens for Amateur Video Evidence, Reuters, July 31, 2008, http://www.reuters.com/article/domesticnews/idUSN3136650420080731.
② Robert Weisman, Get Ready for Your Close-Up, Boston Globe, Dec. 11, 2007, at A1, available at http://www.boston.com/business/technology/articles/2007/12/11get-ready-for-your-close-up/.

种能够记录所有商场、饭店以及其他公共区域的情况的监控技术。①没有一个地方能够逃过全面监控的"法眼"。

传统的监控技术和全面监控的另一个重要区别是,后者通过多元电子媒体迅速地传播其记录的图像,不管该图像有没有新闻价值。最无关紧要和肤浅的私人事务都能够通过信息高速公路传播到全世界。然而,传统的媒体编辑转播信息受到区域的限制。特别是,编辑会受到信息传播的区域和时间限制,比如晚间新闻广播会有时间的限制,又比如报纸会有版面的限制。因此,只有少数涉及特定公民的特定事项会被媒体曝光。

当法院让编辑协助其判断转播的信息是否恰当时,法官可以合理地根据媒体经济学来判断什么样的内容能够被出版并且不会侵犯公民隐私。② 然而,在全面监控的语境中,法官没有这种判断标准。相反,高容量硬盘和闪电般的网络服务器突破了报纸版面和新闻播报时间的约束。全面监控的本质就是将信息即时分享、永久保存以及让别人容易地获取这些信息,信息提供者能够不受限制地传播最大量的信息。在 Boing Boing 博客上有一封匿名帖子准确地描述了公民对这种全面监控的困惑:"监控摄像机不是新鲜事物,地图也不是,互联网也非新鲜事物,Google 或者 Microsoft 都不是。那么为什么 Google 街景地图让人感到如此毛骨悚然呢?"接下来,笔者将通过描述全面监控的前景来回答这个问题。

(三) 全面监控的前景

虽然 Google 对其搜索技术的前景闭口不谈,但是其负责人在发表有关新兴技术艺术的声明时透露出全面监控的前景。根据万维网的发明者 Tim Berners-Lee 的观点,互联网将演变成"语义万维网",因为公民的生活会与网络有千丝万缕的关系。③ 在语义万维网中,如果

---

① See Rafe Needleman, Sneak Peek: Earthmine's Street View, Cnet News, June 26, 2007, http://www.webware.com/8301-1-109-9735721-2.html.

② See e. g. Heath v. Playboy Enter's Inc. , 732 F. Supp. 1145, 1149 (S. D. Fla. 1990).

③ Jonathan Richards, Google Could be Superseded, Says Web Investor, Times Online (London), Mar. 12, 2008, http://technology.timesonline.co.uk/tol/news/tech-and-web/article3532832.ece.

公民忘了他买了什么东西,他能够看到他的银行账单,这项技术不仅能够告诉他在什么时候买了什么东西,它还能够提供当时公民购物的抓拍图像。Berners-Lee 认为未来能够创造出"公民生活数据的无缝之网"。

Google 已经开始在 Nanaimo、British Columbia 和 Canada 建立自己的语义万维网。市政府向 Google 提供城市信息,包括消防服务、建筑和界址线、公共设施、许可证信息、分区的历史、垃圾收集时间表,甚至还包括墓地信息。Google 会把这些信息集中起来添加到 Google 地图的地理图像系统,让用户能够即时地看到家庭垃圾收集的情况以及建筑物的界址线,甚至是最近的消防车在哪里。此外,Google 还能够让用户通过输入地址来阅读发生在该区域的新闻,浏览该区域的照片、视频、房地产列表和其他相关信息。这种紧贴公民生活的信息收集行为无疑是建立语义万维网的第一步。①

在 Financial Times 的一次采访中,Google 的 CEO Eric Schmidt 承认,公司的未来目标就是管理公民的日常生活。② 特别是,Schmidt 说"也许将来某天,用户会问'明天我该干什么'或者'我应该做什么工作'之类的问题",而 Google 能够回答这些问题。Google 负责工程搜索功能的副总裁 Udi Manber 重申这个观点,并且指出,Google 应该尽可能了解用户的想法,提供用户所需要的答案。③ Schmidt 承认,目前这个目标的最大障碍不是技术,而是 Google 未能掌握公民足够的信息。④ 他在接受伦敦记者的采访时说道:"我们不能回答你们最基本的问题,因为我们未能完全了解你。这是 Google 未来需要加强的最重要的方面。"

---

① Christine Evans-Pughe. Our Surveillance Society Goes Online Guardian (London), May 8, 2008, at 3, available at http://www.guardian.co.uk/technology/2008/may/08/privacy.internet.
② Caroline Daniel & Maija Palmer, Google's Goal: to Organise Your Daily Life, FIN. Times (London), May 22, 2007, at 1. Available at http://www.ft.com/cms/s2/c3e49548-088e-11dc-b11e-000b5df10621.html.
③ Posting of Stephen Shankland to CNET News Blog, http://news.cnet.com/8301-10784-3-9972034-7.html?tag=nefd.top (June 18, 2008, 12:31 PDT).
④ See John Battelle, The Search: How Google and Its Rivals Reworts the Rules of Business and Transformed Our Culture 252 (2005).

Schmidt 还说，Google 正处于信息搜集的初步阶段，只有当它获得更多个性化的信息之后，算法才能变得更好。然而，Schmidt 没有提到如何让信息搜集变得个性化。Google 在 Nanaimo 和 British Columbia 的实验体现了它如何从真实世界中收集信息。如果 Google 真的打算告诉用户应该做什么和选择什么样的职业，那么它就需要从互联网以外的世界——即现实世界搜集信息。这就是 Google 街景地图所能做到的事情。

目前 Google 街景地图所做的事情很有限，它只是在温和地收集公民信息。如今，公民只能通过输入地址的方式来使用 Google 街景地图，通过移动拍摄镜头的方式发现他感兴趣的东西。负责 Google 搜索的副总裁承认，当前互联网只能通过标签的方式分析图像，然而，在不久的将来，电脑将能够自动辨别图像的内容。①

伴随着图片分享网站，比如 Flikr、MySpace 和 Facebook 的出现，公民能够随时上传照片到互联网，并且通过元数据为照片里的人"贴上标签"，就像把这些照片放在剪贴簿上一样。虽然目前公民需要通过人手来增加这些标签，但是新的面部识别技术，比如 Google 照片处理软件 Picasa 就能够利用人工智能电脑自动地搜索出照片中的人物并且增加标签。其他软件，比如 Polar Rose 能够搜索整个万维网，找出与特定照片人物具有相似的生物特征的面容，并且自动增加该公民的身份标签。② Berners-Lee 提到，增加标签是语义万维网的先决条件之一。

一旦某张照片被贴上标签，这些信息将会与其他互联网上的文件一样能够被任何公民搜索和收藏。因此，新型的分析技术，比如 Google 一类的搜索引擎能够很容易地将某位公民的相貌和他的姓名、联系方式、个人偏好、朋友以及任何在互联网上能够找到的个人信息联系起来。事实上，Google 的产品管理总监 R. J. Pittman 说："Google 正在发展能够用于面部识别和场景分析的视觉爬行软件。"如果将这

---

① Posting of Stephen Shankland to CNET News Blog, http://news.cnet.com/8301-10784-3-9960259-7.html? tag = nefd.top （June 5, 2008, 4:00 PDT）.
② See also Harry Lewis, Op-Ed. How Facebook Spells the End of Privacy, Boston Globe, June 14, 2008, at A11, available at htttp://www.boston.com/bostonglobe/editorial-opinion/oped/article/2008/06/14/how-facebook-spells-the-end-of-privacy/.

种软件添加到 Google 街景地图中,那么 Google 街景地图就能够识别被全面监控摄像机拍摄到的每位公民,并且能够提供与该公民相关的标签。

连接公民线上形象和现实形象的其中一个表现就是新型智能广告牌,其代表着全面监控技术的来临。一家名为 Quividi 的法国公司在纽约市安装了这种配置了摄像机和功能强大的计算机的广告牌。① 通过分析行人的面部特征(比如颧骨的高度、鼻子和下巴的距离),智能广告牌能够估算出行人的年龄和性别。然后,广告牌就能针对特定人群在大屏幕上播放相应的广告。这项技术的目的就是为站在屏幕前的公民奉送合适的数字信息,例如向中年的白人妇女和亚裔青年播放不一样的广告。

试想一下在公民受到全面监控的社会里,公民享受着个性化的商业服务,这些商业服务提供者的摄像机不仅能够分析公民的面部特征,还能够抓拍公民的面容和搜索互联网上有关该公民的加了标签的照片。这种技术让智能广告牌不仅能够知道公民的年龄和性别,还能够知道该公民经常浏览的网上商店、知道他的朋友和其他个人信息。这的确是广告商的梦想!再进一步想象,这些智能广告能够记录某位公民盯着屏幕看了多长时间,进而估算出其对哪一类广告比较感兴趣,甚至还可以得知他是否与旁人对该广告进行讨论。默默无闻的旁人在不知不觉中就变成了名副其实的 Nielsen 评级小组。这些信息可能通过互联网传播出去,并且由网络建立起有关该公民的简况,比如他喜欢的事物、讨厌的事物以及偏好。全面监控系统能够通过智能广告牌完美地收集公民在现实生活中的信息,从而能够回答他们的问题,比如,明天该干什么,或者应该选择什么样的工作。

社交网络平台 Facebook 宣布其准备通过 Facebook Connect 向搜索引擎公司②(比如 Google)开放用户的档案。Facebook 的高级平台经理提出:"我们相信数据可携性的下一次改革将会突破数据本身。它能够让用户通过网络随时随地获取自己的身份信息和联系朋友。"社

---

① Stephanie Clifford, Billboards that Look Back, N. Y. Times, May 31, 2008, at C1.
② Posting of Caroine McCarthy to CNET News Blog, http://www.news.com/8301-13577-3-9940166-36.html (May 9, 2008, 12:32PDT).

交网络巨头 Myspace 也宣布开展其"数据可用性"项目,即向整个互联网世界公开其数据。这个入口将会允许搜索引擎搜索成千上万美国公民的个人信息。

虽然目前 Google 街景地图只能重播静态照片,但是未来的技术能够让其对在公共场所发生的事情进行实时视频播放。为 Google 提供监控设备的公司 Immersive Media 仍未停止其对静态照片的研究。最近,它的实验室就发明了名为"Immersive 360° Video",又名"Spherical Video"的设备。这种设备能够让用户通过多元摄像角度来观看视频。毫无疑问,这种技术将对 Google 街景地图产生影响,并且展示了 Google 将来所能做的可怕事情。因为公民在公共场所不享有隐私权,因为 Google 希望为我们的星球画出视觉图,所以任何事情都不能阻止 Google 或者其他公司安装这种带有增加标签功能的视频摄像机,不能阻止他们窥探美国公民的私人事务。这种未来的设想会带来严重的问题,甚至可能导致 Orwell 所描绘的极权社会的出现。

如果记录公民行为的流媒体视频能够通过互联网传播,那么面部识别技术,比如 Polar Rose,也可以适用到这种流媒体视频中。这种技术将会持久和自动地记录并为城市的每一位公民增添标签。只要给出特定时间,它就能告诉用户某位公民去过哪些商店,看了哪位医生,参加了哪些活动甚至是有没有做违法行为。事实上,最近的面部识别技术能够通过公民的面部特征诊断出他是否患有某种遗传疾病。[1] 这种技术甚至可以被用来识别公民的疾病,这有可能侵犯了公民的隐私。鉴于 Google 和其他公司允许公民将自己的医疗信息存储在网上特定区域,如果这些信息被泄露,那么公民最隐秘的健康问题就有可能被监控者利用。[2] 如果公民想要躲避公众的目光,他可以避免使用电脑,可以远离博客,但是他会错过社交网络带来的乐趣。然而,公民无法逃离这种新的社会体制,因为他们无处可逃。

---

[1] Fiona Macrae, Facial Scans Could Reveal Genetic Disorders, Daily Mail (Lodon), Sept. 10, 2007, at 24, available at http://www.dailymail.co.u/pages/live/articles/health/healthmain.html?in-article-id = 480952&in-page-id = 1774&in-a-source.

[2] Rachel Melz, Google Makes Health Service Publicly Available, Dallas Moring News, May 19, 2008, http://www.dallasnews.com/sharedcontent/dws/bus/ptech/stories/05-21-08 dnbus Health.1059538d.html.

(四) 为受到全面监控侵犯的公民提供侵权救济的必要性

虽然政府只能出于当地或者国家安全的目的对公民建立监控数据库,但是出于商业目的建立公民信息数据库的私人机构却不受任何限制。Google 或者其他监控者都能够建立巨大的数据库,记录公民在网上的活动以及公民在离开电脑后会做什么事情,这些行为不会受到法律的规制。这会产生社会问题,因为传播公民的私下行为有可能损害他的社会评价和妨碍公民成长或者改变。此外,记录公民在公共场所的行为会限制他们的言论自由,因为当公民不能自由地进行私人对话时,他们就会丧失表达自我的欲望。最终,这些记录还会引发安全问题,正如不法分子会知道公民最隐秘、最毫无防备和最受打击的行为。进一步而言,即便 Google 或者其他公司采取最严格的隐私政策,利用单一数据库收集如此多的公民信息还是会存在实质风险,尤其是电脑黑客会不恰当地利用这些信息。本文不是要责难 Google 或者其他公司。本文的关注点在于降低由机构不受约束地收集公民信息所带来的风险。如果上述信息落入不法分子的手中,美国的隐私权即便不会毁灭也会受到损害。

1. 对公民声誉的威胁

公民在公共场所不享有隐私权的最大弊端是其声誉可能会遭受损害。断章取义地利用个人信息通常会导致别人对该公民有不公正的评价,从而阻止别人进一步了解该公民的品格。当公民选择与特定群体分享其私密的信息时,他能够阻止别人产生误解,因为他能够为其行为提供完整的语境。如果公民参与的某项活动引起了某些朋友的误会,他还有机会解释。[1] 然而,如果这些信息被广泛地传播,公民就没有解释的机会了。

美国联邦第九巡回上诉法院的法官 Alex Kozinski 深受其影响。Kozinski 法官的家人拥有一个私人的网络服务器,他们将一些色情照片放在了服务器里,因为他们以为只有熟人才能够看到这些照片。[2] 当 Kozinski 法官审理一件猥亵案件时,一名媒体记者揭露了这些照

---

[1] Helen Nissenbaum, Privacy as Contextual Inquiry, 79 Wash. l. Rev. 119, 154 – 155 (2004).
[2] Editorial, Nothing Is Private, The Seattle Times, June 15, 2008, at B8.

片。Kozinski 法官被质疑其公正性，所以他撤换了自己并且要求对自己的行为展开调查。Kozinski 法官知道照片在自己的网络服务器里，但是他万万没想到除了自己的家人和朋友以外的其他人会知道这些照片的存在。

上述情况与全面监控不同，这些存放在网络服务器的照片里没有法官本人，但是这些照片反映了法官的人格，揭开了其虚假的面具。如果一位不速之客看到了法官的个人信息，并且断章取义地利用这些信息，那么一位公正和受人尊敬的法官的声誉就会受到损害。然而，如果公民正在进行某些社会禁止的活动，那么全面监控对其活动的记录也会损害该公民的声誉。

在全面监控的语境中，如果正在参与某项活动的公民被拍照，那么其照片很容易被别有用心的人断章取义，该公民也几乎没有机会对照片进行解释，因为他通常没有意识到自己已经被偷拍。根据隐私权学者 Daniel Solove 教授的观点，隐私权鼓励公民畅所欲言，鼓励他们与其信任的朋友坦诚地交流，因为这些朋友不会利用公民的言语来伤害他们。[1]

正如 Solove 教授所说的那样，知道的东西少一些也有好处，虽然知道某位公民的信息越多对我们了解该公民越有利，但是，这些信息也有可能让我们产生误解，因为我们经常无法看到事件的完整经过。例如，如果某位妻子看到她的丈夫从一家成人书店里走出来，她就会立刻形成某个判断。然而，这名被指责的丈夫有可能是急着上厕所才进去成人书店，也有可能是为了等待某人，或者他迷路了。无论如何，一旦他的隐私被侵犯，他进入成人书店的信息被传播，大部分人都会不经深思熟虑地批评他。当这一类的信息向陌生人披露时，偏见和误解就会随之而来。

记录、传播和保存某位公民的行为可能会妨碍其成长和改变。像大象一样，互联网永远不会忘记事情。[2] 一旦某张照片被流传，即便它被管理者从网站上撤下，它还是会被其他人永远地保留在其他地方。例如，如果某位公民被拍到进入脱衣舞俱乐部，随后，他希望改

---

[1] Daniel J. Solove, The Future of Reputation 993 (2007).
[2] Bernhard Warner, How to be Ungoogleable, Times Online (London), May 28, 2008.

变自己的生活，社会应该至少给予他提升和改变自我的机会。然而，一旦照片被记录和保存，该公民就无法改正其错误，哪怕是一个小小的错误。这只是众多悲剧事例的其中之一。因为几乎不受隐私侵权的约束，所以监控者能够深入窥探美国主要城市的公民、建筑和街道。同时，被拍摄的公民承受着负面的影响，即监控者对他们隐私的侵犯和声誉的损害，更难过的是，他们没有权利救济的渠道。

韩国的"gae-ttong-nyue"事件，即"狗屎女"事件能够很好地阐释这个现象。在韩国的一列地铁上，一名女孩的小狗在地板上排便，当旁人要求该名女孩清理其小狗的粪便时，该女孩表示拒绝。本来这是一件人们每天都会看到而且很快会忘记的事情，然而，互联网改变了这种状态。当时在地铁上的一名摄影师用其手机拍下女孩的照片，并且将照片上传到韩国很受欢迎的博客上。很快，该名女孩就被网友戏称为"gae-ttong-nyue"，她的照片也被网友疯狂地传播和改编，人们也开始在街上认出她。这个故事迅速地散布到世界各地的报社和网站。凭借互联网的力量，本来是偶然发生的事件迅速地变成全球性的狂热事件。"狗屎女"事件的女孩也因为其在公共场所的可耻行为被大学退学。

一旦某个秘密被曝光，我们也就无能为力了。"狗屎女"不会被世人遗忘。这就是互联网作出的改变，她会永远被 Google 的数据库记录。如果这个事件只被少数人记住，那么该名女孩还是有可能为自己的行为作出解释。也许她会有一个正当合理的理由来解释她不清理小狗粪便的原因。然而，因为数码摄像机的过目不忘和网络信息的飞速传播，该名女孩没有机会为她的行为作出解释。如果公民发现某张照片对他造成侵犯，他也几乎没有办法解释该照片的内容。

2. 对公民言论自由和表达自由的威胁

法律不保护公民在公共场所的隐私权将损害他们的表达自由。言论和表达并不仅限于我们的书写和讲话。相反，公民在不同场合和不同观众面前有不同的表现就是其言论的一种体现，我们称之为"表达性行为"，这种行为受到《美国联邦宪法第一修正案》的保护。[①]

---

① Cmty. For Creating Non-Violence v. Watt, 703 F. Ed 586, 622 (D. C. Circ. 1983), rev'd, 468 U. S. 288 (1984). (Scalia, J., dissenting).

公民参加游行，走入某个政治阵营的总部或者在白宫前面睡觉，这些行为虽然不涉及书面或者口头的语言，但是也明确地传递出公民想要表达的信息。在涉及全面监控的案件中，肯定这种行为的特征具有更加显著的意义，因为在这种情况下，公民不享有匿名权，他们会因为自己某个时间点出现在某个场合而受到公众的注视。记录公民的行为会损害他们的言论自由。如果公民为自己的行为感到尴尬或者害怕遭受某人的报复，那么他们会选择温和的表达方式来避免干扰。如果社会积极地保护监控者的言论自由（如传播照片的权利），那么公民的言论自由将受到负面的影响（如自由地表达自我的权利）。

例如，某位公民在公共场合的生活是十分正直和符合道德要求的。然而，他私底下过着糜烂颓废的生活，并且不想让其他人知道他这一面的生活。因为公民经常在不同场合中有着不同的表现自我的方式，所以记录和传播其行为会损害其转换身份的权利。公民会感到压抑而且不能自由地表现自我，因为他们害怕受到公众的注视。

个人信息在网络上任意传播的情况会对求职者产生不利的影响，他们会因为自己在 Facebook 上不良的用户信息而被雇主拒绝。美国联邦第九巡回上诉法院的首席大法官 Alex Kozinski 曾经因为其存放在私人网络服务器的不雅照片被曝光而要把自己从某件猥亵案件的审理中撤换。在 Ashley Alexandra Dupre 一案①中，Kristen 牵涉前纽约州长 Spitizer 的嫖娼案件，当《纽约时报》曝光这位有抱负的音乐人的身份后，她不得不立刻删除其在 Facebook 和 Myspace 上有关的信息来避免更多尴尬的事情发生。其他在网上发表关于宗教、文化和政治意见的公民也受到了意想不到的骚扰。② Facebook 或者 Myspace 与全面监控的不同在于前者的个人信息档案是由公民自愿建立的。然而，在全面监控的语境下，公民没有选择，只能被迫活在公众视线之中。

电脑黑客 Tom Owad 阐释了其如何通过网络收集信息来扼杀公民的言论自由。通过对比亚马逊网上顾客的心愿单（顾客想要购买的

---

① Mallory Simon, Dupre's MySpace Page Evolves with Scandal, CNN, Mar 13, 2008, http://www.cnn.com/2008/US/03/13/ashley.myspace/index.html.
② Janet Kornblum, Social, Work Lives Collide on Networking Websites, USA Today, Jan 18, 2008, at A1.

书单）和某位顾客的住址，Owad 设计出一种程序能够让任何人通过 Google 的卫星地图定位正在阅读"颠覆性题材的书籍"（包括 George Orwell、Aldous Huxley 和 Ray Bradbury 的书）的公民。[1] 披露公民购买的书单以及他们的住址将严重损害公民的言论自由。如果 Owad 将他的程序与 Google 街景地图结合，那么其他公民将有可能知道任意一位走在街上的公民所阅读的书籍，从而对该公民产生带有偏见的假设。合理平衡隐私权和信息传播之间的利益有利于保护公民的匿名权和言论自由，最终将创造一个良好的社会环境。事实上，在合理的语境中，保护隐私权不等于损害言论自由，它们可以相辅相成，因为对言论自由的适当限制能够提高我们的言论自由。

3. 对公民安全的威胁

除了对公民的声誉和言论自由造成威胁，全面监控还会对公民安全造成严重的威胁。Google 已经为用户提供一种"混合式"的服务，让用户在网站上看到街道的全景图。最近，Google 还提供了一种名为"Friend Connect"的服务，让 Google 能够从其他社交网站上获取公民的个人信息并且转移到第三方的网站上。这种服务可能导致数据挖掘公司从 Google 的数据库中获取公民信息并且不合理地利用这些信息。这些信息还可能落入不法分子的手中。敲诈勒索和欺诈将随之而来。试想一下，某个不法分子恐吓一名丈夫，要将其在脱衣舞俱乐部附近闲逛的照片交给他妻子，或者恐吓某位福音牧师的妻子，要曝光其在妇女保健医院内的照片。

全面监控甚至会对国家安全造成威胁。美国国防部已经禁止 Google 对军事基地使用 Google 街景地图进行拍摄，因为他们担心恐怖分子会利用展现联邦建筑细节的照片进行恐怖活动。在英国，抗议者在英国国会大厦顶部抗议 Google 利用技术侵犯政府财产。[2] 同样在英国，入室盗窃的犯人会利用 Google 的卫星成像服务查看哪里有游

---

[1] Posting of Tom Owad to Applefritter, http://www.applefritter.com/banedbooks (Jan. 4, 2006, 20:37).

[2] Jonathan Leake, Google Earth Showed Protesters Way to Conquer Parliament, Times Online (London), Mar. 2, 2008, at 12.

泳池，从而判断出公民房屋的后院在哪里。① 这项新技术可能会使犯罪活动更容易进行。一名潜在的犯罪分子在做犯罪准备的时候更容易知道受害者的住址以及他的日程表。② 一个名为 Stop Child Predator 的组织正在尝试阻止 Google 对其住宅附近进行拍摄，他们指出，Google 街景地图会让诱拐孩子的犯罪分子更容易知道孩子喜欢在哪里聚会，从而对孩子作出伤害行为。只要他们手指轻轻一点，互联网便会为他们的诱拐活动提供便利。此外，政府执法人员在获得传票的情况下能够自由地监控网络活动，这进一步危及了公民的自由。③ 从这个角度来看，公民不再享有 Warren 和 Brandeis 提出的隐私权，隐私权已死。

（五）现存的隐私权法不足以应付全面监控所产生的问题

法律经常难以与新兴技术保持一致的步伐。④ 隐私权法是一个典型的例子。技术进步使得公民的"独处权"变为信息改革的牺牲者。⑤ 通过将美国公民的图像适用到虚拟的、商业的极权社会中，全面监控最大程度地降低了公民的"独处权"。全面监控是一种完全新型的隐私侵权类型，应该得到与传统隐私权法不一样的法律监管。笔者并不想描述一个黯淡无光的未来，但是，隐私权法的确跟不上技术变化的步伐。虽然新技术对社会造成威胁，但是根据现存的隐私权法，我们对这种情况无能为力。

因为现代学者对隐私权的解释有局限，所以法律几乎不能为在公共场所的公民隐私提供救济。公开他人私人事务的隐私侵权行为存在定义广泛的"新闻价值的例外规则"，几乎所有涉及一点点社会价值的事务都能被视为具有新闻价值，行为人能够公开这些事务而不受隐私权法的约束。侵扰他人安宁的隐私侵权行为不能适用于公共场所，因此，监控者能够自由地监控普通公民，将社会的正外部性内部化，

---

① The Google Earth Gatecrashers Who Take Uninvited Dips in Homeowners' Swimming Pools, This is London, June18, 2008.
② Brenden Roberts, Google for a Murder Clue, Herald Sun (Austl), Dec. 13, 2007, at 8.
③ Bryn Mickle, Your Name Here: City to Swap Ad Space for Camera Funds, The Flint Journal (Mich.), July 27, 2008, at A03.
④ See Kyllo v. United States, 533 U.S. 27, 40 (2001).
⑤ Restatement (second) of Torts § 652A cmt. a (1977).

最终转化成公民所要承受的负外部性。正如一对在公共场所拥抱的夫妻①、一名不小心露出生殖器的足球运动员②，所有发生在公共场所或者被认为含有新闻价值的私人事务被公开后，他人都无法从现存的隐私权法中获得救济。因此，居住在 Pittsburgh 的夫妇向 Google 提起的隐私侵权诉讼必然会败诉，因为根据现存的司法审判，对任何出现在公共场所的物体拍照都是合法的行为。

在缺乏法律责任的情况下，企业只需要受到自己的企业道德约束。在 Google 街景地图面世一年后，Google 宣布其将发展一项技术，能够模糊在 Google 街景地图中出现的公民面容。③

Google 的新闻发言人在称赞这项技术的同时说道："Google 街景地图的目的不是看人，而是看建筑和位置。显然，我们希望逐步保护公民的隐私，首先我们会采取措施模糊公民的面容。"然而，在 Google 街景地图面世不到一年时，Google 的隐私顾问 Flesicher 先生曾经被问到为什么 Google 不采取措施模糊公民的面容来保护公民的隐私。这位律师当时回应道："这可以归结于言论自由与信息财富的交换。"④ 这个声明明显与 Google 街景地图的目的相矛盾，这引发了公民对收集如此多公民信息的 Google 公司的道德产生了严重的担忧。家贼难防！⑤ 新技术说明 Google 能够在图像中分别出哪些是人脸，哪些不是人脸，体现了 Google 强大的图片搜集能力和增添标签的能力。如果 Google 有能力模糊人脸，那么通过现存的面部识别技术，它也有可能根据人脸识别出公民的身份。

即便现在 Google 街景地图模糊了公民的面容，它的所作所为也不是受到法律责任的驱动。万一它明天就改变了它的主意并且觉得 Google 街景地图的目的在于披露公民的身份呢？万一面部模糊技术不成功，无法掩盖公民的身份呢？或者万一电脑黑客找到将模糊的面容

---

① Gill v. Hearst Pul'g Co., 253 P. 2d 441, 446 (Cal. 1953).
② McNamara v. Freedom Newspapers, Inc., 802 S. W. 2d 901, 903 (Tex. Ct. App. 1991).
③ Agence France-Presse, Google Blurs Faces in Street View Map Pictures, Breitbart, May 14, 2008.
④ Global Privacy Regime Nedded, Google Privacy Chief Says, Washington Internet Daily, July 5, 2007, at Today News.
⑤ District of Columbia v. Heller, 128 S. Ct. 2783, 2795 (2008) (Scalia, J.).

还原的方法呢？虽然 Google 允许公民提出将特定图像从 Google 街景地图中删除的要求，但是，Google 也可以选择不删除图像，因为它没有这样做的义务。Google 能够给予公民的东西，它也能够拿走。

在全面监控的语境中，没有有效的法律机制禁止这种行为。如果将来 Google 或者其他监控者决定将出现在其软件服务的公民面容变得清晰、可识别，法律也不能阻止它们的行为。根据代表 Pittsburgh 夫妇向 Google 提起的隐私侵权诉讼的律师的观点，有什么东西能够鼓励 Google 和其他监控者改变它们的行为并且追求更好的内部控制呢？在 Google 没有自发地承诺不会将公民信息用于不良目的的情况下，法律也没有要求它必须保护美国公民的隐私。

我们必须采取恰当的措施来解决这些问题，避免应验了学者和预言家的多次警告，社会将变成专制社会。有些学者建议禁止全面监控，正如加拿大政府正在考虑的那样。然而，如此宽泛的方法不能有效地限制监控者的行为。此外，根据保护公民言论自由的美国司法审判，这种禁止令很有可能触犯《美国联邦宪法第一修正案》。其他学者建议利用侵权法来禁止监控者记录公共财产的行为。在 Minnesota 州，一个封闭的原住民社区 North Oaks 就凭借着侵权法来投诉 Google 街景地图的照片侵犯他们的权利，最终成功地让 Google 从 Google 街景地图中撤下这些照片。[①] 这种方法对于小城镇而言是有效的，但是，在大城市里，这种方法所需要的政治成本是难以想象的。允许政府执法人员检查和监控公民及其车辆并且记录相关信息需要付出实际的成本，也有可能触犯《美国联邦宪法第四修正案》有关政府执法人员搜查和扣押行为的规定。相比于上述复杂而效率低下的方法，数字身份权是在美国隐私权战争中维护公民权利的一把利剑。总之，Google 一代需要数字身份权来维护自身的正当权利，当他们受到全面监控侵犯的时候，数字身份权能够让他们获得救济并且创造出隐私权和言论自由之间的平衡。

---

① Posting of Eric Zeman to the Information Week Blog, http://www.informationweek.com/blog/main/archives/2008/06/north_oaks_minn.html. (June 2, 2008, 09:50).

四、数字身份权：为受到全面监控影响的公民提供的侵权救济

当公民的隐私权被全面监控侵犯的时候，他们需要获得救济。这部分内容将对数字身份权进行介绍。当公民的形象被做成数字图像并且放到网上时，数字身份权就能够让权利受到侵犯的公民获得救济。数字身份权的关注点不在于政府监控或者《美国联邦宪法第四修正案》的问题，而在于保护公民在公共场所的隐私权能够产生积极效应，并且有利于提升其言论自由，预防消极的社会影响。这种权利能够保持言论自由和隐私权之间合理的平衡，包括了多元平衡判断标准以及将会被纳入普通法侵权所保护的权利中。数字身份权的理论框架将借鉴 Restatement (Second) of Torts、普通法、刑事法律和最近为了回应社会变化和技术发展而出台的隐私权成文法。所有这些法律都有助于建立公民的数字身份权。

实施多元平衡的判断标准必须考虑出版自由的必要性，还需要考虑公民的隐私利益，当受到全面监控侵犯的公民提起隐私侵权诉讼时，这种侵权类型将为法官提供判断标准。在多元平衡的判断标准中，没有一个判断标准可以起单一性的决定作用。相反，如果根据整体环境标准得出全面监控的确侵犯公民隐私，那么监控者就需要承担相应的责任。所谓的数字身份权，是指当行为人在未经他人同意的情况下利用提高视觉或者听觉的设备记录他人的图像时，行为人侵犯了他人的数字身份权：①他人对被记录的内容享有合理的隐私期待；②被记录的内容对一个有理性的公民造成侵犯；③行为人故意将所记录的内容通过各种电子媒体传播；④被记录的内容没有新闻价值，如果被记录的内容含有（4a）新闻价值，那么（4b）行为人对他人私人事务的侵犯要限制在最小程度内，以及（4c）他人应该自愿地承受公众的目光。

接下来，本文将会通过 Restatement (Second) of Torts 的形式详细地分析上述四种因素，还会介绍数字身份权如何在不同情况下为公民提供保护。

（一）他人对被记录的内容享有合理的隐私期待

这种新的侵权类型的第一个要素是基于侵扰他人安宁的隐私侵权行为提出，而不是公开他人私人事务的隐私侵权行为。因为侵扰他人安宁的隐私侵权行为更适合处理由全面监控带来的问题；它关注的是行为人侵扰了他人的安宁的行为，而不关注其后传播私人图像的行为。因此，尽管 Florida Star 一案严格限制公开他人私人事务的隐私侵权为公民提供的保护范围，但是，它不影响本要素为公民提供的保护范围。限制本要素为受到全面监控侵犯的公民提供保护的主要障碍是 Restatement（Second）of Torts 的评述。虽然在理论上，侵扰他人安宁的隐私侵权规定为私人事务受到干扰的公民提供救济，这个规定应该同样保护公民的公共场所隐私权，但是它的评述坚称在公共场所被拍照的公民不能主张其安宁权被侵扰。①

虽然当公民离开其住宅后，其隐私权所受到的保护会大打折扣，但是这不意味公民完全不享有隐私权。公民只能在私人场所享有隐私权而在公共场所不享有任何隐私权的二元命题是站不住脚的。如果对侵扰他人安宁的隐私侵权行为理解得过于狭隘，我们将无法看到隐私侵权不等于物理性入侵这个真理。公民所享有的隐私权并不是一个全有或者全无的问题，而是一个关于程度的问题。② 因此，在借鉴了刑事法律、有关狗仔队的立法以及有关偷窥的成文法的基础上，本要素对隐私权作出了细致划分并且承认公民在公共场所享有隐私权。数字身份权抛弃了根据公民在公共场所还是私人场所来区分其是否享有隐私权的方法，更好地判断公民是否享有合理的隐私期待。

1. 合理的隐私期待和公共场所隐私权

合理的隐私期待这个概念首次出现在一个具有里程碑意义的刑事案件中，即 Katz v. United States 一案③，在该案中，美国联邦最高法院认定，即便在公用电话亭里，公民的隐私仍然有可能被侵犯。只要

---

① See Restatement（Second）of Torts § 652B cmt. c（1977）; also Cefalu v. Globe Newspaper Co., 391 N. E. 2d 935, 939（Mass. App. Ct. 1979）.
② Sanders v. ABC, 978 P. 2d 67, 71–72（Cal. 1999）.
③ 389 U. S. 347, 360（1967）（Harlan J., concurring）.

公民享有合理的隐私期待，不管他身处公共场所还是私人场所之中，他都享有隐私权，并且应该受到《美国联邦宪法第四修正案》的保护。Katz 提出，该案不能将 Olmstead v. United States 一案①作为先例，因为 Olmstead 一案更像是有关侵扰他人安宁的隐私侵权案件，即只有当公民的私人财产遭受物理性入侵时，他的隐私权才被侵犯。最终，Katz 一案的法官对合理的隐私期待作出定义，即主观上，公民是否享有隐私期待；客观上，社会大众是否认同公民享有的隐私期待是合理的。

合理的隐私期待这个概念不仅仅局限于刑事法律。当 California 起草有关狗仔队的法律时，它抛弃了严格根据公民在公共场所还是私人场所来区分其是否享有隐私权的方法。② California 的立法机构承认，狗仔队拍摄的具有侵犯性的照片大多数发生在公共场所，而且有经验的狗仔队记者一般不会闯入公民的私人场所。因为侵扰他人安宁的隐私侵权规定只能保护身处私人场所的公民，所以，California 的立法机构发明出"非法获取"（constructive trespass）概念。

根据 California 的狗仔队法，当一名狗仔队记者试图利用提高视觉和听觉的设备拍摄某位公民的照片，而且该公民对该照片享有合理的隐私期待时，狗仔队记者就侵犯了该公民的隐私。这个条文援引了 California 最高法院在 Sanders v. ABC 一案③中的观点——公民的隐私权所受到的侵犯是有不同程度和细微的差别的。为了进一步解释这个观点，立法机构承认，即便公民身处公共场所之中，他不必然不享有隐私权。因此，如果公民享有合理的隐私期待，即便他身处公共场所之中，狗仔队仍然有可能因为非法获取而承担相应的侵权责任，因为隐私侵权不要求物理性入侵。

最近，Los Aneles 议员 Dennis Zine 提议通过一条新的条例，在狗仔队记者和公民之间建立一个"私人的安全区域"，该条例被称为"Britney's Law"，从而承认公民在公共场所中拥有私人区域。④ Malibu

---

① 277U. S. 438, 464 - 465 (1928).
② See Cal. penal Code § 647 (J) (Deering 2008).
③ 978 P. 2d 67, 72 (Cal. 1999).
④ L. A. Police Chief Disses Proposed "Britney's Law", CNN, Aug. 1, 2008, http://www.cnn.com/2008/CrimES/08/01/paparazzi.crackdown/index.html.

的市长也提议为名人在公共场所创建安全区域。① 这些法律是承认公共场所隐私权的重要开端,避免了 Restatement (Second) of Torts 评述的二元命题,也是数字身份权的第一个要素的重要基础。

为了回应社会变化和技术进步,有关禁止偷窥的法律已经为公民在公共场所里创造了特定的私人区域。法律禁止行为人在未经他人同意的情况下,利用难以被发现的摄像机拍摄公民的私密部位。② 为了与这种隐私侵权行为抗争,California 在借鉴侵扰他人安宁的隐私侵权规定的基础上颁布了名为 Peeping Tom 的法律。③ 法律规定,当行为人故意利用记录设备拍摄他人的私密部位,而他人对该部位享有合理的隐私期待时,行为人就构成侵犯他人隐私的犯罪。然而,这项法律仍然不能保护公民所享有的公共场所隐私权,因为侵扰他人安宁的隐私侵权规定只保护公民在私人场所里(比如浴室、更衣室等)所享有的隐私权。因此,偷窥者能够偷拍公民最私密的部位而不需要承担任何责任。④

为了回应新闻里比较过分的偷窥故事以及弥补传统隐私权法的不足,California 立法机构颁布了《宪章》231 条。这项法律修订了先前的 Peeping Tom 法,并且将公民隐私保护的范围从私人场所扩大到公共场所,因为公共场所中的公民隐私能够引发偷窥者的性欲望而且公民对该隐私享有合理的隐私期待。⑤ 通过将隐私保护区域扩大到公民享有合理隐私期待的地方,立法机构实际上暗地里认定,即便公民身处公共场所,只要其享有合理的隐私期待,他就会受到法律的保护。然而,这项修正案并不约束摄影记者,因为摄影记者享有《美国联邦宪法第一修正案》所规定的新闻自由。⑥

---

① Ken Starr Helping Lawmakers Fight Paparazzi, CNN, June10, 2008, http://www.cnn.com/2008/POLITILCS/06/10/starr.paparazzi/index.html.
② David D. Kremenetsky, Insatiable "Up-Skirt" Voyeurs Force California Lawmakers to Expand Privacy Protection in Public Places, 31 Mcgeorge L. Rev. 285, 288 (2000).
③ Cal. penal. Code § 647 (J) (Deering 2008).
④ See Bill Rams, Cyber-Peeping: It's Growing, It's Frustrating, and It's Legal—Trends: Officials Say There's Nothing They Can Do to Stop Men from Filming up Skirts in Public Places, Orange County Reg., June26, 1998, at A1.
⑤ See Cal. penal Code § 647 (j) (2) (Deering 2008).
⑥ Cal. S. Comm. on Public Safety, Analysisi of AB 182, at 4 (1999).

当带有摄像功能的手机面世时,偷窥问题变得越来越严重,带有摄像功能的手机甚至对传统数码相机的销量造成不良影响。[1] 这些便携式装置让偷窥者能够随时随地偷拍公民,并且更加容易地将这些照片上传到网络,供其他公民观看。这正是 Samuel Warren 和 Brandeis 大法官所担忧的事情,即使相机会秘密地损害公民的隐私权。为了回应偷窥者在未经他人同意的情况下偷拍他人私密部位的潮流,国会通过了《视频窥阴预防法》(*Video Voyeurism Prevention Act of* 2004)[2],禁止行为人在未经他人同意的情况下偷拍他人的私密部位。从文意上,该法并没有禁止一切拍摄公共场所的行为,实际上,它根据他人是否享有"合理的隐私期待"来判断行为人的行为是否侵犯他人隐私,不管他人处于公共场所还是私人场所之中。

相关的立法历程显示《视频窥阴预防法》是建立在"公民是否享有合理的隐私期待"这个广为人知的法律概念之上的。[3] 事实上,国会脱离了 *Restatement* (*Second*) *of Torts* 有关侵扰他人安宁的隐私侵权行为的严苛规定,重新提出 Samuel Warren 和 Brandeis 大法官倡导的"独处权",它实际上承认在特定情况下,公民在公共场所里享有合理的隐私期待。

根据联邦法律,许多州都修改了它们的州法律来为公民提供类似的保护。在 Washington,立法机关通过了一项有关偷窥的法律,对偷窥者的责任作出了法律规定。当公民享有合理的隐私期待时,他就受到该项法律的保护。然而,根据 *Restatement* (*Second*) *of Torts* 的评述,Washington 最高法院认定,有关偷窥的法律不禁止行为人在公共场所里偷拍他人裙底的行为,即便这正是立法的初衷。[4] 为了解决这种情况所产生的问题,Washington 的立法机构修改了有关偷窥的法律,它规定只要公民在公共场所或者私人场所享有合理的隐私期待,其他人不得侵犯该公民的隐私。这个规定明确地为公民在公共场所创

---

[1] See Aimee Jodoi Lum, Don't Smile, Your Image has just been Recorded on a Camera-Phone: the Need for Privacy in the Public Sphere, 27 U. Haw. L. Rev. 377 (2004).
[2] Video Voyeurism Prevention Act of 2004, Pub. L. No. 108 – 495, 118 Stat. 3999 (codified at 18 U. S. C. § 1801 (2004)).
[3] 150 Cong. Rec. H7267 (2004) (statement of Sen. Sensenbrenner).
[4] See State v. Glas, 54 P. 3d 147, 150 – 151 (Wash. 2002) (en banc).

建了隐私区域。在 Louisiana，有关偷窥的法律并没有区分公民在公共场所还是在私人场所的情况，甚至没有要求公民享有合理的隐私期待。① 它规定，如果行为人在未经他人同意的情况下出于色情目的偷拍他人，即便他人身处公共场所之中，行为人也会触犯法律。

2. 将合理的隐私期待判断标准适用到全面监控的情况中

Katz 一案②、California 有关狗仔队的立法以及有关偷窥的法律"体现了公民在社会中所享有的隐私权以及他们在社区内所享有的隐私权之间的斗争的界线正在转换，这种转换影响了隐私权法的最新发展"。数字身份权的第一个要素关注公民是否享有合理的隐私期待。即便上述法律适用于阻止公民性欲倒错或者沉迷于观察名人，相关的原则和经验教训仍然可以适用于全面监控中。公民对于其生殖器不被其他人拍摄所享有的合理隐私期待必然比其面容不被拍摄所享有的合理隐私期待要高。然而，贯彻这种理念仅仅是开端。监管社会不道德现象不应该是隐私权发展的最终目的。相反，通过分析隐私权法背后的推理、社会成本和立法收益，法官能够正确地判断公民是否享有合理的隐私期待。

回顾 Katz 一案，判断公民是否享有合理的隐私期待的标准是从主观和客观方面分析：主观上公民是否享有隐私期待，客观上社会是否认为这种隐私期待是合理的。数字身份权所要求的合理隐私期待应该不包括公民不想被看到的隐私期待，但是包括公民不想被记录的隐私期待。当公民走到公共场所时，他应该预见自己会被其他人看到，但是他不会预见自己被拍照。

公民是否享有合理隐私期待的问题能够解决只保护公民的私人场所隐私权的内部逻辑问题。如果公民坐在他的阳台上，或者坐在能够看到公共场所的窗边，那么侵扰他人安宁的隐私侵权规定就不能保护该公民的隐私权；相反，如果公民为了获得独处的机会而离开自己的住宅范围，爬到最高的山峰，他也不能受到侵扰他人安宁的隐私侵权规定的保护，因为最高的山峰不是私人场所。此外，不同的"公共场所"之间存在差异。时代广场中心和森林中心都是公共场所，但

---

① La. Rev. Stat. Ann. §14：283 (A) (2004).
② 389 U.S. 347, 361, (1967) (Harlan, J., concurring).

是，这是两个不同的世界，公民所享有的隐私期待也应该不一样。无论是公民还是社会都会认为独自在山顶沉思或者在湖边反思的公民享有合理的隐私期待，因此，该公民满足 Katz 一案所规定的"合理隐私期待"判断标准的要求。然而，坐在自己的阳台上面对着满大街记者的公民却不享有合理的隐私期待。尽管如此，隐私权法却把这两种截然不同的情况作出同样的处理，这是违反常理的。

在全面监控的语境中，走在大城市的街道上的公民对其不被记录一事享有极少的隐私期待，但是，这种极少的隐私期待不等于没有隐私期待，因为他是否享有隐私期待要取决于其身份和声誉、位置、当时的时间、多少人能够看到他以及他有没有伪装自己（比如戴了帽子、太阳眼镜或者假胡子等）。通过分析公民是否享有合理的隐私期待，这个判断标准能够保护公民不想披露给其他公民的事情，能够为公民如何避免曝光提供事前的指引。这个数字身份权的要素是一项关于平衡利益的判断标准，需要法官根据个案来判断。

（二）被记录的内容对一个有理性的公民造成侵犯

公开他人私人事务的隐私侵权规定要求"从一个有理性的公民的角度出发，被公开的私人事务具有高度侵犯性"的标准。[①] 自从这个标准实施后，社会开始习惯和麻木于电视真人秀和名人八卦杂志对公民隐私造成的侵犯。[②] 曾经人们认为具有高度侵犯性的行为如今变成了一般侵犯性，曾经人们认为具有一般侵犯性的行为如今变成了普通事情。"高度侵犯性"标准如今变成难以满足的要求[③]。为了达到这种高度侵犯性的要求，行为人的行为必须引起他人精神损害，羞辱拥有普通情感的他人。[④] 如果在全面监控的语境中适用这种"高度侵犯性"标准，那么裁判者将难以根据不合理地公开他人私人事务的隐私侵权规定认定行为人应该承担侵权责任，因为如今很少公开他人

[①] See Restatement (Second) of Torts § 652D (1977); also Shulman v. Group W Prods., Inc., 955 P. 2d 469, 490 (Cal. 1998).

[②] Anita L. Allen, Coercing Privacy, 40 WM. & Mary L. Rev. 723, 737 (1999).

[③] Tucker v. Merck & Co., No. Civ. A. 02 - 2421, 2003 WL25592785, at 13 (E. D. Pa. May 2, 2003).

[④] Pro Glof Mfg., Inc. V. Tribune Review Newspaper Co., 809 A. 2d 243, 248 (Pa. 2002).

私人事务的行为能够达到这个标准。① Carter 大法官在 Gill 一案的异议表示了他的担忧:"因为当前有关隐私权的救济不足,行为人在公共场所偷拍公民赤裸或者部分赤裸身体的行为不需要承担责任,所以越来越多的公民将会被难以察觉的设备偷拍并且这些偷拍的照片将会被广泛地传播。"②

  在全面监控的语境中,我们需要对构成犯罪的行为所具有的侵犯性作出更加符合现实情况的界定,因为公民经常会被摄像机抓拍到其最尴尬的时刻。根据如今社会对高度侵犯性的认知,除了公民被拍到其全部赤裸的画面以及正在进行色情活动符合高度侵犯性的标准以外,几乎没有其他行为符合这个标准。不管他人身处多么令其尴尬的环境,如果行为人的行为未能达到高度侵犯性的标准,那么他人就无法获得救济。然而,即便行为人在公共场所里偷拍他人的行为达不到高度侵犯性的标准,他也有可能满足侵犯性的标准。类似地,行为人偷拍一对夫妻正在深情拥吻的照片可能不构成高度侵犯性的行为,因为黄金时段的电视剧里经常会出现这种场景。但是,行为人的行为可能达到侵犯性的标准。如果照片里的公民能够被其他公民识别,照片里的公民所遭受的侵犯性必然升级。然而,如果监控者将公民的面容模糊了,其行为对公民造成的侵犯性就变为零了。通过改变全面监控语境所适用的侵犯性标准,事实裁判者将能够合理地基于行为人的行为侵犯他人的程度来评估行为人的责任。事实裁判者也不需要受到高度侵犯性标准的束缚,在侵犯性照片不断通过互联网传播的现代社会里,高度侵犯性标准已经不适应时代的发展。这样一来,当照片满足侵犯性标准的时候,受到全面监控侵犯的公民便有了要求救济的正当机会。

  相比于 Restatement (Second) of Torts 有关隐私侵权类型的规定颁布,社会变革对一名有理性的公民所带来的侵犯更加严重,California 颁布的有关狗仔队的法律已经抛弃"高度侵犯性"的传统标准,采取更低的"侵犯性"标准。③ 这扩大了法律为公民隐私提供保护的范

---

① Shulman v. Group W Prods, Inc., 955 P. 2d 469, 485 – 486 (Cal. 1998).
② Gill v. Hearst Publ'g Co., 253 P. 2d 441, 446 (Cal. 1953).
③ Cal. Civ. Code § 1708. 8 (a) (Deering 2005).

围,能更好地保护公民的隐私以及打击新闻媒体不受限制地收集公民信息的行为。根据这种发展态势,数字身份权的第二个要素降低了法律所要求的侵犯性标准的门槛,为有理性的公民提供隐私侵权的有效救济方式。

(三) 通过电子媒体广泛地传播公民隐私

数字身份权的最重要特征就是行为人将他人的记录不加区别地利用电子媒体传播到全世界,不管该记录是否含有新闻价值。这是数字身份权与传统的隐私侵权的差异。在不合理地公开他人私人事务的隐私侵权行为中,传播是最重要的因素,行为人是否需要承担责任取决于其是否向其他公民公开他人的信息。数字身份权的第三个要素将关注记录散播的量化分析。然而,一旦他人隐私被侵犯,行为人必然触犯不合理地侵扰他人安宁的隐私侵权规定,一旦行为人所重现或者传播的事务不含新闻价值,行为人必然触犯不合理地公开他人私人事务的隐私侵权规定。因此,不合理地公开他人私人事务的隐私侵权规定是数字身份权第三个要素的基础之一。然而,本要素不限制传播行为本身,而是关注行为人如何利用电子媒体转移或者传播他人的记录。

1. 信息披露程度的量化分析

《视频窥阴预防法》的颁布表明国会担忧互联网传播偷拍照片的高效能力。① 国会报告注意到,当行为人将照片上传到互联网时,互联网迅捷的传播信息能力会令他人的隐私遭受双重威胁。国会记录指出:"互联网恶化了视频偷窥对公民造成的影响。因为偷窥者所拍的照片能够通过互联网在数秒之内传播到世界各地。"Jerse 代表甚至说"如果公民的照片被放到互联网上,那么他的隐私将会被侵犯千百万次"。

Louisiana 立法机构表达了类似的担忧,肯定了互联网对现代偷窥起到重要的作用;它的法律规定,如果偷窥者将偷拍的照片通过互联网或者其他电子媒体传播出去,那么偷窥者需要承担刑事责任。② 这些机构都意识到互联网传播信息的能力对公民隐私造成的威胁,以

---

① H. R. Rep. No. 108-504, at 2 (2004).
② La. Rev. Stat. Ann. §14: 283 (A) (2004).

及网上信息传播如何扩大公民隐私所受的侵犯。这些观点都反映了 Carter 大法官在 Gill 一案①的观点，即"一对夫妻能够忍受少部分人看到其在公共场所的行为，不意味着他们能够忍受成千上万的读者通过被告的杂志看到他们的行为"。然而，问题是：根据公民所享有的数字身份权，我们如何恰当地分析这种信息披露的行为。

其中一种量化分析信息披露程度的方法就是分析社交网络。② Multimedia WMAZ, Inc. V. Kubach 一案③能够很好地解释这种方法。在该案中，原告 Kubach 向 60 名亲朋好友表明自己是艾滋病患者。随后，他在某个电视节目上匿名地讨论艾滋病问题，但是，电视台未能将其面容模糊，以至于他很容易就被别人认出。原告以不合理地公开其私人事务为由向电视台提起了诉讼，但是，电视台反驳，Kubach 在上电视节目之前已经将其患有艾滋病的事情告诉了那么多的亲朋好友，所以他对其患有艾滋病一事不享有合理的隐私期待。法院在调查了 Kubach 的社交网络后作出对其有利的判决，它认定 Kubach 仍然享有合理的隐私期待，因为他只是将自己患病一事告诉了关心他的亲朋好友，而且这些亲朋好友不大可能传播其患病的信息。

本要素不会严格地规定行为人所拍摄的照片至多被多少个人看到，而是会关注该信息传播的社交网络或者朋友圈。社交圈子分离的程度将影响公民信息的传播。例如，某位公民在小学时候的恶名不会伴随他来到大学，因为这是两个截然不同的社交圈子。因此，法院可以看看他人的隐私是否在同一类型的社交网络里传播。或者，法院可以分析行为人是否在违背忠诚的情况下传播他人的隐私，他人的隐私是否被不加区别地传播。

此外，法官可以看看行为人和他人的关系是否属于需要分享信息的特定人群，比如教授和学生，父亲和儿子或者雇主和雇员。如果他人的信息只在特定的社交圈子内传播，那么该信息就是隐私，其应该受到法律的保护。正如名言所说的那样"将在维加斯发生的一切留

---

① Gill v. Hearst Publ'g Co., 253 P. 2d 441, 446 (Cal. 1953). (Carter J., dissenting).
② See Lior Jacob Strahilevitz, A Social Networks Theory of Privacy, 72 U. Chi. L. Rev. 919 (2005).
③ Multimedia WMAZ, Inc. V. Kubach, 443 S. E. 2d 49 (Ga. 1994).

在维加斯"。虽然这些方法仍然未能为法官提供明确的裁判标准,但是,当法官适用由 Pinkerton 一案①所确定的理论来判断行为人是否触犯刑事法律时,他们会更难得出分析结果。

除了社交网络,我们需要知道"病毒性传播"的现象,即知道信息如何通过互联网快速地传播到世界各地。与图书馆或者报社不同,互联网能够同时提供无限量的信息。也许"星球大战小孩"是这种"病毒性传播"现象的最佳诠释。有一名表演欲旺盛的小孩模仿电影《星球大战》的场景并且将其拍摄成视频上传到互联网上,在短短数周内,该视频的点击量达到几百万次。

病毒性视频在我们的文化中占据着重要的位置,Texas 最高法院的法官曾经对 YouTube 上的某个视频颁布了禁止令。② 一旦某位在公共场所的公民被拍摄,其图片将会被永远地保存。与限制通过电子媒体传播公民信息的有关偷窥的法律的法理一样,全面监控能够像病毒一样迅速地传播公民的图像,使得这项新技术与过去的新闻采集技术迥然不同,因此,法律应该区别对待这种技术。虽然病毒性视频通常只会拍摄处于私人场所中的公民,但是,正如"狗屎女"一样,公民也会发现其照片和信息会像病毒一样快速地在互联网中传播。③

2. 电子传播要素在全面监控中的适用

全面监控不加区分和广泛地传播公民信息的现象对公民造成了更深层次的伤害和侵犯。Daily Times Democrat v. Graham 一案④能够很好地解释这一点,在该案中,当一名妇女正在进入某个游乐场时,空气喷嘴吹起了她的裙子(就像 Marilyn Monroe),一名摄影记者趁机拍下了该名妇女的内衣。如果拍摄者是出于自娱的目的拍下这张照片,该名妇女几乎不可能成功起诉。然而,该张照片被刊登在当地的报纸上,该名妇女的所有亲朋好友以及同事都能看到这张照片,因此,拍摄者的行为对妇女造成的侵犯程度提高了,妇女能够对此提起

---

① Pinkerton v. United States, 328 U. S. 640, 646 – 667 (1946).
② FKM P'ship v. Bd. of Regrets of Univ. of Hous. Sys. , 255 S. W. 3d 619, 639 (Tex. 2008) (Willett, J. , concurring in part, dissenting in part).
③ Jonathan Richards, Google to Face Charges over Down's Syndrome Video, Times Online (London), July 25, 2008.
④ 162 So. 2d 474, 476 (Ala. 1964).

诉讼。事实上，在该案中，拍摄者刊登照片的行为比抓拍行为对妇女造成的侵犯更严重。"狗屎女"事件也能够说明这种后果。拍摄者在地铁里拍摄"狗屎女"的行为所带来的影响并不严重，然而，照片在全球网络中疯狂地传播给"狗屎女"带来的伤害是以指数的方式增长的。这表明传播的数量对于判断某位公民的隐私是否受到侵犯起到重要的作用，尤其是在全面监控的语境中。

全面监控的核心是广泛地、不加区分地利用电子媒体传播公民信息，这种传播方式使得公民的信息更容易被保存以及被其他公民获取。利用电子邮件向朋友传递某张照片或者将某张照片放在个人网络日志（如博客）上不会触犯数字身份权的第三个要素。根据这个标准，只有当行为人积极地利用电子媒体传播大量公民信息，并且这些信息能够长时间地广泛传播、容易被其他公民获取时，行为人的行为才构成侵权。其中，我们需要考虑的因素包括：明确重现记录信息的定义、记录信息如何被传播，用户如何获取这些信息以及相关的细节（如公民的面部特征是否可识别），特定公民是否很容易被定位以及这些图像被存放的时间。这些因素都不是决定性因素，相反，法官需要建立一些指引来查明每个案件中信息传播的本质。

例如，Florida 州的消防队队长拍下了某位撞到树上的公民的胸，并把这些照片传给其他消防部门。① 在该案中，无论从主观上还是从客观上，被拍的公民都享有其不被拍摄的合理隐私期待，满足了数字身份权的第一个要素。此外，对于一个理性公民而言，拍摄胸部的行为侵犯了其隐私，因此满足了数字身份权的第二个要素。然而，在该案中，消防队队长仅仅将这些照片分享给有限的人，信息传播的数量极其有限，因此不满足数字身份权的第三个要素。即便他的同事将这些图像广泛地转发，他的行为也不会构成隐私侵权。数字身份权仅仅限制公民或者机构利用互联网不加区别地传播公民信息的行为。这与Bartnicki 一案②一致，在该案中，美国联邦最高法院认定禁止披露非法拦截的对话内容的法律是违反宪法规定的，因为该案的被告在获取

---

① Florida Fire Chief in Hot Water over Photos of Topless Accident Victim, Fox News, Jan 7, 2008, http：//www.foxnews.com/story/0, 2933, 320726, 00. html.

② Bartnicki v. Vopper, 532 U. S. 514（2001）.

非法拦截的对话内容的行为中不起任何作用。因此，无论是消防队队长还是他的同事，他们都不需要对其行为承担责任，因为他们都没有独立完成拍照和广泛传播照片的行为，除非两人为了达到广泛传播照片的目的共同合作。

为了进一步阐释这个要素，我们稍微改动一下 Kubach 一案①的案件事实，想象一下进入某家 HIV 治疗机构，或者妇女保健医院，又或者家庭暴力庇护所的公民被全面监控记录的情形。虽然该名妇女可能会向其信任的少数人披露自己的个人情况，但是她没有想过这些信息会被互联网传播。互联网提高了信息传播的速度。因此，当判断公民事务是否为私人事务，或者该事务是否因为披露而失去私密性时，法院应该好好调查受害公民的社交圈子。

我们还需要考虑拍摄者或者传播者的意图。只有当行为人具备传播意图的时候，他才侵犯了他人的数字身份权。在互联网传播的语境中，判断行为人是否故意传播信息可以考虑几个因素，比如传播的本质，信息在互联网中传播的地方，行为人对于能够获取这些信息的公民的了解以及行为人是否预先采取了措施来限制或者鼓励其他公民获取这些信息。例如，我们能够从信息是否放在设置了限制条件的网页（需要经过筛选或者输入密码才能够访问该网页）来判断行为人是否预先采取措施限制其他公民获取信息。而行为人预先采取措施鼓励其他公民获取信息的典型表现为，其将照片放在广受欢迎的网站上并且确保网站编辑让更多受众看到这些照片。此外，这些广受欢迎的网站在主流媒体故事中占有重要的地位，因此，在责任认定的过程中，他们的平衡会被严重地打破。

除了为隐私受到侵犯的公民提供有效的救济以外，通过电子媒体广泛地传播公民隐私的判断标准还能够对全面监控者起到震慑作用。不愿承担风险的机构将不会不加区别地传播公民的信息，因为本要素会让其面临承担侵权责任的风险。相反，如果某项信息只用于有限的目的或者没有被广泛地传播，法院也不会认定行为人需要承担责任。虽然在某些案件中，这种界线的划分会令人感到困惑，但是对于法官而言，这种划分连同其他要素一起构成了正确判断行为人是否需要承

---

① Multimedia WMAZ, Inc. v. Kubach, 443 S.E. 2d 491（Ga. 1994）.

担责任的重要指标。因此，恰当的信息传播可能产生经济激励。

（四）新闻价值

有关保护公民隐私的规定无可避免地要面临《美国联邦宪法第一修正案》的挑战。即便原告所提起的关于数字身份权的诉讼不涉及任何政府角色，这起诉讼仍然不能违反《美国联邦宪法第一修正案》的规定。① 无数个案件表明，法院是政府的代理人，民事诉讼应该遵循《美国联邦宪法第一修正案》的宪法性约束。② 《美国联邦宪法第一修正案》保护实施全面监控的人，即便他们不是传统的媒体，因为他们提供了分享信息、观点和意见的方式。③ 然而，数字身份权的目的不是阻止公司创建精确的地图和导航工具，问题在于这些地图是否包含了身处街道上的公民的清晰图像。正如 Carter 大法官在 Gill 一案中所说的那样，从出版商的角度来看，他没有理由需要保护无名夫妻的隐私权。④ 如果被拍摄的夫妇不会被其他公民辨认出来，那么该杂志的文章就不需要受到限制。

任何阻止公民隐私传播的保护数字隐私权的规定都必须符合宪法的要求，并且尽可能减少《美国联邦宪法第一修正案》对其的批评。然而，《美国联邦宪法第一修正案》赋予公民的权利并非绝对的。同样的，并非所有事情都涉及社会因素。数字身份权将在公开他人私人事务的隐私侵权的基础上提出一种新闻价值判断标准，如果行为人是在具备正当事由的情况下公开他人私人事务，那么行为人将得以免除侵权责任，由此保护公民所享有的隐私权与出版自由之间脆弱的平衡。

1. 言论自由并非一项绝对的权利

著名的 Eugene Volokh 教授提出了有关信息隐私权保护的主要挑战之一。他主张："问题在于，信息隐私权——公民享有的控制其他

---

① See N. Y. Times v. Sullivan, 376 U. S. 254 (1964).
② Eugene Volokn, Symbolic Expression and the Original Meaning of the First Amendment, http://papers.ssrn.com/sol3/papers.cfm? abstract _ id = 1267400 (last visited Oct. 26, 2008).
③ Lovell v. City of Griffin, 303 U. S. 444, 452 (1938).
④ Gill v. Hearst Publ'g Co., 253 P. 2d 441, 446 (Cal. 1953).

公民对其个人可识别信息作出言论的权利,这种权利使得政府阻止公民与其他公民进行交流。"① 简而言之,为了保护公民 A 的信息不被泄露,公民 B 所享有的言论自由权利需要受到限制。这是一个令人叹服的主张。然而,纵观全面监控的发展态势,我们可以看到这个主张存在瑕疵。这个部分的内容将会解释言论自由并非一项绝对的权利,但是,它从属于一项平衡标准,隐私权和言论自由是相辅相成的。

虽然公民的确享有披露其他公民信息的有限权利,但是公民所享有的言论自由并非绝对的。② Hugo Black 法官宣称,言论自由是一项绝对的权利,因为《美国联邦宪法第一修正案》是一项明确的指令,它禁止任何削弱公民所享有的言论自由的行为。③ 然而,Black 法官的少数意见没有得到广泛的接受,因为并非所有的言论都受到法律同等的保护。④ 同样地,美国联邦最高法院采取了一项平衡方式来权衡言论自由和其他权利的轻重。⑤ 例如,美国联邦最高法院不只一次地认定诽谤、侮辱和中伤人格的诉讼是符合宪法规定的,它们限制了公民的言论自由。⑥ 对于言论自由和诽谤,睿智的 Benjamin Franklin 嘲讽道,如果出版自由仅仅意味着讨论公共政策和政治观点的恰当性的自由,那么我希望拥有尽可能多的自由。然而,如果它意味着侮辱、诽谤或者中伤他人人格的自由,我愿意将自己伤害其他人的自由换回自己不受其他人伤害的自由。⑦

进一步而言,新闻工作者公开真实事实的行为不必然完全免责。在许多情况下,《美国联邦宪法第一修正案》会为《版权法》让

---

① Eugnen Volokh, Freedom of Speech and Information Privacy: The Troubling Implications of a Right to Stop People from Speaking About You, 52 Stan. L. Rev. 1049, 1050 – 1051 (2000).
② See Andrew J. McClurg, Kiss and Tell: Protecting Intimate Relationship Privacy through Implied Contracts of Confidentiality, 74 U. Cin. L. Rev. 887, 897 (2006).
③ Konigsberg v. State Bar of Cal., 366 U. S. 36, 56 (Black, J., dissenting).
④ See Dun & Bradstreet, Inc. v. Greenmoss Builders, Inc., 472 U. S. 749, 758 (1985).
⑤ Barnzburg v. Hayes, 408 U. S. 665 (1972).
⑥ Daniel J. Solove, The Future of Reputation 126 (2007).
⑦ John H. Summers, What Happened to Sex Scandals? Politics and Peccadilloes, Jefferson to Kennedy, 87 J. AM. HIST. 825 (2000).

步。① 因此，平衡的判断标准应该权衡社会利益和公民隐私之间的轻重。

在 Dun & Bradstreet 一案中，美国联邦最高法院多数意见认定："有关社会利益的言论是《美国联邦宪法第一修正案》保护的核心……相反，有关纯粹私人事务的言论受到《美国联邦宪法第一修正案》的保护更少。"在 Bartnicki v. Vopper 一案②中，美国联邦最高法院重申了这个观点："当公开的私人事务所包含的公共价值高于私人利益时，私人利益需要作出让步。"这个认定的逻辑转换就是，如果某件事务不含有公共价值或者所含的公共价值不高，那么私人利益就能够得到保护。美国联邦最高法院本来可以在《美国联邦宪法第一修正案》的基础上解决公开他人私人事务的隐私侵权行为的宪法问题，比如 Florida Star 一案。然而，美国联邦最高法院没有这样做，它将隐私权视为《美国联邦宪法第一修正案》的平衡途径的要素之一，而不是受其限制的要素。因此，隐私权能够与《美国联邦宪法第一修正案》共存，即便是根据现代美国联邦最高法院的司法审判规则。

然而，在少数情况下，公民或者组织会在缺乏被记录的公民的同意的情况下拍下其照片并且通过互联网传播，不管该照片有无新闻价值。即便是《美国联邦宪法第一修正案》有关言论自由的规定也不一定能够让这种行为免责。因此，言论自由并非一项绝对的权利，并非所有事务都含有新闻价值，信息隐私权在宪法上是一项有效的权利，数字身份权也能够与《美国联邦宪法第一修正案》并存，只要它恰当地平衡了出版自由与公民隐私之间的利益。

2. 决定被公开事务是否含有新闻价值的灵活判断标准

新闻价值的例外规则是公开他人私人事务的隐私侵权行为的例外情况，通过重新定义这种例外规则，《美国联邦宪法第一修正案》的拥护者——Brandeis 大法官能够平衡言论自由和隐私权之间的利益。③然而，自从 Warren 和 Brandeis 的文章面世后，新闻价值的例外规则

---

① Eldred v. Ashcroft, 537 U. S. 186, 190 (2003).
② 532 U. S. 514, 516 (2001).
③ See e. g. Whitney v. California, 274 U. S. 357 (1927).

被解释得很狭隘并且相关的解释几乎消失了。Florida Star 一案①将新闻价值的例外规则彻底推向灭亡,因为美国联邦最高法院在该案中认定报社能够在报纸上公开强奸受害者的姓名。美国联邦最高法院认定,只有当政府执法人员需要维护更高的国家利益时,他们才能够限制出版社出版的内容。White 大法官在异议中解释了能够满足这个严格要求的情况,即除了谋杀,强奸也是严重违反公民意愿的行为。他主张,如果保密强奸受害者的姓名不算是更高的国家利益,那么其他情况也不能满足这个不切实际的要求。White 大法官总结道,公开他人私人事务的隐私侵权行为所规定的范围被大大缩减。

在 Florida Star 一案之后,学者谴责了新闻价值的例外规则。Rodney Smolla 教授认为,公开他人私人事务的隐私侵权更多的是理论上的隐私侵权,而非实际上的。② Richard Murphy 教授将这种侵权描述为"奄奄一息的隐私侵权"。③ Jacqueline Rolfs 教授注意到,因为很少类型的信息能够满足由 Florida Star 一案提出的严格要求,所以,这种隐私侵权不再是保护公民隐私的有效工具。

因为 Florida Star 一案的判决没有清楚地解释判断事务是否含有新闻价值的要素,所以当我们分析行为人的行为是否构成隐私侵权时,任何一种有意义的隐私侵权行为都无法解释该案中的公共利益是什么。为了给数字身份权制定理论框架,有关隐私权的司法审判应该能够紧紧把握相关案件和法律的发展态势,让新闻价值的例外规则死而复生。Kapellas v. Kofman 一案④是一个标志性的案件,它确定了如何根据 California 的法律判断所公开的事务是否含有新闻价值,California 最高法院对此总结出了三个重要因素:①所公开的事务的社会价值;②文章对他人私人事务造成的侵犯程度;③当事人自愿接受公众骂名的范围。

由 Kapellas 一案确定的平衡判断标准与 Carter 大法官在 Gill 一案

---

① Fla. Star, 492 U. S. 524.
② Rodney A. Smolla, Privacy and the First Amendment Right to Gather News, 67 Geo. Wash. L. Rev. 1101 (1999).
③ Richard S. Murphy, Property Rights in Personal Information: an Economic Defense of Privacy, 84 Geo. L. J. 2388 (1996).
④ 459P. 2d 912, 922 – 924 (Cal. 1969).

中的异议保持一致,它指出,希望享有独处权的普通公民应该享有隐私权,只要他们所做的事情不含有新闻价值。① 一旦公民成为公众关注的焦点,他所享有的隐私期待的范围就会变小,Kapellas 法院认定,当公众利益变得更加"重要"的时候,法律允许对当事人的私人生活采取更加具有侵犯性的措施。数字身份权采纳由 Kapellas 一案确定的三个重要因素来构建其新闻价值的例外规则。由 Kapellas 一案确定的判断标准能够为监管全面监控现象提供可行的理论框架,因为它能够降低人们对于限制出版自由的担忧,同时,通过令公开几乎不含社会价值的事务的行为人承担责任,它能够将信息公开对公民隐私造成的伤害降到最低。

3. 被记录的事务所含有的社会价值

数字身份权的新闻价值例外规则第一个要素关注被记录的事务所含有的社会价值。Holmes 大法官提出,社会应该追求真理,而检验真理的最佳方式就是让其处于市场竞争之中。② 根据思想市场的哲学,言论自由赋予社会追求真理的机会。然而,并非所有"真理"都拥有同等的地位。在思想市场中,几乎不含有社会价值的琐碎小事受到的保护程度更低。③ 正如 Samuel Warren 和 Brandeis 大法官在一个世纪前指出的那样:"新闻界在各个方面都在逾越明显的礼节和得体的界限。"

最大的困难是如何在公共事务和私人事务之间划分界限。根据 Solove 教授的观点,"社会最感兴趣的事情不等于合理的公共事务……媒体不应该垄断判断什么是公共事务的权利"。然而,如果将大部分事项划分为私人事务,那么新闻行业必然受到打击,因为记者会担心承担责任而连合理的内容也不敢发表。

美国联邦最高法院通过对个案的特定事实采取"限制原则"来解决这种困境,它提到未来可能出现的情况审慎地建议我们不要预先采取措施。④ 然而,除了这些特殊情况,当前没有明确的宪法标准来

---

① Gill v. Hearst Publ'g Co., 253 P. 2d 441, 447 (Cal. 1953).
② Abrams v. United States, 250 U. S. 616, 630 (1919).
③ See Dun & Bradstreet Inc. v. Greeenmoss Builders, Inc., 472 U. S. 749 (1985).
④ Fla Star v. B. J. F., 491 U. S. 524, 550 (1989).

判断某件事务是否含有社会价值。① 虽然这条界线难以划分，但是对于一个重视新闻自由和隐私权的自由社会而言，制定相关规则是必须的。在 Gertz 一案②的异议中，Brennan 法官指出，判断某件事务是否含有"公共利益"（或者新闻价值）绝非一件容易的事情，但是，在考虑了众多宪法价值的冲突之后，法院会得出最终的判决。拒绝划分界线就是放弃保护公民的隐私权，这样一来，法律就会完全向媒体倾斜。

法院可以根据几个要素来判断被记录的事务是否含有社会价值。California 最高法院在 Shulman v. Group W Productions 一案中对第一个要素作出进一步的解释，它认定，判断某件事务是否含有新闻价值可以根据一些理性的社区成员是否对该话题享有正当利益。另一种方法是采取得体的社会标准。③ 其他方法建议将社会价值限定为"明确而且有价值的社会利益"④。Samuel Warren 和 Brandeis 大法官将新闻价值定义为"让公民事务接受公众调查的正当理由"，他们主张保护"不应该受到公众关注的公民隐私"。Solove 教授指出："当讨论政策或者政治事务时，言论自由是一项重要的权利。根据这个观点，言论自由对于私人事务的讨论就没那么重要了，披露公民隐私几乎不能与政治扯上关系。"

因为每个案件的事实都不尽相同，所以个案评估规则的标准很宽松，法官需要认真评估才能确保出版自由受到保护。然而，上述的标准都不会允许实施全面监控的人利用新闻价值的例外规则任意地传播正在进行私人活动的公民图像，不会允许他们使自己的侵权行为免责。因为新闻价值的例外规则这个判断标准将被作为判断普通法侵权的一种标准，任何有关社会价值的判断标准或者上述判断标准的结合都能够用于判断某件事务是否含有新闻价值。

根据上述标准，全面监控所记录和传播的大部分图像都不会有特

---

① Kimberly A. Dietel, Shadow on the Spotlight: the Right to Newsgather Versus the Right to Privacy, 33 Suffolk U. L. Rev. 131, 132 (1999).
② Gertz v. Robert Welch, Inc., 418 U.S. 323, 369 (1974).
③ Virgil v. Time, Inc., 527 F. 2d 1122, 1129 (9 th Cir. 1975).
④ Joseph Siprut, Privacy Through Anonymity: an Economic Argument for Expanding the Right of Privacy in Public Places, 33 Pepp. L. Rev. 311, 313 – 314 (2006).

殊含义。因为这些图像不含有社会价值。记录在公共场所里活动的公民，如正在参加游行、庆典、新闻发布会或者正在实施犯罪的公民的图像才是含有充分社会价值的图像，也满足了新闻价值判断标准的第一个要素。然而，拍摄在地铁中排泄的狗或者拍摄某个非公众人物的公民进入成人书店的照片含有的社会价值微乎其微，也不能满足新闻价值判断标准的要素。

与不合理地公开他人私人事务的隐私侵权不同，根据数字身份权，当判断某件事务的新闻价值时，我们还需要考虑被记录的公民信息传播的范围。如果某件事务只在相当小的社交圈子内流传，那么该事务不需要含有新闻价值，因为这只是朋友之间的闲聊，一起分享尴尬的故事。然而，如果某件事务被广泛地传播，那么其含有的社会价值应该相应地提高，否则行为人就应该对其行为承担侵权责任，因为社会不能流传小故事。例如，如果只是几个朋友讨论他们看到在地铁上某个女生拒绝清理其小狗的排泄物的行为，那么他们没有侵犯到该女生的权利，因为这个信息只在小圈子内流传。

由 Google 街景地图拍摄的照片，比如，在光天化日之下进入成人俱乐部的已婚男士、在斯坦福大学旁边进行日光浴的妇女、因为弯腰进车而"走光"的妇女、将手指放在不恰当地方的绅士。这些普通、世俗的公民行为不含有任何社会价值。因此，根据新闻价值的例外规则，记录普通公民的日常行为很有可能引发侵权责任。

4. 侵犯他人私人事务的程度

数字身份权的新闻价值例外规则的第二个要素关注行为人对他人私人事务的侵犯程度。不合理地公开他人私人事务的隐私侵权行为只关注被公开的事务是否含有新闻价值，由 Kapellas 一案确定的平衡判断标准关注被公开的事务是否对他人隐私造成侵犯以及侵犯的程度。通过查明记录的本质，由 Kapellas 一案确定的平衡判断标准能够准确地区分出包含新闻价值的公共事务和纯粹的私人事务，并且保护纯粹私人事务免受公众注目。California 有关狗仔队的法律有助于分析某件事务是否属于私人事务，因为它能够判断被记录的事务是不是"私人或者家庭事务"。①

---

① Cal. Civ. Code Ann § 1708.8（b）（Deering 2005）.

根据 California 有关狗仔队的立法，当侵权行为人试图拍摄正在进行私人或者家庭活动的公民的图像时，侵权行为人需要承担责任。法律并不禁止对涉及公共利益的正当事务进行拍照，它仅仅限制行为人对"私人或者家庭活动"进行拍照。所谓的"私人或者家庭活动"，是指公民私人生活的细节，与家人和其他重要人员进行互动以及其他公民私人事务。

在全面监控的语境下，这种分析方法显得尤为重要，因为很多事务乍眼一看是公共事务，但是当我们仔细分析时，这些事务实际上与公民隐私息息相关。当判断某件事务是否含有社会价值时，我们需要考虑被记录的公民是否与家人或者朋友一起进行活动，被记录的事务是否涉及亲密活动以及社会是否将被记录的事务视为隐私。因此，通过对被记录活动进行简单的事实调查，我们就能够知道某件事务是否含有新闻价值，或者它是不是"私人或者家庭活动"。如果被记录的活动只涉及私人或者家庭事务，那么新闻价值的例外规则的第二个要素会要求行为人承担侵权责任。例如，公民走进一栋普通建筑里是一件公共事务，但是，如果一名年轻妇女走进保健医院就不一定是公共事务了，在全面监控的语境中，如果行为人拍摄了这一画面，他可能需要承担侵权责任。

5. 他人自愿承受公众目光的程度

新闻价值例外规则的第三个要素是将数字身份权与不合理地公开他人私人事务的隐私侵权区分开来的关键。在 Carlisle v. Fawcett Publications 一案[①]中，法院认定"当公民自愿将其生活模式以及活动展现给公众时，该公民的事务就含有社会利益"。简而言之，法院提出，对于追求名气的公民而言，这是一场与恶魔的交易，即用独处权换来名气。这个观点与 Warren 和 Brandeis 的想法一致，他们指出，第一阶层的公民所做的事情应该接受公众调查，他们明确地宣称自己自愿活在众人目光之下。

然而，并非所有人都追求名气尤其是在全面监控的语境中。为了区分希望吸引公众目光和希望享有独处权的公民，Carter 大法官希望公开他人私人事务的隐私侵权规定能够保护"90% 不希望受到公众

---

① Carlisle v. Fawcett Publications Inc., 20 Cal. Rptr. 405, 414 (Ct. App. 1962).

关注或者谴责,不希望自己的事务被公开的公民"。然而,不可避免的是,即便某些公民不追求名气,他们也会偶尔被推到公众目光之下。正如 Andy Warhol 提到的那样,将来,每个人都会有闻名世界的 15 分钟①。当公民发生车祸、成为某个犯罪的证人、在比赛中拦截到速度破世界记录的棒球或者被拍到正在参与游行时,该公民都有可能变得闻名世界,几乎没有什么东西可以阻挡公众的目光。

在 Shulman 一案②,经历一场可怕车祸的受害人对电视真人秀拍摄其车祸后生活的行为提起不合理公开他人私人事务的隐私侵权诉讼,但是她败诉了,因为法院认定,在经历了车祸后,她应该接受自己被公众注视的现实。通过认定车祸受害者拥有追求名气的想法,法院实际上认为所有公民都在积极地或者消极地追求名气。然而,名气不能被推定为人人都在追求的自然状态。

Dean Prosser 主张公民应该对其在公共场所中被拍照"自担风险"。根据 Restatment（Second）of Torts,虽然某些公民不想出风头,但是通过其行为,他的私人事务已经合理地成为含有公共利益的事务。换言之,他们的活动变成了"新闻"。③ Dean Prosser 主张法院应该听从编辑的判断,在涉及传统媒体业务的案件中,纯粹经济学建议只有少部分引人注意的事务能够被掩藏。因此,编辑会根据机会成本选择出版某些故事而放弃其他内容。相比于令人感到惊心动魄的公民事件,比如车祸或者名人事件,根据机会成本,编辑不会发表关于普通公民的故事。编辑的选择会与发表内容所具备的价值紧密相关,因而能为法官的判决提供可靠的基础。然而,在全面监控的语境中,这种听从编辑判断的行为是缺乏依据的,其原因如下:

第一,在全面监控的语境中,所有公民都是在未经其同意的情况下在特定场合被拍照,无论其从事的活动是什么。被拍摄的公民无缘无故就成为了众人焦点。在这种情况下,公民无所谓自愿或者不自愿地追求名气。

第二,"风险自担"原则要求公民对其面临的风险有充分的认

---

① Fair Hous. Council v. Roommates. Com, LLC, 489 F. 3d 921 n. 1（9 th Cir. 2007）.
② Shulman v. Group W Prods. , Inc. , 966 P. 2d 469（Cal. 1998）.
③ Restatment（Second）of Torts § 625Dcmt. f（1977）.

识，而且罔顾危险。因此，在全面监控的语境中，风险自担原则不是一个推论，它不能够避免公民成为众人焦点。普遍存在和不加区分的全面监控设备聚集了不想成为众人焦点的公民的大量信息。监控摄像机一直在运转，公民无法得知自己什么时候被拍摄。从根本上讲，公民无法避免自己被拍摄。所有公民都有出风头的时候，不管他们愿不愿意。

第三，公民自愿在公共场所被其他公民看见以及他自愿在公共场所里被记录之间存在差异。在 Gill 一案①中，Carter 大法官注意到在公共场所中看到的事物与通过重现工具看到的事物之间存在差异，正如被拍摄的夫妻仅仅预料到其行为会被经过该公共场所的少部分公民看到，而不会预料到其行为会被成千上万的杂志读者看到。公民不在公共场所里实施的每一个行为不会自动地转换成公共事务。② 这种自愿不能适用于公民的每一个行为，也不能让其自担风险。相反，根据 *Restatment (Second) of Torts*，如果公民要对其疏忽大意的行为自担风险，那么他也只需要承担特定风险而不需要承担全部风险。在全面监控的语境中，当公民外出时，他需要承担被其他公民看到的风险。然而，他不需要承担被秘密潜伏的监控设备拍摄的风险。根据 *Restatment (Second) of Torts*，风险自担原则要求公民不仅需要意识到制造风险的事实，还必须了解这种风险以及它的本质、特征和程度。③ 因此，这个标准不适用于全面监控的语境。

虽然走在比弗利山庄罗迪欧大街的名人需要承担被狗仔队拍摄的风险，但是这不意味着普通公民能够被隐藏在屋顶的、没有标识的摄像机偷拍。普遍存在的全面监控设备让公民无处可逃。虽然公民可以躲避传统的新闻媒体，拒绝回答八卦记者的问题，但是当他们在毫不知情的情况下被拍摄时，他们就无法躲避媒体的目光。在 Andy Warhol 的时代，人们只能够从尘封已久的图书馆或者微型胶卷里发掘故事，然而，全面监控能够让公民出名的时间远远超过 15 分钟。

---

① Gill v. Hearst Publ'g Co., 253 P. 2d 441, 447 (Cal. 1953).
② Galella v. Onassis, 353 F. Supp. 196, 228 (S. D. N. Y. 1973), Aff'd in Part Rev'd in Part, 487 F2d 986 (2d Cir. 1973).
③ Restatment (Second) of Torts §496Dcmt. b (1977).

这些图像会被互联网永久保存，并且任何公民都能够获取这些图像。

在全面监控的语境中，被拍摄的公民仅仅走到了屋外或者拉开了他们的窗帘。他们并没有自愿或者不自愿地涉及含有新闻价值的事件。此外，公民不容易发现自己被偷拍，因为没有任何标识告知公民拍摄设备的存在。根据这些情况，如果实施全面监控的人不合理地解释其永久保留公民图像的原因，公民将难以在社会中活动，因为公民无法避免这些记录设备。将普通公民与因特殊事件成为众人焦点的公民相提并论的做法是错误的。

如果严格地遵循 Restatment（Second）of Torts 的规定，公民避免自担风险的唯一途径就是锁上门、拉上窗帘，在自己的住所内过上与世隔绝的生活。在全面监控的语境中，公民没有选择的余地。公民要么过着与世隔绝的生活来躲避全面监控，要么过着毫无隐私的生活。在认识到隐私权的价值以及其对言论自由、表达自由的好处时，这个结果难以令人满意。大部分被拍摄的公民不能自担风险，他们也不是自愿地接受公众注视，新闻价值的例外规则的第三个要素能够保护他们的权利。

6. 根据《美国联邦宪法第一修正案》实施的全面监控

通过恰当地权衡数字身份权的四要素，言论自由和隐私权之间的平衡便得以维持。在全面监控的语境中，通过限制公民所享有的数字身份权，大部分起诉传统媒体形式（比如报纸、电视节目和杂志）的原告将会败诉，因为他们是基于有限目的来播放特定记录。起诉利用专用记录设备（比如利用安装在公共场所的闭路电视视频并且不会任意散播该视频）的机构的原告也将会败诉。最后，起诉利用准公共监视工具（比如交通监控摄像机、简易网络摄像机和数码摄像机）的公民或者机构的原告也会败诉，因为这些图像不会被互联网广泛地传播。因此，当一名记者记录了一场银行抢劫或者刺杀活动并且传播了相关信息时，如果他需要承担侵权责任，这可能不恰当。相反，如果无处不在的公共监控系统拍到某位裤子滑落的公民，并且将相关视频上传到互联网，那么公共监控系统的操作人员应该承担责任。这种灵活的程序既能鼓励新闻事业的发展又能保护公民不可侵犯的隐私权。

(五) 普通法实施

当制定一项有效的隐私侵权规定时,制定者应该保持适当的平衡,避免该隐私侵权规定所涵盖的范围过大或者过小。虽然 2004 年颁布的《视频窥阴预防法》① 得到普遍推广,但是仍然有许多问题未得到联邦立法机构的解决,许多州自行颁布了相关的修正案和增添规则。Washington 颁布的法律比较宽松,而 Louisiana 颁布的法律比较严格。各个州不应该完全采纳联邦立法机构颁布的隐私权法,而应该通过普通法和司法执法归纳出适合该州的隐私侵权规则,并且与公众想法保持一致方向。② 通过允许各州有选择性地忽略联邦权力③,公民的隐私利益就能够根据案件的不同事实得到不同的保障。④ Califonia 可以对涉及大量名人的案件采取宽松的标准,而一些小的州,比如,Iowa 或者 New Hampshire 则可以对散布不含新闻价值事务的行为采取更加严格的标准,除了在总统预选期间。理论上,法官能够按照公民的需求来调整他们权利的界限。美国联邦最高法院的司法审判根据当地社区的得体标准来判断行为人的行为是否构成猥亵⑤,同理,法院也可以根据当地公民的需求来界定隐私权。本文不是想让州立法机构或者法院全盘采纳这种侵权规则。相反,本文旨在让法官看到隐私侵权的不同要素并且建立自己的分析机制,以更好地保护公民隐私。⑥

重要的问题包括当前新型的技术是什么,享有隐私权的公民的文化和规范价值标准是什么,在当时的情况下一名理性公民会怎么做,什么样的行为是具有侵犯性的以及这项技术对社会的影响有多深远。与一成不变的联邦法令相比,这种灵活的标准能够适应社会的发展,

---

① Video Voyeurism Prevention Act of 2004, Pub. L. No. 108 – 495, 118 Stat. 3999.
② Robert G. Mccloskey, The American Supreme Court 14 (1994).
③ The Federalist No. 39 (James Madison).
④ Gertz v. Robert Welch, Inc., 418 U.S. 323 (1974); Spinozzi v. ITT Sheraton Corp., 174 F. 3D 842 (7 th Cir. 1999).
⑤ Miller v. California, 413 U. S. 15, 30, 32 (1973).
⑥ William Blackstone, Commentaries on the Laws of England 69 (Univ. of Chicago Press 1979).

使得有关隐私侵权的规则保持其生命力,而不会面临 Dean Prosser 所提出的隐私侵权规则停滞不前的困境。在大多数情况下,受害公民希望得到的救济是将照片从互联网上撤出。为了避免诉讼,规避风险的公司可能会答应受害公民合理的要求,从而达成和解。双方可以根据其他类似的侵权案件判决来计算出受害公民应该获得的损害赔偿,其中包括公民遭受情绪暴力或者侮辱或者诽谤的精神损害。① 与其他网络案件不同,其他网络案件因为电子通讯的漫无边际使得受害公民难以寻求司法救济②,在涉及偷拍的案件中,无论是图像还是视频,这种载体都为公民起诉提供了有形和实际的证据。法官可以根据公民遭受的伤害来选择适用的法律,以给予公民最佳的救济。③

五、结语

通过新型技术,比如 Google 街景地图秘密地和不加区别地拍摄公民的图像,并且将这些图像在互联网上传播,全面监控对公民造成的影响已经迫在眉睫。本文主张公民应该享有数字身份权,这种隐私侵权能够平衡言论自由和隐私权之间的利益,为受到全面监控侵犯的公民提供救济。

数字身份权包含了四个要素,这些要素为平衡言论自由和隐私权之间的利益提供了可行的基础。这个判断标准产生于现存隐私侵权规则,借鉴了各个法律领域的相关规定,为受到全面监控侵犯的公民提供了有效的救济。第一个要素改善了不合理地侵扰他人安宁的隐私侵权规则,并且采纳了合理隐私期待的判断标准。第二个要素反映了社会已经改变了对于冒犯的认知,并且根据当前公民情感需求,将认定侵权行为的高度侵犯性标准降低到一般侵犯性标准。第三个要素关注通过社交圈子和互联网快速传播的电子数据,并且要求任意散播这些数据的行为人承担更多的侵权责任。第四个要素重新权衡了不合理公开他人私人事务的隐私侵权中的新闻价值的例外规则,试图提高法院对于公民隐私的保护,以平衡言论自由和隐私权之间的利益。通过把

---

① Restatement (Second) of Torts §46 (1977).
② Blumenthal v. Drudge, 992 F. Supp. 44, 53–57 (D. D. C. 1998).
③ Bernstein v. Nat'l Broad. Co., 129 F. Supp. 817, 826 (D. D. C. 1955).

数字身份权作为一种普通法侵权，每个州都可以根据当地公民的需求来解释这种侵权规则，数字身份权对于受到全面监控侵犯的公民而言是一种有效救济。

网上摄像头：互联网街景地图技术要求重新审视公共场所隐私权观念

安德鲁·莱维[①]著　魏凌[②]译

目　　次

一、导论
二、美国隐私权的发展历程及相关的司法判例
三、法律分析
四、结语

一、导论

有一句名言是这样说的："事实上，当他人在公共场所实施某种行为时，他人的此种行为能够让当时在场的社会公众所看见，但是，这并不意味他人实施的此种行为应该向全社会公开，让所有的社会公众都知道他的所作所为。"[③]

在某个清晨，美国圣弗朗西斯科的一位律师正走在大街上，往他平时上班的路走去。当他正打算吸烟时，他正走在不多不少的上班人群中。尽管这位律师知道，在他周围的人能看到他吸烟的这一行为，他也知道，基于他吸烟的这一行为，这些人会对他作出某些或好或坏的判断，但是这没有阻止他点燃香烟。事实上，他一直试图不让他的家人和他爱的人发现他有烟瘾。

[①] 安德鲁·莱维（Andrew Lavoie），美国佐治亚大学法学院法学博士，美国 Schreeder, Wheeler & Flint 律师事务所律师。
[②] 魏凌，中山大学法学院助教。
[③] See Sanders v. Am. Broad. Cos., 978 P. 2d 67, 72 (Cal. 1999).

与其他众多美国人一样,这个律师认为,不论吸烟行为是否发生在公共场所,这都是他的私人事务,别人无权干涉。但是,因为他在公共场所吸烟,当时在场的公众都能够看到他的这一行为,就这一点而言,我们无法将他吸烟的行为视为是他个人的隐私事务。然而,当这个律师并不愿意让其他当时不在场的人发现他吸烟时,当他主观上想保持吸烟这一行为的私密性时,隐私问题就产生了。想象一下,当这个律师发现自己在公共大街上吸烟的照片被行为人上传到互联网,用户可以免费浏览和无限复制该照片时,他会有多惊讶?某些互联网用户偶然在知名的互联网地图应用软件上发现了他吸烟的照片,其中还包括他的某些家人,他们在该软件上看到了他吸烟的照片,但是他原本并不想让家人知晓他吸烟的事实。

在美国加利福尼亚州圣弗朗西斯科的偏南部,两个女人带着书和毛巾来到斯坦福大学的校园内,她们身着泳衣躺在阳光下享受日光浴。她们并不介意身旁走过的人,即便有些走在人行道上的路人离她们只有几码的距离。尽管这两个女人晒日光浴的行为看起来是属于她们的私人行为,但是行为人不仅拍下了她们晒日光浴的照片,而且还将这些照片上传到了互联网地图软件上。在该地图软件上,用户能够自由地浏览和复制这些照片。

以上的故事并不仅仅只是一种假设,在我们的现实生活中可能已经发生了类似的事件。在上文我们提到的那位想要保持他的吸烟行为私密性的律师,他的名字叫做 Kevin Bankston,他在美国圣弗朗西斯科的电子前沿基金会(Electronic Frontier Foundation,EFF)工作。EFF 是一个非营利性律师团体组织,它的宗旨是:在越来越依赖互联网的现实世界里"直面前沿问题,捍卫公民的言论自由权、个人隐私权、自主创新权及消费者的权利等"。① 由于人们在互联网街景地图软件上看到了 Bankston 在大街上吸烟的照片,人们对他进行了各种各样的冷嘲热讽,这使他搁置了自己工作。迄今为止,Bankston 已经发表了几次言论,他声明,当公众通过互联网来窥视他人生活的细节

---

① See Electronic Frontier Foundation: About EFF, http://www.eff.org/about (last visited Dec. 4, 2008).

时，他们的此种行为是存在某种隐患的①，他和电子前沿基金会（EFF）均在担忧，互联网街景地图技术可能会引发某些隐私问题。

同样，因为晒日光浴的照片被行为人在互联网上公开，这些晒日光浴的人在互联网上得到了含糊不清的恶名。当然，当他人在公共场所晒日光浴时，他们将承担一定的风险，这就是，他们的这一行为可能不仅会让在场的公众看见，并且还会引来路人对他们进行拍照，甚至他们有可能成为某家互联网公司所拍摄的照片的主体。基于此种事实，人们提出了这样的问题："当他人主张隐私侵权请求权时，他们所提出的此种主张是否应当受到限制？例如，当他人坚持要在自己的后院裸体晒日光浴时，如果他人的邻居用肉眼和望远镜来窥视他，他人是否有权提起隐私侵权之诉？"② 当美国的 William Prosser 教授于 1960 年在有影响力的法律评论刊物上写下这些有关隐私权的话语时，他肯定不会想到，在半个世纪后，公民用肉眼去看晒日光浴的人也可能会引发隐私问题，当然他也绝不会想到，窥阴癖者已从以前简单地"用望远镜偷窥的"日子里，发展到了如今单纯用肉眼去看也会被当做偷窥的程度。那么，Prosser 教授曾经想小心翼翼持续维护的关于侵犯隐私权的限制，已经因为技术进步而超过了他所能预见的范围吗？

  Google Street View（谷歌街景视图）是内置在互联网搜索地图软件"谷歌地图"里的一款地图应用软件。在谷歌 Street View 上，用户能够看到他人出现在公共场所的照片，但在现实生活中，他人并不知道自己的照片被行为人上传到该软件。特别的是，Street View 这项街景视图技术提供了谷歌地图上的全景覆盖图，用户在该软件上可以看到美国的主要街道和许多次要街道的真实的景观图。③ 当笔者撰写此文时，Street View 这项地图应用软件里面包含了美国境内超过 60 个主要的城市和许多小郊区的街道景观图像。谷歌公司的高层声明，使用 Street View 这项街景视图技术的用户，能够通过这款软件看到街道景观的真实模样，帮助用户更方便地去寻找、发现他们想去的地

---

① Michael Liedtke, Google Hits the Streets, Raises Concerns, Wash. Post, June 1, 2007.
② William L. Prosser, Privacy, 48 Cal. L. Rev. 383, 422 (1960).
③ Steve Johnson, Street View: the Creepy Side of Google, Chi. Trib, June 15, 2007, at C1.

方,更好地计划相关的活动。①

谷歌地图的 Street View 不是首个也并非是仅有的一个能够给用户提供不同街道的全景展现图的互联网地图应用软件。亚马逊公司在它的 A9. com（A9 网）上也有类似的服务,是一个名为 Block View（街区视图）的互联网街景地图。不久前,微软公司也加大了对实时搜索地图软件 Microsoft Live Search Maps 的投资,并推出该地图软件的测试版,如果司机在美国西雅图或圣弗朗西斯科的市区内使用该软件,他们就可以通过车上的挡风玻璃来获得选定的市中心街区的180°景观图。② 当笔者撰写此文时,微软公司正想要扩大其地图软件的服务范围,将该软件覆盖范围扩大到包括纽约在内的其他 8 个城市。微软的高层同时表示,他们正在寻找办法对地图软件上拍摄到的可识别的照片进行模糊化处理,如人脸和车牌,以避免用户因使用该街景地图软件而引起与他人之间的隐私纠纷。因为缺乏用户,亚马逊公司的 Block View（街区视图）软件已经下架。谷歌公司最近也正在准备扩大 Street View 的运用,准备将其覆盖范围扩展到其他城市。但是,真正让谷歌 Street View 成为互联网街景地图技术的焦点的原因是,Street View 一直都在随着现有的法律规范的发展而发展。

在传统上,当他人处于公共场所时,或者当他人的一举一动能够被社会公众所看见时,美国的隐私权法一直拒绝承认他人在此种情况下享有对隐私的合理期待。因此,学者们很快得出了结论,认为即便用户在 Street View 上看到他人出现在公共场所的照片,Street View 和它里面贮存的照片也没有违反相关法律的规定,也即不构成对他人的隐私侵权行为。然而,此种未经深思熟虑即认为在 Street View 上公开他人照片并不违法的观点,受到了许多反驳和非议,基于因使用 Street View 而引发的隐私问题,人们要求重新审视美国一贯的隐私权理论。③ 尽管在运行 Street View 前,谷歌公司曾对该地图软件要进行拍摄的街道的敏感区域如妇女庇护所等开展过某些工作,目的在于确

---

① Melissa Lafsky, Google Maps Project Manager Speaks out on "Street View", N. Y. Times, June 5, 2007.
② Brian Quinton, Golden Age of the Geo-Geek, Direct, June 1, 2006, at 37.
③ Michael Agger, Google Spy: Zooming in on Neighbors, Nose-Pickers, and Sunbathers with Street View, Slate, June 8, 2007.

保 Street View 的采景车不会对这些地方进行拍摄以免泄露他人的隐私，但是，这里仍然存在其他的敏感区域，如精神病人的外诊服务点、戒毒者的聚集地和为保护受虐者、无家可归的妇女而设立的庇护所。在谷歌公司最初的安全会谈中，他们并没有将这些区域纳入隐私保护区内，因此，Street View 的采景车可能会拍到位于这些场所的他人的照片，当它在软件上将这些照片公之于众时，它的行为可能危及他人的隐私。①

他人的隐私问题并不是唯一一个涌现到我们面前的问题。同样重要的是，谷歌 Street View 引发的国家安全问题也日益凸显。谷歌 Street View 上出现了美国纽约布鲁克林－炮台公园隧道（Brooklyn-Battery Tunnel）的照片，自从美国"9·11"事件后，这里就禁止任何人用相机进行拍照。② 在这一点上，大多数由 Street View 引发的隐私问题的争论都被限制在了网上的博客圈中。但是，这些曾经假设出来的隐私问题现在都已经出现在现实生活中，侵权法也应该直面这一问题，这就是，在当前技术进步的背景下，是否需要重新考虑"公共场所隐私权"理论，而不是草率地回避这一问题？

首先，本文将试图通过总结美国隐私权法的发展历程来引导对该问题的分析，特别是将着重分析如下的法律问题：当行为人在公共场所拍摄他人的照片并且将他人的照片上传到互联网时，他人到法院起诉，要求法院责令行为人承担隐私侵权责任时，法院是如何处理此种类型的案件的。

其次，在传统上，当遇到行为人公开披露他人私人事务这一类型的案件时，法院通常的做法是驳回他人的诉讼请求。但是，本文将说明，当行为人拍下他人位于公共场所的照片并且将照片上传到谷歌 Street View 时，法院传统上处理公开披露他人私人事务案件的方法并不适用于此种问题的解决，因为使用谷歌 Street View 引起的隐私权纠纷案件有其独特性。

---

① Feng Zeng Kun, Street View Zooms in on Privacy Issues, Straits Times（Sing.）, July 10, 2007, available at 2007 WLNR 12990547.
② Troy McCullough, Google's-Eye Street View: not Everyone is so Happy, Baltimore Sun, June 10, 2007.

最后，本文将分析和比较美国司法实务中的某些判例，用它们来论证为何在当前这个技术迅速发展的时代，我们需要加强对"公共场所隐私权"这一观念的承认？笔者认为，承认他人在公共场所享有隐私权，将会使公司更好地平衡各种互相竞争的利益之间的关系，如谷歌公司会更好地平衡好公司盈利和传播有益的信息之间的关系。同时，对于某些处于公共场所并且其一举一动都能被广大公众看见的人而言，如果他们仍然希望自己的一举一动处于隐私状态的话，则公共场所隐私权的确立能给他们提供保护。

二、美国隐私权的发展历程及相关的司法判例

（一）美国隐私权法的理论基础

虽然隐私权的观念在美国已经存在超过一个世纪，但是该观念在运用上仍然含糊不清。[1] 形成此种局面的原因包括：①隐私权在美国从来没有形成一个统一标准，相反，每个州都选择在自己的侵权法体系中用不同的方式去定义隐私权，美国某些州甚至还在犹豫要不要承认隐私权这个概念。②保护隐私所产生的利益因人而异，尤其是在当前技术进步的背景下，公民既可以选择深居简出而不被人识，也可以选择通过互联网将自己的生活公之于众。[2] 通过此种个体间的差异，我们可以认识到，隐私权已经不再只是个人的特权，而且还成为需要引起社会关注的问题，即社会应当对公民何种类型的隐私提供保护？

当谷歌街景地图 Street View 在面临隐私权纠纷时，人们用来分析这一问题最相关的侵权法理论是被称为"公开披露他人私人事务的隐私侵权"理论。尽管 Prosser 教授和美国《侵权法复述（第二版）》以各种各样的方式对"公开披露他人私人事务的隐私侵权"这一侵权类型作出了界定，但是，人们通常认为此种类型的隐私侵权行为是指，在没有公共利益的情况下，行为人以使人高度反感的方式将他人的隐私事务向广大的社会公众公开。虽然从表面上看，谷歌 Street

---

[1] Arthur R. Miller, The Assault on Privacy: Computers, Data Banks, and Dossiers 25 (1971).
[2] See Stan Karas, Loving Big Brother, 15 Alb. L. J. Sci. & Tech. 607, 623 – 624 (2005).

View 并不符合此种类型的隐私侵权行为的构成要件,尤其是考虑到这样的现状,这就是,当行为人在公开场所拍摄他人的照片时,如果他人将行为人起诉到法院,诉称自己的隐私权受到侵犯,许多法院都会选择驳回他人的诉讼请求,因为他们认定行为人的这一行为不构成隐私侵权行为。但是,当行为人用新的、先进的街景地图技术来拍摄他人的照片时,此种类型的隐私侵权制度仍然是保护他人隐私最有效的制度。

1. 美国隐私权法学者 Prosser 教授对隐私的分析方法

也许 Prosser 教授在 1960 年对"隐私"这一概念下的定义是迄今为止最持久的定义,后来该定义的很大部分被美国《侵权法复述(第二版)》所采纳。Prosser 教授认为:隐私法包括四种截然不同的侵犯隐私的类型,这四种类型包括:①侵扰他人安宁的隐私侵权;②公开披露他人私人事务的隐私侵权;③公开丑化他人形象的隐私侵权;④擅自使用他人姓名或肖像的隐私侵权。

或许是 Prosser 教授考虑到,当需要单独对某种侵犯隐私权的类型进行解释时,上述用来形容侵犯隐私权的语句太过宽泛,因此 Prosser 教授在对侵犯隐私权类型下定义的同时也对侵犯隐私权的情形作出了限制,他有针对性地对"公开披露他人私人事务"这一侵权类型作出了限制。他指出:"当他人在大街上行走时,或者当他人进入任何其他公共场所时,他人均不享有独处权。因此,当行为人仅仅是跟踪他人时,他们实施的跟踪行为并不构成隐私侵权行为。同样,当行为人在大街或公共场所拍摄他人肖像时,他们所实施的拍摄行为也不构成隐私侵权行为。因为行为人的拍照行为仅仅相当于他们作了一个记录,他们记录了他人在进入公共视野时所从事的行为,而他人的此种行为是任何其他在场的公众都能免费看见的,因此,拍摄行为跟一个完整的书面描述没有本质的区别。"①

Prosser 教授对隐私权的限制获得了美国许多法院的认同。不仅如此,当行为人在公共场所拍摄他人的照片并将其拍摄到的照片加以再现时,如果他人向法院提起隐私侵权之诉,法官仍然用此种主张来否定他人的诉讼请求权。然而 Prosser 教授也谈到,公开披露他人私

---

① William L. Prosser, Privacy, 48 Cal. L. Rev. 383, 422 (1960).

人事务这一隐私侵权类型旨在保护公民的名誉利益免遭精神上的诽谤和诋毁。Prosser教授对行为人损害他人名誉的普遍关注意味着，或许他并不打算通过让法院解释的方法来扩展对隐私侵权的限制。

2. 美国《侵权法复述（第二版）》对隐私权的分析方法

在Prosser教授对公开披露他人私人事务这一侵权类型作出一般阐述后，美国《侵权法复述（第二版）》对这一侵权类型的构成要件作出了细化规定，即美国《侵权法复述（第二版）》第652D条，该条规定：当行为人公开有关他人生活的某种事实时，他们应当就其侵犯他人隐私的行为对他人承担侵权责任，如果行为人公开的事实属于会使一个理性人感到高度反感的事项，并且如果行为人对公开的事项不享有合法利益的话。美国《侵权法复述（第二版）》规定了行为人公开披露他人私人事务的两项构成要件，其中的第一个构成要件即"行为人公开的事实是使一个理性人高度反感的事项"在Prosser教授的文章中已有论及，但第二个构成要件即"行为人对公开的事项不享有合法利益"在Prosser教授的文章中没有论及，使得美国《侵权法复述（第二版）》的适用范围比Prosser教授的文章规定的范围更窄些。尽管如此，美国《侵权法复述（第二版）》规定的这两个构成要素对法院在认定何种行为属于公开披露他人私人事务的行为时施加了限制。

美国《侵权法复述（第二版）》的官方评论也回应了Prosser教授对隐私侵权所施加的限制，它指出："如果他人故意暴露自己的行为于公众视野中，如果行为人对他人作进一步的公开，那么行为人无须承担侵权责任。"与此同时，美国《侵权法复述（第二版）》的官方评论也明确承认将保护他人的隐私事务不被公开，它指出："他人都有自己的生活，他人也都从事自己的行当，他人的某些事实只愿意深埋心底，或者充其量只告诉自己的亲朋好友，而不愿向社会公开。当行为人将他人生活的亲密细节以一种使理性人感到高度反感的方式对社会公众公开时，他人就能提起隐私侵权之诉，除非行为人所公开的事实是社会公众享有合法公共利益的事实。"因此，当行为人公开他人亲密的私人事务时，虽然我们能够对他人提起的隐私侵权之诉作出限制，但是美国《侵权法复述（第二版）》承认，在他人身上存在某些特定的事项，行为人是不能将这些事项公之于众的，这些不能被公开的特定事项将会由侵权法提供保护，除非行为人所公开的事实是社会公众对其享有重大社会公共利益的。

（二）美国有关隐私权的司法判例

当行为人使用谷歌 Street View 这项互联网街景地图技术，将他人的私人生活公布在互联网上时，他人能够根据美国《侵权法复述（第二版）》来提起隐私侵权之诉，这将是他人能够获得救济的最为有效的办法；除此之外，他人还能根据美国法官在隐私领域确立的其他判例来主张隐私侵权救济。当然，在决定是否能将公开披露他人私人事务这一侵权类型适用到因使用此种技术而引发的纠纷时，美国法官对隐私权纠纷案件的处理为我们提供了有效的指引。此外，美国法官在处理其他两种隐私权纠纷案件时所作出的裁决，也为分析本问题提供了借鉴：①有关国家设立的视频监控领域的隐私侵权案件，法官通常会根据《美国联邦宪法第四修正案》（以下简称《第四修正案》）作出裁判；②有关互联网领域的隐私侵权案件，法官在与互联网街景地图技术无关的案件中作出的裁决。本文首先介绍美国联邦最高法院和美国地方法院对公开披露他人私人事务案件的处理方法，然后再介绍法院对其他类型的隐私侵权案件的处理方法。

1. 美国联邦最高法院审理的有关隐私权纠纷的案例

通常，只有当他人提起的隐私侵权之诉涉及《美国联邦宪法》时，美国联邦最高法院才会审理公开披露他人私人事务的案件。① 美国联邦最高法院的法官在审理此类案件时所面临的困境是：如何平衡宪法规定的行为人所享有的言论自由权、新闻媒体所享有的出版自由权与他人所享有的隐私权。② 在大多数情况下，如果新闻媒体公开的真实信息来源于合法的渠道，那么美国联邦最高法院将拒绝责令新闻媒体承担隐私侵权责任。但是，美国联邦最高法院对于此类案件的裁判绝不会只影响到《美国联邦宪法》，它的裁判结果也延伸到了其他领域，引起了学者的广泛探讨。学者普遍批评此种裁判结果，他们认为"裁判的结果太过保护行为人享有的言论自由权，而对他人享有

---

① See generally, e. g., Okla. Publ'g Co. v. Dist. Court, 430 U. S. 308 (1977).
② See, e. g., Bartnicki v. Vopper, 532 U. S. 514, 518 (2001).

的隐私权没有提供足够的保护"。① 某些学者甚至暗示，最近某些隐私权案件的裁判结果已经彻底毁灭了公开披露他人私人事务这一侵权类型。②

在此种领域，美国联邦最高法院处理的首个也是最具有影响力的案件是 Cox Broadcasting Corp. v. Cohn 一案。③ 在该案中，美国联邦最高法院要考虑的问题是，当行为人在其电视新闻报道中公开披露因强奸致死的受害者的名字时，受害者的父亲是否有权提起隐私侵权之诉？在该案中，国家对被告提起了公诉，负责对此刑事案件进行报道的记者在出席法庭公开聆讯时，从书记员递来的公诉书上看到了受害者的名字，于是记者便在报道案件时将受害者的名字也披露了出来。在平衡受害者所享有的隐私利益和新闻媒体享有的出版自由之间的利益时，美国联邦最高法院认定："任何人都有一定的隐私区域，国家保护公民在该区域内的隐私事务不被新闻媒体所公开。"④ 不过，美国联邦最高法院的法官在该案的判决意见中同时指出："本案中隐私侵权的存在，相当于承认了新闻媒体在报道进入司法审判活动的案件时享有免责特权。"⑤ 美国法官已经多次承认，新闻媒体享有准确报道司法案件的免责特权。最终，美国联邦最高法院否认了原告主张的隐私侵权请求权，并指出："在法庭审判的官方记录上公布受害者的信息是为了保障社会公共利益，为了保障社会公众对司法活动享有的知情权。"尽管新闻媒体公开披露受害者姓名的这一行为具有侵犯他人隐私权的性质，但是，美国联邦最高法院考虑到这样的背景，即司法程序具有的公开性和新闻媒体在报道刑事诉讼案件时所肩负的历史重任，美国联邦最高法院最终认定，Cox 广播公司的行为不构成隐私侵权行为，无须承担侵权责任。

10 年之后，当美国联邦最高法院的 6 名法官在面临 Florida Star

---

① Erwin Chemerinsky, Rediscovering Brandeis's Right to Privacy, 45 Brandeis L. J. 643, 655 (2007).
② Andrew Jay McClurg, Bringing Privacy Law out of the Closet: a Tort Theory of Liability for Intrusions in Public Places, 73 N. C. L. Rev. 989, 1076 (1995).
③ 420 U. S. 469, 471-474 (1975).
④ 420 U. S. 469, 484 (1975).
⑤ Cox Broad. Corp., 420 U. S. at 493.

v. B. J. F. 一案①时,他们对当年 Cox Broadcasting Corp 一案的裁决进行了延伸扩展。Florida Star v. B. J. F 一案与上述的 Cox Broadcasting Corp 一案在案情上稍有不同。在该案中,受害者 B. J. F 到当地的警局报案,称一位不知名的男子对她进行了抢劫和强奸行为。警局形成了一份案情报告并将报告置于警局的新闻室,在那里任何人查看报告的内容都是不受限制的。《佛罗里达星报》(Florida Star)的一名记者在警局的新闻室发现了这份报告,并将该报告全文进行了复制。不久,佛罗里达星报刊登了一篇关于本案的新闻,内容包括报告中详细的犯罪细节,同时也公开了受害者 B. J. F 的全名。B. J. F 认为佛罗里达星报的此举侵犯了其隐私权,通过比较本案中记者获取警局报告的情形和 Cox Broadcasting Corp. v. Cohn 一案的案情,B. J. F 根据美国佛罗里达州的《隐私权法》向法院提起了诉讼。

Florida Star v. B. J. F. 一案裁决中的多数意见指出,在报道进入司法活动的案件时,新闻媒体起到了舆论监督和维护公正的重要作用。这个意见与 Cox Broadcasting Corp 一案的裁判结果一致,都是倾向于保护新闻媒体享有的出版自由权。然而,美国联邦最高法院也承认,虽然 B. J. F. 一案和 Cox Broadcasting Corp 一案的案情非常相似,两者都是行为人公开了受害者的隐私信息,但是,在 B. J. F. 一案中,记者是通过放置在警局新闻室内的报告得知受害者的信息,而在 Cox Broadcasting Corp 一案中,记者是在参与公开庭审活动时得知受害者的信息,这两者之间是存在差别的。因此,美国联邦最高法院对本案的裁决作了进一步的说理论证,它指出,佛罗里达州《隐私法》对新闻媒体享有的出版自由权施加限制,此举违反了《美国联邦宪法》。一方面,在本案中,政府机构(警局)披露受害者信息的做法是不正确的,它将受害者的信息公开到公众可接触的领域,即将案情报告放在警局的新闻室里,这样就给社会公众提供了一个可以随意获得受害者信息的机会,警局没有对受害者的隐私采取保护措施。因此,应该是警局承担披露受害者信息的责任,而不是新闻媒体来承担这一责任。另一方面,关于刊登在《佛罗里达星报》上的文章,其内容来源于放置在警局新闻室内的新闻稿,这就对新闻审查起了决定

---

① 491 U. S. 524 (1989).

性作用。因为，信赖新闻稿的内容，不对其进行新闻审查，是新闻报道技术中具有范例式的惯常做法。① 尽管强调了本案裁决的有限性，美国联邦最高法院仍然认定，《佛罗里达星报》在报纸上刊登受害者全名的行为不构成隐私侵权行为，无须承担侵权责任。因为《佛罗里达星报》刊登的信息是真实的，它是通过正当途径获得的，并且当时也不存在非常强烈的国家利益要求对该文章进行新闻审查。

美国联邦最高法院的大法官 Rehnquist 是唯一一位曾经在 Cox Broadcasting Corp 一案中持异议的法官，在此次审理 Florida Star 一案的过程中，Rehnquist 大法官发现，持异议的法官人数增加到三倍，包括大法官 White 和大法官 O'Connor，他们也对该案持有异议。这两位大法官发现了 Cox Broadcasting Corp 一案和 Florida Star 一案之间的关键区别，在他们看来，此种区别将导致法官在以后处理此类案件时，不再对 Cox 一案所作的裁决保持恭敬与顺从的态度，也即不再一味地倾向于保护新闻媒体的出版自由权，而是会考虑更多地限制新闻媒体的这一权利。② 持异议的 White 大法官认为，美国联邦最高法院应当防止过度保护新闻媒体的出版自由权。虽然，美国联邦最高法院关注新闻媒体享有的出版自由权是适当的，但是此种关注应当同文明人道的社会里他人所享有的某些重要利益相平衡。如果对新闻媒体的出版自由权加以绝对化，我们的此种做法将导致他人的其他重要利益得不到有效保障。③ 在谈到此种隐私侵权的问题时，White 大法官进一步阐述了他持异议的根据，他强调道："虽然公开披露他人私人事务的隐私侵权理论是 20 世纪最为显著的法律发明之一，但是，当法庭认可上诉人的请求时，法庭的此种做法实际上将公开披露他人私人事务的隐私侵权理论送上了断头台。" White 大法官声称，一旦我们将此种隐私侵权理论断送，我们的此种做法将会导致一个问题的出现，这就是，社会公众将会怀疑，他们是否还享有隐私权？他们是否还享有得以不被报纸和电视报道所公开的私人事务？在批评了多数意见都倾向不支持 B. J. F 的主张之后，White 大法官陈述了自己的观

---

① See Smith v. Daily Mail Publ'g Co., 443 U. S. 97, 103 (1979).
② See Florida Star, 491 U. S. at 542 (White, J., dissenting).
③ See Florida Star, 491 U. S. at 542 (White, J., dissenting).

点，他认为，如果他人想过上有质量的生活，那么法律就必须保护他人享有的受法律保护的隐私权。① 虽然在平衡新闻媒体享有的出版自由权和他人享有的隐私权之间的关系时，法官更倾向保护新闻媒体享有的出版自由权而牺牲他人的隐私权，但是 White 大法官所持的异议说明，建立在侵权基础上的隐私理论仍然是有持久价值的、是得到承认的；并且，他的此种异议意见也为古老的公开披露他人私人事务隐私侵权理论的复兴埋下了伏笔。

2. 美国联邦低级法院对"摄影作为公开披露他人私人事务的行为"案件的裁判

毫无疑问，当行为人公开他人的肖像时，他人向法院提起隐私侵权之诉，要求法院责令行为人对其承担侵权责任，美国联邦低级法院对此类案件的惯常做法是，通过简易判决或者驳回起诉来处理他人所提起的此类隐私侵权之诉。② 的确，如果他人只是对自己的隐私权泛泛而谈，进行抽象的论证，而行为人则对自己的利益作了更为细致详尽的阐述，法官当然会选择牺牲他人的隐私权而保护行为人所阐述的具体利益。③ 美国法官在处理此类案件时所形成的判例就表明了法官的这一态度。但是，在一起经典的公开披露他人私人事务的案件中，法官却表达了这样的一个观点：当法院遇到行为人公开披露他人私人事务的案件时，法院不应该如此简单草率地驳回他人的诉讼请求，而是应该对他人的隐私进行更严格的保护和重新关注这一隐私侵权理论。

这个经典的案例就是 Gill v. Hearst Publishing Co. 一案④。法院在审理该案时所确立的规则为以下问题的解决提供了最为有效的分析方法。这就是，当行为人将拍摄到的他人的照片公开时，他人到法院主

---

① See Florida Star, 491 U. S. at 551-52 (citing Virgil v. Time, Inc. , 527 F. 2d 1122, 1128 (9th Cir. 1975)).

② See, e. g. , Heath v. Playboy Enters. , Inc. , 732 F. Supp. 1145, 1151 (S. D. Fla. 1990); Intl Union v. Garner, 601 F. Supp. 187, 192 (M. D. Tenn. 1985); Jackson v. Playboy Enters. , Inc. , 574 F. Supp. 10, 14 (S. D. Ohio 1983).

③ Erwin Chemerinsky, Rediscovering Brandeis's Right to Privacy, 45 Brandeis L. J. 643, 655 (2007).

④ 253 P. 2d 441 (Cal. 1953).

张隐私侵权请求权并要求法院责令行为人对其承担隐私侵权责任，法院该如何处理？在该案中，原告夫妻俩坐在美国洛杉矶的一个特许经营糖果和冰淇淋的农民超市里，当他们旁若无人地做出各种各样的亲密动作时，被告的一名记者拍下了他们的照片，并且将此亲密照刊登在其出版的杂志上。原告认为，被告在公共场所随意拍摄他们夫妻的照片，并且未经他们的同意就将照片刊登在杂志上，此举严重侵犯了他们享有的隐私权，因此原告 Gill 到法院提起诉讼，要求法院责令被告承担对其隐私侵权的责任。正如美国联邦最高法院在处理 Cox Broadcasting Corp 一案和 Florida Star 一案时所采取的利益衡量的方法，审理 Gill 一案的美国联邦低级法院也采取了同样的方法去平衡新闻媒体享有的出版自由权与他人享有的隐私权之间的关系，它认定："为了与民主进程保持一致，为了保护《美国联邦宪法》规定的行为人享有的言论自由权和新闻媒体享有的出版自由权，在决定他人所享有的独处权和他人所享有的私人事务不被披露的权利时，必须与社会公众所享有的新闻公开和信息公开的权利相平衡。"①

在衡量原告的隐私利益和被告的出版自由利益之间的问题时，法官充分考虑了 Gill 一案的具体案情，在对具体的案情进行具体的分析之后，法官最终决定将天平倾向于保护被告享有的新闻自由权，而不支持保护原告所主张的隐私利益。例如，法院认为重要的是，原告是自愿在公共场所摆出此种亲密的姿态，也就是说原告是自愿向公众展示自己，而被告的拍照行为只不过是让当时不在场的公众也能够看到原告当时的亲密行为。同时，法院也担心，如果认可了原告主张的隐私侵权请求权，认为新闻媒体在杂志上刊登他人照片的行为将侵犯他人的隐私权，这会在将来导致一个问题的出现："如果每个人都享有这样的一种权利，万一将来行为人公开他人的照片，他人就会提起隐私侵权之诉，那么报纸杂志将不再能合法地刊登参加游行队伍或其他在街上从事各种各样行为的人的照片。"② 审理法院认为，被告拍摄的照片仅仅是对日常生活中社会公众每天都能看到的事件的一个真实

---

① 253 P. 2d 443（Cal. 1953）.
② 253 P. 2d 445（Cal. 1953）.（citing Themo v. New Eng. Newspaper Publ'g Co., 27 N. E. 2d 753, 755（Mass. 1940））.

写照。因此，法院认定，原告不享有隐私侵权请求权，原告没有权利限制被告在其杂志上刊登他们的照片。

正如在 Florida Star 一案中有法官对案件的裁决持强烈的异议，认为法院所作的裁决忽视了对他人隐私权的保护，在 Gill 一案中，美国佛罗里达州最高法院的 Carter 大法官也持有强烈的异议。尽管原告的隐私已经被公开刊登在杂志上，但是他仍然试图去保护原告的隐私权。Carter 大法官在多数裁决意见中着重强调了他的异议，他的异议主要是基于以下两大原因提出来的：一是本案中被刊登的照片的性质；二是本案中原告的行为，或者说是原告并没有从事要使他成为照片主体的行为。

首先，Carter 大法官发现，在 Gill v. Hearst Publishing Co. 一案中，被告所刊登的照片并不存在新闻价值和教育价值，尽管它有某些微不足道的新闻意义，比如说公众会热衷于看到这类亲密照，但是，这里并没有原因可以用来解释为何被告要以牺牲原告隐私权的方式来获得社会公众的关注。在阐述了刊登原告的照片缺乏新闻价值的观点后，Carter 大法官继续谈到了第二个非常重要的关于照片性质的结论，这就是，被告在杂志上刊登原告的照片并不存在合法的公共利益。[①] 通过分析照片的性质，从照片的新闻价值和社会的公共利益的角度出发，Carter 大法官发现被告刊登原告的照片既不存在重要的新闻价值，也没有合法的公共利益，相比之下，原告被侵犯的隐私利益才更值得受到保护。

其次，谈及原告的行为，或者说原告并未从事使其成为照片主体的行为，Carter 大法官发现了法院忽视原告诉求的某些原因。他指出，那天在超市里的公众数量是有限的，原告在有限数量的公众面前作出亲密的动作并不会感到不适，但是，这并不意味着他同意让被告杂志的数以万计的读者也看到他们的这一行为。之后，Carter 大法官转向分析多数意见的核心，根据裁决的多数意见，他声称，"如果我们不去谴责行为人在公共场所随意拍摄他人的裸照并将所拍摄的照片公开的行为，而是任由此种侵犯他人隐私权的行为发展，那么这将会

[①] 253 P. 2d 445（Cal. 1953）. But cf. Int'l Union v. Garner, 601 F. Supp. 187, 191（M. D. Tenn. 1985）.

导致法律赋予我们的、反对行为人公开披露他人私人事务的这一权利成为没有任何实质意义的权利"。

再次,Carter大法官推断,本案的原告并没有参与到某些重要的事件如游行示威或者重大的节日活动中,他们也并不想通过此种方式获得公众的关注。相反,当原告被拍下照片时,他们正在享受甜蜜的私人时光,他们此时并不希望受到别人的打扰。

最后,Carter大法官认定,原告既没有想通过公开宣传的方式获得名声,也没有想要在杂志上刊登他们的照片。此外,原告既不是公共官员也不是社会名流,他们的一举一动并不需要时刻都被社会公众关注。Carter大法官认为,他人的隐私权正危如累卵,如果他人仅仅在公共场所活动,没有向行为人表示其愿意成为行为人所拍摄的照片的主体,那么行为人就不能对他人进行拍照,更不能将拍下的照片发布到他人无法控制的人群当中。

3. 隐私与视频监控

在美国,虽然绝大多数的学者和法院都会关注公共视频监控所带来的隐私问题,但是他们并不会关注高分辨率的互联网街景地图技术所带来的隐私问题。因为学者和法院都认为,政府机构对公共场所实施的视频监控行为构成了《美国联邦第四宪法修正案》所规定的"不合理的搜查行为和扣押行为"。虽然《美国联邦宪法》没有明确规定隐私权,但是美国联邦最高法院作出的各种各样的裁决已经解释了隐私权的定义,隐私权这一概念也开始若隐若现、陆陆续续地出现在《美国联邦宪法修正案》中。当然,任何在宪法上适用于保护隐私权的方式,首先都必须是国家性质的行为,例如国家设立的视频监控,这也就暗示着,私人企业没有权利对他人实施监控行为,否则将是对他人隐私权的侵犯。[①] 但是,这里还存在其他反对政府机构实施国家监控行为的学者,他们认为,政府机构对公民实施监控行为也将构成对公民隐私权的侵犯,因为在他们看来,政府机构实施的监控行为类似于私人企业侵犯他人隐私的行为。

---

① Marc Jonathan Blitz, Video Surveillance and the Constitution of Public Space: Fitting the Fourth Amendment to a World that Tracks Image and Identity, 82 Tex. L. Rev. 1349, 1379 n. 162 (2004).

在 Katz v. United States 一案①中，根据《第四修正案》的规定，国家设立的监控领域与公民个人隐私权之间的冲突得到了缓解。在该案中，美国联邦最高法院认定，当政府工作人员在公共电话亭装置窃听器窃听上诉人的通话内容时，他们实施的此种窃听行为构成了《第四修正案》所规定的不合理的搜查行为和扣押行为，侵犯了上诉人的隐私权。美国联邦最高法院还阐述了它作出此种裁决的依据："《第四修正案》保护的是公民而不是场所，如果公民试图维持自己的私密状态，那么即便公民处于公众可及的区域，该公民仍然可以受到《美国联邦宪法》的保护。"② 在 Katz v. United States. 一案中，法院认可公民即便是处在公共场所仍然享有隐私期待，该案所确立的规则深刻地推动了《第四修正案》的进步。Katz v. United States. 一案的裁决给我们提出了一个建议：在新技术进步迅猛的背景下，在隐私认定的问题上，即便是有先例可循，法官也应该保持一定的灵活性。

学者们提出的一个反对国家实施视频监控行为的理由是，如果政府机构在公共场所安装摄像头对公民的一举一动进行监控，则公民会担心自己的自由被扼杀。由于担心被政府机构过分监视，公民将改变自己在公共场所的行为，并且可能通过使用匿名监视或者使用某些在过去并不常用的反抗手段来反对政府监控，比如说他们可能采取反监控措施或者是要求政府机构停止实施监控行为。③ 虽然某些学者认为，政府监控有助于政府正当执法④，但是另外某些学者也提到，即便人们在摄像头下想要隐藏的行为是清白合法的，当他们处在视频监控之下时，他们也会感到焦躁不安。因为政府机构安装的摄像头能够毫不费力地、名正言顺地对他们的所作所为进行监视，并且通过实施

---

① See 389 U. S. 347 (1967), superseded by statute, The Electronic Communications Privacy Act of 1986, Pub. L. No. 90 – 351, 82 Stat. 212 [codified as amended at 18 U. S. C. §§ 2510 – 2522 (2000 & Supp. 2005)].
② Katz, 389 U. S. at 351 – 352.
③ See Christopher Slobogin, Public Privacy: Camera Surveillance of Public Places and the Right to Anonymity, 72 Miss. L. J. 213, 216 (2002).
④ See generally William D. Eggers & Eve Tushnet, Video Cameras Help Police While Protecting the Public, in are Privacy Rights Being Violated?

监控行为,政府机构可以轻而易举地收集公民的信息。① 反对国家设立视频监控的观点认为,政府机构实施的视频监控行为将会潜在地阻碍公民参与到有争议的,但属于合法的社会问题的讨论当中。这一观点也可以被运用来分析互联网街景地图技术所引发的隐私问题。

4. 隐私问题和互联网

当国家机构和私人机构使用互联网地图技术来收集公民和他人的个人信息时,几乎没有什么学者关注公民或他人的隐私问题。相反,当国家机构和私人机构使用互联网来搜集公民和他人的信息并将这些信息加工成电子形式时,大多数学者都对公民或他人的隐私问题表示关注。最近,私人企业开始收集他人的个人信息,并且将收集的信息出售给通过广告设备来寻找他人的特定信息的买家。② 私人企业从事的此种有针对性的"目标市场营销"行为③,也就是在 George Orwell 的小说《1984》中被称为"小兄弟"的行为。④ 尽管现在缺乏专门针对互联网地图技术和公开他人照片的法律研究,但是现存的许多关于反对或者支持视频监控的争论,关于支持和反对政府机构和私人机构收集公民和他人信息的争论,都能够用来解决互联网地图技术引发的隐私问题。现在正在制造的高分辨率的互联网地图软件,其地图上的照片完全能达到与日常生活的真实景观相同的程度。

当行为人在互联网上收集他人的信息并进行利用时,他们的此类行为导致了一个问题的产生,这就是,社会公众可能会因为这些信息而对他人产生错误的印象。由于收集到的他人的信息是非常广泛空洞的,因此,这些信息根本无法充分表达出他人的喜怒哀乐或者他人的生活方式。学者们认为,如果社会公众仅仅根据收集到的简单的信息就对他人作出评判,他们无法形成关于他人的喜好和个性准确的判

---

① See, e. g., Marc Jonathan Blitz, Video Surveillance and the Constitution of Public Space: Fitting the Fourth Amendment to a World that Tracks Image and Identity, 82 Tex. L. Rev. 1349, 1379 n. 162 (2004).
② A. Michael Froomkin, The Death of Privacy?, 52 Stan. L. Rev. 1461, 1472 – 1476 (2000).
③ Daniel Solove, The Digital Person: Technology and Privacy in the information Age 24 – 25 (2004).
④ Daniel Solove, The Digital Person: Technology and Privacy in the information Age 24 – 25 (2004).

断。① 此种忧虑也得到了另外某些学者的回应,他们担心,公开他人的照片将会不公平地歪曲他人,同时引发出一种风险,人们可能仅仅根据照片上的他人的所作所为对他人作出评判,如果他人在拍照的一瞬间正在作出不雅的动作,那么公众可能会对他产生不好的印象,从而破坏他人一直以来所营造的良好形象。到目前为止,某些学者认为,他人害怕自己会被误解,害怕别人会根据收集到的零零碎碎的信息来对自己作出片面判断,这些担忧促进了国家隐私权的立法进程,政府将会在国家范围内扩大对公民个人身份信息和个人图书馆使用记录的保护。无论此种立法活动是否源于他人对隐私问题的担忧,此种反对公众从简单的信息中形成对他人判断的观点也可能会延伸运用到互联网地图领域。

近期,在互联网领域出现了新的问题,行为人将他人的照片和视频公开发布到某些网站如 Flickr.com 和 Facebook.com 上,从而引发行为人与他人之间的隐私纷争。学者们对这一问题进行了研究探讨,他们所形成的观点可能成为分析互联网街景地图技术最为有效的观点。这些学者已经在很大程度上接受了一个事实,技术的发展已经远远超出了 Warren 和 Brandeis 在 1890 年写的关于隐私权的文章中最敏锐的感知。② 尽管法院已经拒绝承认,行为人拍摄位于公众场合的他人的照片并且公开发表的行为侵犯了他人的隐私权,但是这里仍然存在某些争论,这就是,我们是否需要对 Prosser 教授所提出的传统隐私权概念进行扩展,以此将行为人公开他人照片的行为纳入隐私侵权的调整范围中,从而反对私人企业利用公开他人的照片来营利的做法。然而,问题仍然存在,即互联网街景地图软件是否直接等同于在线摄影软件?或者跟摄影软件相比,这里是否存在更正当的理由来限制互联网街景地图软件对他人的肖像和行为的公开?

(三)谷歌:从互联网搜索引擎发展到互联网实时搜索地图软件

"Google"(谷歌)一词是在 1997 年被美国斯坦福大学的学生

---

① Jeffrey Rosen, The Unwanted Gaze: the Destruction of Privacy in America 167. (2000).
② Jim Barr Coleman, Note, Digital Photography and the Internet, Rethinking Privacy Law, 13 J. Intell. Prop. L. 205, 221 (2005).

Larry Page 和 Sergey Brin 创造出来的，他们将其用来命名一个互联网搜索引擎，以代替它原来的名字 BackRub。① 1998 年，谷歌在斯坦福大学的校园里试运行，时至今日，它已经成为世界上使用范围最广的互联网搜索引擎之一。② 截至 2006 年 12 月，谷歌公司报告其年度财政净收入为 30 亿美元。2007 年 7 月，它声称占有美国约 64% 的市场份额。纵观谷歌公司近几年来在互联网文化领域的各个方面取得的成就，人们可以这样说，世界上没有比使用一个动词来作为搜索引擎的商标更为成功的营销方式。谷歌公司创造了"Google"一词来表示在网上搜索某人或某事的动词，当人们看到"Google"一词时，他们马上就能联想到它是互联网搜索引擎。

2004 年 10 月 27 日，通过收购 Keyhole 公司，谷歌公司首次进军互联网地图行业③，其将 Keyhole 公司地图软件的权利收归谷歌地图（Google Earth）。尽管自冷战时期以来，政府部门就已经能够使用与谷歌地图类似的头顶影像技术，但是谷歌展示了其作为私人企业在发展类似的、但更为细致的头顶影像地图技术的潜力，谷歌公司开发的此项技术还能够让用户免费在互联网上使用。但是，这些技术的产生并不是没有安全问题的担忧。例如，2007 年初，印度政府抗议谷歌地图公开了其政府大楼的照片，并声称这些照片暴露了印度的军事基地、政府首相的办公大楼和总统的办公大楼，还暴露了印度的核设施。在美国，安全问题也引起了共鸣，虽然在谷歌高分辨率的地图显示下，美国白宫和美国国会大厦的卫星图像都显得非常模糊。此种地图显示上的差异表明，至少在面临国家安全问题时，谷歌公司允许让隐私问题的重要性超过自由地传播完整的信息的重要性。

谷歌公司几乎在发布谷歌地球 2005 年版的同时发布了谷歌地图，谷歌地图是在统一的浏览器下提供"强大的、友好使用的地图技术和本地商业信息，包括业务地点、背景信息和驾驶方向"的服务。2007 年 5 月，谷歌公司与加拿大的 Immersive Media 公司合作，首次推出街道视图服务系统，该系统能提供美国五个城市（圣弗朗西斯

---

① See David A VISE & Mark Malseed, The Google Story 39 (2005).
② See Gonzales v. Google, Inc., 234 F. R. D. 674, 679 (N. D. Cal. 2006).
③ See Press Release, Google Press Center, Google Acquires Keyhole Corp. (Oct. 27, 2004).

科、纽约、丹佛、拉斯维加斯和迈阿密）数千个地址的全方位角度的街道景观的照片。谷歌公司现在已经将 Street View 这项技术扩大到美国几百个城市，同时也在澳大利亚、新西兰、日本、意大利、西班牙和法国初次登台。现在，英国显然也已经默许谷歌公司的这项技术扩展到它的海岸线。

通过在采景车的车顶上安装 11 个摄像头，Street View 让这些采景车沿着公共道路缓慢行驶，在汽车行进的过程中拍摄经过的建筑物、汽车的照片，同时还能拍摄到随处可见的路人的照片，之后再将照片上传到 Street View 的服务器上。当谷歌 Street View 的采景车经过时，车上的照相机拍摄到了许多位于公共场所的他人的照片，比如拍到了一个男人正站在街角挖鼻孔，而另一个人可能是基于某些有趣的或者是阴险的目的在攀登一栋公寓楼，同时还拍到了两个女生穿着比基尼在愉快地晒着日光浴。虽然这些人在被采景车拍下照片时，他们确实是在公共场所活动，这似乎正好构成了 Prosser 教授所提出的公开披露他人私人事务隐私侵权的例外情形，这就是，当行为人在公共场所拍摄他人的照片时，他们的拍摄行为并不构成对他人隐私的侵犯。但是，谷歌地图和谷歌搜索引擎收集他人的信息并广泛传播的行为，引起了社会公众重新审视隐私法中已经确立的基本原则。

谷歌公司并没有完全无视由 Street View 引发的隐私问题。相反，谷歌公司清楚地声明，它将会非常严谨地考虑提供给用户的服务，尤其是针对 Street View 上显示的敏感照片，谷歌公司将会给用户提供某些方法来避免对他人隐私的泄露。① 通过在 Street View 上点击"帮助"这一选项，用户可以向谷歌公司报告软件上被偶然拍摄和发布的不恰当的照片。② 这些不恰当的照片可能会包括他人的裸照、敏感的地点，还有非常清晰可识别的个人肖像。③ 同时，在发布 Street View 之前，为了保护某些敏感区域如家庭暴力避难所等地的私密性，谷歌公司对该项技术覆盖范围内的某些敏感地点采取了相关措施，避

---

① See Google Maps, http：//maps.google.com（place Street View icon on blue-lined street；then click "Report a concern"）（last visited Dec. 4, 2008）.
② Michael Liedtke, Google Hits the Streets, Raises Concerns, Wash. Post, June 1, 2007.
③ See Jesse Leavenworth, Street View Raises New Privacy Concerns, The Rec. (Kitchener-Waterloo, Ont.), June 25, 2007, at D2.

免 Street View 的采景车拍摄到这些地方，以免公开在这些敏感地的避难者和庇护人的照片。① 尽管在此之前，用户需要通过实施几个严格的步骤才能移除 Street View 里面易于识别的他人的照片，但是后来谷歌公司改变了这一规定，现在，不仅只有照片本人或者是汽车的主人可以通过指令来删除 Street View 上可识别的他人的照片和车牌的照片，任何一个人都能对谷歌公司发出警告，让它将这些可识别的照片移除。当用户想将软件上显示的照片删除时，他们只需要填写一份报告，在报告上写下他认为 Street View 上的哪些照片是不适当的，填好后留下一个有效的电子邮件地址即可。尽管谷歌公司采取了一系列措施来防止隐私纠纷的出现，但是 Street View 的问题仍然存在，特别是由于该软件上的照片还能在互联网上不受限制地传播，这将增大诱发隐私问题的可能性。

三、法律分析

当行为人在公共场所拍摄他人的照片时，如果他们将照片上传到 Street View 的服务器并使得他人的照片在网上公开，他人就可能会向法院提起诉讼，向法院诉称行为人的行为侵犯了其隐私权，要求法院责令行为人对其承担隐私侵权责任。当法院遇到此类案件时，它们要考虑如何处理这类案件，如何平衡当事人之间的利益。但是，现在缺乏权威的、有针对性的处理方法来解决此类案件，因此，恰当的做法是从现有的司法判例中挑选出与此类案件的案情相似的判例，分析此类判例和 Street View 引起的隐私纠纷案件的不同之处。我们的分析显然要从两方面入手：首先，社会是否应该承认公民享有公共场所隐私权？其次，当新闻媒体公开他人的照片时，当国家设立的视频监控侵犯公民的隐私时，当行为人使用互联网收集他人的信息时，如果他人向法院起诉，要求行为人对其承担隐私侵权责任，法院通常会作出裁决，认定他人在此类案件中享有隐私权。那么，当行为人使用 Street View 将他人的照片公开时，他人是否能向法院提起隐私侵权之诉，

---

① See Michael Agger, Google Spy: Zooming in on Neighbors, Nose-Pickers, and Sunbathers with Street View, Slate, June 8, 2007.

他人是否能主张自己也享有诸如此类的隐私权呢?①

(一)为什么需要承认他人在公共场所享有隐私权

1. 不认可公共场所隐私权将会窒息他人的行为或者阻碍他人参与到社会问题的讨论中

与失去他人的个性这一观念息息相关的是：人们认为照相机监控和视频记录将会阻碍他人参与社会问题的讨论。如果没有摄像头的存在，他人可能会更乐意加入到社会问题的解决行列中来。虽然在国家设立的视频监控领域，学者放大了此种窒息公民行为的危险性，但是，当行为人在公共场所拍摄他人的一举一动并且把照片上传到互联网时，他们的行为也可能存在窒息他人从事日常活动的危险性，并且随着他人的照片在互联网上传播得越来越广泛，此种窒息他人行为的危险性也会上升。

国家设立的视频监控行为的实施，将有可能扼杀公民的言论自由权或者与之相关的权利。这引发了学者对《第四修正案》所规定的搜查行为和扣押行为之外的国家设立的视频监控的思考。正如在30年前，美国联邦最高法院在审理 Papachristou v. Jacksonville 一案②时所作出的说明那样，"有史以来，行走、散步、闲逛是人民生活的一部分。这些不成文的生活方式给我们的人民带来了独立、自信和富有创造力的感觉，同时，这些令人愉快的事务也给我们带来了提出异议的权利，授予我们享有不墨守成规的权利和不随意服从权威的权利"。随着某些为了讨论、评议、嘲笑他人而设立的网站数量和公共渠道的不断增多，互联网街景地图技术也在不断地收集他人从事丑行的照片。以上这些现象的发生，都对他人的日常公共交往产生了负面影响，都可能导致"人们不再愿意去干某些不确定的事，这样一来，他们能够从实践和错误中总结经验、完善自我的机会少了，他们去体验不同的行为方式的机会也变少了"③。一方面，在互联网街景地图

---

① See Ruth Gavison, Too Early for a Requiem: Warren and Brandeis Were Right on Privacy vs. Free Speech, 43 S. C. L. Rev. 437, 443 (1992).
② 405 U. S. 156, 164 (1972).
③ Ruth Gavison, Too Early for a Requiem: Warren and Brandeis Were Right on Privacy vs. Free Speech, 43 S. C. L. Rev. 437, 443 (1992).

技术的应用和其他类型的摄像监控下,他人参与到演讲或者其他的社会保护行动中的积极性被潜在地受到了窒息。另一方面,在当前的背景下,曾经支持广泛使用公共监控的执法理由已经不复存在,但是,它们却留下了令人心寒的副作用。

2. 公民缺乏控制个人信息的权利

当 Warren 和 Brandeis 专注于将隐私定义为"独处权"时[1],某些学者提出了关于隐私定义的另外一种有竞争力的观点,这个观点有助于法院处理隐私权纠纷的案件。该观点认为,隐私的定义应该包含他人享有控制个人信息的权利,即便此种信息的来源是他人发生在公共场所的行为。学者支持此观点的理由在于:"隐私权的存在,使我们能够只让别人了解到我们愿意给对方了解的那部分。换言之,这使得我们在不同环境中会有不一样的自己,在工作中,我们让其他人了解到我们工作的一面,在家里则是另一面,在社会活动或体育竞赛中,我们还能让他人了解其他方面的自己。即便是在公共场所,我们仍然期待隐私能够作为自我定义的推动者,让我们能够享有选择向公众展示自己哪一方面的权利。"[2] 由于互联网街景地图技术将他人在公共场所的行为公之于众,因此,它无疑侵犯了他人在特定的环境下选择将自己哪一方面向社会公开的权利。这些技术自主地选择在特定的时间拍摄并记录他人的行为,然后制作出一幅静止的照片来定义被拍摄的人,不论公众是否会基于这些照片对这个人产生好的或者坏的印象。互联网街景地图技术没有保证个人享有选择将自己的哪一面向社会公开的权利,而是使他人丧失了这一选择权,使得他人的某些行为在聚光灯下被强迫地暴露于众。[3] 当他人起诉到法院,诉称行为人擅自公开他人的个人信息的行为侵犯了其隐私权时,美国的侵权法制度应该认识和尊重他人享有的控制个人的特性、习惯、活动等信息不被披露的权利,而不是对他人的这一权利不予理睬。承认他人享有控制信息的权利不仅对于认同个人价值的社会来说极其重要,而且,在

---

[1] Samuel D. Warren & Louis D. Brandeis, The Right to Privacy, 4 Harv. L. Rev. 193 (1890).
[2] Christopher Slobogin, Public Privacy: Camera Surveillance of Public Places and the Right to Anonymity, 72 Miss. L. J. 213, 216 (2002).
[3] Alan F. Westin, Privacy and Freedom 33 (1967).

当前越来越多的社会公众受到隐私侵权困扰的背景下，承认这一权利也是非常重要的。

当然，在互联网街景地图技术中，引起隐私纠纷的原因并不仅仅是因为他人不能自主地控制被泄露的信息量，同时还包括他人无法掌控行为人所泄露的信息类型。在此种威胁隐私的新情形出现之前，学者指出，对于他人来说，"他们无法控制的并不是被泄露的信息量的大小，而是被泄露的信息的类型，被泄露的信息的类型不同，他人感受到被侵犯的程度就不同。我们可能不会介意让别人知道关于我们的一般事实，但是如果别人知道关于这些事实的细节时，我们可能会感觉自己的隐私受到侵犯"①。他人可能不会介意让亲朋好友知道他们参加了特定的、让人感到羞耻的丑行，但是当整个社会突然发现他人正在考虑堕胎或者喜欢去当地的成人书店时，一个全新的隐私问题就会产生。对个人信息的控制能力让每个人都成为自己隐私的主宰者，不论这些信息是公开的抑或是私密的，是隐含的还是显然易见的。谷歌 Street View 这类软件所引发的隐私问题，最根本在于它使他人丧失了对其个人信息的控制权，他人无法预料 Street View 的采景车何时会对自己拍照，何时会将自己的行为公开。

（二）为何 Street View 和互联网街景地图技术可能侵犯他人的公共场所隐私权

1. 在互联网街景地图中不适当地看到了他人的照片

Prosser 教授在他的文章中提到，"行为人的拍照行为仅仅相当于作了一个记录，记录他人在进入公共视野后所从事的行为，而此种行为是任何其他在场的公众都能免费看见的，因此拍照行为跟一个完整的书面描述没有本质的区别"。该观点同时也被《侵权法复述（第二版）》所采纳。但是，当行为人利用现代摄影技术在公共场所拍摄他人的照片并且将该照片广泛公开进而引发隐私纠纷时，学者显然已经不赞成用 Prosser 教授的结论来分析上述的问题，他们对该结论的前提进行了猛烈的批判。而互联网街景地图技术所引发的隐私问题则进一步增强了学者对 Prosser 教授观点的抨击。

---

① See Charles Fried, Privacy, 77 Yale L. J. 475, 483 (1968).

首先，通过互联网街景地图上的照片，用户看到了他人在某个时间实施的不被社会认可的行为，同时，照片也将他人的这个丑行放大了。"当他人在大街上向路人抛媚眼时，或者当他人在大街上目不转睛地盯着一个人时，又或者当他人在大街上对陌生人表现出了过分的关注时，他人实施的此类行为都会被认为是不礼貌和不文明的行为，因为它跨越了人与人之间的界限，并且要求他人向公众披露更多的关于自身的信息。"当然，此类"不文明"的行为是互联网街景地图技术的产物，在现实生活中，他人可能并未从事此类行为，因为他人可能虽然只是瞥了某个陌生人一眼，他人的此种行为却刚好被精确的变焦摄像头拍下那一瞬间的照片。因此，在照片上看来，他人正目不转睛地盯着那个陌生人。当前，由于自己不雅的照片出现在互联网上，很多人想尽办法删除网站上的照片，私人入侵网站的现象不断出现。①

其次，当行为人把他人的照片公布在 Street View 时，他们实施的此种行为不同于行为人在公共场所对他人拍照作记录的行为。从某个程度来说，在互联网街景地图上公开他人的照片是没有必要的。在通常情况下，用户都可以将互联网上的照片保存到硬盘驱动器里，之后他们还可以把保存的照片发布到更广泛的范围内，这一点使 Street View 的卸载功能毫无作用。因为，即便谷歌公司移除了 Street View 上的照片，他人仍然存在着其他的危险，这就是，用户已经把他人的照片储存到硬盘里，然后把照片发布到了更广大的领域，这将使他人进一步丧失了控制自己的行为被暴露于众的能力。Street View 让更多的社会公众看到了他人的公共行为，这超出了 Prosser 教授曾经预想的范围，这就是，行为人在公共场所拍照的行为，仅仅是对他人的行为作了一个记录，而且他人的此种行为是其他在场的公众都能看见的，因此行为人的拍照行为并没有侵犯他人的隐私。由于在互联网上流传的照片具有持久性，社会公众对他人行为的监视被无限期地延长，而且此种期限已经超过了 Street View 拍摄到的那些四处走动的人可以保留的最佳记忆。谷歌公司近期可能对某些网站的管理员提起诉

---

① See Andrew Jay McClurg, Bringing Privacy Law out of the Closet: a Tort Theory of Liability for Intrusions in Public Places, 73 N. C. L. Rev. 989, 1076 (1995).

讼，因为某些网站的管理员将谷歌 Street View 上的照片张贴到了自己运营的网站上。谷歌公司认为，他们的行为侵犯了自己的著作权。但是，由于互联网上存在大量盗用 Street View 图像的网站，这也就意味着，即便谷歌公司对这些网站提起了侵权之诉，它想要赢得官司也是不太可能的。

2. Street View 未经他人同意就使用他人的照片

在 Gill 一案的异议中，法官提到了以下两者的区别：当原告在有限数量的公众面前作出亲密动作时，他们同意向当时在场的公众承担披露自己行为的风险，但是，这并不意味着，原告同意向全国的杂志读者承担披露自己行为的风险。如果 Street View 所引起的隐私问题没有比这更复杂的话，此种观点同样能够适用于此。在 Gill 一案中，原告并没有明确地表示，他们同意让杂志社的记者对他们进行拍照，他更没有明确向杂志社表示，他同意杂志社将所拍摄的照片公开。随之而来的争论是，如果原告不同意杂志社公开自己的照片，那么他是否应该明确表达出反对的意见？如果要求行为人必须在取得他人的同意后才能将他人的照片放在互联网街景地图上，这势必会限制社会公众能够获得的信息量，但是，此种做法增强了他人对自己照片和日常生活的控制，使它们不被行为人随意披露。① 要求行为人必须先取得他人的同意才能将他人的照片公开，此种想法在实际操作时很不便利，并且它还可能导致当前局面的改变，这就是，行为人将不能再随意公开他人的照片。尽管这个决定再次限制了公众能够获得的信息量，但是如果证明了在 Street View 上披露他人的照片并不存在合法的公共利益，这个决定似乎就没有看起来这样糟糕了。

3. 在 Street View 上公开他人的照片不存在合法的公共利益

这里有几个原因能够说明，当行为人在街景地图服务技术中披露他人的照片或者他人的行为时，他们对此并不享有合法的公共利益。

首先，公开他人的照片并不存在打击犯罪的正当理由。大多数情况下，在公共场所对公民或者他人实施监控行为的行为人要么是政府机构，要么是私人机构。美国联邦最高法院大法官 William Rehnquist

---

① See Richard Warner, Surveillance and the Self Privacy, Identity, and Technology, 54 Depaul L. Rev. 847, 860 (2005).

认为，如果政府机构对公民的私人活动产生观察和记录的兴趣，则他们可能会因此对公民实施无正当理由的监控行为。[1] 政府机构对公共场所实施监控行为，其目的是为了预防犯罪行为的发生，[2] 但是，互联网街景地图的用途并不是为了实施这个目的，它的本质是一款地图服务软件。此外，谷歌公司和其他民营互联网企业并不需要对公共场所进行监控，因为它们并不需要用这个方式来维持其生计，不像其他私人企业如零售商店，它们是基于安全的目的在自己的店中安装摄像头。

其次，将他人的私人照片披露在互联网地图软件中是没有必要的，因为用户使用地图软件并不是要对他人实施观察行为，也不是要对他人实施的行为进行研究。在 Florida Star 一案中，法官允许记者披露受害者信息的原因是，记者是在警局新闻室中获取了新闻信息，在实践中这个新闻采集技术已经运用了很久，并且它被视为新闻采集技术的范例，因此记者是通过正当途径获得受害者的信息。[3] 相比之下，当行为人以互联网街景地图的方式或者其他的方式披露他人的私人照片时，此类方式并不能构成一个足以减少保护他人隐私的理由。相反，披露他人的私人照片不仅扩大了地图软件原有的公共空间，而且超过了该软件设计时的用途。互联网街景地图本来的目的是给用户提供真实世界的街道景观图，使用户不用亲自到那个地方就能看清它的真实景观，它并不是要让用户看到那个地方四处走动的人。清除 Street View 上可视的人脸并不会减少它本来的服务能力，它依然能够帮助用户更方便地去寻找、发现他们想去的地方，更好地计划相关的活动。事实上，如果 Street View 的采景车把更多的重心放在拍摄街道景观上，而不是拍摄那些不知不觉进入到摄像头里的人，Street View 这款地图服务技术也许会获得更大的成功。

最后，在极少数的情况下，在 Street View 所拍摄的照片里，他人可能正在出席公共活动，或者他人正在从事某些具有新闻价值的行

---

[1] See William H. Rehnquist, Is an Expanded Right of Privacy Consistent with Fair and Effective Law Enforcement? Or: Privacy, You've Come a Long Way, Baby, 23 U. Kan.

[2] Christopher Slobogin, Public Privacy: Camera Surveillance of Public Places and the Right to Anonymity, 72 Miss. L. J. 213, 216 (2002).

[3] The Florida Star v. B. J. F., 491 U. S. 524, 538 (1989).

为，使公众可能会对此产生观看的兴趣。Carter 大法官认为，当他人在参与具有重要意义的公共活动时，与他人在公共场所处理自己的私事时，这两者之间是不同的。Street View 的采景车很少拍摄到他人在从事与公共利益有关的事。相反，绝大多数的人都是在从事他们的日常行为，都是在过他们普通的生活，他们并没有参与涉及公共利益的活动。因此，在 Street View 中公开他人的私人照片或者行为并不合理，也没有合法的公共利益存在。我们期望谷歌公司能采取措施删除 Street View 上他人的私人照片，当然，这一举措并不会在很大程度上影响到该软件的用途，反而会更加凸显它作为地图软件的功用。

四、结语

当行为人在公共场所拍摄他人的照片时，或者当行为人将拍摄到的他人的照片公之于众时，如果他人向法院提起隐私侵权之诉，要求法院责令行为人对其承担隐私侵权责任，不论他人是否能够向法院主张合理的隐私期待来反对行为人拍摄和公开他们的照片，法院已经系统地确立了一个明朗的方法来处理此类案件，这就是，法院通常会驳回他人的这一诉讼请求，并认定行为人的行为不构成隐私侵权行为。尽管这个方法在解决纠纷时是简便易行的，但是，如果我们仅仅保护在过去被认为是属于个人隐私的问题，我们将不能适应现代世界的变化。现实上的改变意味着，行为人在 Street View 上公开他人照片的行为既侵犯他人在公共场所享有的隐私权，也侵犯了他人享有的控制其自身信息不被随意传播的权利。虽然在当前各种信息大流动的背景下，此种传播被认为是合理的，但是互联网街景地图这项软件的基本用途是给用户提供街道景观的地图，而不是通过它来窥视他人的一举一动，尽管 Street View 上经常有完整可见的他人的照片，但是 Street View 并不是要成为窥阴癖者。Alan F. Westin 在其《隐私与自由》一文中提出了这样的观点，他认为："在过去，法律通常只保护他人位于其住所或者公寓内的隐私，而在现代社会，即便他人只是处在一小部分的日常环境中，我们也要对其隐私提供保护。"[①] 因此，法律应该进一步承认他人享有公共场所隐私权，使之与控制自己的个人信息

---

① Alan F. Westin, Privacy And Freedom 33 (1967).

不被披露的权利相一致。正如 Warren 和 Brandeis 所建议的那样,"在制定法律时,我们应该要对他人的与社会合法利益无关的私人事务提供保护,防止它们被行为人强制地披露于众。当他人更愿意保持自己事务的私密性时,不论他们的地位、身份是什么,也不论他们所处的位置在何方,法律都应该保护他们的意愿不被公众所违背"①。

面临来自私人企业制作互联网街景地图的威胁,我们应该对公共场所隐私权有一个更强大的法律认识,限制私人企业利用互联网街景地图的方式,披露他人的与社会公共利益无关的个人隐私信息。只有这样,我们才能增强他人保护自身隐私的信心。

在本文发表前不久,谷歌公司对 Street View 采取了某些改进措施,这些措施使软件上的街道景观图发生了显著的改变。这些改变凸显了 Street View 将来可能遇到的法律问题,并且可能会在很大程度上影响到其他在将来决定使用此类软件的公司。

谷歌 Street View 上最大的改变是,谷歌公司决定采用某些技术来对 Street View 相机所拍摄到的人脸照片进行模糊化处理。② 尽管谷歌公司曾经表示它并不愿意使用此种技术,它认为,使用 Street View 并不会带来如本文所提到的隐私问题,但是谷歌公司现在声明,"长期以来,我们都在研究相关的技术,希望能够对 Street View 上拍摄到的人脸进行模糊化处理"。③ 谷歌 Street View 的此种新发展并不会使前文的讨论变得毫无意义。尽管谷歌公司决定采用面部模糊技术来保护他人的隐私,并且这一做法与 Warren 和 Brandeis 所提出的保护他人隐私的目标相一致,但是,这里并没有迹象表明,其他和谷歌公司一样对互联网街景地图进行开发和创造的公司,它们也会负责任地采取某些措施去解决该软件所带来的隐私问题。

谷歌 Street View 的这一变化所带来的发展彰显了本文的写作价值。尽管在 Prosser 教授的理论下发展的普通法并没有承认他人在公

---

① Samuel D. Warren & Louis D. Brandeis, The Right to Privacy, 4 Harv. L. Rev. 193 (1890).
② Bruce E. H. Johnson & Sarah K Duran, Recent Developments in Commercial Speech and Consumer Privacy Interests, PLI Order No. 14142 (Nov. 13 – 14, 2008).
③ See Bruce E. H. Johnson & Sarah K Duran, Recent Developments in Commercial Speech and Consumer Privacy Interests, PLI Order No. 14142 (Nov. 13 – 14, 2008).

共场所享有隐私权,尽管美国《侵权法复述(第二版)》也没有提出公共场所隐私权这一观念,但是,谷歌公司采用面部模糊技术的决定表明,他人在公共场所的隐私问题仍然能够引起足够大的共鸣。由于互联网街景地图技术和他人隐私权之间的纠纷仍在持续不断地发生,即便作为世界上最强大的公司之一的谷歌公司承认他人在公共场所享有一定的隐私权,此种承认也只是给这一领域的法律发展增添了一丝生气,并不能起到决定性的作用。

　　谷歌 Street View 的第二大发展与住在美国宾夕法尼亚州匹兹堡郊外的一对夫妇有关。2008 年 4 月,各大新闻媒体相继报道了一则新闻,一对名为 Aaron 和 Christine Boring 的夫妇决定到法院起诉谷歌公司。原告 Boring 诉称,谷歌 Street View 的采景车私自闯入他们住所的私人道路,并在那里拍下了他们住所的照片,之后还将照片上传到了谷歌 Street View 的服务器上。原告 Boring 认为,谷歌公司的这一行为侵犯了他们的隐私权,他们有权要求法院责令谷歌公司对其承担侵权责任。本案产生的重要原因在于,道路的所有权归属于私人主体,即原告 Boring 夫妇,照片是 Street View 在他人的私人道路上拍摄的,而不是在公共道路上拍摄到的。2008 年 7 月,谷歌公司曾经尝试通过某些办法让法院驳回原告 Boring 的诉讼请求,如声称"原告并不存在完全的隐私",并同时引用美国《侵权法复述(第二版)》中的相关规定来辩称,谷歌公司拍摄到的和在 Street View 上公开的照片是属于日常生活的普通事件,人们只是其中的一部分。

　　在本文发表的时候,该案仍然处于悬而未决的状态。尽管谷歌公司已经向法院提出申请,要求法院驳回 Boring 的诉讼请求,但是,该案的存在也让我们不得不承认,基于谷歌公司或者是其他街景地图公司在互联网上公开他人照片的行为,人们在将来还有可能到法院提起此类隐私侵权之诉。其一,某些人可能会担忧,他们的私人财产会被行为人拍下照片放到互联网上,甚至他们已经开始考虑要花费时间和金钱来提起隐私侵权之诉。人们可能会认为,社会只保护他人在住宅内的隐私利益是远远不够的,只有在整个世界范围内保护他人的隐私利益不被行为人随意披露,才算是真正地增强对他人隐私利益的保护。其二,面对新兴科技,美国和其他地区的隐私法理论可能已经过时,因此,行为人需要重新考虑如何向公众传播有效、有价值的信息,还有如何去维护他人的隐私,即便他人是处于公共场所。其三,在当前,在遇到行为人侵犯他人在公共场所隐私权的案件时,法院应该采取具体案件具体分析的方法,要与时俱进、审时度势地处理此类案件。普通法应该随着这些案件的发展而发展,而不是任意地对它们不予理睬,这样才能体现一个动态法律制度的美丽。

谷歌 Street View 近期发生的改变既促进了隐私权的发展,也支撑了本文的写作目的,这就是,为迄今为止在美国法中仍然未获确认的公共场所隐私权寻求一个安身之处。如果承认他人在公共场所享有隐私权,那么,这将促使各个公司在开发街景地图技术时更负责任地去考虑他人的隐私问题。未来,我们将持续关注这一问题的后续发展。

脸部识别技术监控:《美国联邦宪法第四修正案》保护公共场所隐私权的关键问题

道格拉斯·A. 弗莱提[①]著 魏凌[②]译

目　次

一、导论
二、脸部识别技术的运用现状及未来发展之路
三、当涉及搜查行为和扣押行为时,政府将会通过你的脸部识别你的身份
四、构建脸部照片数据库受到宪法和法律的制约
五、脸部识别算法系统:对合理根据标准的挑战
六、结语

一、导论

今时今日,越来越多的美国人受到脸部识别技术的监控。通过在现存的脸部照片数据库中寻找相对应的人,脸部识别技术能够用来识别那些在大街上来来往往的行人的身份。本文认为,在现代数字监控中运行脸部识别技术的做法使《美国联邦宪法第四修正案》(以下简称《第四修正案》)陷入了两难之地,同时,此项技术也会成为未来《第四修正案》发展之路的探路者。当公民在公共场所活动时,脸部识别技术的出现将会对公民在此时是否仍然享有对个人身份的合理隐私期待提出疑问,此外,此种收集公民活动信息的行为是否足以构成

[①] 道格拉斯·A. 弗莱提(Douglas A. Fretty),美国艾尔与马内拉(Irell & Manella)律师事务所合伙人,加州大学洛杉矶分校法学院法学博士。
[②] 魏凌,中山大学法学院助教。

不合理的搜查行为？当然，我们还需要回答的问题有，当脸部识别技术运行时，政府机构根本不用阻止公民的活动就能完成对公民身份的识别，政府机构依靠脸部识别技术识别无辜的公民身份的行为是否构成《第四修正案》所规定的扣押行为？脸部识别技术软件的高错误率是否侵犯了合理根据标准？当前，越来越多的美国人向网络服务提供者披露个人信息，政府机构通过网络服务提供者收集照片数据库的行为促使法院考虑这样一个问题，这就是，第三方当事人披露原则在此种背景之下是否仍然站得住脚？

在2001年美国橄榄球超级杯大赛（Super Bowl）期间，美国的坦帕湾州在举办橄榄球比赛的体育场内安装了脸部识别相机，以期逮捕那些出现在比赛场上的犯罪嫌疑人。自此之后，越来越多的美国民众开始受到脸部识别技术的监视。尽管此项技术并不完善，但是，建立在脸部基础之上的监控技术已经被美国联邦政府运用于许多大街小巷中，这些地方包括机场，城市街道等。美国联邦政府将其用于寻找那些逃亡的罪犯、离家出走的青少年、刑事犯罪嫌疑人、甚至是那些曾经受到逮捕的人的踪迹。随着此项技术的广泛运用，脸部识别技术也日益成为许多法官经常讨论的话题，当法官在处理涉及此项技术的案件时，他们通常都会根据《第四修正案》作出裁决，并且引起了各种各样针锋相对的观点。这些观点包括：其一，当人们位于公共场合时，他们是否享有自己的身份不被人知晓的合理期待？其二，《第四修正案》所规定的扣押行为能否在没有阻碍公民一举一动的情况下发生？其三，政府机构长期收集公民数据信息的行为是否足以构成搜查行为？其四，在普遍监视之下往往容易产生较高概率的错误，合理根据标准是否能够容忍较高的错误率？如何解答上述的问题对于数字监控技术的发展至关重要。当处理涉及脸部识别技术的案件时，许多法官走上了一条错误的道路，这就是，减少《第四修正案》对公民提供的保护。本文将引用少数的案例来说明，当前政府机构在公共场所大量采用电子监控设备监视公民一举一动的行为已经对公民基本的隐私权造成了威胁。

本文的第二部分将阐述当前美国联邦政府运用脸部识别技术的现状及该项技术未来的运用趋势。脸部识别技术最频繁的使用者是美国各个州的政府机构，它们在警察的身上配备脸部扫描设备或者是在公共大街上安装脸部识别相机。美国联邦政府当前并未大规模运用脸部识别技术，但是来自美国国防部高级研究计划局（DARPA）和美国破坏性技术办公室的报告表明，美国联邦政府非常希望将这一技术用于追踪重要的犯罪嫌疑人。本文的第三部分将深度探讨政府机构在公共场所识别公民身份的行为是否构成《第四修正案》所规定的不合理的搜查行为和扣押行为。尽管有两位学者指出，虽然政府机构使用脸部识别技术在公共场所辨别公民的身份，但是在此种情形下《第四修正案》对公民并未提供任何保护。本文认为，《第四修正案》的保护范围非常复杂，通过分析脸部识别技术，我们已经可以窥见搜查行为与扣押行为之间的差异。《第四修正案》同样能够调整因脸部监控技术所引起的纠纷，这也预示着在未来的数十年里，它仍然屹立不倒。本文的第四部分将从宪法和法令当中去探寻限制美国联邦政府建立照片数据库的依据。现行有效的两部旨在限制美国联邦政府收集公民个人信息的法律分别是1976年的隐私法和电子存储通信法，但是它们都没有办法避免联邦政府机构实施的那些建立在公民照片之上的行为。不过，《第四修正案》将有可能对商业性质的照片提供保护，如那些张贴在脸书上的照片，但是现在出现了一系列从政府审查的角度出发的观点，这些观点都在挑战传统的第三方当事人披露原则。最后，作者在本文的第五部分提出了自己的疑问，这就是，脸部识别技术无法避免地存在一定的误差，当政府执法人员使用此项技术来确定对某个"嫌疑人"实施搜查行为或扣押行为时，这里是否存在足够的合理根据？虽然某些证据收集工具的错误率很高，但是在Illinois v. Gates一案中，法官却容忍了警察使用高错误率的工具协助调查的行为。笔者认为，从维护社会利益的角度来说，为了防止警察在不必要的情况下骚扰市民，当政府执法人员准备使用脸部识别技术监视公民的一举一动时，我们应该严格要求此项技术的精确性。

二、脸部识别技术的运用现状及未来发展之路

自20世纪90年代早期开始，美国某些大学、私人企业及军方的学者开始研究基于脸部特征识别个人身份的算法。美国国防部中专门从事脸部识别试验的计算机程序员将此项技术命名为脸部识别技术工程，当脸部识别技术的程序开始运行时，该项程序算法通常需要连续

执行两个任务，分别是规范化运行程序和脸部识别程序。①规范化程序包括如下，先确定具体的主体，然后围绕主体的眼睛，沿着程序上预先确立的网格，去除主体的头发和那些无生命的障碍物，定位关键的面部特征。紧接着脸部识别程序开始运行，量化主体脸部的关键特征，将这些关键特征归纳到一个小文档内，之后将这个小文档与预先存在的已经被识别的脸部照片数据库进行对比。② 运行该程序将确定不知名的主体是否与照片库中的人相符，并最终得出匹配程度的等级。

当代脸部识别技术程序的可靠程度仍然存在疑问。自 2001 年 9 月 11 日美国发生恐怖袭击以来，美国国会指导美国国家标准与技术研究所（以下简称 NIST）去评估美国所有市面上现存的脸部识别技术程序。③ NIST 于 2002 年完成了最后一个测试，最终它得出结论，现存运行最好的脸部识别程序精确度能达到 90%，但是前提是此项程序在室内运行，而当在室外运行该项程序时，该程度的精确度仅有 50%。2003 年，美国波士顿洛根国际机场引进了一项脸部识别技术系统，该系统识别脸部的预估错误率为 38.6%，运行该系统后，洛根机场长期陷入系统故障的泥潭之中。④ 研究人员最近指出，当在公共场所使用脸部识别技术时，该程序在识别不知身份的行人时精确度仅达到 60%。⑤ 上述的这些现象使反恐专家 Stephen Graham 认为，只有当人们排成队列并且位于良好的光照环境下时，如过境或安全检查时，脸部识别技术才能发挥其效用。诚然，近距离拍摄那些不知身份的人的脸部将极大地增加程序的能力，同时，监控系统也隔几秒钟就

---

① P. J. Phillips et al. , The FERET Evaluation Methodology for Face Recognition Algorithms, 22 Ieee Transactions on Pattern Analysis & Machine Intelligence 1090, 1091 (2000).
② Tilen Mlakar et al. , Face Image Registration for Improving Face Recognition Rate, STAR, Jan. 2008, at 43.
③ This instruction is a provision of the USA Patriot Act of 2001, 8 U. S. C. § 1379 (2001).
④ William D. Eggers, Government 2.0: Using Technology to Improve Education, Cut Red Tape, Reduce Gridlock, and Enhance Democracy 199 (2005).
⑤ Angshul Majumdar & Panos Nasiopoulos, Frontal Face Recognition from Video, Advances in Visual Computing: 4th Annual Symp. , Isvc 2008, Part Ii, Lncs 279 (2008).

拍摄剪辑一次,这也将提高脸部识别程序的精确性。① 专门研究脸部识别技术的企业和研究人员频繁宣称,脸部识别技术的创新不但会提高该程序的运行效率,而且会降低误差。

(一)脸部识别技术的使用现状

尽管脸部识别技术仍然存在不确定性,但是,许多国有企业和私人企业都将脸部识别技术纳入自己的经营范围,这无疑促进了生物识别技术的大繁荣。例如,从事远程电子商务的公司正在投资完善网络交易系统,只有当从事交易行为的主体通过网络摄像头认证他们的身份时,交易才算达成。此外,许多政府大楼和商业大楼都装置了严格的通行识别系统,该系统通过识别访问者的某些生物特征来判断他们是否有权出入大楼,面部扫描技术也变得更为普遍。当前使用最普遍的脸部识别技术应用是被称为"极地玫瑰"(Polar Rose)的在线软件,该应用是由苹果公司于 2010 年 9 月购入,有传言说苹果公司花了 2 900 万美元购入该软件。当用户使用极地玫瑰这款应用时,根据需要进行识别的主体的标记照片,极地玫瑰将得出识别主体脸部的三维图像,然后自动在网上搜索有关该主体的所有照片。② 因此,极地玫瑰最后显示出的搜索结果的照片是未经识别主体授权即公开在网络上的照片。极地玫瑰这款应用设计的初衷是为了加强对求职者个人背景的调查,同时,这也提醒了年轻人,他们的照片是最有可能被行为人胡乱披露在互联网上的。

当然,因为美国军方和安全技术公司将脸部识别技术作为追踪已知身份的犯罪嫌疑人的手段,所以政府机构运用该项技术的范围正在不断扩大。③ 美国警方采用脸部识别技术最为著名的一次经历莫过于

---

① Angshul Majumdar & Panos Nasiopoulos, Frontal Face Recognition from Video, Advances in Visual Computing: 4th Annual Symp., Isvc 2008, Part Ii, Lncs 279 (2008).

② Note, In the Face of Danger: Facial Recognition and the Limits of Privacy Law, 120 Harv. L. Rev. 1870, 1872 (2007).

③ Stephen Graham, Specters of Terror, in City of Collision: Jerusalem and the Principles of Conflict Urbanism 157 (Philipp Misselwitz, ed., 2006).

在2001年美国坦帕湾的橄榄球超级杯大赛（Super Bowl）期间[①]，他们采用脸部扫描的方法识别出了19名没有被逮捕的犯罪嫌疑人。在2002年冬季奥运会时，为了安全起见，美国盐湖城花了14个月的时间安装脸部扫描监控系统，但是在冬奥会开幕的最后关头，组委会决定不采用该技术。除了以上这些高调的事件，美国的许多城市都将脸部识别技术作为监督市民的一种非常普通的手段。美国的许多城市，包括洛杉矶和纽约，这些城市的警察身上都装置有脸部扫描仪，警察可以使用该仪器来确定嫌疑人是否有犯罪记录，其他的城市则将脸部识别技术运用在大街小巷上安装的固定摄像机上。[②] 美国的某些州正在建立驾驶执照照片数据库，研究人员期望该数据库建成之后能够支持未来的脸部识别系统，数据库的建成和机场都成为许多脸部识别技术工程的核心。尽管美国联邦政府在脸部识别技术这个竞技场上活动的积极性是很难衡量的，不过，一直以来，美国国防部都对"远程身份识别技术"（又称"身份识别"）表示出极大的热情。自2001年美国的爱国者法案通过以来，美国国防部高级研究计划局（DARPA）已经建立了名为"TIA"的数据挖掘和模式识别程序。这款程序的目的是"提供更好的工具来检测、分类和识别潜在的外国恐怖分子"，它包含了身份识别系统，并且能够在500英尺以内使用生物识别模式来识别人们的身份。美国国会在其2003年的报告中指出，美国国防部高级研究计划局透露，它们开发的身份识别技术能够在20～150英尺的范围内检测到人脸图像的存在，之后该系统会将检测到的脸部图像放大进行识别。虽然考虑到使用恐怖主义情报预警系统（TIA）所带来的潜在侵入性，美国国会议员于2003年的秋天取消了对该程序的资助，但是，TIA并没有消失，而是搬运至美国的破坏性技术办公室，它是在美国国家情报总监保护之下的一个部门。在美国国防部高级研究计划局2003年的报告中，它不仅简单描述了过去一年里实

[①] Rob Turner, The Way We Live Now: Salient Facts: Facial-Recognition Technology; Faceprinting, N. Y. Times, Aug. 12, 2001, at 18 (recounting Tampa's use of FRT at the 2001 Super Bowl).

[②] Darryl McAllister, Law Enforcement Turns to Face-Recognition Technology, Information Today, May 2007.

施的脸部识别技术的研究,似乎还提及美国情报系统进行的政治活动。[①]

(二) 可预见发展之路:国家运营脸部识别技术

在相对短期内,我们可以想象,美国政府将会扩大脸部识别技术的使用范围。脸部识别技术有打击犯罪活动的潜在用途,这也将鼓励美国各个市的政府机构在公共场所大量装置视频监控设备。正如我们所知,在英国伦敦,有超过 200 000 架的视频监控设备被安装在大街小巷里,这些摄像机无时无刻地在监控着市民的一举一动。[②] 此外,为了加强对私人的监控,政府机构也可以通过法院命令、行政传票或简单的志愿服务获得授权。2001 年 9 月 11 日恐怖袭击之后,美国华盛顿特区许多商业财产的所有人都将自己的监控摄像机提供给城市警察使用。由于脸部识别系统运行的核心在于其照片数据库,政府机构可能会尝试扩大照片库内已经识别的脸部照片的数量,这一任务可以通过以下三种方式的任何一种来完成:①结合他人已经公开的脸部照片,如来自护照、驾驶证或逮捕时的面部照片;②收集商业性质的他人的照片,如来自社交网上的照片;③收集他人最新的在检查点的照片,如在机场或政府机关时所拍摄的照片。

正如美国国防部高级研究计划局在其向国会提交的报告中所言,政府机构之所以采用脸部识别技术,其目标可以简单概括为:侦查恐怖嫌疑分子。然而,美国联邦政府目前实施的数据收集活动已经预示着脸部识别技术将会有更广泛的用途,美国国家犯罪信息中心(NCIC) 出示的那份令人眼花缭乱的文件中表明,联邦政府有兴趣将此类技术用于追踪各种各样的人,如"失踪人员、不明身份的人员、执法机关意欲寻找的刑事犯罪嫌疑人、性犯罪者、联邦囚犯、假释或者正在服刑的人员、恐怖嫌疑分子、犯罪团伙、美国马歇尔证人安全计划所保护的人、个人身份被盗用的受害者、境外逃犯等"。

---

① FRT was recently used to confirm the death of Osama Bin Laden. Mark Mazzetti et al., Behind the Hunt for Bid Laden, N. Y. Times, May 3, 2011.
② Bob Barr, Symposium on Electronic Privacy in the Information Age: Post - 9/11 Electronic Surveillance Severely Undermining Freedom, 41 Val. U. L. Rev. 1383, 1401 (2007).

当政府机构运行脸部识别技术系统时，除了可以追踪已经列入美国联邦政府监控名单上的人，该系统的数据挖掘功能还将尝试发现新的嫌疑人。例如，理论上，警察局可以参照对比某个藏有大量毒品的社区及其附近机场的监控录像，揭露该社区的居民频繁地出现在机场，从而向法庭出示他们可能进行毒品交易的证据。在国家安全的背景下，美国联邦调查局涉嫌收集有关美国穆斯林个人的令人尴尬的信息，联邦调查局以此方式来向那些同样出入清真寺的穆斯林的同伙施加压力。联邦调查局的这一战略可以由脸部识别技术辅助完成，因为该技术能够参照对比不同清真寺的外观监控录像。同样，因采用脸部识别技术而受到损害的地方还有同性恋场所和某些破产企业。

（三）脸部识别技术对公民个人隐私利益的影响

本文的第三部分至第五部分将探讨脸部识别技术是怎样与美国隐私法相符合，但是，首先值得引起我们注意的是，脸部识别技术的广泛使用对公民个人享有的传统的隐私权造成了威胁。当政府机构广泛使用脸部识别技术时，他们的此种行为使公民所享有的两种不同的隐私利益危如累卵，它们分别是人们所享有的人格尊严权和限制行为人接触自我权。Edward J. Bloustein 于 1964 年首次提出，因为隐私权维护人格尊严，所以隐私权有其固有的价值。[①] 据 Bloustein 观察，如果一个人的行为或人格受到一定程度的监视，那么这个人的独立自主性将会减弱。根据这一理论所产生的问题是，当他人在公共场所受到脸部识别技术的监控和政府工作人员的监视时，政府工作人员实施的这些行为是否会削弱公民树立起的独立人格的自我形象？一位评论法学派的学者认为，一个人能否控制他人对他/她的访问能力是一种根本性的人类利益，而隐私权正是该利益的守护者。[②] 这一理论认为，当人们在考虑何时和是否与他人进行交往时，人们需要享有特定的自主权，而享有保密权、匿名权及独处权将是我们行使该自主权的工具。因此，当脸部识别技术的运用剥夺了人们对其享有的保密权、匿名权

---

① Edward J. Bloustein, Privacy as an Aspect of Human Dignity: an Answer to Dean Prosser, 39 N. Y. U. L. Rev. 962 (1964).

② Anita Allen, Uneasy Access: Privacy for Women in a Free Society (1988).

及独处权的期待时，人们所享有的隐私权也就自然而然受到了威胁。

同样，他人是否能够行使隐私权自然也影响到他们对自由的享受。正如 Michael Foucault 在其《规训与惩罚》一书中所提出的著名主张，如果一个系统能够定位、识别一个人并且将其列为社会公敌，那么这个系统从功能上来看就已然是一个监狱。① 哲学家 Jeremy Bentham 曾提出"圆形监狱理论"，他认为，在圆形监狱里面的犯人永远不知道他们是否正在处于被警察监视之中，因此犯人将会在此种威慑之下自觉地循规蹈矩。② 根据 Jeremy Bentham 的理论，Foucault 作了一个总结，他认为，尽管现代监控技术促使人们自主调整他们的公共行为，但是，如果此种监控技术无孔不入，如果监控设备无时无刻地监视人们在公共场所的一举一动，那么将会导致这样的结果："审讯将永远不会终结，一个社会范围的圆形监狱应运而生。"笔者认为，虽然人们对于监控技术的警觉有利于遏制他们从事非法行为，但是，此种警觉也会使人们不再从事合法行为。③ 如果公民的所作所为是无懈可击的，那么政府机构压制公民的合法行为的做法将不利于政府倾听良好的异议、破除旧规和打破旧习。④ 此种对自由的危害将会一直潜伏在许多法院对脸部识别技术的分析和《第四修正案》的背景中。

三、当涉及搜查行为和扣押行为时，政府将会通过你的脸部识别你的身份

脸部识别技术的使用使人们享有的隐私利益和自由利益危如累卵，因此，有没有可能将脸部识别技术视为《第四修正案》所禁止的不合理的搜查行为和扣押行为？虽然当前法院还没有解决这个问题，但是本文发现，脸部识别技术与搜查行为和扣押行为所涉及的许多问题都密切相关。脸部识别技术的出现揭露了当前涉及《第四修

---

① Michel Foucault, Discipline And Punish: The Birth of the Prison 196–197 (1977).
② Michel Foucault, Discipline And Punish: The Birth of the Prison 198–199 (1977).
③ See Jerry Kang, Information Privacy in Cyberspace Transactions, 50 Stan. L. Rev. 1193, 1260–1261 (1998).
④ See Julie E. Cohen, Examined Lives: Informational Privacy and the Subject as Object, 52 Stan. L. Rev. 1373, 1426 (2000).

正案》的裁决的错误路线,当法院在处理与脸部识别技术有关的案例时,法院必须明确地作出选择。

在1967年的Katz v. United States 一案①中,美国联邦最高法院认定美国联邦调查局的探员窃听公用电话亭的行为构成了违宪的搜查行为,该案明确《第四修正案》保护公民享有的隐私权。在Katz一案中被学者引用最多的观点莫过于来自Harlan大法官的一致意见,Harlan大法官认为,只有当嫌疑人对被搜查的地方享有主观的隐私期待时,政府工作人员实施的行为才构成搜查行为。Harlan大法官进一步陈述了他的观点,即"只有当社会认可公民享有的期待是客观合理的,政府工作人员实施的搜查行为才算是违反《第四修正案》的行为"。根据上述的隐私合理期待两分法的标准,美国联邦法院一般都会认定,如果公民将某件事公之于众,那么即便他们只是公开该事件的一小部分,他们也不享有对该事件的主观隐私期待。当人们扔掉他们的垃圾时②、当人们扔掉他们的银行现金支票时③、当人们为了自身的发展而向他人交出自己的照片胶卷时④,在上述情况下,由于这些人都将自己的某些事件向第三方披露,他们都在一定程度上放弃了自己享有的隐私期待。

某些法学家批评隐私合理期待这一标准,他们认为,隐私合理期待是在运用单向的棘轮来反对隐私权。⑤ 随着技术的发展,政府监控公共场所的权力不断膨胀,公民意欲从国家的视线中隐藏自己信息的期望肯定也会随之减少。⑥ 今时今日,当航空旅客需要接受机场扫描

---

① Katz v. United States, 389 U. S. 347, 353 – 356 (1967).
② California v. Greenwood, 486 U. S. 35, 43 (1988).
③ United States v. Miller, 425 U. S. 435, 436 (1976).
④ Wabun-Inini v. Sessions, 900 F. 2d 1234, 1239 (8th Cir. 1990).
⑤ Jim Harper, Left Out in the Cold? The Chilling of Speech, Association, and the Press in Post – 9/11 America: Reforming Fourth Amendment Privacy Doctrine, 57 AM. U. L. Rev. 1381, 1382 (2008). See also Ric Simmons, From Katz to Kyllo: a Blueprint for Adapting the Fourth Amendment to Twenty-First Century Technologies, 53 Hastings L. J. 1303, 1306 (2002). Thomas K. Clancy, Coping with Technological Change: Kyllo and the Proper Analytical Structure to Measure the Scope of Fourth Amendment Rights, 72 Miss. L. J. 525, 535 (2002).
⑥ Jed Rubenfeld, The End of Privacy, 61 Stan. L. Rev. 101, 106 (2008).

仪将扫描生成的裸体图像向安检员公开时,他们可能感觉自己受到了侵犯。然而,只要旅客忍受了这一过程,此类事件就与《第四修正案》无关。从这一角度来看,当公民位于公共场所时,Harlan大法官所确立的隐私合理期待的二分法标准并没有对政府机构侵扰公民享有的保密权、匿名权的行为作出任何限制。① 诚然,某些提倡政府执法机关享有自由裁量权的学者正在为政府机构实施的监控公共场所的行为欢呼,他们期待着政府机构可以更加严格地对公共场所进行监控,他们认为,公民享有匿名和保密的期望将会为犯罪行为提供便利,因此应该消除公民的此种期望。② 姑且不论观点的分歧,学者们都一致认同,如果法官仍然按照字面意义应用隐私合理期待标准,那么监控技术的进步将很快公然使《第四修正案》对公民提供的保护变得所剩无几。当前,技术将"挫败"《第四修正案》所规定的搜查条款和扣押条款的风险在脸部识别技术领域中最为突出。

(一) 简单的公共场所脸部识别行为是否构成搜查行为

某位行人在经过某个安装了脸部识别技术的灯柱相机时被拍下照片,并且在不知不觉的情况下,他的照片正与政府数据库里面的照片进行对比。此种行为是否构成搜查行为?如果此种情形类似于传统的监控技术,那么显而易见的答案已经出来了,即此种行为并不构成搜查行为。

1. 脸部识别技术类似于传统的监控技术

当人们离开自己的住所时,他们冒着受到其他人监视的风险,因此,即便他们深信自己并没有受到任何人的监控,他们也会放弃不被监视的合理期待。③ Edward Kowalski一案④就阐明了这一观点。当

---

① See Thomas K. Clancy, What is a "Search" Within the Meaning of the Fourth mendment? 70 Alb. L. Rev. 1, 7 – 8 (2006).
② Jeff Breinholt, Review Essay: Getting Real About Privacy: Eccentric Expectations in the Post –9/11 World, 2005 U. Ill. J. L. Tech. & Pol'y 273 (2005).
③ See United States v. Jackson, 213 F. 3d 1269, 1280 – 81 (10th Cir. 2000); United States v. Kim, 415 F. Supp. 1252, 1258 (D. Haw. 1976).
④ Kowalski v. Scott, No. 02 – 7197, 2004 U. S. Dist. LEXIS 9935 (E. D. Penn. May 26, 2004).

Mr. Kowalski 先生在美国宾夕法尼亚州的警局工作时，他的脖子因工受伤，在他申请工伤赔偿金的几个月后，他到了美国佛罗里达州度假。当 Mr. Kowalski 先生正与他的妻子在海滩上晒日光浴时，州警局雇佣的私家侦探为了核实 Mr. Kowalski 先生的医疗状况，在其毫不知情的情况下对他进行了长达数日的录像。尽管在晒日光浴时，大多数人都不会期待或者愿意被偷偷摸摸地录像，但是，在该案中法官认定，Mr. Kowalski 并不享有隐私期待，因此，他也不能根据《第四修正案》来反对州警局的行为。这一理论甚至还延伸到了那些隐蔽的场所，如电梯、商业建筑的走廊，这些地方也都是经常受到隐蔽的摄像机监控的地方。政府机构持有一个强有力的论据，这就是，当公民位于一个他们不享有不被监视的期望的场所时，他们对该场所同样不享有不被识别的期望。因为当一个人行走在大街上时，他们完全可能出乎意料地被另外一个行人认出，所以，当装置有脸部识别技术的相机拍下某个行人的照片时，他们也不能期望自己的照片不会与政府数据库里的照片进行对比。

虽然上述的推理可能看起来会让某些人紧张，但是，自 1986 年美国联邦最高法院在同一天对 California v. Ciraolo 一案和 Dow Chemical Co. v. United States 一案①作出裁决时起，这一主张一直为美国联邦最高法院在处理有关监控案件时所采用。Ciraolo 一案和 Dow 一案有着相似的案情。在 Ciraolo 一案中，警察乘坐一架飞机到达距离嫌疑人的住所 1 000 英尺的上空进行观察，并最终在嫌疑人 Ciraolo 关闭的栅栏内发现了一小块种植大麻的地方。而在 Dow 一案中，美国环保署（EPA）的工作人员利用高精度航空测绘相机从不同的高度对 Dow 公司的财产进行了拍摄。因为这两个案件的证据收集都发生在公共空间，所以美国联邦最高法院推定，如果航空旅客愿意往下看的话，那么任何航空旅客都可以发现政府工作人员的所作所为。美国联邦最高法院认为，美国环保署依靠高精度相机拍摄照片的行为并不足以构成搜查行为，理由如下：①该相机可用于公共用途；②美国环保署使用该相机仅仅是为了增加它们的自然感官能力。第一

---

① California v. Ciraolo, 476 U. S. 207 (1986); Dow Chemical Co. v. United States, 476 U. S. 227 (1986).

个事实之所以重要,是因为如果高精度航空测绘相机可用于商业用途,那么 Dow 就不能期望它的土地在科技上不受影响。第二个事实则反映出了美国联邦最高法院的观点,这就是,只要技术的发展没有给警察带来异常的感知能力,如穿墙而过的视力或者听到私人对话的能力,那么感官增强工具就不会侵犯公众的期待。

在 Dow 一案之后,警方可以用缉毒犬来增强自己的嗅觉①,也可以用望远镜来增强自己的视觉。② 然而,警察不可以将热感应相机瞄准嫌疑人的车库,因为这项技术非常类似于透过墙壁观察私人场所,这是不被允许的。③ 诚然,正如 Powell 大法官在 Dow 一案的异议中所告诫的那样,随着窥探技术的四处渗透,如果我们仍然秉持实用性标准和感官增强标准来进行判断,那么我们的此种做法将不可避免地废除公共隐私权。

将脸部识别技术与监控摄像机连接到一起,此种做法提高了警察现有的感知,许多支持监控行为的学者认为,比起以往翻看静止的脸部照片集的方法,采用脸部识别技术对人的脸部进行扫描的方法更为简单高效。④ 当然,当警方在没有合法授权的情况下试图出示命令嫌疑人交出手写或语音样本的传票时,他们会更加支持脸部识别技术与监控技术的结合。因为在公共场合写字或讲话是我们习以为常的事情,所以,即便警方想通过传票获得的样本是为了并不寻常的目的,将嫌疑人的字迹或语音与犯罪现场获取的材料进行对比,美国联邦最高法院往往也会支持此种类型的传票。⑤ 支持脸部识别技术的学者认

---

① See United States v. Ludwig, 10 F. 3d 1523, 1527 (10th Cir. 1993); Illinois v. Caballes, 543 U. S. 405, 409 (2005).
② See United States v. Kim, 415 F. Supp. 1252, 1254, 1258 (D. Haw. 1976). See also Florida v. Riley, 488 U. S. 445, 447 – 451 (1989).
③ Kyllo v. United States, 533 U. S. 27, 36 – 38 (2001).
④ Dennis Bailey, The Open Society Paradox: Why the 21t Century Calls for More Openness-not Less 92 (2004); Daniel J. Solove & Marc Rotenberg, Information Privacy Law 313 (2003); J. K. Petersen, Understanding Surveillance Technologies: Spy Devices, Privacy, History & Applications 747 (2007).
⑤ United States v. Mara, 410 U. S. 19, 21 – 22 (1973), 457 F. 2d 895, 898 – 899 (2d Cir. 1972); Bradford v. United States, 413 F. 2d 467, 471 – 472 (5th Cir. 1969); Gilbert v. California, 388 U. S. 263, 266 – 267 (1967).

为，既然政府机构可以要求嫌疑人出示语音记录，那么政府也可以将某个行人的脸部肖像图数字化，从而运行脸部识别的算法，将行人的脸部肖像与数据库中的既存照片进行匹配。正如美国联邦最高法院的大法官在处理 United States v. Dionisio 一案[1]时所阐述的名言，人们不可能去期待没有人会听出自己的声音，此种期待必定是不合理的，同样，人们也不会期待自己的脸部对所有人都深藏不露。尽管这些案件都并未涉及监控技术的范围，也与脸部识别技术无关，但是，我们仍然能从美国联邦最高法院对这些案件的处理方法中看出某些预兆，这就是，美国联邦最高法院对于人们脸部隐私的保护正在不断减少。

然而，脸部识别技术还存在需要面临的挑战，即它必须直面 Harlan 大法官所确立的判断隐私合理期待的标准，它必须阐明美国民众对于自己在公共场所不被精确的算法识别的合理期待。事实上，在有些时候，如果新技术的发展侵害了他人理所应当享有的隐私权，那么美国联邦最高法院也会将自己作为保护隐私权的堡垒，也即在处理案件时加强对他人隐私权的保护。[2] 当人们在公共场所活动时，他们可能期待在一定程度上匿名，随着脸部识别相机安装的数量越来越多，某些自由主义者反对的呼声也越来越强烈。对于政府机构在美国坦帕湾橄榄球超级杯大赛（Super Bowl）期间使用脸部识别技术的做法，绝大多数社会公众都表示出了反对的态度。此后，政府机构在坦帕湾州的夜生活区安装脸部识别技术相机的做法也引发了民众强烈的抗议，两年后，民众的抗议活动有效地终止了脸部识别技术在该城市的运用。

当监控技术面临在 Dow 一案中法官所确立的标准时，法官也许可以回应，个人的愤怒是毫无意义的。这一观点是美国联邦低级法院在其他情况下提出的，这就是，只要人们意识到陌生人能够运用技术来对付他们，那么政府机构运用技术就不能称之为宪法上的问题。[3] 正如在处理一个案件时明确表达出来的观点，真正的问题并不在于社

---

[1] United States v. Dionisio, 410 U. S. 1, 14 (1973).
[2] Lopez v. United States, 373 U. S. 427, 441 (1963).
[3] United States v. Garcia, 474 F. 3d 994 (7th Cir. 2007); United States v. Burton, 698 F. Supp. 2d 1303 (N. D. Fla. 2010).

会公众使用监控技术去做什么,而是在于随随便便的人都能轻松地使用监控技术去干某些事情。社会成员可以使用某些在线脸部识别技术的应用,例如极地玫瑰,当他们使用这些软件在大街小巷暗中拍摄他人的数码照片时,他们可以根据这些软件去识别某些陌生人的身份。为了使此种做法变得更加合理,谷歌公司正在设计一个应用程序,该程序可以根据他人的脸部照片来寻找他人的谷歌在线个人页面。因此,不论我们喜欢或不喜欢,在当前严格解读 Dow 一案所确立的标准的背景下,那些位于公共场所的人已经放弃了他们对脸部识别隐私的期待。

诚然,在此种机械地理解 Dow 一案所确立的标准的背景之下,但凡出现某些反对的声音都会激动人心。在 2010 年 8 月,在 United States v. Maynard 一案①中,美国华盛顿特区巡回法庭认定,尽管政府机构所持的观点是真实的,即手机公司可以轻而易举地根据手机信号塔所收到的用户信号来追踪嫌疑人,但是,在未经搜查令的许可之下,警察没有权利通过嫌疑人的手机记录去追踪他们。在 Maynard 一案中,巡回法庭回顾了美国联邦最高法院之前处理的涉及"合理期待"的案件,并总结道:"在考虑他人是否已经将自己的某件事情公之于众时,我们不应当去探究他人在物理上或者根据法律从事了何种行为,而是应当从理性人的角度去考虑这个问题,即一个理性人会在何时认为他人实施的行为是将某件事暴露于众的行为。"②而当美国华盛顿特区巡回法庭在面临联邦政府运行脸部识别技术而引发的纠纷时,它需要处理的问题在于,美国华盛顿特区的行人是否期待其他同道的游客通过脸部识别技术软件来识别他们的身份。在 Maynard 一案作出裁决的三周后,由于受到近几年来其他案件裁决的鼓舞,即侵入技术的发展要求重新重视公民的个人隐私领域,美国某个地方的州法院在处理与 Maynard 一案相似的案件时遵循了华盛顿特区巡回法庭在处理 Maynard 一案的做法。③ 尽管法官在处理 Maynard 一案时所确立

---

① United States v. Maynard, 615 F. 3d 544, 555–556 (D. C. Cir. 2010).
② Maynard, 615 F. 3d at 559 (emphasis added).
③ In reapplication of the United States of America for an Order Authorizing the Release of Historical Cell-Site Information [Hereinafter CSLI: NY], No. 10-MJ-0550 (JO), 2010 U. S. Dist. LEXIS 88781, at *12 (E. D. N. Y. Aug. 27, 2010).

的规则迄今为止只得到了少数人的认同,但是,它明显地、本能地反映出合理期待标准作为《第四修正案》权利的守护者在公共场所的重生。当前,脸部识别技术所面临的挑战将为 Maynard 一案所确立的规则进一步成为主流提供潜在动力。

2. 脸部识别技术的拉网式问题和其运行时类似于警察实施的"拦截并询问"的行为

脸部监控技术经常因其拉网式风格备受非议,因为当政府机构使用此项技术时,所有经过的行人的照片都会被捕捉,并且这些行人的身份也都会被识别。然而,脸部识别技术此种不加区别的特性使它难以和搜查行为区分开来。诚然,我们的法院并不能容忍警察采用拉网式的方法去收集刑事违法行为的证据[①],例如,移民巡逻队进行流动巡逻[②],政府执法人员在公路上设立搜查毒品的检查站[③],或者是医院对所有怀孕的病人进行药检[④],以上的这些行为都不会被法院允许。然而,值得我们引起注意的是,除非政府执法人员实施的某个行为涉及物理搜查公民人身或其隐秘财产的行为,否则,即便政府执法人员实施的调查行为是让人质疑的行为,法院也不会打击政府执法人员所实施的行为。正如 Professor Thomas Clancy 所言,这一规则的确立可能是由于美国联邦最高法院仍然尊重 18 世纪时法官对于签发通用搜查令的关注,因为正是此种关注才推动《第四修正案》的起草。由于当时可憎的英国人和在通用搜查令和逮捕令的授权之下,治安警察随意实施涉及物理侵入的殖民搜查行为和扣押行为。今时今日,只有当政府机构实施的全面监控行为阻碍了公民的行为或者是窥探公民在私人场所的一举一动时,法院才会认定此种监控行为无效。如果根据"拉网式"理论,那么脸部识别技术将不会得到法院的认同,因

[①] See Robert C. Power, Technology and the Fourth Amendment: a Proposed Formulation for Visual Searches, 80 J. Crim. L. & Criminology 1, n. 270 (1989). Mich. Dep't of State Police v. Sitz, 496 U. S. 444, 448 – 449 (1990).

[②] Almeida-Sanchez v. United States, 413 U. S. 266, 273 (1973); United States v. Ortiz, 422 U. S. 891, 896 – 897 (1975).

[③] City of Indianapolis v. Edmond, 531 U. S. 32, 41 (2000); Illinois v. Caballes, 543 U. S. 405, at 409 (2005).

[④] Ferguson v. City of Charleston, 532 U. S. 67, 79 – 81 (2001).

为当政府执法人员使用脸部识别技术鉴别公民的身份时，此种行为类似于对公民个人的扣押行为。

在某些方面，政府使用脸部识别技术类似于警察的实践行为，这也促使美国联邦最高法院认定政府执法人员使用此种技术的行为构成不合理的扣押行为，因为警察在没有针对性怀疑的情况下拦截某个行人的活动并且强迫该行人回答问题。① 在1979年的Brown v. Texas一案②中，警察在大街上拦截Brown，仅仅是因为：①该地区以非法贩卖药物出名；②警察不认识该男子；③Brown从另一个人的身旁离开。③ 由于Brown拒绝向警方透露他的名字，他就被警察拘捕了。美国联邦最高法院认定，警察实施的拘捕行为是不合理的，因为Brown受到警察漫无边际的执法裁量权的任意侵犯。然而，尽管美国联邦最高法院在处理时考虑了Brown的个人意愿，但是它并没有阐明它认定Brown受到侵犯的原因，究竟是因为警察强制Brown公开自己的身份的行为，还是因为警察拦截Brown的这一行为。如果是基于前一种原因，那么脸部识别技术将作为扣押行为的一种类别，因为它实质上强迫人公开自己的身份；如果是基于后面的原因，那么脸部识别技术将不会受到Brown一案所确立的规则的限制，因为当此项技术在运行时，它没有妨碍行人的一举一动。④

某些提倡在公共场所运行脸部识别技术的学者可能会利用United States v. Mendenhalll一案⑤和INS v. Delgadol一案⑥来说明自己的观点，即当在公共场所运行脸部识别技术系统时，脸部识别系统对某个路人实施的无怀疑的识别行为并不构成扣押行为，除非被识别的行人被物理性地停止了行动。在Mendenhalll一案中，美国缉毒局接近某

---

① Daniel J. Steinbock, National Identity Cards: Fourth and Fifth Amendment Issues, 56 Fla. L. Rev. 697, 715 (2004).
② Brown v. Texas, 443 U. S. 47 (1979).
③ See Margaret Raymond, Down on the Corner, Out in the Street: Considering the Character of the Neighborhood in Evaluating Reasonable Suspicion, 60 Ohio St. L. J. 99, 112 – 114 (1999).
④ Tracey Maclin, The Decline of the Right of Locomotion: the Fourth Amendment on the Streets, 75 Cornell L. Rev. 1258, 1269 (1990).
⑤ United States v. Mendenhall, 446 U. S. 544 (1980).
⑥ INS v. Delgado, 466 U. S. 210 (1984).

位符合"毒品快递员的外形"的航空旅客，并且要求她出示机票和身份证。而在 Delgadol 一案中，美国移民局的工作人员突然到某家工厂进行突击检查，一些工作人员守在工厂的出口，另外一些则到工人工作的场地查询工人移民的情况。上述两个案件中政府工作人员实施的行为都得到了法院的支持，法官所作的裁决意见认为，关键在于政府工作人员实施的行为不构成物理性拘留行为。正如 Stewart 大法官在 Mendenhalll 一案的裁决中所写的那样："我们坚持的观点是，只有当某个公民被物理性的力量控制或者受制于某种权威而使公民的自由活动受到限制时，我们才认为扣押行为发生了。"在 Delgadol 一案中，法官曾经声明："警察要求公民出示身份证的行为本身并不构成《第四修正案》所规定的扣押行为。"这一声明也刺激了以下结论的产生，这就是，当脸部识别技术系统运行时，它并没有将识别的主体扣押，此项技术可能并不符合美国联邦最高法院所确立的关于扣押行为的理论。美国联邦最高法院曾经推断，尽管美国缉毒局的工作人员接近某位航空旅客，但是旅客完全可以不理睬他们并且走开，同样，工厂的工人也可以无视美国移民局工作人员的存在并且继续干自己的工作。尽管它的这一设想遭到学者的嘲讽，因为它完全无视当公民面临警察时，两者权利强弱的对比，但是，这一设想也暗示着脸部识别技术的被动性确保了它对《第四修正案》的服从。

然而，如果我们从实用主义的角度来看待这一问题，即政府工作人员强制某个公民停止自己的活动并对他们进行问话而产生的问题，如果政府工作人员没有物理性地将某个公民拦截，那么他们将无法核查该公民的身份。不过，脸部识别技术的出现改变了这一点，公民自由主义者认为，真正引发 Brown 一案、Mendenhall 一案和 Delgado 一案的原因在于，人们担忧在决定是否向警察表明自己身份的这一问题时，自己完全没有选择的余地。根据 Stewart 大法官的观点，当任意某个公民向警察做某种陈述时，涉及的宪法问题在于，该公民是否是在自愿的、不受侵犯的情况下所做的陈述？只要提出问题的公民可以自由地忽视这一问题，那么也就不算是受到强迫的。在 Delgado 一案中，法官极力强调一个观点，即当公民在面对警察所提出的问题必须回答时，那么就可以认定警察的行为构成扣押行为。然而，大法官 Rehnquist 唯一能够想象出的符合上述观点的场景只出现在了 1984

年,遇到这样的情况是非常吓人的,当遇到警察的盘问时,一个理性人将会相信如果他没有回答警察的问题,那么他将不可以自由地离去。脸部识别技术的运行并不需要这样一个严峻的气氛,只要公民走到脸部识别相机的前面,该系统就自动进行匹配。脸部识别技术系统匹配的不仅是公民已经储存在脸部识别数据库里面的照片,还会匹配那些与他们的名字、居住地、福利状况、就业情况、社会保险号、纳税记录、犯罪记录、子女抚养程度等一切有关的数据。这一新的现实将促使法院处理好与 Brown 一案有关的问题,因为即便没有政府工作人员实施的物理性拦截行为,监控技术的运用也强迫公民向政府提交其个人信息。

3. 降低隐私期待理论和特殊需求理论

即便法官认定拉网式的脸部识别行为构成《第四修正案》规定的搜查行为和扣押行为,但是,如果对脸部识别技术程序的范围或区域进行更多的限制,该技术也可以在《第四修正案》的挑战中生存。根据"降低期待"原则和"特殊需求"理论,如果我们将脸部识别技术的数据库的照片控制在只储存一小类的具有高度嫌疑的人,并且只将此技术在某些高度敏感的场所使用,那么它将免受《第四修正案》的审查。[①]

几十年来,法院都认为,某些类型的人,大多数是学生和罪犯,在某些方面他们享有的隐私期待是减少了的。当政府执法人员搜查这些类型的人时,在判断他们的行为是否侵害了他们本就已经减少的隐私期待时,法官通常考虑了三个要素:①被搜查对象与国家的关系;②获得被搜查对象隐私所产生的国家利益;③是否通过非侵入性的方式获取信息。[②] 因此,学校可以测试某个学校运动员的尿液看其是否服用药物[③],因为学校起着监督管理学生的作用,若学校杰出的运动员使用药物,那么将影响学校的利益。另外,学校使用的测试方法是

[①] See Ric Simmons, Searching for Terrorists: Why Public Safety is not a Special Need, 59 Duke L. J. 843, 850 – 884 (2010).

[②] United States v. Knights, 534 U. S. 112, 119 – 120 (2001); Vernonia Sch. Dist. 47J v. Acton, 515 U. S. 646, 654 – 658 (1995).

[③] Acton, 515 U. S. at 654. See also Bd. of Educ. of Indep. Sch. Dist. No. 92 of Pottawatomie Cnty. v. Earls, 536 U. S. 822, 830 – 832 (2002).

当前存在的对学生侵犯最小的方法。根据类似的推理,犯重罪的罪犯对于其 DNA 样本所享有的隐私期待是较小的,同样,他们对自己的住所和汽车所享有的隐私期待也是较小的。① 相反,只有国家雇员对他们的身体仍旧享有合理的隐私期待,因此,不能对他们随意地进行尿液检测。②

本文认为,我们应该允许政府使用受到一定限制的脸部识别技术程序,如限制脸部识别技术系统的数据库只可以储存假释犯、逃亡犯、犯罪嫌疑人和离家出走的未成年人的照片,而至于此项技术还应当受到合理根据标准的管制则将在本文的第四部分进行讨论。国家与这些技术有着严格的监管关系,同时,公众的利益略微超过脸部识别监控拍摄快照时对公民造成的侵犯。③ 当然,如果运行脸部识别技术管理制度,那么仍然需要对每个路人进行拍照,但是,如果某个路人的脸部与脸部识别技术系统数据库里面的照片不相匹配的话,那么关于该路人的档案将会立即清除。此种侵入路人隐私的方式将与普通的视频监控系统的功能相同,因为无辜的路人仍然是完全匿名的。然而,这里还存在另外一个令人苦恼的问题,这就是,根据"降低期待"理论,那些已经服刑完的罪犯的照片是否仍然可以纳入脸部识别技术系统的数据库?一方面,基于拜占庭式社会对于释放性侵犯者的要求,法院很可能认定,性侵犯者对于其自身位置享有的隐私期待是非常低的,政府机构可以将性侵犯者的照片纳入脸部识别技术的照片库中。另一方面,如果是其他普通的罪犯,那么他们对自身位置所享有的隐私期待可能将与普通人无异。如果社会公众对于自身脸部的匿名性享有合理的期待,那么罪犯在假释后也应该享有与普通人相同的隐私期待。④

---

① See Banks v. United States, 490 F. 3d 1178, 1193 (10th Cir. 2007); Johnson v. Quander, 440 F. 3d 489, 491 (D. C. Cir. 2006); United States v. Weikert, 504 F. 3d 1, 2 – 3 (1st Cir. 2007).
② See Am. Fed'n of Teachers W. V., AFL-CIO v. Kanawha Cnty. Bd. of Educ., 592 F. Supp. 2d 883, 886 (S. D. W. V. 2009); Capua v. City of Plainfield, 643 F. Supp. 1507, 1511 (D. N. J. 1986).
③ See Griffin v. Wisconsin, 483 U. S. 868, 870 – 873 (1987).
④ Mark A. Rothstein & Sandra Carnahan, Legal and Policy Issues in Expanding the Scope of Law Enforcement DNA Data Banks, 67 Brook. L. Rev. 127, 168 – 169 (2001).

政府还可以将脸部识别技术限制用于那些容易受到恐怖主义袭击的高度脆弱的建筑物上，根据特殊需求理论来避免《第四修正案》的审查。特殊需求理论是指，允许政府执法人员在除了收集犯罪证据之外的其他目的而实施搜查行为。[1] 例如，2005 年在美国纽约南区的地铁上，法官批准了警察对乘客随机进行搜身，因为警察主要是为了阻止爆炸行为的发生而不是实施刑事调查行为。[2] 同样，脸部识别技术对于某些易受攻击的场所应当是合法的，一旦逃犯或者是恐怖主义嫌疑人进入某个场所必须立即将他们逮捕。与此相一致的是，美国国防部高级研究计划局（DARPA）曾经提出建议，人类识别技术将集中在"大设施"上，该技术的主要目标是拦截攻击者。诚然，政府在防止恐怖主义的利益已经超过了搜查行为具有的任何证据收集功能，场所必定成为恐怖主义的目标。某些学者已经指出，由于当前缺乏关于恐怖主义计划的可靠情报，任何的公共场所都可以说是一个"脆弱"的地方。美国坦帕湾州对脸部识别技术的热情也充分暴露了该技术滑坡的问题。自从联邦政府在 2001 年美国橄榄球超级杯大赛（Super Bowl）使用脸部识别技术取得成功以来，联邦政府脸部识别技术的范围扩大到城市里的大街小巷。除非法院要求出示某个地方比起其他的地方更容易遭受攻击的证据，否则特殊需求理论将会成为吞并规则的一个例外。[3]

（二）脸部识别技术的参照对比行为是否会构成不合理的搜查行为

即便简单的脸部识别行为从来不会涉及《第四修正案》，但是，随着时间的推移，这里存在一个完全有可能出现的情形，即《第四修正案》将限制美国联邦政府储存脸部识别技术的数据和限制该技

---

[1] See Roberto Iraola, DNA Dragnets-a Constitutional Catch?, 54 Drake L. Rev. 15, 24 – 25 (2005) (citing City of Indianapolis v. Edmond, 531 U. S. 32, 37 (2000) (quoting New Jersey v. T. L. O. , 469 U. S. 325, 351 (1985))).

[2] MacWade v. Kelly, No. 05 Civ. 6921 (RMB) (FM), 2005 U. S. Dist. Lexis 31281 (S. D. N. Y. Dec. 2, 2005).

[3] Blake Covington Norvell, The Constitution and the NSA Warrantless Wiretapping Program: a Fourth Amendment Violation?, 11 Yale J. L. & Tech. 228, 243 – 248 (2008—2009).

术参照照片识别身份的做法。除了本文第二部分的第（二）小节所阐述的参照照片识别身份的做法，长期的分类识别行为还可以帮助警察学习被捕人员之间的联系、识别和定位过去的罪行的目击者[1]及确认嫌疑人的不在场证明。此种做法将使我们的位置不仅只在某个时间点公开而是在无限的期限内都公开，它的作用将远远超过本文的第三部分所阐述的单独使用识别技术的作用。

1. 长期的位置追踪导致新分歧的出现

当前，美国联邦地方法院和美国联邦巡回法院都在面临着一个相似的问题，这就是，警察是否可以通过 GPS 定位仪和嫌疑人的电话记录来追踪嫌疑人。某些法院在处理相关案件时认定，因为公民对自己实施的单独的行为不享有隐私期待，所以他对自己实施的全部的行为也都不享有隐私权，警察就可以持续追踪嫌疑人的位置。[2] 这一观点的基础来源于美国联邦最高法院在处理 United States v. Knotts 一案时所持的意见，在该案中，警察将卫星追踪蜂鸣器放入盛有甲醛溶液的容器里，然后根据蜂鸣器的移动轨迹追踪到了嫌疑人所属的一所偏远的小木屋。美国联邦最高法院认为，从功能上看，警察跟随蜂鸣器轨迹的行为就如同在公共大街上跟踪汽车的行为，此时，驾驶汽车的人对于他们的移动轨迹并不享有隐私期待。后来，许多法院扩大了美国联邦最高法院在处理 Knotts 一案时所确立的规则，它们认为，当嫌疑人位于公共场所时，法院将允许政府执法人员安装设备追踪某个嫌疑人或某个物体的移动轨迹。[3] 此种做法无疑为警察在未经搜查令授权的情况下追踪嫌疑人的汽车和电话记录的行为铺平道路。在这些法院看来，脸部识别技术储存和参照照片识别身份的行为将不会违反公民享有的隐私期待。

然而，某些其他的法院却持有相反的观点，它们认为，即便公民对于其位于公共场所的单个的活动不享有隐私权，但是，如果将这些

---

[1] Michael Palmiotto, Criminal Investigation 108 (2004).
[2] United States v. Garcia, 474 F. 3d 994, 997 (7th Cir. 2007); United States v. Burton, 698 F. Supp. 2d 1303, 1307 – 1308 (N. D. Fla. 2010); CSLI: 3d Cir. , 620 F. 3d 304, 312 – 13 (3d Cir. 2010); United States v. Sparks, No. 10-10067-WGY, 2010 U. S. Dist. LEXIS 120257, at * 18 (D. Mass Nov. 10, 2010).
[3] CSLI: Austin, 727 F. Supp. 2d 571, 577 (W. D. Tex. 2010).

活动合计，那么该公民理所当然地享有其在公共场所实施的所有活动的合理隐私期待。① 正如笔者在本文第三部分的第一小节所论述的那样，在 Maynard 一案②中，美国联邦华盛顿特区巡回法院认定，因为 GPS 系统能够全天 24 小时监控汽车驾驶者，所以，在政府执法人员未经搜查令授权的情况下，汽车驾驶者享有自己不被全天追踪的合理期待。根据这一观点，如果行为人对他人多日的活动进行记录，那么将会产生他人个人生活的亲密写照，并同时将揭露他人的"政治、宗教、友情、爱情"关系。此外，联邦政府机构可以在没有合理根据的情况下记录一个人的行踪轨迹，这将会使许多美国民众感到非常恐惧，因此，在 Maynard 一案中，法院最终认定，如果政府执法人员要长期追踪公民的行踪，那么搜查证是必须具备的。上述这一推理也得到了法官在某些案例所作的裁决的支持，在这些案件中，法官认定，当政府执法人员需要根据某个公民的手机追踪其位置时，政府执法人员必须向法院出示合理根据。③ 即便法院允许此种监控行为的发生，但是，它也暗示着，如果此项监控技术是在无怀疑的基础上大量使用，那么此项技术也将受到《第四修正案》的审查。

2. 社会公众享有对自身位置的隐私期待

长期的脸部识别技术监控所面临的一个挑战是，此项技术必须要探究关于个人位置隐私的社会规则，此外，这里存在足够的证据表明，美国民众并不期待也不愿意让脸部识别技术长期地收集有关他们个人的丰富信息。2003 年，在了解到美国国防部高级研究计划局所开发的恐怖主义情报预警系统（TIA）之后，美国国会在没有赞成票的情况下通过一项决议，禁止联邦政府对居住在美国的公民使用 TIA 程序。某些学者声称，公民对于参与公共事件的强烈兴趣显示了他们无惧被系统记录的政治或社会同情心，而政府对于政治抗议活动的监控将不可避免地吸引流言蜚语。当美国国防部运行"TALON"收集

---

① United States v. Maynard, 615 F. 3d 544, 555 – 557 (D. C. Cir. 2010); CSLI: NY, No. 10-MJ-0550 (JO), 2010 U. S. Dist. LEXIS 88781, at ∗12 (E. D. N. Y. Aug. 27, 2010).

② Maynard, 615 F. 3d at 555 – 557.

③ In Reapplication for Pen Register and Trap/Trace Device with Cell Site Location Authority, 396 F. Supp. 2d 747, 756 – 757 (S. D. Tex. 2005); CSLI: Pittsburgh, 534 F. Supp. 2d at 611, vacated, CSLI: 3d Cir., 620 F. 3d at 319; CSLI: NY, 736 F. Supp. 2d at 582.

参加反军事集会参加者的信息时,新闻媒体在报道此事件时几乎全部都是充满敌意的,某些国会议员也呼吁召开公众听证会讨论关于 TALON 的这一问题。当美国公民自由联盟起诉政府要求加快制定美国信息自由法时①,它要求公开 TALON 的档案,美国联邦地方法院批准了公民自由联盟的这一请求,法院认定,社会公众对于了解这一信息有着"急切的需求",如果延误公开这一信息,那么我们将可能合理地预见到,此种做法将对某些公认的利益造成重大的不利后果。

一方面,最近由苹果公司引发的某些争议正好阐明了公众对于个人定位数据收集的厌恶。2011 年 4 月,安全研究人员发现,苹果平板电脑和苹果手机存在的隐藏的代码,它们能够储存设备上与时间相对应的精确的地理位置。② 随之而来一大波的负面新闻促使苹果公司采取了各种各样的防御系统,其中包括作出以下声明:①发送给苹果公司的地理信息将不会像储存在用户手机当中的信息那样精确;②数据是匿名的,不与特定的用户相关;③某些软件的定位跟踪是由系统漏洞造成的;④将来,诸如此类的位置信息将不会储存超过 7 天时间。③ 由于苹果公司上述的声明让美国国会议员感到为难,国会议员让苹果公司的高管们在这一问题上宣誓作证,以表明苹果公司对选民享有的位置隐私的重视。

另一方面,公众对恐怖主义的担忧可能使美国民众意识到,长期享有位置隐私将威胁到自身的安全,位置隐私可能不是值得保护的利益。Richard Sobel 教授发现,在"9·11"恐怖袭击发生之前,仅有一小部分的美国人支持办理强制性的国家身份证,然而,在恐怖袭击发生之后,有 70% 的美国人赞成应当办理国家身份证。④ 同样,Jeff Breinholt,一位坚定的人类识别监控技术的拥护者,他指出,这里存

---

① See ACLU v. Dep't of Def., No: C 06 - 01698 WHA, 2006 U. S. Dist. LEXIS 36888, at *4 - *8 (N. D. Cal. May 25, 2006).
② David Sarno, IPhone and iPad can track location of users; Researchers find a file in the Apple devices that can contain a detailed history over months or even years, L. A. Times, Apr. 21, 2011, at Bl.
③ Peter Pachal, Apple Speaks Out on iPhone Tracking, Promises to Encrypt Location Data, PC Magazine, Apr. 27, 2011.
④ Richard Sobel, The Demeaning of Identity and Personhood in National Identification Systems, 15 Harv. J. Law & Tech. 319, 334 - 335 (2002).

在两种类型机场全身扫描仪,一种扫描仪是将人体可视化为一个轮廓不清的物体,而另一种则是呈现出一个精确的裸体图像。尽管这两种类型的扫描仪在探测武器时都一样有效,但是,某些调查显示,大部分的公众都更偏向于将呈现精确的"裸体"图像的机器安装在机场。Breinholt 认为,尽管看起来美国人非常重视个人隐私和人格尊严,但是相比之下,他们更关注安全感。当然,这也可能是,一旦人们接触到新的侵犯隐私的方式,他们就会迅速调整自身对于人格尊严的定义,以此方式来适应外界的侵犯。

然而,美国联邦政府的原始材料显示,美国的政府律师可能将个人数据收集行为(特别是收集个人位置数据的行为)看作《第四修正案》妥协的权利。据《纽约时报》报道,根据美国国防部的指导方针,如果反军事示威者没有对安全造成威胁,那么就应当在三个月之内删除与他们有关的信息。此外,在美国国防部所作的关于恐怖主义情报预警系统(TIA)的报告当中,美国国防部非常坦率地直面人类识别工具和其他工具对《美国联邦宪法》所造成的威胁,它认为最重要的隐私问题是:"TIA 有权使用个人的全部身份信息。即便个别项目的数据信息并不是特别敏感,但是,TIA 有权使用收集的特定人的大量个人信息,这就为无根据地侵入他人私人事务创造了机会。"

美国国防部高级研究计划局心知肚明地承认,如果人类识别程序的运用造成监控录像需要长时间地被保留和分析,那么联邦政府在《第四修正案》的地位将明显减弱。这些信息来源可以促使美国联邦法院不再遵循 Maynard 一案所确立的规则,同时也将禁止脸部识别技术进行不正当的数据收集行为,即得出关于某个主体日常生活"亲密写照"的信息收集行为。①

四、构建脸部照片数据库受到宪法和法律的制约

为了运行脸部识别技术,国家需要预先标记公民的照片,同时,收集这些照片的行为将涉及联邦的法律,比如《第四修正案》。政府已经对以下四类来源的脸部照片享有专有控制权,即被逮捕者面部照

---

① United States v. Maynard, 615 F. 3d 544, 562 (D. C. Cir. 2010).

片、护照照片、驾驶证照片和在边境入境的非公民的照片。① 政府机构可以利用这些资源来推动脸部识别技术在法律允许的最大范围内的运行。

(一) 来自于法律的制约: 一个简单的解决方案

通常来说，政府都可以自由地合法收集关于他们公民的信息，因此美国联邦政府收集嫌疑人的照片和司机驾驶证照片的行为并无不当。然而，1974年出台的美国隐私法限制美国联邦政府实施建立在公民照片之上的行为。隐私法规定，除了下列两类情形之外，应当禁止联邦政府机构之间互相共享公民的个人隐私信息，这两类例外情形包括：①政府机构披露公民隐私信息的目的与收集该信息的目的一致（"常规使用"除外）；②政府机构披露信息的行为服务于某个经授权的执法活动。以照片为基础的美国联邦护照和边境入境照片可能都恰好符合上述的两类例外情形，这两类照片不存在"常规使用"的情形，是因为这些照片的初衷就是为了更好地管理边境口岸，而不是用来追踪位于美国境内的公民。考虑到执法活动的例外情形，联邦政府可能会认为安装脸部识别技术照片数据库的行为构成普通的执法行为，不过，当政府执法人员实施特殊执法活动时，法院几乎肯定会要求，这里应当存在例外适用的联系。② 现存大量的用来支撑脸部识别技术运行的照片都与特定的刑事调查活动毫无关系，这将会违反隐私法。

也许这些限制并不会阻碍联邦脸部识别技术的发展，美国联邦调查局目前正在填充一个大规模的数据库，该数据库包括那些曾经被美国州政府或联邦政府工作人员逮捕的人的信息，包括那些人被逮捕时的脸部照片。然而，如果美国联邦调查局或其他政府机构寻求获得更广泛类别的照片，尤其是大多数是来源于社交网站如脸书的照片时，它们的此种做法同样也不会阻碍联邦识别技术的发展吗？1986年美

---

① Dep't of Justice v. Reporters Comm. for Freedom of the Press, 489 U.S. 749, 751 – 52 (1989); Ayelet Shachar, The Shifting Border of Immigration Regulation, 30 Mich. J. Int'l L. 809, 819 – 820 (2009).

② See Berger v. IRS, 487 F. Supp. 2d 482 (D. N.J. 2007).

国的存储通讯法本来有望成为保护这些数据免受联邦政府的窥探的有力武器，但是这一法律存在明显的漏洞。有关存储通讯法的官方评论称，当某个通讯信息存储了 180 天以后，联邦政府机构只需要出示行政传票便可以从电信运营商获得该信息。当存储通讯法正在撰写时，该法律所规定的是要求政府机构出示传票证明"具体的和可阐述清楚的事实"的存在，并且证明他们所寻找的材料与正在进行的刑事调查活动有关。

通过创造一种新形式的行政传票——国家安全信（NSL），美国爱国者法案进一步削弱了对存储通信的保护。通过向电话公司或网络服务提供者发送国家安全信，政府机构可以获得大量的客户信息，并且无须具备"具体的和可阐述清楚的事实"的要件，政府机构只需要证明他们想要获得的信息可能与恐怖主义调查有关。[1]"可能"与恐怖主义有关的警告允许网络服务提供者的用户数据在没有独立怀疑的情况下被政府收集，并且只有在政府机构善意地相信收集行为符合反恐目标时，政府机构才能实施收集信息的行为。因为国家安全信通常包含禁止收件人公开信件的条款，所以联邦政府所收集到的关于交流程度的信息是难以量化的。然而，坊间报告称，即便没有行政传票，某些主要的电信公司也已经向政府提供了大量的顾客文件。脸书网站每天都会收到 10～20 封非国家安全信的来自于政府机构的要求，这里还可能存在更多数量的国家安全信是该公司不能公开的。于是，法规的限制显然不能停滞联邦政府建立照片库的脚步，甚至是那些从来没有被指控为犯罪的人的照片也将被纳入照片库。

（二）来自于《第四修正案》的制约：一个改革的区域

在未经授权的情形下收集公民社交网络的照片的行为暴露了《第四修正案》另一个可能会破裂的断层线。在大多数人看来，当互联网用户将其个人信息与网络服务提供者共享时，这一共享的信息就不再是私密信息，同时政府披露该信息的行为也不再构成搜查行为。

---

[1] Susan N. Herman, The USA Patriot Act and the Submajoritarian Fourth Amendment, 41 Harv. C. R. - C. L. L. Rev. 67, 87 (2006).

这一理论可以追溯到 Smith v. Maryland 一案①,在该案中,基于嫌疑人已经知道他与电话公司共享了这些电话号码的理论,法院允许警察收集嫌疑人在自己的家中拨打出去的电话号码记录。Smith 一案的裁决逻辑已经从电话号码的世界中来到了宽阔的数字互联网世界中。今时今日,许多法院都会认为脸书上照片并不在《第四修正案》的保护范围之内,即便在脸书上张贴照片的用户已经设定只允许好友查看的隐私设置,他们也已经将自己的照片与脸书进行共享,他们对这些照片所享有的宪法上的隐私期待已经消失殆尽。

然而,这里还存在某些少数人的观点,这就是,他们认为,在数字世界里我们应当返还某些隐私期待给个人。就像那些小型的反对警察未经授权就对嫌疑人进行电子追踪的司法敌对活动,某些法院在制定一个全新的强大的网络用户平均享有的合理隐私期待标准。多年来,学者都认为,在互联网交往的背景之下,第三方当事人披露原则已经"变得缺乏逻辑或丧失实践意义",此外,最近的某些意见也反映出这一原则之所以缺乏逻辑是因为它本身存在漏洞。根据美国联邦第九巡回上诉法院在处理 United States v. Heckenkamp 一案②时所作出的裁决,在该案中,法院认定,即便某位大学生将其个人文件放置于校园的内网上,即便大学里的政策允许网络管理员查看这些文件,该学生也仍然享有对其电脑文件的合理隐私期待。美国联邦第六巡回上诉法院在处理 United States v. Warshak 一案③时,对 Heckenkamp 一案所作的裁决进行了延伸,在 Warshak 一案中,法院驳回了联邦政府对网络服务提供者出示的要求寻找用户电子邮件记录的传票。尽管美国电子存储通信法并没有要求政府出示传票时必须提供合理根据,但是,法院对 Warshak 一案所作的裁决告诫众人,如果网络服务提供者的用户对某一事物仍然享有合理的隐私期待,那么《第四修正案》仍然要求政府只有在可提供合理根据的前提下才能签发传票。法院认定,比起在 Smith 一案中嫌疑人拨打的电话号码,Warshak 一案中的电子邮件更像是在 Katz 一案中受保护的通话内容。不可否认的是,

---

① Smith v. Maryland, 442 U. S. 735, 744 (1979).
② United States v. Heckenkamp, 482 F. 3d 1142, 1147 (9th Cir. 2007).
③ United States v. Warshak, 490 F. 3d 455, 460, 475 –476 (6th Cir. 2006).

用户肯定知道网络服务提供者可以对他的邮件进行技术窥探,但是,法院发现,用户期待他们的网络服务提供者能够尊重基本的社会界限。尽管用户的这一设想可能是错位的,但是,他们期待网络用户提供者能够以保密的信念建立起一个保护在线交流的虚拟围栏,致使国家的侵入行为将被视为搜查行为。

Orin Kerr 教授认为,《第四修正案》至多保护那些已经保密的远离网络供应商的在线信息,即在一个狭窄范围内的交流,主要限于电子邮件和文件的内容。[①] 因为当用户在社交网站上张贴照片时,他们的照片是直接发到网络供应商公司的电脑服务器中,这些照片并不像具有虚拟"信封"的电子邮件,所以 Kerr 教授认为此种文件不具有私密性。然而,Warshak 一案的裁决将先例解释得更为广泛并最终得出了总结:当用户在社交网站上张贴照片时,只有他们有意地对可以看到照片的观众进行限制时,他们才能获得《第四修正案》的保护。上述的判断标准与先前的 United States v. Maxwell 一案的裁决相一致,在 Maxwell 一案[②]中,军事法官裁定,在线交流的私密状态取决于此种交流是否传播到了任意的公众中,比如说在某个聊天室里交流,或者与经过筛选的收件人进行邮件往来。用户在社交网站上发帖时,隐藏在隐私背景之下的订阅者也应当遵循 Warshak 一案和 Maxwell 一案所确立的规则。Warshak 一案的推理已经被其他法学家急切地扩展到用来保护手机位置记录和不同于电话号码的那些进入电话的数字。当用户与电信公司共享数据可能成为主流观点时,如果政府试图收集公民社交网站上的照片,那么这一新生的法律主张用户享有保密期待。正如其他由脸部识别技术暴露出来的法律断层线,此种收集照片的行为将会对美国社会发出警报,我们的公共生活究竟是如何脆弱才会遭受任意的监控!这也是另一个为什么国家使用以人脸为基础的监控技术的原因,因此此种做法可以激发人们发现《第四修正案》新原则的热情。

[①] Orin S. Kerr, Internet Surveillance Law After the USA Patriot Act: the Big Brother that isn't, 97 Nw. U. L. Rev. 607, 628 (2003).

[②] United States v. Maxwell, 45 M. J. 406, 418–419 (C. A. A. F. 1996).

五、脸部识别算法系统：对合理根据标准的挑战

当他人受到脸部识别技术系统的识别时，此种行为是否构成了搜查行为或扣押行为的合理根据？这一问题的答案将最终确定脸部识别技术的运用是否将考验《第四修正案》的意义。正如在本文第二部分中所述，根据算法运行的不同、分析的面部特征数量不同、光照条件的不同及监控视频持续时间的不同，脸部识别技术产生的错误率也将会有很大的不同。2002年，美国国家标准与技术研究所认定，表现最佳的脸部识别技术软件的错误率只有1%，不过它的低错误率仅限于该软件在室内运行时，若是在室外运行该软件则并非如此。相比之下，在2003年美国波士顿洛根机场进行的脸部识别技术实验中，该系统在识别身份时产生的错误率却超过了19%。当前，脸部识别技术的算法是基于监控录像的内容进行匹配的，该系统的错误率估计达到40%，它犯的错误通常是识别错误或无法识别。当前，即便是最精确的脸部识别程序，随着时间的推移，该程序的错误率也会不断上升，因为那些储存在脸部识别系统里用来识别他人的照片会变旧，照片是静止的，而人类的逐渐衰老会导致模样的变化。由于脸部识别系统的错误判断必然将导致无辜的平民遭受警察毫无根据的审查，法院和政府机构都必须明确《第四修正案》对于脸部识别技术系统精确性的要求。

（一）可容忍的错误率与公平的可能性测试

在 Illinois v. Gates 一案[①]中，法官明确了"合理根据"是指总体情况的标准，当法官在确定是否签发授权令时，他们必须确定警方所获得的信息是否客观地构成实施搜查行为或扣押行为的证据。政府执法人员通常依靠不同来源的情报查办案件，但是脸部识别技术是属于独立于警察判断之外的特殊的一类信息来源。这一类的特殊信息通常来源于专家测试、缉毒犬，或者某种程度上来自于告密者提供的信息。对于《第四修正案》来说，这些信息来源仍然存在问题，因为它们促使警察在有限机会里独立地评估实施搜查行为和扣押行为的合

---

① Illinois v. Gates, 462 U. S. 213 (1983).

理标准。所以，在这些情况下，法院将信息来源的可靠性作为《第四修正案》承诺的试金石。涉及告密者的案件是富有教育意义的。在 Illinois v. Gates 一案中，某位告密者提供了丰富的信息，基于这些信息，法院允许政府执法人员实施搜查行为和扣押行为，绝大多数的美国联邦法院都认可法院的这一处理方法。在 Illinois v. Gates 一案中，绝大多数的意见都认定，既然警方已经声明告密者的信息来源是可信的，那么这就足以认定警察具有实施搜查行为的合理根据。如果一种算法就如同一位告密者，如果要用脸部识别技术识别路过的行人并从中寻找通缉犯，从而使警察有权制止行人并且查验他们的身份证，或有权带他们到警察局录指纹，那么就应当从该技术过去标记的准确性中得到支持。然而，我们能够容忍的错误率有多少？

长期以来，美国联邦最高法院都认为，合理根据并不同于优势证据标准，脸部识别技术的爱好者也持有一个强烈的观点，这就是，只要脸部识别技术算法在大多数时间里保持其正确性，那么就足以构成让警察实施搜查行为或扣押行为的合理标准。为了支持这一立场，在大多数的案件中，即便缉毒犬的错误率很高（在某些极端的情况下，缉毒犬的错误率可能达到50%），但是法院也允许政府执法人员用缉毒犬去引发搜查公民私人财产的行为。法院对于现场清醒度测试的态度同样也是宽容的。某些学者指出，在垂直和水平凝视眼震测试中（又分别称为"垂直凝视眼球震颤测试"和"水平凝视眼球震颤测试"），即便此项测试是由经过特殊训练的交警在交通路检时执行，它也有可能达到23%的错误率，即错误地将清醒正常的人误判为药物中毒。① 然而，当此项试验失败时，只有一个法院裁定此种错误率将排除警方扣押嫌疑人。因此，判例法表明，即便政府机构没有买进当前最佳的脸部识别技术系统，政府的行为也可以满足合理根据标准。

（二）提高脸部识别技术标准

然而，这里还存在一个要求脸部识别技术的精确性应该比缉毒犬和现场清醒测试的精确性更高的理由，并且这个理由足以令人信服，

---

① See United States v. Horn, 185 F. Supp. 2d 530, 537 (D. Md. 2002).

这就是,《第四修正案》允许警察使用缉毒犬协助侦查和进行清醒测试的前提是,他们的行为已经被证实是合法的。换言之,如果嫌疑人的行动还没有被政府执法人员合法地制止的话,那么政府执法人员不能对嫌疑人实施任何形式的入侵,也即不能对嫌疑人实施任何一种测试。相反,脸部识别技术监控使每个人的脸部都需要遭受身份鉴定协议算法的识别。即便国家脸部识别技术的数据库受到仅有逃犯的照片的限制,脸部识别监控系统也必须监控没有个人怀疑的所有路人。让我们试着想象一下,参照缉毒犬和清醒测试的错误率来说,有着高达5%错误率的脸部识别技术程序无疑被认为是优秀的,然而,如果该程序可以在每天识别成千上万的人的身份,那么许多被识别身份的无辜的路人将要遭受政府执法人员实施的搜查行为或者扣留行为的侵扰。

  作为一直保护公民人身安全的权利的《第四修正案》会容忍如此大范围的错误吗? 在 Michigan Department of State Police v. Sitz 一案①中,美国联邦最高法院确实允许了联邦政府在公路上设立清醒度测试点来测试驾驶者是否醉酒驾驶。美国联邦最高法院认定,减少公路死亡率的国家利益远远超过驾驶者个人一时被要求停止和测试所带来的不方便。在 Sitz 一案中,警察面临着嫌疑人是无辜的和判断错误的风险,政府可以表明此种情况类似于允许全面实施脸部识别技术监控的情况。② 在 Sitz 一案中,促使法官作出最终裁决的关键在于酒后驾车问题的严峻性,美国联邦最高法院的法官发现,在美国,每年死于酒后驾车的人数超过 25 000 人。在基于脸部照片的监控技术能够与相当程度的社会公害进行对抗之前,合理根据标准不应该允许政府执法人员使用易于出错的技术,因为这会让每个公民的出行都有遭遇警察的潜在风险。

  也许在合理根据标准的背景之下,法院能够用来评判脸部识别技术的警察使用的工具就是指纹图谱分析技术。基于 2002 年的数据,

---

① Sitz, 496 U. S. at 455.
② Illinois v. Lidster, 540 U. S. 419 (2004) (No. 02 – 1060); Penn. Bd. of Probation and Parole v. Scott, 524 U. S. 357 (1998) (No. 97 – 581); City of Indianapolis v. Palmer, 531 U. S. 32 (2000) (No. 99 – 1030).

在某种程度上,大约78%的美国男性和54%的美国女性在他们的日常生活中都被政府机构采集了指纹。此外,在过去的20年里,美国联邦政府机构和州政府机构都已在很大的程度上将它们的指纹档案数字化。① 因此,当警察需要根据某位不明身份的人留下的指纹来识别他/她的身份时,他们须过滤成千上万的无辜平民的指纹才可能寻找到相匹配的指纹。② 指纹匹配的过程与脸部识别技术系统识别匿名者身份的过程类似,当政府执法人员运行脸部识别技术系统时,脸部识别技术系统也需要根据一组未标记的脸部特征,在无数的已经识别的档案里寻找相匹配的照片。因为数字指纹识别软件的错误率预估较低(大约仅有2%)③,所以政府执法人员并不会因指纹识别算法所产生的错误去错误拘留无辜的平民。④ 当脸部识别技术在社会范围内使用时,只有当该技术达到指纹识别技术的标准时,脸部识别技术才能经得起合理根据标准的审查。

六、结语

当前,数字监控技术正处在日新月异的变革中,因此,当法官在处理某些涉及脸部识别技术的案件时,他们根据《第四修正案》所作出的裁决也出现了各种各样的情形。当前,调整搜查行为和扣押行为的法律走上了错误的发展方向,某些问题也逐渐暴露出来:如,当人们位于公共场合时,他们是否享有自己的身份不被人知晓的合理期待?即便政府执法人员没有阻碍公民的活动,但是通过使用尖端的技术对公民进行监控,政府执法人员的此种行为是否已经构成实质上的扣押行为?以及,是否只要人们将自己的信息披露给网络服务提供

---

① See Andrea Adelson, Technology: Faster, More Accurate Fingerprint Matching, N. Y. Times, Oct. 11, 1992, § 3, at 9; Gary Fields, FBI Digitizes Fingerprint System Today, USA Today, Aug. 10, 1999, at 1A; Hiawatha Bray, Latest in High Tech Helps Police Keep Ahead of Criminals, The Boston Globe, July 10, 2006, at D1.
② Michael Cherry & Edward Imwinkelried, How Can We Improve the Reliability of Fingerprint Identification, 31 Champion 36, 37 – 38 (2007).
③ Michael Cherry & Edward Imwinkelried, Forensics: a Cautionary Note About Fingerprint Analysis and Reliance on Digital Technology, 30 Champion 27, 28 (2006).
④ Simon A. Cole, More Than Zero: Accounting for Error in Latent Fingerprint Detection, 95 J. Crim. L. & Criminology 985, 1001 – 1016 (2005).

者,人们就不再享有对其信息的隐私期待?在数字时代的背景之下,只要政府使用脸部识别监控技术,那么就必然面临上述的问题,因此,这一新技术不但将迎来宪法上的挑战,而且它同时也将成为《第四修正案》的先驱。当法院在处理涉及脸部识别技术的案件时,法官所作出的不同裁决将导致两类结果的产生,即要么作出保障人民享有的权利的裁决;要么将承认,只要人们不是处在自己的家中,那么他们根据《第四修正案》所获得的保护就会变得微乎其微。

飞行员和航空旅客的空中场所隐私权

特雷弗·罗[①]著 谢晓君[②]译

目 次

一、导论
二、历史背景
三、值得保护的飞行员和航空旅客的空中场所隐私权
四、立法保护的必要性
五、结语

一、导论

想象一下这样一个世界——无论你去哪里，回家、去工作、去接送你的孩子、去探望朋友或者去购物，你都会被记录，并且该记录会被保存在电脑数据库中。该数据库也会保存你离开的时间、到达的时间、行走的路线，以及如果你还在路上的话，它也会有你目前具体的位置。这是十分令人恐惧的。学者把对这种信息的保护称之为"定位隐私"保护。[③] 行为人可以通过手机、全球定位系统、汽车收费应答器甚至是他人在社交网络上的行为而获取他人的行踪信息。幸运的是，这些行踪数据一般由宪法、制定法，或者个人的选择所保护，从

[①] 特雷弗·罗（Trevor Roe），美国西南大学法学院法学博士，俄亥俄州立大学理学士。
[②] 谢晓君，中山大学法学院助教。
[③] Andrew J. Blumberg & Peter Eckersley, On Locational Privacy, and How to Avoid Losing it Forever, Electronic Frontier Foundation（Aug. 3, 2009），http：//www.eff.org/wp/locational-privacy.

而防止普通社会公众获取他人的行踪数据。①

虽然在一种情形下，他人的行踪数据会在互联网上公开，并且全世界的人都可以看到。② 出于私人或者商务的需要，每天都会有通用航空飞机的飞行员和航空旅客驾驶、乘坐飞机。通用航空包括定期航空业务之外的大多数种类的飞行活动，为乘客提供了在全国范围内快速地、有效率地出行的机会。③ 然而，社会公众只要提供一个飞机注册码，那么即便在互联网上找不到该飞机全部飞行行踪数据的话，他们也可以找到其大多数的飞行行踪数据，包括目前的位置。有时，人们可以查看到飞机20多年前的行踪历史。为了保护这些数据，美国联邦航空管理局（the Federal Aviation Administration）与美国公务航空协会（the National Business Aviation Association）合作，一起制定"申请屏蔽飞机注册码"（the block aircraft registration request，BARR）计划。不管之前的计划如何规定，但是在2011年中期，美国联邦航空管理局决定取消 BARR 计划，并且在互联网上公开大多数飞机的行踪数据。

如今，虽然根据国会的拨款法案，BARR 计划已经重新得到实施，但是它的作用只是暂时的。④ 目前该计划只能保证，在2012年9月30日之前，飞机所有权人或经营者可以申请屏蔽飞行行踪数据。⑤ 因为行踪数据本身并没有披露飞行员或者航空旅客的姓名或者其他可识别的私人信息，所以目前的隐私权法不保护飞行行踪数据。⑥ 即便行为人通过其他搜索行为就可以很容易地披露他人的私人信息，并且把这些信息和飞行行踪数据结合起来，他就可以披露他人的全部行踪。因此，国会必须要在立法上得出一个最终的解决办法，从而保护

---

① See U. S. CONST. amend. IV.
② See Flight Tracker/Flight Status, Flightaware, http://www.flightaware.com (last visited Jan. 14, 2012).
③ See Fed. Aviation Admin., Administrator's Fact Book 19 (2011), available at http://www.faa.gov/about/office_org/headquarters_offices/aba/admin_factbook/media/201103.pdf.
④ Consolidated and Further Continuing Appropriations Act, Pub. L. No. 112 – 55, §119A, 125 Stat. 552 (2011).
⑤ Paul Lowe, Congress Reinstates Barr Program, Aviation Int'l News (Jan. 4, 2012, 1:10 AM), http://www.ainonline.com/comment/491.
⑥ See, e.g., 5U.S.C. §552 (b) (2006 & Supp. IV 2010).

通用航空群体所享有的空中场所隐私权。

本文的第一部分介绍定位隐私,以及在缺乏充分的隐私保护的情况下,人们如何在互联网上获取飞行员和航空旅客的飞行行踪。第二部分讨论航空业及其功能,以及目前与航空相关的定位隐私法律的规定。第三部分讨论,如果社会公众传统上不认为飞行行踪数据属于隐私的话,那么随着技术的进步与社会公众对该数据可获取性的提高,法律应当保护飞行行踪数据。为了防止行为人侵犯飞行员和航空旅客所享有的隐私权,国会必须采取根本上的解决办法,其中之一就是允许飞行员和飞机所有权人不公开他们的飞行行踪数据。本文最后总结认为,在第112届国会中,有关当局所提出的法律建议足以为飞行员和航空旅客的飞行行踪数据提供定位隐私保护,但是国会应该尽快采取行动,确保对飞行员和航空旅客所享有的定位隐私的保护不会再一次失效。

二、历史背景

(一)航空业

"高速公路上的一英里只能把你带到一英里的地方,但是滑道上的一英里可以把你带到任何地方。"①

1903年,Orville和Wilbur Wright的第一架飞机试飞成功,在此之后,航空已经成为美国人每天日常生活中的主要要素。人们可以利用航空运输邮件和货物②、去探望爱人、去给农作物施肥③,以及在

---

① Aircraft Owners & Pilots Ass'n, GA: a Vital Tool in Our Economy, Gen. Aviation Serves Am. http://web.archive.org/web/20110620060224/, http://gaservesamerica.com/learn/economy.html.
② Aircraft Owners & Pilots Ass'n, GA: a Vital Tool in Transportation, Gen. Aviation Serves Am. http://web.archive.org/web/20110620060012/, http://gaservesamerica.com/learn/transportation.html.
③ Aircraft Owners & Pilots Ass'n, GA: a Vital Tool for Farmers and Ranchers, Gen. Aviation Serves Am. http://web.archive.org/web/20110620055857/, http://gaservesamerica.com/learn/agriculture.html.

危险时期提供紧急支援服务等。① 航空业是每天 24 小时、每周 7 天、每年 365 天都在工作的行业，占美国国内生产总值的 5.2%。②

在任何时间，美国领空大约会有 5 000 架飞机在飞行。③ 为了管理数量日渐增加的空中运输，国会要求交通运输部（Department of Transportation）领导下的美国联邦航空管理局管理和控制美国的领空、领空范围内的飞机和飞行人员。④ 美国联邦航空管理局把民航分为两种，即商用航空和通用航空。商用航空一般包括主要的航线或者"航空运输"（air carriers），以及地区间的通勤航线。通用航空几乎包括其他所有类型的飞行活动，其中还包括出于个人或商业目的的私人飞机的飞行。5 175 个公用机场可以保持商用航空和通用航空同时有效运行。

通用航空虽然并不像商用航空那么普遍，但是仍然代表一大部分的飞行活动。通用航空飞机包括活塞式飞机、涡轮螺旋桨飞机和直升机。2009 年，通用航空飞机已经飞行了估计约 2.38 千万个小时，占美国国内生产总值中航空部分的 20% 以上。通过以私人和大学形式运营的飞行学校，通用航空也产生超过 90% 的新飞行员。通用航空飞行员和航空旅客的飞行是为了愉快的旅途、志愿工作⑤，或者在更大的地理范围内经营他们的事业。⑥ 很多时候，通用航空可以为人们的出行提供方便，相反，定期的商用航空并不具备此功能。

---

① Aircraft Owners & Pilots Ass'n, GA: a Vital Tool in Emergency Services, Gen. Aviation Serves Am. http://web.archive.org/web/20110620055937/, http://gaservesamerica.com/learn/emergencyservices.html.

② Fed. Aviation Admin., The Economic Impact of Civil Aviation on the U.S. Economy 20 (2011), available at http://www.faa.gov/air_traffic/publications/media/FAA_Economic_Impact_Rpt_2011.pdf.

③ Fed. Aviation Admin., 2009—2013 Flight Plan 17 (2008), available at http://www.faa.gov/about/plans_reports/media/flight_plan_2009—2013.pdf.

④ 49 U.S.C. §40101 (2006).

⑤ Aircraft Owners & Pilots Ass'n, Volunteer Organizations, Gen. Aviation Serves Am. (Jan. 14, 2012), http://web.archive.org/web/20110620060146/, http://gaservesamerica.com/involved/volunteer.html.

⑥ Aircraft Owners & Pilots Ass'n, GA: a Vital Tool in Business and Industry, Gen. Aviation Serves Am. (Jan. 14, 2012), http://web.archive.org/web/20110620060456/, http://gaservesamerica.com/learn/business.html.

(二) 飞行规则与飞行计划

在美国领空飞行的飞机必须在两个飞行规则之中选择一个规则进行飞行活动。① 这些飞行规则允许飞行员选择一套飞行的限制,从而在确保安全的前提下最大效率地飞行。

飞行员可以利用的第一个飞行规则是目视飞行规则(visual flight rules)。目视飞行规则要求飞行员在飞行时,要在视觉上参考地面或者当地地势,并且需要飞行员在视觉上保持远离云层、地面障碍和其他飞机。虽然目视飞行规则允许飞机在不同种类的空域内飞行,但是必须要满足最低能见度的要求。飞行员根据该飞行规则飞行,除非承载着航空旅客,否则一般不需要满足任何"最近的飞行经历"要求。此外,在许多案件中,根据该规则飞行的飞行员不需要与空中交通管制员进行沟通。

飞行员可以利用的第二个飞行规则是仪表飞行规则(instrument flight rules)。② 根据仪表飞行规则的飞行更具有可控制性。③ 仪表飞行规则要求飞行员单独参照飞机上的仪器来飞行④,并且对原定飞行路线、高度和在原目的地气象状况恶化时可代替的目的地有精确的计划。⑤ 在任何飞机以仪表飞行规则起飞之前,空中交通管制员必须发布放行许可⑥,并且要求飞行员要在飞行的过程中和他保持联系。⑦ 因为根据仪表飞行规则飞行的飞行员必须用仪器导航,所以这要求飞行员进行附加的飞行训练和顺利完成实践检测。⑧ 此外,由于该飞行规则要求飞行员单独参照仪器保持飞行的准确性,所以根据仪表飞行规则飞行的飞行员,必须要在 6 个月的期限内完成数个仪器飞行手

---

① See 14 C. F. R. § 91.101 (2012).
② See 14 C. F. R. § 91.173.
③ See § § 91.169, 91.173, 91.175.
④ Fed. Aviation Admin., Instrument Flying Handbook G-9 (2008), available at http://www.faa.gov/library/manuals/aviation/instrument _ flying _ handbook/media/FAA-H-8083-15A%20-%20Appendices%20Glossary%20Index.pdf.
⑤ § 91.169.
⑥ § 91.173.
⑦ § 91.183.
⑧ § 61.65.

续，从而保持"最近的飞行经历"。①

尽管涉及的是不同的飞行方法，但是目视飞行规则和仪表飞行规则都有它们各自的优点。两者相较之下，目视飞行规则具有较少限制，它允许飞行员更直接地飞行到目的地，把安全飞行的最大责任放在飞行员身上。② 与之相比，仪表飞行规则虽然要求飞行员按照特定的路线飞行③，并且在飞行途中需要与空中交通管制员沟通，但是它允许飞行员在大多数的天气状况下飞行。④ 在任何飞行中，机长都是确保安全的最后权威，并且他可以在两个飞行规则中选择较合适的规则飞行。⑤

在以下两种情况下，飞行员必须与美国联邦航空管理局就飞行计划进行沟通：其一，如果飞行员根据仪表飞行规则飞行，那么无论在什么时候，他都必须与美国联邦航空管理局就飞行计划进行沟通⑥；其二，如果飞行员根据目视飞行规则飞行，当他收到空中交通管制队的交通建议时，必须与美国联邦航空管理局就飞行计划进行沟通。⑦ 而飞行计划包括以下相关信息：①飞机识别号；②飞机的类型；③定位以及计划起飞的时间；④计划的路线、巡航高度或者飞行高度，以及在该高度的真空速；⑤首次计划的着陆点以及评估认为超过该着陆点的运行时间；⑥飞机上燃料的数量；⑦飞机内的人数。收到这些信息后，空中交通管制队会给飞行员适当地提供路线信息或者交通建议。

无论根据目视飞行规则或者仪表飞行规则飞行，为了接受空中交通管制服务，飞机必须要有一个可操作的应答器。⑧ 应答器是与飞机仪表相连接的电子设备，可以把目前的位置和高度信息转播给空中交通管制员。美国联邦航空管理局管制员可以在其雷达屏幕上查看这些

---

① See § 61.57 (c).
② See § 91.155.
③ §§ 91.181, 91.183.
④ See § 135.225.
⑤ § 91.3.
⑥ § 91.169 (a).
⑦ § 91.153 (a).
⑧ See 14 C.F.R. § 91.215.

信息，从而识别该飞机与其他飞机在空中的相对位置。在紧急情况下，比如丧失无线电联络、劫机或者其他机械设备发生故障，飞行员可以在应答器上输入特殊编码，从而向空中交通管制员报告飞机上的情况。

（三）美国联邦航空管理局使公民可获取飞行注册数据

20 世纪 90 年代中期，互联网获得广泛的商业认同，此时美国联邦航空管理局意识到航空业会从实时的空中交通管制信息中获取利益。1997 年，美国联邦航空管理局开始制定航空业和第三方公司可获取的交通流信息。提供给签署方公司的数据包括应答器记录的位置、呼号或者注册码、空速、航向和飞行计划信息。美国联邦航空管理局为航空业提供这些信息的目的在于帮助美国领空和商业航空公司更有效率地运行。这些信息被称为向公司展示飞机状况（aircraft situation display to industry，ASDI）。

在航空业之外，希望能得到 ASDI 数据的第三方公司必须签署美国联邦航空管理局的议定书，该议定书限制公司对所获取信息的利用。虽然航空业"几乎实时"获取 ASDI 数据，但是作为第三方的签署方公司会在 5 分钟后获取该数据。

通过使用 ASDI 数据，第三方公司已经创建了飞机行踪网站，如 FlightAware.com。在 FlightAware 网站上，只要提供一个商业航班号、美国联邦航空管理局的飞机注册码或者甚至是预定的到达机场，任何社会公众就可以追踪目前在美国领空内飞行的飞机状态。人们在 FlightAware 网站输入一个注册码之后，他们就会根据飞机的运行状态在网站上看到不同的飞行数据信息：其一，如果该飞机正在飞行中，那么他们就可以查看到该飞机的起飞机场和到达机场、路线、出发时间、估计的到达时间、飞行高度、空速和目前的定位；其二，如果该飞机不是正在飞行中，那么他们就可以查看到，飞机根据目视飞行规则或者仪表飞行规则而进行的最近飞行活动的类似详情和雷达交通建议。FlightAware 网站的使用者可以免费查看每架飞机最近 4 个月的飞行行踪历史，但是当他们支付了调查费用后，他们就可以查看数年的飞行行踪历史。

FlightAware 网站的首席执行官 Daniel Baker 认为，创建该网站的目的在于让社会公众能够追踪美国的通用航空飞机。① 在 2005 年创建之后，该网站已经获得名气，它吸引超过 300 万的每月用户和 2 500 个商业顾客。

为了在线追踪通用航空的飞机，网络用户需要美国联邦航空管理局所发布的飞机注册码。每架在美国注册的飞机都有一个注册码。② 在美国称之为"N-Number"的注册码，是由字母"N"开头的 3 到 6 个字母－数字式的结合组成。③ 飞机所有权人必须要在他们飞机的表面明显地展示其各自的注册码。在通过飞行计划以及与空中交通管制队沟通时，通用航空的飞行员使用飞机的注册码识别他们的飞机。

为了帮助社会公众利用注册码获取飞机的行踪信息，美国联邦航空管理局公开了其飞机注册数据库，使社会公众可以在互联网上获取这些数据。美国联邦航空管理局网站的用户可以在注册码数据库中搜索姓名、飞机编号、注册码、制造商和型号、发动机类型、经销商、注册的州或者地区。网络用户在数据库中利用注册记录对飞机进行定位之后，他们就会看到飞机所有权人的姓名和地址、飞机的注册码、制造商和型号以及注册的状态。④ 然而，这并不要求网络用户披露自己的私人信息或者其对美国联邦航空管理局飞机注册数据库进行搜索的目的。

（四）BARR 计划

一旦美国联邦航空管理局开始向作为第三方的签署方公司公开 ASDI 数据，航空利益组织就要担心通用航空飞行员和航空旅客的隐私、安全和经济利益将受到损害。美国公务航空协会领导航空业致力于限制 ASDI 数据对社会公众公开的范围。美国公务航空协会认为，如果社会公众有能力在全国范围内追踪飞机的活动，也就是追踪飞机

---

① Drew Vane, Tracking Planes as They Fly-An Aviation Enthusiast's Best Friend Airlinereporter.com (Nov. 1, 2011, 8:00 AM), http://www.airlinepoter.com/2011/11/how-to-track-planes-guest-blog/.
② 14 C.F.R. § 47.3.
③ § 45.23.
④ See, e.g., N-Number Inquiry, Fed. Aviation Admin., http://registry.faa.gov/aircraftinquiry/NNum_Results.aspx?NNumbertxt=21705.

上的飞行员和航空旅客的活动,那么这本身就侵犯了飞行员和航空旅客所享有的隐私权。①

1997年,美国公务航空协会与美国联邦航空管理局、签署方公司一起发展BARR计划。对于希望排除在ASDI数据公开范围内的任何飞机所有权人,该计划允许他们向美国公务航空协会提交一份屏蔽申请。然后美国公务航空协会每月向美国联邦航空管理局、签署方公司提交一份被屏蔽的所有飞机的清单。

几年之后,意识到BARR计划的好处,应美国联邦航空管理局的要求,国会修改了第三方公司获取ASDI数据的条件之一,即签署方公司须证明,他们有能力阻止社会公众获取ASDI数据。② 然而,由于获取条件的修改,国会也不再要求美国联邦航空管理局尊重飞机所有权人所提交的屏蔽申请。

在2008年之前,BARR计划的运作从未引起争论。2008年,为了获取美国公务航空协会所提交并且也分发给签署方公司的每月被屏蔽的注册码清单复印件,新闻组织Pro Publica基于《信息自由法》(Freedom of Information Act)向美国联邦航空管理局提出了一项申请。在对该申请作出最后决定之前,美国联邦航空管理局事先联系了美国公务航空协会,因为屏蔽清单是美国公务航空协会提交的。美国公务航空协会拒绝公开"屏蔽清单",因为它认为,根据《信息自由法》的例外规则,被屏蔽的注册码构成商业机密信息。不过,即便美国公务航空协会拒绝公开,美国联邦航空管理局后来仍然认为,美国公务航空协会的每月清单不构成机密的信息,并且决定按照Pro Publica的申请对其公开"屏蔽清单"。

美国公务航空协会提起诉讼,要求法官禁止美国联邦航空管理局公开"屏蔽清单",而美国联邦航空管理局坚持主张基于《信息自由法》的规定而公开"屏蔽清单",直到法院对该案作出了判决。美国联邦航空管理局认定,飞机注册码本身并不构成《信息自由法》例

---

① See Press Release, Nat'l Bus. Aviation Ass'n, Oral Argument Set for Dec. 2 in Legal Fight to Preserve BARR (Sept. 27, 2011), available at http://www.nbaa.org/news/pr/2011/20110927-092.php.
② Wendell H. Ford Aviation Investment and Reform Act for the 21st Century, Pub. L. No. 106 – 181, § 729, 114Stat. 61 (2000).

外规则所规定的商业机密信息。事实上,"屏蔽清单"只是一份"数字清单……它并不伴随任何叙述性的说明"。联邦地方法院认为,如果仅仅只有飞机注册码,Pro Publica 还必须采取其他步骤才能获取飞行员和航空旅客的隐私信息,所以"屏蔽清单"本身并不属于商业机密信息。

尽管提到美国公务航空协会担心飞机上的飞行员和航空旅客所享有的隐私权也会受到侵害,但是法院在其批注中认为,美国公务航空协会并没有根据《信息自由法》的例外规则提出个人隐私这一考虑因素。作为一个商业航空组织,美国公务航空协会选择了以其成员的隐私,也就是公司的隐私作为主要考虑因素。因此,法院裁决认为,美国联邦航空管理局向社会公众公开被屏蔽的注册码清单的这一做法是正确的。

BARR 计划已经持续超过 10 年,并且它仍会继续像之前 10 年那样发挥作用,防止行为人几乎实时地公开他人的飞行行踪数据——虽然与之前相比,飞行行踪数据具有更少的隐私性。[①]

(五)美国联邦航空管理局在空中场所隐私权问题态度上的转变

基于 Pro Publica 一案[②]的判决,以及贝拉克·奥巴马总统在施政范围内的政府公开指示,美国联邦航空管理局转变了其对于 BARR 计划的态度。2011 年 3 月 4 日,美国联邦航空管理局在政府公报上发布公告,它认为,"《隐私权法》不保护通用航空的航空信息免受社会公众的知晓"。此外,美国联邦航空管理局还声称,因为即使公布目前被屏蔽的飞机的 ASDI 数据,这"既不会披露航空旅客的身份,也不会披露其航空目的",所以向社会公众隐瞒这些数据的行为并不是出于公共利益的需要。

美国联邦航空管理局转变了其对于保护被屏蔽的注册码的态度,

---

① See Michael Grabell & Sebastian Jones, Off the Radar: Private Planes Hidden from Public View, Propublica (Apr. 8, 2010, 11:12 PM), http://www.propublica.org/article/off-the-radar-private-planes-hidden-from-public-view-040810.

② Nat'l Bus. Aviation Ass'n v. Fed. Aviation Admin., 686 F. Supp. 2d 80, 86 (D.D.C. 2010).

并引述了法官在 Pro Publica 一案中所作出的判决作为一个理由加以说明。美国联邦航空管理局认为，因为"联邦地方法院最近已经认定，通用航空飞机注册码的清单不构成《信息自由法》所规定的商业秘密或者商业上的或财政上的信息"，所以 ASDI 数据的公开并不会侵犯飞行员或航空旅客所享有的隐私权。

美国联邦航空管理局争取修改 BARR 计划，允许任何飞机经营者或飞机所有权人以"合理的安全担忧"为由，继续申请屏蔽他们的 ASDI 数据，以免向社会公众公开。根据财政部的规定，修改后的 BARR 计划将保护"受到可证实的人身、财产威胁的公民或企业"，其中威胁包括"针对公民的死亡、绑架或严重的人身伤害威胁或者针对企业的威胁"。美国联邦航空管理局每年都会以"善意"确认所提交的屏蔽申请。尽管在修改后的 BARR 计划中，作为例外，美国联邦航空管理局允许通用航空飞机经营者或飞机所有权人以安全担忧为由提出屏蔽申请，但是它不允许通用航空飞机经营者或飞机所有权人以隐私担忧为由提出屏蔽申请。

美国联邦航空管理局在政府公报上所发布的公告推动社会公众就 BARR 计划变更作出评论。但是社会公众的反对呼声具有压倒性的优势。在为期一个月的评论期的最后，美国联邦航空管理局收到了 680 个反对意见和 5 个支持意见。①

不管这种压倒性的反对呼声，美国联邦航空管理局继续发展其所提出的新屏蔽计划。美国联邦航空管理局在政府公报上发布了第二份公告，在其公告中，它提出了支持 BARR 计划变更的另外一个理由。通过修改 BARR 计划，美国联邦航空管理局坚信它的做法"符合《联邦政府公开法》(*Federal Open Government Act*) 的规定，它既遵守了行政部门的政策和指示，也使得联邦政府的信息更加公开、透明以及社会公众更容易得到，既执行了交通运输部的政府公开指示，也促进了交通运输部数据的进一步公开"。美国联邦航空管理局认为，法律即便要保护他人的飞行行踪数据，也不能仅仅以"推测性的或者抽象的忧虑"所产生的"广义的隐私担忧"为由而阻止行为人公开这些数据。

---

① S. REP. No. 112-183, at 28 (2011).

美国联邦航空管理局也进一步解释，为什么它认为 ASDI 数据不属于《信息自由法》所规定的在例外情况下不公开的信息。美国联邦航空管理局特别提到《信息自由法》第 4 条、第 6 条、第 7 条例外规则，以此作为解释法官在 Pro Publica 一案①中不保护飞行员或航空旅客的隐私权的理由。然而，美国联邦航空管理局的解释存在问题，这就是，虽然根据 Pro Publica 一案以及其他最近的判例法，公司并不享有"个人隐私权"，但是飞机上的飞行员和航空旅客享有此种隐私权。

美国联邦航空管理局在政府公报上所提出的新屏蔽计划在 2011 年 8 月 2 日已经生效。在生效日期之前，根据之前的 BARR 计划，7 400 个飞机注册码已经被屏蔽了。② 在 2011 年 8 月 2 日之后，只有 970 架飞机的飞机注册码仍然以"合理的安全担忧"为由而被屏蔽。

(六) 航空利益组织的反击

意识到美国联邦航空管理局铁心要逐步停止 BARR 计划，美国公务航空协会和飞机所有权人及飞行员协会（Aircraft Owners and Pilots Association）一起在哥伦比亚特区巡回上诉法院提起司法复核之诉。③ 它们同时还提出了一个紧急申请，要求法官中止对美国联邦航空管理局的计划悬而未定的司法复核。④ 但是因为"无法满足此种超常救济所需要的严格条件"，所以法院拒绝了该申请。⑤

在辩论摘要的开头，美国公务航空协会和飞机所有权人及飞行员协会强调了 ASDI 数据对飞行员和航空旅客所享有的隐私权造成的侵

---

① Nat'l Bus. Aviation Ass'n v. Fed. Aviation Admin., 686 F. Supp. 2d 80, 86 (D. D. C. 2010).
② Kate Murphy, Losing Privacy in Route Plans, N. Y. Times, August 15, 2011, at B6.
③ See Petition for Review at 1, Nat'l Bus. Aviation Ass'n v. Fed. Aviation Admin., No. 11 - 1241 (D. C. Cir. June 22, 2011).
④ See Emergency Motion for Stay Pending Review at 1, Nat'l Bus. Aviation Ass'n v. Fed. Aviation Admin., No. 11 - 1241 (D. C. Cir. July 1, 2011).
⑤ See Nat'l Bus. Aviation Ass'n v. Fed. Aviation Admin., No. 11 - 1241 (D. C. Cir. July 21, 2011), ECF No. 15 (per curiam).

犯。① 然而，与 Pro Publica 一案的判决相比，航空利益组织把他们的主要考虑因素放在个人隐私的保护而不是公司信息的保护上。美国公务航空协会和飞机所有权人及飞行员协会认为，如果将对社会公众公开 ASDI 数据的行为看作"信息交换"，这会对"个人隐私、机密信息和安全构成巨大的风险"。总之，如果政府执法人员利用公民的手机追踪他们，然后再在互联网上公布他们的实时定位的话，那么公开 ASDI 数据的行为与政府执法人员的上述行为是没有区别的。

此外，美国公务航空协会和飞机所有权人及飞行员协会认为，美国联邦航空管理局没有成功地论证其所提出的理由，即公开 ASDI 数据与个人隐私的担忧无关。"在没有提到任何关于'BARR'计划弊端的情况下，如低效率、政府负担、不合理的开支或者任何其他实际的理由，美国联邦航空管理局在该计划上已经实现了 180 度的转变。"对于美国联邦航空管理局将其对行政公开、透明的信心作为新计划的理由之一的做法，美国公务航空协会和飞机所有权人及飞行员协会提出了质疑，并警告认为："美国联邦航空管理局所引述的任何'联邦法律'都明确地表明，在行政公开的情况下，个人隐私必须常常让位于公共利益。"此外，向社会公众公开私人飞机的目前定位、目的地和占有人，这"与政府如何运作并无任何关系"。

收到诉讼双方的辩护摘要以及作为法庭之友的实验飞机协会（Experimental Aircraft Association）的意见陈述后②，"哥伦比亚特区巡回上诉法院决定在 2011 年 12 月 2 日进行口头辩论"③。

（七）国会立法重新实施 BARR 计划

正当作为美国公务航空协会所提起的司法复核之诉的一方当事人向法院起诉并主张自己的理由之际，美国国会通过了拨款法案，并因

---

① See Opening Brief for Petitioners at 2, Nat'l Bus. Aviation Ass'n v. Fed. Aviation Admin., No. 11 - 1241 (D. C. Cir. Oct. 21, 2011).
② See Amicus Curiae Brief of Experimental Aircraft Ass'n, Inc. in Support of Petitioners, Nat'l Bus. Aviation Ass'n v. Fed. Aviation Admin., No. 11 - 1241 (D. C. Cir. July 7, 2011).
③ See Nat'l Bus. Aviation Ass'n v. Fed. Aviation Admin., No. 11 - 1241 (D. C. Cir. Dec. 2, 2011), ECF No. 43.

此重新实施 BARR 计划。① 该法律规定：不管其他法律如何规定，根据本法或者任何之前的法律，美国联邦航空管理局所获得的拨款不得用于以下用途：限制或继续限制任何私人飞机的所有权人或经营者向美国联邦航空管理局行政官提出申请，申请在社会公众可获得的美国联邦航空管理局的 ASDI 数据中屏蔽该飞机所有权人或者经营者的飞机注册码，除了政府执法机构可获得的关于非商业飞机的所有权人或者经营者的数据。

由于该法案的通过，哥伦比亚特区巡回上诉法院悬而未决的诉讼已经被要求搁置。② 此后不久，美国联邦航空管理局开始恢复飞机所有权人对 ASDI 数据的屏蔽申请。

飞机所有权人及飞行员协会很快对国会恢复 BARR 计划的行为作出评论。③ 飞机所有权人及飞行员协会的董事长兼首席执行官 Craig Fuller 说："我代表飞机所有权人及飞行员协会的成员，感谢国会和管理局的某些成员，他们认为：对于私人飞机所有权人所享有的隐私权的保护措施是很重要的。"此外，参议院拨款委员会认同飞机所有权人及飞行员协会在美国联邦航空管理局的 BARR 计划上的立场，它声称，委员会"不相信公开具体的通用航空飞行行踪数据可以提高联邦政府运作或者政策的透明度"④。

尽管通用航空业对 BARR 计划的重新实施感到高兴，但是国会对该计划的要求只是暂时的。⑤ BARR 计划的规定被纳入拨款法案当中，所以理论上，该计划的要求会持续到 2012 年 9 月 30 日或者 2012 年财政年度的最后。国会之所以选择在拨款法案中纳入有关 BARR 计划的规定，可能是因为它想以此为手段使 BARR 计划更快速地重

---

① See Consolidated and Further Continuing Appropriations Act, Pub. L. No. 112 – 155, §119A, 125 Stat. 552 (2011).
② See Nat'l Bus. Aviation Ass'n v. Fed. Aviation Admin., No. 11 – 1241 (D. C. Cir. Dec. 6, 2011), ECF No. 44 (per curiam).
③ See Aopa, Nbaa, Eaa Welcome Faa's Decision to Fully Restore Barr Availability, Aircraft Owners & Pilots Ass'n (Dec. 9, 2011), http://www.aopa.org/newsroom/newsiterns/releases/2011/11-4-007.html.
④ S. REP. No. 112 – 183, at 28 (2011).
⑤ See Consolidated and Further Continuing Appropriations Act, Pub. L. No. 112 – 155, §119A, 125 Stat. 552 (2011).

新得到实施。与此同时,美国联邦航空管理局已经采取了一个临时的措施,以使 BARR 计划对飞行员和航空旅客的隐私权的保护得以持续。然而,为了最终从根本上解决问题,在参议院和众议院中,有关当局已经提出了两个独立的法案。①

三、值得保护的飞行员和航空旅客的空中场所隐私权

"所谓定位性的隐私(locational privacy),是指他人所享有的能够在公共场所活动的能力,并且在活动时,他们期待着其行踪不会被行为人加以系统地、秘密地记录并以备日后所用。"行为人能够采取多种方法追踪他人的日常生活。首先,当他人携带手机电话时,行为人可以通过手机与信号塔的距离追踪他人;其次,当他人驾驶机动车时,行为人可以通过收费站追踪他人;最后,当他人在互联网上实施网络行为时,行为人可以通过社交网络应用软件或者网站上的定位"登录"追踪他人。一般来说,除非有搜查令或者被追踪的他人同意公开,否则行为人不能获取他人的这些行踪数据。②

除了可以通过上述方式追踪他人的行踪,行为人还可以通过使用飞机上美国联邦航空管理局托管的应答器追踪飞行员和航空旅客的行踪③,并且社会公众可以在网上看到这些行踪数据。笔者之所以关注飞行员和航空旅客的定位隐私,是因为社会公众可以有效获取这些飞行行踪数据。虽然大多数飞行员并不抱怨应答器本身,因为它能够帮助确保国家领空运作的效率和安全。但是,一旦这些数据脱离了政府执法人员的控制并且在互联网上公开,飞行员和航空旅客所享有的隐私权就会受到侵害。

社会公众在互联网上几乎可以实时获取 ASDI 数据,如 FlightAware 网站,从而可以得知飞机的出发地和目的地、目前的位置和到达时间。把这些数据和 20 世纪 90 年代后期之后的飞行行踪历史

---

① S. 1477, 112th Cong. (2011); H. R. 2897, 112th Cong. (2011).
② See 1 James Carr & Patricia L. Bellia, Law of Electronic Surveillance § 4: 84 (2012); 74 Pa. Cons. Stat. § 8117 (d) (1) (2012).
③ See 14 C. F. R. § 91.215 (2012).

结合起来,行为人就可以掌握飞行员和航空旅客的飞行活动和飞行习惯。① 作为2012年拨款法案的重要组成部分,在通过BARR计划时,立法者实际上表明了其对这些数据所持有的立场。②

其他人也承认,当行为人公开他人在公共场所的行踪数据时,他们的公开行为属于披露他人隐私信息的行为。在美国联邦最高法院最近作出的一个判决中,Sotomayor大法官强调:"监控对公民在公共场所所从事的活动形成一种精确的、全面的记录,这反映大量关于该公民家庭的、政治的、职业的、宗教的和性关系的详情。"③ 此外,一个学者声称,定位数据的接收者可以根据他人的位置行踪而创建一幅他人生活的全图,因为定位数据中有许多高度私人和具有隐私性质的信息,这些信息的公开损害了他人和社会公众所认可的隐私合理期待。通过追踪飞机的行踪,也就是,通过追踪飞机上飞行员和航空旅客的行踪,行为人不仅对他人所享有的隐私权构成侵犯,而且还对飞机上的商业活动也构成相似的不合理的侵犯。

美国联邦航空管理局认为,在互联网上所公布的ASDI数据并不属于飞行员或航空旅客的隐私,相反,在互联网上公开ASDI数据能让社会公众在任何既定的时间都能够有效地使用公共空域。"公开这些信息既不会披露航空旅客的身份,也不会披露他飞行的目的。"④ 然而,这些辩解都低估了互联网的力量。通过使用美国联邦航空管理局在线的飞机注册数据库以及在Google上进行简单的搜索,行为人就可以轻易地找到飞机注册的所有权人、照片以及其他详细信息,如谁在监控飞机或者飞机哪里被维修过,甚至还包括飞机的典型用途。

例如,在2011年初,当密歇根大学正在寻找一个新的足球教练时,为了知道谁有机会得到这份工作,急切的粉丝便追踪了学校的私

---

① See Buy Full History > N252SP, Flightaware, http: //flightaware.com/live/flight/N252SP/history/buy.
② S. REP. No. 112 - 183, at 28 (2011).
③ United States v. Jones, 132 S. Ct. 945, 955 (2012).
④ Proof Brief for Respondent at 19, Nat'l Bus. Aviation Ass'n v. Fed. Aviation Admin., No. 11 - 1241 (D. C. Cir. Sept. 28, 2011).

人飞机。① 通过在 Google 上搜索"密歇根大学里尔喷射机",网络用户可以很快地找到相关网页,网页上有飞机的照片、注册码和飞机上惯常旅客的详情。② 通过 FlightAware 网站,足球粉丝追踪到里尔喷射机去到了路易斯安那州,机上的人员鼓励路易斯安那州立大学的主教练往北走,到密歇根大学当足球教练。为了发现充分的信息,然后追踪飞机并且获取飞行员和航空旅客飞行的"故事",行为人可以对大多数的飞机进行相类似的搜索。

因为行为人还需要另外在互联网上进行搜索,才能对飞行员和航空旅客可能实施的活动进行更全面的叙述,因此,我们很难单纯把飞行员和航空旅客的行踪数据本身定义为隐私。大概这就是为什么美国联邦航空管理局以政府公开和透明的需求作为取消 BARR 计划的理由。如果行为人仅仅对任何一个飞机注册码进行搜索,那么他只能获取该飞机的飞行行踪数据,然而并不能获取任何其他信息。之所以向互联网用户公开这些飞行行踪数据,是因为这可以让他们在任何既定的时间了解公共空域的飞行活动和美国联邦航空管理局的政府资源。尽管如此,该论据与政府透明的目标和美国联邦航空管理局公开 ASDI 数据的政策目的截然相反。

美国联邦航空管理局和其他政府执法机构的指令承认,被认为是隐私的信息应该保持隐秘状态。美国联邦航空管理局认为,"广义的隐私或者安全担忧"不应该限制社会公众获取 ASDI 数据。即便美国联邦航空管理局承认,在 2006 年,飞行行踪数据的公开也确实存在隐私担忧。通过修改美国联邦航空管理局和签署方公司(如 FlightAware)所订立的关于提供 ASDI 数据的议定书,政府执法机构要求公司"尊重通用航空飞机所有权人的隐私和安全利益"。因此,当美国联邦航空管理局辩解 ASDI 数据本身不属于隐私时,它实际上知道,当该数据与其他资料相结合时,该数据就具有隐私的性质。即便如此,美国联邦航空管理局还是提出了隐私侵权中最重要的辩解。

---

① Jay Vise, Mystery U of Michigan Plane in Baton Rouge?, WWL-AM870 (Jan. 7, 2011, 3:50 PM), http://www.wwl.com/print_page.php?contentId=7450370&contentType=4.

② Katie Kuehl, University of Michigan LearJet, Am. Inst. of Graphic Arts, http://portfolios.aiga.org/gallery/University-of-Michigan-LearJet/572910.

当重新实施 BARR 计划时,考虑到美国联邦航空管理局对公开 ASDI 数据所提出的理由,国会认为:其一,如果公民可以不受限制地获取 ASDI 数据中涉及隐私的数据,这既对社会公众无意义,也没有必要;① 其二,"法院不认为,公开通用航空飞机的具体行踪可以提高联邦政府运作和政策的透明性";其三,虽然飞行员在使用公共空域服务时需要了解每个航空用户的行为,但以此作为公开 ASDI 数据的理由并不成立;其四,"虽然公民在公路上、桥梁上驾驶机动车并且交付了税费,但是法院不认为这就意味着公民的详细行踪都应该对广大社会公众公开"。因此,法院认为,ASDI 行踪数据本身就足以构成对飞行员和航空旅客所享有的隐私权的侵犯。

尽管美国联邦航空管理局坚持否认,但是《美国联邦宪法第四修正案》(以下简称《第四修正案》)对于保护公民所享有的隐私权确实十分重要。② 虽然《第四修正案》保护公民的人身、住宅、证件和财物安全免受不合理的搜查行为和扣押行为的侵犯,③ 但是这种保护仅适用于政府执法人员对于公民所享有的隐私权的侵犯。一般来说,为了保护通用航空飞机行踪的定位隐私,人们并不认为飞行员具有政府执法人员所具有的查看和记录飞行行踪数据的能力。正如我们所讨论的,政府执法人员拥有法定的权力去查看和记录飞行行踪数据,因为他们可以利用这些数据保障美国领空运作的安全和效率。④

虽然隐私合理期待理论只在《第四修正案》中适用于政府执法人员与公民之间,但是这对于私人之间的隐私也有指导意义。如果公民期待自己的信息免受政府执法人员的获取,他们当然也期待同样的信息免受普通社会公众的获取。⑤ 该期待利益可以证明这样一个观点:如果社会公众可以在互联网上查看通用航空飞机的行踪,那么该追踪行为实际上是宪法所不允许的。

虽然当公民待在住所时,社会公众认为公民对于其住所内的所作

---

① S. REP. No. 112-183, at 28 (2011).
② See Proof Brief for Respondent at 36, Nat'l Bus. Aviation Ass'n v. Fed. Aviation Admin. , No. 11-1241 (D. C. Cir. Sept. 28, 2011).
③ U. S. CONST. amend. Ⅳ.
④ 14 C. F. R. §91.153 (a) (2012).
⑤ See Katz v. United States, 389 U. S. 347, 360 (1967) (Harlan, J. , concurring).

所为享有隐私合理期待，但是当公民驾驶机动车或乘坐飞机出行时，对于公民此时是否享有隐私合理期待，社会公众则犹豫不定。那些过去认为公民对自己乘坐飞机出行的信息享有隐私合理期待的人发现他们大错特错，因为法院并不认为他人对此类信息享有隐私的合理期待。① 审理这些案件的法院之所以在这种情况下拒绝保护飞行员或航空旅客所享有的隐私权，其理由多种多样，主要理由有三：其一，相关政府规章要求飞机需要安装应答追踪设备；② 其二，飞行员不得将关于飞行、着陆或者起飞的行踪数据看作为隐私；③ 其三，美国联邦航空管理局具有使用雷达追踪飞机的能力。④ 虽然这些案件对于确定飞行员和航空旅客是否享有空中场所隐私权确有帮助，但是它们忽视了现代社会所具备的一个方面——技术的可接受性和可获取性。

美国联邦最高法院最近作出了一份判决，笔者认为这份判决比以上所提及的之前的航空案件更能代表飞行员的隐私权。在之前的案件中，法院处理的是飞行员和航空旅客所享有的隐私权与政府执法人员为了空中交通管制这一实用目的而披露的信息之间的关系。与之相比，在 United States v. Jones 一案⑤中，法院处理的是技术、移动性和隐私之间的关系。Jones 一案是涉及政府执法人员使用全球定位系统跟踪一个毒贩嫌疑犯行踪的案件。在该案中，政府执法人员将一个有磁性的定位追踪系统放在 Antoine Jones 的吉普车下面后，然后连续 28 天一直跟踪他的行踪。政府执法人员获取了一份关于 Jones 所到之处以及逗留时间的记录。美国联邦最高法院的所有法官一致认定，根据不动产侵入理论，政府执法人员对 Jones 的汽车所实施的此种"占有"行为是不合理的。

在 Jones 一案的并存意见中，Sotomayor 大法官详细说明了隐私和技术的结合如何产生问题。Sotomayor 大法官认为，是否现实侵入公

---

① See United States v. Tussell, 441 F. Supp. 1092, 1105 – 1106 (M. D. Pa. 1977); United States v. Bruneau, 594 F. 2d 1190, 1197 (8th Cir. 1979); United States v. Cotton, 770 F. 2d 940, 947 (11th Cir. 1985).
② Tussell, 441 F. Supp. at 1105.
③ Bruneau, 594 F. 2d at 1197.
④ Cotton, 770 F. 2d at 947.
⑤ See United States v. Jones, 132 S. Ct. 945, 948 – 949 (2012).

民的个人场所对于其享有的隐私期待并不十分重要,因为社会公众已经广泛接受行为人可以使用各种各样的方法进行"追踪"他人的这一事实——例如使用手机和汽车追踪器。当行为人使用飞行员所需要的应答器追踪飞行员的行踪时,或者当第三方可以获取他人的行踪时,他们把这些具有"隐私性质"的信息积累起来,积累多了之后,"几乎不需要想象"就能知道被追踪的人的日常生活细节。如果行为人把这些行踪信息储存起来,那么社会公众在若干年之后仍然能够获取这些信息。Sotomayor 大法官认为,由此产生的结果是,有侵犯性的观察行为可能会损害公民所享有的结社自由与言论自由。

Alito 大法官重申现代技术如何改变公民对隐私的期待。之前,当飞行员为了商业或娱乐目的而驾驶飞机时,他们的行踪只有美国联邦航空管理局以及在起飞机场和到达机场的旁观者才能知道。因此,他们能够合理期待,只有美国联邦航空管理局需要知道并且获取他的行踪和出行目的。Alito 大法官认为:"新技术虽然可以给他人提供更多的方便或者安全保障,但却要以他人的隐私为代价。"在航空方面,虽然飞行员或航空旅客所享有的隐私权已经受到侵害,但是这并不是基于他们的方便或安全所引起的。

飞行员应该对其飞行计划享有隐私期待。当社会公众可以在互联网上查看飞行员的行踪时,飞行员对此表示了强烈不满,因为他们认为,机动车司机所享有的隐私权并没有受到同样程度的侵犯。[①] 如果行为人通过全球定位系统追踪机动车司机的日常活动,并且在互联网上公开他们的定位和出行记录,那么定位隐私有可能会成为一个更热门的公共话题。然而,政府仅仅为了安全地、有效率地飞行,就要求飞行员使用政府的服务,让政府执法人员追踪和监督他们的行踪,也就是,在一定程度上,政府将飞行员的日常生活公之于众。飞行员所受到的此种不公平待遇必须要被阻止。

四、立法保护的必要性

因为飞行行踪数据不属于传统上被认为是隐私的信息,所以最终

---

① S. REP. No. 112–183, at 28 (2011).

的立法对于保护飞行员和航空旅客的定位隐私是必要的。① 因为"美国涉及保护公民隐私或者安全方面的联邦法律仍不够完善",所以国会和联邦政府机构一直以来都致力于填补新技术发展与其对公民个人隐私的侵犯之间的漏洞。② 虽然《隐私权法》(The Privacy Act)通常只允许政府执法人员在七种例外情形下公开所收集的数据③,但是《隐私权法》或者《信息自由法》都不保护飞行行踪数据,因为飞行行踪数据本身并不包括飞行员或者航空旅客的姓名、社会保险号码或者其他个人的隐私数据。④ 相反,如果行为人要获取飞行员和航空旅客的更多信息,他们还需要再实施一个步骤,即还要在 Google 或者美国联邦航空管理局的注册数据库上搜索飞行行踪数据。虽然 BARR 计划填补了这个隐私的漏洞,但是目前该计划只存在于一个已到期的法律当中。因此,我们需要在最终的立法上保护飞行行踪数据。

虽然美国公务航空协会已经就 ASDI 数据是否适用《信息自由法》所规定的隐私例外规则提起了诉讼,但是它的诉讼失败了。⑤ 在 2010 年 Pro Publica 一案⑥的判决中,联邦地方法院拒绝认定,BARR 计划所保护的被屏蔽的注册码可适用《信息自由法》所规定的第 4 条例外规则。虽然美国公务航空协会提起了 Pro Publica 一案,但是它在诉讼中采取了不适当的措施。作为一个商业航空利益组织,美国公务航空协会认为,包括飞机注册码在内的 ASDI 数据属于私人性质的商业信息。但是实际上,只有首先保护好飞行员和航空旅客的定位隐私,我们才能保护这些商业信息。

即使适用《信息自由法》中与 ASDI 数据最密切相关的两个例外规则来保护 ASDI 数据,这种保护也有不尽如人意的地方。《信息自由法》第 6 条例外规则限制政府机构公开"公民的私人信息、医疗

---

① See 14 C. F. R. §91.153(a)(2012).
② Opening Brief for Petitioners at 2, Nat'l Bus. Aviation Ass'n v. Fed. Aviation Admin., No. 11-1241(D. C. Cir. Oct. 21, 2011).
③ See 5 U. S. C. §552(b)(2006 & Supp. IV 2010).
④ See 14 C. F. R §91.153(a).
⑤ Nat'l Bus. Aviation Ass'n v. Fed. Aviation Admin., 686 F. Supp. 2d 80, 83(D. D. C. 2010).
⑥ Nat'l Bus. Aviation Ass'n v. Fed. Aviation Admin., 686 F. Supp. 2d 80, 86(D. D. C. 2010).

信息和类似信息,这些信息的公开都需要获得搜查令的授权,否则就构成对公民隐私权的侵犯"。① 美国联邦最高法院认为,第 6 条例外规则所规定的隐私是"狭义的"。② 所谓"私人信息和医疗信息",是指健康信息或者包含出生日期、社会保险号码、地址、健康记录和银行账号在内的雇佣信息,而 ASDI 数据并不包含这些信息。虽然向美国联邦航空管理局提交的飞行员医疗记录属于《信息自由法》第 6 条例外规则所规定的内容,但是该例外规则并没有包括飞行行踪历史和飞行行踪数据,因为除非行为人采取更进一步的措施,在 Google 或美国联邦航空管理局的注册数据库上进行搜索,否则单凭这些飞行行踪历史和飞行行踪数据本身,他不能够披露飞行员或航空旅客的隐私信息。③

除了《信息自由法》第 6 条例外规则不保护飞行行踪数据之外,《信息自由法》第 7(C)条例外规则也不保护飞行行踪数据。究其原因,其理由有二:其一,该例外规则限制公开"以政府执法为目的所获取的记录或信息,但只限于如果公开这些记录或信息……那么可以合理地预期会不正当地侵犯公民所享有的隐私权"④。然而,ASDI 数据的公开并不是为了政府执法的目的,而是为了美国联邦航空管理局在美国领空的有效运行。虽然 ASDI 数据可用于政府执法⑤,但是美国联邦航空管理局最初制定该计划收集 ASDI 数据时,它也绝对不是为了政府执法的目的。⑥ 相反,美国联邦航空管理局已经承认,这些数据主要用于提供空中交通管制服务。因此,根据制定法的字面解释,《信息自由法》第 7(C)条例外规则同样也不能保护 ASDI 数据免于向社会公众公开。其二,即使行为人是为了政府执法的目的而收集飞行行踪数据,当他们公开这些数据时,他们的公开行为也不可能对公民所享有的隐私权构成不合理的侵犯。因为 ASDI 数

---

① 5 U.S.C. §552(b)(6)(2006 & Supp. IV 2010).
② Dep't of Air Force v. Rose, 425 U.S. 352, 361 (1976).
③ 5 U.S.C. §552(b)(6).
④ 5 U.S.C. §552(b)(7)(c).
⑤ Opening Brief for petitioners at 7, Nat'l Bus. Aviation Ass'n v. Fed. Aviation Admin., No. 11-1241 (D.C. Cir. Oct. 21, 2011).
⑥ See 14 C.F.R. §91.153 (2012).

据主要包括飞机的起飞机场和到达机场、目前定位、飞行路线、出发时间和到达时间。根据上述《信息自由法》所规定的第6条例外规则，行为人单凭这些飞行行踪数据本身不足以披露他人的隐私信息。

在 Pro Publica 一案①中，联邦地方法院似乎认定，如果除了美国联邦航空管理局的 ASDI 数据之外，人们还可以找到足够多的其他数据与之相结合，从而获取他人的隐私信息，那么行为人公开飞行行踪数据的行为就构成对他人隐私权的侵犯。虽然法院判决认定，飞机的注册码本身"不伴随任何叙述性的说明"，也就是不会披露他人的隐私，但是法院也承认，行为人得到注册码之后，就可以追踪飞机。即便行为人可以获取 ASDI 数据，但是他仍然不能实施以下行为："①判断飞机占有者的身份；②发现飞行的商业目的；③实时或者几乎实时追踪飞机。"然而法院没有认识到，只要行为人在互联网上进行简单的搜索，他往往就能发现飞机特定占有人的信息，或者披露特定位置之间飞行的目的。不过，因为在连接飞行行踪数据和其他必要数据时，行为人还需要再实施另外几个步骤，所以，ASDI 数据的公开行为本身不足以侵犯现行法律所规定的隐私权。

国会已经承认立法对于保护飞行行踪数据的重要性。国会已经展开了相关立法保护工作，保护飞行员和航空旅客对其飞行行踪数据所享有的隐私权免受侵犯，这表现在 2012 年的交通运输部拨款法案。②即便如此，但由于与 BARR 计划有关的法律在 2012 年 9 月之后失效③，所以参众两院的议员已经不能在该计划中得出一个最终的解决措施。

国会必须制定法律，保护飞行员和航空旅客的空中场所隐私权，其原因有二：其一，宪法、普通法或者现行法律都没有关于保护 ASDI 数据中飞行员隐私权的相关规定；其二，飞行员和航空旅客与机动车司机、病患者以及公民享有相似的隐私期待，并且，国会之前

---

① Nat'l Bus. Aviation Ass'n v. Fed. Aviation Admin., 686 F. Supp. 2d 80, 86 (D. D. C. 2010).

② Wendell H. Ford Aviation Investment and Reform Act for the 21st Century, Pub. L. No. 106 – 181, §729, 114 Stat. 61 (2000); Consolidated and Further Continuing Appropriations Act, Pub. L. No. 112 – 155, §119A, 125 Stat. 552 (2011).

③ Consolidated and Further Continuing Appropriations Act, §119A.

已经制定了相关法律，保护机动车司机的驾驶记录①、病患者的医疗记录②、公民与别人之间的通话记录③和其财产记录，防止行为人向社会公众公开这些记录。④ 立法的历史表明，国会有致力于保护他们选民隐私的意愿。尽管国会希望"保护公民在从事日常活动时享有的隐私权"，但国会还是没能在 BARR 计划中得出一个最终的解决措施。⑤

其他的政府机构和团体慢慢开始认同公民的定位属于他们的隐私信息，并且承认对于此种定位隐私的保护，立法是合适的解决办法。在宾夕法尼亚州，州立法机构制定了一部法律，限制政府执法人员公开公路通行电子收费系统中汽车应答器的定位数据。⑥ 但是，如加利福尼亚这样的州则允许在诉讼中使用类似的通行收费记录。在 Jones 一案的并存意见中，Alito 大法官承认，无论行踪数据来源于汽车的全球定位系统装置或者飞机的应答器，只要行为人能够更容易地获取他人的行踪数据，那么立法者就要完善相关法律的制定，从而保护公民所享有的隐私权免受侵犯。⑦ 此外，随着技术的飞速发展，保护隐私最好的办法就是立法。很不幸的是，新技术的发展往往远远超前于立法的进程。

尽管 BARR 计划最近即将期满，但是在国会两院中，有关当局已经提出新的法案保护飞行员和航空旅客所享有的隐私权。⑧ 在 2012 年 2 月，国会通过了一个为期三年的拨款法案，维持对美国联邦航空管理局的拨款，虽然国会可以在该法案中加入 BARR 计划，从而保护飞行员和航空旅客所享有的隐私权，但是该提议最终被否决。⑨ 因

---

① See, e.g., Driver's Privacy Protection Act of 1994, 18 U.S.C. §2721 (2006).
② See, e.g., Health Insurance Portability and Accountability Act of 1996 (HIPPA), 42 U.S.C. §1320d (2009).
③ See, e.g., Telephone Consumer Protection Act of 1991, 47 U.S.C. §227 (2006).
④ See, e.g., Right to Financial Privacy Act of 1978, 12 U.S.C. §§3401-3422 (2006).
⑤ S. REP. No. 112-183, at 28 (2011).
⑥ 74 PA. CONS. STAT. §8117 (d) (1) (2012).
⑦ United States v. Jones, 132 S. Ct. 945, 962 (2012).
⑧ S. 1477, 112th Cong. (2011); H. R. 2897, 112th Cong. (2011).
⑨ See FAA Modernization and Reform Act of 2012, Pub. L. No. 112-195, 126 Stat. 11 (2012).

此,虽然立法是保护飞行员和航空旅客的定位隐私的最佳手段,但是在最终的立法出台之前,美国联邦航空管理局是否会再次向社会公众公开飞行员和航空旅客的飞行行踪数据,这仍是一个悬而未决的问题。

五、结语

定位隐私成为一个日益严重的问题,其中很大一部分原因是技术的发展。我们可以通过手机、汽车甚至社交网络应用来追踪他人。然而,与航空界相比,社会中的追踪问题显然更加无处不在。我们不仅记录飞行员和航空旅客在全国范围内的飞行行踪历史,而且还在互联网上公开这些数据,供全世界的人查看。把飞行行踪数据和在互联网上可得到的其他信息相结合,我们就可以知道有关飞行员和航空旅客的更多事情,甚至包括他们不愿意披露的隐私。

不幸的是,迄今为止,没有相关法律可以长久地防止行为人侵犯公民所享有的隐私权。关于飞行行踪的现行法律在2012年9月30日失效。为了防止行为人侵犯飞行员和航空旅客所享有的隐私权,在国会两院中,有关当局提出了《BARR计划保留法》,该法律规定如下:

(一)决定

美国国会得出以下结论:
(1)无论是在飞行期间还是在飞行之后,联邦政府向社会公众公开飞机所有权人或者经营者所实施的非商业飞行的相关信息,这都不是为了公共政策的目的。
(2)基于飞机所有权人或者经营者的要求,联邦政府不应向社会公众公开有关其实施的非商业飞行的相关信息,因为这些信息应该属于隐私和机密。

(二)禁止令

(1)一般规定。如果飞机所有权人或者经营者要求不公开其非商业飞行的相关信息,那么基于该要求,美国联邦航空管理局的行政长官应该要在社会公众可获取的飞机状况展示数据中屏蔽该飞机所有权人或经营者的飞机注册码。

（2）政府执法机构对信息的获取能力。以上的规定不会影响美国联邦航空管理局的行政长官在联邦、各州或者当地政府执法机构公开飞机注册码的权力。[①]

笔者认为，该法律足以保护飞行员对于飞行计划和路线所享有的隐私权。正如目前的《BARR 计划保留法》，该法律允许飞行员请求不公开他们的飞行行踪数据。然而最重要的一点是，对于飞行行踪数据的公开与飞行员和航空旅客所享有的空中场所隐私权之间的矛盾，该法律是一个最终的解决措施。

在过去的 12 年，美国国会已经承认，飞行员和航空旅客所享有的空中场所隐私权应该得到保护，那么现在就到了它采取行动的时候了。

[①] S. 1477, 112th Cong. (2011); H. R. 2897, 112th Cong. (2011).